평신도를 위한
쉬운 출애굽기 2권

평신도를 위한 쉬운 출애굽기 2

저자 양형주

초판 1쇄 발행 2021. 5. 24.

발행처 도서출판 브니엘
발행인 권혁선

등록번호 서울 제2006-50호
등록일자 2006. 9. 11.

서울특별시 송파구 백제고분로28길 25 B101호 (05590)
마케팅부 02)421-3436
편집부 02)421-3487
팩시밀리 02)421-3438

ISBN 979-11-90308-48-9 04230
979-11-90308-46-5 (세트)

독자의견 02)421-3487
이메일 editorkhs@empal.com

북카페 주소 cafe.naver.com/penielpub.cafe
인스타그램 @peniel_books

도서출판 브니엘은 독자들의 원고를 설레는 마음으로 기다리고 있습니다.
위의 이메일로 간단한 기획 내용 및 원고, 연락처 등을 보내주십시오.

도서출판 브니엘은 갓구운 빵처럼 항상 신선한 책만을 고집합니다.

평신도 눈높이에 딱 맞춘 정곡을 찌르는 쉬운 해설서!

평신도를 위한 쉬운 출애굽기

하나님이 이 모든 말씀으로 말씀하여 이르시되
나는 너를 애굽 땅 종 되었던 집에서 인도하여 낸 네 하나님
여호와니라 너는 나 외에는 다른 신들을 네게 두지 말라
너를 위하여 새긴 우상을 만들지 말고 또 위로
하늘에 있는 것이나 아래로 땅에 있는 것이나 땅 아래
물속에 있는 것의 어떤 형상도 만들지 말며
그것들에게 절하지 말며 그것들을 섬기지 말라
나 네 하나님 여호와는 질투하는 하나님인즉
나를 미워하는 자의 죄를 갚되 아버지로부터 아들에게로
삼사 대까지 이르게 하거니와 나를 사랑하고
내 계명을 지키는 자에게는 천 대까지 은혜를 베푸느니라
구름이 회막 위에 덮이고 여호와의 영광이 성막에
충만함이었으며 구름이 성막 위에서 떠오를 때에는
이스라엘 자손이 그 모든 행진하는 길에 앞으로 나아갔고
구름이 떠오르지 않을 때에는 떠오르는 날까지
나아가지 아니하였으며 낮에는 여호와의 구름이 성막
위에 있고 밤에는 불이 그 구름 가운데에 있음을 이스라엘의
온 족속이 그 모든 행진하는 길에서 그들의 눈으로 보았더라

2권

양형주 | 지음

브니엘

| **프롤로그** | 언약, 성막, 그리고 하나님의 영광

출애굽기는 성경 내용 중 가장 극적이며 흥미진진하다. 그래서 구약성경 중에서 영화로 가장 많이 제작되는 성경 이야기다. 출애굽기를 주제로 한 영화는 대부분 이집트에 내린 놀라운 열 가지 재앙과 홍해가 갈라지는 기적의 내용이다. 그러다 보니 신앙생활을 하지 않는 이들도 출애굽기의 내용을 꽤나 많이 알고 있기는 하지만 출애굽기 전체를 다 알고 있는 독자는 생각보다 적다. 그도 그럴 것이 대부분의 영화가 홍해를 건너는 부분까지만 다루기 때문이다. 출애굽기의 총 40장 중에서 15장까지만 다룬 것이다. 나머지 광야를 지나가며 성막을 세우는 긴 내용은 대부분 잘 모른다.

특히 성막 제작을 다루는 25~40장의 내용은 전체의 60% 이상을 차지함에도 지루하게 느껴지는 진술방식 때문에 그 의미를 제대로 파악하지 못하고 지나치는 경우가 많다. 성경통독을 할 때도 이스라엘 백성이 시내산에 도착할 때(19장)까지는 재미있게 읽다가 이후 언약조항의 체결(20-24장)과 성막 제작(25-40장)에 이르러서는 거의 졸려 쓰러지는 역사(?)를 체험한다. 아직도 많은 성도에게 출애굽기의 절반은 잃어버린 성경이다. 더 나아가 출애굽기가 모세오경 가운데 어떤 위치를 차지하고 있는가는 더더욱 이해하기 쉽지 않다.

「평신도를 위한 쉬운 출애굽기」는 출애굽기의 본래 의미를 추적하여 출애굽기가 오늘날의 독자들에게 어떤 메시지를 전해주는가를 탐색한 책이다. 우리에게 익숙한 내용뿐 아니라 익숙하지 않은 잃어버린 절반의 내용도 충실하게 추적하여 그 안에 담긴 풍성한 보화를 발견하려 애썼다. 본서는 두 권으로 출간된다. 제1권은 출애굽기의 절반(1-19장)에 해당하는 내용으로, 부제는 '출애굽으로의 부르심'이다. 여기에서는 하나님이 그의 백성을 어떻게 부르시고, 어떻게 구원하시며, 어떻게 인도하시는지를 세밀히 추적하였다. 특히 출애굽 과정을 단순한 기적이 아닌 애굽 신들과 벌이는 하나님의 영적 전쟁, 세계관 전쟁의 관점에서 분석하며 다루었다.

제2권은 출애굽기의 나머지 절반(20-40장)에 해당하는 내용으로 '언약, 성막, 그리고 하나님의 영광'이란 부제를 갖고 있다. 이는 출애굽이 단순히 애굽의 압제로부터 벗어나는 것으로 끝나는 게 아니라 하나님의 언약백성이 되어 하나님을 예배하는 영광의 자리로 부름받았음을 뜻한다. 그 영광의 부르심과 언약이 어떻게 이스라엘을 인도하고 변화시켜가는지를 함께 따라가다 보면 잃어버린 절반에 담긴 풍성하고 놀라운 보화를 발견하게 될 것이다. 이로써 독자들은 출애굽기에서 애굽으로부터의 구원과 예배의 영광으로 들어가는 내용이 함께 균형을 이루어야 함을 깨닫게 될 것이다. 이는 우리의 신앙생활에도 중요한 시사점을 준다. 더 나아가 출애굽기의 전체적인 개관과 구조, 신학적 의미, 모세오경과의 관계에 대해서는 1권 부록에 실린 〈출애굽기는 이런 책이다〉를 참고하면 유익한 도움을 얻을 수 있다.

「평신도를 위한 쉬운 창세기」 이후 출애굽기 편을 기다리는 독자가 꽤나 있었다. 창세기 에필로그에 「평신도를 위한 쉬운 출애굽기」 편을 예고했기 때문이다. 이제 그 약속을 드디어 지킬 수 있게 되었다. 기다려준 독자들께 감사드린다. 나는 그동안 출애굽기를 다룰 기회가 여러 차례 있었다. 새벽기도회 시간 강해를 통해 출애굽기를 수차례 다루었을 뿐만 아니라 내가 섬기는 대전도안교회 주일 강단에서도 성도들과 함께 출애굽기 강해를 나눈 바 있다. 또한 말씀묵상잡지인 〈생명의 삶〉과 〈큐티진〉 등에 출애굽기에 대한 묵상을 기고하기도 하였다.

이 책은 많은 신학자와 설교자들의 연구물을 기초로 하였다. 주요한 신학적인 통찰을 일일이 각주로 표시하는 것이 도리겠지만 너무 세세한 인용은 도리어 독자들의 자연스러운 읽기에 방해가 될 수 있을 것 같아 특별한 몇몇 부분을 제외하고는 각주를 생략하였다. 대신 궁금해하는 이들을 위해 참고문헌을 제2권 뒷부분에 올려두었다. 시사성 있는 일반도서나 기사는 가능한 출처를 밝혀두었다.

이 책이 나오기까지 함께 기도로 돕고 격려하며 배려해준 사랑하는 아내에게 감사드린다. 또한 하나님의 말씀으로 씨름하는 부족한 종을 격려하고 중보해준 대전도안교회의 몸 된 성도들과 함께 섬기는 교역자들께도 감사드린다. 비록 출애굽기 안에 담긴 풍성한 의미를 다 담아내기에는 턱없이 부족하지만 출애굽기의 세계에 빠져드는 마중물이 된다면 그것만으로도 감사하다. 끝으로 이 책이 나올 수 있도록 인도하고 붙들어주신 하나님께 감사와 찬송과 모든 영광을 올려드린다. 그리고 이 책이 하나님 나라의 확장에 기여하고 하나님의 영광을 위하여 쓰임받는다면 더는 바랄 게 없겠다.

글쓴이 양형주

C·O·N·T·E·N·T·S

차 례

Part 8.
십계명, 하나님의 언약 사용설명서

Part 9. 참된 예배와 이웃 사랑의 계명

Part 10.
성막 설계도 : 하늘에서 내려온 하나님의 영광

Part 11.
이스라엘의 타락과 회복

Part 12.
성막을 가득 채운 하나님의 영광

[P·A·R·T·8]

십계명

하나님의 언약 사용설명서

하나님 자리를 엿보는 다른 신들을 경계하라

너를 위한 우상을 만들지 말라

여호와의 이름을 망령되게 부르지 말라

안식일을 기억하여 거룩하게 지키라

네 부모를 공경할 수 있는가?

살인하지 말라 ⁝ 간음하지 말라

도둑질하지 말라 ⁝ 거짓 증거하지 말라

네 이웃의 소유를 탐내지 말라

하나님의 언약 사용설명서

39 Chapter 39. Exodus 20:1-17

십계명 : 하나님의 언약 사용설명서

하나님이 이 모든 말씀으로 말씀하여 이르시되 나는 너를 애굽 땅, 종 되었던 집에서 인도하여 낸 네 하나님 여호와니라. 너는 나 외에는 다른 신들을 네게 두지 말라. 너를 위하여 새긴 우상을 만들지 말고 또 위로 하늘에 있는 것이나 아래로 땅에 있는 것이나 땅 아래 물 속에 있는 것의 어떤 형상도 만들지 말며 그것들에게 절하지 말며 그것들을 섬기지 말라. 나 네 하나님 여호와는 질투하는 하나님인즉 나를 미워하는 자의 죄를 갚되 아버지로부터 아들에게로 삼사 대까지 이르게 하거니와 나를 사랑하고 내 계명을 지키는 자에게는 천 대까지 은혜를 베푸느니라.

너는 네 하나님 여호와의 이름을 망령되게 부르지 말라. 여호와는 그

의 이름을 망령되게 부르는 자를 죄 없다 하지 아니하리라. 안식일을 기억하여 거룩하게 지키라. 엿새 동안은 힘써 네 모든 일을 행할 것이나 일곱째 날은 네 하나님 여호와의 안식일인즉 너나 네 아들이나 네 딸이나 네 남종이나 네 여종이나 네 가축이나 네 문안에 머무는 객이라도 아무 일도 하지 말라. 이는 엿새 동안에 나 여호와가 하늘과 땅과 바다와 그 가운데 모든 것을 만들고 일곱째 날에 쉬었음이라. 그러므로 나 여호와가 안식일을 복되게 하여 그날을 거룩하게 하였느니라.

네 부모를 공경하라. 그리하면 네 하나님 여호와가 네게 준 땅에서 네 생명이 길리라. 살인하지 말라. 간음하지 말라. 도둑질하지 말라. 네 이웃에 대하여 거짓 증거하지 말라. 네 이웃의 집을 탐내지 말라. 네 이웃의 아내나 그의 남종이나 그의 여종이나 그의 소나 그의 나귀나 무릇 네 이웃의 소유를 탐내지 말라.

이번 장의 본문은 구약에서 가장 유명한 본문 중 하나인 '십계명' 이다. '십계명' 이라고 하면 흔히 생각하는 것이 무엇인가? 부부 십계명, 건강 십계명, 시어머니 십계명과 같은 것들이다. 그중 일부를 소개하면 다음과 같다.

〈부부 십계명〉

1. 두 사람이 동시에 화를 내지 말라.
2. 화가 났을 때 큰소리를 내지 말라.
3. 눈은 허물을 보지 말고 입은 실수를 말하지 말라.

4. 아내나 남편을 다른 사람과 비교하지 말라.
5. 아픈 곳을 긁지 말라.
6. 화를 품고 침상에 들어가지 말라.
7. 처음 사랑을 잃지 말라.
8. 갈등이 있어도 결코 단념치 말라.
9. 숨기지 말고 정직하라.
10. 부부는 하늘의 섭리로 맺어짐을 믿자.

〈시어머니 십계명〉

1. 아들은 며느리의 남자다.
2. 아들네 집은 며느리 집이다.
3. 며느리도 백년손님이다.
4. 아들 모시듯 며느리를 모시자.
5. 며느리 일에 간섭하지 말자.
6. 며느리를 가르치려 하지 말자.
7. 유산을 미리 주자.
8. 며느리 친정 갈 때 눈치주지 말자.
9. 효부는 시어머니 하기 나름이다.
10. 내가 잘해야 아들이 행복하다.

이런 십계명의 특징이 무엇인가? 인생의 시행착오를 통해 깨달은 교훈을 요약한 일종의 잠언과 같은 말이다.

그렇다면 이번 장의 본문에서 말씀하는 십계명은 어떤 성격의 말씀일까? 시행착오를 통한 인생의 값진 교훈과 잠언을 엮어놓은 것일까? 이런 십계명은 있으면 유용하지만 없어도 큰 지장이 없는 참고할 만한 글귀 정도가 된다. 이런 인식 때문인지 오늘날 교회는 십계명에 대해 중요하게 가르치지 않고, 그저 이런 계명 정도가 있었다는 식으로 건너뛰는 경우가 많다. 그러나 교회사에서 십계명은 사도신경, 주기도문과 함께 성도들이 배우고 익혀야 할 중요한 내용이었다. 칼빈과 같은 종교개혁가는 예배 가운데 주기도문과 사도신경뿐만 아니라 십계명을 함께 노래하는 순서를 넣을 정도로 중요하게 생각하였다. 우리는 십계명을 보다 많이 읽고 외우고 묵상해야 한다. 십계명에 대한 이해가 깊고 넓어져야 한다.

그렇다면 십계명을 어떻게 이해해야 할까? 가장 중요한 것은 십계명이 '하나님의 언약 사용설명서'라는 점이다. 십계명은 단순히 "이렇게 살아라, 저렇게 살아라" 또는 "제대로 살면 구원받고 제대로 살지 못하면 벌을 받을 것이다"라는 이런 차원의 명령에만 머물지 않는다. 앞서 살펴본 것처럼 십계명은 출애굽기 19~24장까지 커다란 단락으로 이어지는 하나님과 이스라엘 백성 사이의 종주권조약의 핵심내용을 이룬다. 즉 하나님과 이스라엘 사이의 종주와 봉신 사이 언약을 체결하는 것이다. 이 언약을 체결하면 이제 하나님과 이스라엘 사이에는 언약관계가 형성된다. 하나님은 이스라엘의 하나님이 되시고, 이스라엘은 하나님의 보석같이 소중한 그의 소유된 백성이 되고 그의 제사장 나라가 된다. 이런 관계를 형성하는 것도 귀하고 중요하거니와 더 중요한 것은 이 귀한 관계를 어떻게 유지해 나갈 것이냐 하는 점이다. 십계명은 하나님과의 언약관계를 계속적으로 잘 유지해서 하나님께서 의도하시는 아름다운 결과를 맺어가는, 언약을 유지하기 위한 사용설명서다.

텔레비전이나 냉장고 같은 가전제품을 사면 매뉴얼이 딸려 나온다. 이 매뉴얼에는 제작자가 어떤 의도로 이 제품을 만들었고, 이 제품을 오래 사용하기 위해서 주의해야 할 사항은 무엇이고, 혹 문제가 생기거나 오작동이 발생할 때는 어떻게 해야 하는가를 자세히 기록해두었다. 어떤 사람은 이런 제품을 사면 먼저 매뉴얼을 꼼꼼하게 두세 번씩 읽는다. 반면 어떤 사람은 매뉴얼이 나오면 귀찮게 여기고 일단 버린다. 굳이 읽지 않아도 친숙하기에 다 안다고 생각하는 것이다. 그러다 나중에 제대로 관리하지 못해 제품이 고장 나면 그때 가서 당황하는 경우가 있다. 하나님이 이스라엘과 새로 체결하는 언약관계가 바로 이와 같다. 이제 이스라엘은 하나님과 새로운 관계로 들어간다. 새로운 관계로 들어가는 만큼 그 관계를 잘 지켜내야 언약백성의 열매를 맛볼 수 있다.

본문은 먼저 십계명을 선포하기 이전에 십계명을 통해 연결되는 이스라엘 백성과 하나님 사이의 언약관계의 본질적인 부분이 무엇인가를 밝혀준다.

> "나는 너를 애굽 땅, 종 되었던 집에서 인도하여 낸 네 하나님 여호와니라"(출 20:2).

이 말씀은 십계명의 서문으로 하나님과 이스라엘의 언약관계의 출발점이 무엇인지를 분명하게 보여준다. 먼저, 하나님은 이스라엘에게 베푸신 은혜를 밝힌다. 하나님은 이스라엘을 애굽 땅, 종 되었던 집에서 구하여 냈다. 이 짧은 표현에는 성경 전체를 조망하는 중요한 '창조, 타락, 구속'의 세계관 프레임이 들어 있다. 하나님께서 이스라엘을 애굽에서 인도하신 것은 그 이전에 믿음의 선조였던 아브라함과 이삭과 야곱에게 주셨던 언약의 연속성 속에서 이해된다.

하나님은 아브라함에게 그와 그의 후손을 택하시고, 그 후손을 애굽으로 인도하신 후 430년 후 다시 약속의 땅 가나안으로 인도하겠다고 약속하신 바 있다. "여호와께서 아브람에게 이르시되 너는 반드시 알라. 네 자손이 이방에서 객이 되어 그들을 섬기겠고 그들은 사백 년 동안 네 자손을 괴롭히리니 그들이 섬기는 나라를 내가 징벌할지며 그 후에 네 자손이 큰 재물을 이끌고 나오리라. 너는 장수하다가 평안히 조상에게로 돌아가 장사될 것이요 네 자손은 사대 만에 이 땅으로 돌아오리니 이는 아모리 족속의 죄악이 아직 가득 차지 아니함이니라 하시더니"(창 15:13-16).

그렇다면 하나님께서 아브라함을 선택하시고 그를 부르신 이유가 무엇인가? 인류가 타락하여 하나님으로부터 돌아섰기에 이 타락한 인류를, 한 사람 아브라함을 택하여 그와 그의 후손을 통해 구원하려 하신 것이다. 본문 2절에는 이런 창조, 타락, 그리고 구속의 역사가 도도하게 흐르고 있다. 이 창조, 타락, 구속의 역사를 이어주는 중요한 끈이 바로 하나님의 언약이다.

여기서 하나님이 이스라엘을 종, 즉 노예 상태 가운데서 구원하셨다는 것은 십계명이 구원을 위해 주어진 것이 아님을 분명히 드러낸다. 십계명을 잘 지켜야 구원받는 것이 아니다. 구원은 그렇게 해서 이룰 수 있는 것이 아니다. 십계명은 구원의 조건이 아니다. 구원은 이미 하나님의 은혜로 일어났다. 따라서 십계명은 구원의 조건이 아니라 구원받은 백성이 하나님의 크신 은혜에 보답하기 위한, 언약 백성으로의 관계를 신실하게 유지하기 위한 합당한 행동 양식을 기술한 것이다. 나에게 큰 호의를 베푼 정말 고마운 사람이 있다. 그렇다면 우리의 마땅한 반응은 그 사람과 계속해서 고마운 관계, 우호적인 관계를 유지하는 것 아닌가? 은혜를 알고 이에 응답하는 것이 우리의 마땅한 반응이다. 마찬가지로 하나님의 큰 은혜를 아는 언약백성답게 살아가기 위해 주신 것이 바로 십계명이다.

십계명이 딱딱하게 느껴지는 이유는 뒤에 있는 '명' 이라는 단어 때문이다. 명은 곧 '명령' 아닌가? 딱딱하고 차갑게 느껴진다. "이거 해! 안 그러면 죽어!" 이런 느낌이다. 그런데 이 십계명은 명령의 의미보다는 하나님과의 우호적인 언약관계를 유지하기 위한 사용설명서에 가깝다. 그래서 본문은 이 열 가지 언약의 설명조항을 십계명이라고 명시적으로 말하지 않는다.

> "모세가 여호와와 함께 사십 일 사십 야를 거기 있으면서 떡도 먹지 아니하였고 물도 마시지 아니하였으며 여호와께서는 언약의 말씀 곧 십계명을 그 판들에 기록하셨더라"(출 34:28).

여기에 '십계명' 이란 단어가 등장하는데, 히브리어로 '하세레트 핫데바림' 이고, 영어로는 'Ten words' 또는 'Ten utterance', 즉 '열 가지 말씀' 이란 뜻이다. 구약에서 십계명이란 표현이 이곳 말고 다른 두 곳(신 4:13, 10:4)에도 등장한다. 거기서도 십계명을 모두 '하세레트 핫데바림' 이라고 말씀한다. 명령으로 말씀하시는 것이 아니라 말씀 혹은 언약조항으로 표현하는 것이다. 그래서 십계명을 영어로 '데칼로그' 라고 한다. '데카' (열 개, 10)와 '로그' (로고스, 말씀)가 결합된 단어로 '열 가지 말씀' 이라는 뜻이다. 명령이라면 이 십계명이 구원의 조건이 될 것이다. 그러나 '말씀'은 구원 이후에 성도가 마땅히 반응하며 살아야 할 은혜의 삶을 강조한다.

이것은 마치 로마서 12장 1~2절을 생각나게 한다. 로마서 1~11장까지는 하나님을 떠난 죄인에게 주시는 은혜의 복음을 설명한다. 그리고 비로소 12장에 가서야 구원받은 하나님의 백성으로서의 마땅한 반응이 등장한다. "그러므로 형제들아 내가 하나님의 모든 자비하심으로 너희를 권하노니 너희 몸을 하나님이 기뻐하시는 거룩한 산 제물로 드리라. 이는 너희가 드릴 영적 예배니라. 너희는 이 세대를 본받지 말고 오직 마음을 새롭게 함으로 변화를 받아 하나님의 선하시고 기뻐하시고 온전하신 뜻이 무엇인지 분별하도록 하라"(롬 12:1-2).

하나님께서는 이스라엘에게 베푸신 구원의 은혜를 "이스라엘을 종 되었던 집에서 구원하셨다"라고 하며, 자신을 "네 하나님 여호와"로 소개한다. 이 말씀은 크게 둘로 나누어 생각해야 한다. "나는 여호와"라는 표현과 "나는 네 하나님, 곧 너의 하나님"이란 부분이다.

먼저, "나는 여호와라"는 표현을 '자기소개 양식'이라고 한다. 우리가 자신을 소개할 때 보통은 직함을 뒤에 붙이는 경우가 많다. "저는 아무개 교수입니다." "저는 아무개 부장입니다." 이런 식의 직함이 뒤에 붙으면 직함이 그 사람을 받쳐주는 효과가 있다. 그런데 그런 직함을 다 빼고 자기 이름 석 자를 거는 사람이 있다. 아무개 국밥집, 아무개 호두과자, 또 아무개 미용실, 이런 가게들은 자기 이름 석 자를 내걸고 승부하겠다는 것이다. 이름 석 자에 모든 것을 걸기 때문에 이 이름을 위해 제공하는 서비스를 철저하게 관리한다.

하나님께서는 십계명, 데칼로그를 말씀하시면서 자기 이름을 내거신다. "나는 여호와니라." 성경에 보면 하나님께서 자기의 이름을 걸 때가 있었다. 하나님께서 모세를 불러 믿음의 선조들에게 하셨던 언약을 성취하겠다고 하실 때다.

> "하나님이 모세에게 말씀하여 이르시되 나는 여호와이니라. 내가 아브라함과 이삭과 야곱에게 전능의 하나님으로 나타났으나 나의 이름을 여호와로는 그들에게 알리지 아니하였고 가나안 땅 곧 그들이 거류하는 땅을 그들에게 주기로 그들과 언약하였더니 이제 애굽 사람이 종으로 삼은 이스라엘 자손의 신음 소리를 내가 듣고 나의 언약을 기억하노라. 그러므로 이스라엘 자손에게 말하기를 나는 여호와라. 내가 애굽 사람의 무거운 짐 밑에서 너희를 빼내며 그들의 노역에서 너희를 건지며 편 팔과 여러 큰 심판들로써 너희를 속량하여 너희를 내 백성으로 삼고 나는 너희의 하나님이 되리니 나는 애굽 사람의 무거운 짐 밑에서 너희를 빼낸 너희의 하나님 여호와인 줄 너희가 알지라. 내가 아브라함과 이삭과 야곱에게 주기로 맹세한 땅으로 너희를 인도하고 그 땅을 너희에게 주어 기업을 삼게 하리라. 나는 여호와라 하셨다 하라"(출 6:2-8).

여기 보면 하나님께서 자기 이름을 세 번이나 연속적으로 걸고 말씀하는 것이 있다. 이스라엘에게 하셨던 언약을 '반드시' 성취하겠다는 것이다. 그래서 '여호와 하나님'은 언약을 성취하시는 하나님, 우리를 구원하시는 구원자 하나님을 의미한다. "나는 여호와라"는 말씀에는 반드시 언약을 성취하고, 그의 백성을 반드시 구원하겠다는 보증수표가 들어 있는 것과 같다.

그런데 하나님께서는 이런 자기소개 양식에 "네 하나님 여호와"

라고 자신을 소개한다. '네 하나님' '너의 하나님'이란 표현을 전문용어로 '자기 헌신 어구'(self-giving phrase)라고 한다. 가끔 교우 한 사람이 생소한 이름을 대면서 "목사님, 아무개를 아세요?"라고 물을 때가 있다. 누구냐고 물어보면 "그분이 목사님을 잘 안다고 하시던데요?"라고 대답한다. 가물가물한 기억을 더듬어 생각해보면 한두 번 만나서 잠깐 이야기 나눈 사람인 경우가 많다. 사실 시간을 어느 정도 함께 나누어야 안다고 말할 수 있을 것이다.

얼마 전에는 한 교회에서 전화가 왔다.

"목사님, 아무개 성도님을 아세요?"

"글쎄요, 잘 생각이 안 나는데요?"

"그 교회에 3년 동안 다녔다고 하던데요. 목사님을 잘 안다고 하면서 우리 목사님이라고 하던데요?"

"글쎄요…. 왜 그러시죠?"

"그분이 우리 교회에 와서 대전도안교회에 다녔다고 구역장시켜 달라고 해서요."

이럴 땐 이단일 가능성이 높다.

사실 '우리 목사님' '나는 성도'라고 할 정도가 되려면 자신이 무엇인가 헌신한 게 있어야 한다. 담임목사가 시간을 내서 심방을 가고, 또 종종 연락도 하며, 그의 기도 제목도 알고 새벽마다 그를 위해 기도하면 목사가 아는 성도다. 그런데 조용히 예배만 드리고 담임목사와 별 관계도 없이 지내는 이가 있다. 등록도 안 하고 조용히 다니는 사람도 있다. 사실 성도는 담임목사의 기도를 먹고사는 존재다. 새벽마다 그 이름이 불려 하나님 보좌 앞에 드려져야 한다. 또 성도 역시 담임목사를 위해 기도해야 한다. 그래야 그 목사님이 우리 목사님, 내 목사님이 된다.

하나님께서 이스라엘 백성에게 "나는 '네 하나님' 여호와"라고 말씀하시는 것은 갑자기 나타나서 "이제부터 내가 네 하나님이다"라고 하시는 것이 아니다. 하나님께서 이미 이스라엘을 위해 자신을 내주며 헌신하셨음을 의미한다. 어떻게 헌신하셨는가? 이스라엘을 애굽의 종 되었던 곳에서 놀라운 능력과 기적으로 구원해주셨다. 이 하나님을 나의 하나님으로 모시고 고백하며 나아가야 한다.

하나님께서 십계명을 주시면서 자신을 이렇게 소개하는 이유가 있다. 그것은 이스라엘 백성으로 하여금 애굽의 종 되었다가 구원받은 은혜의 백성임을 잊지 않도록 하기 위한 것이다. "너는 조심하여 너를 애굽 땅 종 되었던 집에서 인도하여 내신 여호와를 잊지 말고" (신 6:12). 출애굽을 경험한 세대뿐 아니라 자녀와 후손 세대도 이 사실을 잊으면 안 된다.

"후일에 네 아들이 네게 묻기를 우리 하나님 여호와께서 명령하신 증거와 규례와 법도가 무슨 뜻이냐 하거든 너는 네 아들에게 이르기를 우리가 옛적에 애굽에서 바로의 종이 되었더니 여호와께서 권능의 손으로 우리를 애굽에서 인도하여 내셨나니 곧 여호와께서 우리의 목전에서 크고 두려운 이적과 기사를 애굽과 바로와 그의 온 집에 베푸시고 우리 조상들에게 맹세하신 땅을 우리에게 주어 들어가게 하시려고 우리를 거기서 인도하여 내시고 여호와께서 우리에게 이 모든 규례를 지키라 명령하셨으니 이는 우리가 우리 하나님 여호와를 경외하여 항상 복을 누리게 하기 위하심이며 또 여호와께서 우리를 오늘과 같이 살게 하려 하심이라"(신 6:20-24).

종에서 구원받은 자들이란 사실을 잊지 말고 끊임없이 기억하는 것, 이스라엘이 십계명을 지키는 힘이 바로 여기서 나온다. 십계명의 구조를 살펴보면 하나님과 그의 백성이 언약을 유지하는 데 있어서 기억해야 할 우선순위를 보여준다. 먼저, 하나님과의 관계를 보여주는 첫째부터 넷째까지의 계명이다. 둘째는 신앙 공동체와의 관계이다(5계명). 셋째가 생명이다(6계명). 넷째가 성(sex)이다(7계명). 다섯째가 재산과 소유다(8-10계명).

세상 풍조는 이것을 거꾸로 강조한다. 먼저는 재산과 소유, 그다음으로 성, 그다음이 생명, 공동체, 마지막이 하나님이다. 돈과 소유를 위해서라면, 성적 쾌락을 탐닉하기 위해서라면 생명조차도 가차없이 버리는 시대다. 이런 이들은 공동체의 소중함은 안중에도 없다. 우습게 여기고 귀찮게 생각한다. 결국 제일 마지막이 하나님이다.

반면 구원받은 하나님의 언약백성은 하나님을 최우선으로, 공동체의 관계를 다음으로 소중하게 여긴다. 돈과 소유는 그의 나라와 의를 구할 때 더하시는 은혜로 여긴다(마 6:33 참조). 우리는 예수 그리스도를 통해 새 언약백성으로 부름받은 사람이다. 언약백성이라면 우리는 십계명에 담긴 의미와 영적 가치를 소중히 여겨야 한다. 무엇보다 구원받은 백성의 감격을 잃지 말고, 자신의 생명을 기꺼이 내주신 예수님을 나의 주, 나의 하나님으로 고백하며, 그의 나라와 의를 먼저 구하고, 이 모든 것을 더하시는 놀라운 은혜를 날마다 경험하고 감사하는 성도가 되어야 한다.

40 Chapter 40. Exodus 20:3

제1계명 : 하나님 자리를 엿보는 다른 신들을 경계하라

너는 나 외에는 다른 신들을 네게 두지 말라.

독일에서 종교개혁이 일어난 지 500년이 넘어간다. 종교개혁이 퍼져나간 중요한 촉매제가 바로 루터의 성경 번역이었다. 라틴어로만 되어 있어 일반 성도는 읽지 못했던 성경을 독일어로 번역하여 누구나 성경을 읽도록 하였고, 성경에 담겨 있는 하나님의 뜻을 발견하고 영혼의 치유를 경험할 수 있도록 했다. 루터의 성경 번역은 영혼의 치유만이 아니라 우리 육신을 치유하고 질병으로부터 건강하게 회복시키는 역할까지 하게 되었다. 미국의 저명한 과학저술가 스

티븐 존슨은 그의 책 「우리는 어떻게 여기까지 왔을까」에서 이 과정을 다음과 같이 밝힌다.[1)]

“루터가 성경을 번역하고 인쇄술 덕분에 성경 보급이 활발하게 일어났는데, 이때 많은 사람이 성경을 읽으면서 새로운 점을 알게 되었다. 자신이 작은 글씨가 잘 보이지 않는 원시(遠視)를 갖고 있다는 사실이다. 오늘날은 작은 글씨나 모니터 화면을 너무 가까이 봐서 근시가 많지만 당시의 사람들은 가까운 것이 잘 보이지 않는 원시가 많았다. 원시를 극복하기 위한 방법이 수도원에서 성경을 연구하고 필사하는 수도사들을 중심으로 퍼져나갔는데, 바로 볼록 렌즈를 사용한 것이다. 이것이 알려지며 성경을 읽고 싶어 하는 많은 사람이 렌즈를 찾았고, 이와 더불어 렌즈를 만드는 기술이 발달하기 시작했다. 이를 통해 현미경과 망원경 제작기술이 발전하였다. 이는 항해술에 필수품인 망원경의 발달과 눈에 보이지 않던 세균의 발견에 결정적인 역할을 한 현미경의 발달로 이어졌다. 이로 인해 당시에 원인 모르고 앓던 많은 질병과 죽음의 원인이 바로 세균 때문이었음을 알게 되고, 이를 통해 많은 사람이 병든 육신을 치유하고 질병을 예방하여 건강할 수 있는 혜택을 보게 되었다.”

종교개혁의 효과가 예상치 못한 인류 문명사 곳곳에 영향을 끼친 것이다. 더 나아가 렌즈의 발달은 나중에 사진기를 비롯한 영상기기의 발전을 자극했고, 오늘날의 뛰어난 영상문명의 기초를 제공하였다. 성경 번역이란 사건이 당시에는 미처 예상하지 못했던 인류 문명의 발전에 엄청난 영향을 끼친 것이다.

십계명의 제1계명인 본문이 바로 이런 역할을 한다. 본문은 나머지 십계명 전체에 엄청난 파급력을 끼치는 가장 중요한 기둥이 된다.

"너는 나 외에는 다른 신들을 네게 두지 말라"(출 20:3).

이것이 하나님의 백성 이스라엘이 붙들어야 할 신앙의 가장 중요한 핵심이 된다. 그렇다면 이 말씀을 우리가 어떻게 이해해야 할까?

본문은 이스라엘의 과거, 현재, 미래를 반영한다. "나 외에는 다른 신들을 두지 말라"는 말씀은 첫째로 이스라엘의 과거 경험을 반영한다. 이스라엘은 과거에 애굽 땅에서 노예로 있었다. 이들은 노예로 살아가며 여호와를 경외하는 신앙을 잃어버렸다. 그리고 당시 애굽에서 섬기는 태양신 '레' 나 '하피' '오시리스' '크눔' 과 같은 엉뚱한 우상들을 쫓아다니며 절하는 것에 익숙했다. 그러나 이들이 섬기고 믿던 신은 이스라엘을 구원하지 못했다. 이스라엘을 구원하신 분은 오직 여호와 하나님뿐이었다.

둘째, 이 말씀이 선포되는 현재 이스라엘은 광야를 지나며 오직 여호와 하나님만이 참된 신임을 경험했다. 생존의 조건이 결여된 광야에서 밤에는 불 기둥 낮에는 구름 기둥으로 보호하시고, 광야에서 마실 물을 내시고, 이른 아침에는 만나로 먹이시고, 저녁에는 메추라기 고기를 공급하셨다. 오직 이스라엘의 하나님만이 살아 역사하시고 이들을 지키고 보호하며 인도하시는 참된 하나님임을 생생하게 경험했다. 광야를 지나며 이스라엘은 애굽에서 익숙했던 여러 신이 다 헛된 것임을 깨닫고, 오직 여호와 하나님 외에 다른 신을 두지 않았다. 하나님 한 분만으로 만족했고, 하나님 한 분으로 그 마음과 뜻과 생각이 꽉 차 있었다.

셋째, 이 말씀은 이스라엘의 다가오는 미래를 향하여 선포되는 말씀이다. 지금은 하나님 외에 아무것도 보이지 않지만 장차 약속의 땅 가나안에 들어가면 그 땅의 거주민이 섬기는 가나안의 여러 우상의 유혹을 받을 것이다. 그들이 섬기는 농사의 신 바알과 아세라와 같은 음란한 신을 마주할 것이다. 이때 이스라엘은 다른 신들을 두지 말고 오직 여호와 하나님만을 참된 하나님으로 섬기고 진정한 이스라엘의 주군이자 왕으로 모셔야 한다.

이는 우리 신앙생활에도 마찬가지다. 우리는 과거에 하나님을 알기 전, 세상의 많은 신을 경험했다. 눈에 보이는 신상들 앞에 가서 절하고 섬기기도 했다. 자동차를 사면 돼지머리를 올려놓고 그 입에 지폐를 물리고 절하기도 했다. 또 가시적인 우상은 아니라 하더라도 비가시적인 우상들, 곧 돈, 쾌락, 성공, 권력과 같은 것을 최고로 여기고 섬기며 좇았다. 이런 것들을 붙잡으면 절대적인 만족과 기쁨을 얻을 것처럼 착각하며 살았다.

영화 〈반지의 제왕〉을 아는가? 이 영화는 악의 군주 사우론의 절대 반지를 파괴하는 과정을 담고 있다. 이 절대 반지는 아무리 훌륭한 사람이라도 끼기만 하면 반지가 주는 큰 힘을 절대화하여 마음의 탐욕을 극도로 증폭시킨다. 반지를 자꾸 쳐다보고 있으면 반지가 내면의 탐욕을 건드리며 속삭인다. 결국 이 반지의 꾐에 빠져 반지를 탐하면 스미골처럼 "반지는 내거야"라고 외치며 반지 없이는 못 사는 인생으로 전락한다. 결국 반지를 끼고 살지만 그의 인생은 처참하게 망가진다.

하나님 없는 인생에는 많은 우상이 들어선다. 그래서 종교개혁가 칼빈은 "우리의 마음은 우상 공장"이라고 말한 바 있다. 니체도 「우상의 황혼」이란 책에서 "세상에는 실체보다도 우상이 더 많다"고 했다. "이것만 있으면 내 인생은 성공하는 거야. 이것만 있으면 이제 내 인생은 행복할 거야"라고 스스로를 속인다. 원래 이런 것들은 하나님이 주신 도구이자 선물에 불과하지만 탐욕에 물든 사람은 이 도구를 절대적인 것으로 신격화한다. 돈, 있으면 유용하지만 이것이 인생의 전부가 되고 신이 된다. 권력, 있으면 유용하게 사용하겠지만 마치 이것이 있으면 세상의 모든 것을 소유한 것 같은 착각에 빠져 이를 절대화해서 탐하고 섬긴다.

흔히 말하는 '소원 성취'도 우상이 되기 쉽다. 우리는 모두 나름대로 크고 작은 성공과 행복을 추구하고 싶은 소원들이 있다. 그래서 우리가 갈망하는 것들을 찾아 끝없이 헤맨다. 이것만 이루어지면 더는 소원이 없겠다 싶은 것들이다. 하지만 이런 것을 얻고 나면 만족이 될까? 결코 그렇지 않다. 하나님 말고 이 세상에 있는 것들로 갈망을 채우면 만족은 잠시뿐이고, 곧이어 다른 공허함이 찾아온다. 이를 채우기 위해 또 다른 갈망과 소원이 찾아온다. 그러나 이렇게 끊임없이 계속되는 갈망은 우리를 도리어 망가뜨릴 수 있다.

로마서 1장 24절 이하에는 하나님께서 사람들의 간절한 소원을 이루도록 허용하는 일들을 진술한다. 사람들의 이런 간절한 소원을 성경은 '정욕'이라 말한다. 하나님은 사람들을 마음의 정욕대로 내버려두셨다. 그러자 사람들은 정말 그들이 간절히 원하는 것을 성취했다. 그 결과 하나님의 진리를 거짓 것으로 바꾸어 피조물을 조물주보다 더 경배하고 섬기는 일, 곧 우상 숭배가 일어났다. 사람은 무엇인가를 섬기고 경배하는 존재이기에 하나님 외에 다른 것을 절대적으로 중요하게 여기고 섬기다 보면 하나님만이 주실 수 있는 것을 헛되이 기대하게 되고, 결국 파괴적인 결과를 맞이한다.

하나님 없는 그릇된 소원이 가져오는 파괴적인 결과에 대해 로마서 1장 28~32절에는 다음과 같이 진술한다. "또한 그들이 마음에 하나님 두기를 싫어하매 하나님께서 그들을 그 상실한 마음대로 내버려 두사 합당하지 못한 일을 하게 하셨으니 곧 모든 불의, 추악, 탐욕, 악의가 가득한 자요 시기, 살인, 분쟁, 사기, 악독이 가득한 자요 수군수군하는 자요 비방하는 자요 하나님께서 미워하시는 자요 능욕하는 자요 교만한 자요 자랑하는 자요 악을 도모하는 자요 부모를 거역하는 자요 우매한 자요 배약하는 자요 무정한 자요 무자비한 자라. 그들이 이같은 일을 행하는 자는 사형에 해당한다고 하나님께서 정하심을 알고도 자기들만 행할 뿐 아니라 또한 그런 일을 행하는 자들을 옳다 하느니라."

사람들이 마음의 갈망을 성취하자 파괴적인 결과가 찾아온다. 하지만 사람들은 이런 일들을 성취하는 사람을 옳다 인정하고 선망의 대상으로 삼는다. 하나님만이 주실 수 있는 것을 사람에게 기대하다 보면 결국 그 사람은 피조물로서 제대로 된 역할을 하지 못하고 사람들의 마음을 비탄에 빠뜨린다.

객관적으로 생각해보자. 우리가 소원하는 것이 몇 퍼센트나 이루어질까? 요즘처럼 어려운 경기에 내가 정말 원하는 일자리를 잡는 사람이 얼마나 될까? 전에 한국직업능력개발원이 조사한 바에 따르면 자신이 원하는 직장에 들어간 사람은 전체 구직자 중에 20%가 되지 않았다.[2] 대부분 자신이 꿈꿨던 직장에 들어가지 못했다. 이것은 대학 입학도 마찬가지다. 상당수 신입생이 자신은 수능시험을 잘 못 봐서 할 수 없이 들어왔다고 여긴다. 그런 것을 보면 우리 소원대로 다 이루어지기도 어렵거니와 소원대로 이루어져도 문제다.

하지만 이 시기는 성도가 그의 인생에 하나님을 더욱 깊이 만나는 시기가 될 수 있다. 전에는 내가 꿈꾸던 소원을 간절히 바라고 열심히 노력하면 성취할 줄 알았다. 그리고 그 성취가 나를 행복하게 하고 만족하게 할 줄 알았다. 그러나 현실에서는 내가 꿈꾸던 인생, 내가 원하고 계획했던 인생의 방향이 비틀어지고 꿈꾸던 소원이 점점 멀어지면서 우리는 이 소원만으로는 살 수 없다는 새로운 깨달음을 얻는다. 원한다고 얻을 수 있는 것도 아니고 노력한다고 다 성취할 수 있는 것도 아니다. 이때 우리는 비로소 우리 인생에 참된 만족과 기쁨을 주시는 하나님을 향해 눈을 돌리게 된다. 하나님을 새롭게 경험하고 만나면 해 아래 있는 것들에 대하여 소원을 품고 열심히 달려가는 모든 것이 헛되다는 것을 깨닫고(전 1:3), 하나님 안에 거할 때 참된 만족과 기쁨이 있다는 사실을 새삼스럽게 알게 된다. 하나님께서는 내가 포기하고 주저앉은 현실 속에서 놀라운 은혜와 능력으로 우리 마음을 새롭게 하시고, 우리 소원을 새롭게 하셔서, 불가능한 소원을 이루신다. 소원을 새롭게 한다는 것은 소원의 방향을 새롭게 한다는 뜻이다.

전에 우리 소원은 다 나의 만족과 기쁨을 위한 것들이었다. 그런데 이 소원이 좌절되고 이것으로는 인생의 참된 행복과 만족이 없다는 것을 깨닫고 난 이후, 우리 소원의 방향은 하나님을 향하기 시작한다. 하나님이 우리 인생의 모든 것이 되심을 고백하며, 이제는 하나님의 영광을 위한 소원으로 그 목적이 바뀐다. 이런 마음으로 나아갈 때 우리는 광야에서 하나님의 능력과 보호하심을 경험하는 이스라엘 백성으로 변화된다. 그런데 이것이 다가 아니다. 이럴 때 우리는 새로운 도전에 직면하는데, 그것은 하나님의 자리를 다른 신들로 대체하라는 유혹을 이겨내야 하는 것이다.

'다른 신'이란 하나님 외의 다른 신의 존재를 말하는 게 아니다. 엄밀하게 성경은 다른 신을 인정하지 않는다. 다음의 말씀을 보라.

"나 여호와가 말하노라. 너희는 나의 증인, 나의 종으로 택함을 입었나니 이는 너희가 나를 알고 믿으며 내가 그인 줄 깨닫게 하려 함이라. 나의 전에 지음을 받은 신이 없었느니라. 나의 후에도 없으리라. 나 곧 나는 여호와라. 나 외에 구원자가 없느니라"(사 43:10-11).

"이스라엘의 왕인 여호와, 이스라엘의 구원자인 만군의 여호와가 이같이 말하노라. 나는 처음이요 나는 마지막이라. 나 외에 다른 신이 없느니라"(사 44:6).

"너희는 두려워하지 말며 겁내지 말라. 내가 예로부터 너희에게 듣게 하지 아니하였느냐. 알리지 아니하였느냐. 너희는 나의 증인이라. 나 외에 신이 있겠느냐. 과연 반석은 없나니 다른 신이 있음을 내가 알지 못하노라"(사 44:8).

"나는 여호와라. 나 외에 다른 이가 없나니 나 밖에 신이 없느니라. 너는 나를 알지 못하였을지라도 나는 네 띠를 동일 것이요 해 뜨는 곳에서든지 지는 곳에서든지 나 밖에 다른 이가 없는 줄을 알게 하리라. 나는 여호와라 다른 이가 없느니라"(사 45:5-6).

여기서 '나 밖에'(히. 알파나이)는 '내 얼굴 앞에서'라는 뜻이다. 이 표현은 '나의 살아생전에' '나를 적대하면서' '내 눈앞에서' 등 여러 가지 뉘앙스를 갖고 있다. 이는 우상의 자리가 어디에 있는가를 보여준다. 우상은 항상 하나님과 구원받은 성도 사이를 비집고 들어가 자리 잡으려 한다. 하나님을 제쳐두고 하나님을 버리고 우상에게 가는 것이 아니다. 하나님도 어느 정도 인정한다. 그러나 하나님보다는 하나님과 나 사이에 끼어든 우상에게 더 마음을 쏟고 섬기는 것이다.

하나님 앞에서 다른 신을 두는 것은 하나님의 질투를 유발한다. 하나님 외에 다른 신을 두지 말라는 것은 하나님과 이스라엘 사이의 관계성을 전제한다. 하나님과 이스라엘 사이에는 다른 그 어떤 것도 끼어들어서는 안 된다는 것이다. 진짜도 아닌데 가짜가 끊임없이 하나님과 그의 백성 사이에 끼어들어 진짜 행세를 하려 한다. 하나님은 우상을 더 사랑하는 것도 싫어하시고 겸하여 사랑하는 것도 싫어하신다. 오직 하나님만을 사랑하기 원하신다. 우리가 하나님과 겸하여 섬기는 대표적인 것이 무엇인가? 돈이다. "한 사람이 두 주인을 섬기지 못할 것이니 혹 이를 미워하고 저를 사랑하거나 혹 이를 중히 여기고 저를 경히 여김이라. 너희가 하나님과 재물을 겸하여 섬기지 못하느니라"(마 6:24). 예수님도 하나님과 우리 사이에 돈 문제가 항상 끼어들 것이라고 경고하셨다.

독일의 철학자 니체는 하나님의 자리에 돈이 대체될 것을 예상했다. 그가 쓴 「아침 놀」이라는 책에 보면 돈에 대해 이렇게 말한다.[3] "어떤 사람은 왜 거짓된 저울추를 쓰고, 다른 사람은 왜 시가 이상의 보험을 든 뒤 자기 집에 불을 지르는가? 상류층 4명 중 3명이 합법적 사기를 일삼는 이유는 무엇인가? 이 모두는 무엇에서 비롯되는가? 정말 무엇이 부족해서는 아니다. 그들의 생존은 전혀 위태롭지 않다. 그들을 밤낮 충동질하는 것은 재산이 불어나는 속도가 너무 더딘 것에 대한 지독한 조바심이고, 돈더미에 대한 지독한 동경과 애착이다. 전에는 하나님을 사랑해서 하던 일을 이제는 돈이 좋아서 한다. 돈만 있으면 당장 권력이 피부로 느껴지고 떳떳한 양심도 지킬 수 있기 때문이다."

우리는 이 돈의 위력과 힘을 과소평가해서는 안 된다. 성경은 분명 탐심이 우상 숭배라고 말한다. 우리는 돈에 욕심내기 쉽고, 돈을 하나님보다 더 사랑하기 쉽고, 그래서 돈의 종이 되기 쉽다. 돈을 사랑한다는 것은 돈을 벌기 위해 과도하게 욕심내는 것만을 말하지는 않는다. 돈을 좇는 것은 사실 겉으로 드러난 모습일 뿐이다. 우리는 그 배후에 있는 보다 근원적인 우상에 주목해야 한다. 돈은 더 깊은 충동을 채우기 위한 표면적인 우상일 뿐 그 이면에는 더 깊은 근원적 우상이 있다.

우리는 자기 삶과 세상을 통제하는 수단으로 돈을 더 많이 원할 수 있다. 그런데 이런 사람일수록 대게 돈을 많이 쓰지 않고 아주 검소하게 살아간다. 안전하게 다 저축하고 투자해 둔다. 그래야 세상이 철저히 안전하게 느껴지기 때문이다. 또 어떤 사람은 자기에게 돈을 아낌없이 쓴다. 이것을 통해 다른 사람들에게 인정을 받고 우월감을 느끼고 싶어 하기 때문이다.

어느 목사가 돈 관리문제로 심한 갈등을 겪고 있는 부부를 상담한 적이 있다.[4] 갈등의 이유는 다음과 같다.

아내는 남편이 정말 인색하고 구두쇠라고 여겼다. 반면 남편은 아내를 정말 낭비벽이 심하고 돈을 헤프게 쓴다고 생각했다. 늘 다른 사람에게 예뻐 보이려고 외모를 관리하고 옷을 사는 데 돈을 엄청나게 많이 쓴다고 생각했다. 자기는 한 푼이라도 절약하려고 애쓰는데 아내가 정말 이기적인 것이 아니냐고 물었다.

그러자 이 목사가 남편에게 대답했다.

“형제님이 전혀 쓰지 않고 베풀지 않고 일 원 한 푼까지 다 쌓아 두는 것도 똑같이 이기적인 일이라는 것을 아십니까? 형제님은 지금 안전과 보호와 통제라는 자기 욕구를 채우는 데 무조건 전액을 ‘쓰고' 있는 것입니다."

이 말에 남편은 큰 충격을 받았다. 자신은 극도로 절약하고 아끼는 것이 우상이란 생각을 한 번도 해보지 못했다. 생각해보면 이 우상을 가운데 두다 보니 하나님보다 이 우상이 주는 안정이 더 중요하게 여겨졌고, 아내와의 관계를 지키는 것보다 이 안정과 통제라는 우상을 더 중요하게 여겼던 것이다. 이것을 계기로 이 사람의 결혼생활은 전환점을 맞이하게 되었고, 아내와의 관계는 점차 회복되었다.

우리 주변에도 인색함으로 관계가 어긋나고 힘든 이가 있지 않은가? "아니, 절약하자는데 그게 뭐 나쁩니까?" 물론 나쁜 것은 아니다. 그러나 그 속에 자신이 갖고 있는 안정감과 통제에 대한 강렬한 열망이 우상으로 자리 잡았다면 나쁘다. 돌아보라. 나의 인색함 때문에 주변 관계가 너무 힘들지 않은가?

하나님이 나의 주인이신가? 하나님이 내게 얼마나 풍성한 것으로 내주셨는지 제대로 아는가? 하나님은 하나밖에 없는 아들 예수 그리스도를 우리를 위해 모두 내주셨다. 예수는 하늘과 땅의 모든 부가 있었으나 우리를 위하여 모든 것을 내주시고 가난하게 되었다. 그의 가난하게 되심으로 우리는 부요하게 되었다(고후 8:9). 만약 예수께서 인색하여 그의 부요를 내주지 않고 하늘에 그냥 쌓아두고 지키기만 하셨다면 우리는 결코 그로 인한 천국의 부요함을 맛보지 못했을 것이다. 그가 인색하였다면 우리는 가난하게 죽었을 것이다. 주님이 내주셨다. 아낌없이 내주셨다. 나는 정말 이것을 믿는가?

그리스도께서 우리에게 주신 부요함을 이해할 때 우리는 다음의 말씀을 받아들이고 순종할 수 있다. "그러므로 내가 너희에게 이르노니 목숨을 위하여 무엇을 먹을까 무엇을 마실까 몸을 위하여 무엇을 입을까 염려하지 말라. 목숨이 음식보다 중하지 아니하며 몸이 의복보다 중하지 아니하냐. 공중의 새를 보라 심지도 않고 거두지도 않고 창고에 모아들이지도 아니하되 너희 하늘 아버지께서 기르시나니 너희는 이것들보다 귀하지 아니하냐"(마 6:25-26).

그렇다면 이제 내 안에 깊이 자리 잡은 인색함이라는 우상을 내버릴 수 있어야 한다. 십계명 제1계명인 "너는 나 외에는 다른 신들을 네게 두지 말라"는 말씀은 우리의 선택을 촉구하는 말씀이다. 구원의 확신과 감격이 충만할 때는 하나님이 전부였다. 그런데 가나안(세상)에 들어가려 하니 하나님과 나 사이에 이런저런 우상들이 끼어들려고 한다. "네게 두지 말라"는 것은 우리가 선택할 것을 촉구하는 말씀이다.

열왕기상에서도 엘리야 선지자는 이스라엘 백성에게 바알과 하나님 사이의 선택을 촉구했었다. "엘리야가 모든 백성에게 가까이 나아가 이르되 너희가 어느 때까지 둘 사이에서 머뭇머뭇 하려느냐. 여호와가 만일 하나님이면 그를 따르고 바알이 만일 하나님이면 그를 따를지니라 하니 백성이 말 한마디도 대답하지 아니하는지라"(왕상 18:21).

이제 우리는 분별하고 결단해야 한다. 하나님이 정말 나의 참된 하나님인가? 혹시 돈이 내 우상은 아닌가? 그 배후에 더 깊이 자리 잡은 돈에 대한 인색함은 어떠한가? 이것이 내 우상은 아닌가? 나의 인색함으로 고통받고 있는 주변 사람들은 누구인가? 혹시 오랫동안 품어왔던 소원 성취나 성공에 대한 강렬한 열망이 내 우상은 아닌가? 내 뜻대로 되지 않아 낙심하고 기운이 빠져 있지 않은가? 내 마음속에는 너무나도 많은 우상이 들어 있지 않는가? 하나님의 인도하심과 풍성히 공급하심을 신뢰하고, 내 뜻대로 되지 않아도 하나님이 여전히 나를 다스리는 왕이심을 인정하며, 하나님의 임재 앞에 서기 위해 날마다 몸부림치자.

[40장 각주]

1) 스티븐 존슨, 강주헌 역, 「우리는 어떻게 여기까지 왔을까: 오늘날의 세상을 만든 6가지 혁신」(서울: 프런티어, 2015). 11쪽.
2) 양정승, "지난 10년간 4년제 대졸자 노동시장의 변화", KRIVET Issue Brief 126호, 2017. 6. 30.
3) 프리드리히 니체, 박찬국 역, 「아침놀」(서울: 책세상, 2004); 팀 켈러, 윤종석 역, 「팀 켈러의 내가 만든 신」(서울: 두란노, 2017), 99쪽에서 재인용.
4) 팀 켈러, 「팀 켈러의 내가 만든 신」, 116-117쪽.

41 Chapter 41. Exodus 20:4-6

제2계명 (1) : 너를 위한 우상을 만들지 말라

너를 위하여 새긴 우상을 만들지 말고 또 위로 하늘에 있는 것이나 아래로 땅에 있는 것이나 땅 아래 물 속에 있는 것의 어떤 형상도 만들지 말며 그것들에게 절하지 말며 그것들을 섬기지 말라. 나 네 하나님 여호와는 질투하는 하나님인즉 나를 미워하는 자의 죄를 갚되 아버지로부터 아들에게로 삼사 대까지 이르게 하거니와 나를 사랑하고 내 계명을 지키는 자에게는 천 대까지 은혜를 베푸느니라.

십계명의 두 번째는 "너는 너를 위하여 새긴 우상을 만들지 말라"는 말씀이다. 이는 크게 두 가지를 전제하고 있다. 첫째, 우리는 하나님을 떠난 상태로 있다 보면 우리도 모르게 자연스럽게 우상을 만들기 쉽다는 것이다. 둘째, 이 우상을 만드는 목적은 바로 '나를 위한', 즉 자신의 이기적인 목적에 봉사한다는 것이다.

제2계명을 접하는 현대인들은 고개를 갸우뚱할지 모르겠다. "아니, 매일매일 먹고살기도 정신없는데 어느 세월에 우상을 만들 시간이 있단 말인가?" 주변에 이런 우상도 별로 보이지 않고, 또 우상이 있다고 하더라도 너무 바빠 우상에게 절하러 갈 시간조차 없다고 생각할지 모른다.

그러나 가만히 생각해보면 우리나라에 우상처럼 지천에 넘치는 것이 없다. 우리나라를 흔히 '우상 공화국'이라고 한다. 좀 더 세련되게 말하면 '아이돌 공화국'이다. 아이돌이라는 말은 라틴어 '아이돌룸'에서 왔고, 아이돌룸은 헬라어 '에이돌론'에서 기원했다. '에이돌론'은 '본다'는 뜻이다. 아이돌은 비현실적인, 실체가 없는, 허구의 이미지(unsubstantial image)를 말한다. 이런 이미지를 만들어내는 데 무척 왕성한 곳이 바로 우리나라다.

이런 이미지는 대중문화에서 아이돌 스타들에 의해 구현된다. 에이핑크, 마마무, 소녀시대, 걸스데이, 트와이스, 샤이니, f(x), 원더걸스, 방탄소년단, 빅뱅, 동방신기, 슈퍼쥬니어, 2PM, 2AM, 애프터스쿨, 2NE1, 카라 등. 2016년 기준으로 우리나라에 지난 10년간 데뷔한 아이돌그룹만 200여 개나 된다.

이들은 옛날 고대 근동처럼 새긴 우상은 아니지만 대형기획사에 의해서 만들어진 조작된 이미지들이다. 누구를 위해 만들어진 이미지인가? 바로 소비자, 즉 팬들을 위해 만들어진 이미지이다. 그런데 이 이미지는 대부분 조작된 허구의 이미지이다.

소녀시대, 언뜻 보기에는 대한민국의 소녀들을 대변하는듯한 느낌을 준다. 그러나 막상 소녀시대를 보면 대한민국의 10대들과는 전혀 상관없는 거리감 있는 10대들이다.[5] 지금 소녀들은 학교에서 공부에 시달린다. 학교를 마치면 학원에 가야 한다. 외모로 고민하고 여드름도 많이 난다. 그런데 늘씬한 키에 인형 같은 외모를 지닌 '소녀시대'의 아홉 명의 소녀는 자신들이 행운의 여신 '지니'라면서 '소원을 말해보라' 고 춤추며 노래한다.

소원을 말해봐.
네 마음속에 있는 작은 꿈을 말해봐.
네 머리에 있는 이상형을 그려봐. 그리고 나를 봐.
난 너의 지니야, 꿈이야, 지니야.
드림카를 타고 달려봐. 넌 내 옆자리에 앉아
그저 내 이끌림 속에 모두 던져
가슴 벅차 터져버려도, 바람결에 날려버려도
지금 이 순간 세상은 너의 것.

그래요 난 널 사랑해.
언제나 믿어. 꿈도 열정도 다 주고 싶어 [싶어]
난 그대 소원을 이뤄주고 싶은 [싶은] 행운의 여신
소원을 말해봐(×3).
난 널 사랑해 넌 나의 Music
[너의 Fantasy를 숨김없이 말해봐]
난 널 사랑해 넌 나의 기쁨

[나는 Genie, 길을 보여줄게]
난 널 사랑해 난 너의 행운이 되고 싶어
[니가 가진 소원 숨김없이 말해봐. 너의 Genie 내가 들어줄게]

말해도 소용없다. 왜? 가짜니까. 소녀시대는 행운의 여신이 아니다. 많은 사람이 그리는 이상적인 모습을 소비하도록 만들어낸 아이돌일 뿐이다. 문제는 이런 아이돌이 나타나면 진짜 소녀들이 여기에 열광하고, 소녀시대를 따라 하면서 자기 내면의 진정한 소녀다움을 잃어버린다는 것이다. 소녀시대는 청소년들의 본 모습을 심각하게 왜곡하였다. 그리고 청소년들이 꿈꾸고 부러워하는 이상적인 모습을 극단적으로 이상화하여 제시한다. 그것도 혼자로는 완벽하지 않으니까 서로 다른 완벽한 모습들을 보여줄 수 있는 여러 명의 아이돌이 함께 등장하여 완벽한 모습을 집단으로 보여준다. 일종의 다신(多神) 아이돌이다.

아이돌 그룹 중에 2PM과 애프터스쿨이 있다. 이 그룹들은 10대 청소년들을 원본으로 삼지만 우리나라 청소년들 2PM에 뭐 하는가? 공부한다. 하지만 아이돌 그룹 2PM은 춤추고 노래한다. 학교가 끝나면 학원을 가야 하지만 애프터스쿨은 현란하게 춤춘다. 다들 왜 바지는 핫팬츠를 입고 또 부츠는 왜 그렇게 길까? 학교 수업이 끝났어도 그렇게 돌아다니면 안 된다. 그러나 이런 모습을 보고 수많은 청소년과 심지어 삼사십 대 팬들까지 이들의 완벽해 보이는 환상에 마음을 빼앗긴다. 여기에는 내가 꿈꾸는 모습, 또 내가 원하는 이상적인 남자친구, 여자친구의 모습이 투영된다. 자꾸 이런 아이돌 그룹만 보다가 눈만 높아진다. 이런 아이돌은 본문 4절이 말하는 우상의 특징을 고스란히 반영하고 있다.

첫째, 우리의 욕망은 자꾸만 아이돌을 요구한다. 보다 새롭고, 보다 멋있고, 보다 카리스마 있고, 보다 환상적인 그런 아이돌을 우리는 원한다. 대중의 요구가 끊임없이 나오다 보니 이런 대중의 욕구를 충족시키기 위해 아이돌도 계속해서 결성되고 데뷔한다. 그 아이돌을 소비하고, 조금 지나면 싫증을 내고 더 이상 나를 충족시켜주지 않으면 또 다른 아이돌에 열광한다. 그래서 대중은 끊임없이 우상을 요구하고, 대형기획사는 대중의 욕구를 철저히 상품화하여 이것을 대중이 소비하게 만든다. 이 우상의 목적은 이기적이다. 나의 욕구, 나의 환상을 만족시켜주는 것이다. 이것에 충실하지 못하면 철저히 소비자에게 외면당한다. 본문 4절 말씀을 다시 한번 보자.

> "너를 위하여 새긴 우상을 만들지 말고 또 위로 하늘에 있는 것이나 아래로 땅에 있는 것이나 땅 아래 물 속에 있는 것의 어떤 형상도 만들지 말며"(출 20:4).

이 우상은 너 개인을 위하여 새긴 우상이다. 또 이 우상은 너의 욕구를 위해 지금도 끊임없이 만들어진다. 우상은 히브리어로 '페셀'로, 본문에는 '새긴 우상'이라고 번역되었다. 원문에는 단순히 페셀, 즉 우상으로 되어 있는데 이것에 '새긴'이라는 형용사가 덧붙어 있다. 이는 당시의 우상이 대부분 나무나 돌을 깎아 만든 조각품이었기 때문이다. 하지만 당시에는 부어 만든 우상도 있었다. 금송아지 같은 경우는 금을 부어 만든 우상이었다. 이렇게 볼 때 우상을 설명하려면 '새긴'이라는 형용사와 함께 '부어 만든'이라는 형용사까지 포함되어야 더욱 정확한 설명이 될 것이다. 우상(偶像)이란 말은 한자인데, '우'(偶)는 '짝' 또는 '인형'이란 뜻으로 '우상'은 사람의 모습을 흉내 낸 허수아비나 인형을 가리킨다.

고대 근동에는 이런 우상을 만들고 숭배하고 절하는 이들이 대부분이었다. 고대 이집트의 우상을 보면 개구리 모양의 헤케트 신이나 황소의 신 네비스를 비롯한 많은 신이 여러 짐승의 형상을 따라 만들어졌다. 바벨론의 경우에도 초승달 형태의 달신 '신', 별 형태의 신 '이쉬타르', 물고기와 야생 염소 형태의 신 '엔키', 황소 형태의 '아닷', 용 형태의 '마르둑'을 비롯한 많은 신이 있었다. 이런 신들은 하늘과 땅에 존재하는 것들, 심지어 땅 아래 물 속에 있는 것의 형상을 본떠 만든 것들이다.

본문 4절 말씀 중간에 등장하는 접속사 '또'(히. 와우)는 히브리어 문법에서 '설명의 접속사'로 앞에 나온 문장을 설명해주는 역할을 한다. 이를 살려서 번역하면 "너를 위하여 새기거나 부어 만든 우상을 만들지 말라. 좀 더 구체적으로 설명하면 위로 하늘에 있는 것이나 아래로 땅에 있는 것이나 땅 아래 물 속에 있는 것의 어떤 형상도 만들지 말아야 한다"가 된다.

사람들이 이런 우상을 만든 이유는 언급했던 것처럼 자신의 이기적 만족을 위해서다. 이런 배후에는 몇 가지 동기가 있다. 첫째, 하늘과 땅의 여러 가지 피조물을 흉내 내어 우상을 만드는 것은 인간의 연약함 때문이다. 사람은 자신의 연약함을 뛰어넘을 수 있는 것이라면 무엇이든지 동원하고 싶은 마음이 있어 사람보다 강하다고 생각하는 피조세계의 형상을 만들어 신상으로 세운다. 물론 신상 자체는 신이 아니다. 그러나 고대 근동사람들은 신상은 원본이 아니라 가짜이지만 이 우상을 세우면 신이 이 형상을 통하여 자신의 능력을 드러내고 사람들과 접촉한다고 생각했다. 그래서 신들의 능력을 끌어들이기 위해서, 자신의 풍요와 복을 위해서 이런저런 신들을 많이 만들어내고 신상들을 세운 것이다. 신상이 마치 라디오 신호를 받는 안테나와 같은 역할을 한다고 믿었던 것이다.

어떤 사람은 집에 달마대사 그림을 떡 하니 걸어둔다. 또 집 문지방 위에 부적을 붙여놓는다. 이 그림과 부적들은 무척이나 비싸다. 어떻게 보면 그냥 평범한 그림이고 글씨인데 왜 이렇게 비싼가? 이 부적에 있는 문양과 달마대사의 특별한 그림에는 부처님의 공력이 들어가서 재액을 막아주는 위력을 발휘한다고 믿기 때문이다. 이런 그림이나 부적이 신의 능력과 접속하는 수단이 되는 것이다. 그런 면에서 이런 것들은 헛된 우상들이다.

둘째, 여기에는 자신의 이기적 만족을 위해 신을 제한된 공간 안에 가두어 두고자 하는 동기가 자리 잡고 있다. 신은 인간보다 강력하고 통제하기가 어렵기 때문에 신을 신상이라는 제한된 공간 안에 묶어 두어야 한다. 신이 자유롭게 동에 번쩍 서에 번쩍 한다면 어디서 섬겨야 할지 모른다. 그래서 신전이라는 장소를 정하고 신상을 통해 신을 머물게 하려는 동기가 있다. 이것을 '지역화 동기'(localization motive)라고 한다.

셋째, 여기에는 더 깊은 동기가 있다. 그것은 신을 내 뜻대로, 내 마음대로 부리고 싶은 통제 동기가 있다. 이것을 '조작 동기'(manipulation motive)라고 한다. 금송아지 우상을 딱 만들어 놓으면 그 다음부터는 내 통제와 손아귀를 벗어나지 못한다.

모든 것을 통제하면 정말 행복할까? 아니다. 내 주변의 것들은 내 뜻대로 통제되지 않고, 또 통제할 수도 없는 것이 많다. 이것을 어떻게든 내 통제 하에 두기보다는 통제하지 못하는 나의 연약함을 겸손하게 깨닫고 하나님께 나의 걸음을 내맡기는 것이 훨씬 행복하다.

세계적인 IT기업 구글의 비밀 연구조직인 '구글 X'의 총책임자였던 모 가댓이 「행복을 풀다」는 제목의 책을 썼다. 구글 X는 무인 자율주행차 프로젝트, 또 풍선을 고도 18~25km의 성층권에 띄워서 전 세계에 무료 와이파이를 공급하는 프로젝트 등 수많은 혁신적인 사업을 진행해왔다. 이런 조직을 이끌려면 매우 치밀해야 하고 계획적이어야 한다. 모 가댓은 그렇게 살아왔다. 몇 년 앞을 계획하고, 모든 것을 자신의 통제 하에 두었으며, 그런 자기 인생이 행복하다고 생각했다.

그러던 어느 날 갑자기 대학교 3학년 아들을 어처구니없는 의료과실로 잃고 말았다. 단순한 맹장수술이었는데 의료진이 아들의 넓적다리 동맥에 주사기를 잘못 찌르면서 일어난 의료사고가 결국 아들을 죽음으로 몰고 갔다. 어쩌면 인생에서 가장 통제하고 싶고 만들어내고 싶었던 자신의 행복을 송두리째 빼앗긴 것이다. 통제가 행복인 줄 알았는데 통제는 행복이 아니었음을 깨달은 것이다. 그래서 그는 자기 책에서 우리가 버려야 할 큰 환상으로 통제를 꼽았다. 그는 신의 축복을 내 마음대로 조종할 수 없음을 깨달았다.

그렇다면 본문에 하나님께서 어떤 우상이나 어떤 것의 형상도 만들지 말라고 하시는 이유가 무엇인가? 하나님은 우리 마음대로 길들일 수 없는 분이기 때문이다. 하나님은 어느 한 장소에 가두어 둘 수 있는 분이 아니다. 솔로몬이 성전을 짓고 하나님께 봉헌할 때 기도했던 것처럼 "하늘과 하늘들의 하늘이라도" 하나님을 수용할 수 있는 것은 아무것도 없다(대하 2:6).

그래서 하나님께서는 이스라엘에게 우상과 형상을 허락하지 않으시고 대신 그의 말씀을 허락하셨다. "여호와께서 불길 중에서 너희에게 말씀하시되 음성뿐이므로 너희가 그 말소리만 듣고 형상은 보지 못하였느니라. (그리고 십계명을 주셨다) 여호와께서 그의 언약을 너희에게 반포하시고 너희에게 지키라 명령하셨으니 곧 십계명이며 두 돌판에 친히 쓰신 것이라"(신 4:12-13). "여호와께서 너를 교훈하시려고 하늘에서부터 그의 음성을 네게 듣게 하시며 땅에서는 그의 큰 불을 네게 보이시고 네가 불 가운데서 나오는 그의 말씀을 듣게 하셨느니라"(신 4:36).

여기서 우리는 신명기 4장 12절에 나오는 '형상'이란 단어에 주목할 필요가 있다. 이 단어는 이번 장의 본문인 출애굽기 20장 4절에도 나온다. "우상을 만들지 말고, 이 세상에 있는 그 어떤 것의 형상도 만들지 말라!" 형상을 만들지 말라고 하신 것은 하나님께서 이미 만드신 하나님의 형상이 있기 때문이다. 그 하나님의 형상은 바로 사람이다.

> "하나님이 이르시되 우리의 형상을 따라 우리의 모양대로 우리가 사람을 만들고 그들로 바다의 물고기와 하늘의 새와 가축과 온 땅과 땅에 기는 모든 것을 다스리게 하자 하시고 하나님이 자기 형상 곧 하나님의 형상대로 사람을 창조하시되 남자와 여자를 창조하시고"(창 1:26-27).

우리는 삼위일체 하나님의 창조계획에 따라 하나님의 형상이 새겨진 존재다. '형상'(히. 첼렘)이라는 말은 원본이 아니라 복사본이라는 뜻이다. 사람은 원본이신 하나님의 성품과 관계를 드러내도록 창조되었다. 사람은 이 형상을 갖고 피조세계의 모든 생물을 다스리도록 부름받았다. 피조세계는 하나님의 형상이 새겨진 사람의 통치를 받아야 한다. 이것이 피조물의 위치다. 그런데 사람들이 피조세계에 있는 엉뚱한 새나 짐승의 형상을 새기거나 만들어 섬기려 한다. 이것은 정말 우스꽝스럽고 역겨운 일이다. 형상 중의 최고 형상은 바로 사람 안에 새겨진 하나님의 형상이다! 우리 안에 하나님의 형상이 온전히 드러나려면 다른 우상을 만들어 따라가는 것이 아니라 하나님의 말씀에 순종하며 그 말씀이 우리 삶에 드러나게 하면 된다. 그래서 성도는 엉뚱한 피조물 가운데 만든 신상과 우상을 따라갈 것이 아니라 세상 속에 우리 삶을 통하여 하나님의 형상을 드러내야 한다.

그러나 인간은 죄로 인해 타락했다. 하나님의 형상을 온전히 드러내는 데 어려움이 많다. 하나님은 우리가 엉뚱한 형상을 따라가지 말고 하나님의 형상이 우리에게 온전히 능력 있게 드러나도록 하나님의 완벽한 형상이신 그의 아들 예수 그리스도를 우리 가운데 보내셨다. 성경은 이 땅 가운데 오신 그리스도를 이렇게 말씀한다. "그는 보이지 아니하는 하나님의 형상이시요 모든 피조물보다 먼저 나신 이시니"(골 1:15).

그렇다. 보이지 않는 하나님의 형상이 온전히 드러난 것이 그리스도다. 우리가 믿음으로 이 예수 그리스도를 우리 인생의 구주로 믿고 받아들이면 이제 우리 안에 그리스도께서 성령으로 함께 거하시게 된다. "내가 그리스도와 함께 십자가에 못 박혔나니 그런즉 이제는 내가 사는 것이 아니요 오직 내 안에 그리스도께서 사시는 것이라. 이제 내가 육체 가운데 사는 것은 나를 사랑하사 나를 위하여 자기 자신을 버리신 하나님의 아들을 믿는 믿음 안에서 사는 것이라"(갈 2:20).

예수 그리스도를 통해 우상을 이겨낼 수 있는 능력을 경험한다. 참 신기하다. 우리는 우리 안에 있는 것을 형상으로 반영한다. 만약 아이돌 그룹을 우상으로 삼으면 우리도 모르게 아이돌처럼 바뀌어간다. 청소년들이 좋아하는 걸그룹을 우상으로 삼으면 걸그룹처럼 화장을 하고, 치마를 짧게 입고, 머리 스타일과 말투도 비슷하게 하지 않는가? 우리가 우상을 섬기면 우리는 우상을 닮아가고 우상처럼 된다. "그들의 우상들은 은과 금이요 사람이 손으로 만든 것이라. 입이 있어도 말하지 못하며 눈이 있어도 보지 못하며 귀가 있어도 듣지 못하며 코가 있어도 냄새 맡지 못하며 손이 있어도 만지지 못하며 발이 있어도 걷지 못하며 목구멍이 있어도 작은 소리조차 내지 못하느니라. 우상들을 만드는 자들과 그것을 의지하는 자들이 다 그와 같으리로다"(시 115:4-8).

우상의 특징이 무엇인가? 입이 있지만 진리를 말하지 못하고, 눈이 있지만 제대로 보지 못한다. 영적 맹인이다. 귀가 있어도 듣지 못한다. 내 속에 세상의 다른 우상이 꽉 차 있으면 하나님의 말씀이 들리지 않는다. 나는 내가 우상으로 섬기는 바로 그것을 닮아간다. 이를 아주 극명하게 보여주는 것이 이사야 6장 9절 말씀이다. "여호와께서 이르시되 가서 이 백성에게 이르기를 너희가 듣기는 들어도 깨닫지 못할 것이요 보기는 보아도 알지 못하리라 하여."

하나님께서 이스라엘 백성이 이사야의 메시지를 듣고도 깨닫지 못하고 보아도 알지 못한다고 하시는 이유가 무엇인가? 이들이 이미 우상 숭배로 인하여 그들이 섬기는 우상을 닮아 있었기 때문이다. 그렇다면 우리는 어떻게 해야 할까? 예수 그리스도로 말미암아 충만해져야 한다. 그때 하늘의 음성이 들리고 하늘의 영광이 보이기 시작할 것이다. 그러므로 우리는 지금 즉시 내가 의지했던 모든 것을 주님 앞에 내려놓고 담대히 주님 앞으로 나아가야 한다.

[41장 각주]

5) 문형강준, "우상의 황혼: 한국 사회에서 아이돌은 어떻게 소비되는가?", 「시민과 세계」 17(2010. 6.), 282쪽.

42 Chapter 42. Exodus 20:5-6

제2계명 (2)
: 가계에 흐르는 저주는 없다

> *그것들에게 절하지 말며 그것들을 섬기지 말라. 나 네 하나님 여호와는 질투하는 하나님인즉 나를 미워하는 자의 죄를 갚되 아버지로부터 아들에게로 삼사 대까지 이르게 하거니와 나를 사랑하고 내 계명을 지키는 자에게는 천 대까지 은혜를 베푸느니라.*

'가계에 흐르는 저주'를 들어봤는가? 이번 장의 본문 5절은 이 말을 연상시키는 섬뜩한 구절이다.

"그것들에게 절하지 말며 그것들을 섬기지 말라. 나 네 하나님 여호와는 질투하는 하나님인즉 나를 미워하는 자의 죄를 갚되 아버지로부터 아들에게로 삼사 대까지 이르게 하거니와"(출 20:5).

'그것들'은 우상을 말한다. 하나님은 우상을 만들지 말고, 절하지도 섬기지도 말라고 하신다. 그러면서 "나 여호와는 질투하는 하나님인즉 나를 미워하는 자의 죄를 갚되 아버지로부터 아들에게로 삼사 대까지 이르게 하겠다"고 하신다. 죄가 삼대, 사대까지 계속해서 흘러간다는 것이다. 이렇게 서너 세대까지 세대를 통해 흘러가는 징벌을 '가계에 흐르는 저주', 영어로 'Generation Curse'라고 한다. 이 구절을 근거로 '가계 저주론'이 나왔다. 이 구절을 바로 이해하지 못하면 큰 오해가 생긴다. 겉으로 보이는 대로 읽으면 '아, 죄는 가계를 타고 저주로 흐르는구나' 하는 왜곡된 생각을 가질 수도 있기 때문이다.

우리나라에 가계에 흐르는 저주라는 개념이 처음 소개된 것은 1997년 메릴린 히키가 쓴 「가계에 흐르는 저주를 끊어야 산다」는 책을 통해서다.[6] 메릴린 히키는 정식 신학과정을 받지 않은 목회자의 아내다. 이 책이 나온 지 2년 후, 국내 저자를 통해 이 책의 내용에 대해 한국적인 상황을 고려하여 보다 구체적인 방법론과 근거를 다룬 「가계에 흐르는 저주 이렇게 끊어라」라는 책이 출간되었다.[7] 두 책 모두 출간 당시 상당기간 베스트셀러가 되었고, 이 두 책을 통해 한국교회에는 '가계에 흐르는 저주'가 성경적인 진리처럼 받아들여지게 되었다. 지금도 이 책의 내용을 근거로 기도사역을 하는 사람들이 있다. 예언사역을 하는 이들 가운데 문제의 원인을 '가계에 흐르는 저주'로 지목하는 이들이 많다. 메릴린 히키의 「가계에 흐르는 저주를 끊어야 산다」에 보면 처음 부분에 출애굽기 20장 5절을 소개하고서 가계에 흐르는 저주를 상담한 사례가 나온다.[8)]

어느 날, 히키 사모님이 남편과 이혼하려는 한 젊은 여성과 상담을 했다.

히키가 물었다.

"자매님의 어머니도 이혼하셨습니까?"

"예."

"몇 번이나 이혼하셨습니까?"

"세 번이요."

"어머니는 자녀를 몇이나 두셨습니까?"

"넷이요."

"그러면 자매님은 몇 번이나 결혼하셨습니까?"

"지금이 세 번째입니다."

"지금 자녀는 몇 명이나 두고 있습니까?"

"딸만 셋이요."

"자매님은 어린 딸들을 사랑하십니까?"

"그럼요. 저는 아이들을 너무나도 사랑해요!"

"자매님, 알고 계시나요? 그들이 자라 결혼하게 되면 세 번이나 이혼하게 될 것이고, 그래서 자매님의 마음을 무너지게 할 것이라는 것을요. 왜냐하면 자매님의 어머니가 조상으로부터 물려받은 성적인 죄의 저주 아래 놓여 있기 때문입니다. 자매님의 어머니는 여러 사람들과 난잡한 관계를 맺어 왔습니다. 그런데 지금 자매님도 어머니와 똑같은 상태에서 똑같은 결정을 내리려 하고 있습니다. 그렇게 될 때 자매님은 앞으로 자매님의 어린 딸들이 자매님과 똑같은 삶을 사는 것을 고통 가운데 지켜보게 될 것입니다."

이렇게 말하자, 이 자매의 얼굴은 마치 뺨을 한 대 얻어맞은 것처럼 새하얗게 질려 있었다.

이런 상담은 우리나라에서도 종종 일어난다. 한 교회의 여성도가 예언의 은사가 있다는 이에게 기도를 받기 위해 가정의 문제를 털어놓았다.

"우리 신랑은 집에 오면 맨날 텔레비전만 틀어놓고 가족들과 이야기도 하지 않고 거기에 푹 빠져 살아요."

그러자 기도하는 이가 기도하다가 예언을 한다.

"그것은 조상 대대로 텔레비전에 들러붙은 귀신들이 있기 때문이다! 신랑의 할아버지도 텔레비전에 들러붙어 있고, 아버지도 텔레비전에 들러붙어 있고, 지금 신랑도 그러고 있다. 이제 그대로 두면 아들도 텔레비전에 들러붙은 귀신에게 붙들려 있을 것이다!"

순간 철렁한다. 왜? 조상 대대로 흘러오는 귀신이 있다는 말 때문이다.

또 어떤 사람은 기도원에 갔는데 이런 기도를 받았다.

"지금 너의 아내가 이렇게 힘들고 우울증이 찾아오는 것은 조상 대대로 흘러오는 저주가 있기 때문이다. 이것은 너의 10대조 조상부터 수천 년간 가계를 타고 내려온 저주다. 사탄은 이 저주를 통해 너의 아내를 강력한 무당으로 세워 그의 종으로 사용할 것이다. 이 기도원을 나가면 영적 보호가 사라지고 너희들은 저주 가운데 살 것이다. 그러니 이 기도원을 나가지 말아라."

샤머니즘의 영향이 강한 토양 아래 자라 와서 그런지 우리는 '조상 때부터 내려온 저주' 라고 하면 가슴이 덜컥하고 겁부터 먹는다. 우리는 예전부터 TV 드라마 〈전설의 고향〉을 비롯해서 이런 이야기를 많이 접해왔기 때문이다. 무당이나 점쟁이에게 가면 여지없이 나오는 단골 메뉴가 '조상 때부터 흐르는 저주' 다. 조상 때 어떤 끔찍한 일이 일어나서 그 영향이 지금까지 이어지고 있다는 것이다.

우리나라는 예전부터 조상신을 섬기는 미신이 있었다. 후손이 조상신을 정성스럽게 섬기지 않으면 조상신이 후손을 방해하고 저주하고, 그렇게 되면 후손이 고통을 받는다는 것이다. 이런 무속적 유산이 우리에게 남아 있는데, 여기에 가계에 흐르는 저주를 이야기하니까 확 쏠리는 것이다. 정서적으로 너무 잘 맞는 내용이다. 요즘도 점을 보는 이가 꽤 많지 않은가? 신앙생활을 하지 않는 이들 중 상당수가 점을 본다. 또 용하다는 점쟁이가 뜨면 함께 몰려다닌다. 이런 점을 칠 때도 보면 조상신의 영향, 또 가계에 흐르는 저주 이야기가 단골로 등장한다. 그러니 이런 'Generation Curse', 즉 '가계에 흐르는 저주' 이야기에 상당한 매력을 느끼게 되고, 쉽게 받아들이고 또 쉽게 믿으려 한다.

가계 저주론에서 중요하게 제시하는 성경 구절이 있다. 바로 잠언 26장 2절 말씀이다. "까닭 없는 저주는 참새가 떠도는 것과 제비가 날아가는 것같이 이루어지지 아니하느니라." 가계 저주론은 이 말씀 전반부는 생략한 채 "까닭 없는 저주는 이루어지지 아니하느니라"는 후반절만 인용한다. 저주는 아무 이유 없이 그냥 찾아오는 것이 아니라 거기에는 반드시 이유가 있다는 것이다. 이것을 일반적으로 인과응보라고 한다. 이는 점치는 이들도, 무당도 하는 이야기다.

인과응보의 원리를 뒷받침한다는 성경 구절이 에스겔 18장 2절이다. "너희가 이스라엘 땅에 관한 속담에 이르기를 아버지가 신 포도를 먹었으므로 그의 아들의 이가 시다고 함은 어찌 됨이냐." 아버지가 신 포도를 먹었으면 아버지가 시다고 해야지 왜 아들이 이가 시다고 하느냐는 것이다. 이것은 죄와 죄의 저주가 아들에게로 흘러가기 때문이라는 것이다.

이 주장을 예레미야 31장 29절에서도 찾아 근거구절로 제시한다. "그때에 그들이 말하기를 다시는 아버지가 신 포도를 먹었으므로 아들들의 이가 시다 하지 아니하겠고." 여기서도 전후 맥락은 자르고 "아버지가 신 포도를 먹었으므로 아들들의 이가 시다"는 부분만 제시한다. 이러한 말씀을 근거로 우리 삶에 어렵고 힘든 많은 것의 원인을 가계에 흐르는 저주로 돌린다. 내 일이 잘 풀리지 않고, 자꾸만 힘든 일이 일어나면 거기에는 반드시 이유가 있다고 한다. 까닭 없이 걸린 중한 질병, 원인을 알 수 없는 정신질환, 이유를 모르는 가정의 불화, 그것은 나를 넘어 조상들부터 내려온 죄와 이로 인한 저주가 원인이 된다. 가계에 저주가 임하면 귀신이 계속해서 후손들을 쫓아다니며 괴롭힌다는 것이다.

그래서 가계 저주론을 주장하는 이들은 가족들의 영적 도해를 그려보라고 한다. 아버지, 어머니, 할아버지, 할머니, 그 위 조상까지 거슬러 올라가서 이들의 삶에 어떤 죄와 저주가 있었는지를 검토하라는 것이다. 어떤 이는 내 피에 흐르는 조상들의 유전된 죄 때문에 너무 괴롭고 힘들다고 한다. 이 모든 것은 성경을 올바르게 이해하지 못한 것에서 기인한다. 그렇다면 우리는 가계에 흐르는 저주에 대해서 어떻게 이해해야 할까? 가계 저주론에서 제시하는 구절들을 하나

하나 검토해보자.

먼저, 출애굽기 20장 5절에 나오는 "아버지로부터 아들에게로 삼사 대까지 이른다"는 표현을 잘 이해할 필요가 있다. 언뜻 보면 아버지의 죄 때문에 삼사 대에 걸쳐 불행을 당한다는 것처럼 들린다. 그러나 이 말씀은 그 당시 고대 근동의 대표자 사상을 배경으로 이해해야 한다. 고대 이스라엘은 보통 삼사 대가 대가족을 이루며 함께 살았다. 한 지붕 아래 동거하는 가족 구성원이 삼사 대였다. 보통 아버지는 그 가족의 대표를 의미했고, 아버지가 벌을 받으면 그 파장이 할아버지, 아버지, 자녀, 손자까지 미쳐 사대 전체가 고통을 받았다.

특별히 본문은 십계명이라는 언약의 맥락에서 선포된 말씀이다. 언약은 주군과 봉신 사이에 체결하는 조약이다. 종주의 규약을 봉신이 지키면 종주는 봉신과 그의 집안 전체에게 복을 준다. 그러나 봉신이 종주의 계약을 이행하지 않으면 가문 전체가 벌받고 고통받는다. 실제로 그 당시에 유사한 형식으로 체결되었던 히타이트 족속의 봉신 종주 언약체결 문서들을 보면 봉신이 신들 앞에서 삼사 대의 생명을 걸고 맹세하였다.[9] 십계명의 언약도 이와 비슷하다. 이스라엘 백성이 삼사 대 가족의 생명을 담보로 하나님 앞에서 지키기로 약속한 언약 규정인 것이다. 그만큼 이 언약이 엄중하고 중요하다는 의미다.

따라서 본문에서 언급하는 저주는 세대와 세대를 거쳐 이어지는 주술적 저주가 아니라 언약 위반에 관한 엄중한 경고로 보아야 한다. 하나님은 우리를 저주하기보다 복주기를 더 기뻐하시는 분이다. 이어지는 6절 말씀을 보라.

"나를 사랑하고 내 계명을 지키는 자에게는 천 대까지 은혜를 베푸느니라"(출 20:6).

이 말씀은 하나님께서는 자신을 미워하는 자, 죄를 범하는 자라도 벌은 될 수 있는 대로 적게 주시고, 반면 자기를 사랑하는 자에게는 천 대까지 한량없이, 대대로 복을 많이 주기 원하시는 분임을 진술하고 있다. 따라서 강조되어야 할 부분은 삼사 대의 저주가 아니라 천 대까지 계속되는 복이다. 천 대와 삼사 대를 대조해서 볼 때 우리는 삼사 대에 임하는 벌은 저주라기보다 징계의 성격을 가졌다는 점에 주목해야 한다. 지금 이 말씀은 언약의 맥락에서 이해되어야 한다고 했다. 언약은 계약이 아니다. 언약이란 계약 당사자 간에 한쪽이 온전히 의무를 이행하지 못한다 하더라도 다른 한쪽에서 포기하지 않고 끝까지 붙들어주어 마침내 그 계약이 온전히 이루어지도록 신실하게 붙들어주는 약속이다.

이렇게 볼 때 삼사 대에 미치는 징벌은 저주가 아니다. 왜? 저주라고 하면 불행한 일이나 재앙이 일어나는 것인데 그 자체로서 저주는 파멸을 목적으로 하기 때문이다. 그러나 하나님께서 이스라엘 가문의 삼사 대에 벌을 주시는 것은 그들로 잘못을 깨닫고 회개하여 하나님께 돌아오도록 하기 위한 것이다.[10] 마음을 다해 다시 하나님을 온전히 사랑하도록 하기 위한 것이다. 그렇게 볼 때 삼사 대에 임하는 것은 하나님께서 그 사랑하는 백성들을 향한 징계라고 보아야 한다.

히브리서는 이 징계에 대해 다음과 같이 말씀한다. "징계는 다 받는 것이거늘 너희에게 없으면 사생자요 친아들이 아니니라. 또 우리 육신의 아버지가 우리를 징계하여도 공경하였거든 하물며 모든 영의 아버지께 더욱 복종하며 살려 하지 않겠느냐. 그들은 잠시 자기의 뜻대로 우리를 징계하였거니와 오직 하나님은 우리의 유익을 위하여 그의 거룩하심에 참여하게 하시느니라. 무릇 징계가 당시에는 즐거워 보이지 않고 슬퍼 보이나 후에 그로 말미암아 연단받은 자들은 의와 평강의 열매를 맺느니라"(히 12:8-11).

그렇다면 가계 저주론을 지지하는 잠언 26장 2절 말씀은 어떻게 이해해야 하는가? 잠언 말씀을 다시 한번 음미하며 읽어보자. "까닭 없는 저주는 참새가 떠도는 것과 제비가 날아가는 것같이 이루어지지 아니하느니라." '까닭 없는 저주' 는 모든 저주에는 이유가 있다는 뜻이 아니다. 도리어 아무 근거 없는 저주, 저주해야 할 이유 없이 그냥 막 쏟아내는 저주는 아무에게도 영향을 끼치지 않는다는 뜻이다.

그래서 새번역은 이를 이렇게 번역한다. "까닭 없는 저주는 아무에게도 미치지 않으니, 이는 마치 참새가 떠도는 것과 같고, 제비가 날아가는 것과 같다." 무슨 말인가? 아무 이유 없이 상대방을 저주하지 말라는 뜻이다. 아무 이유 없이 개인적인 감정으로 다른 사람을 미워하고 증오하여 저주해도 그 저주는 상대방에게 아무 효과를 미치지 않기 때문이다.[11] 원래 성경 말씀의 의미를 오도하고 잘못 인용한 것이다.

가계에 흐르는 저주의 근거로 인용하는 또 다른 성경인 에스겔 18장 2절도 살펴보자. 이를 위해서는 이 구절을 이후에 이어지는 3~4절까지의 흐름에서 살펴볼 필요가 있다. "너희가 이스라엘 땅에 관한 속담에 이르기를 아버지가 신 포도를 먹었으므로 그의 아들의 이가 시다고 함은 어찌 됨이냐. 주 여호와의 말씀이니라. 내가 나의 삶을 두고 맹세하노니 너희가 이스라엘 가운데에서 다시는 이 속담을 쓰지 못하게 되리라. 모든 영혼이 다 내게 속한지라. 아버지의 영혼이 내게 속함같이 그의 아들의 영혼도 내게 속하였나니 범죄하는 그 영혼은 죽으리라"(겔 18:2-4).

"아버지가 신 포도를 먹었으므로 아들의 이가 시다"는 말은 유대의 속담으로 소개된다. 포로시대를 살던 이스라엘 백성들은 '우리가 이렇게 힘든 것은 조상의 죄가 가계에 흘러 유전되어 그런 거야'라고 생각했던 모양이다. 그런데 하나님께서는 엄중하게 맹세하며 "너희가 이 속담을 다시는 사용하지 못하게 될 것"이라고 말씀하신다. 아버지의 영혼이 내게 속한 것처럼 아들의 영혼도 내게 속하였으니 각각 저마다 범죄하는 영혼이 죽을 것이라고 말씀한다. 각 사람의 영혼이 각각 하나님께 속하였기에 가계에 흐르는 저주가 아니라 각 사람은 자기 죄로 심판받고 죽는다는 뜻이다.

이것을 에스겔 18장 20절은 좀 더 명확하게 말씀한다. "범죄하는 그 영혼은 죽을지라. 아들은 아버지의 죄악을 담당하지 아니할 것이요. 아버지는 아들의 죄악을 담당하지 아니하리니 의인의 공의도 자기에게로 돌아가고 악인의 악도 자기에게로 돌아가리라." 아들은 아버지의 죄악을 담당하지 않는다! 아버지도 아들의 죄악을 담당하지 않는다. 죄와 죄로 인한 저주는 절대 가계에 흐르지 않는다. 의인의 공의는 자기만을 구원하고 악인의 악도 자기만을 징계할 뿐이다.

예레미야 31장 29절도 마찬가지다. 이는 이어지는 30절과 함께 살펴볼 때 그 의미가 더욱 명확해진다. "그때에 그들이 말하기를 다시는 아버지가 신 포도를 먹었으므로 아들들의 이가 시다 하지 아니하겠고 신 포도를 먹는 자마다 그의 이가 신 것같이 누구나 자기의 죄악으로 말미암아 죽으리라"(렘 31:29-30). 누구나 자기 죄악으로 말미암아 죽는다. 이런 오해가 있을까봐 하나님께서는 일찍이 신명기에서 말씀하셨다. "아버지는 그 자식들로 말미암아 죽임을 당하지 않을 것이요 자식들은 그 아버지로 말미암아 죽임을 당하지 않을 것이니 각 사람은 자기 죄로 말미암아 죽임을 당할 것이니라"(신 24:16).

여기 분명히 말씀한다. 아버지나 조상들로 인해 가계에 흐르는 저주는 결코 없다! 각자 자기 죄로 인해 심판당할 뿐이다. 이 원리는 이스라엘 역대 왕 중에도 적용된다. 유다 왕 아마샤는 왕권을 확고히 장악하자 자기 아버지 요아스를 암살했던 왕궁 경비대들을 처형한 일이 있었다. 이때 그는 암살했던 당사자만 처형했지 그들의 자녀는 죽이지 않았다(왕하 14:5-6). 그 이유는 바로 부모의 죄 때문에 자녀를 처형하지 말라고 하셨던 이 신명기 말씀 때문이었다.

물론 우리에게 고난과 어려움이 있다. 그러나 이것은 저주가 아니다. 이는 우리로 주님께 더욱 가까이 나아가고 하나님의 영광을 드러내기 위한 사랑의 인도하심이다.

요한복음 9장에 보면 예수님이 지나가실 때 날 때부터 맹인 된 사람을 보셨다. 제자들이 묻는다.

"예수님, 이 사람이 맹인으로 난 것이 누구 죄 때문인가요? 자기 때문인가요, 부모의 죄 때문인가요?"

이때 예수님이 무엇이라고 하셨는가?

"예수께서 대답하시되 이 사람이나 그 부모의 죄로 인한 것이 아니라 그에게서 하나님이 하시는 일을 나타내고자 하심이라"(요 9:3).

이 사람이 이렇게 된 것은 부모의 죄 때문이 아니다. 이 사람의 죄 때문도 아니다. 하나님께서 이 사람의 고난을 통해 계획하신 바가 있고, 그 일을 이제 나타내고자 하심이다! 이런 희망의 믿음, 긍정의 믿음을 가져야 한다. 주변에서 혹시 누가 예언의 은사가 있다고 하면서 이런 말도 안 되는 가계에 흐르는 저주 이야기를 하면 당장 뿌리치고 나오라. 자칫하면 근거 없는 이상한 저주와 두려움으로 삶이 움츠러든다.

가계에 흐르는 저주에 우리가 쉽게 미혹되고 사로잡히는 것은 우리에게 조상 숭배와 샤머니즘적 정서가 배어 있는 점도 있지만 다른 한편으로는 복음의 능력을 잘 몰라서 그런 점도 있다. 가계 저주론의 성경적 근거로 사용된 구절을 검토하면 하나같이 다 구약에서 온 것임을 알 수 있다. 우리는 신약의 빛 아래에서 이 가계 저주론을 다시 바라볼 필요가 있다. 신약의 빛에서 볼 때 성도가 받을 저주는 하나님의 아들 예수 그리스도께서 십자가에서 이미 다 받으셨다.

"그리스도께서 우리를 위하여 저주를 받은 바 되사 율법의 저주에서 우리를 속량하셨으니 기록된 바 나무에 달린 자마다 저주 아래에 있는 자라 하였음이라"(갈 3:13).

"그러므로 이제 그리스도 예수 안에 있는 자에게는 결코 정죄함이 없나니 이는 그리스도 예수 안에 있는 생명의 성령의 법이 죄와 사망의 법에서 너를 해방하였음이라. 율법이 육신으로 말미암아 연약하여 할 수 없는 그것을 하나님은 하시나니 곧 죄로 말미암아 자기 아들을 죄 있는 육신의 모양으로 보내어 육신에 죄를 정하사"(롬 8:1-3).

"누가 능히 하나님께서 택하신 자들을 고발하리요. 의롭다 하신 이는 하나님이시니 누가 정죄하리요. 죽으실 뿐 아니라 다시 살아나신 이는 그리스도 예수시니 그는 하나님 우편에 계신 자요 우리를 위하여 간구하시는 자시니라. 누가 우리를 그리스도의 사랑에서 끊으리요 환난이나 곤고나 박해나 기근이나 적신이나 위험이나 칼이랴" (롬 8:33-35).

누가 정죄하는가? 누가 저주하는가? 이 모든 일에 우리를 사랑하시는 이로 말미암아 우리가 넉넉히 이긴다.

"내가 확신하노니 사망이나 생명이나 천사들이나 권세자들이나 현재 일이나 장래 일이나 능력이나 높음이나 깊음이나 다른 어떤 피조물이라도 우리를 우리 주 그리스도 예수 안에 있는 하나님의 사랑에서 끊을 수 없으리라"(롬 8:38-39).

누구도 우리를 저주할 수 없다. 그 어떤 저주도 우리에게 대대로 이어질 수 없다. 내가 그리스도 안에 새 생명을 누리고 있으면 더 이상 저주가 흘러오려고 아무리 발버둥 쳐도 올 수가 없다. 확신을 가지라. 흔들리지 말라. 엉뚱한 점쟁이의 말에 귀 기울이지 말기를 바란다. 물론 이전에 죄 된 습관 속에 살면서 이것을 보고 자라는 자녀에게 환경적인 영향을 주는 면은 있다. 아버지가 폭력적이면 그 영향이 가족 전체에게 미친다. 그러나 이것은 죄의 정서적 영향력이지 결코 가계를 타고 흐르는 저주가 아니다. 이런 죄의 영향력은 그리스도 예수 안에서 극복하고 이겨낼 수 있다.

복음은 사람을 변화시킨다. 변화된 아버지, 변화된 어머니가 자녀들에게 이전에 주었던 나쁜 영향을 멈추게 한다. 그리고 지옥 같던 가정이 변화되어 천국이 된다. 그래서 바울은 말하지 않았던가! "너희 안에서 착한 일을 시작하신 이가 그리스도 예수의 날까지 이루실 줄을 우리는 확신하노라"(빌 1:6). 그리스도 안에서는 절대 죄가 저주로 흘러들어가지 못한다. 그러므로 우리는 예수님의 새 생명을 충만하게 누리는 복된 성도로 우뚝 서야 한다.

[42장 각주]

6) 메릴린 히키, 최기운 역, 「가계에 흐르는 저주를 끊어야 산다」(서울: 베다니출판사, 1997).

7) 이윤호, 「가계에 흐르는 저주를 이렇게 끊어라」(서울: 베다니출판사, 1999).

8) 메릴린 히키, 「가계에 흐르는 저주를 끊어야 산다」, 10쪽.

9) 김지찬, 「데칼로그: 십계명, 어떻게 이해할 것인가」(서울: 생명의 말씀사, 2016), 161쪽.

10) 김정우, "언약의 저주에서 본 소위 '가계에 흐르는 저주 신학' 의 문제점", 「헤르메니아 투데이」 29, 2005. 1. 82쪽.

11) 이인규, "'가계 저주론' 의 성경적인 비판", 당당뉴스, 2013. 8. 20.

43 Chapter 43. Exodus 20:7

제3계명 : 여호와의 이름을 망령되게 부르지 말라

너는 네 하나님 여호와의 이름을 망령되게 부르지 말라. 여호와는 그의 이름을 망령되게 부르는 자를 죄 없다 하지 아니하리라.

금속활자는 고려시대에 우리나라가 보유했던 찬란한 문화유산이다. 현존하는 세계 최고의 금속활자 인쇄물로는 1377년 간행된 직지심경이 있다. 그런데 최근 들어 고미술품 시장에 이 직지심경보다 적어도 138년 이상 앞서는 1240~50년경의 것으로 추정되는 금속활자가 은밀하게 팔리고 있다. 검지손톱만 한 활자 한 개에 수백만 원을 호가했다. 이 활자를 보유한 사람이 문화재청에 보물지정을 신청했을 정도다. 이 활자는 고려시대 불경인 「남명천화상송증도가」라는 경전을 인쇄했던 활자로 알려졌다.[12] 이 활자를 줄여 '증도가자'라고 한다. 문화재청은 이 활자들을 7년간 심의한 끝에 2017년 4월에 보물지정을 부결했다. 이 활자의 출처와 소장 경위가 불분명하고, 서체와 주조 방법을 분석한 결과 증도가자로 보기가 어렵다고 결론 내렸다. 그런데도 이 활자를 보물로 신청한 이와 일부 전문가들은 이 활자가 진짜일 가능성을 열어두고 있다. 그 이유가 바로 방사성 탄소연대 측정결과 때문이다. 활자에 묻어 있던 먹을 한국지질자원연구원을 비롯한 국내외 3개 기관에 방사성 탄소연대측정을 의뢰했더니 이 먹의 연대가 대략 삼국시대에서 고려시대 사이의 것으로 나왔다.

국립과학수사원에서는 미술품의 진위여부를 판단하기 위해 한국, 중국, 일본 등에서 현재 판매 중인 먹 10개를 구입해서 한국지질자원연구원과 한국과학기술연구원에 탄소연대측정을 의뢰했다. 그런데 놀라운 결과가 나왔다. 현재 판매되고 있는 먹의 연대가 한국지질자원연구원의 측정에 의하면 적게는 240년 전, 길게는 3만 5760년 전의 물건으로 측정되어 나왔다. 또 다른 기관이었던 한국과학기술연구원의 측정에 따르면 최소 355년에서 3만 3706년 전의 것으로 나왔다. 3만 년 전이면 아직 구석기시대다. 서로 다른 먹을 섞으면 연대를 조정하는 것도 가능했다. 이렇게 볼 때 탄소연대측정을 과신하는 것은 상당한 무리임을 알 수 있다.

이러한 이유로 이 활자가 가짜일 가능성이 커지자 수백만 원을 호가했던 증도가자가 10만 원에도 팔리지 않는 현상이 벌어졌다. 그렇게 귀하게 여겨졌다가 헐값이 된 이유가 무엇인가? 그것은 세계에서 유일한 현존 최고의 활자가 보물로 지정되지 못하고 가짜라는 확신이 만연했기 때문이다.

하나님의 이름은 온 땅에 유일한 하나님의 이름이지만 오늘날 이 하나님의 이름이 모조처럼 회자되며 헐값으로 취급되는 경우가 종종 있다. 십계명의 제3계명인 본문 말씀은 이 부분을 다루고 있다. 핵심은 "여호와의 이름을 망령되게 부르지 말라"는 것이다. 여호와의 이름을 망령되게 부르는 이유가 무엇일까? 여호와의 이름을 진짜 여호와의 이름으로 여기지 않고 마치 모조처럼 헐값으로 가볍게 여기기 때문이다. 이것은 사람들이 여호와를 마치 우상처럼, 짝퉁 하나님처럼 섬기기 때문이다. 하나님을 하나님으로 인정하고 섬기면 절대 하나님의 이름을 망령되게 부를 수 없다.

그렇다면 하나님의 이름을 모조처럼 망령되게 부른다는 것은 어떤 경우를 말할까? 그 대표적인 예가 레위기에 등장한다. "너희는 내 이름으로 거짓 맹세함으로 네 하나님의 이름을 욕되게 하지 말라. 나는 여호와이니라"(레 19:12). 이 말씀에 보면 거짓 맹세로 하나님의 이름을 욕되게 하지 말라고 말씀한다. 거짓 맹세를 하는 이유가 무엇일까? 하나님의 이름을 동원하면 권위와 신뢰를 얻게 되기 때문이다. 그렇다면 그냥 말 한마디만으로 신뢰를 얻을 수는 없을까? 굳이 하나님의 이름을 동원하면서까지 신뢰를 얻어 자신의 정당성을 입증하여야 할 이유는 무엇일까? 그것은 자신의 간절한 목표와 유익을 얻기 위해서다. 내 소원대로, 내 목표대로 꼭 이루어지기를 바라는 마음으로 무리하게 하나님의 이름을 동원하는 것이다.

또 우리는 종종 하나님의 이름을 동원하여 저주하거나 욕할 때 그 이름을 망령되게 한다. 고대 근동에서는 신들의 이름으로 사람을 저주하는 일이 잦았다. 사무엘상 17장 43절을 보면 골리앗도 다윗과 싸우기 전에 신들의 이름으로 다윗을 저주했다. 민수기 22장 이후에 보면 모압 왕 발락이 하나님의 선지자 발람을 불러 이스라엘을 여호와의 이름으로 저주할 것을 부탁한다. 결국 하나님께서는 자기 이름으로 자기 백성을 저주하는 것을 허락하지 않으시고 축복으로 바꾸게 하신다. 결코 하나님의 이름이 저주와 욕설에 사용되는 것을 허락하지 않으신다. 왜 우리는 저주와 욕설에 하나님의 이름을 동원하는가? 그것은 내 힘으로 하는 저주보다 하나님의 이름과 권위를 가지고 하는 저주가 훨씬 세다고 생각하기 때문이다. 결국 상대방을 저주하고 싶은 나의 욕망을 극대화하기 위해 하나님의 이름을 끌어들이는 것이다.

또 우리는 하나님의 이름을 너무 가볍게 여김으로 그 이름을 망령되게 한다. '할렐루야'는 여호와의 이름을 찬양하라는 뜻 아닌가? 그런데 거기에 학원이나 카센터, 축구단의 이름을 붙인다. 예전에 축구 해설을 할 때 보면 해설가가 "네, 공격합니다. 할렐루야, 할렐루야, 할렐루야! 슛~ 골인!" 또 위기일 때는 어떤가? "아, 할렐루야, 위기입니다! 할렐루야, 이러면 안 되는 데요. 할렐루야, 할렐루야, 할렐루야…. 아…. 안타깝게 한 골을 먹었습니다." 귀한 이름이 너무 가볍게 사용되는 경향이 있다. 또 '야훼' 하면 여호와의 또 다른 발음이다. 그런데 야훼 뒤에 종합관리, 인테리어, 스터디 같은 이름이 붙는다. 보혜사에 문구점이 붙고, 공인중개사무소 이름이 붙는다. 삼위일체 뒤에 학원이 붙고, 치킨이 붙는다.

물론 선한 의도로 이런 이름을 붙였을 것이다. 그러나 십계명의 정신에서 볼 때 이렇게 하나님의 이름을 쉽게 올리는 것은 조심해야 한다. 하나님의 이름을 찬양할 때, 그분의 이름으로 기도할 때를 제외하고는 주님의 이름을 언급하는 것은 매우 신중해야 한다. 오늘 본문에서 여호와의 이름을 부른다고 할 때 '부른다'는 단어는 히브리어로 '나사'다. '나사'라는 단어는 직역하면 '들어 올린다, 높이 세운다'는 뜻이다. 즉 여기서 여호와의 이름을 부르는 것은 그분의 이름을 높이 세우는, 그분의 이름을 높이는 일, 송축하고 찬양하는 일을 말한다. 그러니까 여호와의 이름을 부를 때는 그분의 이름을 높이고 찬양하고 기도할 때 사용해야 하는 것이다.

그렇다면 그 이름을 '망령되게' 부른다는 뜻은 정확하게 어떤 의미를 갖고 있을까? 여기 '망령되게'라는 단어는 히브리어로 '라샤웨'라는 단어다. '라샤웨'는 전치사 '라'와 명사 '샤웨'가 결합되어 있는 단어다. '라'는 영어 'in' 'by'와 같은 뜻이 있고, '샤웨'는 '공허' '헛됨' '허망함' '가치 없음', 여기서 더 나아가 '거짓' '속임수' '해를 끼치는 능동적인 힘' 등을 의미하는 단어다.[13] 이에 기초하여 '망령되게'는 다음과 같은 의미가 있다.

첫째, 공허한 일에, 헛된 일에, 허망한 일에, 가치 없는 일에 하나님의 이름을 사용하지 말라는 의미다. 이것을 남용이라고 한다. 즉 여호와의 이름을 망령되게 부르는 것은 내 욕망과 이기적인 유익을 얻기 위해 여호와의 이름을 남용하는 것이다.

둘째로, '망령되게'라는 뜻은 '거짓되게' '속임수로'라는 뜻이 있다. 즉 하나님이 말씀하신 것도 아니고 행하신 것도 아닌데 하나님의 이름을 동원하여 하나님께서 이렇게 말씀하셨다 하고, 저렇게 하라고 했다 하는 것을 말한다. "주 여호와의 말씀에 본 것이 없이 자기 심령을 따라 예언하는 어리석은 선지자에게 화가 있을진저"(겔 13:3). "여호와께서 말씀하셨다고 하는 자들이 허탄한 것과 거짓된 점괘를 보며 사람들에게 그 말이 확실히 이루어지기를 바라게 하거니와 그들은 여호와가 보낸 자가 아니라. 너희가 말하기는 여호와의 말씀이라 하여도 내가 말한 것이 아닌즉 어찌 허탄한 묵시를 보며 거짓된 점괘를 말한 것이 아니냐"(겔 13:6-7).

여호와께서 말씀하셨다고 주장하는 이들의 거짓 예언을 "허탄한 묵시"라고 말씀한다. 여기 '허탄한'이란 단어가 '샤웨'다. 샤웨의 묵시인 것이다. 예전에 어떤 교회에서 한 자매가 청년부 담당목사와 상담을 했다. 아는 전도사가 기도하다 이 자매와 결혼하라는 응답을 받았으니 결혼하자고 했다는 것이다. 자매는 놀랐고 어떻게 할 줄 몰랐다. 그래서 자신을 지도하는 청년 담당목사에게 상담한 것이다. 이에 청년 담당목사는 자매에게 염려하지 말고 결혼하자고 한 전도사에게 "만약 전도사님께서 받은 응답이 맞는다면 하나님께서 저에게도 말씀하시겠죠. 그런데 아직 저에게는 말씀하지 않으셨네요"라고 대답하라고 권면했다. 자매와 결혼하고 싶은데 자신의 힘으로 안 되니 하나님의 권위를 가지고 거짓 예언, 곧 샤웨의 묵시로 자매의 마음을 사로잡으려 했던 것이다.

셋째, '샤웨'는 '다른 사람에게 해를 끼치는 능동적인 힘'이란 뜻으로, '망령되게'란 뜻은 다른 사람을 해하려고 하나님의 고유한 이름 안에 있는 힘을 오용 또는 악용하는 것이다. 다른 사람을 위협하고 협박하고 겁주기 위해 여호와의 이름을 사용하는 것이다. 어떤 황당한 일 앞에 이따금 "하나님, 맙소사!" 또는 영어 욕설로 "Jesus Christ!" "God damn it!"이란 표현을 사용할 때가 있다. 하나님의 이름을 망령되게 사용하는 대표적인 사례다.

우리가 하나님의 이름을 함부로 망령되게 사용할 수 없는 이유는 그 이름에 담긴 의미가 어떤 것인지를 알 때 더 분명해진다. 원래 하나님은 우리가 그 이름을 지어 부를 수 없는 분이다. 무한하고 한계가 없으시고 전지전능하신 분에게 피조물이 그 이름을 지어 부른다면 그 이름의 한계 안에 무한하신 하나님을 가두어두는 것이기 때문이다. 철학적으로 이러한 하나님을 무규정자, 무한정자라고 한다. 하나님은 피조물의 한계 있는 지성으로 지은 이름으로 규정하고 그 이름 안에 한정할 수 있는 분이 아니다.

중국 고전 「장자」(莊子) 첫 부분에는 "도가도(道可道) 비상도(非常道), 명가명(名可名) 비상명(非常名)"이라는 유명한 구절이 나온다. "도를 도라고 부를 수 있으면 그것은 이미 도가 아니고, 이름을 그 이름으로 부를 수 있으면 그 이름은 더는 그 존재의 이름이 아니다"라는 것이다. 즉 도의 그 신묘막측한 것을 '도' 라는 것으로 규정하면 이미 도를 인간의 인식 한계 안에 가두어두는 것이 된다는 의미다.

무한하신 하나님을 이름으로 규정할 수 없다. 하지만 그럼에도 불구하고 하나님께서는 인간으로 하여금 그분의 이름을 부르고 그분에게 가까이 나아갈 수 있도록 이름을 계시하셨다. 이런 면에서 인간에게 자신의 이름을 계시하신다는 사실 자체가 커다란 은혜이자 자비다. 이름을 알려준다는 것은 이제 그에게 나아갈 수 있는 권한을 받았다는 뜻이다. 또 그분을 알 수 있도록 계시한다는 의미이고, 그의 이름을 부를 때 응답하겠다는 임재의 약속이기도 하다. 그렇다면 하나님은 자신의 이름을 무엇으로 계시하셨는가? '여호와' (야훼) 하나님이다.

하나님의 이름이 여호와로 처음 계시된 때는 출애굽기 3장 13절 이하에 하나님께서 떨기나무 가운데에서 모세를 만나주시면서다.

"모세가 하나님께 아뢰되 내가 이스라엘 자손에게 가서 이르기를 너희의 조상의 하나님이 나를 너희에게 보내셨다 하면 그들이 내게 묻기를 그의 이름이 무엇이냐 하리니 내가 무엇이라고 그들에게 말하리이까. 하나님이 모세에게 이르시되 나는 스스로 있는 자이니라. 또 이르시되 너는 이스라엘 자손에게 이같이 이르기를 스스로 있는 자가 나를 너희에게 보내셨다 하라. 하나님이 또 모세에게 이르시되 너는 이스라엘 자손에게 이같이 이르기를 너희 조상의 하나님 여호와 곧 아브라함의 하나님, 이삭의 하나님, 야곱의 하나님께서 나를 너희에게 보내셨다 하라. 이는 나의 영원한 이름이요 대대로 기억할 나의 칭호니라"(출 3:13-15).

모세가 하나님께 묻는다. "하나님, 이스라엘 백성이 저에게 너를 보낸 신의 이름이 무엇이냐고 물으면 뭐라고 대답할까요?" 그러자 하나님께서는 "나는 스스로 있는 자이니라"고 말씀하셨고, 이를 다시 "스스로 있는 자"라고 하셨다. 이 둘은 언뜻 보면 같은 것 같지만 원문으로 보면 조금 다르다. 영어로 말하면 앞의 '스스로 있는 자'는 "I AM who I AM"이고, 다음에 나오는 '스스로 있는 자'는 "I AM"이다. 그러고는 15절에 이르러서 비로소 하나님의 이름을 '여호와'라고 말씀하신다. 그렇다면 이 본문에 담긴 하나님의 이름은 우리에게 어떤 점을 알려주는가?

첫째, '나는 스스로 있는 자'(I AM who I AM)란 호칭이다. 히브리어로는 I AM에 해당하는 단어가 '애흐예'이고 who가 '아쉐르', 그리고 뒤의 I AM이 다시 '애흐예'다. 그래서 이어서 말하면 '애흐예 아쉐르 애흐예'이다. '애흐예'는 영어로 be동사에 해당하는 '하야' 동사의 미완료형이다. 미완료라는 것은 동작이 완전히 끝나지 않은 상태를 표현하는 시제다. 이것은 과거미완료, 현재미완료, 미래미완료를 다 가리킬 수 있다. 영어로 'I am' 도 되고, 'I was' 도 되며, 'I will be' 도 된다.

그래서 하나님의 이름은

I WAS who I WAS. – 나는 과거의 나였던 나다.

I AM who I AM. – 나는 현재 나인 나다.

I WILL be who I WILL BE. – 나는 미래의 나일 것이다.

이 모든 표현이 다 가능하다. 앞과 뒤의 시제를 서로 다르게 연결할 수도 있다.

I AM who I WAS. – 나는 과거의 나였던 현재의 동일한 나다.

I WILL be who I AM. – 나는 현재의 내가 그대로 동일한 미래의 나일 것이다.

여호와 이름에 담긴 이런 뜻을 통해 알 수 있는 것이 무엇인가? 하나님은 시간을 초월하는 영원하신 하나님이란 사실이다. 공동번역에서는 이를 "나는 곧 나다"라고 번역한다. 우리는 보통 우리 자신을 이해시킬 다른 보어로 우리를 규정한다. "I am a student"(나는 학생입니다). "I am an engineer"(나는 엔지니어입니다). 이런 식으로 'I am' 다음에 나를 설명해줄 등가물이 들어가야 한다. 그런데 하나님에게는 하나님을 설명할 다른 등가물이 없다. 이런 하나님에게 가장 정확한 표현이 무엇인가? "I AM who I AM", 곧 "나는 나다"라는 표현이다. 하나님은 하나님이시다. 하나님은 이 세상에 있는 그 무엇으로도 표현할 수 없고 비교할 수 없는 분이다. 그는 무한하고 자존하신 하나님이다.

둘째, 이 하나님의 이름에는 홀로 존재하는 하나님이 아니라 우리와 함께하시는 하나님이란 의미가 들어 있다. 하나님께서 여호수아에게 "내가 너와 함께하리라"고 약속하실 때 이것을 히브리어로 '애흐예 임마크' 라고 한다. '임마크' 는 전치사로 영어 'with you' 에 해당한다. 이는 '너희에게 보냈다' '너희와 함께한다' 는 의미가 추가되어 있다. 그래서 '애흐예'를 '임마크'와 함께 사용하면 단순한 'I AM' 이 아니라 'I AM with you' , 또는 'God is with us' 라는 의미가 포함된다.

하나님은 스스로 계시고 영원하며 무한하신 하나님일 뿐 아니라 한계 있고 연약한 우리와 '함께하시는 하나님' 이다. 이것을 줄여서 '임마누엘' 이라고 한다. 이 임마누엘은 말씀이 육신이 되어 우리에게 오신 하나님의 아들 예수 그리스도의 이름이기도 하다. "보라. 처녀가 잉태하여 아들을 낳을 것이요 그의 이름은 임마누엘이라 하리라 하셨으니 이를 번역한즉 하나님이 우리와 함께 계시다 함이라"(마 1:23).

셋째, 하나님은 그분의 이름을 '여호와' 로 계시한다. 이를 '야훼' 라고도 읽는데, 이는 '애흐예' 라는 1인칭 미완료 동사와 같은 어근을 갖는 단어다. 따라서 야훼는 앞서 언급한 전능하심, 영원하심, 우리와 함께하심이 포함된 인격적인 하나님을 의미한다. 이 하나님의 이름을 알고 부르면 우리는 여호와의 이름으로 일컫는 백성이 된다. "땅의 모든 백성이 여호와의 이름이 너를 위하여 불리는 것을 보고 너를 두려워하리라"(신 28:10).

우리는 여호와의 이름을 부를 수 있는 하나님의 백성이 된다. 그 이름을 부를 수 있는 백성이라는 사실에 성도의 정체성이 있다. 그 이름을 부르면 하나님께서 우리를 구원해주시고 도와주신다(욜 2:32, 렘 33:3, 행 2:21, 롬 10:13 참조). 하나님께서 우리에게 그분의 귀한 이름을 주신 것은 우리를 자기 백성으로 삼으시고, 우리를 구원하기 위해서다. 이렇게 주신 소중한 그의 이름을 어떻게 다른 유익을 위해 이용할 수 있겠는가? 우리는 예수께서 우리에게 기도를 가르쳐주시면서 제일 먼저 알려주신 기도문을 주목할 필요가 있다. 그것은 "아버지의 이름을 거룩하게 해달라"는 기도이다(마 6:9).

하지만 우리가 아무리 거룩하게 살려고 애써도 종종 죄에 빠지고, 따라서 우리의 삶을 통해 실존적으로 하나님의 이름을 거룩하게 하지 못할 때가 많다. "하나님을 믿는다는 사람이 왜 저래? 예수 믿는 사람이 저렇다니 나 정말 충격이야!" 이런 비아냥을 들을 때도 있다. 우리는 종종 하나님의 이름을 거룩하게 하지 못하고 더럽힌다. 우리의 힘과 능력으로는 도저히 하나님의 이름을 온전히 거룩하게 할 수 없다.

그래서 에스겔 36장 23절에 보면 "여러 나라 가운데에서 더럽혀진 이름 곧 너희가 그들 가운데에서 더럽힌 나의 큰 이름을 내가 거룩하게 할지라"고 말씀하신다. 하나님이 친히 거룩하게 하셔야 한다. 그래서 하나님께서는 예수 이름을 믿는 자들에게 성령을 부어주셔서 우리의 굳은 마음을 제거하고 새 마음을 주시고, 하나님의 선하고 기뻐하시고 거룩한 일을 분별하며, 그 일에 순종할 수 있도록 역사하셨다(겔 36:26, 롬 12:2). 이렇게 순종함으로 세상에서 썩어질 것을 피하여 신의 성품에 참여하는 자가 되게 하셨다(벧후 1:4).

이렇게 볼 때 우리는 단순히 하나님의 이름을 망령되이 일컫지 않는 것으로 그치지 말고, 그의 이름을 높이고, 그 이름을 널리 전파하고 자랑하고 사랑하며, 그 이름에 합당한 영광을 돌려야 한다. 성도는 우리와 함께하시는 생명의 이름을 소유하고 있다. "오직 이것을 기록함은 너희로 예수께서 하나님의 아들 그리스도이심을 믿게 하려 함이요. 또 너희로 믿고 그 이름을 힘입어 생명을 얻게 하려 함이니라"(요 20:31).

사도 바울과 바나바는 주 예수 그리스도의 이름을 위하여 생명을 아끼지 않았다(행 15:25). 그 이름에 감추어진 생명을 누리길 바란다. 그 이름을 높이는 성도되길 바란다. 이것은 초대교회 성도의 기도 제목이자 오늘 우리의 기도 제목이기도 하다. "우리 하나님과 주 예수 그리스도의 은혜대로 우리 주 예수의 이름이 너희 가운데서 영광을 받으시고 너희도 그 안에서 영광을 받게 하려 함이라"(살후 1:12). 이 은혜가 우리 모두에게 있기를 구하며 나아가야 한다.

[43장 각주]

12) 전현석, "[Why] 수백만 원 하던 '고려시대 금속활자' 10만 원에도 안 팔리는 까닭", 조선일보, 2017. 7. 22.

13) 김지찬, 「데칼로그: 십계명, 어떻게 이해할 것인가」, 183-186쪽.

44 Chapter 44. Exodus 20:8-11

제4계명 (1) : 안식일을 기억하여 거룩하게 지키라

안식일을 기억하여 거룩하게 지키라. 엿새 동안은 힘써 네 모든 일을 행할 것이나 일곱째 날은 네 하나님 여호와의 안식일인즉 너나 네 아들이나 네 딸이나 네 남종이나 네 여종이나 네 가축이나 네 문안에 머무는 객이라도 아무 일도 하지 말라. 이는 엿새 동안에 나 여호와가 하늘과 땅과 바다와 그 가운데 모든 것을 만들고 일곱째 날에 쉬었음이라. 그러므로 나 여호와가 안식일을 복되게 하여 그날을 거룩하게 하였느니라.

본문은 십계명의 제4계명인 안식일에 관한 말씀이다. 제4

계명은 십계명의 다른 계명들과는 특별한 점이 있다. 다른 계명들은 대부분 '~하지 말라'는 식의 부정적 명령을 통해 말씀하셨다면 제4계명은 적극적인 긍정명령을 통해 '~하라'는 식으로 말씀하신 것이다. 그리고 내용도 다른 십계명에 비해 가장 많다. 내용이 이렇게 많다는 사실은 분명 하나님께서 이 4계명을 통해 우리에게 말씀하시고자 하는 부분이 크고 중요하다는 점을 의미한다. 저명한 유대 구약학자 아브라함 헤셸은 그의 책 「안식」에서 십계명의 모든 조항의 중심에 바로 이 4계명이 있다고 말한 바 있다.[14] 그만큼 이 안식일 계명의 중요성은 여타 다른 십계명보다 크다.

우리는 안식일 계명하면 떠오르는 것이 대부분 '주일 성수'다. 물론 주일은 꼭 지켜야 한다. 그러나 이것만이 강조되다 보면 주일을 꼭 지켜야 한다는 율법적인 생각이 크게 자리 잡는다. 그러다 보면 주일 성수는 과연 어떻게 하는 것이 제대로 지키는 것인가를 고민하게 된다. '과연 주일에 매식하는 것이 좋은 것인가, 예배 마치고 장을 보는 것이 괜찮은 것인가' 등 여러 고민이 생긴다.

안식일을 엄격하게 지키는 것으로 하면 유대인처럼 철저히 지키는 사람이 없다. 이들은 안식일을 잘 지키기 위해서 이와 벼룩을 잡는 것도 구분했을 정도다. 생각해보라. 안식일에 이를 잡는 것과 벼룩을 잡는 것, 어떤 것이 안식일을 제대로 지키지 않는 것이 될까? 정답은 벼룩이다. 왜? 이는 기어 다니지만 벼룩은 뛰어다닌다. 뛰는 것을 잡는 것은 사냥이고 기는 것을 잡으면 사냥이 아니다. 사냥하면 일하는 것이기 때문에 안식일에 이를 잡으면 괜찮지만 벼룩을 잡으면 안식일을 범하는 게 된다. 물론 잘 지키고 싶은 마음에서 이런 것들까지 고민했을 것이다. 그러나 이런 고민은 여전히 안식일에 무엇을 해야 하고 하지 말아야 하나 따지는 율법주의에 머물기 쉽다.

한국 장로교 역사에 존경받는 박윤선 목사도 이 안식일 문제로 어려움을 겪은 적이 있다.[15] 1960년 7월의 어느 주일, 미국 장로교 선교사 스푸너가 안식년으로 가족들과 함께 본국으로 귀국할 때였다. 당시는 배로 미국을 오갔는데, 원래 배가 금요일에 출항하기로 되어 있었고, 목요일에 함께 송별예배를 드리기로 예정되었다. 그런데 사정상 출항이 주일 오전으로 연기되었고, 주일 아침 이 소식을 들은 박윤선 목사는 스푸너 선교사를 배웅하려고 했다. 일찍 가서 배웅하고 인근에 있는 교회에서 예배를 드리려고 했다. 그런데 배에 가서 선교사를 만나는데 보안절차 때문에 시간이 많이 지체되었다. 박윤선 목사는 배에서 선교사 가족과 잠시 예배를 드리고 이들을 격려하고 작별인사를 나누었다. 그리고 배에서 내리니까 벌써 주일예배 시간이 되었다. 결국 주일 공예배는 드리지 못하고, 선교사와 함께 배에서 예배드린 것으로 대체하게 되었다.

그런데 이 사실을 알게 된 일부 목회자들이 박윤선 목사가 주일을 범했다며 문제를 제기했고, 박윤선 목사는 "그날 있었던 일을 이야기하고 자신이 한 일이 부득이한 일이었으며, 선한 일을 한 것이므로 주일을 범한 것이 아니고 신앙 양심에 거리끼는 일이 없다"고 대답했다. 그런데 문제가 더 커져 총회에서 "주일성수에 관해 본인 양심에 거리낌이 없어도 건덕상 문제가 될 때는 도의적 책임을 져야 한다"고 가결되었다. 그런데 박윤선 목사는 이것을 거부하고 사과하지 않았고, 신학교 이사회는 박윤선 목사가 '도덕적 책임을 지는 표시'가 있을 때까지 교수직을 중지시켰다. 결국 박윤선 목사는 고신대를 떠나 총신대로 자리를 옮겼다. 또 이 일로 인해 스푸너 선교사 역시 안식년이 끝난 뒤에도 한국으로 돌아오지 않았다.

이런 것을 보면 한국 교회사에서도 주일에 관하여 과연 주일을 지키느냐 안 지키느냐, 또 지킨다면 어떻게 지키는 것이 제대로 지키는 것이고, 어떻게 지키는 것이 제대로 지키지 않는 것이냐에 관심을 집중했던 것을 볼 수 있다. 그러나 본문을 좀 더 세심하게 관찰하면 우리는 주일 성수의 문제를 다른 시각으로 접근할 수 있게 된다. 그것은 주일을 공간의 문제가 아닌 시간적 문제로 접근하는 것이다.

먼저 본문을 제외한 대부분의 십계명은 공간적 문제를 다루고 있는 것을 알 수 있다. 우리가 살아가는 공간에 우상을 두지 말아야 하고, 여호와의 이름을 망령되이 부르지 말아야 하며, 살인하지 말고, 간음하지 말며, 이웃의 것을 탐내지 말아야 한다. 대부분이 살아가는 공간 내의 문제를 다룬다. 살아가는 공간을 어떻게 다스리고 정복할 것이냐가 관건이다. 그런데 제4계명은 특별히 시간의 문제를 다룬다. 그것도 다른 계명에 비해 가장 긴 진술과 함께 긍정적인 명령으로 다루고 있다. 이것은 공간의 문제를 좌우하는 보다 본질적인 문제가 시간에 있음을 암시한다. 하나님의 백성으로 거룩하게 산다고 할 때 우리는 거룩의 문제를 종종 공간의 문제로 생각한다. 내가 사는 직장을, 가정을, 삶의 현장을 거룩하게 해야 한다고 생각한다. 그런데 보다 근원적인 거룩은 시간을 거룩하게 하는 것에서부터 시작된다. 왜? 이것이 창조질서이기 때문이다. 하나님께서 세상을 창조하시고 처음으로 거룩하게 하신 것이 바로 시간이다.

> "이는 엿새 동안에 나 여호와가 하늘과 땅과 바다와 그 가운데 모든 것을 만들고 일곱째 날에 쉬었음이라. 그러므로 나 여호와가

안식일을 복되게 하여 그날을 거룩하게 하였느니라"(출 20:11).

하나님께서 이 세상을 6일간 창조하시고, 제7일에 쉬시며 처음으로 그날을 복되고 거룩하게 했다고 말씀한다. 거룩함은 공간에만 임하는 것이 아니다. 공간 안에 있는 우리의 소유에만 임하는 것이 아니다. 거룩함은 먼저 시간에 임한다. 시간을 거룩하게 하면 그 시간에 머무르는 사람이 거룩해진다. 사람이 거룩해지면 거룩한 사람이 공간을 거룩하게 한다. 이렇게 볼 때 우리가 안식일을 지키는 것은 단순히 행위의 준수문제를 논하는 것이 아니라 인간 실존의 본질적인 질서를 회복하는 문제와 직결된다.

그렇다면 우리는 안식일을 어떻게 지켜야 할까?

"안식일을 기억하여 거룩하게 지키라"(출 20:8).

안식일을 거룩하게 지키려면 먼저 기억해야 한다. 무엇을 기억해야 할까? 하나님이 세상을 만드신 천지창조의 이야기(story)를 기억해야 한다. 그 스토리가 11절에 등장한다. 하나님이 세상에 시공간을 창조하신 후, 제7일에 가장 먼저 시간을 거룩하게 하셨음을 기억하라는 것이다. 중요한 것은 안식일을 거룩하게 하는 것은 이 이야기를 기억하는 우리, 곧 하나님의 백성이어야 한다는 부분이다. 본문에서 "거룩하게 지키라"는 표현은 히브리어 '르카데쇼' 로 '거룩하게 하라' (sanctify)는 동사다. 핵심은 날을 지키는 것이 아니라 시간을 거룩하게 하는 것이다. 우리는 안식일이라고 하면 무조건 쉬는 날이라고 생각하지만 보다 근본적인 본질은 시간을 거룩하게 하는 날이다. 하나님이 이 시간을 거룩하게 하셨으니 우리도 이 시간을 거룩하게 해야 한다.

9절은 이날이 '여호와의 안식일' 이라고 한다. 우리를 위한 안식일이 아니라 여호와를 위한, 여호와께 드려진 시간이라는 뜻이다. 여호와께서 거룩하게 하셨고, 여호와를 위하여 드려지게 하셨으니, 우리도 이에 마땅히 반응해야 한다. 이것이 안식일을 거룩하게 하는 것이다. 우리가 안식일을 거룩하게 하기 전에 먼저 하나님이 이날을 거룩하게 하는 역사가 있었다. 우리는 이 역사에 믿음으로 반응해야 한다. 이 반응이 안식일, 곧 주일이란 시간을 우리가 거룩하게 만드는 것이다.

십계명의 또 다른 버전인 신명기 5장 6~21절에 나오는 제4계명은 안식일에 기억해야 할 또 다른 이야기를 언급하고 있다. "너는 기억하라. 네가 애굽 땅에서 종이 되었더니 네 하나님 여호와가 강한 손과 편 팔로 거기서 너를 인도하여 내었나니 그러므로 네 하나님 여호와가 네게 명령하여 안식일을 지키라 하느니라"(신 5:15). 여기 보면 이스라엘이 기억해야 할 또 다른 이야기로 출애굽 스토리를 언급한다.

출애굽 스토리에 따르면 이스라엘은 예전에 바로의 압제 아래 있던 노예였다. 노예는 시간을 자기 마음대로 쓸 수 없다. 제국이 시키고 몰아가는 것을 위해 사용할 수밖에 없다. 노예는 제국의 공간 확장을 위해 시간을 희생하도록 부름받은 존재다. 제국의 부와 위엄을 과시하기 위해 인생의 모든 시간을 고스란히 착취당하는 존재다. 제국이 추구하는 것이 무엇인가? 공간에서 더 많은 힘을 키우고, 더 많은 소유를 확보하며, 더 많은 공간을 점유하는 것이다. 그래서 공간을 위해 인간 실존의 본질인 시간을 희생하도록 강요한다. 시간을 희생하는 것은 생명을 희생하는 것과 같다. 그래서 생명을 희생하며 쉼없이 계속 달려가게 한다.

이것은 세계화의 제국 통치 아래 살아가는 현대인에게도 적용된다. 우리는 여전히 제국의 노예, 공간의 노예로 살아간다. 노예는 시간을 거룩하게 할 줄 모른다. 노예는 공간의 확장과 소유에 삶의 우선순위와 가치를 둔다. 그러나 제국의 압제 사슬에서 벗어난 자유자는 거룩한 시간의 확장과 이런 시간 확보에 삶의 우선순위와 가치를 둔다. 제국의 통치하에 이 땅을 살아가다 보면 공간 안에 있는 것이 전부인 것처럼 느껴지지만 공간은 시간이 지나면 결국 허망하게 사라진다.

죽음 전문가로 알려진 엘리자베스 퀴블러 로스가 죽음 직전에 있는 사람들을 인터뷰하여 쓴 「인생수업」이라는 책에 보면 죽음 전에 있는 사람들이 가장 후회하는 것이 무엇인지를 보여준다.[16] 그것은 더 많은 돈을 벌지 못해서가 아니다. 더 넓은 집에 살지 못해서도 아니다. 대부분의 사람이 공통적으로 후회하는 것은 사랑하는 사람과 좀 더 아름다운 시간을 보내지 못한 부분에 관한 것이다. 공간과 소유의 확보를 위해 온 힘을 다해 달려갔지만 결국 이것들은 시간의 영원성 앞에 허망하게 사라지는 모래 위에 지은 집과 같음을 깨달은 것이다.

이것을 간파한 시편 기자는 이렇게 고백한다. "주의 궁정에서의 한 날이 다른 곳에서의 천 날보다 나은즉 악인의 장막에 사는 것보다 내 하나님의 성전 문지기로 있는 것이 좋사오니"(시 84:10). 그렇다. 다른 곳에서 소유를 위해 천 날을 사는 것보다 가장 소중한 존재되신 주님 앞에서의 하루가 훨씬 좋다.

현대인들은 시간관리에 관심이 많다. 왜? 시간이 늘 부족하기 때문이다. 그런데 자기계발에서 말하는 시간관리 기법의 근본적인 방향성은 무엇일까? 공간을 섬기기 위한 것이다. 시간을 거룩하게 하기 위한 것이 아니라 시간을 효율적으로 아껴 써서 생산성을 극대화하여 제국 내의 공간을 더 많이 점유하고 확보하기 위한 것이다. 하지만 안식일을 거룩하게 하라는 하나님의 명령은 우리가 살아가는 삶이 시간의 거룩함을 확보하도록 한다. 거룩하게 된 시간을 확보하고 살아가는 게 인간이 창조된 실존의 본질을 살아가는 것이자 추구해야 할 길이라는 것이다.

우리가 안식일 하면 흔히 하는 착각이 있다. 그것은 더 일하기 위해서 안식하는 날이라는 생각이다. 쉬어야 더 생산성이 높아지기 때문에 다시 충전해서 더 많은 생산성을 내기 위한 동력을 얻기 위해서 쉰다. 그러나 이런 안식은 공간 속의 소유와 성취를 위한 수단으로 전락한다. 더욱 근본적인 안식은 인간이 피조된 근본적인 목적인 풍성한 삶을 추구하는 안식이다.

하나님이 세상을 7일간 창조하셨다. 6일간 하나님께서는 시간을 만드시고 공간을 창조하셨다. 그리고 마지막 7일에는 안식일을 만드셨다. 창조의 클라이맥스에 마지막 피조물인 사람이 있다고 생각할지 모르겠다. 그러나 엄밀하게 말하면 창조의 클라이맥스는 안식일이다. 안식은 창조의 최종목적을 보여준다. 그것은 사람이 그저 생육하고 번성하는 것이 아니라 하나님 안에 있는 풍성한 생명으로 아름다운 관계를 맺고 안식하며 복을 받고 기뻐하는 것이다. 이것이 우리가 추구해야 할 근본적인 안식의 본질이다.

하나님이 창조하신 안식일에 어떤 일이 일어났는가? 11절에 보면 하나님은 첫째, 쉬셨고, 둘째, 복을 주셨으며, 셋째, 거룩하게 하셨다. 하나님 앞에서 쉬며 복받고 거룩하게 서는 것, 이것이 인간 본연의 모습인 것이다. 우리는 안식일 본연의 의미를 기억하기만 해서는 안 된다. 더 나아가 지켜야 한다. 신명기 말씀에는 "네 하나님 여호와가 네게 명령한 대로 안식일을 지켜 거룩하게 하라"(신 5:12)고 한다. 안식일을 지키려면 먼저 그동안 말한 안식일에 속한 창조 이야기와 출애굽 이야기를 기억하고, 더 나아가 이 안식일을 실질적으로 우리가 지켜내야 한다.

하지만 우리는 멈추라고 하면 불안해한다. 왜? 소유가 줄어든다고 생각하기 때문이다. 기억해야 할 것은 하나님께서 이스라엘에게 안식일 계명을 가르치신 것이 광야에서의 만나사건이라는 점이다. 매일 만나를 주시면서 마지막 6일째는 곱절로 주시며 안식일을 위해 사용하라고 하셨다. 여기에 안식일의 또 다른 의미가 있다. 안식일은 내 소유의 문제와 근심, 걱정 모두를 하나님께 의탁하며 나아가는 날이라는 것이다.

안식일을 지키는 행위는 하나님의 창조를 인정하고 감사하고 찬송하는 동시에, 시간의 주인이 하나님임을 고백하는 것이다. 세상의 종말이 바로 하나님의 손에 있다. 더 나아가 안식일은 우리가 소유의 노예, 우상의 노예가 아님을 공포하는 날이다.

한국교회에는 주일에 가급적 물건을 사거나 돈을 사용하지 않는 신앙 전통이 있다. 현대인은 물질의 노예라고 할 정도로 돈 생각을 많이 하고 신경도 많이 쓴다. 하지만 주일은 내가 이것을 멈추고 온전히 주 안에서 안식하며 나는 공간과 소유의 노예가 아니라 시간을 거룩하게 하는 존재임을 선포하는 것이다. 이런 의미에서 물질 사용을 멈추는 것이다. 더 나아가 우리는 물질을 도리어 하나님의 영광과 그분의 몸 된 교회를 위하여 드려야 한다. 내게 주신 소유를 구별하여 헌금한다는 것은 우리의 물질을 주께 드림으로 우리는 물질의 노예가 아니라 주님의 자녀임을 인정하고 고백하며 공포하는 것이다. 내가 드리는 물질은 주님께서 주신 것이고, 주님을 위해 사용해야 함을 고백하는 것이다. 시간의 거룩과 더불어 공간과 소유도 거룩하게 구별되어야 함을 인정하는 첫걸음이다.

세상은 우리에게 공간만을 말한다. 그래서 고된 일로 지치고 힘들면 떠나라고 한다. 공간을 바꾸라는 것이다. 이것이 여행이다. 물론 공간을 바꾸면 휴식이 되고 충전이 된다. 그러나 시간을 바꾸지 않고 공간만 바꾸면 사람은 여전히 공간의 노예가 된다. 그래서 여행을 다녀와서 더 힘든 경우도 많다.

성도는 어떤 존재인가? 하나님을 위한 구별된 시간 안에 머무르며, 그 시간을 거룩하게 지켜내는 것만으로 충분히 복된 존재임을 선언하는 자다. 공간을 정복하지 않아도, 더 확보하지 않아도 거룩한 시간 안에 머무를 수 있는 존재임을 선언하는 자다. 이때 우리는 비로소 우리가 세상의 공간만을 위해 사는 존재가 아니라 창조의 본연의 모습을 회복하며 사는 존재임을 드러낼 수 있다.

거룩한 천상의 시간이 우리 삶에 침입하였다. 바로 안식일이고 주일이다. 7일에 하루, 우리는 우리의 근본적인 존재가 공간이 아닌 시간을 위한 존재임을 기억하며 살아야 한다. 그래서 성도라면 안식일을 탐해야 한다. 세상의 것을 탐하는 것이 아니라 거룩한 이 시간을 사모하고 탐내야 한다. 이 주일을 탐하고 거룩하게 하는 것이 바로 성도 된 표지다.

"이같이 이스라엘 자손이 안식일을 지켜서 그것으로 대대로 영원한 언약을 삼을 것이니 이는 나와 이스라엘 자손 사이에 영원한 표징이며 나 여호와가 엿새 동안에 천지를 창조하고 일곱째 날에 일을 마치고 쉬었음이니라 하라"(출 31:16-17).

하나님께서는 홍수사건 이후 노아와 언약을 맺으시며 무지개를 징표로 주셨다. 아브라함에게는 할례를 언약의 징표로 주셨다. 그런데 모세와 이스라엘 백성에게는 하나님 백성의 징표로 안식일을 주셨다. 이 징표는 하나님이 거룩하게 하신 시간을 우리가 하던 일을 멈추고 거룩하게 함으로 드러낸다. 우리는 거룩한 주일에 주 앞에 나아와 하나님을 예배하고 경배하며 영원과 맞닿아 있는 천상의 시간을 경험한다. 주일은 천상의 시간을 경험하고 그 시간을 거룩하게 하는 것이다. 다른 활동은 각주에 불과하다. 근본정신은 이 한날에 모든 것을 멈추고 이 시간은 온전히 하나님을 위한 거룩한 시간으로 보내는 것이다.

이와 함께 거룩한 시간은 나 홀로 지키는 것이 아니라 주님의 몸된 공동체와 함께 지켜나가는 축제여야 한다. 생각해보라. 세상의 어떤 축제도 혼자 지키는 축제가 없다. 축제 기간 동안 많은 이가 함께하길 원하고 함께하자고 초대한다. 이 귀한 안식의 시간에 우리 주변의 많은 이웃을 초대할 수 있기를 바란다. 안식일은 공동체가 함께 지켜나가야 한다.

예수께서는 '인자가 안식일의 주인'이라고 말씀하셨다(마 12:8).

안식일은 온 세상을 자신의 피로 거룩하게 하신 예수 그리스도를 생명의 주로 기억하며 그의 몸 된 공동체가 함께 예배하는 날이다. 그래서 우리가 예수 그리스도를 위해 거룩한 시간을 보내며 복받고 거룩해지면 이제 우리는 세상에 나아가 우리가 머무는 공간을 거룩하게 하는 역사를 이루어갈 수 있다. 따라서 시간의 거룩함이 성도의 거룩함으로, 성도의 거룩함이 삶의 현장의 거룩함으로 이어져야 한다.

거룩하게 구별된 주일만큼은 모든 염려와 근심을 다 멈추고 내려놓아야 한다. 우리 주변에 염려할 것이 얼마나 많은가? 미사일, 홍수, 가뭄, 싱크홀, 지진, 수질오염, 자동차 사고, 미세먼지, 환경호르몬, 바이러스, 개인정보 유출, 폭염, 경제 위기 등등. 우리나라 사람들은 모두 '걱정 부자' 라고 한다. 이 모든 것이 공간 질서 안의 두려움이다. 이는 시간의 거룩함을 통해 담대함을 얻고 평안을 얻어서 이겨나갈 수 있다. 주님께서 주일을 거룩하게 하셨다. 이날을 힘써 거룩하게 지키는 성도가 되자.

[44장 각주]

14) 아브라함 헤셸, 김순현 역, 「안식」(서울: 복있는 사람, 2007).
15) 김지찬, 「데칼로그: 십계명, 어떻게 이해할 것인가?」, 214-216쪽.
16) 엘리자베스 퀴블러 로스, 류시화 역, 「인생수업」(서울: 이레, 2006).

45 Chapter 45. Exodus 20:8

제4계명 (2)
: 안식일인가, 주일인가?

안식일을 기억하여 거룩하게 지키라.

무더운 여름 어느 날, 고등학교 3학년 학생 하나가 집에서 혼자 열심히 수능 공부를 하고 있었다. 초인종이 "딩동" 하고 울렸다. 문을 여니 어떤 여성 둘이 성서교육원에서 왔다고 하면서 설문조사를 부탁했다. 설문지에 체크를 하는데 질문이 좀 이상했다. "안식일이 언제인지 아느냐?" "십자가가 우상이라고 생각하느냐?" "크리스마스가 거짓이라는 것을 아느냐?" 등 생소하고 이상한 질문들이었다. 설문지를 다 적고 돌려주는데 그 두 사람이 돌연 질문을 했다.

"혹시 교회를 무슨 요일에 가세요?"

"예? 일요일인데요."

"일요일은 태양신 숭배의 날이었던 것을 알고 계시나요? 태양신을 숭배하던 날에 가는 것은 하나님을 예배하는 것이 아닙니다."

이 말에 이 학생은 깜짝 놀랐고 충격을 받았다. 그래서 물었다.

"일곱째 날이 일요일 아닌가요?"

그러자 이들은 의미심장한 미소를 띠더니 달력을 보여주었다. 달력상 일곱째 날은 토요일이었다. "알고 계세요? 안식일은 토요일이고요, 일요일은 영어로 Sunday, 즉 Sun인 태양신을 숭배하는 날입니다."

이 학생은 교회 학생회에서 회장을 할 정도로 신앙생활에 열심이었다. 그런데 지금까지 예배는 당연히 일요일에 드리는 것이라고만 생각했지 왜 일요일에 예배드리는지 몰랐다. 혼란스러워하자 이들은 가지고 온 자료집을 꺼내서 보여주었다. 거기에는 교회사 사전에서 가져온 자료를 인용하며 321년에 콘스탄틴 황제가 칙령을 내려 예배일을 토요일에서 일요일로 강제로 변경시켰다고 적혀 있었다.

"어어어…?"

당황하는 이 형제를 향해 이들은 일요일을 안식일로 지키는 것은 짐승의 표를 받는 것이라고 했다. 더 큰 충격을 받았다. 그럼 난 어떻게 해야 한단 말인가? 이때 이들은 그러지 말고 짐승의 표를 떼기 위해 자기들의 교회로 가서 침례를 받고 새롭게 안식일을 지키자고 하였다. 나중에 알고 보니 이단이었다. 이 학생은 결국 이단에 빠져 소중한 젊음을 허비하다가 후에 전문가의 상담을 받고는 잘못된 것을 깨닫고 나오게 되었다.

이전 장에서 우리는 십계명에 담겨 있는 안식일의 깊은 의미에 대해 살펴보았다. 성도에게는 공간이 주는 매력과 유혹에 매몰되지 않고, 하나님의 구원 이야기를 기억하며 시간을 거룩하게 만들어가야 할 부르심이 있는데, 그 부르심의 첫걸음이 바로 모든 것을 멈추고 안식일을 지키는 것이다. 안식일은 우리로 하나님의 거룩한 백성으로 살아가게 하는 중요한 시간이고 동력이다. 그런데 이 안식일의 정신과 상관없이 이날을 반드시 토요일로 지켜야 한다는 율법적인 강조를 하는 주장이 있다. 만약 이런 이단들이 우리에게 와서 이런 식으로 방금 전 고3 학생에게 질문했던 것처럼 도전한다면 우리는 어떻게 대답할 수 있을 것인가?

이단들이 안식일을 토요일로 지키는 것을 그토록 강조하는 이유가 무엇일까? 그것은 안식일을 토요일에 지키는 것을 우리의 구원 문제와 직결시키기 때문이다. 안식일을 제대로 지키지 않으면 하나님의 언약백성에서 끊어진다는 것이다. 아니, 우리는 믿음으로 구원받는 것 아닌가? 물론 이런 이단들도 예수님을 믿음으로 구원받는다는 것은 인정한다. 이것을 이들은 '큰 구원'이라고 한다. 그러나 큰 구원을 얻었으면 장차 '영원한 구원'으로 들어가야 하는데, 안식일을 지키지 않고 율법을 지키지 않으면 이 영원한 구원에서 떨어져 나간다고 한다.[17]

이것이 바로 오직 믿음으로 구원받는 것에 행위와 율법을 더하는 교묘한 이단의 전략이다. 예수님도 믿지만 율법의 행위를 지켜야 온전히 의로워지고 구원이 완전해진다는 것이다. 사실 이런 생각을 하는 이들이 꽤 많다. 예수님을 믿어도 선하게 살아야 천국 간다는 것이다. 이런 생각이 있다면 우리는 이런 율법 조항의 준수를 강조하는 이단의 유혹에 더 잘 넘어가기 쉽다.

이에 대해 갈라디아서는 분명히 선언한다. "사람이 의롭게 되는 것은 율법의 행위로 말미암음이 아니요 오직 예수 그리스도를 믿음으로 말미암는 줄 알므로 우리도 그리스도 예수를 믿나니 이는 우리가 율법의 행위로써가 아니고 그리스도를 믿음으로써 의롭다 함을 얻으려 함이라. 율법의 행위로써는 의롭다 함을 얻을 육체가 없느니라"(갈 2:16). 사람이 의롭게 되는 것은 율법의 행위를 통해서가 아니다. 토요일을 안식일로 지켜서 의롭게 되는 것이 아니다. 토요일을 안식일로 지켜 구원받는 것이 아니다. 우리는 오직 그리스도를 믿음으로써 의롭다함을 얻는다.

율법의 행위로써는 의롭다 함을 얻을 육체가 없다. 안식일을 토요일에 지킨다고 더 의로워지는 것이 아니라는 것이다. 더구나 신약시대에는 예수 그리스도를 통하여 구약의 많은 율법이 폐지되었다. 이것이 폐지된 것은 율법을 통하여 이루려고 했던 것들이 그리스도의 십자가를 통하여 성취되었기 때문이다. 대표적인 것이 구약 율법에서 중요하게 다루는 제사법이다. 제사는 매일, 매주, 매달, 절기 때마다 드려야 했지만(히 10:11), 신약에 와서는 구약에서처럼 염소와 송아지의 피로 제사드리지 않고 오직 예수 그리스도의 피로 영원한 속죄를 이루셨기 때문에 더 이상 유효하지 않고 폐지되었다(히 9:12).

또 다른 대표적인 예가 할례다. 할례는 이스라엘 백성이 하나님의 자녀임을 입증하는 매우 중요한 율법이었다. 그러나 신약시대에 와서 이 할례의 율법은 폐지되었다(행 15:1,20-21). 왜? 이제 참된 할례는 마음에 성령을 통하여 받음으로 더욱 온전하게 성취되었기 때문이다(롬 2:29). 굳은 마음이 제거되고 하나님을 향하여 부드러운 마음, 순종하는 마음으로 주님을 섬기며 사랑하는 것이 할례받는 것보다 훨씬 더 중요한 하나님 백성의 표지가 된다(롬 4:11-12, 12:2).

그렇다면 안식일은 어떨까? 과연 안식일도 신약시대에 와서 폐지되었는가? 아니면 여전히 신약시대의 백성에게 유효한, 지켜야 할 율법으로 남아 있는가? 이것을 알아보려면 우리가 성경을 통하여 확인해야 할 것들이 있다.

첫째, 안식일 폐지에 대한 예언이 있는가 하는 것이다. 할례 같은 경우는 분명히 신약시대에 폐지가 되었다. 장차 성령으로 받는 새로운 할례에 관한 것이 에스겔 36장 26절에 예고되어 있다. "또 새 영을 너희 속에 두고 새 마음을 너희에게 주되 너희 육신에서 굳은 마음을 제거하고 부드러운 마음을 줄 것이며." 그렇다면 안식일 폐지에 대한 예언은 성경에 나와 있을까? 그렇다. "내가 그의 모든 희락과 절기와 월삭과 안식일과 모든 명절을 폐하겠고"(호 2:11). 여기 보면 '모든 희락'은 즐거워해야 할 축제를 말한다. 절기는 유월절, 무교절, 오순절, 초막절 등과 같은 날들을 말한다. 월삭은 매달 초 드리는 제사다(민 10:10, 28:11-14, 29:6 참조). 모든 명절은 유대인이 지켰던 부림절, 나팔절, 대속죄일과 같은 날이다. 이런 날들을 '폐하겠다'고 말씀한다. '폐하였고'가 아니라 '폐하겠고'로 되어 있다. 이는 하나님께서 장차 안식일을 폐할 것을 예언하신 말씀이다.

이런 안식일과 절기들을 폐하는 이유가 무엇인가? 이스라엘이 하나님 앞에 점점 죄를 범하면서 이것이 하나님을 기쁘시게 하는 날이 아니라 형식적으로 드리는, 하나님이 싫어하고 역겨워하는 날이 되었기 때문이다. "헛된 제물을 다시 가져오지 말라. 분향은 내가 가증히 여기는 바요 월삭과 안식일과 대회로 모이는 것도 그러하니 성회와 아울러 악을 행하는 것을 내가 견디지 못하겠노라. 내 마음이 너희의 월삭과 정한 절기를 싫어하나니 그것이 내게 무거운 짐이라. 내가 지기에 곤비하였느니라"(사 1:13-14). 하나님께서 이스라엘 가운데 안식일을 폐지하겠다고 예언하신 것은 이들의 안식일이 형식과 껍데기만 남아 정말 받으시기에 견디기 어렵고 역겨운 짐이 되었기 때문이다.

둘째로 확인해야 할 것은 만약 안식일이 폐지되었다면 이 안식일이 폐지된 것이 성경에 나오는가 하는 것이다. 이는 골로새서에 명확하게 나온다. "우리를 거스르고 불리하게 하는 법조문으로 쓴 증서를 지우시고 제하여 버리사 십자가에 못 박으시고 통치자들과 권세들을 무력화하여 드러내 구경거리로 삼으시고 십자가로 그들을 이기셨느니라. 그러므로 먹고 마시는 것과 절기나 초하루나 안식일을 이유로 누구든지 너희를 비판하지 못하게 하라. 이것들은 장래 일의 그림자이나 몸은 그리스도의 것이니라"(골 2:14-17).

'우리를 거스르고 불리하게 하는 법조문'은 구약 율법의 여러 조항을 말한다. 즉 할례 문제, 먹고 마시는 음식 규례, 초하루, 곧 매월 초하루에 드리는 월삭 예배, 안식일 문제 등이다. 골로새서는 이런 것들이 모두 신약시대의 성도들을 거스르고, 하나님의 백성이 되는 데 불리하게 만드는 율법들이라 선언한다. 그러나 이 모든 조항을 하나님이 지우고 제거하셔서 '십자가'에 못 박았다.

이 모든 율법 조항의 폐지가 그리스도의 십자가를 계기로 이루어졌다. 이제는 유대 율법의 먹고 마시는 율법 문제, 유월절, 무교절, 오순절, 초막절과 같은 절기를 지키는 문제, 그리고 안식일을 지키는 문제로 인해 누구든지 성도를 비판할 수 없다. 이 모든 것은 그리스도의 십자가 사건 이후로 효력을 상실했다. 이런 율법 조항은 장래 일의 그림자, 즉 그리스도를 통해서 성취될 온전한 구원역사를 희미하게 미리 보여주는 그림자에 불과하다. 그러나 몸, 곧 실체는 바로 그리스도의 것이다. 이를 새번역은 "그 실체는 그리스도에게 있습니다"로 번역하였다.

에베소서는 이를 좀 더 구체적으로 표현한다. "그러므로 생각하라. 너희는 그때에 육체로는 이방인이요 손으로 육체에 행한 할례를 받은 무리라 칭하는 자들로부터 할례를 받지 않은 무리라 칭함을 받는 자들이라. 그때에 너희는 그리스도 밖에 있었고 이스라엘 나라 밖의 사람이라. 약속의 언약들에 대하여는 외인이요 세상에서 소망이 없고 하나님도 없는 자이더니 이제는 전에 멀리 있던 너희가 그리스도 예수 안에서 그리스도의 피로 가까워졌느니라. 그는 우리의 화평이신지라. 둘로 하나를 만드사 원수 된 것 곧 중간에 막힌 담을 자기 육체로 허시고 법조문으로 된 계명의 율법을 폐하셨으니 이는 이 둘로 자기 안에서 한 새 사람을 지어 화평하게 하시고 또 십자가로 이 둘을 한 몸으로 하나님과 화목하게 하려 하심이라. 원수 된 것을 십자가로 소멸하시고"(엡 2:11-16).

여기서 '그때'는 그리스도가 오시기 전을 말한다. 이때 에베소교회 성도들은 육체로는 이방인이었다. 육체로는 할례받지 못했던 구원의 소망 밖에 있는 사람들이었다. 반면 육체에 할례받은 무리라 칭하는 유대인들은 언약의 소망 안에 있던 자들이었다. 그런데 그랬던 이들이 그리스도 예수 안에서 그의 피로 가까워졌다!

그가 '둘로 하나를 만드사', 즉 이방인과 유대인 모두를 하나님의 백성으로 삼으셔서 이 둘을 구분하는 중간에 막힌 담을 자기 육체로,

곧 십자가의 피로 허물어뜨렸다. 이 담은 이방인이 구원으로 나아가는 데 방해하는 각종 율법 규례들, 즉 할례, 음식 규정, 절기, 월삭, 안식일과 같은 규례들이다. 이런 규례들이 더는 이방인의 구원을 가로막지 못하도록 무효화하신 것이다. 16절은 이를 “원수 된 것을 십자가로 소멸하셨다”고 말씀한다. 이를 계기로 비유대인인 이방 성도의 정체성이 바뀌었다. “그러므로 이제부터 너희는 외인도 아니요 나그네도 아니요 오직 성도들과 동일한 시민이요 하나님의 권속이라”(엡 2:19).

이처럼 성경은 분명히 신약시대에 안식일이 폐지된 것을 기록하고 있다. 여기서 우리는 구약과 신약의 관계를 살펴볼 필요가 있다. 하나님이 구약을 통해 먼저 언약을 주셨고, 그 첫 단계로 이스라엘을 하나님의 백성으로 선택하셔서 선민으로 삼으셨다. 이들을 통하여 열방이 복을 얻도록 하셨다. 하나님은 이들을 거룩한 제사장 나라로 세우기 위해 제사제도를 주셨고, 할례와 정결규례를 비롯한 안식일과 각종 절기를 주셨다. 그런데 이들이 열방을 돌아오게 할 빛으로의 사명을 온전히 감당하지 못하자 하나님께서는 예수 그리스도를 보내시고 그리스도의 십자가에서 선민을 구별하는 이 모든 율법들을 폐지시키셨다. 이것을 ‘구별법’이라고 한다.

구별법은 할례자와 무할례자의 차이를 구별하는 법이다. 이 구별법에 들어 있는 독특한 표현이 있다. 그것은 바로 ‘대대로’라는 표현이다. 때로는 ‘대대로’에 ‘영원히’라는 표현이 덧붙여져 있기도 하다. 여기 ‘대대로’는 이스라엘 자손 대대로, 즉 하나님의 선민 대대로 지켜야 할 표징이라는 뜻이다. 이렇게 볼 때 우리는 다음의 출애굽기 31장 16~17절 말씀을 이해할 수 있다.

"이같이 이스라엘 자손이 안식일을 지켜서 그것으로 대대로 영원한 언약을 삼을 것이니 이는 나와 이스라엘 자손 사이에 영원한 표징이며 나 여호와가 엿새 동안에 천지를 창조하고 일곱째 날에 일을 마치고 쉬었음이니라 하라."

여기에서 안식일을 지키는 것은 이스라엘 백성이 하나님의 선민된 구별법이라는 것을 알 수 있다. 이단들은 출애굽기의 이 말씀을 근거로 안식일이 하나님 백성의 표징이고, 일요일에 예배를 드리는 자는 짐승의 표를 받았다는 극단적인 주장까지 한다. 이 표징을 정당화하기 위해 이들은 또한 에스겔 20장 12절을 인용한다. "또 내가 그들을 거룩하게 하는 여호와인 줄 알게 하려고 내 안식일을 주어 그들과 나 사이에 표징을 삼았노라."

이 말씀만 보면 '안식일을 주셨고 지켜야 하는구나' 하는 생각을 할 수 있다. 그러나 그다음에 나오는 13절은 '그러나'로 시작한다. 이렇게 주셨음에도 이스라엘 백성들이 반역하여 하나님의 안식일을 크게 더럽혀 하나님의 큰 분노를 일으켰기 때문이다. "그러나 이스라엘 족속이 광야에서 내게 반역하여 사람이 준행하면 그로 말미암아 삶을 얻을 나의 율례를 준행하지 아니하며 나의 규례를 멸시하였고 나의 안식일을 크게 더럽혔으므로 내가 이르기를 내가 내 분노를 광야에서 그들에게 쏟아 멸하리라 하였으나"(겔 20:13).

무슨 말인가? 구별법으로 주신 안식일 절기가 에스겔서에 와서는 유효기간이 끝난 폐지되어야 할 법임을 고발하고 있는 것이다. 그래서 에스겔 선지자는 36장에서 새로운 할례, 새로운 언약을 선포한다(렘 31:31-33 참조). 이는 다음과 같다. "또 새 영을 너희 속에 두고 새 마음을 너희에게 주되 너희 육신에서 굳은 마음을 제거하고 부드러운 마음을 줄 것이며 또 내 영을 너희 속에 두어 너희로 내 율례를 행하게 하리니 너희가 내 규례를 지켜 행할지라"(겔 36:26-27).

셋째, 만약 이런 안식일 규례가 신약성경에도 유효하다면 신약에서는 분명히 안식일을 지키라는 명령을 해야 한다. 그러나 신약성경 그 어느 곳에서도 안식일을 지키라는 명령을 찾아볼 수 없다! 도리어 신약성경에서는 안식일을 그리스도의 십자가로 폐했다고 말씀한다.

넷째, 초대교회 성도들도 실제로 안식일을 힘써 지켰다는 말씀이 없다. 신약성경에는 복음을 담대히 전하라는 말씀은 있어도 안식일을 담대하게 지키라는 말씀은 없다.

이에 대해 이단 단체들은 사도행전 17장 2절이 핵폭탄과 같은 구절이라고 하며 초대교회가 안식일을 지켰던 증거라고 주장한다. "바울이 자기의 관례대로 그들에게로 들어가서 세 안식일에 성경을 가지고 강론하며." 여기 보면 "바울이 안식일에 자기 '관례' 대로"(규례, 개역한글)라고 되어 있다. 관례 또는 규례대로 유대인의 회당에 들어가 세 안식일을 지켰다는 것이다(행 17:1). 언뜻 보면 정말 그런 것 같지만 자세히 보면 그렇지 않다.

먼저, 여기에 나온 '규례' 또는 '관례'의 바른 뜻을 살펴보자. 여기에 사용된 헬라어 '에이오타' 는 구약 율법이 아니라 '관습' '습관' 을 의미한다. 이것을 영어성경에서는 'custom' (NIV, NRSV, ESV)으로 번역한다. '율법'을 가리키는 헬라어는 '노모스' 다. 율법의 세칙을 말하는 '규례' 는 '엔톨레' '도그마' 또는 '디카이오마' 라고 한다. 즉 여기서 바울이 자기의 '관례' (헬. 에이오타)대로 유대인들에게 들어갔다는 것은 유대인의 관습 또는 습관을 따라 회당에 갔다는 것이다. 율법을 지키기 위한 의도와는 아무런 관련이 없다.

그 이유가 무엇인가? 이는 회당에 모인 유대인들에게 복음을 전하기 위함이다. 사도행전 17장 1절을 보면 지금 바울은 복음 전도여행 중에 데살로니가에 왔다. 데살로니가에 있는 유대인들에게 복음을 전하려고 그들이 모이는 안식일에 그들의 습관을 따라 회당에 들어가서 복음을 전한 것이다. 17장 8절에 따르면 그 결과 큰 소동이 그 성읍에 있었다. 회당에서 대적자들이 이에 반발하고 소요를 일으켰기 때문이다. 이렇게 볼 때 사도들은 안식일 규례를 지킨 것이 아니라 안식일에 복음 증거, 즉 전도했던 것이다.

마지막 다섯째로 우리는 이단들이 교회사 자료를 인용하여 주장하는 콘스탄티누스 황제가 안식일을 변개한 사건을 살펴볼 필요가 있다. 실제 역사상 콘스탄티누스가 주후 321년에 했던 일은 기독교를 공인하면서 이들이 자유롭게 주일에 예배드리도록 일요일에 예배의 자유를 허락한 일이었다. 이전에는 그리스도인들이 일요일 새벽이나 저녁에 일을 마치고서 모여 예배를 드렸었다. 그런데 기독교를 공인하고 보니 이들이 낮에 자유롭게 예배를 드리도록 할 필요가 있었다. 그래서 주일에 자유롭게 예배드리도록 모든 일을 쉬도록 반포했던 것이다.

토요일에 드리던 예배를 억지로 애굽의 태양신을 섬기도록 하기 위해 일요일로 변개시킨 것이 아니다. 게다가 역사적 자료들을 보면 콘스탄틴 이전에도 주일 예배가 계속해서 드려지고 있었다. 외경인 바나바 서신이나 안디옥교회의 감독이었던 이그나티우스의 서신에 보면 이런 주일 예배의 기록들이 남아 전해지고 있다.[18]

그렇다면 초대교회 때부터 우리는 왜 주일에 예배를 드리는가?

첫째, 이날은 우리를 위해 십자가에서 모든 율법의 조문을 폐지한 그리스도께서 죄와 사망의 권세를 이기고 다시 살아나신 부활의 날, 승리의 날이기 때문이다. 말 그대로 주님의 날(Lord's Day)이다. 둘째, 유대인의 안식일이 십자가에서 폐지되었기 때문이다. 신약에서는 안식일을 지키라고 명령하지 않는다. 셋째, 하나님께서 이날에 복주셨기 때문이다. 예수께서는 주일에 두려움에 떠는 제자들에게 나타나셨고(요 20:19), 주일인 오순절에 성령께서 마가의 다락방에 강림하셨으며(행 2:1), 그 주일에 3천 명이 회개하고 주께 돌아왔다(행 2:41). 또 사도 요한은 '주의 날'에, 즉 주일에 요한계시록의 계시를 받았다(계 1:10). 넷째, 주일에 예배를 드린다는 것은 우리의 힘과 노력으로 구원받는 것이 아니라 오직 십자가의 능력을 믿음으로 구원받으며, 우리는 바로 그런 주의 백성임을 확증하는 것이기 때문이다.

주의 백성은 그리스도의 피로 세운 새 언약에 들어온 새 시대의 백성이다(눅 22:20, 엡 2:15). 새 시대에는 새 포도주 부대에 포도주를 담아야 한다. 성령을 통하여 마음의 굳은살이 제거되는 새로운 성령의 할례를 받고 구원의 확신, 주일에 대한 확신으로 새롭게 무장해야 한다.

[45장 각주]

17) 진용식, 「안식교의 오류」(서울: 도서출판 성산, 1998), 22-30쪽.
18) 위의 책, 117-118쪽 참조.

46 Chapter 46. Exodus 20:12

제5계명 : 네 부모를 공경할 수 있는가?

네 부모를 공경하라. 그리하면 네 하나님 여호와가 네게 준 땅에서 네 생명이 길리라.

"네 부모를 공경할 수 있는가?"라는 질문에 대한 답은 당연한 것 같지만 그럼에도 주변에서 마주치는 현실은 그렇지 않은 것 같다. 여러 성도와 이야기를 나누다 보면 부모와의 관계가 좋지 않은 이가 의외로 많다. 왜 그럴까? 본문은 십계명 중 제5계명인 "네 부모를 공경하라"는 말씀으로, 겉으로 드러나는 두 가지 특징이 있다.

첫째, 이 계명은 십계명 중 하나님과의 관계에 관한 1~4계명과 사람 사이의 관계를 설명하는 나머지 5~10계명을 이어주는 가교역할을 하는 말씀이다. 이를 암시하는 것이 제5계명은 사람들 사이의 관계에 대한 말씀임에도 1~4계명과 같이 '여호와 하나님'이란 단어가 등장한다는 점이다.

> "네 부모를 공경하라. 그리하면 네 하나님 여호와가 네게 준 땅에서 네 생명이 길리라"(출 20:12).

이런 면에서 제5계명은 5~10계명에 속해 있으면서도 1~4계명과 밀접한 연관을 맺는다. 참고로 6~10계명은 하나님에 대한 언급이 없다.

둘째, 제5계명은 제4계명, 곧 "안식일을 기억하여 거룩하게 지키라"는 명령과 같이 긍정적인 명령문으로 선포되고 있다. 다른 계명들이 대부분 '~하지 말라' 고 하는 것에 비해 제5계명은 '~하라' 는 긍정명령으로 되어 있다. '~하라' 는 것은 "무슨 일이 있어도 반드시 중요하게 지키라"는 말씀이다. "부모를 공경하라"고 할 때 '공경하다' 는 히브리어 '카베드' 로, '무겁다' 는 뜻이다. 직역하면 네 부모를 '무겁게' 여기라는 것이다. 부모를 무겁게, 비중 있게, 중요하게 생각하라는 뜻이다. 이 단어는 안식일과 관련하여 "여호와를 공경하라"(잠 3:9, 참조 레 19:30, 26:2, 사 29:13)는 단어에도 동일하게 사용된다. 하나님을 무겁게 여기는 것처럼 부모도 무겁게 여기라는 것이다. 이런 면에서 우리가 하나님과의 관계에서 무겁게 여겨야 할 제4계명은 부모와의 관계에서 무겁게 여겨야 할 제5계명과 연결된다.

이 말씀을 듣는 이스라엘 백성들의 1차 대상은 주로 20~50대의 청중이다. 그 이유는 "'네 이웃의 아내'를 탐내지 말고, '이웃의 남종, 여종을 탐내지 말라'"는 말씀에 비추어볼 때 결혼을 하고 남종 여종을 거느린 어느 정도 생활이 안정된 가정일 가능성이 크기 때문이다.

그렇다면 부모를 무겁게 여기는 것, 공경하는 일은 왜 중요할까? 무엇보다 먼저, 부모는 우리가 세상에서 생명을 얻는 통로이기 때문이다. 하나님께서 우리 영혼을 창조하시고 이 세상에 부모를 통해 심장이 박동하고 생명이 있는 육신을 주셨다. 우리는 육체의 생명을 전적으로 부모님께 빚졌다. 그리고 우리가 부모를 무겁게 여겨야 할 것은 우리가 아무것도 모를 때 이 세상을 알아가고 세상에서 관계를 맺는데 가장 큰 영향을 받았기 때문이다. 말하는 것, 생각하는 것, 소소한 생활습관 등 더 나아가 다른 사람과 관계를 맺는 모든 것을 부모를 통해 체득하였다. 세상과 관계를 맺고 살아가는데 근원적인 롤모델이 되는 것이다. 그 방식이 건강한 것이든 죄의 영향으로 잘못된 것이든 우리는 부모로부터 절대적인 영향을 받았다. 그러니 인정하든 인정하지 않든 간에 부모의 영향력은 우리 삶에 무겁게 자리 잡고 있다.

그럼에도 십계명이 부모를 공경하라고 말씀하는 것은 그 당시에도 부모를 가볍게 여기고 부모의 권위를 무시하는 이들이 꽤 많았음을 짐작할 수 있게 한다. 다음의 고백을 들어보라. "요즘 젊은이들은 사치를 사랑한다. 그들은 버릇이 없고 권위를 경멸하고 늙은 사람들을 존경하지 않는다. 젊은이들은 어른들이 방에 들어올 때 더는 일어서지 않는다. 그들은 부모에 반박하며 손윗사람을 학대한다."[19] 이것이 누가 남긴 글인지 상상이 가는가? 주전 400년 헬라의 유명한 철학자였던 소크라테스가 남긴 말이다.

예전부터 부모를 가볍게 여기는 경향이 있다고 하지만 오늘날은 점점 그 도가 심해지는 것 같다. 갈수록 부모를 공경하는 것을 거부하는 자녀들이 늘어나고 있다. 권위에 대한 순종에 반감을 갖는 이들이 많아지고 있다. 부모와 관계가 나쁜 자녀들이 점점 많아지고 있다. 반감을 넘어 서로를 원수처럼 여기고 미워하는 경향이 점점 많아지고 있다. 특히 우리나라에서는 더 심하다. 우리나라를 흔히 갈등 공화국이라고 하지 않는가? 안 그래도 사회적으로 갈등이 많은데 이런 갈등이 가장 극단적으로 나타날 수 있는 곳이 가정이다.

지난 2014년에 한국 법의학 저널에 '한국의 존속살해와 자식살해 분석'이라는 논문이 발표된 적이 있다.[20] 여기서 존속살해는 자녀가 부모 또는 조부모를 살해하는 사건이다. 이전 같으면 이런 사건이 일어나면 뉴스에서 대대적으로 보도했지만 요즘은 큰 뉴스거리가 되지 않는다. 이런 끔찍하고 극단적인 사건이 한 주에 한 번꼴로 일어난다. 존속폭력이나 상해사건도 해마다 400~500건씩 일어난다.[21] 이 논문은 지난 2006년부터 2013년까지의 자료를 분석했는데, 여기 나온 통계에 따르면 우리나라에서 일어난 살인사건 중에 약 5% 정도가 존속살인이다. 이를 다른 나라들과 비교하면 이 비율이 어떤 의미가 있는지 더 확연하게 드러난다. 존속살인은 총기사건이 가장 많은 나라인 미국이 2%, 신사의 나라 영국은 1%에 불과하다. 이에 비해 우리나라는 5%에 육박한다. 이것은 해마다 꾸준하게 늘고 있는데 이렇게 볼 때 우리나라는 다른 나라보다 2.5배에서 5배나 많다. 이런 일을 자행한 자녀들은 30대가 가장 많았고, 20대가 두 번째로 많았다.

존속살인의 가장 큰 원인은 조사결과 '가정불화'인 것으로 드러났다. 부모가 자녀를 억누르고 학대하고 부당하게 대우하고 독립된 인격체로 존중하지 않고 자기의 소유처럼, 자기 말대로 따르는 로봇처럼 여겨 명령하고 강요하다 보면 이것이 쌓여 어느 순간 폭발한다. 특히 우리나라처럼 부모와 자녀가 함께 있는 기간이 길수록, 또 부모가 자녀에 대한 기대가 높을수록, 그리고 그 기대와 자녀의 현실 사이에 괴리가 높을수록 이런 불화가 빈번하다. 존속사건의 비율을 보면 아버지와 아들 사이가 압도적으로 많다. 딸을 둔 가정은 그나마 안심해도 괜찮다. 하지만 아들을 둔 가정은 아버지와 아들 사이의 관계를 잘 가꾸어갈 필요가 있다.

특히 아버지와 아들 사이는 심리적으로도 오이디푸스 콤플렉스라는 것이 도사릴 가능성이 크다. 간단히 말하면 어머니를 차지하기 위해 아버지에 대한 강한 반항심을 품고 있는 심리다. 그래서 아들에게는 아버지와 경쟁하고 아버지를 배제하고 싶어 하는 심리가 있다. 그러나 아이에게 아버지는 절대적인 존재이기 때문에, 아들은 아버지의 무서움을 안다. 이것이 어릴 때는 두려움으로 억압되어 있다가 성인이 되면서 자연스럽게 다른 방향으로 해소되며 나아가는데, 이 억압이 해소되지 않고 성인이 돼서도 이런저런 교묘한 통로로 계속되다 보면 이것이 어느 순간 강력한 배제의 행위로 폭발한다.

중요한 것은 가정이 사회와 나라의 가장 근본적인 기초를 이루는 중요기관이지만 그 가정조차도 죄의 영향력에서 자유로울 수 없다는 점이다. 죄는 어떻게든 사랑하고 신뢰해야 할 소중한 관계를 파괴하려 한다. 예로부터 동방예의지국으로 칭송받은 우리나라는 오랜 유교문화로 효의 정서가 많이 깔려 있다. 그러나 요즘은 우리가 당연하게 받아들였던 효에 대해 다시 생각하려는 시도가 생겨나고 있다.

우리나라에서 효도에 대한 대표적인 이야기가 효녀 심청이다. 이 이야기는 국어 교과서에 꾸준히 등장한다. 이화여대 정지영 교수는 1920년부터 1990년까지 교과서에 등장한 심청의 이야기가 어떻게 변화되어 왔는지를 추적해서 연구한 적이 있다.[22] 이 연구에 따르면 1920년대부터 전통적으로 알아 왔던 심청의 이야기가 점점 전통적인 효에 대해 의문을 제기하는 방식으로 발전해 왔는데, 대표적으로 1983년에 개정된 초등학교 6학년 국어 교과서에는 그동안 없던 장면 하나가 추가된다. 그것은 심 봉사가 자기 딸을 팔았다고 고백하는 장면이다. 왜 이런 장면이 들어갔을까? 정 교수의 분석에 따르면 현대의 어린이와 청소년들은 심청 이야기를 읽으면서 심 봉사는 '자기 눈을 뜨려고 딸을 판 아버지'라는 생각을 하기 때문이다. 그만큼 현대 사회에는 전통적인 가부장적 권위에 대해 합리적인 의문을 제기하고 자기의 이기심과 사리사욕을 위해 권위를 사용하는 것에 대한 강한 반발 정서가 녹아 있다.

여기서 우리는 권위에 대해 깊이 생각해볼 필요가 있다. 기독교 윤리의 기초를 놓은 독일의 사회학자 막스 베버에 따르면 우리 사회에서 통용되는 권위는 크게 세 가지가 있다.[23]

첫째, 카리스마적 권위다. 타고난 자질, 은사, 초자연적 끌림의 요소들이다. 그러나 카리스마는 특별한 한 개인에게만 주어지는 것이기 때문에 여러 세대를 거쳐 이어가기가 쉽지 않다.

둘째, 전통적 권위다. 카리스마는 여러 세대를 거치면서 사라지고, 이것을 유지하기 위해 규범과 전통이 생기는데 이것이 전통적인 사회적 가치와 제도로 굳어진다. 여기에는 이유를 묻지 않는다. 과거에 권위 있는 누군가가 그렇게 했고 대대로 해왔으니 그렇게 한다.

셋째, 합리적 권위, 합법적 권위다. 이것은 법과 제도를 통해서 보장된 권위다. 이것은 자연적으로 주어지는 것이 아니라 상호 간의 약속과 계약 안에서 주어지는 것이다. 그래서 상호 간의 약속, 법과 제도가 정하는 한계 내에서 행할 때 권위가 발생한다. 만약 이 범위를 넘어가서 자신의 이기심이 발동하는 대로, 하고 싶은 대로 행하다가는 약속한 당사자나 계약자 사이에서 반발이 일어난다. 무조건적인 권위 행사에 제동을 거는 것이다. 여기에는 항상 무슨 근거로, 무슨 이유로 이렇게 행하느냐에 대한 문제 제기가 있다. 만약 그것이 법과 제도 안에 서면 순응하고 복종하지만 그것이 그 테두리를 넘어가면 들이받고 강력하게 반발한다. 아무리 무소불위의 대통령이고 장관이라도 법과 제도가 정한 경계를 넘어가면 그 권위에 반발하고 권위를 끌어내린다. 이런 현상은 오늘 우리 사회가 카리스마적 권위나 전통적 권위가 더는 통하지 않고, 합리적 권위가 통하는 사회로 변화되었음을 보여준다.

이런 변화에는 과학과 기술의 발전도 영향을 끼쳤다. 예전에는 과학기술과 사회의 변화 속도가 느렸다. 이때는 과거의 경험이 중시된다. 그렇기에 과거의 경험이 풍부한 연장자와 부모가 존중받는다. 그러나 오늘날은 지식 정보화시대다. 과학기술과 정보가 빠르게 발전하면서 사회가 급변한다. 이럴 때 중요한 것은 전통을 지키는 것이 아니라 오히려 기존의 전통에서 빨리 벗어나 창의적이고 혁신적인 것을 만들어내는 일이다. 그렇기 때문에 시간의 중심축이 과거에서 미래로 옮겨간다.

며느리는 새로운 육아법에 대한 최신 정보를 접하고 아이를 건강하게 키우려면 엎어서 재워야 한다고 아이를 엎어 재운다. 그러면 시어머니는 전통적인 경험을 바탕으로 애 숨 막힌다고 다시 뒤집어 놓는다. 그러면 며느리는 다시 엎어놓는다. 이렇게 엎치락뒤치락하다 보면 갈등이 생긴다. 그러면 시어머니는 시어머니의 전통적인 권위로 누르려하고 며느리는 이유가 결여된 비합리적 권위에 대해 반발하고 눈을 똑바로 뜨고 "어머니, 이건 어머니가 잘 모르셔서 그래요"라며 분명하게 선을 긋는다. 그러면 시어머니는 요것이 대든다고 열을 낸다. 이런 합리적 권위의 시대에, 그리고 죄성이 가정을 침범하여 뒤흔드는 시대에 우리는 이 제5계명을 어떻게 받아들여야 할까?

성경은 모든 권위의 근원이 하나님임을 말씀하고 있다. 로마서를 보자. "각 사람은 위에 있는 권세들에게 복종하라. 권세는 하나님으로부터 나지 않음이 없나니 모든 권세는 다 하나님께서 정하신 바라"(롬 13:1). 모든 권세는 하나님이 주셨다는 것이다. 이것은 권세에 대해 우리에게 두 가지 점을 시사한다. 첫째, 권위는 하나님이 사람에게 부여하신 것이기 때문에 순종해야 한다는 것이다. 이것은 권위를 대하는 수용자 측면에서 받아들여야 할 점이다. 둘째, 권위는 하나님이 주신 것이기 때문에 내 마음대로가 아니라 하나님이 허락하신 말씀과 규례 범위 안에서 사용해야 한다는 것이다. 이것은 권위를 발휘하는 사용자의 측면이다.

이 두 측면을 균형 있게 제시하는 말씀이 바로 에베소서 6장 말씀이다. "자녀들아 주 안에서 너희 부모에게 순종하라. 이것이 옳으니라. 네 아버지와 어머니를 공경하라. 이것은 약속이 있는 첫 계명이니 이로써 네가 잘되고 땅에서 장수하리라. 또 아비들아 너희 자녀를 노엽게 하지 말고 오직 주의 교훈과 훈계로 양육하라"(엡 6:1-4). 이 말씀은 자녀들이 부모에게 순종하고 공경할 것을 명령한다. 그런데 전제가 있다. 바로 '주 안에서'다. 주님의 주권과 통치 아래서 순종하라는 것이다. 이것은 부모의 권위가 하나님의 말씀과 주권 아래서 사용되어야 한다는 것을 전제한다.

에베소서에는 부모 공경의 계명과 함께 부모를 향한 명령이 있다. 그것은 "너희 자녀를 노엽게 하지 말고 오직 주의 교훈과 훈계로 양육하라"(엡 6:4)는 것이다. 아비들이 자녀를 노엽게 할 때가 언제인가? 10대에서 40~50대에 이르기까지 자녀를 노엽게 할 때가 언제인가? 자녀를 독립적인 인격체로 존중해주지 않고, 어린아이 대하듯 함부로 나무라며, 부모의 일방적이고 이기적인 뜻을 강압적으로 요구할 때다. 그래서 부모는 어떻게 해야 하는가? 오직! (이것만이 유일한 대안이라는 뜻이다) 주의 교훈과 훈계로, 곧 주님께서 주신 권위의 한계 안에서 양육하라는 것이다. 이런 것을 '권위의 삼자성'이라고 한다. 권위가 부모에게 있는 것이 아니라 부모에게 권위를 주신 제3의 권위자 하나님에게 있다는 뜻이다. 그렇기에 부모는 하나님이 주신 권위를 주 안에서, 믿음 안에서, 말씀 안에서 신앙으로 행사할 때 온전한 부모의 권위를 누릴 수 있다.

요즘 대학에서 이런 일이 종종 일어난다. 교수가 학생들을 자신의 사적인 목적으로 종 부리듯 하다 보면 학생들은 이 권위를 인정하지 않고 언론에 신고한다. 교수가 존경받으려면 학교에서 정한 합리적인 경계 안에서 학문으로 존경받아야 한다. 이렇게 얻어야 할 권위를 다른 식으로 사용하면 그때부터 관계가 뒤틀린다. 그러다 이것이 극단적으로 가면 교수 연구실에 폭탄도 설치한다.

이렇게 볼 때 자녀가 부모를 경외하기 위해서는 자녀 쪽에서의 순종만을 일방적으로 강조할 것이 아니라 주 안에 정해진 범위 안에서 권위를 사용하도록 주의를 기울여야 한다. 우리는 흔히 자녀를 독립된 인격체로 존중해주어야 한다고 한다. 이 말은 자녀를 타인을 대하듯 존중해야 한다는 것이다. 타인과의 인간관계를 망치는 것이 무엇인가? '지적'과 '정죄'다. 이것은 칭찬에 인색하고 자기주장만 하는 일방적인 커뮤니케이션 방식이다. 만약 일상에서 이런 방식으로 행동하면 주변의 인간관계는 다 끊어진다. 자녀가 독립적인 인격체라면 이것은 자녀에게도 고스란히 적용된다. 그런데 부모는 설마라고 생각한다. 어릴 때부터 키우고 봐왔기 때문이다. 그러나 이제는 아니다. 주 안에서 인정해야 한다.

하지만 현실에서는 이런 권위를 건강하고 지혜롭게 사용하는 부모를 만나지 못하는 경우도 있다. 그래서 믿음의 자녀라면 우리는 비록 왜곡되게 사용되는 권위라도 존중할 수 있는 연습과 결단이 필요하다. 그런 가운데서도 주님의 뜻과 통치가 이루어지기 때문이다. 하이델베르크 요리문답 104문에 보면 재미있는 표현이 나온다. "제5계명에서 우리를 향한 뜻은 무엇입니까?"라는 질문에 "우리는 마땅히 순종해야 한다"고 하면서 이렇게 덧붙인다. "또한 부모들의 실수를 내가 참을성 있게 인내해야 하는데, 그것은 그들을 세워 우리를 다스리는 것이 하나님의 뜻이기 때문입니다."

종교개혁자 칼빈은 아버지와의 관계에 갈등이 잦았다. 아버지 때문에 많이 힘들어했다. 그런데 목사가 되고 시간이 지난 후에야 자기를 그토록 힘들게 했던 아버지마저도 하나님의 섭리 가운데 주신 분임을 깨달았다. 그래서 칼빈은 그의 십계명 설교 중에 이렇게 말했다.[24] "자녀가 불만을 가지고 '나에게도 아버지가 계시기는 하지만 아무리 봐도 우리 아버지는 아버지로서 갖추어야 할 것을 다 갖추지 못한 것 같아. 내가 보기에도 흠이 많단 말야'라고 말할 때가 있다. 이것은 부당한 일이다. 우리는 제5계명 말씀의 명령을 족한 것으로 알고 각자의 부모님을 있는 그대로의 상태에서 공경하는 것이 반드시 필요하다."

이것을 실천했던 성경의 대표적 인물이 요나단이다. 요나단의 아버지 사울 왕은 분노조절장애가 있었다. 분노가 도무지 컨트롤되지 않는다. 종종 강렬한 분노를 뿜어내며 다윗을 죽이려 덤벼들었던 미치광이 아버지였다. 다윗을 죽이지 말라고 아버지를 아무리 합리적으로 설득해도 오히려 더 화를 내며 너도 같은 편이냐면서 창을 던지기까지 했다(삼상 20:33). 요나단은 그런 사울을 무겁게 여기고 공경했다. 하지만 아버지의 불합리한 명령에는 순종하지 않았다. 아버지의 명령에 순종하자면 하나님의 기름 부음받은 다윗을 죽여야 했기 때문이다.

그렇다면 하나님의 뜻과 부모님의 권위가 충돌할 때 우리는 어떻게 해야 하는가? "아버지나 어머니를 나보다 더 사랑하는 자는 내게 합당하지 아니하고 아들이나 딸을 나보다 더 사랑하는 자도 내게 합당하지 아니하며"(마 10:37). 무엇보다 주님의 뜻에 우선해야 한다. 그러나 그것이 부모를 가볍게 여기는 일이 되어서는 절대로 안 된다. 예수님도 하나님의 뜻을 먼저 순종하셨지만 어머니를 순종하며 섬겼다(눅 2:51). 또한 십자가에서 죽으실 때 제자 요한에게 마지막으로 부탁했다. "보라. 네 어머니라"(요 19:27). 이후로 요한은 예수님의 어머니를 자기 어머니로 여기고 평생 섬기며 박해 때마다 함께 피신했다.

하나님은 부모의 권위를 하나님께서 주신 것으로 여기고 이를 무겁게 여기며 인내하는 자녀를 귀하게 여기신다. 그리고 복주신다. 그래서 하나님은 제5계명 끝부분에 "네게 준 땅에서 네 생명이 길리라"고 축복한다. 이와 유사하게 에베소서 6장 3절은 "네가 잘되고 땅에서 장수하리라"고 말씀한다. 이것은 디모데전서 5장 4절 말씀처럼 "이것이 하나님 앞에 받으실 만한" 거룩한 산 제사가 된다.

오늘날은 급변하는 시대다. 부모와 자녀의 관계도 변하고 가치관도 변한다. 그러나 여전히 제5계명의 말씀은 유효하다. 하지만 이 말씀은 부모와 자녀가 함께 노력할 때 더 아름다운 결실을 맺을 수 있다. 우리는 부모와 자녀의 관계를 당사자 간의 2자 관계가 아니라 3자 관계로 볼 수 있어야 한다. 때로는 부당한 권위라도 이제는 믿음으로 주님을 바라보고 무겁게 여기며 기쁨으로 순종하며 나아갈 수 있는 용기를 내보자!

[46장 각주]

19) Socrates, Fran Sciacca, *Generation at Risk*, revised, Chicago: Moody, 1991, p.25.
20) 정성국 외, "한국의 존속살해와 자식살해 분석", *Korean Journal of Legal Medicine*, 2014, Vol.38, 66-72쪽.
21) 이동한, "[만물상] 존속살해죄", 조선일보, 2011. 4. 20.
22) 정지영, "'팔려간 딸'에 대한 불편한 기억: 1920-1990년 교과서에 실린 '심청이야기'의 분석을 중심으로", 「한국여성학」 27권 1호(2011), 155-187쪽.
23) 막스 베버, 박성환 역, 「경제와 사회 1」(서울: 문학과 지성사, 1997), 449-468쪽.
24) 존 칼빈, 김광남 역, 「칼빈의 십계명 강해: 십계명 강해로 알아보는 율법의 의미」(서울: 비전북, 2011).

47 Chapter 47. Exodus 20:13

제6계명 : 살인하지 말라

살인하지 말라.

"살인하지 말라"는 계명은 언뜻 볼 때 우리와 큰 상관이 없는 것 같다. 살인은 일상에서 그리 흔히 접하는 경험이 아니기 때문에 나와 크게 상관없는 '남의 일'이라는 생각이 든다. 그러나 이 살인의 문제는 우리가 생각하는 것보다 상당히 넓게 그 저변을 확보하고 있다. 대표적으로 우리나라뿐 아니라 전 세계에 만연한 살인과 죽음의 문화다. 한 통계에 따르면 보통 한 아이가 초등학교를 마칠 때가 되면 이 아이는 미디어를 통해 8천 건의 살인과 10만 건의 폭력행위를 시청한다.[25] 어린이가 즐겨보는 프로의 약 50%는 로봇이나 슈퍼영웅이 나오는 폭력물이다. 이들이 나타나서 악당을 물리치는데 여기서 많은 폭력과 살인 행위가 발생한다. 어린이들은 이런 것을 오락과 재미를 위해 소비한다.

더구나 오늘날은 미디어의 해상도가 발전하면서 살인에 대한 묘사가 매우 사실적이다. 이전의 것들보다 피를 더 많이 흘리고 더 잔인하고 더 많이 죽는다. 예전에는 총을 "탕탕탕" 쏘면 저 멀리서 "으윽" 하고 쓰러져 죽었다. 그런데 요즘에는 그렇게 묘사하면 현실감 없다고 채널을 돌린다. 총을 쏘면 심장이 터지면서 피가 사방으로 튀든지, 머리가 날아가든지, 다리가 잘리든지 해야 실감 나게 총 맞는 장면으로 본다. 예전에는 칼로 푹 찌르면 그냥 얼굴만 비추어주었다. 그리고 "으윽" 하고 신음하며 죽었는데 요즘에는 이걸로는 안 된다. 찌르고 또 찌르고 돌리고 쑤시고 피가 마구 펑펑 튀어야 만족한다. 이런 것이 오락을 위한 소재로 소비되는 것이 현실이다.

미군의 군대 심리학자였다가 은퇴한 그로스만 중령은 군인들에게 살인에 대한 자연적인 거부감을 극복하도록 훈련시키는 전문가로 활동했다. 그에 따르면 군대에서는 사람을 죽이고도 죄책감에 덜 사로잡히고 온전한 정신을 지켜내도록 하기 위해 조건화와 탈감각화를 훈련한다고 한다.[26] 이를 위해 군인들이 사람이나 좀비들을 잔인하게 죽이는 비디오 게임을 하게 하고, 폭력적인 전쟁 비디오를 주기적으로 시청하게 한다. 그렇게 되면 전쟁의 상황을 마치 게임의 상황처럼 인식하고 살인에 대한 감각이 마비되는 효과가 나타난다는 것이다.

우리는 이런 훈련을 우리도 모르게 영화와 미디어, 또는 게임을 통해 간접적으로 받고 있는 것이다. 가끔 묻지마 살인이 일어날 때가 있다. 아무 이유 없이 소중한 사람의 생명을 앗아간다. 그것도 한 명이 아니라 여러 명을 닥치는 대로 죽인다. 이런 경우 비디오 게임을 하다가 실감이 나지 않아 직접 현실에서 체험해보기 위해서라고 대답하는 경우가 이따금 있다.

그렇다면 우리나라에서 살인의 현실은 어떠할까? 통계청 통계에 따르면 2015년 958건, 2016년 948건의 살인사건이 일어났다. 인구 10만 명당 대략 1.9명이다. 한때 2.6명까지 올라갔다가 요즘 감소하고 있다. 그렇다고 이것이 적은 것은 아니다. 이웃 나라 일본은 0.4명이고, 영국은 1.2명, 독일은 0.8명이다. 총기 사용이 허락된 미국을 제외한 다른 주변국과 비교하면 우리의 살인사건 발생률은 여전히 높다.

직접적인 살인에 못지않게 우리 사회에서 만연하게 저변을 넓혀 가고 있는 것이 사회적 살인이다. 사회의 제도와 시스템, 그리고 문화로 인하여 한 개인을 죽음에 이르게 하는 것이다. 대표적인 것이 바로 자살이다. 자살은 2018년 기준으로 우리나라가 인구 10만 명당 26.6명이나 된다. 살인보다 10배나 많은 생명이 스스로를 살해한다. 이뿐만이 아니다. 가난과 질병 가운데 몸져누웠는데도 이런 이들을 사회적으로 방치하여 죽음에 이르게 하는 이른바 고독사도 늘었다. 예전에 부산에서 한 40대가 죽은 채로 집 안에 9개월간 방치되어 있지 않았는가? 최근 들어 우리나라에서 고독사는 급증하고 있다. 2014년 1,379명으로 집계되었던 것이 2017년에는 2,008명으로 2천 명을 넘었고, 다음 해인 2018년에는 2,447명으로 또다시 급증하였다. 살인으로 인한 사망자보다 늘어나는 추세다. 이러한 사회적 죽음까지 고려하면 살인의 문제는 꽤나 폭넓고 복잡해진다.

그렇다면 우리는 제6계명 "살인하지 말라"는 말씀을 어떻게 이해해야 할까? 우선 본문에서 '살인하다' 라는 단어의 용례를 살펴볼 필요가 있다. 성경에는 죽이는 것을 의미하는 히브리 단어로 '하라그'가 있다. 이 단어는 성경에 총 165회나 등장한다. 반면 십계명에서 사용된 '살인하다' 를 뜻하는 동사 '라차흐' 는 46차례 정도만 사용된다. 특별히 이 단어는 사람을 불법적으로 살해할 때 사용된다. 정당한 법적 절차나 국가적 전쟁을 통해 사람을 죽일 때는 이 단어를 사용하지 않았다. 그렇다면 전쟁을 통해 사람을 죽이는 것도 성경이 금하는 것인가 하는 의문이 제기될 수 있다. 어떤 이단들은 사람을 죽이는 전쟁을 반대한다고 해서 '양심적 병역 거부' 라는 이름으로 입영을 거부하도록 부추긴다. 사람을 죽이는 총을 들지 말라고도 한다. 그러나 성경은 나라를 위한 전쟁에 반대하지 않는다. 하나님께서는 이스라엘이 이방 민족에게 둘러싸여 공격받을 때 일어나 싸울 것을 명령하셨다.

이것이 전에 우리나라에서도 문제가 된 적이 있었다. 안중근 의사가 이토 히로부미를 살해하고 일본 재판정에서 사형이 언도되었다. 이때 가족들은 안중근이 사형당하기 전에 '종부성사' 를 베풀기 위한 사제를 보내달라고, 당시 서울 교구장이었던 뮈텔 대주교에게 요청했다.[27] 종부성사는 죽음이 임박한 사람이 고해성사를 통해 모든 죄를 고해하고 이 땅에서의 마지막 길을 준비하는 미사다. 안중근 의사는 토마스라는 세례명을 받고 황해도에서 '복사' 라는 직분으로 성당을 섬겼던 바 있다. 그런데 서울 대교구의 뮈텔 대주교가 이것을 거부했다. 이유는 안중근이 이토 히로부미를 살해한 살인자라는 것이다. 살인하지 말라는 십계명을 명백하게 어겼다는 것이다. 그러나 안중근에게 영세를 주었던 빌렘 신부는 여순으로 가서 안중근을 만나 종부성사를 해주었다. 이 일이 알려지자 뮈텔 대주교는 빌렘 신부를 징계하였고, 결국 한국을 떠나 본국으로 돌아갔다.

여기서의 살인은 나라를 지키고 더 큰 피해를 막기 위한 전쟁 성격의 살인이다. 히브리어로 '하라그'에 해당한다. '라차흐'가 아닌 것이다. 안중근 의사는 로마 가톨릭교회에서 오랫동안 살인자로 규정되어 있었다. 그러다 1993년 8월에 이 문제로 서울 가톨릭 교리신학원 강당에서 '안중근 심포지엄'이 열려 이 문제에 대해 깊은 신학적 검토를 하였고, 당시 서울 교구장이었던 김수환 추기경은 '추모미사 강론'에서 안중근 의사의 의거는 가톨릭 신앙과 상치된 것이 아니라고 하면서 신앙과 조국애는 분리될 수 없고, 일제의 무력 침략 앞에 민족의 존엄과 국권을 지키기 위한 모든 행위는 정당방위와 의거로 보아야 한다고 말했다. 안중근 의사의 행동을 로마 가톨릭이 제2차 바티칸공회에서 발표한 의로운 전쟁의 행위로 보았기 때문이다.

이렇게 볼 때 십계명에서 살인은 불법적인 살인을 하지 말라는 명령으로 받아들여야 한다. 그런데 불법적 살인도 조금 더 깊이 들어가면 복잡하다. 먼저, '라차흐'라는 단어가 의미하는 불법적 살인에는 고의적 살인이 있다. "만일 미워하는 까닭에 밀쳐 죽이거나 기회를 엿보아 무엇을 던져 죽이거나 악의를 가지고 손으로 쳐죽이면 그 친 자는 반드시 죽일 것이니 이는 살인하였음이라. 피를 보복하는 자는 살인자를 만나면 죽일 것이니라"(민 35:20-21).

여기서의 살인은 악의를 갖고 죽이는 것이다. 쉽게 말하면 죽이고 싶어 죽이는 것이다. 이런 고의적 살인에는 그 마음에 시기심, 미움, 분노, 증오, 탐욕과 같은 죄 된 의도, 악한 고의성 등이 포함되어 있다. 이런 살인에 대해서는 생명으로 갚아야 한다고 말씀한다. 그 이유가 무엇인가? "너희는 너희가 거주하는 땅을 더럽히지 말라. 피는 땅을 더럽히나니 피 흘림을 받은 땅은 그 피를 흘리게 한 자의 피가 아니면 속함을 받을 수 없느니라"(민 35:33). 피가 땅을 더럽히는데 피 흘림받은 땅은 피를 흘리게 한 자의 피로 속함받을 수 있기 때문이다. 이런 살인을 하나님은 철저히 금하신다.

둘째, '라차흐' 는 불법적 살인이기는 하지만 고의적 의도 없이 모르는 채로 사람을 죽음에 이르게 하는 행위를 말한다. "악의가 없이 우연히 사람을 밀치거나 기회를 엿봄이 없이 무엇을 던지거나 보지 못하고 사람을 죽일 만한 돌을 던져서 죽였을 때에 이는 악의도 없고 해하려 한 것도 아닌즉"(민 35:22-23).

악의 없이 우연히 사람을 밀쳤는데 뒷걸음치다가 돌에 걸려 넘어져 바닥에 박혀 있는 단단하고 뾰족한 돌에 머리를 부딪쳐 뇌출혈로 죽었다. 또 화단을 가꾸다 실수로 화분이 떨어졌는데 지나가던 행인이 맞아서 죽었다. 이것은 악의도 없었고, 해치려는 마음조차도 없었다. 이런 사람은 도피성으로 피하여 대제사장이 죽기까지 그곳을 벗어나지 않도록 했다(민 35:11). 대제사장이 나중에 죽으면서 대속하고 나서야 밖으로 돌아다닐 수 있었다(민 35:25). 하지만 이것은 여전히 중범죄다. 살인의 의도가 없어서 살려준 것이지 그의 죄는 여전히 중대한 범죄다. 만약 이것을 망각하고 자신이 죄가 없다고 생각하고 도피성을 벗어나 돌아다니다 발각되면 피해자의 가족이나 친척이 그를 죽여도 상관없었다(민 35:26-27).

오늘날의 과실치사와 같다. 과실치사 중 가장 흔히 일어나는 것이 교통사고다. 그럴 의도는 없었지만 관광버스를 몰다 졸음운전을 하는 바람에 많은 인명피해를 낸다. 운전하다가 갑자기 뛰어나온 사람을 보지 못하고 치는 바람에 인명피해가 난다. 이렇게 죽는 사람이 매해 5천 명 정도가 된다. 이것이 2015년에는 36년 만에 5천 명 미만으로 떨어졌고, 2019년에는 42년 만에 4천 명 미만(3,781명)으로 떨어졌지만, 여전히 교통사고 사망자 비율이 살인으로 인해 죽는 사람보다 3~4배나 많다. 이것을 방지하기 위해서 우리는 사전에 안전 운전을 하고 방어책을 마련해야 한다.

셋째, '라차흐' 에는 간접적 살인과 약자에 대한 사회적 살인의 의미가 있다. 열왕기상 21장 19절을 보면 엘리야는 아합 왕이 나봇의 포도원을 빼앗은 것을 두고 "네가 그를 라차흐, 곧 살인하여 빼앗았다"라고 말한다. 사실 아합 왕은 직접 손대지 않았다. 아내인 이세벨이 알아서 모의를 꾸미고, 그 성읍의 장로들을 거짓 증인으로 세워 법을 이용해 죽였다. 그런데 하나님께서는 이것을 두고 바로 "네가 죽였다"라고 선언하신다. 시편 94편 3~6절에는 이렇게 말씀한다. "여호와여 악인이 언제까지, 악인이 언제까지 개가를 부르리이까. …과부와 나그네를 죽이며 고아들을 살해하며." 고아와 나그네와 과부를 살해한다는 것은 약자를 박해하고 학대해서 삶의 의지를 꺾고 삶의 가능성을 빼앗는 일종의 사회적 살인을 의미한다.

이런 면에서 성경은 처녀를 강제로 성폭행하는 것과 살인을 동일시한다. "만일 남자가 어떤 약혼한 처녀를 들에서 만나서 강간하였으면 그 강간한 남자만 죽일 것이요 처녀에게는 아무것도 행하지 말 것은 처녀에게는 죽일 죄가 없음이라. 이 일은 사람이 일어나 그 이웃을 쳐죽인 것과 같은 것이라. 남자가 처녀를 들에서 만난 까닭에 그 약혼한 처녀가 소리 질러도 구원할 자가 없었음이니라"(신 22:25-27). 여기 한글성경에는 빠져 있는 표현이 있는데 그것은 강간한 것이 그 여인의 생명을 살인한 것이라는 표현이다. 처녀성을 빼앗아간 것은 그 여인을 살인한 것과 같다는 의미다. 성경은 이것을 삶의 가능성을 송두리째 앗아가는 잔인하고 폭력적인 행위로 보았다.

이런 면에서 우리는 낙태를 깊이 고민해야 한다. 낙태는 한 생명의 가능성을 우리가 미리 판단하여 다 가져가는 행위이기 때문이다. 우리의 생명은 언제 시작되는가? 생명이 모태에 들어서면서부터다. 시편 139편 13절은 "주께서 내 내장을 지으시며 나의 모태에서 나를 만드셨나이다"라고 말씀한다. 모태에서 하나님의 창조행위가 시작된 것이다.

이상으로 살펴본 바에 따르면 살인하지 말라는 계명은 불법적으로 생명을 빼앗지 말라는 것이다. 이 말씀은 십계명이 현대의 세속사회와 여전히 연결되는 거의 유일한 고리다. 생각해보라. 오늘날 세속사회는 하나님에 관한 1~4계명을 모두 저버리고 우상을 섬기며 산다. 간음은 이미 합법화되었다(7계명). 이웃의 아내, 이웃의 소유를 너무나 쉽게 탐낸다(10계명). 거짓말을 밥 먹듯이 하는 세상이고(9계명), 더는 부모를 제대로 공경하지 않는 사회다(5계명). 그래서 세속사회는 십계명의 말씀을 고리타분하게 여긴다. 그러나 모든 것을 다 포기해도 결국 궁극적으로 포기하지 못하고, 고의적이든 아니든 상관없이 여전히 십계명의 말씀을 인정하고 받아들이는 것이 바로 이 제6계명, 살인하지 말라는 명령이다.

하나님을 떠난 사람들이라 하더라도 여전히 하나님이 주신 생명이 귀한 것은 인정하고 있다. 게다가 사람의 생명 안에는 하나님의 형상이 담겨 있다. 하나님은 거룩한 그의 형상을 함부로 파괴하고 그의 생명을 내 마음대로 주장하는 것을 철저히 금하신다. 이것은 자살도 마찬가지다. 살인이 타인의 생명을 내 마음대로 주장하는 것이라면 자살은 나 스스로 하나님이 주신 형상을 파괴하고 하나님이 주신 생명을 내 마음대로 주장하는 행위다. 절대 해서는 안 된다.

살인의 출발점이 하나님의 형상을 파괴하는 것임을 기억할 때 우리는 예수님께서 오셔서 이 구약의 제6계명을 새롭게 해석해주신 것을 깊이 묵상해보아야 한다. "옛 사람에게 말한 바 살인하지 말라. 누구든지 살인하면 심판을 받게 되리라 하였다는 것을 너희가 들었으나 나는 너희에게 이르노니 형제에게 노하는 자마다 심판을 받게 되고 형제를 대하여 라가라 하는 자는 공회에 잡혀가게 되고 미련한 놈이라 하는 자는 지옥 불에 들어가게 되리라"(마 5:21-22). 예수님은 살인이 마음으로부터 시작됨을 말씀하셨다. 살인은 왜 하는가? 분노해서 한다. 미워해서 한다. 요한일서는 "그 형제를 미워하는 자마다 살인하는 자"(요일 3:15)라고 말씀한다. 그래서 예수께서는 그 마음을 먼저 다루셨다.

예전에 한 여성잡지에서 설문조사를 한 적이 있었다. "누군가 죽이고 싶은 사람이 있나요?" 그러자 의외로 많은 사람이 '그렇다' 라고 대답했다. 마음이 문제였던 것이다. 하이델베르크 요리문답 105번은 이를 이렇게 말한다. "내 이웃을 생각이나, 말이나, 표정이나 몸짓으로, 그리고 특별히 실제 행동으로 업신여기거나, 미워하거나, 모욕을 주거나, 죽이지 않아야 합니다. 그런 일을 하는 다른 사람들에게도 가담하지 말아야 합니다. 그리고 나는 모든 복수의 욕망을 제어하여야 합니다."

이 요리문답에 따르면 우리는 이웃을 생각으로 죽일 수 있다. 이런 생각을 자주 하다 보면 어떻게 되는가? 입으로 나온다. "확 죽여

버릴까 보다! 차라리 나가서 죽어라! 너 그러다 죽어!" 이런 생각을 제어해야 한다. 왜? 이런 생각이 말로 나가면 우리는 말로도 사람을 죽일 수 있기 때문이다. 또 표정으로도 몸짓으로도 사람을 죽일 수 있다. 무표정하게 그 사람을 무시하는 것, 그를 외면하는 것, 이러한 것들이 살인의 출발점이 된다. 우리는 우리의 지체를 미워하는 것을 멈추어야 하고 모욕을 주지 않도록 노력해야 한다.

이어 요리문답 106번은 이렇게 말한다. "살인을 금함으로 하나님께서는 살인의 근원이 되는 시기, 증오, 분노, 복수심을 싫어하신다는 것을 우리에게 가르치십니다. 이러한 것들은 하나님께는 살인에 해당하는 중한 죄입니다." 이 문답에 따르면 살인은 행위 이전에 마음의 근원에서 시작된다. 시기, 증오, 분노, 복수심과 같은 것들은 살인에 버금가는 중한 죄가 된다. 그래서 갈라디아서 5장 20~21절은 원수 맺는 것, 분쟁, 시기, 분냄, 이런 일들을 하는 자들은 하나님의 나라를 유업으로 받지 못한다고 말씀한다.

우리 마음에 예수님의 생명이 들어오고, 성령께서 충만하게 임하면 기쁨과 감사와 평안과 사랑이 가득하게 되고 이러한 마음을 몰아낼 수 있다. 미워하기보다는 이해하려 하고 분노하기보다 긍휼히 여기게 된다. 그리고 이런 마음이 찾아오면 우리는 새로운 차원의 살인으로까지 나아갈 수 있다. 무슨 말인가? "내 계명은 곧 내가 너희를 사랑한 것같이 너희도 서로 사랑하라 하는 이것이니라. 사람이 친구를 위하여 자기 목숨을 버리면 이보다 더 큰 사랑이 없나니 너희는 내가 명하는 대로 행하면 곧 나의 친구라"(요 15:12-14).

우리는 사랑과 자비의 차원을 넘어 친구를 위하여 자기 목숨을 버리는 데까지 나아가야 한다. 친구를 위하여 나의 생명을 의도적으로 내주는 것이다. 이것은 일종의 살인이지만 그 방향과 의도가 일반적인 살인과 정반대다. 일반적인 살인은 그 의도가 미움이고 내가 미워하는 타인을 향하지만 성도는 사랑하려는 의도로 자신을 향한다.

생명을 빼앗기지만 한쪽은 극단적인 미움으로 빼앗고 다른 한쪽은 극단적인 사랑으로 빼앗긴다. 이것을 직접 본으로 보여주신 분이 예수님이다. 예수님은 우리의 생명을 구하기 위하여 죽을 것을 아셨음에도 일부러 자신을 십자가의 죽음에 내주셨다. 그런데 이런 죽음의 결말에는 놀라운 반전이 있다. 사랑을 위해 자신을 스스로 죽음에 내던진 그 예수를 하나님이 부활의 생명으로 다시 일으키시고, 그에게 모든 이름 위에 뛰어난 이름을 주사, 하늘에 있는 자들과 땅에 있는 자들과 땅 아래에 있는 자들로 모든 무릎을 예수의 이름에 꿇게 하시고, 모든 입으로 이 예수를 주라 시인하여 하나님 아버지께 영광 돌리게 하셨다(빌 2:9-11).

이것을 집약적으로 설명한 것이 요한일서 말씀이다. "우리는 형제를 사랑함으로 사망에서 옮겨 생명으로 들어간 줄을 알거니와 사랑하지 아니하는 자는 사망에 머물러 있느니라. 그 형제를 미워하는 자마다 살인하는 자니 살인하는 자마다 영생이 그 속에 거하지 아니하는 것을 너희가 아는 바라. 그가 우리를 위하여 목숨을 버리셨으니 우리가 이로써 사랑을 알고 우리도 형제들을 위하여 목숨을 버리는 것이 마땅하니라"(요일 3:14-16). 단지 미워하지 않도록 억제하는 차원이 아니다. 주님께서 사랑하신 것처럼 나도 그를 사랑하고 더 나아가 그를 위하여 내 목숨까지 내줄 수 있는 사랑! 이것이 살인하지 말라는 명령 뒤에 감추어진 하나님의 뜻이다.

초대교회 성도들이 이런 본을 보여주었다. 로마제국에 전염병이 창궐하여 병든 사람을 격리하고 마을 밖으로 내버리자, 그리스도인들이 그들을 기꺼이 집으로 받아들이고 아픈 그들을 돌봐주었다. 때로는 같이 목숨을 잃는 경우도 있었다. 이 모습을 본 로마의 고관들은 충격을 받았다.[28] 어찌 그럴 수 있는가? 사랑은 자기를 내주기까지 우리를 인도한다. 이런 사랑을 경험한 우리는 이제 말과 혀로만 사랑하지 말고 행함과 진실함으로 사랑하는 데 한 걸음을 담대하게 내딛는 복된 성도가 되어야 한다. 절대 죽이려 하지 말라. 차라리 나를 내주고 죽어야 한다. 그리고 내가 죽어야 산다.

[47장 각주]

25) 중앙일보, "[분수대] TV 폭력과 V칩", 중앙일보, 1995. 7. 15.
26) 데이브 그로스먼, 이동훈 역, 「살인의 심리학」(서울: 플래닛, 2011).
27) 김지찬, 「데칼로그: 십계명, 어떻게 이해할 것인가」, 297-298쪽.
28) 양형주, 「평신도를 위한 쉬운 로마서」(개정증보판)(서울: 브니엘, 2019), 353-354쪽.

48 Chapter 48. Exodus 20:14

제7계명 : 간음하지 말라

간음하지 말라.

유대 전승에 내려오는 재미있는 이야기가 있다.[29] 모세가 시내산 위로 올라간 지 40일이 지나도록 아무 소식이 없자 이스라엘 백성들은 도대체 산꼭대기에서 무슨 일이 일어나고 있는지 무척이나 궁금했다. 그러던 차에 마침내 모세가 산 아래로 내려왔다. 모든 백성은 궁금해서 모세에게로 몰려왔다. 모세는 백성들에게 전해 줄 좋은 소식 하나와 나쁜 소식 하나가 있다고 했다. 이 중 어떤 소식을 먼저 듣겠느냐고 물어보았다. 그러자 백성들은 좋은 소식부터 들려달라고 했다. 그러자 모세가 말했다.

"하나님이 지키라고 주신 계명이 수십 수백 가지가 아니고 겨우 열 가지밖에 되지 않습니다."

그러자 백성들은 안도의 한숨을 쉬며 환호했다.

"와~ 적다!"

그러고 나서 백성들은 물었다.

"그렇다면 나쁜 소식은 무엇인가요?"

그러자 모세가 대답했다.

"간음하지 말라는 계명을 끝내 빼지 못했습니다. 이것이 못내 아쉽습니다."

그러자 여기저기서 "아~" 하는 외마디 탄식이 쏟아져 나왔다.

간음의 문제는 동서고금을 막론하고 많은 유혹이 있고, 또 많은 이가 빠지는 보편적인 죄악에 가깝다고 할 수 있다. 우리나라에서 종종 일어나는 협박사기 사건이 있다. 그것은 시, 도지사를 포함한 전국에 있는 지방단체 단체장과 고위 공무원들, 그리고 공공기관의 공직자들을 대상으로 하는 사건이다. 어느 날, 갑자기 전화가 온다. "여보세요" 하고 받으면 "당신이 모텔에 들어가는 몰카가 있다. 내 말을 듣지 않으면 인터넷과 회사에 다 퍼뜨리겠다." 그러고는 언제까지 돈 얼마를 다음 계좌로 보내라고 한다. 이렇게 무작위로 전화하면 이 중 상당수가 묻지도 않고 곧바로 입금한다고 한다.

2005년에는 56명을 대상으로 1억 3천만 원을 뜯어낸 사건이 있었고, 2008년에는 14명을 대상으로 4천만 원을, 2010년에는 30명을 대상으로 5천만 원을,[30] 2014년에는 6명을 대상으로 2,600만 원을 뜯어내는 사건이 일어나 언론에 보도된 적이 있다.[31] 게다가 전국에 흩어져 성업 중인 3만 개의 러브호텔은 이런 간음을 할 수 있는 공간을 제공한다. 재미있는 것은 우리나라에 흩어져 있는 전국 호텔의 1년 총매출이 3조 6천억 원인 반면, 모텔의 매출은 14조 4천억 원에 육박한다는 것이다.[32] 매출 규모에 있어 4배나 많다.

이런 우스개 이야기도 있다. 어떤 집에 아기가 태어났는데 이 아기가 말을 배우면서 사람을 부르면 그 사람이 죽는 일이 일어났다. 아기가 처음 엄마를 배워 "엄마!" 하니까 엄마가 죽었다. 차례로 "형아" "누나"를 부르니 형과 누나가 죽었다. 이것을 본 아빠는 아기가 무서워서 도망가기 시작했다. 그러는 중에 드디어 아기가 "아빠"라고 했다. 이 아빠는 어떻게 되었을까? 그 순간 옆집 아저씨가 죽었다.

하나님께서 우리에게 주신 성(性)은 귀하고 소중한 것임에도 불구하고, 우리의 죄성으로 인해 타락하고 왜곡되었다. 간음이라는 파괴적인 통로로 뒤틀려 표현되는 일이 점점 많아지고 있다. 그렇다면 우리는 이 말씀을 어떻게 이해해야 할까?

이번 장의 본문인 제7계명이 갖는 특징이 하나 있다. 그것은 주어와 목적어가 생략되어 있다는 점이다. 간음의 문제에서 중요한 것이 주어와 목적어다. 누가, 누구와 간음을 저질렀느냐 하는 문제다. 먼저 주어에는 남자가 올 수도 있고 여자가 올 수도 있다. 또 결혼한 사람일 수도 있고 결혼하지 않은 사람일 수도 있다. 목적어도 마찬가지다. 목적어는 간음의 대상을 지칭한다. 남자일 수도 있고 여자일 수도 있다. 결혼한 사람일 수도 있고 결혼하지 않은 사람일 수도 있다. 심지어 아주 어린 사람일 수도 있다. 때로는 여자 대신 남자일 수도 있고 남자 대신 여자일 수도 있다. 이를 동성애라고 한다. 성경에 따르면 이런 것은 하나님 앞에 가증하다고 한다(레 18:22-27, 20:13).

그런데 이 대상이 심지어 짐승이 되기도 한다. 이것을 짐승과 간음한다고 해서 수간(獸姦)이라는 이름을 붙이기도 한다(레 18:23). 미래 시대에는 로봇이 될 수도 있다.

성경은 간음을 어떻게 정의할까? 히브리어로 '간음하지 말라'는 '로 티느아프'다. '간음하다'는 동사가 '나아프'인데, 이것이 구약성경에 총 34회 사용되었다. 특별히 모세오경 중에 이 단어는 십계명 말고 레위기 20장 10절에 등장한다. "누구든지 남의 아내와 간음하는 자 곧 그의 이웃의 아내와 간음하는 자는 그 간부와 음부를 반드시 죽일지니라." 여기 보면 남의 아내와 간음하는 '자'라고 할 때 '자'는 히브리어 '쉬'로 남자를 말한다. 주어가 남자다. 대상은 누구인가? 이웃의 아내다. 이렇게 볼 때 주어가 결혼했는가 하지 않았는가는 중요하지 않다. 중요한 것은 목적어다. 그 대상이 결혼한 사람의 아내인 경우, 곧 배우자인 경우에는 둘 다 반드시 죽이라고 말씀한다.

이것은 신명기에도 마찬가지다. "어떤 남자가 유부녀와 동침한 것이 드러나거든 그 동침한 남자와 그 여자를 둘 다 죽여 이스라엘 중에 악을 제할지니라"(신 22:22). 여기서 이웃의 아내를 '유부녀'로 말한다. 남자는 '어떤 남자'라고만 되어 있다. 결혼했는가 아닌가는 밝히지 않는다. 여기서도 보면 간음하는 주체에 대한 관심보다 간음의 대상, 즉 목적어에 성경은 더 많은 관심을 갖고 있음을 알 수 있다. 물론 여기서 주어가 남자였지만 여자면 대상은 동일한 관계를 적용할 때 유부남이 된다. 레위기 22장 10절도 주어와 목적어의 성을 바꾸면 이렇게 진술할 수 있다. "누구든지 남의 남편과 간음하는 여자 곧 그 이웃의 남편과 간음하는 자는 그 간부와 음부를 반드시 죽일지니라!"

한편 구약성경에서는 결혼하지 않은 이성과의 성적인 관계는 그다지 엄격하게 처벌하지 않는 것을 볼 수 있다. 결혼하지 않은 이성과의 관계는 '결혼'을 전제하는 관계로 규정한다. "만일 남자가 약혼하지 아니한 처녀를 만나 그를 붙들고 동침하는 중에 그 두 사람이 발견되면 그 동침한 남자는 그 처녀의 아버지에게 은 오십 세겔을 주고 그 처녀를 아내로 삼을 것이라. 그가 그 처녀를 욕보였은즉 평생에 그를 버리지 못하리라"(신 22:28-29). 신명기 말씀은 네가 좋아서 성적인 관계까지 가졌다면 처녀 아버지에게 은 50세겔을 지불하고 평생 버리지 말고 데리고 살라고 한다. 결혼을 장려하는 정책 같다.

그런데 이것이 약혼한 여자면 상황이 달라진다. "만일 남자가 어떤 약혼한 처녀를 들에서 만나서 강간하였으면 그 강간한 남자만 죽일 것이요 처녀에게는 아무것도 행하지 말 것은 처녀에게는 죽일 죄가 없음이라. 이 일은 사람이 일어나 그 이웃을 쳐죽인 것과 같은 것이라. 남자가 처녀를 들에서 만난 까닭에 그 약혼한 처녀가 소리 질러도 구원할 자가 없었음이니라"(신 22:25-27). 약혼한 처녀를 데려다 강제로 관계를 맺었다. 그러면 그 남자만 죽이라고 한다. 그냥 처녀와 약혼한 처녀의 중요성이 확 달라지기 때문이다. 이제 약혼을 하면 한 가정을 이루게 된다.

그런데 이 약혼한 여인이 자발적으로 관계를 가졌다. 그러면 남자와 여자 둘 다 돌로 쳐서 죽이라고 한다. "처녀인 여자가 남자와 약혼한 후에 어떤 남자가 그를 성읍 중에서 만나 동침하면 너희는 그들을 둘 다 성읍 문으로 끌어내고 그들을 돌로 쳐죽일 것이니 그 처녀는 성안에 있으면서도 소리 지르지 아니하였음이요 그 남자는 그 이웃의 아내를 욕보였음이라. 너는 이같이 하여 너희 가운데에서 악을 제할지니라"(신 22:23-24).

약혼한 여자가 소리 지르지 않고 다른 남자와 합의 하에 관계를 가졌으면 둘 다 끌어내 죽이라고 한다. 이 남자는 이웃의 아내를 욕보였다고 한다. 더 나아가 "너는 이같이 하여 너희 가운데에서 악을 제할지니라"고 말씀한다. 여기에는 악이 이웃의 아내만이 아니라 이웃 공동체까지 포함되어 있다. 간음은 공동체에 독버섯처럼 퍼질 수 있는 악임을 경계하는 것이다.

자, 지금까지 살펴본 바에 따르면 제7계명, 즉 간음하지 말라는 계명의 중요한 목적이 드러난다. 그것은 하나님이 허락하신 혼인을 귀하게 여기고 지켜내야 한다는 것이다. 그래서 간음의 대상이 결혼한 배우자인 경우에 특별히 주목하고 있다.

결혼은 하나님이 정하신 제도다. 하나님이 인간을 창조하시고 가장 먼저 세우신 제도가 결혼이다. 창세기 2장 24절은 "이러므로 남자가 부모를 떠나 그의 아내와 합하여 둘이 한 몸을 이룰지로다"라고 말씀한다. 그의 아내와 합해야지, 다른 애인과 합하면 안 된다. 아내와 합해야 한다. 결혼의 울타리 안에 몸과 마음이 하나를 이루어야 한다. 결혼은 하나 됨을 기초로 서로의 부끄러움을 모두 발가벗고도 용납받을 수 있는 곳이어야 한다. 그래서 창세기 2장 25절은 "두 사람이 벌거벗었으나 부끄러워하지 아니하니라"고 말씀한다. 이 제도에 삼위일체 하나님의 형상이 들어 있다. 성부, 성자, 성령께서 서로를 사랑하고 받아주고 연합하며 하나를 이루시는 것처럼 가정도 하나님을 중심에 모시고 서로를 사랑하고 받아주며 연합을 이루어야 한다. 가장 아름답고도 신적인 관계를 이루는 곳이 바로 가정이다.

그뿐만이 아니다. 이 가정에는 중요한 사명이 있다. 그것은 창세기 1장 28절 말씀처럼 생육하고 번성하여 땅에 충만하는 일이다. 최초의 남녀는 하나님이 창조하셨지만 이제 이후의 새로운 생명의 창조를 남녀에게 위탁하신 것이다. 어떤 이는 "죄 많은 세상에 아이들이 고생할 생각을 하니 많이 못 낳겠다"라고 말하기도 한다.

이런 입장에 대한 하나님의 마음은 어떠하실까? "만군의 여호와 이스라엘의 하나님께서 예루살렘에서 바벨론으로 사로잡혀 가게 한 모든 포로에게 이와 같이 말씀하시니라. 너희는 집을 짓고 거기에 살며 텃밭을 만들고 그 열매를 먹으라. 아내를 맞이하여 자녀를 낳으며 너희 아들이 아내를 맞이하며 너희 딸이 남편을 맞아 그들로 자녀를 낳게 하여 너희가 거기에서 번성하고 줄어들지 아니하게 하라. 너희는 내가 사로잡혀 가게 한 그 성읍의 평안을 구하고 그를 위하여 여호와께 기도하라. 이는 그 성읍이 평안함으로 너희도 평안할 것임이라"(렘 29:4-7).

이스라엘이 바벨론에 포로로 잡혀가게 되더라도 거기서 열심히 살면서 생육하고 번성하라는 것이다. 포로로 끌려가 기억해야 할 중요한 사명이 있다. 자녀를 낳아 너희가 거기서 번성하고 줄어들지 않게 하라는 것이다. 네덜란드의 자유 개혁파교회는 이 말씀을 철저히 붙들고 있다. 그래서 네덜란드에서도 아이를 제일 많이 낳는 사람들이 바로 개혁파 교인들이다. 네덜란드 전국에서 유일하게 출산으로 인해 교인수가 자연 증가하는 교회다.

생육하고 번성하려면 전제가 있다. 그만큼 생육하고 번성하는 부부의 관계를 자주 가져야 한다. 한 번에 아이가 떡 하니 생기는가? 그렇지 않다. 특별한 경우가 아니면 가임기에 최선을 다해야 한다. 그렇게 자주 관계를 갖다 보면 자녀도 생육하고 번성하고, 그뿐만이 아니라 두 사람의 감정도 생육하고 번성한다. 미국 리디머장로교회의 팀 켈러 목사에 따르면 성(性)이란 부부관계를 강력하게 붙들어주는 언약 시멘트와 같다고 한다.[33] 부부를 부부답게 하는 것, 부부임을 확인하고 부부관계를 꼭 붙들어주는 것이 바로 풍성한 부부관계다.

"너는 네 우물에서 물을 마시며 네 샘에서 흐르는 물을 마시라. 어찌하여 네 샘물을 집 밖으로 넘치게 하며 네 도랑물을 거리로 흘러가게 하겠느냐. 그 물이 네게만 있게 하고 타인과 더불어 그것을 나누지 말라"(잠 5:15–17). 이 샘물은 남편의 샘물일 수도 있고 아내의 샘물일 수도 있다. 남편의 욕구일 수도 있고 아내의 욕구일 수도 있다. 이것을 왜 밖에서 발산하도록 하느냐 하는 것이다. 이러한 부부의 관계는 남편과 아내 사이 두 사람 사이에서만 나누어야지 여기에 제삼자가 끼어들 수 없다. 절대 밖으로 새지 않도록 서로 잘 붙들어주어야 한다. 서로 마음껏 즐겁게 해줄 수 있어야 한다.

이어지는 말씀을 보라. "네 샘으로 복되게 하라. 네가 젊어서 취한 아내를 즐거워하라. 그는 사랑스러운 암사슴 같고 아름다운 암노루 같으니 너는 그의 품을 항상 족하게 여기며 그의 사랑을 항상 연모하라"(잠 5:18–19). 서로를 즐거워하며 항상 사모하도록 해야 한다. 이 샘물을 잘 지킬 수 있기를 바란다. 그런데 하나님께서 이 결혼을 소중하게 여기시는 또 다른 이유가 있다. 그것은 이 결혼의 관계는 하나님과 그의 백성과의 관계를 고스란히 반영하는 거울이기 때문이다.

하나님과 그의 백성 이스라엘을 이어주는 끈이 무엇인가? 이것은 혈연도 아니고 지연도 아니다. 이것은 언약이다. 언약을 통하여 하나님께서는 이스라엘의 하나님이 되시고 이스라엘은 그분의 백성이 된다. 그리고 이 관계를 통하여 천국이 시작된다. 이 천국을 망치는 것이 무엇이었는가? 바로 우상 숭배였다. 이스라엘의 하나님 말고 다른 우상을 사모하고 예배하는 것, 이것이 천국을 파괴하고 이스라엘과 하나님과의 관계에 치명타를 가져왔다.

부부관계도 이와 같다. 부부간의 관계는 자녀처럼 혈연으로 연결된 것이 아니다. 촌수로 따져도 부부는 무촌이다. 부부를 엮어주는 것은 결혼서약이다. "나는 당신을 아내로 맞이하여 한평생 깊이 사랑하며, 귀중히 여기고 도와주고 위로하며, 고락간에 변치 않고, 부부의 대의와 남편 된 임무를 굳게 지킬 것을 하나님과 여러 증인 앞에서 엄숙히 서약합니다." 이렇게 서약하고 평생 이 서약을 지켜나가는 관계인 것이다. 하나님께서는 언약관계를 지키기 위해 이스라엘의 실수와 흠도 품어주며 끝까지 인내하셨다. 결혼 역시 이런 마음으로 함께 지켜나가야 한다. 아니, 피를 나눈 것도 아닌데 서약만으로 이렇게 사랑하며 가정을 이룰 수 있는가? 이것이 기적이다.

한편 이것은 하나님의 은혜를 경험하게 하는 거울이 된다. 가정은 그럼에도 불구하고 사랑하고, 그럼에도 불구하고 인내하는 곳이다. 그래서 가정은 작은 천국이다. 이런 가정에 간음을 불러들이는 것은 천국을 파괴하는 것이요, 그 가정을 세우신 하나님과의 관계를 파괴하는 것이기에 큰 죄악이다. 부부에게 사용하라고 주신 언약 시멘트를 다른 곳에 발라 부부의 언약관계를 근본부터 뒤흔들면 안 된다. 성도는 절대 침소를 귀히 여겨야 한다. "모든 사람은 결혼을 귀히 여기고 침소를 더럽히지 않게 하라. 음행하는 자들과 간음하는 자들을 하나님이 심판하시리라"(히 13:4).

결혼을 귀히 여겨야 한다. 한 성도가 그 교회의 담임목사에게 이런 속내를 털어놓은 적이 있다. "목사님, 저 사랑하는 사람이 생겼어요.

이렇게 내 가슴이 설레는 것은 정말 오래간만이에요. 이런 여자라면 내 자식도 아내도 다 포기할 수 있어요." 안 된다. 당장에는 그게 사랑 같지만 순간적인 호르몬 변화다. 호르몬 반응에 충실해서 그렇게 다 포기하고 한 3년 정도 지나 봐라. 아차 싶을 것이다. 그건 사랑이 아니다. 불륜이다. 더 중요한 것은 젊을 때 취한 아내, 젊을 때 서약한 결혼을 끝까지 지키는 일이다. 간음과 불륜을 로맨스와 사랑으로 포장하면 안 된다. "내가 하면 로맨스, 남이 하면 불륜"이라고 하면 안 된다. 기준은 동일해야 한다. 끝까지 지킬 수 있기를 바란다. 안 그러면 간음으로 그동안 쌓아 올렸던 모든 것을 다 태우고 잃어버린다.

예수님은 이 간음의 문제를 어떻게 보셨을까? "또 간음하지 말라 하였다는 것을 너희가 들었으나 나는 너희에게 이르노니 음욕을 품고 여자를 보는 자마다 마음에 이미 간음하였느니라"(마 5:27-28). 예수님은 이것을 마음의 문제로 보셨다. 음욕을 품고 여자를 보면 이미 마음에 간음했다. 이것이 간음의 출발점이라고 하신 것이다. 그런데 이 말씀을 이전 번역인 개역한글에서 보면 순서가 바뀌었다. "여자를 보고 음욕을 품으면" 마음에 이미 간음하였다고 되어 있다. 이렇게 바뀐 것은 여자를 보고 음욕을 품으면 여자가 음욕을 일으키는 대상이냐는 논란이 있어 음욕을 품고 여자를 보는 것으로 바뀌었다.

중요한 점은 시각과 음욕이 밀접한 관계가 있다는 것이다. 시각적 정보로 마음에 음욕이 일기도 하고, 이미 있던 음욕이 시각적 정보로 더 불붙기도 한다. 이렇게 불붙으면 우리의 몸도 움직인다. 자꾸 눈이 가고 손이 가고 몸까지 간다. 그러면 이럴 때 우리는 어떻게 해야 하는가? 예수님이 말씀하셨다. "만일 네 오른 눈이 너로 실족하게 하거든 빼어 내버리라. 네 백체 중 하나가 없어지고 온몸이 지옥에 던져지지 않는 것이 유익하며 또한 만일 네 오른손이 너로 실족하게 하거든 찍어 내버리라. 네 백체 중 하나가 없어지고 온몸이 지옥에 던져지지 않는 것이 유익하니라"(마 5:29-30).

이 말씀에 따르면 눈을 빼고 손을 찍어버리라고 한다. 눈을 빼라는 것은 정말 빼는 것이 아니라 정보 자체를 차단하라는 것이다. 음욕의 징조를 차단하는 것이다. 손을 찍어버리라는 것은 간음으로 치달으려는 우리의 행동을 단호하게 차단하는 것이다. 사실 이런 일이 일어나려면 우리는 미리 정서적 거리감을 잘 조절해야 한다. 남자들이 시각적 자극에 민감하다면 여자들은 정서적 친밀감에 민감하다. 중요한 것은 이 두 가지 종류의 자극은 모두 가까운 거리에 있는 이와의 접촉을 통해서 일어난다는 점이다.

창세기 말씀에 보면 요셉이 보디발의 집에서 가정총무로 일할 때 보디발의 아내가 요셉을 유혹한 일이 있었다. 물론 요셉이 준수하기는 했어도 어떻게 하찮은 히브리 노예에게 연정을 품을 수 있겠는가? 그것은 정서적 거리감이 가까워서 그렇다. 이런 간음의 유혹이 일어나는 조건을 보면 몇 가지 특징이 있다. 첫째, 남편이 바쁘다. 보디발은 애굽 대제국의 통치자인 바로를 호위하는 친위대장이었다. 얼마나 바빴겠는가? 아내에게 별로 신경 쓸 시간이 없다. 둘째, 아내는 정서적인 친밀감과 사랑에 점점 굶주리고 말라간다. 자기에게 관심을 기울여주는 남자가 없기 때문이다. 셋째, 그런데 늘 자기 주변에 준수한 한 남자가 맴돈다. 바로 요셉이다.

게다가 얼마나 사근사근하고 친근감이 있는지 모른다. 요셉은 아버지에게 많은 사랑을 받지 않았는가? 사랑을 많이 받아 사랑을 줄 줄도 알고 받을 줄도 안다. 주변 윗사람의 마음을 잘 읽는다. 요셉은 마님의 마음을 잘 읽었을 것이다. 마님이 좋아하는 분위기로 가정을 꾸미고, 마님이 좋아하는 음식을 준비하고, 늘 그 마음을 헤아려주었다. 사실 이것은 가정총무의 역할이기도 하다. 그런데 문제는 너무 잘해주면서 마님의 정서적 거리감의 경계선을 허물어뜨렸다는 점이다. "요셉, 이리 와서 옆에 앉아봐." "가까이 와서 부채 좀 부쳐봐." "나 마사지 좀 해줘." 요셉의 준수한 외모와 능력에 보디발의 아내는 마음을 점점 빼앗겼다. 결국 어떻게 하는가? 밤마다 불륜을 저지르자고 유혹한다(창 39:10).

안주인의 집요한 요청에 요셉은 무엇이라 대답하는가? "이 집에는 나보다 큰 이가 없으며 주인이 아무것도 내게 금하지 아니하였어도 금한 것은 당신뿐이니 당신은 그의 아내임이라. 그런즉 내가 어찌 이 큰 악을 행하여 하나님께 죄를 지으리이까"(창 39:9). 당신은 '그의 아내'임이라. 이 진술에는 다른 이의 아내와의 간음은 가정을 파괴하는 끔찍한 범죄라는 인식이 전제되어 있다. 그래서 요셉은 "내가 어찌 이 큰 악을 행하여 하나님께 죄를 지으리이까"라고 한다. 이러한 행위가 '큰 악'이라고 고백하는 것이다. 그다음부터 요셉은 어떻게 하는가? 거리 두기를 한다. 함께 있지도 않았다(창 39:10). 아예 눈에 보이지 않도록 피해 다닌다.

이런 면에서 우리는 다른 이의 남편, 다른 이의 아내를 대할 때 주의해야 한다. 이들은 다 각자 하나님이 허락하신 작은 천국, 곧 가정을 책임진 사람들이다. 요즘은 물리적으로 떨어져 있어도 메신저나 SNS 등으로 정서적 거리를 좁힐 수 있는 수단이 많다. 이것은 교회 내 믿음의 공동체에서도 마찬가지다. 우리는 완벽하지 않기에 늘 이런 유혹이 있을 수 있음을 기억하고 긴장하고 깨어 있어야 한다.

교회 내의 사역을 위해 서로 연락하고 만나고 장을 보고 할 수는 있다. 그러나 이것이 남녀 간이 되고 자꾸 만나 이야기하다 정서적 거리감이 가까워지면 위험하게 된다. 그래서 할 수 있는 한 가정을 이룬 성도는 동성 간에 친밀히 교제하고 이성 간에는 적절한 거리를 유지할 수 있어야 한다. 과거에 전국적으로 유명한 찬양팀에서 찬양팀 리더와 팀원 간에 간음사건이 일어났다. 리더는 이미 결혼을 했었다. 문제가 무엇인가? 너무 함께하다 보니 부적절한 정서적 친밀감을 느낀 것이다.

혹 가정에서 남편이나 아내가 배우자의 정서적 거리감이 자신보다 다른 이성에게 더 가까운 것이 느껴져서 분노하거나 질투할 수 있다. 이럴 때는 배우자의 마음을 헤아려주고 타인과의 거리감을 조절해야 한다. 이렇게 말할지 모르겠다.

"아니, 이거 가지고 뭘 그래?"

"좋은 사람인데."

"안타까워서 그러는데."

"정말 쩨쩨하고 속 좁게 왜 그래?"

"도와주고 싶어서 그러는데, 당신 너무 냉정한 거 아냐?"

이것은 지혜 없는 처신이다.

또 사역을 하는데 "아이구, 집사님 힘들지요? 열심히 도와주셨는데 좀 앉으세요. 괜찮아요. 아니, 여기 내 옆자리 비었어요. 여기 와서 앉으세요"라고 넘치는 친절을 베풀어서는 안 된다. 만약 그 집사가 옆자리에 가서 앉으면 그것을 본 배우자의 눈에는 불꽃이 튄다! 부적절한 친밀감을 지혜롭게 분별하고 경계해야 한다.

오늘날은 이전과는 비교할 수 없을 정도로 소중하게 지켜야 할

성의 빗장이 너무 쉽게 풀어진다. 사방에서 간음의 유혹이 도사린다. 주께서 우리에게 허락하신 가정을 잘 지키고, 또 타인과의 정서적 거리감을 지혜롭게 지켜내는 복된 성도로 바로서야 한다.

[48장 각주]

29) 김지찬, 「데칼로그: 십계명, 어떻게 이해할 것인가」, 334-335쪽.
30) 손지원, "공직자 상대 '불륜폭로' 협박 사기 풀스토리: '제 발 저린' 공무원 줄줄이 낚였다", 일요신문, 2010. 6. 15.
31) 최영경, "'불륜 폭로하겠다' 무작위 전화에 돈 뜯긴 공무원들", 국민일보, 2014. 8. 27.
32) 이승우, "모텔업자가 '좋은 숙박' 을 연구하기까지", 한국경제, 2018. 1. 25.
33) 팀 켈러, 최종훈 역, 「팀 켈러, 결혼을 말하다」(서울: 두란노, 2014), 298-301쪽.

49 Chapter 49. Exodus 20:15

제8계명 : 도둑질하지 말라

도둑질하지 말라.

영국에서 있었던 일이다.[34] 에일린 레메디오스라는 50대 중반의 간호사가 자전거를 타고 환자의 집에 왕진을 갔다 자전거를 잃어버렸다. 자전거를 환자 집 밖에 세워 두었다가 그만 도둑맞고 만 것이다. 이 자전거는 볼품없는 낡은 자전거였지만 그녀의 친한 친구가 선물해준 에일린에게는 매우 소중한 자전거였다. 화가 치밀어 올랐지만 마음을 진정시키고 누가 술에 취해서 잠깐 빌려 간 것이려니 생각하기로 마음먹었다. 그래서 집에서 가장 가까운 가로등 기둥에 자전거를 돌려달라고 위트 있는 메모를 남겨두었다. 그 메모에는 이렇게 쓰여 있었다.

"부탁입니다. 자전거를 돌려주세요. 사랑만 받아왔기 때문에 주인이 없으면 몹시 무서워해요."

그러고는 이튿날 메모를 붙여두었던 가로등 기둥에 가보았다. 그런데 놀랍게도 잃어버렸던 자전거가 그대로 있었다. 자세히 보니 새로 산 자물쇠로 가로등 기둥에 묶여 있었다. 그리고 자전거에 사과편지를 붙여놓았다. 거기에는 이렇게 쓰여 있었다.

"미안합니다. 잘못했습니다. 열쇠는 환자 집 현관 매트 밑에 끼워놓은 봉투에 넣어두었습니다. 마음 고쳐먹은 도둑으로부터. 추신 : 자전거를 학대하지 않았습니다."

이 편지를 보고 에일린은 다시 답장 쪽지를 붙여놓았다.

"자전거 빌려갔던 다정한 분께. 정말 감사합니다. 저한테 돌아와서 기쁘다고 말하네요. 즐거운 시간 보냈다고요."

세상이 이렇게 따뜻하면 얼마나 좋겠는가? 요즘에는 도둑들이 점점 지능적이고 교묘해져서 흔적조차 남기지 않는다.

성공하는 도둑들의 7가지 습관을 아는가? 스티븐 코비의 「성공하는 사람들의 7가지 습관」을 응용한 것이다.[35]

첫째, 주도적이 되라. 주(main) 도둑놈이 되라.

둘째, 목표를 확립하고 행동하라. 부잣집을 목표로 삼고 확실히 털어라.

셋째, 소중한 것부터 먼저 하라. 고가품 먼저 챙기라.

넷째, 상호 이익을 추구하라. 같이 털러 온 도둑과 이익 배분을 공평하게 해서 훗날 뒤에서 칼 맞지 않도록 후환을 없애라.

다섯째, 경청한 다음에 이해시키라. 누가 소리 지르는지 파악하고 그를 이해(?)시키라.

여섯째, 시너지를 활용하라. 터는 사람과 망보는 사람, 그리고 처분하는 사람 간에 유기적 협력 강화에 적극 힘쓰라.

일곱째, 즉각 튈 수 있게 몸과 마음을 단련하라.

도둑질은 사전적 정의로 남의 물건을 훔치거나 빼앗는 행동을 말한다. 이런 정의만 보아서는 우리는 도둑질과 큰 상관없는 사람인 것 같다. 하지만 '도둑질' 을 형법상 정의로 살펴보면 우리가 도둑질에서 그리 멀리 있지 않다는 느낌이다.

형법의 정의상 도둑질은 넓게는 재산죄로 볼 수 있고 좁게는 절도죄로 볼 수 있다. 재산죄는 개인의 재산을 절취하는 죄다. 여기에는 절도죄, 강도죄, 사기죄, 횡령죄, 배임죄, 장물죄, 손괴죄, 권리행사 방해죄 등이 있다.[36] 우리가 흔히 말하는 도둑질은 이 중에서 절도죄라고 할 수 있다. 절도죄는 다른 사람이 점유하고 있는 재물을 그 의사에 반하여 절취하여 성립하는 죄를 말한다.[37] 여기에는 단순절도, 야간주거침입절도, 손괴 후 야간주거침입절도, 흉기휴대절도, 합동절도와 같은 특수절도가 있고, 상습절도가 있다. 그런데 문제는 무엇을 훔치느냐 하는 것이다.

여기서 절취하는 재물은 반드시 경제적인 교환가치를 가질 필요는 없고, 소유한 사람이 주관적 가치를 부여하면 성립한다. 부모님의 초상화나, 애인의 사진이나, 각서, 주민등록증, 심지어 아내의 모발까지도 재물에 포함한다.[38] 이렇게 보면 도둑질이 조금 더 가까워지는 느낌이다. 요즘에는 지식재산권이 문제가 된다. 다른 사람이 쓴 글, 다른 사람이 작곡한 음악, 다른 사람이 그린 그림, 이런 것들을 베끼다가는 큰 망신과 함께 배상해야 한다. 또 불법 다운로드한 영화, 음원까지 포함된다. 이렇게 되면 우리도 속으로 뜨끔할 수 있다.

흥미로운 것은 "도둑질하지 말라"는 말씀은 "간음하지 말라"는 말씀처럼 주어와 목적어가 구체적으로 명시되지 않는다는 점이다. 그러나 성경은 주어와 목적어에 관심이 없어서 생략한 것이 아니다. 그 대상이 너무나도 폭넓기 때문이다. 특히 성경은 절도죄에 관해서 그 목적어가 다양하게 등장한다. 무엇을 도둑질하느냐에 많은 관심을 갖고 있다.

그 대상을 살펴보기 전에 우리는 먼저 성경이 말하는 도둑질이란 단어가 어떤 의미인가를 살펴볼 필요가 있다. '도둑질하다'(히. 가나브)는 히브리 동사는 구약성경에 총 57회 등장하는데, 기본적으로 "다른 사람에게 속한 것을 그의 동의나 인지 없이 즉 알아차리지 못하게 가져가는 것"을 말한다. 동의 없이, 알아차리지 못하게 가져가려면 어떻게 해야 하는가? 은밀하게, 몰래 가져가야 한다.

그렇다면 이렇게 몰래 무엇을 도둑질할까? 그 대상이 되는 목적어들을 살펴보자. 먼저는 가축이다. 소, 양, 염소다. 둘째는 은과 금과 같은 귀금속이다. 셋째는 돈이나 물품이다. 여기까지는 재물이다. 그런데 성경은 도둑질의 범위를 재물에만 한정하지 않는다. 사람에게까지 확대한다. 출애굽기 21장 16절은 사람을 납치하는 것에 대해 경고한다. 인신매매, 납치, 노예로 파는 것, 이것들도 도둑질이다. 창세기 40장 15절에 보면 요셉이 술 맡은 관원장에게 "나는 히브리 땅에서 끌려온 자"라고 소개한다. 이 표현을 직역하면 "나는 히브리 땅에서 '도둑질'(가나브) 당해 온 자"다. 마음 도둑질도 있다. 성경은 압살롬처럼 사람의 마음을 도둑질하는 것을 경고한다(삼하 15:6).

성경은 더 나아가 하나님을 향한 도둑질을 경고한다. 이것은 하나님께 바쳐야 할 것을 자신의 것으로 챙겨 쌓아두는 행위이다. 이렇게 볼 때 성경이 말하는 도둑질은 첫째, 타인이 소유한 재물에 대한 도둑질, 둘째, 사람 도둑질, 셋째, 마음 도둑질, 넷째, 하나님의 것을 도둑질하는 네 가지로 크게 요약할 수 있다. 이렇게 보면 도둑질의 범위가 상당히 넓다는 사실을 알 수 있다.

방법도 다양하다. 전에는 직접 손으로 훔치는 것이었다면 이제는 집에 앉아서 키보드와 컴퓨터 모니터만으로도 도둑질을 할 수 있다. 2016년 독일에서 해커들이 해킹으로 털어간 계좌가 무려 5천 개나 된다고 한다.[39] 예전에는 은행을 털려면 무장강도가 되어야 했다. 그러나 이제는 그렇지 않다. 집에 앉아서 고상하게 도둑질할 수 있다. 범위와 방법이 워낙 다양해지다 보니 우리 삶의 모든 행동이 자칫 도둑질과 연관될 수 있다. 나도 모르게 도둑질에 연루될 수 있다는 것이다. 비행기를 타기 전에 항공사 직원들이 물을 때가 있다. "혹시 누군가가 짐을 부쳐달라고 부탁한 적 있습니까?" 이럴 때 아는 친구가 맡긴 것이 생각나서 "예" 그러면 비행기에 못 탄다. 따로 끌어내서 검문검색을 다시 한다.

일본 고치대학 교수인 무라히 가즈히코는 「도둑의 문화사」란 책에서 옥스퍼드 영어사전을 조사해서 '훔치다' 라는 단어와 동의어로 쓸 수 있는 단어들을 조사했다.[40] 그 결과 무려 350개의 단어가 같은 의미로 쓸 수 있다는 결과가 나왔다. 여기 나오는 단어들을 보면 영어의 기본적인 동사들, do(하다), find(발견하다), give(주다), go(가다), help(돕다), make(만들다), sell(팔다)과 같은 단어들이다. 이런 것을 보면 사람이 행하는 모든 행위가 도둑질과 연관된 것이 아닐까 하는 생각이 들 정도다.

그렇다면 좀 더 근원적인 질문을 해보자. 도둑질은 왜 하는 것일까? 근본적인 이유는 하나님 앞에서 인간의 실존 때문이다. 원래 인간은 에덴동산에서 하나님이 주시는 것으로 부족함 없이 풍요롭고 행복하게 살도록 지음받은 존재였다. 그러나 하나님의 말씀에 불순종하여 죄를 짓고 하나님과의 관계가 끊어져 나갔다. 사실 아담과 하와가 죄를 지은 이유는 이미 그들이 받은 은혜와 삶의 조건이 충분한데, 이것으로는 충분하지 않다는 사탄의 거짓말 때문이었다. "그것만으로는 안 돼! 넌 선악과를 먹어야 해. 그래서 하나님과 같이 되어야 보다 충만한 삶, 완전한 삶을 누릴 수 있어!" 이런 거짓말로 아담과 하와에게 아직 무엇인가가 더 부족하다는 느낌을 주어 그 속에 자꾸만 더 갖고 싶은 탐욕을 부추겼다.

사탄에게 속아서 범죄하고 났더니 이런 거짓말이 점점 인류의 현실이 되기 시작했다. 하나님과의 관계가 끊어지니 하나님께서 주시는 모든 자원으로 감사하며 만족하고 풍성하게 살지 못하고 늘 불안하고, 더 필요한 것 같고, 더 쌓아두어야 할 것 같다. 이런 탐욕과 불안의 울림이 아직까지 우리에게 울리고 있다. 통장에 돈이 10만 원 있을 때는 100만 원만 있으면 좋겠다고 하는데, 그러다 100만 원이 있으면 천만 원만 있으면 소원이 없겠다고 하다가, 천만 원이 생기면 1억 원으로 올라가고, 1억 원이 생기면 10억 원으로 올라가고 자꾸자꾸 올라간다. 끝이 없다. 그래서 고린도전서는 다음과 같이 말씀한다. "세상 물건을 쓰는 자들은 다 쓰지 못하는 자같이 하라. 이 세상의 외형은 지나감이니라"(고전 7:31).

아직까지 사고 싶은 것도 많고 갖고 싶은 것도 많다. 그런데 여기서는 무엇이라고 말씀하는가? "다 쓰지 못하는 자같이 하라." 내가 원하는 것을 다 가지고 있어도 다 써보지 못한다고 여기라는 것이다. 나에겐 다 필요한 것이 아니라고 생각하여 자족해야 한다. 사실 우리에게 도둑질하려는 마음이 생기고 이런저런 도둑질에 연루되는 근원적인 이유는 우리 안에 있는 근원적 불안 때문이다. 지금으로는 충분하지 않고, 아직 더 필요하며, 더 쌓아두어야 할 것 같다. 하나님이 주시는 풍요로운 은혜를 충분히 확신하지 않고, 지금 가진 것으로는 안 된다는 생각이 강렬하다.

텔레비전이나 미디어를 보면 단순하면서도 행복한 삶보다는 더 많이 가져야 하는 삶에 대해 보여준다. 왜 더 가져야 하는가는 잘 설명해주지도 않으면서 자꾸 더 가져야 하고 더 많이 소유해야 한다고 한다. 이것이 우리 안에 간절함과 조급함을 자극하며, 자기도 모르게 법이 정한 테두리를 넘어 고의성을 갖고 소유를 탐하게 된다. 보이지 않는 다양한 통로를 통한 은밀한 도둑질이 시작되는 것이다. "가옥에 가옥을 이으며 전토에 전토를 더하여 빈틈이 없도록 하고 이 땅 가운데에서 홀로 거주하려 하는 자들은 화 있을진저"(사 5:8).

결국 도둑질하는 것은 하나님을 떠나 내 인생의 자원이 부족하고 고갈되어 있어 어떻게든 세상적인 것으로 채우려고 안달하는 죄인의 실존이 행동으로 표출되는 것이다. 이런 실존을 갖고 있으니 불법적이고 고의적으로라도 소유를 훔치고, 사람을 훔치고, 마음을 훔치고, 급기야는 하나님께 속한 것마저도 자기 것으로 삼아 훔치려 한다.

문제는 이런 부족의 심리로 갈망하는 것을 고의로, 때로는 불법을 동원해서라도 내가 채우다 보면 나는 만족하고 안심할 수 있을지 모르지만 나도 모르게 많은 이를 다치게 한다는 점이다. 나의 도둑질로 인해 많은 사람을 다치게 한다. 우리는 각자 도둑질하지 않는다고 생각할 수 있지만 전도하다 보면 교회에 다니는 사람에게 피해봤다는 사람이 의외로 많다. 교인에게 사기당하고 이용당하고 속은 사람이 많다. 그래서 이런 이들은 앞으로 예수 믿는 사람은 절대 사절이라고 한다. 물론 상처를 준 성도는 겉으로는 그렇지 않은 척했지만 깊은 탐심과 불안이 가득한 속마음을 관리하지 못하고, 결국 직간접적인 도둑질을 교묘하게 일삼아 주변 사람에게 상처와 아픔을 주었다.

출애굽기와 신명기는 하나님께서 도둑질에 대해 어떻게 처리하기를 원하시는지 말씀한다(출 22:1-4, 신 23:19-20 참조). 소나 양을 훔치는 단순 절도의 경우 4~5배로 갚으라고 한다. 갚을 것이 없으면 자신을 노예로 팔아 배상하게 할지언정 도둑질한 자를 죽이지 말라고 하셨다. 이것은 당시 고대 근동의 도둑을 처리하는 법에 비해 관대함을 보여준다. 메소포타미아 법에 따르면 이런 사람은 갚을 것이 없으면 죽어야 했다.[41] 하나님께서는 또 종으로 팔려갔을 경우에는 그의 생명을 자유인과 동일하게 취급하게 했고, 신체에 상해를 입히면 자유롭게 풀어주었으며, 7년째가 되면 자유민으로 돌려보내도록 했다(출 21:1-2).

또 곡식을 거둘 때에 가난하고 필요가 있는 사람을 위해 자비를 베풀 것을 말씀하셨다. "너희가 너희의 땅에서 곡식을 거둘 때에 너는 밭 모퉁이까지 다 거두지 말고 네 떨어진 이삭도 줍지 말며 네 포도원의 열매를 다 따지 말며 네 포도원에 떨어진 열매도 줍지 말고 가난한 사람과 거류민을 위하여 버려두라. 나는 너희의 하나님 여호와이니라"(레 19:9-10). 배가 고프면 이웃의 포도원에 들어가서 포도를 마음껏 배부르게 먹으라고 말씀한다(신 23:24-25). 대신 그릇에 담아오지는 말라고 한다.

이렇게 말씀하시는 이유가 무엇인가? 약속의 땅에서 하나님께서 이스라엘에게 언제라도 풍성하게 공급하시니 너무 생존에 불안해하지 말고, 또 너무 쌓아놓는 것에 집착하지 말고 함께 나누며 있는 것을 감사하며 족하게 살아가라는 말씀이다. 이런 것을 보면 하나님께서는 도둑질을 바로잡고 엄격한 사회 질서를 세우기 이전에 사람이 도둑질로 인해 다치고, 도둑질로 인생이 망가지지 않도록 붙들어주시는 것에 상당히 신경 쓰심을 알 수 있다. 하나님이 도둑질을 금하시는 이유는 물론 우리의 소유에 손해가 가지만 이것으로 우리 마음이 다치고 또 다른 사람이 다치기 때문이다.

십계명 제5계명 이후의 흐름을 보면 그 내용이 계속해서 사람에 관한 것이다. 네 부모를 공경하라. 살인하지 말라. 간음하지 말라. 그리고 도둑질하지 말라. 네 이웃에 대해 거짓증거하지 말라. 이런 흐름은 모두 사람에 관한 것이다. 사람이 다치지 않도록 하라는 것이고 더 적극적으로는 이웃을 사랑해야 한다는 것이다.

나는 내 부족한 자원으로, 내 불안한 실존과 심리상태로 이웃을 넉넉하게 사랑할 수 있을까? "도둑질하지 말라"는 말씀은 한편으로 세상의 공중권세 아래서 살아가는 우리에게 부족의 심리, 불안의 심리, 더 많은 소유와 소비를 끊임없이 부추기는 세상 풍조에 유혹받거나 흔들리지 말 것을 경고하는 말씀이기도 하다. 그렇다면 나는 어떻게 이 유혹을 이겨낼 수 있을까?

첫째, 나의 불안과 부족의 심리로 인하여 나도 모르게 도둑질했던 것이 있었는지, 있었다면 그것이 무엇인지 점검해야 한다. "사람이 어찌 하나님의 것을 도둑질하겠느냐. 그러나 너희는 나의 것을 도둑질하고도 말하기를 우리가 어떻게 주의 것을 도둑질하였나이까 하는도다. 이는 곧 십일조와 봉헌물이라"(말 3:8). 여기 보면 하나님이 보시기에는 분명히 도둑질인데, 우리가 생각할 때 우리는 전혀 하나님의 것을 도둑질하지 않았다. 마땅히 드려야 할 십일조와 봉헌물을 이런저런 모양으로 게을리하며 간과했던 것이다. 우리는 종종 이런 식으로 하나님께 드려야 할 시간과 물질과 마음을 우리의 유익을 위하여 도적질한다.

이것은 우리 이웃을 향해서도 마찬가지다. 남의 물건을 훔치지는 않았어도 남이 가져야 할 명예와 성과를 훔칠 수 있다. 다른 이의 재물에 손대지는 않았어도 다른 이의 마음에는 너무나도 쉽게 손을 댄다. 그리고 그 마음을 훔친다. 때로는 남의 유익을 위한다고 하면서 나의 유익만을 챙기고 드러나지 않게 그에게 해를 끼친다. 그렇다면 우리는 회개해야 한다. 그리고 그를 찾아가 사과해야 한다. 혹 이웃이 입은 피해가 있다면 구체적으로 보상해주어야 한다.

둘째, 풍요의 심리와 믿음을 회복해야 한다. 우리의 구원은 단순히 천국에 가는 것으로 끝나지 않는다. 우리의 구원은 하늘 아버지께서 내 아버지가 되어주시는 일이고, 그다음부터는 우리는 하늘 아버지께서 매 순간 우리 필요에 따라 부족함 없이 공급해주시는 자원으로 살아간다. 이것이 이 땅을 살아가면서 성도에게 허락된 하늘의 특권이다.

"공중의 새를 보라. 심지도 않고 거두지도 않고 창고에 모아들이지도 아니하되 너희 하늘 아버지께서 기르시나니 너희는 이것들보다 귀하지 아니하냐. 너희 중에 누가 염려함으로 그 키를 한 자라도 더할 수 있겠느냐. 또 너희가 어찌 의복을 위하여 염려하느냐. 들의 백합화가 어떻게 자라는가 생각하여 보라. 수고도 아니하고 길쌈도 아니하느니라. 그러나 내가 너희에게 말하노니 솔로몬의 모든 영광으로도 입은 것이 이 꽃 하나만 같지 못하였느니라. 오늘 있다가 내일 아궁이에 던져지는 들풀도 하나님이 이렇게 입히시거든 하물며 너희일까보냐. 믿음이 작은 자들아 그러므로 염려하여 이르기를 무엇을 먹을까 무엇을 마실까 무엇을 입을까 하지 말라. 이는 다 이방인들이 구하는 것이라. 너희 하늘 아버지께서 이 모든 것이 너희에게 있어야 할 줄을 아시느니라"(마 6:26-32).

그래서 주님께서는 이 땅에 미련을 두고 축적과 소유를 위하여 몰두하지 말 것을 말씀하신다. "너희를 위하여 보물을 땅에 쌓아 두지 말라. 거기는 좀과 동록이 해하며 도둑이 구멍을 뚫고 도둑질하느니라. 오직 너희를 위하여 보물을 하늘에 쌓아 두라. 거기는 좀이나 동록이 해하지 못하며 도둑이 구멍을 뚫지도 못하고 도둑질도 못하느니라. 네 보물 있는 그곳에는 네 마음도 있느니라"(마 6:19-21). 나의 걸음걸음을 아시고 필요를 아시는 하늘 아버지께서 걸음걸음 채워주실 것이다. 성도는 이것을 체험하고 또 확신해야 한다. 부족하면 그 필요를 하늘 아버지께 요청하라. 그것이 바로 기도다.

셋째, 열심히 일하면서 자족해야 한다. "도둑질하는 자는 다시 도둑질하지 말고 돌이켜 가난한 자에게 구제할 수 있도록 자기 손으로 수고하여 선한 일을 하라"(엡 4:28). 도둑질은 내 삶에 필요한 자원을 어떻게든 확보하려는 유혹이다. 지금 내게 있는 것으로는 충분하지 못하다고 생각하면 수단과 방법을 가리지 않으려 한다. 그러나 필요한 자원을 내 손으로 수고하여 노력한 결과로 얻어야지 도둑질로 얻어서는 안 된다. 정직하고 정당한 방법으로 풍성히 얻기 위해 실력을 쌓고 신뢰와 명성을 얻고 땀 흘려 일해야 한다. 이런 노력 없이 재산을 더 많이 늘리려고 하거나 더 많은 실력이 있는 것처럼 보이고자 하면 필연적으로 도둑질의 유혹이 찾아온다. 물건을 만들 때도 그렇다. 좀 더 많은 돈을 벌기 위해 충분히 노력하거나 정성을 들이지 않고 물건을 만들 수 있다. 결국 부실한 물건, 불량제품을 생산하게 된다.

더 나아가 우리는 연약한 자, 필요가 있는 자를 구제하고 자기 손으로 선한 일을 할 수 있어야 한다. 내게 주신 소산을 서로의 삶을 풍성하게 해주고 풍족하게 해주기 위해 함께 나눌 수 있어야 한다. 너무 쌓아두지 말라. 야고보서 5장 3절은 "너희가 말세에 재물을 쌓았도다"라고 하며 우리가 말세에 우리 자신만을 위해 재물을 쌓아두는 것을 분명하게 경고한다.

또한 우리는 하나님의 은혜로 내게 허락하신 여건과 환경에 대하여 감사하며 만족할 수 있어야 한다. "나는 비천에 처할 줄도 알고 풍부에 처할 줄도 알아 모든 일 곧 배부름과 배고픔과 풍부와 궁핍에도 처할 줄 아는 일체의 비결을 배웠노라"(빌 4:12). 이만큼 주신 것이 감사하다. 어떤 형편에서도 하나님이 붙들고 계심을 확신하며 감사하길 바란다. 또 하나님이 우리에게 주신 것에 만족하고 자족하려면 검소하고 절제하는 마음이 필요하다. 우리는 고린도전서 7장 31절 말씀처럼 세상 물건을 다 쓰지 못할 사람처럼 살아야 한다. 이렇게 자족하며 절약할 때 다른 이와 나눌 여유가 생긴다.

넷째, 더 나아가 우리는 청지기의 태도를 가져야 한다. 그동안 살펴보았던 도둑의 심보는 "네 것은 내 것이니 내가 그것을 어떻게든 소유할 거야" 하는 마음이었다. 이 정도는 아니라도 보통은 "내 것은 내 것이니 내가 이것을 어떻게든 내 마음대로 사용할 거야"라는 자세를 갖고 있다. 그런데 청지기는 "내 것은 내 것이 아니고 하나님의 것이기에 나는 하나님이 주신 것을 나누며 서로를 풍성하게 할 거야"라는 마음을 갖는다.

성도는 자기 형편에 자족하며 동시에 관대하게 살아야 한다. 나의 필요만이 아니라 타인의 필요도 세심하게 채워주며 선한 일을 해야 한다. 돈의 탈신격화가 일어나야 한다. 돈에 절대적 가치를 부여하고 쌓아두던 태도에서 이것을 나누어 풍성하게 하는 것이다. 예수님이 말씀하셨다. "그들에게 이르시되 삼가 모든 탐심을 물리치라. 사람의 생명이 그 소유의 넉넉한 데 있지 아니하니라"(눅 12:15). 이런 풍요로운 천국 백성의 마음을 소유해야 한다.

[49장 각주]

34) 윤희영, "[윤희영의 News English] 유머감각: Sense of humor", 조선일보, 2013. 9. 25.
35) 김진배, 「김진배의 살맛 나는 유머」(서울: 나무생각, 2013).
36) 이규호, "절도죄별 구성요건" 「사법행정」(58)(2017. 5), 19쪽.
37) 진계호, "절도죄의 구성요건" 「고시계」(29)(1984. 11), 105쪽.
38) 위의 글, 19쪽.
39) 이민우, "[특파원 리포트] 독일서 1년에 계좌 5천개 도둑맞은 이유는?", KBS 뉴스, 2017. 4. 4.
40) 무라히 가즈히코 외, 송현아 역, 「도둑의 문화사」(서울: 이마고, 2003), 132-152쪽.
41) 로버트 뉴즈, 성찬성 역, 「너희는 도둑질하지 못한다」(서울: 카톨릭출판사, 1995), 35-42쪽.

50 Chapter 50. Exodus 20:16

제9계명 : 거짓 증거하지 말라

네 이웃에 대하여 거짓 증거하지 말라.

"거짓 증거하지 말라"는 계명에 마음이 움찔할지도 모르겠다. 우리는 의도하든 의도하지 않든 간에 거짓말을 자주 한다. 한 사회과학 연구결과에 따르면 남자는 하루에 6번 정도, 여자는 3번 정도 거짓말을 한다고 한다. 심지어 일본의 심리학자이자 평론가인 감바 와타루는 「사람은 8분마다 거짓말을 한다」라는 책을 썼을 정도다.[42] 그만큼 거짓말은 우리에게 익숙하다.

1652년, 네덜란드 동인도회사 소속 선원이었던 헨드릭 하멜이 상선을 타고 일본 나가사키로 가던 도중 배가 난파되어 우리나라에 머물게 되었다. 하멜은 이후 약 15년 동안 우리나라에 살다가 나중에 고국으로 돌아가 「하멜표류기」를 써서 서양세계에 최초로 조선이란 나라를 소개했다.

이 「하멜표류기」에 보면 당시 조선의 생활 모습을 다음과 같이 소개한다.[43] "조선 사람들은 도덕적 기준에 대해서는 내 것과 네 것에 대해 그렇게 엄격하지 않을뿐더러 거짓말하며 속이므로 신뢰할 수 없는 사람들이라고 말해야 할 것입니다. 조선 사람들은 누군가를 속였으면 그것에 대해 자랑스럽게 생각하고 부끄러운 일이라 생각하지 않습니다. …그러면서도 조선 사람들은 쉽게 속습니다. 어떤 것을 가지고서도 우리는 조선 사람들을 속일 수 있었습니다."

그래서 그런지 우리나라 사람들은 아직까지 거짓말을 쉽게, 많이 하는 것 같다. 흔히 거짓말 사범으로 불리는 위증, 무고, 사기 사건의 발생률을 이웃 나라 일본과 비교하면 다음과 같다.[44] "2000년 한 해 우리나라의 무고죄는 일본과 단순 비교할 때 1,483배가 높다. 인구 대비로 계산하면 무려 4,151배 높은 수치다. 위증죄도 일본의 671배, 사기죄는 17배가 높은 것으로 조사됐다.

2016년 1월부터 11월까지 한 해 동안 증권사들이 발간한 주식투자 보고서를 보면 이 중에 매수 보고서가 1만 8,629건인데 이 중에서 매도 보고서는 단 1건이다. 2017년의 경우 상반기 매수 보고서가 1만 5,451건인데 그중에서 비중 축소가 2건, 매도 보고서는 한 것도 없다. 다 좋다. 사라! 그러면 이것을 믿고 살 때 사라는 보고서를 낸 증권사에서는 그 종목을 개인투자자에게 팔아 수익을 얻는다. 결국 증권사의 이익을 취하기 위한 허위 보고서인 것이다.

미국 영화에 보면 종종 주인공이 씩씩거리면서 "You Liar!"라고 소리치는 장면이 나온다. "너는 거짓말쟁이야!"라는 말은 서양이나 유럽에서는 아주 치욕적인 모욕이다. 그런데 우리는 그냥 쉽게 "뻥이야~" 하면 끝이다. 거짓말하는 것을 너그럽게 봐주고, 또 당연한 것처럼 생각하기도 한다.

다른 한편으로 생각해보면 모든 일에 정직하게 말하면 도리어 이것이 상처가 될 때가 있다. 집에서 아내가 남편에게 묻는다. "여보, 나 요즘 살찐 것 같지 않아?" 이때 "맞아. 살이 꽤 쪘네!" 이렇게 말하면 어떻게 될까? 또 교회에서 한 분이 열심히 봉사하셨다. 이때 "정말 수고 많이 하셨어요" 하고 칭찬했는데 "아니에요, 저는 아무것도 한 일이 없어요"라고 대답한다. 그러면 "아 그래요? 아무것도 안 하셨군요. 다른 사람 다 열심히 일할 때 도대체 왜 그러셨어요." 그러면 어떻게 될까? 기분 상하고 상처받는다. 그래서 우리가 정직하게 곧이곧대로 말하는 것이 어려울 때가 있다.

흔히 하는 거짓말이 있다. "별일 아니야"(사실은 큰일이다), "괜찮아"(사실은 힘들다), "돈 없어"(사실은 돈 많다), "차가 막혀서"(길이 뻥뻥 뚫렸다), "가는 길이야"(출발도 하지 않았다), "생각해볼게"(생각의 여지도 없다. 당연히 'No' 다), "밥 한 번 먹자"(이젠 당신 볼 일 없다), "또 보자"(잘 가라), "배터리가 떨어지고 있어, 나중에 통화해"(그만 끊자), "예뻐 보여"(보기에 민망하다), "얘야, 학교 늦는다. 빨리 일어나. 밥 다했으니까 나와"(가보면 식탁에 차려놓지 않고 식탁은 텅 비어 있다), "대학가면 살 빠지니까 많이 먹어"(이렇게 찌운 살은 대학 가면 더 안 빠진다), "솔직히 말하면 용서해줄게"(솔직히 말하면 당신은 죽는다), "난 필요한 게 없어"(그거 필요해), "배 안 고

파. 밥 먹었어!"(배고파 죽겠다), "난 전혀 모르는 일이야"(다 알고 있어), "그런 일 절대 없습니다"(기분 나쁘게 들렸네) 등.

이런 것을 보면 우리도 일상 가운데 늘 하는 거짓말이 꽤 있다. 이런 것에 대해서 우리는 얼마나 정직해져야 할까? 이런 것을 보면 어떤 거짓말은 절대 해서는 안 되지만, 또 어떤 거짓말은 용인되는 경우도 꽤 있다.

그렇다면 우리는 거짓말을 왜 하는 것일까? 이것을 알려면 우리 내면의 상태를 살펴볼 필요가 있다. 프로이트 심리학에 따르면 우리 내면에는 세 가지 요소가 서로 공존하고 있다. 첫째는 우리의 본능적인 욕구를 충족시키려는 본능, 곧 '이드'(id)다. 둘째, 이것을 견제하고 도덕과 양심과 윤리를 지키려는 '초자아' (superego)다. 이 부분은 하나님께서 우리에게 주신 영혼의 아름다움을 반영하는 부분이다. 셋째, 현실에 대한 분별력을 담당하는 '자아' (ego)다. 그런데 우리의 내면에서는 욕망과 초자아가 종종 충돌한다. 나는 저것을 훔쳐서라도 꼭 먹고 싶은데 양심에서는 저것을 훔치는 것은 절대 안 된다는 경고 소리가 울린다. 이 두 충돌을 자아가 균형을 이루며 절제시키든지, 아니면 절제력을 잃고 훔치기도 한다. 자아가 이 둘 사이의 균형을 유지하기 위해 노력할 때 어떤 결정을 내렸든지 간에 우리는 이 결정을 우리의 양심과 윤리에 맞도록 포장하고 싶어 한다. 욕망과 양심 사이의 불균형, 여기서 인지부조화가 발생한다. 이런 인지부조화를 해결하는 과정에서 거짓말이 발생하는 것이다. 인지부조화를 해결하는 과정에서 발생하는 거짓말은 두 종류다.

첫째, 나의 욕망을 정당화하기 위한 이기적인 거짓말이다.

아빠가 배고파서 자녀가 먹으려고 사두었던 빵과 아이스크림을 몰래 먹어 치웠다. 저녁에 자녀가 와서 냉장고를 열어보고 빵과 아이스크림이 사라진 것을 보며 "어! 누가 먹었어?"라고 하며 분기탱천하여 아빠를 째려본다. "아빠, 어떻게 된 거야?" 이럴 때 아빠는 보통 어떻게 응답하는가? "어… 글쎄? 잘 모르겠는데?" 왜 이런 거짓말이 나오는가? 자신의 욕망과 잘못을 들키면 망신이기 때문이다. 아빠는 완벽해야 한다. 치졸하게 자녀의 것을 빼앗아 먹으면 안 된다는 초자아의 당연한 전제와 기대가 있다.

그런데 현실의 욕망은 식욕의 충동을 참지 못하고 자녀의 것을 빼앗아 먹어버렸다. 그러자 자아는 이 둘 사이의 불균형을 해소하고 어떻게든 하자 있는 것을 들키지 않도록 균형을 유지하려 애쓴다. 아빠는 자녀의 것을 몰래 빼앗아 먹는 그런 치사한 존재가 되면 안 된다는 초자아의 요구와 그렇지 못한 탐욕에 가득 찬 아빠의 괴리감을 어떻게든 메워야 한다. 만약 거짓이 탄로 나면 아빠의 체면과 위신에 큰 타격을 받는다. 결국 여기서 인지부조화의 균열이 생긴다. 이때 자기의 탐욕을 감추려는 인지부조화를 조정하기 위해 아빠의 자아는 거짓말을 한다. 이런 거짓말은 나쁜 거짓말, 검은 거짓말, 좋지 않은 거짓말이다. 타인을 속여 자신의 이익을 추구하는 거짓말이다. 이런 거짓말은 동물에게도 나타난다.

미국 워싱턴대학의 한 연구진이 늪지대에 서식하는 참새의 일종인 개똥지빠귀를 대상으로 실험한 적이 있다.[45] 연구진은 먹이가 풍부한 영역을 독차지하고 있는 수컷을 잡아 불임시술을 하고 다시 풀어놓았다. 수컷이 불임시술을 했으니 암컷은 알을 낳지 못하지 않겠는가? 그런데 이 수컷 주변에 먹이를 구하던 암컷들이 몰려오면서 같이 살기 시작했고, 조금 지나니까 주변에 알을 낳고 새끼들을 부화시켜 키우며 함께 살았다. 암컷들이 힘세고 먹이가 많은 수컷을 속이고 먹이를 얻어먹으면서 다른 수컷과 몰래 짝짓기를 해서 새끼를 낳은 것이다. 자기 욕망과 생존을 정당화하기 위한 검은 거짓말은 동물들도 할 줄 안다. 하지만 죄로 타락한 인간의 본성에서는 거짓말이 더 강렬하게 불타오르며 교묘하게 일어난다. 다른 사람이 하면 불륜이지만 내가 하면 순수한 사랑이다. 다른 사람이 받으면 뇌물이지만 내가 받으면 정표요 마음이다. 다른 사람이 승진하면 낙하산이지만 내가 승진하면 실력이다.

둘째, 타인의 안녕과 행복을 위한 거짓말이다.

이런 거짓말을 하얀 거짓말이라고 한다. 거짓말을 검은 거짓말과 하얀 거짓말로 나눌 때, 검은 거짓말은 이기적 욕망과 목적에 봉사하는 반면, 하얀 거짓말은 그 목적이 타인을 위한 거짓말이다. 엄마가 자녀에게 맛있는 것을 주면 자녀가 묻는다. "엄마는 안 먹어?" 그러면 엄마는 이렇게 말한다. "응, 엄마는 많이 먹고 왔어. 우리 딸, 우리 아들 많이 먹어!" 알고 보니 엄마는 하나도 안 먹었는데 자녀가 많이 먹고 건강하게 자라기를 바라는 사랑하는 마음으로 거짓말을 한다. 자녀를 향한 강렬한 열망과 자아의 객관적인 현실 사이에 일어나는 인지부조화의 균형을 맞추려하다 보니 거짓말이 발생한 것이다. 이런 거짓말에는 흔히 우리가 말하는 불가피한 거짓말이나 상대의 품격을 지켜주기 위한 예의상의 거짓말이 있다.

이런 거짓말은 성경에도 나온다. 출애굽기 1장 15~19절에 보면 바로 왕이 히브리 산파들에게 히브리 노예들의 아이가 태어날 때 아들이면 아이를 받는 즉시 죽이라고 명령한다. 그러나 산파들은 하나님을 두려워하여 아기를 살려준다. 그러자 애굽 왕이 불러 왜 그랬냐고 추궁한다. 그러자 산파들은 히브리 여인들이 건강해서 소식을 듣고 달려가면 이미 아기를 낳았더라는 거짓 핑계로 둘러댄다. 바로의 악한 명령과 생명을 살려야 한다는 하나님 백성의 사명이 부딪칠 때 이 둘 사이의 인지부조화를 거짓 핑계로 균형을 잡으려 했다. 산파로서는 동족의 생명을 살리기 위한 불가피한 선택이었다. 하나님께서는 이런 히브리 산파들을 거짓말했다고 저주하셨는가? 아니다. 이들에게 복을 주셨다.

더 나아가 거짓말에는 순수하게 타인의 즐거움과 기쁨을 위한 일종의 거짓말인 '유머'가 있다. 예전에 우리나라에 한 유명한 코미디언이 나와서 바보 같은 영구 흉내를 내면서 "잘 모르겠는데요" 하면 많은 시청자가 웃으며 넘어갔었다. 정말 몰라서 그랬을까? 아니다. 유머를 위한 거짓말이다. 이런 고차원적인 거짓말은 단순한 욕망의 신호를 넘어 타인을 위한 웰빙, 타인을 위한 선을 추구하기 위한 것이다.

그렇다면 종종 이런 인지부조화에 빠지는 우리가 그리스도인으로서 추구해야 할 태도는 무엇일까? 이것은 어떤 거짓말이냐에 따라 달라져야 한다.

먼저는, 자기의 죄 된 욕망이 자아를 부추겨 자기를 위해 검은 거짓말을 하여 자기 정당화를 시도하도록 유혹할 때다. 이때 우리는 성령의 능력으로 자신을 십자가에 못 박고 자신의 죄인 됨을 고백하고 자기를 부인해야 한다. "우리가 알거니와 우리의 옛 사람이 예수와 함께 십자가에 못 박힌 것은 죄의 몸이 죽어 다시는 우리가 죄에게 종 노릇 하지 아니하려 함이니"(롬 6:6).

우리가 예수 그리스도를 믿고 내 인생의 주인으로 받아들일 때 죄 가운데 살던 우리의 옛 자아가 그리스도와 함께 십자가에 함께 못 박혔음을 믿음으로 받아들여야 한다. "그리스도 예수의 사람들은 육체와 함께 그 정욕과 탐심을 십자가에 못 박았느니라"(갈 5:24). 우리에게는 자기 부인이 일어나야 한다. "나의 죄 된 옛사람은 죽었습니다. 이제는 내가 아니라 내 안에 계신 주님께서 사십니다. 저는 예수님의 사람입니다."

이런 고백이 우리에게 있어야 한다. "내가 그리스도와 함께 십자가에 못 박혔나니 그런즉 이제는 내가 사는 것이 아니요 오직 내 안에 그리스도께서 사시는 것이라. 이제 내가 육체 가운데 사는 것은 나를 사랑하사 나를 위하여 자기 자신을 버리신 하나님의 아들을 믿는 믿음 안에서 사는 것이라"(갈 2:20). 이런 고백 위에 우리는 성령께서 주시는 새로운 용기를 힘입어 나의 연약함, 나의 실수, 나의 잘못, 나의 죄성을 용기 있게 고백해야 한다.

우리는 자기 실수를 인정하고 고백하는 데 인색하다. 거룩하고 근사해야 할 나의 이상적인 모습에 부합하지 않기 때문이다. 자기 잘못을 인정하려면 용기가 필요하다. 자존심이 상하고 부끄러워도 이것을 직면하려는 용기가 있어야 한다. 성령께서 우리에게 오시고, 우리 연약함을 만지시고 붙들어주실 때 우리에게 이런 용기가 생긴다. 우리는 성령의 능력으로 용기 있게 우리의 연약함을 고백하며 우리의 인지부조화를 진리를 기준으로 조정해가야 한다. 이때 우리는 검은 거짓말을 속히 버려야 한다.

다음으로, 우리의 거짓말이 타인을 위해서 이루어질 때다. 일종의 하얀 거짓말이다. 이런 종류의 거짓말은 처음에 알게 되면 상대방의 마음에 고마워하며 넘어가기 쉽다. 하지만 거짓말이 아무리 상대를 재미있게 하고, 위한다고 하더라도 거짓이 계속해서 반복되면 우리 내면의 예민한 양심은 불편함을 느낀다. 생각해보라. 자꾸만 말끝마다 "잘 모르겠는데요" 하면 계속 웃겠는가? 아니다. 나중에는 불편하다.

예수 그리스도를 우리 인생의 구주로 믿고 입으로 시인하는 순간부터 우리에게는 하나님의 성령이 임하시는데, 그때부터 우리 안에 나타나는 현상이 있다. 그것은 거짓에 예민해지고 가능한 진솔해지고 싶은 거룩한 욕구이다. 우리와 함께하시는 성령께서 진리의 영(요 14:17, 요일 4:6)이기 때문이다. 예수께서도 "진리의 성령이 오시면 그가 너희를 모든 진리 가운데로 인도하시리니"(요 16:13)라고 말씀하셨다. 성령은 가능한 우리에게 진리를 말하도록 하신다. 그런데 이 진리는 엄격하고 냉혹한 진리가 아니다. 사랑 가운데 나타나는 진리다. "너희가 진리를 순종함으로 너희 영혼을 깨끗하게 하여 거짓이 없이 형제를 사랑하기에 이르렀으니 마음으로 뜨겁게 서로 사랑하라"(벧전 1:22).

하나님은 사랑이시고 사랑에는 거짓이 없다(롬 12:9). 우리는 진리에 순종하여 거짓 없이 형제를 뜨겁게 사랑하도록 부름받았다. 이때부터는 우리에게 성령의 지혜와 기도가 필요하다. "하나님, 모든 상황 속에서 가능한 사랑 안에 진리를 말할 수 있도록 지혜를 주세요. 저의 입술을 지켜주세요. 성령께서 저에게 바른 지각과 분별력을 주셔서 거짓된 변명보다는 진솔하지만 사랑이 담긴 말을 할 수 있도록 도와주세요." 이것이 서로를 세우고 공동체를 든든하게 지켜가는 기초가 된다. 거짓말은 나 개인의 문제로부터 시작해서 점점 우리 이웃과 공동체의 문제로 확대되어 간다. 따라서 우리는 거짓을 버리고 각각 그 이웃과 더불어 참된 것을 말해야 한다. 왜? 우리가 서로 그리스도의 지체가 되기 때문이다(엡 4:25).

십계명 제9계명 말씀도 자세히 살펴보면 이 거짓말에 대한 말씀이 개인적인 것이 아니라 이웃과 공동체를 향한 '증언'에 있다는 것을 알 수 있다. 오늘 본문 말씀을 다시 한번 읽어보자.

"네 이웃에 대하여 거짓 증거하지 말라"(출 20:16).

이것을 새번역으로 보면 이렇게 되어 있다.

"너희 이웃에게 불리한 거짓 증언을 하지 못한다."

'거짓 증언' (히. 에드-샤케르)은 재판 상황을 전제한다. 이는 재판정에서의 거짓 증언, 또는 거짓 증거라고 번역할 수 있다. 재판정에서의 거짓 증언, 즉 위증은 나의 말 한마디로 이웃에게 커다란 피해를 줄 수 있다. 자칫 그의 생명도 위태롭게 할 수 있다. 이스라엘 재판 상황에서 증인의 역할은 매우 중요했다. 요즘처럼 CCTV가 있는 것도 아니고, DNA 유전자 감식을 할 수 있는 것도 아니며, 혈흔을 채취해서 분석할 수 있는 것도 아니었다. 과학적 수사방법이 전무한 상태에서 유죄와 무죄를 가르는 판결은 오직 증인의 증언에 의존할 수밖에 없었다. 증언하는 증인이 이웃의 생명을 좌우할 수 있는 진실의 표준이 된다. 우리 입술의 말의 권세를 가장 크고 강력하게 경험할 수 있는 것이 바로 법정에서의 참된 증언이다. 그래서 성경은 판결을 내릴 때 반드시 한 사람의 증언으로 결론을 내지 말고, 적어도 두세 사람의 증언을 다 듣고 판단할 것을 명령한다(신 17:6-7, 참조 마 18:16-17, 고후 13:1). 하나님은 거짓 증언으로 사람이 죽고 해를 받는 것을 무척이나 싫어하신다.

북이스라엘 아합 왕의 부인인 이세벨은 나봇의 포도원을 빼앗으려고 거짓 증인을 세워 나봇을 돌로 쳐죽였다. 하나님은 이런 아합 왕에게 저주를 예고하셨다. 이세벨을 향하여서도 개들이 이세벨의 시체를 핥아먹을 것이라고 저주하셨다. 하나님은 이처럼 거짓 증언을 하여 공동체의 질서를 파괴하고 한 개인의 삶을 송두리째 파괴하는 것을 매우 미워하신다.

이런 거짓 증언으로 끔찍한 죽임을 당하신 분이 바로 예수 그리스도시다. 예수께서는 대제사장들과 온 공회의 거짓 증언으로 결국 십자가에 못 박혀 죽으셨다. "대제사장들과 온 공회가 예수를 죽이려고 그를 칠 거짓 증거를 찾으매 거짓 증인이 많이 왔으나 얻지 못하더니 후에 두 사람이 와서 이르되 이 사람의 말이 내가 하나님의 성전을 헐고 사흘 동안에 지을 수 있다 하더라 하니 대제사장이 일어서서 예수께 묻되 아무 대답도 없느냐. 이 사람들이 너를 치는 증거가 어떠하냐 하되"(마 26:59-62). 결국 대제세장은 거짓 증거를 빌미로 예수님을 십자가의 죽음으로 내몰았다.

거짓 증언으로 십자가에서 돌아가신 주님께서는 하나님으로부터 의로움을 신원받고 부활하셨다. 그러고 나서 우리에게 매우 놀라운 일을 부탁하셨다. 그것은 이제부터 우리가 거짓 증인이 아닌 참된 증인으로 서야 한다는 것이다. 거짓 증인으로 인해 죽음에 이르셨던 예수님께서 이제부터는 우리로 세상에 참된 진리를 증언하는 빛과 소금이 되도록 부르신 것이다. "오직 성령이 너희에게 임하시면 너희가 권능을 받고 예루살렘과 온 유대와 사마리아와 땅끝까지 이르러 내 증인이 되리라 하시니라"(행 1:8). "성령이 친히 우리의 영과 더불어 우리가 하나님의 자녀인 것을 증언하시나니"(롬 8:16).

여기 증인의 조건이 있다. 그것은 성령이 함께해야 한다는 것이다. 우리에게는 늘 거짓의 유혹과 자기 정당화와 변명의 유혹이 있기에 온전한 진리를 증언하는 것이 쉽지 않다. 따라서 우리는 주님이 부르신 사명을 기억하고 더욱 성령을 의지하며, 거짓에 담대할 수 있는 용기, 그리고 사랑으로 말할 수 있는 지혜를 구해야 한다. 그렇게 우리가 참된 진리를 말하기 시작할 때 거룩한 진리의 영이신 성령께서 놀랍게 역사하실 것이다.

날마다 진리의 성령에 붙잡혀 나를 죽이고 진실하게 서기를 힘쓰는 성도가 되자. 동시에 진리 안에서 늘 사랑이 충만한 자로 하나님 앞에 서도록 애쓰자. 진리의 성령 안에 거하기를 사모하며 몸부림치는 증인이 되자.

[50장 각주]

42) 간바 와타루, 김현영 역, 「사람은 8분마다 거짓말을 한다」(서울: 예솜미디어, 2005).
43) www.hendrick-hamel.henny-savenije.pe.kr/holland12.html, 강영안, 「강영안 교수의 십계명 강의」(서울: IVP, 2009) 전자책에서 재인용.
44) 대검찰청 발간 「검찰연감」, 「범죄분석」, 대법원 발간 「사법연감」; 김지찬, 「데칼로그: 십계명, 어떻게 이해할 것인가」, 411쪽에서 재인용.
45) 이성규, "사람 뺨치는 동물들의 거짓말: 먹이 위해 수컷, 새끼도 속인다", The Science Times, 2016. 3. 30.

51 Chapter 51. Exodus 20:17

제10계명 : 네 이웃의 소유를 탐내지 말라

네 이웃의 집을 탐내지 말라. 네 이웃의 아내나 그의 남종이나 그의 여종이나 그의 소나 그의 나귀나 무릇 네 이웃의 소유를 탐내지 말라.

언제부터인가 우리나라에서 해외 로또를 구입하는 이들이 늘고 있다. 미국 로또 '파워볼', 유럽연합의 '유로 밀리언'과 같은 해외 복권 구매를 대행해주는 온라인 사이트가 점점 늘어나면서 너도 나도 해외 로또에 빠져든다. 해외 로또가 인기를 끄는 이유는 무엇보다 한국에 비해서 월등히 많은 당첨금 때문이다. 예전에 파워볼에서 역사상 최고액인 7억 5,870만 달러, 우리 돈으로 약 8,550억 원이란 어마어마한 금액에 한 사람이 당첨되면서 전 세계적으로 화제가 되었다. 이 소식이 전해지자 너도나도 이제는 미국 로또를 사자고 몰려들고 있다. 파워볼은 당첨자가 나오지 않으면 상금이 다음 회차로 이월되는 구조다. 그러니 지난 회에 상금 당첨자가 없으면 더 많이 몰려든다. 상금이 점점 많이 쌓이면 현지 교포, 유학생, 또 이들과 관계있는 한국인들이 로또 구매에 대거 뛰어든다. 이제는 온라인으로 해외 구매대행까지 해준다.

이렇게 탐욕으로 돈이 모이는 곳에는 탐욕을 이용해 돈 벌려는 사람이 있지 않겠는가? 얼마 전에 많은 주부가 가입되어 있는 한 인터넷 육아카페에서 "파워볼 로또로 돈을 벌었다"라고 하면서 입금을 유도해서 35명을 상대로 4억 원을 뜯어내는 사건이 일어나기도 했다.[46] 이렇게 로또에 열광하는 이유가 무엇인가? 단시간에 많은 돈을 손에 쥘 수 있기 때문이다. 이것으로 인생 역전을 이룰 수 있다고 믿기 때문이다. 그러나 우리의 인생 역전은 오직 예수 그리스도 한 분을 제대로 만날 때 일어난다.

지금으로부터 100년 전, 신이 없다고 주장하며 하나님을 인간 세상에서 내쫓으려 했던 독일의 철학자 프리드리히 니체는 그의 책 「아침놀」에서 서구문화에서 하나님의 부재가 확산되면 장차 돈이 하나님을 대체하리라 예견했다. 그는 자기 책에서 다음과 같이 썼다.[47] "어떤 사람은 왜 거짓된 저울추를 쓰고, 다른 사람은 왜 시가 이상의 보험을 든 뒤 자기 집에 불을 지르는가? 상류층의 4명 중 3명이 합법적 사기를 일삼는 이유는 무엇인가? …이 모두는 무엇에서 비롯되는가? 정말 무엇이 부족해서는 아니다. 그들의 생존은 전혀 위태롭지 않다. …그들을 밤낮 충동질하는 것은 재산이 불어나는 속도가 너무 더딘 것에 대한 지독한 조바심이고, 돈더미에 대한 지독한 동경과 애착이다. 전에는 '하나님을 사랑해서' 하던 일을 이제는 돈이 좋아서 한다. 돈만 있으면 당장 권력이 피부로 느껴지고 떳떳한 양심도 지킬 수 있기 때문이다."

니체의 주장에 따르면 사람이 하나님 없이 살면 부에 대한 탐욕에 사로잡히게 된다. 밤낮으로 재산 증식에 대한 탐욕, 돈더미에 대한 지독한 동경과 애착에 사로잡히게 된다. 일하는 목적이 하나님을 사랑해서가 아니라 돈이 좋아서다. 돈이 되니까 한다. 또 이렇게 돈이 많이 생기면 마치 큰 힘이 있는 사람처럼 느끼고 자부심과 양심도 떳떳해진다는 것이다. 하나님이 함께하실 때 주시는 느낌을 유사하게 대체해준다.

이런 탐욕의 힘에 대해 성경은 이렇게 말씀한다. "돈을 사랑함이 일만 악의 뿌리가 되나니 이것을 탐내는 자들은 미혹을 받아 믿음에서 떠나 많은 근심으로써 자기를 찔렀도다. 오직 너 하나님의 사람아 이것들을 피하고 의와 경건과 믿음과 사랑과 인내와 온유를 따르며 믿음의 선한 싸움을 싸우라 영생을 취하라. 이를 위하여 네가 부르심을 받았고 많은 증인 앞에서 선한 증언을 하였도다"(딤전 6:10-12).

우리는 하나님을 사랑하고 형제자매를 사랑해야 할 사람들이다. 그런데 돈을 사랑하고 탐심을 내면 여기에 만 가지 악이 틈타고 들어온다. 그래서 골로새서 3장 5절은 다음과 같이 말씀한다. "그러므로 땅에 있는 지체를 죽이라. 곧 음란과 부정과 사욕과 악한 정욕과 탐심이니 탐심은 우상 숭배니라."

탐심은 우상 숭배다. 이 말씀은 십계명 제1계명과 통하는 말씀이다. 십계명의 제1계명이 무엇이었는가? 나 외에는 다른 신들을 네게 두지 말라는 것이다(출 20:3). 여기서 우상들은 고대 근동의 바알과 아세라와 같은 다른 신들을 의미할 것이다. 그런데 십계명의 마지막 "탐내지 말라"는 제10계명은 세속적 삶에서 또 다른 형태의 우상 숭배에 대한 경고다. 이렇게 볼 때 십계명의 핵심은 바로 우상 숭배이고, 우리의 삶이 하나님을 얼마나 기쁘게 할 수 있느냐는 이 우상 숭배를 우리의 삶에서 얼마나 몰아내느냐에 달려 있다.

탐심이 우상 숭배인 이유는 인류 최초의 타락이 바로 이 탐심으로부터 시작되었기 때문이다. "여자가 그 나무를 본즉 먹음직도 하고 보암직도 하고 지혜롭게 할 만큼 탐스럽기도 한 나무인지라. 여자가 그 열매를 따먹고 자기와 함께 있는 남편에게도 주매 그도 먹은지라" (창 3:6). '탐스럽다' (히. 하마드)는 단어는 십계명에 나오는 '탐내다'와 같은 동사다. '하마드' 는 '무엇인가를 갈망하다' '무엇인가를 소유하려 하다' '무엇을 얻으려고 애쓰다' 라는 뜻이다. 그런데 이 동사 '하마드' 의 용례를 보면, 항상 심리적인 염원에 그치지 않고 외적인 행동이 이어지는 동사가 나온다. 대표적인 동사가 '취하다' 는 뜻을 가진 히브리 동사 '라카흐' 다. 영어로 하면 'take' 정도가 된다.

하와는 선악과를 보고 이를 탐하였다. 선악과를 갈망하고 소유하려고 했으며 얻으려고 애썼다. 그리고 얼마 가지 않아 열매를 '따먹었다.' 여기서 '따먹었다' 는 동사가 히브리어 '라카흐' 다. 탐하니까 억제하지 못하고 선악과를 취하고 소유하여 불순종으로 치달은 것이다. 탐욕은 이성이 판단할 여유를 주지 않는다. 탐욕은 우리 이성을 순간적으로 마비시키고 곧바로 행동으로 나가게 한다. 그래서 탐욕에 사로잡히면 자신도 모르게 상당히 성급하게 행동한다.

탐욕에 기반한 행동은 아담적 갈망에 사로잡힌 행동이다. 아담적 갈망이란 무엇인가? 하나님께서 주시는 자원으로 그 안에서 감사하며 만족하며 풍성한 삶을 누려야 함에도 불구하고 하나님을 자신의 삶에서 밀어내고 하나님 말고 내 힘으로 확보한 자원으로 내 삶의 기반과 안정을 취하려는 욕망이다. 이러한 욕망의 기저에는 하나님처럼 되고자 하는 교만이 자리 잡고 있다. 교만하기에 하나님이 주신 것으로는 내 삶이 충분하지 못하다는 마음을 품는다.

우리 마음에 탐심이 일어날 때 내면에는 '아, 갖고 싶다'는 소리가 메아리친다. 그러면 사탄은 뭐라고 하는가? 주저함 없이 "가져!"라고 한다. 그러면 우리는 놀라며 "안 되는데? 난 능력도 안 되고 돈도 없어"라고 대답한다. 그럼 탐심은 "돈? 빌려줄게"라고 한다. 또다시 우리는 "난 돈 갚을 능력이 안 되는데?"라고 한다. 그러면 탐심은 "그래? 그럼 더 싼 이자로 빌려줄게. 돌려 막아!"라고 대답한다.

그렇게 해서 갚을 능력이 제대로 되지 않는 사람에게 너무 쉽게 돈을 빌려주다가 이것이 점점 큰 자산 거품이 되어 결국 터진 것이 2008년 미국발 금융위기다. 이 위기로 전 세계가 휘청하면서 비틀거렸다. 우리나라도 지금 이런 식으로 주택담보대출이 관리위험 수준까지 간다고 자꾸 경고하지 않는가? 겨우 금융위기의 충격에서 좀 벗어나나 싶었는데, 서서히 전 세계에 금융 거품이 일어나 또다시 금융위기가 터질 것을 예고한다.[48)]

이제 인류의 탐욕은 한 나라를 무너뜨리기도 하고 전 세계를 도미노 쓰러트리듯 연쇄적으로 무너뜨린다. 이런 흐름 가운데 우리가 살아가는 사회도 탐내기가 너무 쉬운 문화가 되었다. 제10계명에 "네 이웃의 소유를 탐내지 말라"고 하면서 가장 먼저 말씀하는 탐욕의 대상이 무엇인가? '집'이다. "네 이웃의 집을 탐내지 말라!"

우리나라처럼 집을 탐내는 나라도 없다. 아파트 공화국이라고 하지 않는가? 전북대 강준만 교수에 따르면 한국의 아파트는 '살 집'이 아니라 '팔 집'이다.[49] 해마다 우리나라 전체 인구의 19%가 이사하는 바람에 5년만 지나면 한 동네가 완전히 새로운 사람들로 바뀌는 일이 자주 벌어진다. 주거 행위 자체가 상업적 행위가 되는 것이다. 그리고 사는 아파트가 브랜드 네임이다. 어느 브랜드에 사느냐에 따라 집값이 달라진다. 이러다 보니 아파트 이름을 브랜드 이름으로 바꾸고, 또 여기에 모조품까지 생긴다. 혹시 '푸르지요' 아파트를 아는가? '푸르지오'와 비슷한 이름이다. 또 국내 유명 대기업 건설회사가 지은 '래미안'과 유사한 '라미안'도 있다.

형편이 이렇다 보니 이제 아파트 광고에도 욕망, 탐욕이 버젓이 노출되어 들어간다. "욕심내세요, 어울림이니까" "서울이 욕심내는 곳" "욕심나는 투자처" "욕심낼 만한 이유" "욕심낸 그곳에 꿈에 그린이 온다." 또 광고 모델에 따라 아파트 별칭이 달라진다. 이영애 아파트, 김남주 아파트, 최지우 아파트, 송혜교 아파트 등.

우리가 이렇게 이웃의 집을 탐하는 이유가 무엇인가? 그 배후에는 인정의 욕구와 안정의 욕구가 있기 때문이다. "나 이런 집에 살아. 인정해줘!" "나 이래봬도 이런 인정받을 자격이 있는 사람이야!" 이런 인정 욕구의 배후에는 안정의 욕구가 있다. 인정을 받음으로 내 정체성과 삶의 환경에 안정을 찾으려는 욕구다. 이런 것을 보면 탐욕에는 단순히 물질을 내 것으로 취해서 쌓아놓고 싶은 물욕 이상의 더 깊은 갈망이 있음을 알 수 있다. 표면적 탐욕은 소유의 축적이지만 심층적인 탐욕은 인정과 안정감이다. 주변에서 흔히 이렇게 말하는 것을 듣는다.

"그래도 남부럽지 않게 살아야죠."

"그래도 남부럽지 않은 직장에 다니고 싶어요."

"남부럽지 않은 결혼을 하고 싶어요."

"남부럽지 않은 집에서 살고 싶어요."

"남부럽지 않은 배우자를 만나야죠."

'남부럽다' 는 것은 그만큼 다른 사람의 시선을 인식하고 산다는 말이다. 다른 사람의 인정을 받아야 비로소 남부럽지 않게 되고 삶의 안정이 찾아온다. 흔히 젊은이들이 하는 속어 중에 '쪽 팔린다' 는 말이 있다. 국어사전에 따르면 '부끄러워 체면이 깎인다' 는 뜻이다. 무슨 말인가? 내 삶의 안정을 찾는 데 다른 사람의 시선이 많이 좌우한다는 뜻이다. 유명 연예인이 드라마에서 멋진 옷과 백을 들고 출연하면 그 연예인 이름을 붙여서 누구누구 패션, 누구누구 백이란 이름을 달고 날개 돋친 듯 팔린다. 왜 그런가? 그것을 내가 들고 다니고 입고 다니면 그 사람처럼 보이고 사람들이 인정해주는 시선을 느끼기 때문이다. 이웃의 소유에 대한 탐욕을 갖고 있으면 행복의 기준은 이웃의 것을 소유했느냐 여부가 된다. 내가 행복하려면 이웃의 것이 있어야 한다고 생각한다. 그것이 없어도 행복해야 하는데 꼭 이웃의 집을 소유하고, 이웃이 소유한 것을 나도 소유해야 하며, 이웃의 아내를 차지해야 내게 없는 행복을 얻을 수 있다고 착각한다.

한 사람이 누구에게 인정받고 어떻게 평가받느냐는 그의 정체성을 결정한다. 정체성은 내 주변에서 나를 어떻게 보고, 또 나 자신이 스스로를 어떻게 바라보고 인정하느냐에 따라 좌우된다. 이러한 시선이 나에게 존재의 안정감과 확신을 줄 때 정체성은 견고하게 형성된다. 결국 깊은 탐욕 속에는 하나님 없이도 내 존재를 인정받고 싶은 교만한 갈망이 자리 잡고 있는 것이다. 그렇다면 하나님 없이 누구에게 인정받기를 원하는가? 세상 사람에게 인정받아야 한다. 세상 사람은 무엇으로 인정해주는가? 그가 어떤 성품의 사람이고 어떤 존재냐는 중요하지 않다. 그가 무엇을 소유했고, 어디에 살고, 어떤 위치에 있으며, 어떤 명성과 스펙을 쌓았느냐 하는 등 외적인 소유로 평가하고 인정해준다. 세상의 시선이 이러하다 보니 우리는 스스로의 힘으로 안정과 사람들의 인정을 바라는 아담적 갈망을 추구한다.

이런 갈망을 기초로 한 관계는 진정성 있는 관계를 맺기가 어렵다. 아담적 갈망의 눈을 갖고 배우자를 찾으려 하면 절대 찾아지지 않는다. 무엇을 갖추었는가? 무엇을 가졌는가? 아파트는 있는가? 차는 어떤가? 외모는 어떠한가? 이런 것만 보면서 동시에 믿음 좋은 배우자를 찾으니 믿음 좋은 배우자를 못 찾는다.

성도의 정체성이 어디에 있는가? 이는 하나님이 나를 어떻게 바라보고 인정해주느냐에 달려 있다. 예수께서 성령의 능력으로 본격적인 사역을 시작하기 전에 어떤 일이 일어났는가? 세례를 받고 물에서 올라오실 때 하늘이 갈라지면서 하나님의 성령이 비둘기같이 임하면서 음성이 들렸다. "하늘로부터 소리가 있어 말씀하시되 이는 내 사랑하는 아들이요 내 기뻐하는 자라 하시니라"(마 3:17). "내 사랑하는 아들이요 내 기뻐하는 자라!"

우리에게는 무엇보다 이런 정체성이 필요하다. 내가 세상에서 무엇으로 인정받아야 하는가? 바로 나를 사랑하셔서 그 아들 예수 그리스도를 죽기까지 내주신 하나님 아버지의 인정이다. 하늘 아버지께서 우리를 볼 때마다 너무 기뻐하신다. "너의 하나님 여호와가 너의 가운데에 계시니 그는 구원을 베푸실 전능자이시라. 그가 너로 말미암아 기쁨을 이기지 못하시며 너를 잠잠히 사랑하시며 너로 말미암아 즐거이 부르며 기뻐하시리라 하리라"(습 3:17).

주님이 나를 사랑한다는 사실 하나만으로 나는 더 이상 남부럽지 않다. 하나님이 나를 기뻐하신다는 사실 하나만으로 충분하다. 이럴 때 우리는 필요 이상의 것을 쌓아두느라고 과도한 탐욕에 매몰되지 않을 수 있다. 성도는 세상과 다르게 '꼭 필요한 것을 적당하게 원하는 법'을 아는 사람이어야 한다. 이 정체성을 확신하고 지켜가기 위해 우리는 믿음의 공동체인 교회가 필요하다. 그리고 그 안에서 성도의 교제가 필요하다.

세상 공동체는 '제로섬 게임'의 법칙이 지배한다. 누군가가 얻으면 누군가는 잃는다. 누군가가 얻으려면 누군가는 빼앗겨야 한다. 그만큼 얻으려면 그만큼 쏟아부어야 한다. '기브 앤 테이크'가 철저하다. 하지만 믿음의 공동체는 제로섬 게임의 법칙이 지배하지 않는 공동체다. 교회는 그리스도의 살과 피가 흐르는 공동체다. 이것을 상징적으로 보여주는 것이 성만찬이다. 공동체의 기초가 기브 앤 테이크가 아니라 넘치도록 풍성한 생명을 받는 것에서부터 시작한다. 그래서 신앙공동체인 교회는 서로를 섬기고 사랑하며 하나님의 마음으로 서로 사랑하려는 갈망이 일어나는 곳이다.

어떤 이는 탐욕에 대해 묵상하다 이런 질문을 한다.

"그리스도인들은 탐하면 안 되나요?"

"아무 욕심 없이, 바라는 것 없이 살아야 하나요?"

그렇지 않다. 사람은 욕망의 존재다. 욕망이 없으면 생의 의욕을 잃고 시름시름 앓다가 죽거나 자살한다. 불교는 인간 안에 있는 이 욕망을 없애려고 부지런히 마음을 수련하라고 권면하지 않는가? 그러나 불교에서 욕망을 다 죽여도 죽이지 못하는 것이 있는데, 그것은 욕망을 죽이려는 욕망이다. 쉽게 말하면 성불하려는 욕망이다. 결국 욕심으로부터 완전히 자유롭지 못하다.

반면 성경은 우리의 욕망을 인정한다. 욕망이란 무엇인가를 지향하고 추구하는 마음이다. 성경은 이 욕망을 인정하되 단 그 욕망의 방향을 조정한다. 나의 아담적 갈망을 위한 방향이 아니라 하나님의 인정과 하나님이 기뻐하시는 방향이어야 한다. "끝으로 형제들아 무엇에든지 참되며 무엇에든지 경건하며 무엇에든지 옳으며 무엇에든지 정결하며 무엇에든지 사랑받을 만하며 무엇에든지 칭찬받을 만하며 무슨 덕이 있든지 무슨 기림이 있든지 이것들을 생각하라"(빌 4:8).

우리가 추구해야 할 욕망은 참된 것, 경건한 것, 옳은 것, 정결한 것, 사랑받을 만한 것, 칭찬받을 만한 것, 덕이 있는 것들이다. 정말 하나님이 기뻐하시는 것을 욕망하고 갈망해야 한다는 것이다. 따라서 성도에게는 아담적 갈망이 아니라 거룩함에 대한 갈망이 있어야 한다. 하나님과의 친밀한 교제에 대한 갈망이 있어야 한다. 공동체 안에서의 지체 사랑과 교제에 대한 뜨거운 갈망이 있어야 한다. 하나님의 말씀을 알아가고자 하는 것에 대한 뜨거운 갈망이 있어야 한다. 바로 그의 나라와 의를 구하는 삶이다. 마태복음 6장 33절은 "그리하면 이 모든 것을 우리에게 더해주시는" 역사가 일어날 것을 약속한다.

그렇다면 우리는 이제 탐욕에 대한 경계선을 그을 수 있다. 우리는 일부러 부자가 되기 위해 혈안이 되어 조급하게 서두를 필요가 없다. 그러다가 마음만 상한다. 그렇다고 모든 것을 다 버리고 일부러 청빈하게 될 필요도 없다. 하나님은 이스라엘 백성이 출애굽할 때 노예로 살던 그들을 위하여 애굽 사람들을 감동시켜 금은보화와 진귀한 것들을 많이 취하여 나가도록 하셨다(출 12:35-36).

아브라함, 이삭, 야곱과 같은 믿음의 선조들은 당대의 큰 부자들이었다. 성경에는 가난한 이들도 나오고, 중산층도 나오며, 또 여사업가 뵈뵈 같은 부자도 나온다(롬 16:1). 하나님은 우리에게 부자가 되라고 하지 않으신다. 그렇다고 거지처럼 살라고도 하지 않으신다. 오직 먼저 그의 나라와 의를 구하라고 하셨다. 그리하면 이 모든 것을 더하실 것이다. 이는 하나님 자녀의 정체성을 가지고 살라는 말씀이다. 그러면 이 모든 것을 우리에게 필요한 만큼 가장 적절한 때와 방법으로 더하실 것이다. 따라서 우리는 이 모든 것에 대해 하나님이 허락하시는 한에서 주신 것을 만족하게 여기며, 이웃의 것을 탐내지 않고 오직 선한 청지기처럼 주의 선한 일에 사용하면 된다.

[51장 각주]

46) 김은중, "'8500억 돈벼락 맞을래' 한국서 부는 해외 로또 열풍", 조선일보, 2017. 9. 15.
47) 프리드리히 니체, 「아침놀」; 팀 켈러, 윤종석 역, 「팀 켈러의 내가 만든 신」(서울: 두란노, 2017), 99쪽에서 재인용.
48) 해리 덴트, 안종희 역, 「2019 부의 대절벽: 피할 수 없는 거대한 붕괴가 시작된다」(서울: 청림출판, 2017).
49) 강준만, 「개천에서 용나면 안 된다: 갑질 공화국의 비밀」(서울: 인물과사상사, 2015).

[P·A·R·T·9]

참된 예배와 이웃 사랑의 계명

임재하심
종을 새롭게 보라
공의와 사랑이 함께 흐르도록 하라
공공영역에서 나는 어떤 크리스천인가?
이웃사랑의 또 다른 이름, 책임
에너지의 방향을 관리하라
언약법전이 지향하는 삶
하나님은 왜 이리 더디 역사하실까?
전부를 사랑할 수 있는가?
더 깊이 들어가야 한다

52 Chapter 52. Exodus 20:18-26

임재하심

뭇 백성이 우레와 번개와 나팔 소리와 산의 연기를 본지라. 그들이 볼 때에 떨며 멀리 서서 모세에게 이르되 당신이 우리에게 말씀하소서. 우리가 들으리이다. 하나님이 우리에게 말씀하시지 말게 하소서. 우리가 죽을까 하나이다. 모세가 백성에게 이르되 두려워하지 말라. 하나님이 임하심은 너희를 시험하고 너희로 경외하여 범죄하지 않게 하려 하심이니라. 백성은 멀리 서 있고 모세는 하나님이 계신 흑암으로 가까이 가니라.

여호와께서 모세에게 이르시되 너는 이스라엘 자손에게 이같이 이르라. 내가 하늘로부터 너희에게 말하는 것을 너희 스스로 보았으니 너희는 나를 비겨서 은으로나 금으로나 너희를 위하여 신상을 만들지

말고 내게 토단을 쌓고 그 위에 네 양과 소로 네 번제와 화목제를 드리라. 내가 내 이름을 기념하게 하는 모든 곳에서 네게 임하여 복을 주리라. 네가 내게 돌로 제단을 쌓거든 다듬은 돌로 쌓지 말라. 네가 정으로 그것을 쪼면 부정하게 함이니라. 너는 층계로 내 제단에 오르지 말라. 네 하체가 그 위에서 드러날까 함이니라.

일본 도쿄에서 동남쪽으로 차로 1시간 정도 가면 온화한 날씨의 고도(古都) 지바현이 나온다. 이 지바현 이나게구 주택가에는 일본방사선의학종합연구소(NIRS)가 자리 잡고 있는데, 이 연구소 지하에는 길이 125m에 이르는 거대한 중입자 가속기가 가동되고 있다. 이 가속기는 암 치료를 위해 쓰인다고 한다. 암을 치료하는 의학기술이 많이 발달했다고 하지만 여전히 암은 인류의 생명을 위협하는 치명적인 질병이다.

통계청이 해마다 발표하는 한국인의 사망원인 1위가 바로 암이다. 1983년 통계를 작성한 이래 36년째 1위다.[50] 1위가 폐암이고, 2위가 간암, 그리고 3위가 위암이었던 것이 2016년에는 위암이 4위로 밀려나고 처음으로 대장암이 3위로 올라섰다. 그래도 요즘에는 조기진단을 통해 암을 일찍 발견하고 치료도 일찍 시작해서 생존율이 높다고 하지만 여전히 암은 우리의 생을 위협하는 치명적인 질병이다.

중입자 가속기는 방사선의 일종인 중입자를 빛의 속도의 80%까지 끌어올려서 체내 25cm까지 들어가 암 조직을 투과시킨다.[51] 이때 정상적인 세포를 투과할 때는 아무런 변화 없이 그냥 투과한다. 그런데 중입자가 암세포를 투과할 때는 놀라운 일이 일어난다. 중입자에 들어 있는 탄소이온이 세포에서 방사선 폭발을 일으키면서 암세포의 DNA를 끊어버린다. 그렇게 되면 다른 세포는 건강하게 있으면서 암세포만 죽는다. 그뿐만이 아니라 암세포가 폭발하면서 DNA가 끊어지기 때문에 암세포의 전이까지 방지하게 된다. 이런 중입자로 치료할 경우 전립샘암의 경우에는 생존율이 90%에 이르고, 흔히 치명적이라고 일컫는 췌장암의 경우도 생존율이 60%나 된다. 애플의 CEO였던 스티브 잡스가 이 췌장암으로 죽지 않았는가? 췌장에 중입자 가속기를 쏘면 이것이 몸속에 있는 암세포만 골라 효과적으로 죽이게 된다. 이런 중입자 가속기를 우리나라에도 도입해서 국내에서도 중입자 치료가 가능하게 되었다.

인생에도 이러한 죄의 암세포들이 우리 영혼을 종종 위협한다. 세상의 공중 권세 잡은 이들이 세상의 문화와 풍조를 휩쓸면서 이곳저곳 구석구석에서 죄의 암세포를 키우고 있다. 어떻게든 사람들로 죄의 유혹에 빠져 하나님의 영광으로 나아오지 못하도록 한다. 이제 초등학생 자녀들을 둔 부모들은 자녀가 핸드폰으로 어떤 게임을 하는지 유심히 볼 필요가 있다. 잔인하게 총을 쏘고 죽이는 게임, 폭력물, 음란물 등을 초등학교 2학년 이후부터 꽤 많이 접한다. 강력한 죄의 자극이 있지 않은가? '우리 아이는 괜찮겠지?'라고 생각하는가? 부모가 볼 때는 괜찮다. 그런데 이런 자극을 받다 보면 이런 게 제공하는 세계관을 자연스럽게 받아들이게 되고, 이런 세계관에 점점 빠지다 보면 신앙생활은 별로 중요한 것 같지 않게 느껴지고, 그러다가 아무것도 아닌 것 같은 느낌이 든다. 말씀이 재미없고 허상인 것 같다. 세상이 중요한 것 같고 의미 있는 것 같다.

신앙생활의 중심을 지키려면 무엇보다 하나님의 말씀에 대한 분명한 확신을 갖고 하나님의 말씀을 진지하고도 견고하게 붙들어야 한다. 시편 119편 105절 말씀처럼 "주의 말씀은 내 발에 등이요 내 길에 빛"이다. 이 말씀이 없으면 우리는 인생길에서 어두워 넘어지고 방황한다. 이 말씀이 무엇이기에 놀라운 역사를 일으킬까? 우리는 이 말씀이 어떤 것인지 그 실체를 제대로 파악하지 못하는 것 같다.

본문은 하나님께서 그의 백성에게 십계명을 말씀해주실 때 말씀이 선포되는 자리에 어떤 일이 일어나는지 그 실체를 생생하게 보여주고 있다. 이는 말씀이 허공에 내뱉어졌다가 사라지는 공허한 메아리가 아니라 온 세상을 뒤흔들 만한 어마어마한 능력임을 보여준다.

> "뭇 백성이 우레와 번개와 나팔 소리와 산의 연기를 본지라. 그들이 볼 때에 떨며 멀리 서서"(출 20:18).

하나님의 말씀이 선포되는 가운데 모든 백성은 하늘로부터 우레와 번개를 보았다. 우레는 하늘에서 "번쩍" 하며 번개가 친 다음 "우르릉 쾅쾅" 하며 크게 울리는 천둥소리를 말한다. 여기에 누가 부는지는 모르지만 웅장한 나팔소리가 나고 산에서는 연기가 오른다. 왜 이런 현상이 나타날까? 이는 하나님이 직접 임재하실 때 나타나는 현상이다. 하나님의 임재가 이스라엘 가까이에 임하자 백성들은 그 위엄과 무게에 눌려 무서워 벌벌 떨었다. 그들은 그 거룩하심을 감히 감당할 수 없었다. 그래서 떨며 멀리 떨어져 서 있었다.

광야를 지나며 하나님이 모세를 통하여 말씀하실 때와 전혀 달랐다. 전에는 그저 하나님이 모세를 통해 말씀하시나 보다고 생각했지만, 이제 하나님의 직접적인 임재 앞에 맞닥뜨리자 그분의 말씀이 얼마나 엄청난 것인지를 비로소 실감할 수 있었다. 하나님의 말씀이 이스라엘 백성들의 온 존재를 뚫고 지나가자, 그 안에 있던 죄의 암세포들이 터지며 한 사람 한 사람의 연약함이 고스란히 드러났다. 하나님의 임재 앞에 한없이 연약한 인간의 실존은 이를 감당할 수 없었다. 감당할 수 없는 하나님의 말씀이 부어지자, 이러다 죽겠다 싶은 생각이 들 정도였다.

인생의 시행착오와 교훈을 담은 말을 우리는 잠언, 혹은 격언이라고 한다. 이런 소중한 잠언이 담기려면 한 인생의 숱한 시행착오와 실패를 거쳐야 한다. 한 존재의 경험을 담았기에 이것은 우리가 지혜롭게 살아가는 데 큰 도움이 된다.

그런데 하나님의 말씀은 한 존재의 시행착오와 실패를 담은 정도가 아니다. 하나님의 말씀에는 진리이신 거룩한 하나님의 임재가 담겨 있었다. 이 말씀은 인간의 실존이 진리 위에 거룩하게 서도록 하나님께서 친히 주신 위엄 있는 진리의 말씀이다. 이 말씀은 마치 중입자가 암세포를 폭발시키는 것처럼 죄로 물든 나약한 인간의 실존을 근본부터 뒤흔드는 어마어마한 폭발력을 갖고 이스라엘 백성들을 관통했다. 하나님 말씀의 위엄과 능력을 날것 그대로 대면했던 것이다. 이 말씀을 대면하자 직감적으로 깨달은 것이 있다. 아, 이 말씀을 직접 듣다가는 내가 하나님의 진리 앞에 녹아버리겠구나! 그래서 모세에게 부탁한다.

> "모세에게 이르되 당신이 우리에게 말씀하소서. 우리가 들으리이다. 하나님이 우리에게 말씀하시지 말게 하소서. 우리가 죽을까 하나이다"(출 20:19).

여기서 말씀을 듣겠다는 것은 이 말씀 안에 머물며 이 말씀대로 순종하겠다는 뜻이다. 부모가 자녀에게 "너 제발 말 좀 들어라"고 말할 때가 있다. 이 말은 그냥 귀로 듣는 것이 아니라 듣고 부모의 말에 순종하라는 것을 의미한다. 하나님이 위엄 있는 말씀을 날것 그대로 직접 말씀하지 않으시고 모세를 통해 사람의 입으로 말씀하셔도 하나님의 권위 있고 존재를 뒤흔드는 말씀으로 받아들이고 순종하겠다는 것이다. 지금 이스라엘 백성은 두려움과 위엄을 넘어 죽음의 공포에까지 이를 정도였다. 그 말씀이 얼마나 자신을 뒤흔들며 온 존재를 관통하는지 이러다 죽을 것 같았다.

히브리서 4장 12절은 다음과 같이 말씀한다. "하나님의 말씀은 살아 있고 활력이 있어 좌우에 날선 어떤 검보다도 예리하여 혼과 영과 및 관절과 골수를 찔러 쪼개기까지 하며 또 마음의 생각과 뜻을 판단하나니." 이스라엘 백성은 인간의 전 존재를 찌르고 쪼개는 말씀의 능력을 날것 그대로 경험했던 것이다. 이를 통해 그들은 하나님이 얼마나 두려운 분인지를 경험했고, 그 하나님께서 하신 말씀이 얼마나 두렵고 위엄 있고 날카로운지 뼛속까지 확신했다.

그러자 모세가 이스라엘 백성에게 말한다.

> "모세가 백성에게 이르되 두려워하지 말라. 하나님이 임하심은 너희를 시험하고 너희로 경외하여 범죄하지 않게 하려 하심이니라" (출 20:20).

'시험하다' (히. 나사)는 어떤 숨겨진 사실의 진위여부가 어떠한지를 알아내기 위해 '테스트한다' 는 뜻도 있지만, 여기서는 '어떤 것에 익숙해진다', 더 나아가 '어떤 사물이나 사람을 깊이 직접적으로 체험한다' 는 의미를 갖는다. 하나님께서 이렇게 말씀 가운데 직접적으로 임재하신 것은 하나님의 백성들로 하여금 이 말씀을 더욱 깊이 체험하여 말씀에 대한 분명한 확신을 가지고, 이로 인해 하나님을 경외하고 죄를 범하지 않도록 하기 위함인 것이다. 여기서 '죄를 범하지 않게 한다'는 것은 하나님의 임재 밖으로, 말씀 밖으로 나가지 않도록 하기 위함이라는 뜻이다.

이스라엘이 하나님의 이런 두렵고 무서운 임재를 통해 깨달은 것이 무엇인가? 하나님은 결코 사람의 생각대로 통제할 수 있는 분도, 이해할 수 있는 분도 아니라는 것이다. 전능하시고 불가해한 하나님이고 마땅히 두려워해야 할 하나님이다. 그리고 이제부터 모세의 입으로 선포될 하나님의 말씀은 이런 놀랍고 위엄 있는 하나님이 주신 말씀이기에 절대 경홀히 여기거나 무시할 것이 아니다. 온 마음과 중심을 다하여 붙들어야 할 생명과 진리의 말씀이다. 따라서 이스라엘 백성이 하나님을 두려워하고 경외한다면 이들의 삶은 마땅히 그분의 말씀을 두려워하고 경외하는 것으로 나타나야 한다. 이는 말씀에 순종하는 행동으로 나타나야 한다. 놀라운 것은 그분의 말씀을 소중히 여기고 두려운 마음으로 부지런히 붙들며 나아가려고 할 때 말씀의 위엄과 능력이 임한다는 점이다. 그래서 하나님의 말씀을 사모하고 그 말씀을 붙들며 나아가다 보면 많은 능력과 기적을 경험한다. 왜? 하나님의 말씀이 능력 있는 하나님의 임재이기 때문이다.

교회에는 하나님의 말씀을 붙들려고 몸부림치는 이가 많다. 그리고 그 몸부림으로 하나님의 놀라운 기적과 임재와 능력을 경험하는 이도 많다. 이런 말씀의 능력을 경험해야 한다. 이 말씀 안에 얼마나 놀라운 하나님의 임재와 복이 있는지를 선명하게 확신해야 한다. 이런 말씀에 대한 분명한 확신이 우리에게 있어야 한다. 만약 이런 확신이 있다면 우리는 날마다 하나님의 말씀을 읽고 듣고 사모하며 그분의 두려운 임재와 능력 안에 거하게 될 것이다.

하나님께서는 그의 백성이 말씀을 통해 하나님의 임재를 뼈저리게 체험하게 하신 후 구체적인 행동지침을 주신다. 이것이 바로 출애굽기 20장 22절부터 시작하여 23장까지 이어지는 구체적인 언약의 율법조항이다. 그 첫 시작이자 율법의 서문 역할을 하는 본문 단락은 하나님의 임재와 말씀의 위엄에 대한 깊은 체험이 어떤 행동으로 드러나야 하는지를 서론적으로 말씀하고 있다.

> "여호와께서 모세에게 이르시되 너는 이스라엘 자손에게 이같이 이르라. 내가 하늘로부터 너희에게 말하는 것을 너희 스스로 보았으니"(출 20:22).

이스라엘 백성은 하나님의 말씀이 하늘로부터 직접 임하는 것을 목격했다. 앞으로는 이스라엘 백성의 요청대로 하나님의 말씀이 모세의 입을 통해서 나오겠지만 이것 또한 인간의 전 존재를 관통하는 하나님의 말씀이다. 이스라엘 자손이 말씀의 능력과 위엄을 맛보았다면 이들은 첫째, 절대로 우상을 만들지 말아야 한다.

> "너희는 나를 비겨서 은으로나 금으로나 너희를 위하여 신상을 만들지 말고"(출 20:23).

한낱 쇠붙이로 만든 신상은 결코 위엄 있는 하나님의 능력과 임재를 나타낼 수 없다. 그래서 하나님은 이어서 명하신다.

"내게 토단을 쌓고 그 위에 네 양과 소로 네 번제와 화목제를 드리라. 내가 내 이름을 기념하게 하는 모든 곳에서 네게 임하여 복을 주리라"(출 20:24).

토단(土壇)은 흙으로 쌓은 제단이다. 정교하게 만든 단이 아니라 흙으로 소박하게 둔덕으로 쌓아 올린 단에서 예배드리라는 것이다. 그러면서 내가 내 이름을 기념하게 하는 모든 곳에 임하여 복을 주겠다고 말씀한다. 특별한 장소가 필요 없다. 주님의 이름으로 모인 곳이면 언제든지 그곳에 임하여 복을 주시겠다는 것이다. 이러한 하나님의 임재가 신약으로 오면 두세 사람이 예수 그리스도의 이름으로 모인 그곳에 주님도 그들 중에 함께 있겠다는 약속으로 이루어진다.

소박한 재료로 쌓은 단이라는 면에서 하나님께서는 돌로 제단을 쌓는 것도 허락하신다. 그런데 주의할 사항이 있다.

"네가 내게 돌로 제단을 쌓거든 다듬은 돌로 쌓지 말라. 네가 정으로 그것을 쪼면 부정하게 함이니라"(출 20:25).

돌로 제단을 쌓거든 절대 그 돌을 다듬지 말라는 것이다. 있는 그대로의 모습으로 쌓으라고 말씀하신다. 왜 돌을 다듬으면 안 될까? 돌을 다듬는 것은 돌에 정성을 기울이는 행위다. 이것은 하나님께 드리는 예배가 혹여나 당시에 만연했던 가나안 제의로 기울지 않도록 하기 위한 조치다. 가나안과는 정반대되는 역사를 경험하도록 하기 위한 조치다. 이것을 보여주는 것이 그다음에 나오는 층계 제작을 금지하는 규정이다.

> "너는 층계로 내 제단에 오르지 말라. 네 하체가 그 위에서 드러날까 함이니라"(출 20:26).

제단의 층계를 오를 때는 하체가 드러나기 쉬우니 층계를 만들지 말라고 한다. 층계를 오를 때 다리를 들다 보면 혹여나 하체가 드러나 성적인 노출이나 유혹이 자리 잡을 여지를 방지하는 것이다. 당시 가나안의 제의에서는 높은 층계를 만들어 그곳에 올랐고, 이런 층계를 오르며 하체를 드러낼 뿐만 아니라 꼭대기에 오를 때는 완전 나체로 진행했던 음란한 제의가 꽤나 있었다. 가나안의 제의는 돌을 멋지게 가다듬은 대신 몸을 날 것으로 드러냈다. 반면 하나님께서는 제단의 재료를 날 것으로 드러내는 대신 몸을 가다듬으라고 하신다. 하나님의 임재로 나아가는 예배에서는 혹여나 생길 수 있는 이러한 노출의 가능성을 방지하고 단정하게 예의를 갖추어 하나님에게만 집중하여 예배드리라는 것이다. 그래서 후에 이스라엘 백성이 성막을 짓고 제단을 만들 때는 계단을 만들지 않고 둔덕을 만들어서 다리를 들지 않고 조금씩 완만한 경사를 올라가도록 했다. 지금도 이스라엘에 가면 종종 성막의 모형에 이러한 경사진 언덕을 만들어 두는 경우가 있다.

이러한 구체적인 지침은 하나님의 위엄 있는 임재, 곧 하늘로부터 말씀하시는 하나님을 전제한다. 지금 우리가 읽고 듣고 날마다 붙들고 나아가는 하나님의 말씀은 그냥 단순한 교훈이 아니다. 하나님의 어마어마한 능력이 있는 임재의 통로다. 이 말씀을 붙들면 중입자가 암세포를 파괴하듯 하나님의 말씀이 우리를 치유하고 변화시키고 새롭게 하실 것이다. 더욱 놀라운 것은 이 진리의 말씀이 이 마지막 때에 우리에게 어떻게 나타났는가 하는 점이다. "옛적에 선지자들을 통하여 여러 부분과 여러 모양으로 우리 조상들에게 말씀하신 하나님이 이 모든 날 마지막에는 아들을 통하여 우리에게 말씀하셨으니 이 아들을 만유의 상속자로 세우시고 또 그로 말미암아 모든 세계를 지으셨느니라"(히 1:1-2).

하나님의 말씀이 그의 아들 예수 그리스도를 통하여 우리에게 오셨다. 신약의 시대를 사는 우리는 예수 그리스도를 더욱 집중하여 바라볼 필요가 있다. "믿음의 주요 또 온전하게 하시는 이인 예수를 바라보자"(히 12:2). 하나님의 말씀은 전시용이 아니다. 거칠게 흔들리는 세상 풍조 가운데도 우리가 말씀을 붙들고 나아가면 하나님의 말씀이 우리 안에 스며들어 우리로 하여금 하나님의 임재 앞에 서게 할 것이다. 용기를 다하여 이 말씀을 붙들고 순종하자. 새 창조의 역사가 우리 삶에 일어날 것이다.

[52장 각주]

50) 뉴시스, "한국인 사망 원인 1위 36년째 암… 사망률 역대 최대", 동아일보, 2019. 9. 24.
51) 김유경, "인류 10대 난제에 도전하다 ② 암 정복: '세계 최고' 일본 방사선학 연구소 NIRS를 가다", 중앙일보, 2017. 9. 20.

53 Chapter 53. Exodus 21:1-11

종을 새롭게 보라

네가 백성 앞에 세울 법규는 이러하니라. 네가 히브리 종을 사면 그는 여섯 해 동안 섬길 것이요 일곱째 해에는 몸값을 물지 않고 나가 자유인이 될 것이며 만일 그가 단신으로 왔으면 단신으로 나갈 것이요 장가들었으면 그의 아내도 그와 함께 나가려니와 만일 상전이 그에게 아내를 주어 그의 아내가 아들이나 딸을 낳았으면 그의 아내와 그의 자식들은 상전에게 속할 것이요 그는 단신으로 나갈 것이로되 만일 종이 분명히 말하기를 내가 상전과 내 처자를 사랑하니 나가서 자유인이 되지 않겠노라 하면 상전이 그를 데리고 재판장에게로 갈 것이요 또 그를 문이나 문설주 앞으로 데리고 가서 그것에다가 송곳으로 그의 귀를 뚫을 것이라. 그는 종신토록 그 상전을 섬기리라.

사람이 자기의 딸을 여종으로 팔았으면 그는 남종같이 나오지 못할지며 만일 상전이 그를 기뻐하지 아니하여 상관하지 아니하면 그를 속량하게 할 것이나 상전이 그 여자를 속인 것이 되었으니 외국인에게는 팔지 못할 것이요 만일 그를 자기 아들에게 주기로 하였으면 그를 딸같이 대우할 것이요 만일 상전이 다른 여자에게 장가들지라도 그 여자의 음식과 의복과 동침하는 것은 끊지 말 것이요 그가 이 세 가지를 시행하지 아니하면 여자는 속전을 내지 않고 거저 나가게 할 것이니라.

출애굽기 21~23장은 십계명 말씀을 삶의 원리로 하여 하나님의 백성이 구체적으로 살아내야 할 삶의 규정을 소개한다. 21장 1절은 이를 '법규'로, 24장 7절에는 '언약서'(The Book of Covenant)라고도 소개한다. 모세는 '언약서'를 백성에게 낭독하고 짐승의 피로써 언약을 체결한다.

언약서가 보여주는 세세한 규정은 무엇을 의미하는가? 아무리 십계명의 원리, 즉 하나님 사랑과 이웃 사랑의 원리가 좋다고 하더라도 이것이 구체적인 삶의 행동으로 드러나지 않는다면 원래의 정신은 죽고 잊히기 쉽다는 것이다. 따라서 이스라엘 백성은 십계명과 십계명의 정신을 그들의 삶에 다양한 방식으로 구체적으로 표현할 수 있어야 한다.

세계적인 어린이 완구업체인 레고가 설립 85년 만에 커다란 위기를 맞았다.[52] 실적이 부진해서 전 세계의 종업원 8%인 1,400명을 감원하겠다고 발표했을 정도다. 그동안 레고는 2004년에 파산 직전의 위기를 겪은 후 뼈를 깎는 혁신을 시도하여 10년 이상 승승장구했다. 디지털 장난감이 쏟아지는 환경에서도 매출과 영업이익이 계속해서 증가했다. 2016년 한 해만 하더라도 영업이익률이 무려 33%에 이르러, 완구 업계는 물론 제조업을 통틀어서도 최고 수준이었다. 참고로 2016년도 애플의 영업 이익률이 26~27% 정도였고, 삼성이 16% 정도였다.

레고는 2004년에 위기를 겪은 적이 한 번 있다. 이는 레고 블록이 갖는 자체적인 한계 때문이었다. 레고의 기본 특허가 만료되면서 유사제품이 쏟아져 나오고, 또 레고를 한 세트 갖고 있으면 자녀 손자 대대로 물려줄 수 있기 때문에 더는 살 필요가 없었다. 재구매율이 떨어지고 가격경쟁력도 밀렸다. 이때 레고가 집중한 것이 레고가 가진 본질적인 특징이었다. 레고는 단순한 블록을 통해 얼마든지 연결하고 확장할 수 있었다. 단순성, 연결성, 확장성이 레고가 갖고 있던 장점이었다. 그래서 레고가 시도한 것이 다른 영화나 애니메이션에서 성공한 콘텐츠를 소재로 함께 만들 수 있는 컬래버레이션 시리즈를 출시하는 것이었다. 레고를 통해서 스타워즈의 멋진 우주 비행선을 만들고, 또 멋진 우주 기지를 만들고, 닌자들의 전쟁 현장을 만든다. 이 전략이 대성공을 거두어 지난 10년간 매출이 무려 5배나 성장하면서 2016년에는 경이적인 30%대의 이익률을 올렸다. 급기야 레고 무비 시리즈까지 만들었다. 그런데 이랬던 레고의 매출이 갑자기 급감했다.

이유가 무엇일까? 바로 2011년 스웨덴에서 출시된 게임 〈마인크래프트〉 때문이다. 출시된 후 지금까지 전 세계에 1억 개 이상의 카피가 팔렸다. 〈마인크래프트〉는 '온라인판 레고'였다. 게임에서 블록을 갖고 마을을 지을 수 있게 만들었다. 게임에서 〈마인크래프트〉의 평면 넓이는 한 면당 3천만 블록으로 총 90조의 블록이 제공된다.[53] 높이는 256블록까지 쌓을 수 있다. 이렇게 되니 물리적 공간에 제한을 받지 않고 상상력을 갖고 마음껏 무엇이든지 만들 수 있었다. 레고의 강점이 가상세계를 통해 혁신적으로 확장된 것이다. 반면 레고사의 컬래버레이션 시리즈는 너무 큰 한계를 갖고 있었다. 더구나 영화 시리즈는 설명서에 나오는 테마 외에는 다른 것을 만들 수 없었다. 이전의 확장성이 제한성 안에 갇혔다. 반면 〈마인크래프트〉는 레고가 갖고 있던 본질적인 한계를 온라인이라는 통로를 통해 극적으로 돌파하고 확장시켰다.

본질을 정확하게 파악하는 것도 중요하지만 더 나아가 이 본질을 어떻게 구체적으로 구현하는가는 너무나도 중요하다. 동네마다 몇 개씩 있던 고물상이 점점 사라져간다. 어디로 갔을까? 온라인 중고나라로 갔다. 이처럼 끊임없이 변화하는 환경 가운데 원래의 본질을 끊임없이 새롭게 구현하지 않으면 원래의 본질도 잊혀지고, 그 산업도 기울어져 무너진다.

이것은 성도에게도 마찬가지다. 우리는 변하지 않는 말씀의 본질적인 원리를 변화하는 이 시대 가운데 끊임없이 구체적으로 구현해야 한다. 그렇지 않으면 우리는 어느 순간 세상에서 빛과 소금의 역할을 잃어버리고 답답하고 꽉 막힌 사람처럼 취급받고 밟히는 소금으로 전락한다.

이런 면에서 본문의 말씀이 우리에게 주는 말씀의 본질, 기본적인 원리가 무엇인지를 이해하는 것이 중요하다. 본문의 말씀은 종, 곧 노예에 관한 말씀이기에 언뜻 읽을 때 이것이 우리와 별 상관없는 것처럼 느껴진다. 그러나 성경은 언약법전에서 가장 처음으로 종에 관한 이 법규를 말씀한다. 가장 먼저 말씀한다는 것은 그만큼 우선순위가 있는 중요한 사항임을 의미한다. 이는 당시 고대 근동의 법전과 비교할 때 상당히 파격적이다. 당시 대부분의 법전에서 노예에 관한 사항은 제일 마지막 부분에 부록처럼 등장했다. 고대 근동의 대표적인 법전인 함무라비 법전만 하더라도 노예 규정을 제일 끝부분에 배치한다.

그렇다면 성경이 노예에 관한 규정을 언약서 가장 앞부분에 배치하는 이유는 무엇 때문일까? 그것은 '노예'가 이스라엘의 정체성 형성에 주요한 부분을 차지하고 있기 때문이다. 생각해보라. 이들이 출애굽을 하기 전 애굽에서 어떤 신분으로 있었는가? 바로 노예다. 그리고 하나님께서는 이들이 과거에 노예였던 사실을 잊지 않고 끊임없이 상기하며 하나님의 크신 은혜로 구원받은 존재임을 기억하기 원하셨다. 이것은 십계명이 선포될 때 명확하게 드러난다. 하나님께서 십계명을 선포할 때 자신을 애굽 땅, 곧 종 되었던 집에서 이스라엘을 구원하신 분으로 드러내시기 때문이다(출 20:2). 이것은 무엇을 의미하는가? 이스라엘은 큰 은혜받은 종으로서 나 같은 죄인 살리신 주 은혜가 놀랍다고 고백하는 심정으로 하나님과의 언약을 지켜가야 한다는 것이다. 종이었다가 구원받은 백성으로서 종을 대할 때는 가혹하게 대하지 말고 이들도 언젠가는 하나님의 은혜로 자유인이 될 사람으로 대해야 한다.

"네가 히브리 종을 사면 그는 여섯 해 동안 섬길 것이요 일곱째 해에는 몸값을 물지 않고 나가 자유인이 될 것이며"(출 21:2).

같은 히브리 동족을 돈을 치르고 종으로 사왔다. 아무리 많은 돈을 주었다 하더라도 종이 주인의 영원한 소유가 될 수 없다. 종이 주인을 섬기는 연한은 6년으로 제한되기 때문이다. 그리고 7년째가 되면 주인이 치른 몸값을 갚지 않고 그냥 나가 자유인이 된다. 따라서 지금 있는 노예는 이런저런 어려운 형편으로 노예가 되었지만 결국 자유인이 될, 자신과 동등한 신분이 될 형제라는 것이다.

게다가 신명기에는 7년째 노예가 나갈 때 그냥 내보내지 말고 후대할 것을 말씀한다. "네 동족 히브리 남자나 히브리 여자가 네게 팔렸다 하자. 만일 여섯 해 동안 너를 섬겼거든 일곱째 해에 너는 그를 놓아 자유롭게 할 것이요 그를 놓아 자유하게 할 때에는 빈손으로 가게 하지 말고 네 양 무리 중에서와 타작 마당에서와 포도주 틀에서 그에게 후히 줄지니 곧 네 하나님 여호와께서 네게 복을 주신 대로 그에게 줄지니라"(신 15:12-14).

노예가 7년째 자유롭게 될 때 주인을 위해 수고했던 것을 인정하여 주인은 절대 그를 빈손으로 가게 하지 말아야 한다. 소산 중에 후히 내주어 그가 나가서 새로운 삶의 기반을 잡도록 도와주어야 한다. 아니, 노예는 부려먹고 효율적인 생산을 위해 실컷 쓰고 병들면 내보내는 것 아닌가? 이스라엘을 착취했던 애굽제국은 그런 식으로 이스라엘 백성들을 부렸다. 그러나 이스라엘은 그런 제국의 방식을 따라서는 안 된다. 왜? 이어지는 15절을 보라. "너는 애굽 땅에서 종 되었던 것과 네 하나님 여호와께서 너를 속량하셨음을 기억하라. 그것으로 말미암아 내가 오늘 이같이 네게 명령하노라"(신 15:15).

이렇게 볼 때 노예는 내가 부려먹고 착취할 사람이 아니라 언젠가 그도 나처럼 은혜받아 자유인이 되고 하나님의 백성으로 설 사람으로 잘 대해주어야 한다. 하지만 그가 자유인으로 나갈 때는 처음 종으로 올 때 그대로 나가야 하는 조건이 있다. 홀로 왔으면 홀로 나가고 아내와 함께 왔으면 아내와 함께 나간다. 그런데 종으로 있을 때 주인의 다른 여종을 사랑하게 되어 자녀를 낳고 살게 되면 홀로 나가든지 아니면 자원하여 사랑의 종이 되어야 했다.

> "내가 상전과 내 처자를 사랑하니 나가서 자유인이 되지 않겠노라"(출 21:5).

상전을 사랑한다는 것은 그만큼 상전이 사랑과 덕으로 종을 대했음을 내포한다. 게다가 사랑하는 처자식까지 있다. 그러면 자의로 사랑의 종이 되기로 결단할 수 있는데, 이런 경우 상전이 그를 재판장 앞으로 데려가 귀를 뚫어야 한다. 뚫린 귀를 갖게 되면 사랑의 포로로 주인과 처자식을 위해 사는 종이 되는 것이다. 한편 여종의 경우는 제한이 있었다.

> "사람이 자기의 딸을 여종으로 팔았으면 그는 남종같이 나오지 못할지며 만일 상전이 그를 기뻐하지 아니하여 상관하지 아니하면 그를 속량하게 할 것이나 상전이 그 여자를 속인 것이 되었으니 외국인에게는 팔지 못할 것이요"(출 21:7-8).

부모에 의해 여종으로 팔려갔으면 7년 후 남종처럼 나오지 못한다. 이것은 여성을 억압하고 착취하기 위한 제도라기보다 그 당시의 관습으로 보았을 때 여성을 보호하기 위한 조치다. 부모에 의해 팔려갔다는 것은 부모가 너무나도 빈곤에 처해 딸을 더는 데리고 있을 수 없어 딸의 미래를 보장받기 위해 부잣집에 파는 경우다. 이럴 때는 사는 자와 파는 자는 결혼을 전제로 딸을 매매한다. 이럴 때는 주인이 직접 결혼하거나 자기 아들에게 아내를 주기 위해 산다. 단 극도의 경제적 궁핍으로 힘든 아버지만이 팔 수 있었다. 그것도 미성년자인 경우 12세 하고 하루 이하일 경우에만 팔 수 있도록 하고, 그 이상 성인의 경우에는 스스로를 노예로 팔 수 없도록 했다. 이런 당시의 배경을 전제로 본문을 보면 이 여종이 나오지 못하는 것은 일종의 보호장치이고, 혹 주인이 여자가 마음에 들지 않아 합방하지 않았으면 속량, 즉 적절한 보상과 함께 원래의 아버지에게로 돌려보낼 수 있는 안전장치를 만든 것이다.

만약 여자 종을 자기 아들에게 주기 위해 샀다면 그를 딸같이 대우해야 한다. 이런 것을 보면 여종을 착취하고 성적인 만족을 위해 이용하던 당시 고대 근동의 관행과는 달리 여성 또한 존경과 사랑으로 대하라고 말씀한다. 핵심은 종을 대할 때 그들이 종이고 나는 주인이라는 일종의 갑을관계에 따른 우월의식을 갖지 말고 해방될 노예로, 하나님의 은혜로 다시 자유인이 될 하나님의 소유된 백성으로 존중하며 귀하게 대하는 것이다.

여기에는 하나님의 자비와 긍휼의 시선이 필요하다. 이러한 중심과 태도는 갑질이 횡횡하는 우리나라에서 살아가는 성도들에게도 정말 필요한 말씀이다. 사회 전반적으로 갑과 을의 대립이 얼마나 극심한가? 조금이라도 힘이 있으면 을을 짓누르려는 관행이 얼마나 많은가? 그런데 이것은 갑만 갖고 있는 소수만의 그릇된 의식이 아니다. 을도 힘이 생겨 갑이 되면 어깨에 힘을 주고 힘없는 을을 괴롭힌다.

이러한 의식은 우리 사회에 아주 뿌리 깊이 내려졌기에 쉽게 제거되지 않는다.

그렇다면 노예를 착취하는 것 같은 이러한 일종의 갑의 의식은 도대체 어디서부터 생긴 것일까? 이는 우리 사회에 만연한 극심한 경쟁에서 비롯된다. 요즘은 그야말로 무한경쟁시대 아닌가? 2017년 9급 국가공무원 일반행정직 경쟁률이 172.5대 1이다. 인생이 점수와 석차로 결정된다. 이렇게 힘들게 들어가면 9급부터 1급까지 쭉 서열과 질서가 있다. 이런 석차는 초중고 시절부터 대학생이 되고 취업하여 퇴직할 때까지 계속된다. 학생 때는 성적, 취업 때는 토익 성적, 입사시험 성적, 직장에서는 업무수행능력 평가성적과 급수, 이러다 보니 우리 사회에 만연한 의식이 있다. 바로 비교의식이다.

어려서부터 늘 줄 세워 비교하여 순위를 정하고 자기 위치를 파악당하다 보니 커서도 그런다. 저 사람이 나보다 위인가 아래인가에 상당히 예민하게 촉각을 세운다. 나보다 부자인가 가난한가, 나보다 학벌이 좋은가 나쁜가, 나보다 잘생겼는지 못생겼는지, 나보다 키가 큰지 작은지 등 늘 비교하며 위치를 파악하려 하니 숫자에 민감하다. 그래서 서로 만나면 일단 몇 년생인가를 묻는다. 저 사람 재산이 얼마인가에 관심을 갖고 연봉을 비교한다. 일단 나보다 나이가 위인지 아래인지 파악하고 고향이 어디인지 파악한다. 혹 동향이고 게다가 학교 선배이면 곧바로 한 자리 깔고 말을 놓는다. 다른 쪽은 “아이고 선배님” 하면서 일단 한 자리 접고 들어간다. 이렇게 되니 스트레스가 극심하고, 비교로 인한 열등감이 심하며, 자존감이 전반적으로 낮다.

이웃 간에 싸울 때 흔히 하는 말이 있다. “어? 네가 날 무시했어?” 이다. 조금만 비교당하고 무시당하면 견디지 못할 정도로 스트레스를 받으면서도 어찌하지 못하니 사회에 분노가 만연하다. 온 나라가 분노 공화국이 된다. 분노하니 어떻게 하는가? 서로를 모멸한다. 인터넷에 달린 댓글을 보면 악플 대 선플의 비율이 일본은 1:4, 네덜란드는 1:9 정도인 반면 우리나라는 4:1이다. 아니, 어떤 포털은 악플의 비율이 10:1, 20:1, 30:1이다. 극단적인 모멸의 사회인 것이다.

미국 일리노이대학의 심리학 교수이자 「모나리자 미소의 법칙」의 저자 세계적인 행복전문가인 에드 디너가 언젠가 130개 국가를 대상으로 조사를 한 적이 있다. 질문은 "당신은 하나의 인간으로 존중받고 있습니까?"였다. 이 질문에 북미와 대부분 유럽 국가들은 그렇다고 응답한 비율이 90%대를 기록한 반면, 우리는 절반밖에 되지 않았다. 이런 사회 속에서 우리는 제대로 인정받기를 갈구하며 정말 목숨 걸고 달려가지만 제대로 인정받지 못해 힘들어하고 좌절하는 사람이 많을 수밖에 없다. 우리나라 속담에 "개천에서 용 났다"라는 말이 있다. 실제로 우리나라는 개천에서 용이 계속 나야 하는데, 이제 더 이상 용 나기가 힘든 사회라며 많은 사람이 안타까워한다. 그런데 사실 개천에서 용이 나면 나머지는 다 미꾸라지, 송사리밖에 되지 않는다는 전제가 깔려 있다.[54] 그래서 개천에서 용이 나면 나머지는 다 미꾸라지나 송사리로 무시당하는 경우도 꽤 많다. 사실 용은 미꾸라지와 송사리들의 희생으로 올라간 것인데, 올라가고 나면 이들을 철저히 무시한다.

이런 고착화된 사회적 구조는 우리가 아직 노예의식에서 벗어나지 못했음을 고스란히 보여준다. 내가 노예든지, 노예의 주인이든지 그렇다. 이런 의식으로 인해 아파트에서 경비를 보는 사람들이 그렇게 많이 수모를 당하고 편의점의 아르바이트생이 무시당한다. 어떤 이는 편의점에서 사소한 일로 난리를 치면서 종업원을 무릎 꿇게 한다. 종처럼 굴종시키려고 하는 것이다. 이런 의식이 있으니 교회에 와서도 주차 안내를 내가 원하는 대로 하지 않으면 버럭 화를 내면서 갑질을 하고, 티룸에서도 커피가 빨리 안 나온다고 소리친다. 이런 외침과 분노 속에는 다들 이런 의식이 있다. "너 내가 누군지 알아?" 날 좀 알아달라, 인정해달라, 존중해달라는 외침이다.

우리가 이런 노예의식을 극복하지 않으면 우리는 하나님께서 사랑하라고 붙여주신 우리 곁의 지체를 온전히 사랑할 수 없다. 인정 중독에 목마르면 우리는 누가 시키지 않아도 가면을 쓴다. 인정받을 수 있는 거짓 자아를 꾸미는 것이다. 그래서 "너 내가 누군지 알아?"라고 큰소리치면서 분노하고, 때로는 힘 있는 자 앞에서 완전히 굴종하고 무릎을 꿇는다.

우리는 이런 세상 풍조와 가면 쓴 거짓 자아를 이제 그리스도의 십자가에 못 박아야 한다. 출애굽기에서 하나님은 이스라엘 백성에게 노예를 을로 대하지 않도록 하신다. 오히려 노예를 같은 형제이자 동족으로, 하나님의 은혜를 받아 해방될 자유민으로 대하라고 하신다. 이것은 그가 잘나서, 능력 있어서가 아니다. 노예같이 죄의 종으로 살던 나를 하나님이 크신 은혜로 건져주셨기에 나도 그를 존귀하게 대하는 것이다.

예수님이 처음 공생애를 시작하시기 전, 세례 요한에게 세례를 받자 하늘이 갈라지며 성령이 임하면서 하늘의 음성이 들렸다. "이는 내 사랑하는 아들이요 내 기뻐하는 자라!"(마 3:17). 이 음성이 예수님이 공생애를 끌고 나가는 근원적인 힘이 되었다. 예수님은 누구의 인정을 받기 위해서, 사람들의 칭송을 받기 위해서, 다른 예언자와 비교해서 훨씬 더 낫다는 말을 듣기 위해 사역하지 않으셨다. 남부끄럽지 않기 위해서, 아니면 유대 지도자들에게 무시당하지 않으려고 사역하지 않으셨다. 예수님은 하나님의 사랑하고 기뻐하는 아들이시다. 그것 하나면 충분했다. 이것이 예수님의 보호방패가 되었다.[55)]

다윗도 극심한 위기와 불안 가운데 무엇이라고 고백하는가? 여호와는 나의 방패라고 한다. "여호와는 나의 힘과 나의 방패이시니 내 마음이 그를 의지하여 도움을 얻었도다. 그러므로 내 마음이 크게 기뻐하며 내 노래로 그를 찬송하리로다"(시 28:7). 우리 마음에 이런 보호방패가 없으면 우리는 극심하게 비교당하는 세상 풍조의 공격에 취약해지고, 주변을 종 아니면 주인으로 보는 이분법적 생각에 젖어 살아가게 된다.

이런 생각으로 자녀를 양육하면 자녀를 다그치며 독을 주는 '독친'이 된다. 어떤 독을 주는가? 열등감, 지나친 통제, 비교하는 말, 심지어 신체적 폭력까지도 물려준다.[56)] 명절에 친척들을 만나면 분명 이런 말로 묻는 분들이 있을 거다. "너 학교에서 공부는 잘하니?" "반에서 몇 등 하니?" "대학은 어디 썼니?" "네 나이가 이제 30대 중반인데 결혼은 언제 하니?" 이것을 보면 다 비교하고 줄 세우는 질문들이다.

이제 이런 시선을 내려놓을 수 있기를 축원한다. 정말 하나님 한 분으로 충분하다고 고백할 수 있기를 바란다. 완벽하지 않아도 괜찮다. 지금 이 정도만으로도 충분하다. 내가 남들과 비교해서 무엇을 잘하지 못해도 나는 여전히 "하나님의 기뻐하시는 자요 사랑하는 자"임을 믿길 바란다. 그리스도께서 우리를 자유롭게 하려고 자유를 주셨다! 굳건하게 서서 다시는 종의 멍에를 메지 말라(고전 7:23). 우리는 서로를 비교하며 종과 주인으로 편가르기하는 세상 풍조 속에서 새로운 삶의 방식으로 부름받은 하나님의 자녀들이다. 이 거룩한 부르심을 아름답게 이루며 나아가자.

[53장 각주]

52) 최원석, "'온라인판 레고' 습격에 정신 번쩍 든 레고, 10년 만에 리셋 버튼", 조선일보, 2017. 9. 30.

53) https://ko.wikipedia.org/wiki/마인크래프트

54) 강준만, 「개천에서 용 나면 안 된다: 갑질 공화국의 비밀」(서울: 인물과사상사, 2015).

55) 이무석, 「누구의 인정도 아닌: 타인의 인정으로부터 자유로워지는 연습」(서울: 위즈덤하우스, 2017).

56) 수잔 포워드, 김형섭 외 역, 「독이 되는 부모: 독이 되는 부모의 대물림을 끊고 진정한 부모 역할 찾아가기」(서울: 푸른육아, 2008).

54 Chapter 54. Exodus 21:12-27

공의와 사랑이 함께 흐르도록 하라

사람을 쳐죽인 자는 반드시 죽일 것이나 만일 사람이 고의적으로 한 것이 아니라 나 하나님이 사람을 그의 손에 넘긴 것이면 내가 그를 위하여 한 곳을 정하리니 그 사람이 그리로 도망할 것이며 사람이 그의 이웃을 고의로 죽였으면 너는 그를 내 제단에서라도 잡아내려 죽일지니라. 자기 아버지나 어머니를 치는 자는 반드시 죽일지니라. 사람을 납치한 자가 그 사람을 팔았든지 자기 수하에 두었든지 그를 반드시 죽일지니라. 자기의 아버지나 어머니를 저주하는 자는 반드시 죽일지니라. 사람이 서로 싸우다가 하나가 돌이나 주먹으로 그의 상대방을 쳤으나 그가 죽지 않고 자리에 누웠다가 지팡이를 짚고 일어나 걸으면 그를 친 자가 형벌은 면하되 그간의 손해를 배상하고 그가

완치되게 할 것이니라.
사람이 매로 그 남종이나 여종을 쳐서 당장에 죽으면 반드시 형벌을 받으려니와 그가 하루나 이틀을 연명하면 형벌을 면하리니 그는 상전의 재산임이라. 사람이 서로 싸우다가 임신한 여인을 쳐서 낙태하게 하였으나 다른 해가 없으면 그 남편의 청구대로 반드시 벌금을 내되 재판장의 판결을 따라 낼 것이니라. 그러나 다른 해가 있으면 갚되 생명은 생명으로, 눈은 눈으로, 이는 이로, 손은 손으로, 발은 발로, 덴 것은 덴 것으로, 상하게 한 것은 상함으로, 때린 것은 때림으로 갚을지니라. 사람이 그 남종의 한 눈이나 여종의 한 눈을 쳐서 상하게 하면 그 눈에 대한 보상으로 그를 놓아 줄 것이며 그 남종의 이나 여종의 이를 쳐서 빠뜨리면 그 이에 대한 보상으로 그를 놓아 줄지니라.

여러 해 전, 미국령 열대섬 괌에서 일어났던 일이다. 어느 한국인 가족이 여섯 살과 한 살 된 자녀들을 차에 두고 문을 잠근 채 쇼핑몰에 들어갔다. 그런데 얼마 후 차 안에 아이가 있는 것을 발견한 현지인이 911에 신고를 했다. 우리는 대수롭지 않게 생각할 수 있지만 미국에서 이런 행동은 아동학대죄에 해당한다. 결국 소방차가 동원되고 경찰까지 출동했다. 다행히 아이들은 무사했고, 이 부부는 경찰에 체포되었다가 무거운 벌금(우리 돈으로 229만 원)을 내고 풀려났다.

부모의 입장에서는 '아이들이 자니까 잠시 그대로 두면 어때' 하는 생각이 있었을지 모른다. 그러나 현지 경찰의 생각은 다르다. 폭염 속에 아이들을 이렇게 차 안에 방치하는 것은 자칫 아이의 존엄한 생명을 잃을 수 있는 심각한 범죄행위다. 미국에서 이렇게 해마다 37명의 아이들이 생명을 잃는다고 한다. 실제로 그 섬에서는 2012년과 2015년에 이와 유사한 사건이 일어나서 아이가 죽은 일이 있었다. 무려 여섯 시간을 차에 방치해서 아이가 질식해 죽었는데 피부는 15% 화상을 입은 상태였다. 아이를 차에 두고 가는 것은 현지 경찰의 입장에서는 부모로서 아이가 마땅히 받아야 할 보호와 대우를 제대로 하지 못한 불의한 행위였다.

아이는 고귀한 생명으로 귀하게 보호받아야 할 권리가 마땅히 있다. 한 사람에게 마땅한 권리를 마땅히 돌려주는 것, 이것을 정의 또는 공의라고 한다.[57] 그런데 여기에 중요한 점이 있다. 정의는 다른 이들과의 관계에 존재한다는 사실이다.[58] 상대방은 나의 존엄한 권리를 인정하고 존중해주는데, 나는 상대방을 인정하지 못하고 나의 것만 주장한다. 그러면 여기에 불의가 발생한다.

몇 해 전에 이 섬으로 가는 비행기 안에서 한국 승객 한 명이 난동을 부렸다. 항공기에서 맥주 다섯 병을 마시고는 금지된 담배를 화장실에서 숨어 피우다가 걸렸다. 승무원이 제지하니까 폭언을 퍼부으면서 사무장의 멱살을 잡고 난동을 부려 미국 사법당국에 기소됐다. 우리 같으면 으레 승객으로서의 갑질이려니 할지 모르겠다. 더구나 술김에 그랬다고 하면 관대하지 않은가? 동정과 사랑으로 선처하는 경우가 종종 있다.

그러나 미국 사법부는 엄격했다. 1년 6개월을 교도소에 복역하라고 선고했다. 이 승객은 선처를 호소했다. 지난 1년간 가택연금 상태로 있으면서 하던 사업을 폐업했고, 귀국하면 자칫 사업 면허를 잃을 수 있다면서 선처를 호소했다. 그러나 법원은 이것을 받아들이지 않았다. 판사는 "선고는 공정했다"고 하면서 1만 5천 달러(우리 돈으로 약 1200만 원)라는 무거운 벌금과 함께 비행기에 탔던 모든 승객에게 사과문을 발송하라고 했다.[59] 왜 다른 승객들에게 사과문을 발송하라고 했을까? 항공기에서 자기의 욕심을 따라 방탕하게 했던 행동으로 다른 승객이 받아야 할 마땅한 권리와 존엄함을 침해했기 때문이다. 미국 사법부는 이것이 바로 사회와 국가의 정의를 세우는 길로 여겼다. 동정과 사랑 없이 너무한 것 아닌가? 그러나 미국 사법주의 입장에서는 술 취함에 대한 관대함은 왜곡된 자비로 여긴다. 사실 이런 왜곡된 자비, 왜곡된 온정주의가 우리에게는 꽤 많다.

정의란 무엇일까? 고대 로마의 유스티니아 황제가 집대성한 「로마법대전」에 따르면 정의는 "각자에게 속한 마땅한 몫, 또는 권리를 돌려주려는 항구적 의지"다.[60] 내가 마땅히 받아야 할 몫, 대우, 권리를 제대로 받지 못할 때 우리는 부당하다고 한다. 부당하다는 것은 그 공동체에 공의가 제대로 흐르지 못한다는 것이고, 이것은 공동체가 불의하다는 뜻이다. 그렇다면 우리 각자가 마땅히 받아야 할 몫, 대우, 권리의 근거는 무엇인가? 그것은 바로 사람이 하나님의 형상으로 창조되었기 때문이라는 것이다. 하나님이 주신 아름다운 형상은 그 자체만으로 하나님의 형상다운 마땅한 몫이 있고 가치가 있으며 존귀함이 있다. 또 이런 것들로 마땅히 대우받아야 할 응분의 권리가 있다. 그래서 한 사회나 공동체의 정의는 각 구성원의 권리와 가치가 공정하게 대우받을 때 세워진다.

하나님께서 이스라엘에게 주신 율법이 바로 이런 원리 위에 세워져 있다. 하나님의 형상대로 지음받은 하나님의 백성을 마땅히 하나님이 주신 존귀한 형상에 따라 대우하고 그 가치를 인정해주어야 한다. 그런데 이번 장의 본문은 이러한 정의가 어그러지는 상황이 일어날 때 어떻게 바로잡아야 하는가를 말씀하고 있다. 특별히 본문은 폭행의 문제를 다룬다. 폭행한다는 것은 그를 존귀한 존재로 마땅히 대우하기보다 못마땅한 존재, 힘과 무력으로 제압당해야 할 존재로 대우하는 것이다. 좀 더 구체적으로 살펴보자.

"사람을 쳐죽인 자는 반드시 죽일 것이나"(출 21:12).

여기서 사람을 쳐죽이는 것은 고의로 죽이는 의도적인 살인을 의미한다. 하나님의 형상을 가진 타인을 존귀하게 대하지 않고 그의 생명을 의도적으로 박탈했다면 그의 생명도 마땅히 박탈해야 한다는 것이다.

"사람이 그의 이웃을 고의로 죽였으면 너는 그를 내 제단에서라도 잡아내려 죽일지니라"(출 21:14).

고의적인 살인은 성막 안으로 들어가 하나님께 제사드리는 제단 뿔을 잡았더라도 끌어내려 죽이라고 말씀한다. 열왕기상 2장 28절에 보면 다윗의 장수였던 요압이 솔로몬을 피해 제단 뿔을 잡았다가 나중에 이렇게 죽임을 당하지 않는가?

본문은 이어 부모를 저주하거나 폭행하는 자는 반드시 죽이라고 말씀한다(15,17절). 하나님의 형상을 물려주신 부모를 멸시하고 폭력을 행사하는 것은 응분의 대가를 치러야 마땅하다는 것이다. 또 사람을 납치하여 팔았든지 자기 노예로 삼는 사람은 하나님의 거룩한 형상을 담은 동족을 물건 다루듯 그 권리를 함부로 짓밟고 사용했기에 그의 권리도 빼앗아 죽여야 했다(16절). 이스라엘 공동체를 유지하는 이런 율법의 원리는 동해동형법이다. 해를 받은 그대로 벌을 주는 것이다.

> "그러나 다른 해가 있으면 갚되 생명은 생명으로, 눈은 눈으로, 이는 이로, 손은 손으로, 발은 발로, 덴 것은 덴 것으로, 상하게 한 것은 상함으로, 때린 것은 때림으로 갚을지니라"(출 21:23-25).

하나님의 형상을 지닌 공동체의 지체들이 부당하게 받은 대우는 그대로 되돌려주어야 마땅하다는 것이다. 그런데 이렇게 율법을 들여다 보니 구약의 율법이 좀 삭막하다는 생각이 든다. 이스라엘 백성은 십계명의 기본 정신처럼 하나님을 사랑하고 이웃을 사랑하는 것으로 부름받았다. 그러나 이를 실행하는 것은 너무 엄격한 잣대를 들이대는 것 같다. 물론 본문을 가만 살펴보면 상당히 파격적인 예외규정들이 나온다. 예를 들면 13절이다.

> "만일 사람이 고의적으로 한 것이 아니라 나 하나님이 사람을 그의 손에 넘긴 것이면 내가 그를 위하여 한 곳을 정하리니 그 사람이 그리로 도망할 것이며"(출 21:13).

한 사람이 의도하지 않았는데 다른 사람을 폭행으로 죽였다고 하자. 도끼질하는데 도낏자루가 헐거워 자기도 모르게 도끼날이 빠져 날아가 이웃을 쳐서 죽였다. 그런데 그렇게 도끼날에 맞아 죽은 사람이 알고 보니 악인이었다. 만약 하나님이 도낏자루를 든 사람의 손을 이 악인에 대한 신비로운 심판의 도구로 사용하셨다면 이럴 때는 살인이라는 결과만 보고 무조건 죽일 것이 아니라 하나님이 지정하신 장소인 도피성에 도망가 머물러 있으면 즉각적인 죽음을 면하고 살 수 있게 하셨다. 또 두 사람이 서로 싸우다 한쪽이 크게 상해를 당해 죽었을 때 마땅히 그 사람을 죽게 한 당사자를 죽여야 하지만 지팡이를 짚고 일어나 걸을 정도가 되면 형벌을 받지 않고 그 사람이 완치될 때까지 치료비 일체를 포함한 손해를 배상하라고 말씀한다(출 21:18-19 참조).

종에 관해서(20-21절)는 어떻게 해야 할까? 당시 고대 근동에서 종은 주인의 손아래 아무 소리도 하지 못하는, 심지어 주인의 폭행에 목숨을 잃어도 아무 말도 못하는, 주인 마음대로 할 수 있는 소유물로 재산과 같은 존재였다. 그런데 하나님께서는 심지어 이 종도 함부로 다루지 못하도록 경계를 정하신다. 그 종에게도 하나님의 아름다운 형상이 담겨 있기 때문이다. 물론 주인이 종을 부릴 때 종이 주인의 말을 듣지 않을 때가 있다. 그럴 때 주인은 종을 징계한다. 하지만 그 징계가 생명을 위협하는 데까지는 못하게 제한했다.

남종이나 여종을 쳐죽이면 반드시 형벌을 받도록 했다. 여기서 형벌은 이에 상응하는 벌, 즉 사형이다. 종이지만 주인이 종의 생명까지 주관할 수는 없다는 것이다. 그러나 21절에 보면 종이 심하게 맞아 그 자리에서 죽은 것이 아니라 하루나 이틀을 살다 죽으면 주인은 죽임을 면했다. 왜? 여기에는 종의 생명을 빼앗으려는 의도가 있는 것으로 보지 않았기 때문이다. 주인의 권리를 이처럼 제한하는 법은 당시 고대 근동에서는 혁명적인 조항이었다.

그렇다면 종의 권리를 어떻게 보장하는가? 종의 눈을 쳐서 실명하게 하면 주인은 더 이상 그의 주인 노릇을 할 수 없었다(26절). 주인이 생육하고 보전하고 번성하게 할 아담적 청지기 사명을 제대로 감당하지 못한 것으로 보고 그 자격을 박탈하도록 한 것이다. 눈에 대한 보상으로 그를 놓아주라고 했다. 마찬가지로 종의 이를 쳐서 부러뜨려도 더는 종의 주인이 될 수 없었다(27절). 후대 랍비들은 이 말씀을 종의 신체, 즉 손가락, 발가락, 귀, 코 등을 포함해서 모두 24개의 신체 장기에 적용했다. 종의 몸은 소중하니 함부로 다루지 말라고 경고했던 것이다.

이러한 본문 말씀을 하나하나 살펴보면 그 안에 꿈틀대는 성경의 정신을 알 수 있다. 그것은 하나님께서 모든 사람에게 주신 아름다운 하나님의 형상에 걸맞게, 그에 마땅하게 대우해주어야 한다는 것이다. 이렇게 볼 때 본문에 나오는 규정은 복수할 권리가 아니라 하나님의 형상을 반영하는 사람에게 합당한 권리와 대우가 무시되고 침해되었을 때 이를 바로잡는 일종의 교정 권리 장전이라고 할 수 있다. 잘못된 불의를 교정하여 서로에게 마땅한 하나님의 형상으로 대하고 섬기는 공의가 다시 흘러가기 위한 것이다.

그렇다고 본문을 하나님 백성의 공동체에 공의와 정의를 회복하기 위한 규정으로만 보아서도 안 된다. 그러다 보면 사랑과 자비가 없는 각박한 사회처럼 느껴지기도 한다. 그러나 성도들은 이런 율법을 통해 이것보다 더 중요한 사랑을 구현해야 할 의무가 있다. 십계명도 하나님을 사랑하고 이웃을 사랑하기 위한 계명이 아닌가? 예수님도 이 모든 구약의 율법 규정을 하나님 사랑과 이웃 사랑으로 요약하지 않으셨는가?

그렇다면 정의와 함께 사랑을 어떻게 구현해야 할까? “예수께서 이르시되 네 마음을 다하고 목숨을 다하고 뜻을 다하여 주 너의 하나님을 사랑하라 하셨으니 이것이 크고 첫째 되는 계명이요 둘째도 그와 같으니 네 이웃을 네 자신같이 사랑하라 하셨으니 이 두 계명이 온 율법과 선지자의 강령이니라”(마 22:37-40). 여기 보면 먼저 마음과 목숨과 뜻을 다하여 주 너의 하나님을 사랑하라고 말씀한다. 하나님을 사랑하는 데 우리의 ‘마음과 목숨과 뜻’, 즉 우리의 전 존재를 내드려야 한다는 것이다.

이것은 다른 말로 하면 하나님이 받으셔야 마땅한 영광, 하나님이시기에 마땅히 받으셔야 할 합당한 몫과 권리를 하나님께 돌려드리는 것이다. 우리가 하나님께 드려야 할 마땅할 영광을 올려드릴 때, 그리고 피조물로서 하나님과 가져야 할 마땅한 관계를 가질 때 우리는 하나님 앞에 의로운 자가 된다. 그리고 여기서 하나님을 향한 사랑과 의로움이 연결된다. 내가 하나님 앞에 의로우려면 창조주이신 하나님께 드려야 할 마땅할 찬양과 영광을 우리의 전 존재로 올려드려야 한다.

그런데 예수님께서는 둘째 계명도 그와 같다고 말씀하신다. 그와 같다는 것은 첫째 계명의 원리와 같다는 뜻이다. 그것은 네 이웃을 네 자신같이 사랑하라는 말씀이다. 네 이웃을 사랑하는데 네 자신같이 사랑하라는 것은 사랑의 방식이 공의와 정의임을 말씀한다. 우리의 이웃을 사랑하는데 나 자신이 하나님의 형상을 가진 존귀한 존재로 대우받아야 할 마땅한 권리와 몫을 갖고 있는 것처럼 이웃도 동일한 권리와 몫을 갖고 있는 존재로 대해야 하는 것이다. 우리의 이웃을 하나님의 형상을 지닌 존귀한 자로 대하는 것, 그가 하나님의 형상을 가진 자로서 받아야 할 마땅한 권리가 있는 자로 대하는 것이 하나님의 공의이고 정의이며 그것이 그를 진심으로 사랑하는 길이다.[61]

이렇게 볼 때 사랑과 정의는 대립하거나 충돌하는 개념이 아니라 서로를 보강하고 충만하게 하는 개념이다. 여기에는 상대도 나와 같이 존귀한 하나님의 형상을 갖고 있고, 나 자신에게 그런 것처럼 그도 그렇게 대우받아야 한다는 영적 평등개념이 자리 잡고 있다. 내가 누군데 그의 권리를 함부로 박탈하는가? 내가 추구하는 이기적이고 큰 이익을 위해 그가 가진 마땅한 권리를 함부로 박탈할 수 있는가? 그를 부당하게 대하는 것은 그의 가치를 인정하지 않는 것이고, 그것은 사랑도 아니고 정의도 아니다.

이런 면에서 성경이 말하는 황금률은 단순한 처세가 아닌 이웃 사랑의 정수를 담고 있는 말씀이다. "그러므로 무엇이든지 남에게 대접을 받고자 하는 대로 너희도 남을 대접하라. 이것이 율법이요 선지자니라"(마 7:12). 내가 존귀한 것처럼 내 이웃도 존귀한 하나님의 형상으로 대하는 것, 이것이 율법이요 선지자이며, 율법이 담고 있는 정수, 곧 사랑의 방법이다. 따라서 율법은 정의를 통해 사랑을 증진하고, 사랑을 통해 공의를 증진시킨다.

이러한 공의와 사랑이 흐르는 공동체, 이것이 바로 하나님이 통치하는 하나님 나라의 중요한 특징이다. 서로가 담고 있는 하나님의 형상을 존귀하게 여기며, 그가 하나님께 받은 독특한 재능과 달란트를 마음껏 발휘하여 다른 지체를 존귀하게 대하고 섬기며, 그가 받아 마땅한 소중함을 느끼도록 대우하는 것, 이것이 사랑의 중요한 방법이다. 그래서 예수께서는 요한복음 13장 34절에 이렇게 말씀하셨다. "새 계명을 너희에게 주노니 서로 사랑하라. 내가 너희를 사랑한 것

같이 너희도 서로 사랑하라."

사랑은 혼자 하는 것이 아니다. 혼자 하는 사랑은 자기애다. 성도의 사랑은 서로 사랑하는 것이다. 어떻게 사랑하는가? 예수께서 우리를 사랑하신 것처럼, 우리를 존귀하게 여기셔서 자신의 생명을 내주신 것처럼, 그렇게 값지게 여겨주신 것처럼 우리도 서로 지체들을 향하여 그렇게 값지고 소중하게 여기며 사랑하라는 것이다. 우리가 이런 예수님의 사랑을 깨닫게 되면 우리는 마땅히 우리의 이웃을 향하여 그렇게 사랑해야 한다. "너희가 나를 사랑하면 나의 계명을 지키리라"(요 14:15).

이처럼 사랑은 공의와 함께 간다. "사람아 주께서 선한 것이 무엇임을 네게 보이셨나니 여호와께서 네게 구하시는 것은 오직 정의를 행하며 인자를 사랑하며 겸손하게 네 하나님과 함께 행하는 것이 아니냐"(미 6:8). 공의와 사랑이 회복된 곳에 하나님의 참된 샬롬, 평화가 임한다. 내가 귀한 것처럼 그도 귀하다. 하나님의 형상과 권리를 나에게만이 아니라 그에게도 주셨다고 인정할 때 우리는 참된 사랑과 공의가 흐르는 공동체를 구현할 수 있다. 문제는 우리 안에 있는 '다름'을 추구하는 마음이다. 우리는 어릴 때부터 '차이를 만드는 교육'을 받았다. 그리고 그 차이를 만들어 내기 위해 경쟁하고, 경쟁으로 벌어진 격차를 심화시키고, 이 격차를 마땅한 나의 권리로, 내가 받아야 할 마땅한 대접으로 여기는 세상 풍조 가운데 살아가고 있다. 더불어 살아가기보다 이웃을 밟고 일어서는 교육을 받았다.

공부도 같이 잘해야 하는데 학교에 가면 참고서 표지를 다른 커버로 감싸서 무슨 책인지 다른 친구들이 보지 못하게 한다. 학교 급훈으로 이런 글귀가 걸려 있기도 한다. "30분 더 공부하면 남편 직업이 달라진다." "10분만 더 공부하면 마누라가 바뀐다." "대학가서 미팅할래? 공장가서 미싱할래?" "4당 5락, 4시간 자면 붙고 5시간 자면 떨어진다." 이러니 더불어 살 여유가 없다.

다른 사람은 어떻게 되든 내가 잘되는 것이 중요하고, 내가 다른 사람을 제치고 빨리 일어서야 한다. 대학교에 들어갈 때가 되면 이미 주변 친구들을 다 서열화해서 질서를 매긴다. 너는 나보다 좋은 대학, 너는 나보다 못한 대학. 그것으로 그 사람의 가치를 아예 규정하기까지 한다. 이렇게 되니 내 이웃을 내 몸처럼 사랑할 수 없다. 존귀하게 대할 수 없다. 이웃은 어떻게든 경계하고 따돌려야 할 대상이다. 이것이 고스란히 반영되는 것이 오늘날의 아파트 단지다. 아파트 단지가 점점 사생활보호에 집중되면서 단지라고 해도 공동체의 삶을 형성하지 못하는 구조로 설계되고 있다. 마을 기능을 하기보다는 다른 사람에게 간섭받지 않는 편리한 삶에 점점 최적화되고 있다.

예전에 한 연구팀이 130개 국가를 대상으로 설문조사를 했다. "나는 위기 시에 믿고 의지할 수 있는 사람이 있는가?" "단 한 명도 없다"고 대답한 사람은 개인주의사회임에도 미국과 유럽 국가들에서는 개인주의 사회임에도 3~4%에 불과했다. 그런데 우리나라에서는 무려 20%나 나왔다.

2014년 1월, 통계청이 내놓은 한국사회동향에 따르면 "당신은 일반적으로 사람들을 신뢰할 수 있다고 생각하느냐?"라는 질문에 22%만이 "대체로 신뢰한다" 또는 "항상 신뢰한다"라고 대답했다. 정부를 불신하는 사람이 70%, 사법제도를 불신하는 사람이 73%나 되고, 언론을 신뢰하는 사람은 10%, 또한 종교 신뢰도는 20%밖에 되지 않는다. 왜 그런가? 어릴 때부터 이웃을 나처럼 존귀하게 대하는, 함께 더불어 살아가는 훈련을 받지 못했기 때문이다. 이러니 공감이 잘 안 된다. 내가 받고자 하는 대로 이웃을 대해야 함에도 나와 이웃은 다르기에 나는 좀 더 좋은 대접을 받아야 기분이 좋다. 나 중심의 편향적 자기애가 강하다 보니 사랑도 왜곡되기 쉽다. 나만, 내 자녀만 특별하게 대접받기 원한다. 그러다 보니 공공장소에서 술을 마시고 담배를 피우고 난동을 부려도 괜찮다고 생각하는 것이다.

이제 우리는 세상 풍조와는 다른 하나님의 사랑과 공의의 방식을 함께 배워가야 한다. 세상과 다른 정의를 배워가야 한다. 정의와 사랑이 함께 풍성해지는 삶과 공동체를 경험하며 세워가야 한다.

[54장 각주]

57) 니콜라스 월터스토프, 홍종락 역, 「사랑과 정의」(서울: IVP, 2017), 158-159쪽.

58) 위의 책, 160-161쪽.

59) 김제이, “미 법원, 기내 음주난동부린 한국치과의사에 징역 18개월형 선고”, 매일경제, 2017. 10. 6.

60) 니콜라스 월터스토프, 홍종락 역, 「사랑과 정의」, 157쪽.

61) 위의 책, 182쪽.

55 Chapter 55. Exodus 21:28-36

공공영역에서 나는 어떤 크리스천인가?

소가 남자나 여자를 받아서 죽이면 그 소는 반드시 돌로 쳐서 죽일 것이요 그 고기는 먹지 말 것이며 임자는 형벌을 면하려니와 소가 본래 받는 버릇이 있고 그 임자는 그로 말미암아 경고를 받았으되 단속하지 아니하여 남녀를 막론하고 받아 죽이면 그 소는 돌로 쳐죽일 것이고 임자도 죽일 것이며 만일 그에게 속죄금을 부과하면 무릇 그 명령한 것을 생명의 대가로 낼 것이요 아들을 받든지 딸을 받든지 이 법규대로 그 임자에게 행할 것이며 소가 만일 남종이나 여종을 받으면 소 임자가 은 삼십 세겔을 그의 상전에게 줄 것이요 소는 돌로 쳐서 죽일지니라.

사람이 구덩이를 열어두거나 구덩이를 파고 덮지 아니하므로 소나

나귀가 거기에 빠지면 그 구덩이 주인이 잘 보상하여 짐승의 임자에게 돈을 줄 것이요 죽은 것은 그가 차지할 것이니라. 이 사람의 소가 저 사람의 소를 받아 죽이면 살아 있는 소를 팔아 그 값을 반으로 나누고 또한 죽은 것도 반으로 나누려니와 그 소가 본래 받는 버릇이 있는 줄을 알고도 그 임자가 단속하지 아니하였으면 그는 소로 소를 갚을 것이요 죽은 것은 그가 차지할지니라.

이번 장의 핵심내용은 출애굽기 21장부터 계속되는 언약법전의 내용 중 소를 소유한 주인이 져야 할 책임에 관한 말씀이다. 소는 지금도 그렇지만 고대 근동의 사회에서는 매우 귀한 가축이었다. 한 마을에 소 한 마리 있으면 그 마을은 축복받은 마을이었다. 마을 사람들이 이 소로 번갈아 가며 농사지으면 수고를 크게 덜 수 있었다. 이렇게 볼 때 소를 잘 관리하는 것은 매우 중요한 문제였다. 그렇지 않으면 소로 인한 사고가 일어날 수 있었다. 소가 걸음은 느리고 "음매~" 하며 점잖게 울지만 낯선 사람이 가까이 가면 상당히 예민하다.

고대 근동에는 소가 예민하게 흥분된 상태에서 사람을 들이받아 죽이는 경우가 있었다. 또 이렇게 한두 번 들이받다 보면 들이받는 나쁜 버릇이 자리 잡게 된다. 이럴 때 소를 소유한 주인은 뜻하지 않은 사고를 어떻게 처리하고 다루어야 할까? 언뜻 볼 때 시내산에서 계시된 놀라운 하나님의 임재가 이스라엘 백성들의 이런 부분까지 말씀한다는 것은 좀 지나치게 간섭하는 느낌이 들 수 있다. 그러나 하나님께서 이런 부분을 말씀하시는 것은 우리 신앙 영역이 하나님과의 관계에서만 아니라 우리 삶의 구체적인 공적 영역에서도 잘 드러나기를 원하시기 때문이다.

이 문제를 자동차 급발진 사건을 예로 이해할 수 있다. 2016년 8월 2일 정오쯤 부산의 한 거리를 달리던 차량이 갑자기 굉음을 내며 전속력으로 달리기 시작했다. 이 차량은 전속력으로 달리다가 결국 트레일러를 들이받는 큰 사고를 냈다. 이 사고로 운전자를 제외한 부인, 딸, 외손자 두 명까지 모두 4명이 사망했다. 당시의 블랙박스 영상을 보면 차를 운전하던 운전자는 "차가 왜 이러지? 아이고 아이고, 아기, 아기~" 이렇게 외치다가 결국 큰 사고를 냈다. 이것은 명백한 제조사 잘못이고, 제조사가 마땅히 보상해주어야 한다고 생각할 것 같다.

2010년부터 2016년까지 6년간 교통안전공단에 접수된 급발진 의심사고 건수가 무려 500건이 넘는다.[62] 그런데 지금까지 손해배상 소송에서 급발진이 인정된 경우는 단 한 건도 없었다. 급발진이 인정되려면 피해자가 직접 자동차의 결함 여부를 입증해야 하는데 이것을 입증할 수 없기 때문이다. 그래서 대부분 자동차 제조사는 배상하거나 책임지지 않았다. 지금까지 급발진은 전적인 운전자 과실로 판명되었다. 내가 아는 한 분도 자동차를 주차하다가 차량이 갑자기 굉음을 내며 급발진을 하더니 건물을 들이받았고, 운전자는 허리뼈가 부러졌다. 그럼에도 제조사에 책임을 물을 수 없었다. 보험사에서 이런 경우 제조사를 상대로 문제를 제기하면 100% 운전자 과실로 나온다는 말을 들었기 때문이었다.

그렇다면 제조사는 왜 이 문제에 대해 보상은커녕 사과 한마디도 없을까? 그것은 자칫하면 제조사에 커다란 손해를 끼칠 수 있기 때문이다. 자동차를 제조해서 판매할 때는 정말 좋은 차로, 전 세계적으로 많이 팔린 베스트셀링 카로, 에어백이 여러 개 달린 안전한 차로 광고한다. 그러나 그토록 고객의 안전을 생각하는 것 같은 제조사는 이런 뜻밖의 사고에 대해 전혀 책임지지 않으려 한다.

사실 바로 이 지점이 우리가 우리의 신앙을 공적으로 어떻게 드러내야 할까 고민하는 지점이다. 우리가 개인적으로 신앙생활을 하는 것은 좋다. 살아계신 하나님을 체험하고 뜨거운 은혜를 경험한다. 하나님께서 주시는 많은 복이 있다. 위로부터 주시는 복과 은혜를 받는 것은 황홀하고 좋은 경험이다. 그렇게 하나님께 좋은 선물을 받는 것은 좋지만 문제는 내가 세상에 나갈 때 하나님을 믿는 신앙인이기에 기꺼이 책임져야 할 부분, 때로는 손해를 감수해야 할 부분에서 책임을 지고 대가를 지불하는 것은 망설여진다.

우리에게는 하나님께 복을 받는 것도 중요하지만 세상에서의 성공도 중요하다. 그런데 세상에서 성공하려면 세상의 기준과 세상의 규칙을 따라야 한다. 그러다 보면 신앙의 기준과는 이질적인 느낌을 받는다. 이때 우리가 취할 수 있는 제일 쉬운 선택이 무엇인가? 신앙과 세상에서의 삶을 별도로 분리해서 이원론적으로 살아가는 것이다.

교회에서는 열심히 찬양하고 기도하고 교제하고 선한 일을 하지만 집에 와서 쓰레기봉투는 규격 봉투에 버리지 않고 은근슬쩍 다른 봉투에 버린다. 음식물 쓰레기봉투가 아닌 다른 봉투로 버리면 100만 원 이하의 과태료라고 쓰여 있어도 그냥 슬쩍 버린다. 교통신호는 여차하면 무시한다. 공공영역에서는 약삭빠르게 움직이는 것이 손해 보지 않고 유익을 얻는 지름길이기 때문이다. 이것은 우리가 신앙을 단편적으로 이해하기 때문에 벌어지는 일이다.

예일대학교 신학교수이자 예일 신앙과 문화연구소 소장으로 활동하는 미로슬라브 볼프 박사에 따르면 우리의 신앙은 이중적 차원이 있다.[63] 하나는 상승의 차원이고 다른 하나는 회기의 차원이다. 상승은 하나님과의 만남을 통해 우리 존재의 핵심적인 정체성이 형성되는 사건이다. 하나님을 만날 때 우리는 나의 연약한 한계를 뛰어넘는 더 크신 분을 알게 되고, 그분과의 만남을 통해 변화를 경험한다. 모세는 시내산에서 떨기나무 가운데 불타는 하나님의 임재를 경험하고 하나님의 일꾼으로 부름받았다. 예수님도 세례를 받으실 때 하늘이 열리고 성령이 임하면서 "이는 내 사랑하는 아들이요 내 기뻐하는 자라"는 음성을 들었다. 이것은 장차 예수님이 감당하실 사역의 핵심적인 정체성을 형성했다.

사도 바울도 기독교인을 체포하여 핍박하기 위해 다메섹으로 가던 길 위에 빛 가운데 나타나신 예수 그리스도를 만나 극적인 회심을 체험하였다. 이런 상승의 체험 뒤에는 반드시 회귀가 뒤따른다. 회귀는 하나님과의 만남으로 형성된 정체성을 갖고 세상으로 나아가 하나님의 메시지를 전파하고 실행하며 구체적인 삶으로 살아내는 것이다. 이 회귀는 창조적인 사역이기도 하다. 왜냐하면 우리가 처한 삶의 현장에는 일률적인 정답이 있는 것이 아니라 창조적으로 대안을 찾아가야 하기 때문이다.

만약 우리 삶에 상승만 있다면 이것은 수도원적 영성이다. 이것은 세상과 단절하고 주님과 함께 있는 것이 너무 좋아 여기에만 머무르며 영원토록 있으려 하는 것이다. 수도원에 들어가서는 그냥 거기서 푹 파묻혀 살려 한다. 제자들이 예수님과 함께 변화산에 올라가서 그랬다. 마태복음 17장 1절 이하에 보면 예수께서 제자들과 함께 높은 산에 올라가자 얼굴이 해같이 빛나며 영광스러운 모습으로 변화되셨다. 그리고 어디선가 모세와 엘리야가 나타나 예수님과 더불어 대화하고 있었다. 이 황홀한 모습에 베드로가 예수님께 요청한다. "주님, 우리가 여기에 머무르는 것이 좋겠습니다. 차라리 여기에 천막 셋을 하나는 예수님을 위해서, 또 하나는 모세를 위해서, 다른 하나는 엘리야를 위해서 치고 여기에 죽치고 사는 것은 어떨까요?" 그러나 예수님은 이를 거절하고 다시 산 아래로 내려오셨다. 왜? 세상을 구원할 십자가를 지기 위해서다.

우리가 상승을 경험하면 우리는 새로운 정체성으로 변화되고, 또 여기서 세상을 변화시킬 힘과 말씀과 비전을 듣는다. 이런 비전을 '예언자적 상상력' 이라고 한다.[64] 그냥 하는 상상이 아니라 하나님의 메시지로 변화시킬 상상력을 말한다. 그래서 우리는 이 변화의 경험을 갖고 세상으로 내려와 우리의 구체적인 삶의 현장을 변화시켜야 한다. 이것이 바로 회귀의 목적이다. 바울도 다메섹에서 예수님을 만나고 그냥 숨어 있지만은 않았다. 그다음부터는 세상을 변화시킬 복음 메시지를 들고 목숨을 걸고 온 세상을 다니며 복음을 전파했고, 로마제국을 복음으로 뒤엎는 역사를 일으켰다.

신앙생활에서 상승과 회귀가 건강하게 연결되지 않을 때 우리의 신앙은 힘을 잃고 축소되기 시작한다. 하나님을 뜨겁게 체험했어도 현실에 여전히 견고하게 자리 잡은 체제와 관행, 그리고 유혹 앞에 흔들린다. 강력한 시장경제의 힘, 제도적 시스템의 힘, 세상 풍조와 문화의 힘, 그리고 이것을 부추기는 대중매체 앞에 우리는 그만 예언자적 상상력을 잃어버리고 무기력과 나태함을 경험한다. 이런 세상에서 살아가려면 세상이 지배하는 규칙을 따라야 하는데, 결국 시장의 규칙이 발목을 잡고 개인으로서는 결코 하고 싶지 않은 일을 서슴없이 하도록 정당성을 부여하고 부추긴다. 「프로테스탄트 윤리와 자본주의 정신」을 쓴 막스 베버는 책 끝부분에 이런 현대 사회의 시장 논리를 '쇠창살'이라고 말했다.[65] 결국 이런 세상의 체제 아래서 신앙생활은 지극히 사적인 영역으로 축소되고, 예언자적 상상력이 발휘되어 적극적으로 영향력을 발휘해야 할 공공영역에서 우리의 신앙은 힘을 잃고 나태하게 된다.

우리의 신앙은 단지 우리 개인의 삶을 치유하고 힘을 북돋워주는 차원의 것만이 아니다. 우리의 신앙은 하나님을 만나는 체험을 통해 우리가 살아가는 삶의 모든 영역에서 하나님의 섭리와 의미를 발견하고 세상을 변화시켜야 한다. 이것이 상승과 회귀가 정상적으로 작용하는 상태다. 상승과 회귀가 연결되지 않으면 신앙 따로 삶 따로가 된다. 교회 따로 직장 따로가 된다. 나중에 회식자리에서 술김에 "사실은 나도 교회 다녀" 하는 말에 부하직원들이 다들 깜짝 놀라는 놀라운 역사가 일어난다.

이런 면에서 이번 장의 본문은 상승의 차원이 어떻게 우리 삶의 현장에서 회귀로 실현되어야 하는가를 선명하게 보여주는 소중한 말씀이다. 자, 모세가 시내산에 올라가 영광 중에 말씀하시는 하나님을 만났다. 이스라엘도 이런 하나님을 두려워하며 멀리서 보았다. 이 하나님께서 이스라엘 백성에게 오셔서 이제 이들이 공공영역에서 어떻게 하나님 백성의 정체성을 드러내야 할까를 말씀하시는 것이다.

농사에 꼭 필요하지만 마을에 한두 마리밖에 없는 소가 사람을 받아 죽였다. 하나님의 백성은 이 사건을 어떻게 처리해야 할까? 거룩한 하나님의 임재를 누리고 살아도 우리의 삶에 이런 당황스러운 사태가 일어난다. 이럴 때 어떻게 하는 것이 하나님의 백성답게 처리하는 것일까? 본문은 그 사례를 보여준다.

> "소가 남자나 여자를 받아서 죽이면 그 소는 반드시 돌로 쳐서 죽일 것이요 그 고기는 먹지 말 것이며 임자는 형벌을 면하려니와" (출 21:28).

소가 어떤 사람을 받아서 죽였다. 이 사건은 누구도 예상치 못했던 사건이었다. 정말 값비싸고 귀한 소다. 이럴 때 주인은 이런저런 핑계를 댈지 모른다. 이 소가 모르고 그랬다. 왜 하필이면 소 근처에 와서 얼쩡거리다 치었냐? 절대 이 소를 내줄 수 없다! 그러나 하나님께서는 이런 예기치 못했던 우발적인 사건이라도 사람의 생명을 앗아간 소는 반드시 돌로 쳐서 죽이라고 말씀하신다. 성경에서 돌로 쳐서 죽이는 것은 하나님이나 왕에게 반역할 경우 사용하는 처형 방법이었다. 이렇게 볼 때 소를 돌로 쳐죽이라는 명령은 소가 단순히 살인한 것이 아니라 창조주 하나님이 세우신 질서에 반역했기 때문에 이를 심판하는 방식으로 처형하라고 하신 것이다.

소를 죽이면 그 고기는 어떻게 하는가? 죽은 사람의 가족에게 위로할 겸 좋은 부위만 주어도 괜찮지 않을까? 그러나 하나님은 그 고기는 주인은 물론이거니와 죽은 사람의 가족도 먹지 말라고 하신다. 사람을 받아 죽인 소는 부정하게 되고 부정한 짐승은 진멸해야 한다. 이런 소는 공동체의 구성원들이 함께 모여 돌로 쳐야 하고, 그렇게 할 때 사람의 죽음이 가져온 오염을 씻게 된다. 그렇게 하면 소의 임자는 형벌을 면하게 된다. 이 말씀에서 보면 이 사건은 본래 임자가 자기 목숨으로 책임을 져야 한다는 암묵적인 전제가 있다. 그것을 소가 대신 죽게 하는 것이다. 즉 주인은 자기의 소가 이웃을 받을 때 이것을 자신의 책임으로 하나님의 형상을 지닌 사람이 목숨을 잃게 된 가슴 아픈 사건으로 여겨야 한다는 것이다. 이런 책임은 29절에 고스란히 반영되어 있다.

> “소가 본래 받는 버릇이 있고 그 임자는 그로 말미암아 경고를 받았으되 단속하지 아니하여 남녀를 막론하고 받아 죽이면 그 소는 돌로 쳐죽일 것이고 임자도 죽일 것이며”(출 21:29).

소가 사람을 들이받는 버릇이 있다는 것을 주인이 알았다. 주변 사람도 이것을 알고 위협을 느꼈다. 그래서 절대 소를 풀어놓지 말고 관리하라고 경고했다. 그런데 주인이 설마 하는 마음으로 그냥 풀어두었다. 항상 꼼꼼하게 관리하려니 귀찮았다. 그래서 잠시 풀어두었는데 그사이에 소가 사람을 들이받아 죽였다. 그럴 때는 소도 임자도 모두 돌로 쳐죽여야 한다. 공공영역에서의 관리책임을 중요하게 생각하지 않았기 때문이다. 또 소가 노예를 해쳤을 경우 30세겔을 노예의 주인에게 지불해야 하고 소는 돌로 쳐서 죽여야 한다(32절). 이 액수는 하나님께 서원한 여인의 몸값이기도 하고, 당시의 일반적인 노예의 몸값이었다.

이러한 규정은 바벨론의 함무라비 법전과 비교할 때 차이가 난다. 함무라비 법전은 소가 사람을 들이받으면 단순 사고로 처리하고 소를 죽이지 않는다. 들이받는 습관이 있는 것을 알고도 소가 사람을 들이받으면 은 반 미나를 지불해야 했다. 메소포타미아 지역의 고대 수메르의 에쉬눈나 법전은 이런 경우 은 3분의 1 미나만 지불하면 되었다. 노예는 15세겔이다. 이런 것을 보면 하나님은 이스라엘 백성이 고대 근동의 다른 어떤 공동체보다 서로에 대해 더욱 큰 책임을 갖고 지켜주고 보호해주기를 원하셨다. 소의 주인은 공공영역에서 안전을 보다 철저하게 관리해야 했다. 그래야 안전한 공동체, 신뢰할 만한 공동체를 세워갈 수 있기 때문이다.

얼마 전, 건설현장에서 타워크레인이 붕괴되는 사고가 일어나 5명의 사상자를 냈다. 알고 보니 이 크레인의 부품에 문제가 생겨서 순정부품을 사서 수리를 해야 하는데, 그러려면 스페인으로 부품을 발주해서 수입해야 했다.[66] 그런데 급하니까 한 철공소에서 모조품을 만들어 써서 결국 이런 문제가 발생한 것이다. 크레인을 수리한다고 공사가 지연되면 불이익을 초래할 수 있기 때문에. 설마 했는데 황당한 사고가 난 것이다.

요즘 이스라엘에서 가장 주목받고 있는 세계적인 혁신기업이 있다. 바로 모빌아이다. 이 업체는 자율주행차의 시각 인식장치를 만드는 회사로, 자율주행기술을 주도하는 회사다. 이 회사는 BMW나 테슬라와 같은 세계적인 업체에 부품을 납품한다. 그런데 모빌아이가 얼마 전부터 테슬라에 부품 공급을 중단시켰다. 테슬라 하면 세계적인 전기차 업체 아닌가? 모빌아이의 입장에서는 큰 수익원이 되는 회사다. 그런데 왜 그랬는가? 테슬라가 자율주행 시스템으로 운전하다가 하얀색 트럭을 하늘로 인식하고 충돌해서 운전자가 사망하는 사고가 발생했기 때문이다. 모빌아이에서 테슬라에 납품할 때 아직 운전자가 핸들에서 손을 떼면 안 된다고 경고했음에도 테슬라는 자동차를 핸즈프리 모드(핸들에서 손 떼고 자율 주행하는 모드)로 출시하였고, 사고가 나자 그 책임을 모빌아이가 만든 '스마트 카메라' 때문이라고 전가했기 때문이다.

이에 대해 모빌아이의 CEO인 샤슈아는 우리 회사는 '돈이 아니라 안전한 세상을 만드는 것이 목표'라고 하면서 이런 비양심적인 회사와는 거래할 수 없다고 거래를 중단했다.[67] 이들은 공공영역에서 이익을 회사의 비전이나 신앙적 양심과 타협하지 않았다. 이렇게 공공영역에서의 신앙을 표현하는 원리는 동일하다.

본문 말씀은 다른 사람의 생명뿐 아니라 그 사람의 소유에도 손해를 끼치는 행동을 금지한다.

> "사람이 구덩이를 열어두거나 구덩이를 파고 덮지 아니하므로 소나 나귀가 거기에 빠지면 그 구덩이 주인이 잘 보상하여 짐승의 임자에게 돈을 줄 것이요 죽은 것은 그가 차지할 것이니라"(출 21:33-34).

구덩이를 팠는데, 이 구덩이를 열어두거나 파고 나서 제대로 원상 복구하지 않아 지나가던 소나 나귀가 빠지면 이것은 전적으로 구덩이의 주인이 보상해주어야 한다. 주인이 관리책임을 분명히 져야 한다.

소의 피해에 대한 이와 같은 보상 규정을 볼 때 하나님은 이스라엘 백성이 하나님의 백성으로서 서로에 대한 강한 책임감을 갖고 이웃의 피해를 기꺼이 인정하고 보상하는 데 인색하지 말라고 말씀하시는 것을 알 수 있다. 이렇게 볼 때 성도가 삶의 공공영역에서 자동차를 잘 관리하고, 애완견에 목줄을 하고, 애완견의 변을 그때그때 치워 행인들이 분뇨를 밟지 않도록 배려하고, 씹던 껌이나 이쑤시개를 함부로 버리지 않고, 건물에 소화기를 제대로 비치하고, 소방검사를 제대로 받는 것은 우리 신앙을 건강하게 표현하는 중요한 방식임을 알 수 있다. 길거리에서 작업하다가 대충 방치해서 지나가던 행인이 피해를 당하게 하는 것, 또 설마 하는 마음으로 일을 대충대충 처리하다 다른 이가 어려움을 겪게 하는 것은 우리가 경험한 하나님의 은혜를 제대로 표현하는 것이 아니다. 우리가 경험한 하나님의 은혜를 제대로 표현하려면 어떻게 해야 하는가? 하나님께서 내게 허락하신 삶의 영역에서 지금보다 더 책임감을 갖고 최선을 다하는 것이다.

우리나라는 길거리에 포장된 보도블록이 몇 년이 지나면 여기저기 삐쭉빼쭉 솟아 나오는 경우가 많다. 반면 이웃 나라 일본은 거의 완벽하게 평평하다. 왜 그런가? 그만큼 눈가림이 많기 때문이다. 누가 보지 않으면 대충대충 넘기면 된다는 식이다. 내가 경험한 하나님의 은혜, 내게 주신 가슴 벅찬 하나님의 말씀이 우리 삶의 현장을 바꾸는 변혁의 능력이 되려면 누가 보지 않아도 하나님 앞에 최선을 다하고 책임져야 한다. 이럴 때 우리는 일터를 통해 하나님께 영광을 돌릴 수 있고, 이렇게 책임지는 그리스도인을 통해 많은 사람이 하나님께 나오며 영광을 돌릴 수 있을 것이다.

영광과 현실 사이에는 간격이 있다. 이 간격을 인식하고 반응(response)하는 능력(ability), 이것이 바로 책임감(responsibility)이다. 영광을 현실로 드러내려면 내가 감당해야 할 대가가 있다. 기꺼이 손해를 감수하려는 결단이 있어야 한다. 이것이 바로 제자도다. 놀라운 것은 이 결단을 주님이 기뻐하시고, 이 결단을 통해 하나님께서 일하신다는 사실이다. 이 영광을 삶의 현장에 드러내고 우리 삶의 현장이 온전히 하나님의 뜻이 이루어지는 일터가 될 수 있어야 한다.

[55장 각주]

62) 여현구, "일가족 4명 사망 사고… 유가족 '차량 급발진 실험으로 확인' 주장", 중앙일보, 2017. 10. 13.

63) 미로슬라브 볼프, 김명윤 역, 「광장에 선 기독교」(서울: IVP, 2014), 28-36쪽.

64) 월터 부르그만, 김기철 역, 「예언자적 상상력」(서울: 복있는사람, 2009).

65) 막스 베버, 박문재 역, 「프로테스탄트 윤리와 자본주의 정신」(서울: 현대지성, 2018), 375쪽.

66) 이진석, "[만물상] '설마'와 '대충'의 타워크레인", 조선일보, 2017, 10. 14.

67) 추가영, "혁신 생태계 만드는 모빌아이… '자율자동차 눈' 하나로 4000명 고용창출", 한국경제, 2017, 10. 14.

56 Chapter 56. Exodus 22:1-15

이웃사랑의 또 다른 이름, 책임

사람이 소나 양을 도둑질하여 잡거나 팔면 그는 소 한 마리에 소 다섯 마리로 갚고 양 한 마리에 양 네 마리로 갚을지니라. 도둑이 뚫고 들어오는 것을 보고 그를 쳐죽이면 피 흘린 죄가 없으나 해 돋은 후에는 피 흘린 죄가 있으리라. 도둑은 반드시 배상할 것이나 배상할 것이 없으면 그 몸을 팔아 그 도둑질한 것을 배상할 것이요 도둑질한 것이 살아 그의 손에 있으면 소나 나귀나 양을 막론하고 갑절을 배상할지니라. 사람이 밭에서나 포도원에서 짐승을 먹이다가 자기의 짐승을 놓아 남의 밭에서 먹게 하면 자기 밭의 가장 좋은 것과 자기 포도원의 가장 좋은 것으로 배상할지니라.

불이 나서 가시나무에 댕겨 낟가리나 거두지 못한 곡식이나 밭을 태

우면 불 놓은 자가 반드시 배상할지니라. 사람이 돈이나 물품을 이웃에게 맡겨 지키게 하였다가 그 이웃집에서 도둑을 맞았는데 그 도둑이 잡히면 갑절을 배상할 것이요 도둑이 잡히지 아니하면 그 집 주인이 재판장 앞에 가서 자기가 그 이웃의 물품에 손 댄 여부의 조사를 받을 것이며 어떤 잃은 물건 즉 소나 나귀나 양이나 의복이나 또는 다른 잃은 물건에 대하여 어떤 사람이 이르기를 이것이 그것이라 하면 양편이 재판장 앞에 나아갈 것이요 재판장이 죄 있다고 하는 자가 그 상대편에게 갑절을 배상할지니라.

사람이 나귀나 소나 양이나 다른 짐승을 이웃에게 맡겨 지키게 하였다가 죽거나 상하거나 끌려가도 본 사람이 없으면 두 사람 사이에 맡은 자가 이웃의 것에 손을 대지 아니하였다고 여호와께 맹세할 것이요 그 임자는 그대로 믿을 것이며 그 사람은 배상하지 아니하려니와 만일 자기에게서 도둑맞았으면 그 임자에게 배상할 것이며 만일 찢겼으면 그것을 가져다가 증언할 것이요 그 찢긴 것에 대하여 배상하지 아니할지니라. 만일 이웃에게 빌려온 것이 그 임자가 함께 있지 아니할 때에 상하거나 죽으면 반드시 배상하려니와 그 임자가 그것과 함께 있었으면 배상하지 아니할지니라. 만일 세 낸 것이면 세로 족하니라.

본문 말씀은 시내산의 언약법전에 있는 배상에 관한 규정이다. 배상이란 이웃의 정당한 소유와 권리를 침해하여 손해를 끼쳤을 때 그 손해를 물어주는 것을 말한다. 특이한 점은 구약성경에는 감옥제도가 없다는 사실이다. 감옥이 없다는 것은 다른 이에게 피해를 입힌 사람을 감옥에 가두는 것보다 그들이 피해자에게 보상해주는 것이 더 중요함을 의미한다. 이스라엘 백성이 하나님의 성도로 살아가기 위해서는 내가 끼친 피해에 대해 책임감을 지고 정당한 피해를 보상할 마음의 준비가 되어 있어야 한다.

성도는 살아가면서 힘써야 할 하나님의 계명이 있다. 먼저, 마음과 뜻과 힘을 다하여 하나님을 사랑하는 것이다. 둘째는 우리 이웃을 내 몸과 같이 사랑하는 일이다. 그렇다면 성도는 우리 이웃을 어떻게 사랑해야 할까? 축복송을 부르고, "주의 사랑으로 사랑합니다"라고 말하면 그것으로 충분할까? 성도가 이웃을 사랑하는 정말 중요한 방법은 이웃에 대한 책임을 감당하는 것이다.

한 영화에 등장하는 장면이다. 서로 사랑하는 남녀가 뽀뽀하고 웃고 즐거워하면서 고백한다. 남자가 먼저 "I Love You"라고 고백한다. 그러자 여자도 "I Love You"라고 응답한다. 여자는 남자의 깊은 사랑을 확신하고 이어 말한다.

"우리 그럼 결혼할까?"

그러자 갑자기 남자의 표정이 굳어진다. 그러더니 벌떡 일어나서 주섬주섬 옷을 챙긴다. 그러자 여자가 당황하면서 말한다.

"아니, 왜 그래? 우리 사랑하는 거 아냐?"

그러자 남자가 질책하듯 말한다.

"사랑하지만 결혼 이야기는 하지 말자고 하지 않았냐고! 이제 우리는 끝이야!"

남자가 이렇게 펄쩍 뛰는 이유가 무엇인가? 책임지기 싫었기 때문이다. 사랑의 감정은 좋지만 사랑함으로 져야 할 책임은 회피하는 것이었다.

우리가 종종 이웃을 사랑해야 한다고 하면서 애써 간과하고 회피하고 싶어 하는 것이 바로 이 부분이다. 사랑에 따르는 책임을 감수하는 것이다. 이것을 성경은 "사랑의 수고"(살전 1:3)라고 한다. 사도 바울은 데살로니가교회에 편지를 쓰면서 그들이 감당했던 사랑의 수고를 기억한다고 기록했다(살전 1:2-3). 성도는 마땅히 사랑에 따르는 수고를 알아야 하고 서로를 위한 책임감(accountability)을 갖고 기꺼이 수고를 감당할 마음의 준비가 되어 있어야 한다.

우리를 구원하신 하나님의 은혜가 바로 이런 수고가 있는 사랑, 책임지는 사랑 때문이었다. 하나님이 세상을 이토록 사랑하사 독생자를 주셨다(요 3:16). 우리가 죄로 죽어가는 것을 보고 너무나도 안타깝게 여기시고 독생자를 주셔서 독생자로 우리의 죄를 책임지고 감당하게 하셨다. 그랬기에 우리가 오늘 이렇게 하나님의 자녀로 서게 되었다. 만약 하나님께서 죄로 멸망해가는 인류를 보시고 "저런 쯧쯧 안됐다. 저러다 죽겠네" 하며 아무런 행동을 취하지 않으시고 가만히 계셨더라면 우리에게는 예수 그리스도를 통한 놀라운 구원의 길이 열리지 않았을 것이다. 하지만 하나님은 우리를 위해 정말 어마어마한 사랑의 희생을 감수하셨다.

이런 하나님의 사랑을 경험한 사람 중 하나가 삭개오다. 삭개오가 예수님을 만나 큰 사랑을 경험하자 무엇이라 고백하는가? "삭개오가 서서 주께 여짜오되 주여 보시옵소서. 내 소유의 절반을 가난한 자들에게 주겠사오며 만일 누구의 것을 속여 빼앗은 일이 있으면 네 갑절이나 갚겠나이다"(눅 19:8). 삭개오는 지금까지 주변의 다른 사람에 대해 책임진다는 개념이 없었다. 다른 사람이 힘들고 고생을 하든 말든 상관없이 그저 악착같이 돈을 모으면 그만이었다. 그리고 정말 그 지역의 알부자가 되었다.

그런데 그가 예수님을 만나 용서와 구원을 경험하자 "내 소유의 절반을 가난한 자들에게 주겠다"고 한다. 이웃에 대한 책임에 눈을 뜬 것이다. 전에는 이웃이 나의 부를 축적하기 위한 이용 대상이었다면 이제는 이들에 대한 책임의식과 함께 부채의식이 생겨났다. 내가 이렇게 부하게 된 것은 저들의 수고와 희생 덕분인데, 그동안 이들을 힘들고 아프게만 했으니 이제 그들을 위해 무엇인가를 감당해야겠다는 생각이 들기 시작했다. 그래서 자기 소유의 절반을 나누고, 누구의 것을 빼앗은 일이 있으면 네 갑절이나 갚겠다고 했다. 다른 이의 피해와 손해에 대한 민감한 책임감이 생기기 시작한 것이다.

우리는 할 수 있는 한 손해보기 싫어한다. 책임지기 싫어한다. 배상하는 것에 인색하다. 내가 유익을 얻는 것만이 중요하다. 그래서 피해를 주면 그것을 겨우 배상해주는 것에도 인색하다. 그런데 삭개오는 네 갑절이나 갚겠다고 고백하고 있다. 나만의 몫이 아니라 공동체를 위한 몫, 이웃을 위한 몫을 생각하기 시작한 것이다. 이렇게 하다 자칫하면 삭개오는 거덜난다. 알거지가 된다. 하지만 이런 삭개오의 결심에는 다시는 이런 식으로 다른 이들을 착취하고 힘들게 피해를 주는 일은 하지 않겠다는 결단이 들어 있다. 삶의 방향 자체가 다르게 설정된 것이다. 그렇다면 삭개오가 고백한 '네 배' 배상의 근거가 무엇일까? 바로 이번 장의 본문이다.

> "사람이 소나 양을 도둑질하여 잡거나 팔면 그는 소 한 마리에 소 다섯 마리로 갚고 양 한 마리에 양 네 마리로 갚을지니라"(출 22:1).

어떤 사람이 소나 양을 도둑질해서 잡아먹거나 다른 사람에게 팔아 부당한 이익을 챙겼다. 그런데 이러한 사실이 발각되어 나중에 잡혔다. 그러면 피해를 입힌 도둑(가해자)은 원주인(피해자)에게 소 한 마리에 다섯 마리로, 또 양 한 마리에는 네 마리로 갚으라고 말씀한다. 그대로 물어주면 모르겠거니와 이건 너무 심한 것 아닌가? 게다가 소의 경우에는 다섯 배고 양은 네 배다. 무엇이 더 비싼가? 소가 더 비싸다. 그러니 비싼 소를 훔칠 경우에 다섯 마리로 갚는다는 것은 거의 파산할 각오를 해야 한다. 왜 이렇게 피해 짐승에 따라 차별을 두는가? 그것은 피해자가 입은 타격이 그만큼 크기 때문이다. 소는 농사를 위해 훈련하는 기간도 길고 농사에 많은 노동력을 제공하기 때문에 소가 없어지는 것으로 입는 손해는 양이 없어지는 것보다 훨씬 타격이 심하다. 마을에 한두 마리 있을까 말까 하는 소를 훔쳐가면 농사에 타격이 상당히 크다. 이런 경우 다섯 배로 갚아야 한다. 너무 커서 못할 것 같으면 '자기 몸을 종으로 팔아서라도' 감당해야 했다.

> "배상할 것이 없으면 그 몸을 팔아 그 도둑질한 것을 배상할 것이요"(출 22:3).

여기에 담긴 핵심 메시지는 이러한 행위는 이웃을 향해 크게 잘못하는 것이기에 이에 대한 책임을 철저히 져서 다시는 이런 일이 재발하지 않도록 하라는 것이다. 우리가 생각할 때 '얼마나 힘들었으면 소를 훔칠 생각을 다 했겠는가' 라고 할 수 있다. 그러나 소를 훔칠 정도면 좀도둑이 아니다. 우리 속담에도 "바늘 도둑이 소도둑 된다" 라고 하지 않던가? 좀도둑이 아니다. 소를 훔쳐 상당한 부를 불릴 생각을 했던 것으로 보아 도둑질이 꽤나 익숙한 도둑일 가능성이 크다. 가난한 도둑이 아니라 잘못된 생활습관이 든 도둑이다. 성실하게 땀 흘려서 살아가야 하는데도 남의 것을 노리고 한탕해서 흥청망청 쓰는 습관이 있는 도둑인 것이다. 나쁜 습관은 좋은 말로 고쳐지지 않는다. 크게 망신당하고 큰 책임감을 경험해야 부패한 생각을 내려놓는다. 따라서 무거운 배상책임은 도둑이 그동안 자신이 누려왔던 삶의 방식을 회개하고 돌이키는 데 중요한 역할을 한다.

그런데 도둑이 도둑질하고 마음에 가책을 느껴 고민하고 있다. 어떻게 해야지? 이것이 옳은 것인가? 소의 원주인은 지금 얼마나 힘들까? 차라리 되돌려줄까? 그렇게 소나 양을 처분하지 못하고 갈등만 하고 있다가 잡혔다. 그럴 때는 어떻게 해야 하는가?

> "도둑질한 것이 살아 그의 손에 있으면 소나 나귀나 양을 막론하고 갑절을 배상할지니라"(출 22:4).

도둑질한 가축을 처분하지 않고 가축이 살아 있으면 두 배로 배상하라는 것이다. 다섯 배에 비해 훨씬 적다. 이것은 도둑이 처분하는 상황보다는 피해를 덜 주었고, 그의 양심을 고려한 조치다.

성경이 이렇게 배상에 대해 구체적인 책임의 범위까지 말씀하는 것은 이러한 책임 있는 배상이 바로 이웃 사랑의 통로임을 말하기 위해서다. 이웃 사랑은 이웃의 피해에 대해 책임감을 가지고 구체적으로 조치를 취하는 것으로 드러나야 한다는 것이다. 그런데 우리는 내가 입은 피해에 대해서는 어떻게든 손해를 보상받으려고 애쓰지만 다른 이에게 입힌 피해에 대해서는 보상해주기를 꺼려한다. 그리고 입으로 때우려 한다. 도둑질은 아니지만 이런 경우가 있다.

> "사람이 밭에서나 포도원에서 짐승을 먹이다가 자기의 짐승을 놓아 남의 밭에서 먹게 하면 자기 밭의 가장 좋은 것과 자기 포도원의 가장 좋은 것으로 배상할지니라"(출 22:5).

사람이 자기가 기르는 가축을 자기 밭에서 먹이를 먹게 하였는데, 제대로 관리하지 못해 가축이 남의 밭에 가서 풀과 곡식과 열매를 뜯어먹었다. 그러면 가장 좋은 것으로 보상하도록 한다. 왜 가장 좋은 것인가? 상대방의 포도밭에 입힌 손해도 있거니와 자신이 제대로 관리하지 못한 부주의한 책임도 있기 때문이다. 그래서 최선을 다해 배상하도록 했다. 이웃을 사랑하는 표현 중 하나가 사전에 내 짐승, 내 가축을 제대로 관리하는 것이다.

2017년, 서울에 80년이 넘는 역사를 가진 유명한 한식집 주인이 이웃집 개에게 물려서 패혈증으로 며칠 만에 사망하는 사건이 일어났다.[68] 알고 보니 반려견 주인이 유명한 아이돌 그룹의 멤버였다. 주인은 자신의 반려견이 사람을 무는 버릇이 있다는 것을 알고 있었다. 그래서 주 1회 1시간씩 교육을 받았다고 한다. 그렇다면 외출할 때 목줄과 입마개를 하고 좀 더 철저히 관리해야 했다. 그런데 사람을 물고도 이후에 단속하기는커녕 아무런 조치도 취하지 않았다. 진작 책임있는 조치를 취해야 했다. 자신에게는 좋은 반려견이니 괜찮겠지 하는 생각을 했던 모양이다. 심지어 그렇게 이웃을 물어 피해를 입힌 사건 이후에도 개에 목줄을 하지 않고 아침 운동을 시키러 돌아다녔다. 후에 이웃이 자신의 반려견에 의해 물려 사망한 소식을 듣자 이 가수는 유족에게 찾아가서 눈물로 사죄하고 용서를 구했다. 그리고 SNS에 사과문을 게재했다. 그런데 자신의 반려견에 대해서는 "이런 일이 다시는 발생하지 않도록 철저히 조치하겠습니다"라고 한마디 던진 후 끝냈다. 구약의 이웃 사랑의 관점에서 볼 때 이는 보다 구체적인 책임을 지는 조치가 수반되어야 한다.

> "소가 남자나 여자를 받아서 죽이면 그 소는 반드시 돌로 쳐서 죽일 것이요 그 고기는 먹지 말 것이며 임자는 형벌을 면하려니와 소가 본래 받는 버릇이 있고 그 임자는 그로 말미암아 경고를 받았으되 단속하지 아니하여 남녀를 막론하고 받아 죽이면 그 소는 돌로 쳐 죽일 것이고 임자도 죽일 것이며 만일 그에게 속죄금을 부과하면 무릇 그 명령한 것을 생명의 대가로 낼 것이요"(출 21:28-30).

이것을 오늘날 우리 사회에 맞게 적용하려면 반려견을 안락사시킨다든지, 충분한 금액의 속죄금을 지불한다든지 하는 등의 책임 있는 조치가 따라야 한다. 이번 장의 본문 전반부가 가해자의 입장에서 가축이나 물건을 소유한 소유주에게 끼친 손해에 대해 책임을 지는 말씀이었다면, 후반부는 소유주 자신도 또한 자신의 소유와 자신에게 맡겨진 책임을 충실히 감당할 것을 말씀하고 있다.

사람이 이웃에게 "내 돈, 내 물건 좀 맡아줘" 하고 부탁했다. 그런데 도둑맞았다. 만약 도둑이 잡히면 갑절을 배상하도록 한다. 그런데 문제는 도둑이 잡히지 않았다. 그러면 물건을 맡겼던 사람이 맡은 사람을 의심한다. 그러나 확실한 물증이나 증인이 있는 것은 아니다. 그럴 때는 어떻게 하는가?

"두 사람 사이에 맡은 자가 이웃의 것에 손을 대지 아니하였다고 여호와께 맹세할 것이요 그 임자는 그대로 믿을 것이며 그 사람은 배상하지 아니하려니와"(출 22:11).

물건을 맡은 사람이 하나님의 이름으로 맹세하여 자신은 결코 훔치지 않았다고 하면 믿어주라는 것이다. 책임지고 맡아서 관리해준 것도 감사한데, 그가 최선을 다하다 어쩔 수 없이 피해를 끼친 것은 더 이상 책임을 묻지 말아야 한다는 것이다. 우리 같으면 어떻게 하는가? 그래도 물어내라고 생떼를 쓴다.

요즘 이런 일이 우리 사회에 많이 발생한다. 어려움을 겪는 가장 대표적인 이들이 119 구조대원, 소방대원, 경찰관 등이다. 나라의 치안과 안전을 위해 국가의 권력을 위임받아 책임지고 섬기는 사람들이다. 나라의 치안과 국민의 책임을 위해 최선을 다하는 가운데 어쩔 수 없이 발생한 피해나 사고에 대해서는 본문에 따르면 책임을 묻지 않도록 배려할 필요가 있다.

불이 났다. 신고를 받고 119가 출동했다. 길이 좁아 불난 집 안으로 들어가려면 주택의 담벼락을 무너뜨려야 소방호스를 넣고 불을 끌 수 있다. 그러면 어떻게 해야 하는가? 담벼락을 무너뜨려야 한다. 그리고 이것에 대해서는 신고한 주인이 책임을 져야 한다. 그런데 우리나라는 어떻게 하는가? "내가 불 꺼달라고 했지 담벼락 무너뜨리라고 했어?"라고 화내며 고소한다. 직무를 다 하고도 돈을 물어주는 것이다. 불 끄려고 방범창을 뜯고 집 안으로 들어가면 나중에 고소가 들어온다. 방범창을 부서뜨렸다고 변상하라는 것이다. 문이 잠겨서 베란다로 진입하다가 에어컨 실외기 커버를 부서뜨렸다. 변상하라고 신고한다. 119가 다급해서 요란한 사이렌 소리를 내면서 출동하는데 시끄럽다고 소방서에 민원을 제기한다.

예전에 어느 광역시의 한 카페 앞에서 시민이 술에 취해 난동을 부렸다. 경찰이 출동해서 제압하려고 다가가자 경찰관의 급소를 발로 차고 뺨을 때렸다. 이것은 분명한 공무집행 방해다. 이 사건에 대해 우리 법원은 벌금 200만 원을 내렸다. 그런데 미국에서는 비슷한 사건에 징역 7년을 내렸다.[69] 국가에서 법질서와 치안을 위해 권한을 부여한 사람을 엄격하게 보호하도록 한 것이다. 이런 것을 보면 우리에게는 할 수 있는 한 책임지지 않으려 하고, 또 할 수 있는 한 내 권리만 주장하려는 정서가 있다. 그러나 성경은 분명히 이웃을 사랑하는 통로로서 상대방을 향해 구체적인 책임을 져야 할 것을 말씀하고 있다. 이 간극을 메우는 중요한 중간다리가 있다. 바로 배려다.

'배려'는 이웃의 가치와 행복을 나 못지않게 소중히 여기고, 그가 부당하거나 불의한 대우를 받지 않도록 사전에 구체적인 행동으로 조치를 취하는 것이다.[70] 나만 괜찮으면 다가 아니라 내 이웃에게도 그들의 평안과 행복을 추구하는 데 방해하지 않도록 배려해야 한다. 이웃을 배려한다면 반려견은 마땅히 목줄을 채우고 다녀야 한다. 어떤 분은 괜찮다고 품에만 안고 다닌다. 아니다. 목줄을 해야 한다. 반려견이 갑자기 튀어 나가는 것에 대해 책임질 수 없다. 또 이웃을 배려한다면 쓰레기를 버릴 때 제대로 된 규격봉투를 사용해야 한다. 그리고 이웃을 배려한다면 우리가 책임을 부여한 법질서와 치안을 세우는 이들의 활동을 존중해야 한다. 이웃을 배려한다면 교회에 올 때 주차안내 요원의 안내를 잘 따라야 한다. 우리 안에 있는 생각 중에 '뭐, 여기에 대면 어때?' 하는 마음이 있다. 이것은 괜찮은 것이 아니라 경계해야 할 마음이다. 예배를 마치고 빨리 식사하는 것에 목숨을 걸어서도 안 된다. 가끔 예배를 마치기도 전에 밥 먹으러 올라가는 이들도 있다.

더 나아가 우리는 가까운 이들에게 이 배려를 실천해야 한다. 내가 좋아하는 방식으로 이웃을 사랑하는 것이 아니라 이웃이 좋아하는 방식으로 사랑을 실천해야 한다. 나는 가족을 사랑하는 마음으로 외식하자고 데려갔는데 자기만 좋아하고 나머지 가족들은 싫어하는 자장면 집으로만 간다. 가족들은 다른 것을 먹고 싶다고 항변해도 이것도 외식이니 충분하다고 한다. 이것은 배려가 아니다.

우리가 약한 것이 배려다. 청년 때 미국으로 유학갔을 때 가장 놀란 일이 일상에서 이웃을 배려하는 태도였다. 누군가가 문을 열면 우리는 닫히기 전에 들어가려고 뛴다. 그런데 그들은 자신이 문을 열고 주변을 살펴 누군가가 들어오려 하면 문을 연 채로 기다려준다. 엘리베이터에서도 절대 먼저 닫힘 버튼을 누르지 않는다. 저 멀리 누군가가 오고 있다면 기다려준다. 5초 차이다. 나 급한 것만 생각하다 보니 이웃을 잘 보지 못한다. 성도에게 이웃 사랑은 책임지는 사랑으로 나타나야 하고 배려하는 사랑으로 나타나야 한다.

구약 선지자 중에 재미 있는 사람이 요나이다. 하나님이 니느웨에 가서 멸망의 메시지를 선포하라고 하셨다. 그러나 요나는 그 명령에 불복종하고 다시스로 도망간다. 그런데 가다가 큰 풍랑과 파도를 만나고 배가 뒤집혀 죽게 생겼다. 이때 사람들이 이 원인이 누구 때문인지 제비뽑기를 하자고 한다. 결국 요나가 뽑힌다. 이때 요나가 어떻게 하는가? 우리 같으면 이건 말도 안 된다고, 내가 이 풍랑의 이유라는 합리적인 물증을 대라고 버틸 것이다. 책임 없다고 발뺌할 것이다.

그런데 여기 요나의 훌륭한 점이 있다. 그것은 모든 책임을 자신의 것으로 인정하는 것이다. 사실 인정하면 요나는 바다에 빠져 죽어야 한다. 누가 이런 상황에서 자신의 목숨까지 내놓으며 책임지려 하겠는가? 그러나 요나는 기꺼이 나서서 용감하게 책임진다. "그가 대답하되 나를 들어 바다에 던지라. 그리하면 바다가 너희를 위하여 잔잔하리라. 너희가 이 큰 폭풍을 만난 것이 나 때문인 줄을 내가 아노라 하니라"(욘 1:12).

그가 뭐라고 하는가? "나를 들어 바다에 던지라!" 요나의 책임지는 신앙으로 결국 배 안의 모든 사람이 살아나게 되었다. 요나도 죽는 줄 알았다가 다시 살았다. 그리고 책임졌던 요나로 인해 니느웨의 많은 사람이 살아났다. 배려하고 책임지는 것은 나에게 손해라는 생각이 많다. 그러나 이것이 결국은 나를 살리고, 내 주변을 살리는 놀라운 생명의 역사를 일으키는 행위다. 지금보다 우리의 배려와 책임이 성장하는 신앙이 되어야 한다.

[56장 각주]

68) 이유나, "최시원 개, 한일관 대표 사고 후에도 여전히 목줄 안하고 거리 활보", 조선일보, 2017. 10. 21.
69) 최아리, "단속경찰 때리면… 美 징역 7년, 한국은 벌금 200만 원", 조선일보, 2017. 10. 20.
70) 니콜라스 월터스토프, 홍종락 역, 「사랑과 정의」, 186쪽.

57 Chapter 57. Exodus 22:16-31

에너지의 방향을 관리하라

사람이 약혼하지 아니한 처녀를 꾀어 동침하였으면 납폐금을 주고 아내로 삼을 것이요 만일 처녀의 아버지가 딸을 그에게 주기를 거절하면 그는 처녀에게 납폐금으로 돈을 낼지니라. 너는 무당을 살려두지 말라. 짐승과 행음하는 자는 반드시 죽일지니라. 여호와 외에 다른 신에게 제사를 드리는 자는 멸할지니라. 너는 이방 나그네를 압제하지 말며 그들을 학대하지 말라. 너희도 애굽 땅에서 나그네였음이라. 너는 과부나 고아를 해롭게 하지 말라. 네가 만일 그들을 해롭게 하므로 그들이 내게 부르짖으면 내가 반드시 그 부르짖음을 들으리라. 나의 노가 맹렬하므로 내가 칼로 너희를 죽이리니 너희의 아내는 과부가 되고 너희 자녀는 고아가 되리라.

네가 만일 너와 함께한 내 백성 중에서 가난한 자에게 돈을 꾸어주면 너는 그에게 채권자같이 하지 말며 이자를 받지 말 것이며 네가 만일 이웃의 옷을 전당 잡거든 해가 지기 전에 그에게 돌려보내라. 그것이 유일한 옷이라. 그것이 그의 알몸을 가릴 옷인즉 그가 무엇을 입고 자겠느냐. 그가 내게 부르짖으면 내가 들으리니 나는 자비로운 자임이니라. 너는 재판장을 모독하지 말며 백성의 지도자를 저주하지 말지니라. 너는 네가 추수한 것과 네가 짜낸 즙을 바치기를 더디하지 말지며 네 처음 난 아들들을 내게 줄지며 네 소와 양도 그와 같이 하되 이레 동안 어미와 함께 있게 하다가 여드레 만에 내게 줄지니라. 너희는 내게 거룩한 사람이 될지니 들에서 짐승에게 찢긴 동물의 고기를 먹지 말고 그것을 개에게 던질지니라.

어린 자녀를 키우는 부모가 자녀를 키우면서 배우는 것이 있다. 하나님이 자녀에게 주신 생명력이 엄청나다는 것이다. 어린 자녀들은 끊임없는 호기심, 끊임없는 활동력, 끊임없는 칭얼댐을 갖고 잠시도 가만히 있지 않고 하나님이 주신 생명력을 발산한다. 자는 것을 제외하고는 결코 지치지 않는다. 쉬지 않는다. 계속 움직이고 계속 돌아다닌다. 부모가 될 준비가 된 줄 알았다가도 이런 약동하는 생명력 앞에 부모들은 완전히 지쳐서 그만 탈진상태가 되고 만다.

생명력은 우리의 삶을 계속해서 자라게 한다. 이때 중요한 것이 에너지의 방향이다. 에너지는 끊임없이 약동하는데, 이때 에너지를 긍정적인 방향으로 분출할 수 있도록 안내해야 한다. 에너지가 잘못된 방향으로 분출되는 것이 죄다. '죄' 라는 헬라어 단어 '하마르티야'는 화살이 과녁을 빗나가는 것을 의미한다. 생각해보라. 과녁을 맞히지 않았지만 과녁까지 날아가 화살이 꽂히려면 어마어마한 에너지가 화살에 실려야 한다.

미국 북동부 뉴햄프셔 주의 검시관으로 일했던 토머스 앤드류 박사가 있다.[71] 이 사람은 평생 죽은 시신을 검사하며 죽음의 원인을 추적하는 일을 했다. 뉴햄프셔 주는 2010년부터 마약류와 같은 약물 과다복용으로 인한 젊은이의 사망이 많이 늘어나기 시작했다. 마약으로 인한 젊은이의 사망이 늘어나면서 앤드류 박사는 1년에 250구 이상의 시체를 해부하기에 이르렀다. 한동안 앤드류 박사는 시체를 해부하여 사망의 원인을 규명하고, 이로써 미국 사회에 마약에 대한 경각심을 일으키는 것에 의미를 찾았다. 그런데 사망자가 계속 늘어나면서 앤드류 박사는 이 일에 회의를 느끼게 되었다. "아, 원인을 밝히는 것으로는 절대 문제가 해결되지 않는구나. 영혼을 어루만져야 하는구나. 그래서 젊은 영혼들이 달려가는 방향을 바꾸어야 하는구나!" 그래서 그는 직장을 내려놓고 신학공부를 시작했다.

열심히 달려가기는 하는데 그 길이 사는 길이 아니라 죽음에 이르는 길이라면 얼마나 안타까운가? 죽음에 이르는 길에서 달려가고 있는 사람은 정작 그 사실을 잘 모른다. 주변 사람이 이야기해주어도 잘 들리지 않는다. 왜 그런가? 강렬하게 솟구치는 뜨거운 에너지가 자신을 몰고 가기 때문이다. 이 에너지의 방향을 돌리려면 이 에너지를 꺾을 정도의 강력한 에너지가 아니고는 돌이키기가 절대 쉽지 않다.

사도 바울이 그랬다. 바울은 나사렛 예수를 메시아로 믿는 이들을 사로잡아 전멸하는 것이 하나님을 위하는 일이라고 생각했다. 그래서 바울은 그리스도인을 체포하기 위해 대제사장으로부터 공문을 받아 다메섹으로 향했다. 그때 하늘로부터 내려오는 강렬한 빛을 만나 바울은 그 자리에서 꼬꾸라졌다. 그 빛 가운데 예수님이 나타나셔서 바울에게 말씀하셨다. "네가 어찌하여 나를 박해하느냐 하시거늘 대답하되 주여 누구시니이까. 이르시되 나는 네가 박해하는 예수라"(행 9:4-5). 이 사건으로 사도 바울은 그 삶의 에너지의 방향을 바꾸었다. 예수님을 믿는 성도들을 핍박하는 것에서 이제 예수님을 자랑하고 전파하는 것으로 바꾸었다. 그리스도인을 핍박했던 강렬한 에너지가 복음을 전하는 것으로 바뀌었고, 그의 삶은 초대교회에서 가장 아름다운 삶의 모범으로 오늘날까지 남게 되었다.

울산대학교 법학과 교수인 이정훈 교수의 삶도 이와 비슷하다.[72] 그는 동국대학교 불교학과에 전액 장학생으로 입학했고 군종장교로 군법사가 되어 군 법당까지 지었다. 이후에 그는 종교자유정책연구원(이하 종자연)을 출범시킨 주요인물 중 하나가 되었다. 종자연의 주된 일은 기독교를 공격하는 것이었다. 기독교에 부정적인 이미지를 대사회적으로 심고, 정부시책이라는 미명 하에 법적으로 기독교를 말살시키는 것이었다. 운동권 진영 안에 깊이 스며든 네오마르크시즘을 철저히 따르던 사람이었다. 그래서 기독교를 탄압하는 법안을 만들어 옥죄이기 시작했다.

하루는 이 교수가 개신교에 대한 아주 치명적인 공격 법안을 구상하다가 머리가 아파서 개신교에 대한 공격포인트를 찾으려고 기독교방송을 보게 되었다. 그때 어느 목사가 하는 "주님, 내가 죄인입니다"라는 설교를 듣고 "너나 잘 하세요!" 하고 비아냥대다가 그만 혀가 굳어지고 온몸에 수천 볼트의 전류가 흐르는 듯 그 자리에서 고꾸라지고 말았다. 그 순간 자기의 죄가 보였다. 내가 얼마나 죄 많은 사람인지 순식간에 믿어지고, 이런 나를 위해 예수님이 십자가를 지고 돌아가셨다는 것이 믿어졌다. 그리고 회심했다. 이후로 사도 바울과 같이 그리스도의 복음을 위해 열정을 다해 달려가고 있다.

이번 장의 본문은 하나님과 이스라엘 백성 간의 계약법전에 들어 있는 일상에서 주의해야 할 도덕법에 관한 계명이다. 이 지침을 하나하나 살펴보면 강렬한 삶의 에너지가 약동하는 것을 볼 수 있다. 계약법전에 들어 있는 주제들은 우리의 삶에 매력 있게 다가와 우리를 강력하게 잡아당기는 음행, 우상, 결과 중심의 성공주의다. 이를 에너지 방향의 관점에서 보면 왜곡된 성, 왜곡된 하나님, 왜곡된 성공이다. 이것들을 하나하나 살펴보자.

첫째, 왜곡된 성, 곧 음행의 주제다.

> "사람이 약혼하지 아니한 처녀를 꾀어 동침하였으면 납폐금을 주고 아내로 삼을 것이요"(출 22:16).

어떤 남자가 결혼할 약혼자가 없는 처녀, 사귀는 사람이 없는 아가씨를 꾀어 동침하려 한다. 하나님께서는 우리에게 생육하고 번성하기 위해 성욕을 주셨다. 하지만 죄가 들어오며 이 성욕이 왜곡되었다. 그래서 하나님이 허락하신 결혼의 건강한 경계를 지키지 못하고 넘어간다. 하나님은 이렇게 경계를 넘어간 경우 남자는 반드시 이 여인을 아내로 삼을 것을 명하신다. 성적으로 하나 됨은 부부관계에서 허락되는 특권이기에 특권을 누림과 동시에 특권에 대한 책임을 질 것을 전제하는 말씀이다.

결혼의 경계를 넘어 갖는 왜곡된 성적관계는 그릇된 성욕에 탐닉하게 하고 방탕하게 하며, 더 나아가 심각하게 왜곡된 성욕의 오용으로 나타난다. 그 대표적인 것이 수간(獸姦), 즉 짐승과 변태적인 성행위를 하는 것이다.

"짐승과 행음하는 자는 반드시 죽일지니라"(출 22:19).

놀라운 점은 고대 근동의 법전을 비교해보면 대부분 짐승과의 변태적인 성행위를 금지하는 것이 없다는 사실이다. 헷 족속의 법전에서는 이런 수간을 금지하기는 하지만, 사람이 말이나 당나귀와 교접하는 것은 범죄가 아니라고 규정한다. 하지만 하나님께서는 이것을 창조질서를 어그러뜨리는 것으로 보신다. 왜? 모든 생물을 종류대로 창조하셨기에 이 종(種)을 섞는 것은 창조질서를 혼란하게 만드는 것이기 때문이다.

성관계의 경계선이 건강한 남녀 간의 결혼에서 벗어나기 시작하면 음란한 관계로 왜곡되고 비정상적인 관계로 나아가기 쉽다. 서로를 진심으로 사랑해야 할 관계가 돈으로, 그릇된 호기심과 왜곡된 정욕으로 뒤틀린다.

최근 동성애가 계속해서 사회적 이슈가 되고 있다. 동성애를 지지하는 이들은 동성애를 인권으로 주장하며 나아간다. 더 나아가 유엔 경제사회위원회에서는 사람은 저마다 자신만의 고유한 성을 선택할 수 있도록 해야 한다고 권고한다. 어느 나라의 페이스북 회원가입 계정에는 그 사람의 성 정체성을 58개로 선택할 수 있도록 메뉴를 개선했다.[73] 여기 보면 남성, 여성만이 있는 것이 아니다. 무성(Agender), 아직 확정되지 않아 오락가락하는 유동적인 성(Gender Fluid), 모든 것에 성적 지향을 갖는 성(Pangender)도 있다. 이는 모든 사람에게 성적 끌림을 경험하는 성이다. 이렇게 되면 소아성애자도 이 팬젠더에 포함될 수 있다.

2013년에 미국심리학회가 발표한 「정신질환 진단통계 지침서」(DSM-5)를 보면 소아성애를 정신질병이 아닌 성적 지향성으로 분류해서 큰 파장을 일으킨 적이 있다. 이것을 근거로 소아성애를 합법화하려는 움직임도 일어난다.[74] 인권이라는 이름으로 점점 인간의 성적 왜곡을 정당화하고 합법화하려는 것이다. 독일을 비롯한 유럽의 몇몇 나라들은 '동물 사창가'가 새로운 선택지로 뜬다. 다행히도 이러한 시도는 독일 헌법재판소의 판결로 불법으로 규정되었다.[75] 이것을 정당한 권리로 주장하는 이들은 '이러한 변태적인 성적 행위도' 자신의 성적 행복을 추구할 수 있는 권리라는 것이다. "나는 동물한테 끌린다." 그러고는 이것을 나의 성적 자기 결정권으로 주장한다.

이러한 성적 혼란이 만연하다 보니 우리 청소년들에게도 이런 피해가 고스란히 드러나고 있다. 우리나라에 지난 10년 사이 10~20대 사이에서 에이즈 감염자가 급증하고 있다. 에이즈의 잠복기는 10년이다. 이렇게 볼 때 10년 전부터 우리나라의 성적 혼란을 부추기는 문화가 청소년들에게 스며들었고, 이것이 고스란히 열매로 드러난 것이다. 10대 감염자는 10년 전에 비해 거의 400% 이상이 늘어났고, 20대 감염자도 300% 가량 늘어났다.[76] 특히 에이즈는 주로 동성 간, 특히 대다수가 남성을 중심으로 번져가고 있다. 그런데 이것을 자기의 성 행복권을 추구하기 위한 인권으로 여기고 받아주다 보면 국가적으로 큰 혼란이 일어난다. 2017년 기준으로 국내에 에이즈 환자로 지난 5년간 진료받은 이들은 총 44,241명이고, 이들을 위해 투입된 건강보험 지출은 무려 4,122억 원이었다. 1인당 약 10억 원의 치료비를 투입했던 것이다. 에이즈는 아직 완치가 불가능한 질환이기에 일단 발병하면 오랜 시간 막대한 치료비를 국가가 쏟아부어야 하는 짐이 된다.

사람에게 있는 성적 에너지는 자기 성욕의 지향성을 기초로 한 인권의 문제가 아니라 하나님의 창조질서 아래 그 방향을 잘 관리해야 할 문제다. 성욕은 생명을 이어가는 활화산과 같은 강력한 에너지이기 때문에 말씀 안에서 그 방향을 점검해야 한다. 방향을 잘못 틀면 자칫 돌이킬 수 없는 후회를 일으킨다. 왜곡된 성적 에너지는 왜곡된 에로스, 즉 극단적인 자기사랑에서 비롯된다. 왜곡된 자아는 복음의 능력으로, 예수 그리스도의 보혈로 치유되어야 한다.

둘째, 하나님께서는 무속의 힘을 금지하신다. 오늘 본문에서 금지하는 것은 무속의 힘이다.

"너는 무당을 살려두지 말라"(출 22:18).

무당을 살려두지 말아야 하는 이유가 무엇인가? 무당은 우리 삶의 강력한 에너지의 방향을 하나님에게서 틀어 자기에게 집중하게 만들기 때문이다. 우리가 무당을 의지하는 이유가 무엇인가? 잘되고 싶어서, 어려운 일을 극복하고 싶어서다. 그렇게 하기 위해서 나를 뛰어넘는 초월적인 힘을 힘입으려 한다. 무속을 의지하는 것은 한편으로 자신의 약한 한계를 인정하는 것이기도 하다. 무속의 힘을 의지하는 것은 왜곡된 자기 계발이자 자기 초월의 시도다.

주변에 이사할 때 보면 의외로 '손 없는 날'을 많이 따진다. '손

없는 날'은 손님 없는 날인데, 여기서 손님은 사방을 돌아다니면서 해코지하는 손님, 즉 귀신을 말한다. 이것도 법칙이 있다. 손은 음력으로 매달 1일과 2일은 동쪽으로 가고, 3일과 4일은 남쪽, 5일과 6일은 서쪽, 7일과 8일은 북쪽으로 가고 나머지 이틀은 하늘로 올라간다. 이렇게 귀신이 어디론가 가고 없을 때 이사를 가야 그 집에 부정이 타지 않고 큰 어려움 없이 살 수 있다는 것이다. 그래서 음력으로 매달 9일, 10일, 19일, 20일, 29일, 30일이 손 없는 날이 된다. 이때 이사비용이 많이 올라간다. 반면 손님이 몰리는 바람에 바빠져 이삿짐센터의 서비스 품질은 떨어진다. 이렇게 나쁜 날을 피하고 좋은 날을 택하는 것을 흔히 택일이라고 하는데 그 근저에는 음양오행의 원리가 적용되어 있다.

음양오행은 그 자체로 미신이거나 나쁜 것은 아니다. 우리 선조들이 천지의 변화를 관찰하면서 경험적 통계를 바탕으로 세운 법칙일 뿐이다. 우주와 만물이 운행하는 법칙을 음과 양의 변화로, 또 물, 불, 나무, 쇠, 흙의 생성 곧 수, 화, 목, 금, 토의 변화가 음과 양의 변화와 맞물려 상호작용을 하는 것으로 이해한다. 이것을 기초로 사주가 나오고, 성품의 이해가 나오고, 또 동양의학이 나왔다. 의학이 나올 정도면 상당한 합리성과 객관성을 갖추고 있다고 볼 수 있다. 그래서 많은 사람이 여기에 매료되었다. 무속은 점점 그 규모가 커지고 있다. 2007년 통계로 50만 역술인에 4조 원에 육박하는 산업이었던 것이, 10년 후 2017년에는 그 규모가 두 배 이상으로 성장했다.[77] 무당과 역술인만 100만 명에 육박한다.

그러나 이러한 이해가 우리의 죄 문제를 해결하고 우리를 하나님께로 나아가도록 도와주지 않는다. 이런 원리를 이해하려는 이유는 결국 이것을 활용하여 우리 삶에 재액을 면하고 복을 누리며 살기 원하기 때문이다. 그러나 이런 것들은 자칫 온 세상을 운행하는 법칙을 만드신 하나님으로부터 우리를 멀어지게 하고 삶의 에너지 방향을 하나님이 아닌 자기를 향해 전환하게 하는 매우 위험한 요소가 된다. 해마다 연말이 되면 세상의 많은 정치가, 권력가, 사업가들이 이런 것들을 의지해서 자기 삶의 방향을 결정하고는 괴로운 결말을 맞이할 때가 있다.

셋째, 하나님께서는 왜곡된 성공주의를 경계하신다.

> "너는 이방 나그네를 압제하지 말며 그들을 학대하지 말라. 너희도 애굽 땅에서 나그네였음이라. 너는 과부나 고아를 해롭게 하지 말라"(출 22:21-22).

이방 나그네는 선민의식으로 무장한 이스라엘 백성에게 약자였다. 이스라엘 백성은 이들을 쉽게 착취할 수 있었고 이용하다 내팽개쳐도 괜찮은 존재로 여기곤 했다. 또 과부와 나그네는 힘없고 소외된 어려운 사람들이었다. 이스라엘 백성이 이들을 압제하고 학대하는 이유가 무엇인가? 자기 이익을 무리하게 강제로 취하려 하기 때문이다. 이러한 행동이 노골적으로 드러나는 것이 이번 장의 본문 25~27절 말씀이다.

> "네가 만일 너와 함께한 내 백성 중에서 가난한 자에게 돈을 꾸어 주면 너는 그에게 채권자같이 하지 말며 이자를 받지 말 것이며 네가 만일 이웃의 옷을 전당 잡거든 해가 지기 전에 그에게 돌려

보내라. 그것이 유일한 옷이라. 그것이 그의 알몸을 가릴 옷인즉 그가 무엇을 입고 자겠느냐. 그가 내게 부르짖으면 내가 들으리니 나는 자비로운 자임이니라"(출 22:25-27).

만약 돈을 꾸어주면 동족이기에 사랑하는 마음으로 이자를 받지 말고 채권자같이 하지 말라고 한다. 이는 현대인의 관심사와 정면으로 배치된다. 오늘날 현대인의 관심사는 '어떻게 하면 내 돈에 이자를 불릴 수 있을까?' '어떻게 고리의 이자로 복리로 받을 수 있을까' 하는 것이다. 우리는 이자를 정당한 재테크의 수단으로 생각한다. 그러나 하나님께서는 연약한 자에게 돈을 꾸어주면 이자를 받지 말고 말 그대로 빌려주라고 말씀한다. 고대 근동에서 흔히 받았던 이자는 곡물의 경우 연 20~25%에 달했다. 어떤 경우는 50%에 이르기까지 했다. 부자는 조금만 이자놀이를 해도 재산을 크게 불릴 수 있었다. 이런 주변 세계의 상황에서 이자를 받지 말라는 것은 상당히 파격적인 일이었다.

또 누군가가 담보로 자기 옷을 내놓으면 그 옷을 해지기 전에 돌려보내라고 한다. 당시에는 온몸을 가리고 두르는 겉옷이 밤에는 침낭이자 이불 역할을 했다. 만약 해가 지고 어두운 저녁에 겉옷 없이 자면 열병에 걸리기가 쉬웠다. 겉옷을 빼앗는 것은 질병에 고스란히 노출시키는 잔인한 행위다. 하나님께서는 겉옷 한 벌밖에 없는 연약하고 가난한 이를 잔인하게 착취하면서까지 이익을 취하지 말라고 하신다. 하나님은 하나님의 백성들이 세상에서 가장 의지할 것 없는 이들을 지키주고 보호해주기를 원하셨다. 그래서 사도 야고보는 참된 "경건은 곧 고아와 과부를 그 환난 중에 돌보고 또 자기를 지켜 세

속에 물들지 아니하는 그것이니라"(약 1:27)고 말씀한다.

가장 비겁한 사람은 자신에게 어찌할 수 없는 자들을 착취하고 괴롭히는 사람이다. 수단과 방법이야 어떻게 되었든 돈만 많이 쌓으면 괜찮다고 생각하기 쉽다. 우리는 누군가의 것을 빼앗아야 이익을 얻는 제로섬게임에서 승리하는 것에 꽤 익숙하다. 그러나 하나님은 이것을 기뻐하지 않으신다. 내가 승리에 취해 기뻐하고 있을 때 하나님은 신음하는 이들의 소리에 귀 기울이신다.

우리는 종종 많은 돈을 갖거나 무속에서 말하는 운 좋은 결과를 성공이라고 생각하기 쉽다. 그러나 본문은 세상에서 추구하는 성공을 따라가는 것은 위험하고 때로는 하나님을 전혀 기쁘시게 하는 것이 아님을 암시한다. 이어지는 다음 절을 보라.

> "네가 만일 그들을 해롭게 하므로 그들이 내게 부르짖으면 내가 반드시 그 부르짖음을 들으리라"(출 22:23).

"그가 내게 부르짖으면 내가 들으리니 나는 자비로운 자임이니라"(출 22:27)고 말씀한다. 나의 성공이 이웃을 압제하며 괴롭게 한 결과로 얻어지는 것이라면 하나님께서 괴롭힘을 당한 이들의 부르짖음을 들으시겠다고 한다. 하나님은 우리가 세상 속에 살아가면서 대다수가 익숙하고 자연스럽게 받아들일 수 있는 것에 대해 경계하라고 말씀한다. 이러한 경계는 28절에도 이어진다.

> "너는 재판장을 모독하지 말며 백성의 지도자를 저주하지 말지니라"(출 22:28).

많은 사람이 공동체의 리더를 함부로 모독하고 저주한다. 내 삶의 원망을 앞에서 인도하는 이에게 돌린다. 그러다 보면 더 심한 비관과 부정에 빠지기 쉽다. 성도는 이 부분에 대해 조심해야 한다. 우리가 이러한 사안에 대하여 마음을 제대로 붙잡지 않으면 삶의 에너지의 방향을 통제하지 못하고 엉뚱한 곳으로 치닫기 쉽다. 음행과 무속과 왜곡된 성공주의와 지도자에 대한 저주와 모독은 건강한 공동체의 성장을 무너뜨리고 공동체의 기초를 갉아먹는다.

그렇다면 성도는 어떻게 해야 하는가? 본문에서 전제하는 것이 있다. 그것은 이러한 삶의 방향의 길목길목을 하나님이 지켜보고 계신다는 점이다. 우리 삶의 에너지가 연약한 자를 통해 왜곡된 성공을 추구하려 할 때, 또 무속에 빠지고 다른 신에게 제사하려 할 때 하나님은 그 현장을 지켜보고 계신다.

그렇다면 생각해보자. 이러한 것을 하나님께서 금지하신다고 하지만 이런 곳에 에너지가 이렇게 강렬하게 집중되는 이유가 무엇일까? 이러한 것들을 통해 내가 빠르게 행복하게 될 것이라고 착각하기 때문이다. 왜곡된 성을 통하여 만족을 얻고, 왜곡된 우상의 힘을 의지하여 내 소원을 성취하고, 이웃의 관계를 왜곡하여 이들을 짓밟고 내가 성공하고, 나를 앞선 이들을 모독하고 저주하며 나를 앞세워 성공하려 한다.

성도는 내 삶의 에너지가 어디로 향하고 있는지를 예리하게 관찰할 필요가 있다. 에너지는 일단 방향이 정해지면 죄든 하나님이 기뻐하시는 것이든 화살이 날아가듯 강렬하게 날아간다. 과녁을 맞히든 빗나가든 상관없이 강력한 힘이 실린다. 그래서 로마서 12장 2절은 우리에게 말씀한다. “너희는 이 세대를 본받지 말고 오직 마음을 새롭게 함으로 변화를 받아 하나님의 선하시고 기뻐하시고 온전하신 뜻이 무엇인지 분별하도록 하라." 이 세대는 어떻게든지 자신의 형통과 행복을 추구하는 세상 풍조를 말한다. 성도는 이를 본받지 말고 오직 마음을 새롭게 함으로 변화를 받으라고 말씀한다. 이러한 변화는 예수 그리스도를 통해 하나님과의 새로운 관계 안으로 들어온 자녀들에게 성령께서 오셔서 굳은 마음을 제거하시고 부드러운 마음을 주심으로 가능하게 된다(겔 36:25-27).

우리의 관심은 하나님이어야 하고 그의 뜻이어야 한다. 이번 장의 본문 31절은 "너희는 내게 거룩한 사람이 되라"고 하면서 "너는 네가 추수한 것과 네가 짜낸 즙을 바치기를 더디하지 말지며 네 처음 난 아들들을 내게 줄지며"(출 22:29)라고 한다. 생업의 현장에서 하나님의 손길을 인정하고, 하나님이 주신 것을 하나님의 것으로 인정하여 드리라는 것이다. 내가 추수한 것, 내가 노력한 것인데 왜 하나님께 드려야 할까? 에너지의 흐름을 관리하기 위해서다. 삶의 에너지가 자기에게로 흐르면 하나님을 향하여 인색해진다. 그러나 이것이 하나님께로 흐르면 이 모든 것이 하나님의 은혜임을 인정하고 기쁘게 드리게 된다.

성도의 행복이 여기에 있다. 그리고 세상의 행복과 다른 점이 여기에 있다. 세상의 행복은 수단과 방법이 어떻게 되었든 내가 원하는 결과를 얻으면 된다. 하나님이 세우신 경계를 넘어 허락하지 않은 방법으로 성적 쾌락과 만족을 추구한다. 하나님의 뜻대로 순종하는 것이 아니라 내가 원하는 인생의 대박과 복을 위해 운세에 의지하고 하나님이 기뻐하지 않는 초월적인 힘을 끌어들이고 우상을 끌어들인다. 왜? 이것이 걸음걸음 순종하는 것보다 결과가 더 빠르고 극적이기 때문이다. 또 다른 사람은 어떻게 되든 상관없이 나만 잘되고 성공하면 된다. 이렇게 해서 성공하고 쾌락을 얻고 대박을 터뜨리고 나면 행복할까? 아니다. 잠깐의 기쁨과 쾌락 이후 쓰나미처럼 몰려드는 공허감에 허탈해한다. 사람이 해 아래서 행하는 것들이 헛되고 헛되며 헛되고 헛되다(전 1:2). 행복은 절대 내가 원하는 결과를 이룬다고 얻어지지 않는다.

본래 '행복'(happiness)이라는 단어의 어원은 '우연히 일어나는 것'(happening)에서 왔다. 한문으로 행(幸)은 '쇠고랑을 면하다' '죽음을 면하다'는 뜻이 있고, 복(福)은 '신이 항아리를 가득 채워준다'는 의미가 들어 있다. 행복은 재액을 면하고 하늘이 내려주는 신령한 복을 경험하는 것이다. 생각해보라. 인생의 쇠고랑을 면하고 하늘이 채워주는 것을 맛보는 것은 내 노력과는 별 상관없는 것들이다. 오히려 내가 열심히 노력하다가 인생의 쇠고랑을 차고 비참해지는 경우도 많다. 다시 말해 행복은 내가 노력해서 값을 치르고 받는 것이 아니라 100% 하늘이 내려주는 것, 즉 은혜의 영역이다. 그렇다면 이것을 누가 받는가? 새롭고 변화된 마음으로 하나님이 기뻐하는 걸음을 걷는 이가 받는다. 즉 탐욕스럽게 무엇인가를 쟁취하기 위해 전투적으로 달려가는 사람이 아니라 하나님을 경외하고 하나님이 기뻐하시는 존재로 서는 사람이 받는다. 그래서 행복은 행동(doing)의 문제 이전에 존재(being)의 문제다. 행복은 내가 찾는 것이 아니라 하나님이 기뻐하는 존재가 되어 은혜의 선물로 받는 것이다.

그렇다면 관건은 우리가 어떻게 하나님이 기뻐하시는 존재로 설 것이냐 하는 것이다. 이를 위해서 우리는 삶의 에너지의 방향을 하나님이 기뻐하시는 방향으로 흐르도록 관리해야 한다. 왜냐하면 사람의 주된 목적은 하나님을 영화롭게 하고 하나님을 영원토록 찬송하는 것에 있기 때문이다(사 43:21). 매일의 일상 가운데 내 삶의 에너지는 어떤 방향을 향하여 달려가는가? 걸음걸음 가운데 하늘이 주시는 행복을 경험하는가? 내게 주신 생명, 내게 주신 생의 의욕과 힘, 이것을 하나님이 기뻐하시는 방향으로 향할 수 있도록 관리하는 지혜로운 성도가 되어야 한다.

[57장 각주]

71) 이현우, "'평생을 죽음과 마주하며 알았어요 마약 중독 해법은 영혼 구원임을…' 검시관서 신학도 변신 美토머스 앤드루 박사", 국민일보, 2017. 10. 18.
72) 백상현, "[미션&피플] 출가했던 교회 저격수, 열혈 크리스천이 되다", 국민일보, 2017. 10. 9.
73) 권용민, "페이스북, 가입 시 선택 가능한 성(性) 50가지… 당신은?", 아시아경제, 2014. 2. 15.
74) 건강한사회를위한국민연대, "[건사연 칼럼] 동성애와 같은 길을 걷고 있는 '소아성애'", 기독일보, 2014. 6. 16.
75) 김국헌, "독일 헌법재판소 '동물과 성관계 금지 합헌'", 반려동물뉴스 '노트펫', 2016. 2. 19.
76) 신재우, "국내 에이즈환자 1만 3천 명… 청소년 환자 10년간 4.2배↑", 연합뉴스, 2017. 10. 20.
77) 이정구, "[Why] 100만 명 넘어섰다는 무당과 역술인, 10년 새 倍로 늘었다는데…", 조선일보, 2017. 11. 25.

58 Chapter 58. Exodus 23:1-19

언약법전이 지향하는 삶

너는 거짓된 풍설을 퍼뜨리지 말며 악인과 연합하여 위증하는 증인이 되지 말며 다수를 따라 악을 행하지 말며 송사에 다수를 따라 부당한 증언을 하지 말며 가난한 자의 송사라고 해서 편벽되이 두둔하지 말지니라. 네가 만일 네 원수의 길 잃은 소나 나귀를 보거든 반드시 그 사람에게로 돌릴지며 네가 만일 너를 미워하는 자의 나귀가 짐을 싣고 엎드러짐을 보거든 그것을 버려두지 말고 그것을 도와 그 짐을 부릴지니라. 너는 가난한 자의 송사라고 정의를 굽게 하지 말며 거짓 일을 멀리 하며 무죄한 자와 의로운 자를 죽이지 말라. 나는 악인을 의롭다 하지 아니하겠노라.

너는 뇌물을 받지 말라. 뇌물은 밝은 자의 눈을 어둡게 하고 의로운

자의 말을 굽게 하느니라. 너는 이방 나그네를 압제하지 말라. 너희 가 애굽 땅에서 나그네 되었었은즉 나그네의 사정을 아느니라. 너는 여섯 해 동안은 너의 땅에 파종하여 그 소산을 거두고 일곱째 해에는 갈지 말고 묵혀두어서 네 백성의 가난한 자들이 먹게 하라. 그 남은 것은 들짐승이 먹으리라. 네 포도원과 감람원도 그리할지니라. 너는 엿새 동안에 네 일을 하고 일곱째 날에는 쉬라. 네 소와 나귀가 쉴 것 이며 네 여종의 자식과 나그네가 숨을 돌리리라. 내가 네게 이른 모든 일을 삼가 지키고 다른 신들의 이름은 부르지도 말며 네 입에서 들리게도 하지 말지니라.

너는 매년 세 번 내게 절기를 지킬지니라. 너는 무교병의 절기를 지키라. 내가 네게 명령한 대로 아빕월의 정한 때에 이레 동안 무교병을 먹을지니 이는 그 달에 네가 애굽에서 나왔음이라. 빈손으로 내 앞에 나오지 말지니라. 맥추절을 지키라. 이는 네가 수고하여 밭에 뿌린 것의 첫 열매를 거둠이니라. 수장절을 지키라. 이는 네가 수고하여 이룬 것을 연말에 밭에서부터 거두어 저장함이니라. 네 모든 남자는 매년 세 번씩 주 여호와께 보일지니라. 너는 네 제물의 피를 유교병과 함께 드리지 말며 내 절기 제물의 기름을 아침까지 남겨두지 말지니라. 네 토지에서 처음 거둔 열매의 가장 좋은 것을 가져다가 너의 하나님 여호와의 전에 드릴지니라. 너는 염소 새끼를 그 어미의 젖으로 삶지 말지니라.

2017년 11월 22일 수요일, 북한 병사 한 명이 북한군의 총격을 받으며 JSA(공동경비구역)를 넘어서 목숨 건 탈출에 성공했다.

이 병사는 복부, 우측 골반, 양팔, 다리 등 5곳 이상의 총상을 입고 JSA 건물 벽 아래에 쓰러졌는데, 이를 우리 군 경비대대 군인 3명이 가서 구출해왔다. 상태를 보니 위중했다. 곧바로 헬기로 이송되어 외상센터에 옮겨져 두 차례에 걸친 대수술을 받고 다행히 빠르게 회복되었다. 이 귀순병사를 치료했던 의사는 어떤 마음이었을까? '어떻게든 살아라. 자유의 나라 대한민국에 왔으니 이곳에서 자유를 만끽하고 멋지게 살아봐야 하지 않겠느냐' 하는 마음이었을 것이다.

이 북한 병사를 치료한 이국종 의사는 예전에 아덴만에서 해적에게 납치되어 큰 부상으로 생명을 잃을 뻔했던 석해균 선장을 치료하기도 했다. 석해균 선장의 증언에 따르면 자신을 치료할 때 혼신의 힘을 다해 어떻게든 살리려고 진심을 다하는 의사 선생님의 모습에 큰 감동을 받았다고 한다.[78] 덕분에 자신의 삶에 다시 희망을 갖고 다시 일어서게 되었다는 것이다. 또한 덕분에 자신의 삶을 간증하며 많은 사람에게 새 희망과 힘을 줄 수 있게 되었다.

이 소식과 함께 같은 날 미국에서는 안타까운 소식 하나가 소개되었다. 그것은 지난 2010년 북한에 억류되어 8년 형을 선고받았다가 카터 전 미국 대통령의 방북으로 미국으로 돌아온 미국인 아이잘론 곰즈가 그만 숨졌다는 것이다. 소식에 따르면 곰즈는 미국으로 돌아온 이후 북한에서의 수감생활로 인한 외상 후 스트레스 증후군을 겪으며 고생해 왔었다.[79] 본국으로 돌아와 더 행복하고 풍성한 삶을 살아야 할 그의 생이 이렇게 끝나고 만 것이다. 이러한 일련의 사건들을 보면서 우리는 죽음에서 건짐을 받는 것도 중요하지만 살아난 이후 더 보람 있고 가치 있는 생을 살아가는 것이 훨씬 중요하고 귀함을 깨닫는다.

이스라엘 백성은 애굽 왕 바로의 압제 가운데 큰 고통 속에 있다가 하나님의 큰 능력으로 기적적인 구원을 경험했다. 큰 능력과 기적으로, 또 밤에는 불 기둥과 낮에는 구름 기둥으로 보호함을 받으며 시내산까지 인도되었다. 하나님께서는 시내산에서 이스라엘 백성을 하나님의 언약백성으로 택하시고, 이들에게 언약백성으로 사는 것이 무엇인지를 구체적으로 알려주셨다. 그것이 바로 출애굽기 20장부터 23장 19절까지 이어지는 '언약법전'의 내용이다. 이번 장의 본문은 그 끝부분이다. 이 법전을 선포한 후 하나님께서는 이스라엘 백성을 언약백성으로 삼는 언약을 체결하신다.

본문에 나오는 언약법전들의 내용을 보면 상당히 구체적이다. 왜 그럴까? 너무 구체적이면 이것을 지켜야 한다는 의무감으로 부담되고 힘들지 않을까? 하지만 이러한 일련의 언약법전은 단순히 짐을 지우는 것이 아니다. 언약법전은 하나님께서 이스라엘 백성들을 애굽의 노예상태에서 구원하신 목적을 드러낸다. 하나님이 이스라엘을 구원하신 목적은 이 백성이 하나님의 구속의 은혜 아래 살면서 노예상태에 있을 때는 맛보지 못했던 풍성한 삶을 누리며 하나님께 영광을 돌리는 것이다. 그래서 언약법전에는 크게 세 가지의 요소가 들어 있다. 바로 구원, 율법, 그리고 예배다.

첫째는 구원이다. 이것은 언약법전의 서두에 잘 표현되어 있다.

> "나는 너를 애굽 땅, 종 되었던 집에서 인도하여 낸 네 하나님 여호와니라"(출 20:2).

둘째는 율법이다. 이는 노예에서 큰 은혜를 받아 자유인이 된 하나님의 백성이 은혜받은 자로 어떻게 살아야 할지를 구체적으로 알려주는 부분이다. 본문 1~13절까지에 나타나 있다.

셋째는 예배다. 하나님은 이스라엘에게 풍성한 삶을 허락하셨지만 궁극적으로는 이것을 통해 하나님을 올바르게 예배하며 영광 돌리기를 원하셨다. 그래서 어떻게 예배해야 하는지를 구체적으로 말씀하신다. 이 부분은 이번 장의 본문 10~19절까지에 나타나 있다.

언약법전은 큰 구원을 경험하는 것은 비교적 간단하게 전제하면서 이후 구원받은 백성들의 삶이 어떠해야 하는가에 대해서는 상당히 구체적으로 설명하고 있다. 왜 이렇게 구체적일까? 그것은 은혜받은 하나님 백성의 삶은 구체적인 행함으로 드러나야 하기 때문이다. 은혜는 항상 구체적인 행동으로 표현되어야 한다. "네가 보거니와 믿음이 그의 행함과 함께 일하고 행함으로 믿음이 온전하게 되었느니라"(약 2:22).

믿음이란 나를 위해 베풀어주신 하나님의 은혜가 내 힘과 공로가 아닌 은혜로 이루어졌음을 받아들이는 것이다. 큰 은혜받은 사람임을 받아들이는 것이다. 이런 믿음이 있다면 우리는 받은 은혜를 구체적인 행함으로 표현해야 한다. "내 형제들아 만일 사람이 믿음이 있노라 하고 행함이 없으면 무슨 유익이 있으리요. 그 믿음이 능히 자기를 구원하겠느냐. 만일 형제나 자매가 헐벗고 일용할 양식이 없는데 너희 중에 누구든지 그에게 이르되 평안히 가라, 덥게 하라, 배부르게 하라 하며 그 몸에 쓸 것을 주지 아니하면 무슨 유익이 있으리요. 이와 같이 행함이 없는 믿음은 그 자체가 죽은 것이라. 어떤 사람은 말하기를 너는 믿음이 있고 나는 행함이 있으니 행함이 없는 네 믿음을 내게 보이라. 나는 행함으로 내 믿음을 네게 보이리라 하리라"(약 2:14-18).

'난 믿음이 있어' 라고 생각하면 그 믿음은 반드시 구체적인 행동으로 표현되어야 한다. 구체적으로 표현되지 않는 믿음은 그 자체로 죽은 믿음이다. 그리스도 안에 있는 풍성한 은혜를 반드시 순종의 삶으로 구체화해서 표현할 수 있어야 한다. 여기서 '행함이 없는 믿음' 이란 '행함과 분리된 믿음' (faith apart from your works, ESV)을 의미한다.

구체적인 행동으로 드러내야 할 믿음은 크게 두 가지를 지향한다. 하나님 사랑과 이웃 사랑이다. 예수께서는 이 두 계명이 온 율법과 선지자의 '강령' 이라고 말씀하셨다(마 22:36-40). 강령이라는 것은 어떤 일의 기본이 되는 큰 줄기, 전체를 뒷받침하는 기둥과 같은 것이다. 그래서 새번역은 "이 두 계명에 온 율법과 예언서의 본 뜻이 달려 있다"라고 해석한다. 이렇게 볼 때 구약에 있는 모든 율법 조항은 기본적으로 하나님을 사랑하는 것, 그리고 이웃을 사랑하는 것을 구체적으로 표현하는 방법들이다.

이번 장의 본문은 큰 구속의 은혜를 경험하고 출애굽한 백성들이 하나님의 백성으로서 살아가야 할 큰 두 개의 방향을 구체적으로 잘 표현하고 있다. 먼저 1~9절은 이웃 사랑의 방향을, 10~19절은 하나님 사랑의 방향을 보여준다.

먼저 이웃 사랑의 본문을 함께 살펴보자. 본문은 4~5절을 중심으로 위아래 구절들이 서로 대칭적으로 연결되어 있다. 3절과 6절이 송사의 주제를, 2절과 7절이 거짓 증언에 대한 주제를, 1절과 8절이 거짓 소문과 뇌물의 문제를 다룬다. 그러고 나서 부가적으로 9절이 이방 나그네의 문제를 다룬다. 그러니까 4~5절을 중심으로 위아래의 구절들이 서로 대칭되며 전체 주제를 강조하는 형태다. 이렇게 볼 때 핵심주제는 4~5절, 즉 원수 사랑의 문제다.

> "네가 만일 네 원수의 길 잃은 소나 나귀를 보거든 반드시 그 사람에게로 돌릴지며"(출 23:4).

들판에 소나 나귀가 길을 잃었는데 지나가는 길에 우연히 이 소를 마주쳤다. '보거든'(히. 파가)은 '우연히 마주친다'는 의미가 있다. 알고 보니 원수같이 미운 사람의 소유다. 이거 어떻게 할까? 얄미우니 그냥 잡아서 숨겨놓던지 길 잃고 헤매다 죽게 만들어야 할까? 아니다. 잡아서 그 원수에게로 돌려주어야 한다는 것이다. 성경에서 '우연'한 사건은 항상 하나님께서 은밀한 중에 행하시는 필연적인 일하심을 보여준다. '아, 차라리 보지를 말걸' 하는 생각도 든다. 그러나 이미 보았다.

원수는 외나무다리에서 만난다. 피할 수 없다. 정면으로 마주친다. 그러면 하나님의 뜻인 줄 알고 순종하는 마음으로 적극적으로 나서서 원수를 배려하도록 애써야 한다. 오늘날은 짐승을 키우지 않지만 차를 생각해볼 수 있다. 지나가는데 원수의 차가 있다. 그럼 열쇠로 흠집을 내고 타이어를 펑크 내고 유리를 깨뜨린다. 그리고 아무 일 없었던 것처럼 태연하게 간다. 하지만 성경은 오히려 원수의 차에 묻은 흠집과 때를 닦아주라고 말씀한다. 상당히 파격적인 행동이다.

> "네가 만일 너를 미워하는 자의 나귀가 짐을 싣고 엎드러짐을 보

거든 그것을 버려두지 말고 그것을 도와 그 짐을 부릴지니라"(출 23:5).

미워하는 원수가 나귀에게 짐을 지우고 가는데 그만 균형을 잃어 나귀가 엎드러지고 짐이 땅에 엎어진다. 속으로 '크크크, 잘됐다. 고생 좀 해봐라. 넌 그렇게 당해도 싸다' 라는 생각이 들어도 방관하지 말라는 것이다. 원수라도 이런 곤란한 일을 당하면 적극적으로 가서 도와주어 짐을 잘 싣고 가도록 하라는 것이다. 지금 이 계명은 하나님의 백성에게 단순히 공동체의 시민으로 질서를 지키도록 요구하는 것이 아니다. 이는 당시의 시민법과 상식을 뛰어넘는 파격적인 이웃 사랑을 요구하시는 것이다.

우리 같으면 얄미운 사람이 이렇게 되더라도 꼴 보기도 싫어 그냥 피한다. 못 본 체한다. 그런데 하나님의 백성들은 그런 사람이 있더라도 그가 힘들고 곤란한 상황이라면 못 본 체하지 말고 적극 도와주라는 것이다. 이런 행동은 내가 큰 구원의 은혜받은 자로 원수도 용서하고 사랑한다는 것을 보여주는 구체적인 믿음의 표현이 된다. 우리는 마음에 조금만 서운하면 그 사람을 아예 보지를 않으려 한다. 피한다. 몇 년 동안을 피해 다닌다. 그러나 성도라면 적극적으로 관계를 회복하기 위해 노력해야 한다. 그것이 내 믿음을 표현하는 것이다. 이러한 파격적인 원수 사랑을 핵심으로 하나님은 이스라엘 백성에게 진실한 언어행위를 강조하신다.

"너는 거짓된 풍설을 퍼뜨리지 말며 악인과 연합하여 위증하는 증인이 되지 말며"(출 23:1).

'풍설'은 출처를 알 수 없는 떠도는 소문을 말한다. 그런데 그 앞에 '거짓된' 풍설이라고 한다. 헛된 소문, 뜬소문, 공허한 소문이란 뜻이다. 이런 풍설은 어쩌다 생긴 것일 수 있지만 의도하고 계획적으로 퍼뜨리는 경우도 많다. 그래서 거짓 풍설과 함께 "악인과 연합하여 위증하는 증인이 되지 말라"고 한다. 이 소문은 그냥 퍼지는 것이 아니라 배후에는 악인이 꾸미는 악한 의도가 있는 경우가 많다. 이런 의도로 여론몰이를 하고 여기에 다수가 동조하고 휩쓸린다.

"다수를 따라 악을 행하지 말며 송사에 다수를 따라 부당한 증언을 하지 말며"(출 23:2).

예수께서 십자가형을 판결받을 때가 이랬다. 수많은 거짓 증인이 나와 예수님이 하지도 않았던 악한 일을 했었노라고 거짓 증언하고 예수님을 죽음으로 몰고 가려했다(막 14:55-56).

우리 사회를 가리켜 '괴담 공화국'이라고 한다. 사실이 아닌 이야기를 마치 사실처럼 그럴듯하게 포장해서 서로를 불신하게 만드는 말을 사방에 퍼뜨린다. 여론몰이를 해서 한 사람의 인생을 황폐하게 만드는 일이 부지기수다.

"거짓 일을 멀리 하며 무죄한 자와 의로운 자를 죽이지 말라. 나는 악인을 의롭다 하지 아니하겠노라"(출 23:7).

여기서 '죽이다'는 표현은 비유적인 표현이다. 무고한 사람, 의로운 사람을 죄인으로 만들어 사회적으로 매장하는 일을 말한다. 이를 위해서 판결하는 권세 있는 자들은 뇌물을 받지 말아야 한다(8절). 자칫 뇌물을 받고 의로운 자를 매장할 수 있기 때문이다. 거짓으로 사람을 차별하는 일이 발생해서는 안 된다.

이상으로 살펴본 구체적인 행동 양식이 애굽의 노예상태로부터 구속받은 하나님의 백성이 살아가야 할 삶의 방식이다. 성도는 특별히 입술을 조심해야 한다. 주목할 점은 너의 믿음을 행함으로 보이라고 강조하는 야고보서에 언어생활에 대한 강조가 유난히 많다는 사실이다. "우리가 다 실수가 많으니 만일 말에 실수가 없는 자라면 곧 온전한 사람이라. 능히 온몸도 굴레 씌우리라"(약 3:2). "혀는 능히 길들일 사람이 없나니 쉬지 아니하는 악이요 죽이는 독이 가득한 것이라"(약 3:8). 내게 믿음이 있는가? 그렇다면 우리는 입술을 조심해야 한다. 어떤 분은 기도도 많이 하고 은혜도 충만한데 입술만 열면 부정적인 이야기, 다른 사람을 헐뜯는 이야기, 비방하는 이야기로 가득하다. 믿음 없는 행위다. 믿음이 있으면 입술을 제어해야 한다. 우리는 공동체를 흔드는 출처를 알 수 없는 풍설에 입을 닫아야 한다. 그리고 묵묵히 서로를 사랑하는 데 힘써야 한다.

또한 우리는 공동체의 모든 성도를 향하여 공정해야 한다.

> "가난한 자의 송사라고 해서 편벽되이 두둔하지 말지니라"(출 23:3).
>
> "너는 가난한 자의 송사라고 정의를 굽게 하지 말며"(출 23:6).

이를 야고보서는 이렇게 말씀한다. "내 형제들아 영광의 주 곧 우리 주 예수 그리스도에 대한 믿음을 너희가 가졌으니 사람을 차별하여 대하지 말라”(약 2:1). 야고보서에 출애굽기의 내용이 다 들어 있다. 예수님을 믿는 성도의 언약법전과 같은 역할을 한다.

언약법전의 두 번째 부분은 하나님 사랑에 관한 부분이다. 우리가 하나님을 사랑하는 것이 어떻게 표현되는가? 예배를 통해 표현된다. 10~13절은 안식년과 안식일에 대해서 말씀하고, 14절 이하부터는 이스라엘이 대대로 지켜야 할 세 절기인 무교절, 맥추절, 수장절을 말씀한다.

먼저, 우리가 하나님을 사랑하면 우리의 노력을 멈추고 안식할 수 있어야 한다. 본문은 안식의 이유를 두 가지로 말씀하신다. 첫째는 11절 말씀이다.

> “일곱째 해에는 갈지 말고 묵혀두어서 네 백성의 가난한 자들이 먹게 하라. 그 남은 것은 들짐승이 먹으리라. 네 포도원과 감람원도 그리할지니라”(출 23:11).

일곱째 해에는 밭을 갈지 말고 묵혀두라. 그러면 하나님이 그 밭에서 자연스럽게 소산이 나게 하실 것인데 이것으로 가난한 자들과 들짐승이 먹게 하라는 것이다. 6년간은 열심히 일했지만 1년간은 하나님이 일하시는 손길을 목도하라는 것이다.

둘째 이유는 12절에 나온다.

> “너는 엿새 동안에 네 일을 하고 일곱째 날에는 쉬라. 네 소와 나귀가 쉴 것이며 네 여종의 자식과 나그네가 숨을 돌리리라”(출 23:12).

여기 보면 안식일에 짐승이 쉴 것이고 주변 이들이 숨을 돌릴 것이라고 말씀한다. 안식은 나만이 아니라 내 주변의 모든 이가 더불어 누려야 한다. 나 혼자 누리고 다른 이들은 쉬지 않도록 하면 안 된다. 엿새 동안은 우리가 열심히 일하며 만들어간다면 안식일에는 하나님이 우리 안에 새 일을 행하시도록 한다. 하나님께서 역사하실 여지를 드리는 것이다.

더 나아가 하나님은 이스라엘에게 매해 세 번의 절기를 지키라고 말씀하신다. 무교절, 맥추절, 수장절은 이스라엘의 농사 절기와 밀접한 관련을 갖는 동시에 하나님의 구원역사와 직결된다. 무교절은 유월절과 함께 하나님께서 이스라엘을 구원하신 출애굽의 역사를 기념하는 절기이고, 맥추절은 하나님께서 인도하신 약속의 땅에서 첫 열매를 거둔 것을 감사하는 절기다. 수장절은 초막절이라고도 하는데 한 해의 농사와 결실을 감사하는 동시에 하나님께서 광야에서 이스라엘을 인도하심을 감사하며 천막을 치고 그 안에서 한 주간을 지내는 절기다. 하나님을 기억한다는 것은 우리에게 때를 따라 돕는 은혜를 주시는 하나님의 손길을 기억한다는 뜻이다.

우리 인생의 계절마다 하나님의 은혜가 필요하지 않은 때가 없다. 공부할 때, 이사할 때, 결혼할 때, 출산할 때, 양육할 때, 직장을 구하고 또 이직할 때, 교회를 옮길 때, 은퇴할 때 등 인생의 주요한 때마다 우리는 하나님의 은혜가 필요하다. 우리는 이러한 절기의 예배를 통하여 자신을 너무 지나치게 혹사하며 과도한 성취로 몰고 가기를 멈추고, 때를 따라 돕는 은혜를 구하며 하나님을 신뢰하는 연습을 해야 한다. 우리에게 믿음이 있는가? 예배를 소중히 여기고 지키라.

하나님의 백성은 큰 구원의 은혜를 경험한 백성이다. 이 은혜를 경험한 백성은 하나님을 사랑하고 이웃을 사랑하는 새로운 종류의 삶으로 부름받는다. 그리고 이런 삶은 구체적인 행동으로 표현되어야 한다. 큰 은혜받은 성도임을 확신한다면 우리의 삶은 구체적인 행함으로 드러나야 한다. 이를 구체적인 행동양식으로 표현한 것이 본문의 언약법전이다. 우리 삶에도 이웃을 향한 파격적인 사랑, 그리고 진실한 언어생활과 함께 때를 따라 돕는 은혜를 구하자! 이를 통해 하나님께 전심으로 나아가 예배하는 성도로 서자.

[58장 각주]

78) 양형주, "충만한 삶을 바라던 누군가의 기대가 있었다", 조선일보, 2017. 12. 3.
79) 김연숙, "2010년 카터가 석방시킨 '北억류 미국인' 숨진 채 발견", 연합뉴스, 2017. 11. 22.

59 Chapter 59. Exodus 23:20-33

하나님은 왜 이리 더디 역사하실까?

내가 사자를 네 앞서 보내어 길에서 너를 보호하여 너를 내가 예비한 곳에 이르게 하리니 너희는 삼가 그의 목소리를 청종하고 그를 노엽게 하지 말라. 그가 너희의 허물을 용서하지 아니할 것은 내 이름이 그에게 있음이니라. 네가 그의 목소리를 잘 청종하고 내 모든 말대로 행하면 내가 네 원수에게 원수가 되고 네 대적에게 대적이 될지라. 내 사자가 네 앞서 가서 너를 아모리 사람과 헷 사람과 브리스 사람과 가나안 사람과 히위 사람과 여부스 사람에게로 인도하고 나는 그들을 끊으리니 너는 그들의 신을 경배하지 말며 섬기지 말며 그들의 행위를 본받지 말고 그것들을 다 깨뜨리며 그들의 주상을 부수고 네 하나님 여호와를 섬기라.

그리하면 여호와가 너희의 양식과 물에 복을 내리고 너희 중에서 병을 제하리니 네 나라에 낙태하는 자가 없고 임신하지 못하는 자가 없을 것이라. 내가 너의 날 수를 채우리라. 내가 내 위엄을 네 앞서 보내어 네가 이를 곳의 모든 백성을 물리치고 네 모든 원수들이 네게 등을 돌려 도망하게 할 것이며 내가 왕벌을 네 앞에 보내리니 그 벌이 히위 족속과 가나안 족속과 헷 족속을 네 앞에서 쫓아내리라. 그러나 그 땅이 황폐하게 됨으로 들짐승이 번성하여 너희를 해할까 하여 일 년 안에는 그들을 네 앞에서 쫓아내지 아니하고 네가 번성하여 그 땅을 기업으로 얻을 때까지 내가 그들을 네 앞에서 조금씩 쫓아내리라. 내가 네 경계를 홍해에서부터 블레셋 바다까지, 광야에서부터 강까지 정하고 그 땅의 주민을 네 손에 넘기리니 네가 그들을 네 앞에서 쫓아낼지라. 너는 그들과 그들의 신들과 언약하지 말라. 그들이 네 땅에 머무르지 못할 것은 그들이 너를 내게 범죄하게 할까 두려움이라. 네가 그 신들을 섬기면 그것이 너의 올무가 되리라.

아이돌 그룹 방탄소년단의 활동이 거세다. 빌보드 차트에서 돌풍을 일으키며 ABC, NBC와 같은 미국 유수의 토크쇼 프로그램에 출연하여 큰 인기를 끌더니 마침내 꿈의 1위를, 그것도 두 번이나 차지하는 기염을 토하였다.[80] 주목할 것은 방탄소년단 멤버들이 모두 비(非)유학파 출신이라는 점이다. 이들은 부산, 광주, 대구, 과천, 일산에서 모인 국내 토종파들이다. 그런데 이들이 미국 토크쇼 프로그램에 출연하여 영어로 막힘없이 이야기를 술술 풀어나갔다. 도대체 어떻게 영어를 배웠을까? 미국 드라마 프렌즈를 자막 없이 수도 없이 보면서 익혔다고 한다. 그렇다면 방탄소년단이 이렇게 전 세계적인 반향을 일으키고 있는 이유는 무엇일까? 그것은 이들이 인간적인 진정성을 소통시켰기 때문이다.

처음에 방탄소년단을 기획한 방시혁 PD가 멤버들에게 부르고 싶은 노래의 가사를 써보라고 했다.[81] 이들이 써온 가사의 내용을 보면 대부분 과시하는 내용만 있었다. 아니다 싶었다. 그래서 그다음부터는 무조건 자기 이야기를 쓰라고 했다. 자기의 고민, 자기의 아픔, 성장통을 표현하라고 했다. 유치해 보여도 그것이 많은 이의 공감을 얻으리라고 생각했다. 그래서 방탄소년단 멤버들이 쓴 자기 이야기를 신나는 비트와 화려한 안무에 맞추어 표현했더니 이것이 전 세계에서 통한 것이다. 사실 멤버를 구성해서 키울 때 제일 어려웠지만 중요한 부분이 바로 이것이었다. 겉멋을 빼고 내면의 진정성을 드러내 표현했던 것이다. 처음에 시간은 걸렸지만, 결국 진정성이 이들의 가장 강력한 무기가 되었다.

이번 장의 본문은 하나님께서 이스라엘 백성에게 언약법전을 공포하신 후 이 언약의 내용을 잘 듣고 순종하여 하나님이 주실 복을 누리라고 당부하는 내용이다. 하나님이 주실 복의 내용을 보면 엄청나다.

첫째, 환경과 사람에게 주시는 복이다.

> "네 하나님 여호와를 섬기라. 그리하면 여호와가 너희의 양식과 물에 복을 내리고 너희 중에서 병을 제하리니 네 나라에 낙태하는 자가 없고 임신하지 못하는 자가 없을 것이라. 내가 너의 날 수를 채우리라"(출 23:25-26).

날수를 채운다는 것은 하나님이 정하신 생명의 기한을 끝까지 충만하게 살게 하실 것, 곧 장수할 것이라는 뜻이다.

둘째, 하나님께서는 앞을 가로막을 대적들을 물리치실 것이라고 약속하신다. 이를 위해 하나님은 세 가지를 보내겠다고 한다.

먼저는 '사자' 다.

> "내가 사자를 네 앞서 보내어 길에서 너를 보호하여 너를 내가 예비한 곳에 이르게 하리니"(출 23:20).

다음은 '위엄' 이다.

> "내가 내 위엄을 네 앞서 보내어 네가 이를 곳의 모든 백성을 물리치고 네 모든 원수들이 네게 등을 돌려 도망하게 할 것이며"(출 23:27).

마지막으로 '왕벌' 이다.

> "내가 왕벌을 네 앞에 보내리니 그 벌이 히위 족속과 가나안 족속과 헷 족속을 네 앞에서 쫓아내리라"(출 23:28).

말벌이 나타나면 우리는 깜짝 놀라 움츠린다. 마찬가지로 여기서 하나님이 보내실 왕벌은 재앙일 수도 있고, 아니면 다른 무엇인가의 위협일 수도 있다. 이 왕벌이 나타나면 다들 식겁한다. 하지만 하나님은 왕벌을 보내 대적을 한 번에 몰아내지 않으신다. 우리 같으면 다급해서 가능한 한 빨리 없애기를 원하지만 하나님은 조금씩 물리치신다고 한다.

> "네가 번성하여 그 땅을 기업으로 얻을 때까지 내가 그들을 네 앞에서 조금씩 쫓아내리라"(출 23:30).

아니, 왜 이러시는가? 이왕 역사하시는 것 완벽하게 없애셔야 하지 않는가? 하나님은 그 이유를 다음과 같이 말씀하신다.

> "그러나 그 땅이 황폐하게 됨으로 들짐승이 번성하여 너희를 해할까 하여 일 년 안에는 그들을 네 앞에서 쫓아내지 아니하고"(출 23:29).

하나님이 보실 때 대적이 한꺼번에 완전히 초토화되면 들짐승이 번성하여 오히려 이스라엘 백성에게 위협이 된다. 하나님의 관점에서 볼 때 당장의 문제 해결은 또 다른 위협을 낳게 된다. 하나님은 그의 백성을 지키고 보호하시려 대적을 조금씩 물리치신다.

집에서 키우는 고양이가 한 마리 있다. 집에 들어가면 몸을 비벼대고 얼마나 애교를 부리는지 모른다. 기특하다. 그런데 그것은 딱 밥을 주기 전까지다. 먹이를 주고 나면 그다음에는 모른 척하고 아무리 불러도 오지 않는다. 도도하다. 우리가 딱 그렇다. 우리는 우리가 원하는 복을 하나님이 주시기까지는 얼마나 열심히 나아가는지 모른다. 간절히 찾고 애교도 부린다. 그러나 복을 얻고 응답을 얻으면 그 다음에는 급속도로 하나님을 향하여 무심해진다. 그러면 그 자리를 우상이 차지한다. 이런 우리의 속성을 아시기에 하나님은 대적을 천천히 몰아내시며 매 순간 그를 의지하도록 인도하신다. 여기서 하나님이 주시는 복의 두 가지 특징을 생각해볼 수 있다.

첫 번째 특징은 하나님께서 직접 역사하시는 손길이 잘 보이지 않는다는 것이다. 25절 말씀에 따르면 하나님은 양식과 마시는 물에 복을 내리고 병을 제하고 낙태하는 일이 없게 하시며 장수하게 하신다. 이런 복은 하나님의 직접적이고 기적적인 손길이 가시적으로 드러나는 것이 아니기에 사람에 따라 얼마든지 가나안 땅의 좋은 환경 덕으로 생각할 수 있다.

두 번째 특징은 생각보다 더디게 임한다는 것이다. 곧바로 어려움을 제거하고 복을 주시면 좋겠는데 아직 요원해 보인다. 답답하다. 힘들다. 그러면 어떻게 하는가? 우상을 붙든다. 점집이라도 찾아간다. 아니, 그런데 이게 웬일인가? 점집에서 같은 교회에 다니는 집사님을 만났다. "어머, 집사님 웬일이야?" "헉!" 아무리 답답해도 점집은 찾지 말기를 바란다.

하나님께서 우리에게 이런 방식으로 복을 주시는 것은 이 과정을 통해 우리의 진정성을 드러내길 원하시기 때문이다. 우리는 종종 하나님의 역사를 직접적으로, 지금 당장 눈으로 볼 수 있도록 불처럼 임하기를 기대한다. 하지만 이런 즉각적인 역사는 하나님을 향한 우리의 진정성을 드러내는 데 별다른 도움이 되지 못할 때가 많다. 하나님이 이 모든 복과 은혜를 주시며 이스라엘에게 원하시는 것이 무엇인가? 하나님의 말씀에 순종하고 그분을 사랑하는 것이다. 우리가 하나님 앞에 이런 진정성을 가지고 서지 않으면 우리는 하나님이 복주실 때 하나님을 사랑하기보다 복 자체에 집착하다 부패할 수 있다. 그래서 하나님은 이스라엘에게 이 부분을 거듭 경고하신다.

> "너희는 삼가 그의 목소리를 청종하고 그를 노엽게 하지 말라"(출 23:21).
> "너는 그들의 신을 경배하지 말며 섬기지 말며 그들의 행위를 본받지 말고"(출 23:24).

이스라엘이 가나안 땅에 들어가 농사지으면 가나안의 농경문화에 익숙해지고 자칫 우상 숭배에 빠질 유혹이 많았다. 농사의 절기와 풍습이 다 가나안 신화와 제의와 관련된 것들이었기 때문이다.

> "너는 그들과 그들의 신들과 언약하지 말라"(출 23:32).

하나님이 이스라엘 백성을 언약백성으로 삼으려고 복을 주셨는데 자칫하면 이스라엘 백성이 가나안 신들과 언약을 맺고 우상의 백성이 될 수 있었다. 복을 빠르게 주시면 그것이 복인 줄 모른다. 하나님의 손길을 인식하지 못한다. 그래서 하나님께서는 이스라엘 백성이 진정성을 잃지 않고 하나님 앞에 신실한 언약백성으로 복받을 수 있도록 크게 두 가지로 역사하신다. 첫째, 보이지 않게 숨어서 역사하시고, 둘째, 더디게 역사하신다. 여기서 우리는 하나님이 역사하시는 방식을 깊이 묵상할 필요가 있다.

교리를 다루는 조직신학에 보면 하나님이 일하시는 방식 중에 '협력'이라는 교리가 있다.[82] 이것을 영어로 'cooperation' 또는 'concurrence'라고 한다. 'cooperation'이라고 하면 '협력, 협동한다'는 뜻이고, 'concurrence'는 '동시에 발생한다'는 뜻이다. 하나님의 협력 사역은 하나님이 역사하실 때 제2원인을 사용하시는 것이다. 보통 어떤 일이 일어날 때 일이 일어나는 가장 직접적이고 주요한 원인을 제1원인이라고 한다. 이런 면에서 하나님은 이 세상 모든 일의 제1원인이 되신다. 하지만 하나님이 피조세계 가운데 역사하실 때는 그가 세워두신 자연법칙, 도덕법칙과 같은 것들을 통하여 일하신다. 이를 제2원인이라고 한다. 하나님께서는 때로 제2원인을 거치지 않고 곧바로 제1원인으로서 직접 역사하시는데, 이런 것을 우리는 기적이라고 한다. 모든 자연법칙과 물리적인 인과관계를 뛰어넘어 역사하시는 방식이다. 하지만 하나님은 많은 경우 하나님이 만드신 피조세계 가운데 협력하며 역사하신다.

하늘의 기상현상은 하나님의 협력사역을 잘 드러내준다. 눈이 내리고 안개가 끼고 바람이 부는 것은 자연계에서 발생한 원인, 즉 제2원인으로 인하여 기상현상으로 드러난다. 하지만 성경은 제1원인 되신 하나님께서 이 모든 현상을 발생하게 하셨다고 말씀한다. 불과 우박과 눈과 안개와 광풍이 모두 하나님의 말씀을 좇는다(시 148:8). 비가 내리고 번개가 치는 것도 자연계의 기상현상이지만 성경은 이것들을 통하여 하나님이 역사하신다고 선언한다(시 135:7). 이뿐만이 아니다. 하나님은 북두칠성(열두 궁성)과 같은 하늘의 별들도 주관하신다(욥 38:32). 우리가 살아가는 매일의 시작, 즉 아침이 오는 것도 하나님이 주관하신다(욥 38:12, 마 5:45). 이러한 것들은 100% 자연현상인 동시에 100% 그 가운데 일하시는 하나님의 역사다.

같은 원리로 하나님은 들의 백합화를 기르시고 공중의 새를 기르신다(마 6:26,28). 그렇기에 하나님의 허락이 아니면 참새 한 마리도 땅에 떨어지지 않는다(마 10:29). 하나님은 이들을 때를 따라 먹이시고 기르시고 호흡을 거두어가신다(시 104:27-29). 우리는 그냥 사는 것 같지만 하나님이 주시는 호흡으로 산다. 우리는 모두 머리털 하나까지 다 세신 바 되었다(마 10:30).

하나님이 우리 삶 가운데 은밀하게 역사하시는 방식 중 하나가 제비뽑기다. 흔히 제비뽑기는 운이라고 생각하지 않는가? 그런데 잠언은 이렇게 말씀한다. "제비는 사람이 뽑으나 모든 일을 작정하기는 여호와께 있느니라"(잠 16:33). 제비뽑기 할 때는 '뽑기 운' 또는 '재수'가 좋아야 한다고 생각한다. 그러나 그 배후에 하나님의 감추어진 은밀한 손길, 즉 협력사역이 있다. 성도에게 우연, 재수 또는 운이란 없다.

창세기에 보면 요셉이 애굽의 총리가 되고 형들을 만나고서 한 고백이 있다. "그런즉 나를 이리로 보낸 이는 당신들이 아니요 하나님이시라. 하나님이 나를 바로에게 아버지로 삼으시고 그 온 집의 주로 삼으시며 애굽 온 땅의 통치자로 삼으셨나이다"(창 45:8). 무슨 말인가? 전에는 자신이 이렇게 된 것이 100% 못된 형들의 잘못이라고 생각했는데, 알고 보니 100% 그 가운데 역사하신 하나님의 손길이었다는 것이다. 이런 고백을 하기까지 함께하신 하나님의 협력사역을 통해 드러난 것이 있었다. 그것은 형들의 속내와 요셉의 속내다. 그 내면의 진정성이 하나님의 보이지 않는 은밀한 협력사역을 통해 결국 다 드러나게 된 것이다.

이스라엘 백성이 가나안 땅에 들어가서 새로운 환경이 주는 복을 경험하고 대적들이 더디지만 조금씩 물러갈 때 그 중심이 하나님을 향하여 온전히 서 있지 않으면 이 모든 것을 자칫 인위적인 것으로, 인간적인 눈으로만 보기 쉽다. 그러나 하나님은 이렇게 숨어서 은밀하고도 더디게 역사하시며 이를 통해 이스라엘의 중심을 드러내시고 다듬어가신다. 우리는 느린 과정을 통해서도 역사하시는 하나님의 특별하신 의도와 뜻이 있음을 신뢰해야 한다. 만약 이런 역사를 신뢰하지 않으면 이스라엘 백성들은 가나안 땅에 들어가도 속히 하나님을 떠나 우상으로 휩쓸리기 쉽다.

전 세계적으로 오랫동안 존속했던 장수기업들의 특징이 있다. 그것은 비록 더디더라도 오랜 세월 꾸준히 품질을 통해 소비자와의 신뢰를 쌓으며 진정성을 보여주었다는 것이다. 이런 기업이 일본에는 매우 많다. 100년 이상 된 기업도 수두룩하다. 그런데 최근 일본 기업들이 이미지에 큰 타격을 입고 있다. 그동안 신뢰를 많이 받았던 고베제강이나 첨단 섬유업체인 도레이 같은 곳에서 요즘 자꾸 품질을 조작한 것이 탄로 나고 있다.[83] 급한 결과가 우상이 되었고, 결국 그 우상이 기업을 망가뜨린 것이다.

현재 호주에는 약 2,500만 마리의 소가 사육되고 있다고 한다. 그러다 보니 한때 호주 정부는 소똥 문제로 골머리를 앓은 적이 있다. 소를 많이 키우는 것은 좋은데 소들이 아무 데나 어마어마하게 방출하는 똥을 어떻게 처리할 방법이 없는 것이었다. 이때 호주 정부가 고민하며 찾은 방법이 있다. 똥 딱정벌레(dung beetle)를 호주로 들여오는 것이었다.[84] 딱정벌레는 소똥을 동그랗게 말아서 치워주는 생태 청소부였다. 그래서 곤충학자들과 함께 1968년부터 1984년까지 전 세계에서 43종의 딱정벌레 173만 마리를 들여와 호주의 목초지 수천 곳에 방사했다. 이렇게 자리 잡은 딱정벌레들이 보이지 않게 수많은 소똥을 치워주고 있다. 우리가 생각할 때 딱정벌레는 별것 아닌 하찮은 것이라 생각한다. 하지만 이 딱정벌레는 하나님의 아름다운 뜻과 통치를 이루는 멋진 협력의 도구다.

혹시 하나님이 잘 보이지 않는 것 같고, 너무 더디게 역사하시는 것 같아서 마음이 흔들리는가? 은밀히 역사하시는 하나님의 손길을 신뢰하자. 우리는 당장에 큰 비와 홍수로 소똥을 쓸어가 주시기를 기대하지만 하나님은 조그만 딱정벌레로 은밀하게 피조세계와 협력하여 그분의 놀라운 손길을 펼쳐가신다. 이 손길을 신뢰하며 이럴수록 우리는 더욱 절제하고 삼가 하나님의 음성을 듣고 그분의 인도하심을 신뢰해야 한다. 답답한 현실의 대안처럼 여겨지는 우상들을 과감하게 몰아내야 한다.

조급해하지 말자. 그럴수록 '아, 하나님이 지금 나의 진정성을 드러내려 하시는구나' '내 마음을 정금과 같이 가다듬으려 하시는구나' 하는 마음으로 기쁘게 하나님을 신뢰하며 나아가자. 하나님을 향한 진정성이 가장 강력한 무기다. 어떤 일이 있더라도 두 마음을 품지 말고 주님만 바라보자. 내 삶 가운데 은밀히 역사하시는 하나님의 손길에 믿음의 눈을 열어 주목하자. 내 마음이 하나님을 향하여 닫히지 않도록 적극적으로 열고 나아가자.

[59장 각주]

80) 김나경, "'두 번째 1위 등극'… 방탄소년단, 美 빌보드 200 차트 정상", 한국경제, 2018. 9. 3.

81) 강동철, "[friday 단독 인터뷰] 이 남자의 정체는… '방탄 아빠'", 조선일보, 2017. 12. 1.

82) 양형주, 「바이블 백신 1」(서울: 홍성사, 2019), 211-214쪽.

83) 이춘규, "고베제강 · 미쓰비시 이어 도레이… 日기업 또 품질조작 '파문'", 연합뉴스, 2017. 11. 28.

84) 리처드 존스, 소슬기 역, 「버려진 것들은 어디로 가는가: 모두가 쉬쉬하던 똥 이야기」(서울: 엠아이디, 2017).

60 Chapter 60. Exodus 24:1-11

전부를 사랑할 수 있는가?

또 모세에게 이르시되 너는 아론과 나답과 아비후와 이스라엘 장로 칠십 명과 함께 여호와께로 올라와 멀리서 경배하고 너 모세만 여호와께 가까이 나아오고 그들은 가까이 나아오지 말며 백성은 너와 함께 올라오지 말지니라. 모세가 와서 여호와의 모든 말씀과 그의 모든 율례를 백성에게 전하매 그들이 한 소리로 응답하여 이르되 여호와께서 말씀하신 모든 것을 우리가 준행하리이다.

모세가 여호와의 모든 말씀을 기록하고 이른 아침에 일어나 산 아래에 제단을 쌓고 이스라엘 열두 지파대로 열두 기둥을 세우고 이스라엘 자손의 청년들을 보내어 여호와께 소로 번제와 화목제를 드리게 하고 모세가 피를 가지고 반은 여러 양푼에 담고 반은 제단에 뿌리고

언약서를 가져다가 백성에게 낭독하여 듣게 하니 그들이 이르되 여호와의 모든 말씀을 우리가 준행하리이다.
모세가 그 피를 가지고 백성에게 뿌리며 이르되 이는 여호와께서 이 모든 말씀에 대하여 너희와 세우신 언약의 피니라. 모세와 아론과 나답과 아비후와 이스라엘 장로 칠십 인이 올라가서 이스라엘의 하나님을 보니 그의 발 아래에는 청옥을 편 듯하고 하늘같이 청명하더라. 하나님이 이스라엘 자손들의 존귀한 자들에게 손을 대지 아니하셨고 그들은 하나님을 뵙고 먹고 마셨더라.

독일 작가 베른하르트 슐링크가 쓴 「책 읽어주는 남자」에 나오는 이야기다.[85] 열여섯 살의 주인공 미하엘은 비 내리는 어느 날, 학교를 마치고 몸이 좋지 않은 상태로 길을 가다 그만 심한 열병과 구토로 길바닥에 쓰러질 뻔한다. 이때 철도공무원이었던 한나가 그를 집으로 데리고 와 아픈 몸을 추스르도록 큰 도움을 준다. 몇 개월 후 몸이 좋아진 미하엘은 자기에게 도움을 주었던 한나의 집을 찾아가고, 이때부터 둘은 가까워져 서로 사랑하는 사이가 된다. 미하엘이 한나의 순수한 아름다움에 키스하려 하자 한나는 몸을 빼면서 이렇게 말한다.

"그전에 먼저 내게 책을 읽어줘야 해."

이렇게 해서 미하엘은 학교를 마치고 매일 한나의 집에 놀러 가 책을 읽어주고 교제를 나누다 집으로 들어갔다. 그녀가 이렇게 책을 읽어달라고 한 이유는 사실 그녀가 문맹이었기 때문이다. 그러나 미하엘은 그것이 그저 사랑의 표현인 줄로만 알고 한나가 글을 읽지 못하고 쓰지 못한다는 사실을 전혀 눈치 채지 못했다. 그러던 어느 날, 한나는 직장에서 승진해서 사무직으로 발령이 난다. 그러나 사무직은 글을 읽고 써야 하는데 차마 이 사실을 말할 수 없었던 한나는 하던 일을 그만두고 다른 일을 찾게 된다. 마음이 상한 그녀는 미하엘에게 자신의 행방을 알리지 않고 떠났다.

이후 미하엘은 성인이 되었지만 여전히 한나를 잊지 못하고 누구와도 행복한 관계를 맺지 못한다. 미하엘은 법대에 진학했고, 어느 날 학교에서 슈츠슈타펠, 즉 나치 친위대 전범들의 재판장면을 참관하러 갔다가 깜짝 놀란다. 피고석에 자신이 그토록 그리워하던 한나가 나치 전범으로 앉아 있었기 때문이다. 미하엘은 그런 그녀를 바라보며 자신이 그동안 그런 그녀를 한순간도 잊지 못하고 있었다는 사실에 또다시 충격을 받는다. 한나는 그간 유대인 수용소의 경비원으로 근무하고 있었는데, 법정에서 자신의 일을 반성하기보다 "그저 자신은 자신이 맡은 경비 일만 했을 뿐"이라고 강변하고 있었다.

그러나 다른 피고인들은 한나가 문맹이라는 사실과 이를 부끄러워하고 자존심 상해한다는 것을 알고서는 그녀가 총책임자였다고 이구동성으로 거짓 증언을 한다. 한나는 이것이 거짓이라고 항변한다. 그러자 재판관은 수용소에서 발견된 전범들이 꾸민 문서를 내놓으며 이것이 정말 그녀가 쓴 보고서인지 필체를 확인해야겠으니 종이에 글을 써서 다른 필체임을 입증해보라고 한다. 한나는 자기가 문맹임을 고백하기만 하면 됐는데, 문맹을 고백하는 것이 너무나도 수치스러워서 자기가 했다고 거짓으로 인정하고 무기징역을 선택한다.

사실 이때 미하엘은 한나를 위해 증언할 수 있었다. 그러나 그는 침묵으로 일관한다. 그의 침묵은 이중의 단죄였다. 자신에게 작별인

사조차 하지 않고 떠난 옛사랑에 대한 단죄였고, 그녀가 도저히 씻을 수 없는 역사적 과오를 뉘우치지 않은 것에 대한 단죄였다. 그러나 침묵 이후 미하엘의 마음에는 말할 수 없는 괴로움이 찾아온다. 그동안 그리워했던 그녀를 만났음에도 그녀의 모든 것을 사랑하기를 거부하고 그녀를 버렸다는 깨달음 때문이다. 자신의 잘못을 깨달은 미하엘은 이때부터 한나를 위한 위로의 선물을 준비한다. 미하엘은 호메로스와 셰익스피어의 명작들을 실감 나게 낭독하여 그녀에게 우편으로 선물한다.

한편 한나는 미하엘의 사랑에 감격하여 용기를 내 평생 처음으로 글을 배우기 시작한다. 빨리 글을 배워 편지를 써서 그에게 고마움을 표현하고 싶었기 때문이다. 사랑의 힘이 콤플렉스를 벗어날 용기를 준 것이다. 하지만 어느 날 갑자기 한나의 편지를 받은 미하엘은 멈칫하며 주저하게 된다. 그리고 그 편지를 읽지 않고 보관해둔다. 그렇게 오랜 세월을 감옥에서 지낸 한나는 마침내 출소한다. 그러나 미하엘은 아직 그녀를 진심으로 끌어안을 자신이 없었다. 미하엘의 어색하고 냉랭한 태도에 삶의 모든 희망을 잃은 한나는 스스로 죽음을 택하고 만다.

우리는 종종 내가 사랑하고 있는 대상을 정말 사랑한다고 생각하지만 예기치 못했던 그 사람의 다른 모습 앞에 멈칫하며 사랑하기를 주저할 때가 있다. 나는 정말 그의 전부를 사랑할 수 있는가?

마케팅에 큰 족적을 남겼던 조서환 씨가 그의 책 「모티베이터」에 털어놓은 이야기다.[86] 그가 23세에 육군 소위로 임관해서 근무하다가 부대에서 폭발사고가 났다. 그는 병원으로 이송되다가 정신을 잃었다. 깨어나 보니 오른손이 없었다. 온몸에 화상을 입어 붕대로 칭칭 감고 있었다. 얼마 있지 않아 사귀던 애인이 왔다. 이 모습을 보고 30분간 서로 아무 말도 없었다. 그때 용기를 내서 물었다.

"아직도 나… 사랑해?"

그러자 그녀는 크게 고개를 두 번이나 끄덕거렸다. 그러더니 직장을 그만두고 병원 근처로 이사 와서 온종일 지극정성으로 간호를 시작했다. 그러던 어느 날, 소문을 들은 이 자매의 아버지가 갑자기 병실로 들이닥쳤다. 붕대로 칭칭 감고 있는 자신을 보고, 또 그런 자신을 간호하는 딸의 모습을 본 아버지는 눈이 뒤집혔다. 하지만 아무 말 없이 딸에게 "가자!"고 하고는 손을 잡고 병실에서 끌어내다시피 해서 데리고 나갔다.

할 수 없이 아버지의 차를 타고 가면서 딸이 아버지에게 말했다. "아버지, 좋은 예는 아니지만 만일 엄마하고 아버지하고 행복하게 잘 지내시다가 아버지가 손을 다치셨다면 아버지는 엄마가 어떻게 했으면 좋으시겠어요. 엄마가 아버지를 버리고 떠난다면 아버지는 어떠시겠어요. 나는 그 사람 전부를 사랑했지 오른손을 사랑한 것이 아니에요. 그 사람은 정신이 건강한 사람이에요. 게다가 손 하나는 있잖아요. 얼마나 다행이에요. 내가 지금까지 본 그 사람은 반드시 일어날 사람이에요." 결국 이 여인은 조서환 씨의 아내가 되어 둘은 행복하게 잘 지내고 있다.

우리는 약하다. 사랑해야 한다는 것을 알면서도 막상 내가 기대했던 모습이 아니면 정말 사랑할 수 있을 것 같았다가도 실망하고 토라지고 넘어진다.

하나님께서는 이스라엘 백성을 사랑하셨다. 그래서 그들이 아무것도 없이 비참하게 살았던 노예였을 때 그들을 찾아오셔서 그들을 붙드시고 그들의 모든 것을 사랑하기로 결단하셨다. 하나님의 사랑의 결단은 이스라엘 백성들을 노예상태로 있던 애굽에서 놀라운 기적으로 해방시켰고, 광야를 통과하여 마침내 시내산으로 인도하셨다. 이제 하나님은 이곳에서 이스라엘 백성과 언약을 체결하고자 하신다. 언약을 체결한다는 것은 이제 하나님은 이스라엘의 하나님이 되시고, 이스라엘은 그의 보석과 같은 소유된 백성으로, 왕 같은 제사장의 나라가 될 것임을 의미한다. 어떤 일이 있어도 이스라엘을 붙들고 끝까지 사랑하겠다는 하나님의 사랑과 헌신의 결단이다.

이 언약은 하나님만의 일방적인 계약이 아니다. 이스라엘도 이제부터는 신실하게 하나님만을 섬기며 그분의 뜻에 따라 전적으로 순종하고 헌신할 것을 결단해야 한다. 언약은 계약과 다르다. 계약은 계약조건이 다르면 언제라도 한쪽이 그 계약을 취소할 수 있다. 반면 언약은 한쪽이 좀 부족하고 모자라도 끝까지 그 헌신과 사랑을 포기하지 않는 것이다.

하나님은 그동안 이스라엘을 언약적으로 사랑하셨다. 생각해보라. 아담이 하나님의 명령을 거스르고 선악과를 따먹고 불순종해서 죽음에 이르게 되었다. 이때 하나님께서는 어떻게 하셨는가? 죄를 범한 인류를 저버리지 않으시고 아담의 후손을 통해 다시 구원하실 것을 자기 헌신의 언약 형태로 선포하셨다. "내가 너로 여자와 원수가 되게 하고 네 후손도 여자의 후손과 원수가 되게 하리니 여자의 후손은 네 머리를 상하게 할 것이요 너는 그의 발꿈치를 상하게 할 것이니라 하시고"(창 3:15).

하나님은 아담의 후손 중에 여인으로부터 난 후손이 뱀의 머리를 상하게 할 것이라고 선포하셨다. 이것은 먼 미래에 장차 오실 예수 그리스도의 사역을 암시하는 '원시복음' 이다. 이후 창세기 11장에서는 온 인류가 하나같이 타락하여 하나님을 대적하여 바벨탑을 쌓는다. 하나님께서는 인류를 멸망시키지 않으시고 모든 민족의 언어를 흩으신 후 한 사람 아브라함을 선택하여, 그와 그의 후손을 통해 모든 민족이 복과 구원을 얻게 하겠노라 약속하신다(창 12:1-3). 그동안 하나님의 언약은 거의 하나님 편에서의 일방적인 은혜의 선언이었다. 하나님은 이 언약에 놀랍도록 헌신하고 집중하셨다. 아브라함과 맺었던 언약을 기억하시고, 그의 후손을 통해 이스라엘 민족을 만드시고, 이들을 애굽의 압제로부터 자유하게 하셨다.

이제 이스라엘 전체가 모든 민족에게 복된 민족이 되게 하기 위하여 하나님은 시내산 앞에서 이들을 언약백성으로 부르신다. 이번 장의 본문은 이러한 언약식의 클라이맥스를 다룬다.

> "또 모세에게 이르시되 너는 아론과 나답과 아비후와 이스라엘 장로 칠십 명과 함께 여호와께로 올라와 멀리서 경배하고 너 모세만 여호와께 가까이 나아오고 그들은 가까이 나아오지 말며 백성은 너와 함께 올라오지 말지니라"(출 24:1-2).

하나님이 모세에게 말씀하신다. "너는 아론과 아론의 두 아들, 나답과 아비후, 그리고 이스라엘 장로 70명과 함께 여호와께로 올라와 멀리서 경배하고, 거기서 모세 너만 이스라엘의 대표로 나에게 가까이 나아오라!" 이는 하나님과 이스라엘이 체결하려는 언약이 매우 공식적이고 중요한 것임을 암시한다. 흥미로운 점은 이러한 의식이 히타이트나 바벨론과 같은 고대 근동 제국에서 왕과 그에게 복종하는 봉신 사이에 체결하는 종주권조약의 양식을 그대로 보여준다는 사실이다. 고대 근동에서는 봉신이 종주에게 언약을 체결하기 위해 인사하러 나오는 것을 흔히 "먼발치에서 경배한다"라고 표현한다. 이제 모세는 이스라엘 백성을 대표해 하나님과 일종의 종주관계를 정식으로 체결한다.

본문의 언약체결은 사실 20장부터 시작되었다. 고대 근동의 종주권 조약체결은 다음과 같은 형식을 갖고 있다.

첫째는 전문이다. 이것은 종주가 봉신에게 '나는 누구누구다' 라고 자기 신분을 밝힌다.

둘째는 역사적 서언이다. 그것은 종주가 봉신에게 과거에 행하여준 은혜의 행위들을 열거한다. 이것을 반영하는 것이 출애굽기 20장 1~2절 말씀이다. 특히 2절에 보면 "나는 너를 애굽 땅 종 되었던 집에서 인도하여 낸 네 하나님 여호와니라"고 하나님께서 이스라엘에게 베푸신 은혜의 역사를 요약한다.

셋째는 봉신이 종주가 베푼 은혜에 대하여 취해야 할 합당한 자세와 준수사항을 다룬다. 이것이 바로 3절 이하부터 나온 십계명과 언약법전의 내용들이다.

넷째는 상벌규정이다. 그것은 준수사항들을 잘 지키면 상을 받지만 불순종하면 벌을 받는다는 것을 기록한다. 그것이 우리가 앞에서 살펴본 출애굽기 23장 20~33절 말씀이다.

다섯째가 증인을 세우는 것이고, 여섯째가 조약을 비준하고 축하연회를 여는 것이다. 이 마지막 두 부분이 이번 장 본문의 말씀이다.

지금 모세는 이스라엘 민족의 대표로서 하나님 앞에 서고 그 뒤에 아론과 그의 두 아들, 그리고 이스라엘의 대표지도자 70명이 증인으로 함께 그 자리에 있다. 이 증인들과 함께 피로써 계약을 세우고, 주군과 봉신이 함께 만찬을 나누는 장면이 나온다. 하나님이 이렇게 공식적으로 언약을 체결하는 것은 이스라엘이 한 개인이 아니라 민족과 나라를 이루는 큰 규모의 공동체가 되었기 때문이다.

"모세가 와서 여호와의 모든 말씀과 그의 모든 율례를 백성에게 전하매 그들이 한 소리로 응답하여 이르되 여호와께서 말씀하신 모든 것을 우리가 준행하리이다"(출 24:3).

그동안 하나님께서는 출애굽의 큰 은혜를 경험한 이스라엘 백성에게 하나님의 백성답게 사는 길이 무엇인가를 언약법전을 통해 알려주셨다. 그리고 정말 하나님의 소유된 보석과 같은 백성으로 살아가려면 이렇게 살아야 한다고 말씀하셨다. 이 모든 말씀을 낭독하자 백성들은 이구동성으로 응답한다. "여호와께서 말씀하신 것을 우리가 준행하리이다!" 이스라엘은 마침내 결단하고, 이에 모세는 열두 지파를 상징하는 돌기둥 열두 개를 세우고 제단을 쌓고 하나님께 예배를 드린다.

이들이 드린 예배는 번제와 화목제다. 번제는 짐승의 피로 자신들의 죄를 정결하게 하는 일종의 속죄 제사고, 화목제는 이렇게 정결한 상태로 하나님과 함께 화목한 교제를 나누기 위해 드리는 제사다. 언약체결식은 이스라엘 백성들이 하나님과 피로써 언약을 맺는 것에서 절정에 이른다.

"모세가 그 피를 가지고 백성에게 뿌리며 이르되 이는 여호와께서 이 모든 말씀에 대하여 너희와 세우신 언약의 피니라"(출 24:8).

피로써 맺는다는 것은 무엇을 의미하는가? 첫째, 이전의 나는 죽고 이제 새로운 삶을 살아간다는 뜻이다. 둘째, 이제부터 나는 언약의 주군인 하나님을 마음과 힘과 뜻을 다하여 사랑하겠다는 결단의 선언이다. 이것은 하나님 편에서도 마찬가지다. 하나님은 모든 것을 다해, 심지어 독생자를 주시기까지 오직 이스라엘의 전부를 전심으로 사랑하실 것이다.

마침내 언약을 체결하자 하나님께서는 이전에 경험할 수 없었던 더 놀라운 하나님의 임재로 이스라엘의 증인들을 초대한다. 그것은 하나님의 깊은 임재 가운데로의 초대다.

"모세와 아론과 나답과 아비후와 이스라엘 장로 칠십 인이 올라가서 이스라엘의 하나님을 보니 그의 발아래에는 청옥을 편 듯하고 하늘같이 청명하더라"(출 24:9-10).

이스라엘의 리더들은 하나님의 임재로 가서 하나님의 발등상을 부분적으로 보았다. 이것은 놀라운 일이다. 누구든지 하나님을 보면 그 거룩함을 감당하지 못해 죽는다. 그러나 이들은 방금 피 뿌림으로 언약을 체결하고 하나님의 백성임을 선포했다. 그러자 하나님은 이들을 치지 않으시고 더욱 깊은 하나님의 임재 안으로 초대하신다. 이들은 하나님의 임재 안에 거한다는 것이 얼마나 놀라운가를 체험한다. 이런 체험은 이스라엘 지도자들로 광야 같은 세상을 지나갈 때 시련과 고난을 넉넉히 이길 힘을 준다. 거기서 경험한 하나님의 발등상은 청옥을 편듯하고 하늘같이 청명하였다.

청옥은 오늘날 사파이어 블루라고 한다. 서양에 있는 교회나 성당에 설치된 스테인드글라스 작품을 살펴보면 천상의 존재와 하나님의 임재를 표현할 때 사파이어 색깔, 곧 짙은 블루로 표현하였다. 이스라엘이 하나님의 깊은 임재 안으로 들어가자, 거기서는 언약체결을 기념하는 하늘 잔치가 열린다.

> "하나님이 이스라엘 자손들의 존귀한 자들에게 손을 대지 아니하셨고 그들은 하나님을 뵙고 먹고 마셨더라"(출 24:11).

이러한 장면은 예수께서 자신의 피로 새롭게 맺은 새 언약의 장면을 연상시킨다. 예수께서는 식후에 잔을 가지신 후 나누시며 이 잔은 내 피로 세운 새 언약이니 이것을 행하여 마실 때마다 나를 기념하라고 말씀하셨다(고전 11:25). 성만찬은 언약을 포기하지 않는 하나님의 신실하신 사랑을 극명하게 보여준다. 이스라엘은 끊임없이 하나님의 언약을 배반하고 저버렸다. 그럼에도 하나님은 자기 백성을 포기하지 않으시고 그의 종 선지자들을 보내시다가, 마침내 그 아들 예수 그리스도를 보내 다시 그의 피로 맺은 새 언약을 세우셨다. 그 언약을 기념하는 잔치가 바로 성만찬이다. 새 언약이 최종적으로 완성될 때 우리는 하늘에 있는 하나님의 임재 앞에 선다. 어린 양의 혼인 잔치에 서게 되는 것이다(계 19:9).

언약백성은 하나님의 전부를 끝까지 사랑하도록 부름받은 사람이다. 참 어렵다. 그래서 우리의 힘으로 사랑하는 것이 아니라 주님이 주신 힘으로 사랑해야 한다. 놀라운 점은 우리가 이 땅을 살아가면서 언약백성으로 서로 뜨겁게 사랑하면 그곳에 언약의 하나님이 임재하셔서 역사하신다는 사실이다. "어느 때나 하나님을 본 사람이 없으되 만일 우리가 서로 사랑하면 하나님이 우리 안에 거하시고 그의 사랑이 우리 안에 온전히 이루어지느니라"(요일 4:12).

하나님께서 나의 모든 것을 사랑하시기 위해 그 아들 예수 그리스도를 아낌없이 우리에게 내주셨다. 그리고 우리로 하나님의 전부를 사랑하고 이웃의 전부를 사랑하도록 부르셨다. 부분적으로 사랑하기는 쉽다. 그러나 전체를 끌어안는 것은 어렵다. 세상은 부분을 사랑한다. 하지만 하나님은 전부를 사랑하신다. 주께 속한 성도는 전체를 사랑하도록 부름받은 사람들이다. 하나님의 언약백성으로 산다는 것은 바로 이 부르심에 순종하며 사는 사람을 의미한다.

나는 전부를 사랑할 수 있는가? 어떻게 하면 내가 받아들일 수 없는 그것까지 품을 수 있는가? 어떻게 하면 나의 좁은 마음이 점점 더 사랑의 힘으로 넓혀질 수 있을까? 주의 도우심을 구하며 사랑의 지경이 넓어지기를 축복한다.

[60장 각주]

85) 베른하르트 슐링크, 김재혁 역, 「책 읽어주는 남자」(서울: 시공사, 2013).
86) 조서환, 「모티베이터」(서울: 위즈덤하우스, 2011).

61 Chapter 61. Exodus 24:12-18

더 깊이 들어가야 한다

여호와께서 모세에게 이르시되 너는 산에 올라 내게로 와서 거기 있으라. 네가 그들을 가르치도록 내가 율법과 계명을 친히 기록한 돌판을 네게 주리라. 모세가 그의 부하 여호수아와 함께 일어나 모세가 하나님의 산으로 올라가며 장로들에게 이르되 너희는 여기서 우리가 너희에게로 돌아오기까지 기다리라.

아론과 훌이 너희와 함께하리니 무릇 일이 있는 자는 그들에게로 나아갈지니라 하고 모세가 산에 오르매 구름이 산을 가리며 여호와의 영광이 시내산 위에 머무르고 구름이 엿새 동안 산을 가리더니 일곱째 날에 여호와께서 구름 가운데서 모세를 부르시니라. 산 위의 여호와의 영광이 이스라엘 자손의 눈에 맹렬한 불같이 보였고 모세는 구

름 속으로 들어가서 산 위에 올랐으며 모세가 사십 일 사십 야를 산에 있으니라.

일본 도쿄에는 많은 직장인이 선호하는 '다니타식당'이 있다.[87] 이 식당에 가면 특이한 밥그릇을 준다. 그릇 안쪽에는 두 줄의 눈금이 있는데, 아래쪽 눈금엔 '100g, 144kcal'라고 적혀 있고, 그 윗줄 눈금에는 '150g, 216kcal'라고 적혀 있다. 손님은 밥을 풀 때 어느 정도의 칼로리를 섭취할 것인지를 선택하면 된다. 우리는 보통 조금만 퍼야지 하고 밥그릇에 담지만 내 의지대로 잘 안 된다. 배가 고프면 조금만 퍼야지 해도 담고 보면 이미 가득 담겨 있는 경우가 부지기수다. 이 식당의 반찬은 저염식에 건강과 균형을 고려한 식단으로 구성된다.

이렇게 반찬을 고르고 테이블에 오면 테이블 위에 두 개의 측정 기계가 있다. 하나는 밥공기의 칼로리를 계산해주는 칼로리 측정기다. 거기에 밥그릇을 올리면 자동으로 칼로리를 계산해준다. 또 하나는 타이머다. 타이머는 20분이 설정되어 있다. 밥을 먹을 때 타이머를 설정해놓고 적어도 20분 이상 여유를 가지고 천천히 씹어 먹으라는 뜻이다. 우리는 보통 입으로 들어가는지 코로 들어가는지 모르게 5분 만에, 조금 길면 10분 만에 식사를 끝낸다. 게다가 식당에는 체지방 측정소가 있어서 식사 전후로 잠시 들려 자신의 체지방을 측정하고 식습관 개선과 건강에 대한 상담을 받을 수 있다.

이 독특한 식당은 1944년부터 시작한 '다니타 무선전기공작소'에서 운영하는 레스토랑이다. '다니타'는 원래 가정 계량기와 체중계를 제작하는 회사다. 주방용 저울, 음식이 얼마나 짠지를 측정하는 염도계, 만보기, 온도계, 또 귀에 넣어서 몸의 온도를 측정하는 체온계 등이 히트상품이다. 1992년에 세계 최초로 올라서서 체지방을 측정하는 타입의 저울을 제작해서 전 세계에 뜨거운 호응을 얻었다. 그런데 이 회사가 웬일로 본업과 상관없어 보이는 식당을 열었을까? 그것은 이 회사의 존재 이유와 목적 때문이다. 다니타는 회사의 존재 이유를 체중과 체지방을 정확하게 측정하는 기구를 만들어 돈을 버는 것을 넘어 더 장기적이고 숭고한 목표에 두었다. 그것은 고객의 건강 자체를 지키는 일이었다.

회사의 존재 이유가 당장의 이익에서 총체적이고 전인적인 가치로 바뀌자 회사는 그동안 제작해왔던 모든 측정기구를 비롯한 모든 역량을 총동원해서 식당문을 열었다. 당장에는 직접적인 이익과 상관없어 보였다. 게다가 경험이 아주 없어서 식당을 운영하는 데 어려움도 있었다. 그러나 다니타는 식생활문화를 위한 대안을 제시하고 싶었다. 이들이 이렇게 더 높은 목표를 꾸준하게 추구하자 시간이 지나며 사람들은 이 가치를 알아차리게 되었고, 사람들이 점점 몰려들었다. 결국 더 큰 이윤도 함께 찾아왔다. 처음에는 구내식당으로 시작했던 다니타식당은 웰빙 레시피 및 실제적으로 살이 빠지는 식사로 유명해지면서.[88] 현재는 일본 47개 현에 모두 들어서서 전국적으로 운영되고 있다.

우리의 신앙생활에도 이런 장기적이고 숭고한 목표가 필요하다. 당장에 어렵고 힘든 다급한 일이 닥치면 우리는 곤궁을 해결하기 위해 온통 여기에만 몰두한다. 하나님께 매달리고 간절히 기도한다. 그러나 문제가 해결되면 이전의 뜨거움은 사라지고 다른 바쁜 일에 몰두하느라 어느덧 우리의 신앙적 관심은 냉랭해진다. 하지만 우리 신앙생활의 목표가 당장의 문제 해결이나 당장 내게 필요한 복을 얻는 것에만 몰두하면 우리의 영혼은 더 크고 놀라운 은혜로 나아갈 수 없다. 우리는 지금보다 더 깊은 신앙의 단계로 들어가야 한다.

이번 장의 본문에서 하나님은 모세를 초대하신다. 모세는 조금 전 형 아론과 그의 두 아들 나답과 아비후, 그리고 이스라엘 백성의 지도자들과 함께 하나님 앞에서 언약체결식을 거행했다. 이제 이스라엘은 하나님의 거룩한 언약백성이 되었다. 하나님께서는 이 언약체결을 기뻐하시고 이스라엘 지도자들을 하나님의 임재 안으로 초대하셔서 그분의 청옥 같은 발등상에 거하게 하셨다. 얼마나 놀랍고 황홀한 경험이겠는가? 그런데 하나님께서는 모세에게 여기에서 머무는 것으로 모든 언약체결식을 마무리하지 말고, 하나님께로 더 가까이, 더 깊이 들어오라고 말씀하신다.

하나님께서 모세에게 시내산의 더 높은 곳으로 올라오라고 하시는 이유가 무엇인가? 그것은 모세와 이스라엘 백성들이 단순히 하나님과의 계약을 체결하는 것으로만 그치지 않기를 원하셨기 때문이다. 하나님께서는 그의 언약백성들을 향해 더 높고 아름다운 목표를 갖고 계셨다. 그것은 하나님과 이스라엘과의 관계가 언약체결이라는 형식적인 껍데기로 만족하는 관계가 아니라 살아서 꿈틀거리는 관계가 되는 것이다. 이스라엘 백성이 하나님을 더욱 가까이하고 하나님께 온전한 영광을 돌리는 것이다. 단순한 언약이 아니라 영광의 언약, 생생한 언약이 되기를 원하셨다.

첼로와 같은 현악기를 오랫동안 전공한 이와 배운 지 얼마 되지 않은 이는 처음 활 소리만 들어도 커다란 차이를 느낄 수 있다. 이제

막 배우기 시작한 이는 활을 당기면 악기 소리가 나기는 하는데 영 불안하고 음이 안정되지 않고 힘이 없다. 반면 오랫동안 연주했던 이는 처음 활을 켤 때 나오는 안정감과 자신감 그리고 울림의 깊이가 남다르다. 첫소리에 수십 년의 세월이 담겨 있다.

우리의 신앙생활에서도 마찬가지다. 하나님은 이스라엘 백성이 그저 하나님의 언약백성이 되었다는 사실로만 만족하지 않으셨다. 하나님은 이스라엘 백성이 언약체결을 통해 이제 본격적으로 하나님과 더 깊은 차원의 신앙으로 들어가기 원하셨다. 우리 또한 이런 열망을 가져야 한다. 그동안 여러 해 교회를 다녔지만 나의 신앙생활은 어떠한가? 내가 경험하는 하나님, 내가 경험하는 말씀의 깊이는 어떠한가? 만족하는가? 아니면 더 깊은 차원으로 들어가야 하는가? 하나님께서 우리를 크게 세 가지 차원에서의 깊이 있는 신앙생활로 초대하신다. 첫째는 말씀의 차원이고, 둘째는 영광의 차원이며, 셋째는 예배의 차원이다.

먼저, 말씀의 차원이다. 본문에서 하나님은 모세에게 하나님이 계신 곳으로 올라와 머물라고 초대하신다.

> "여호와께서 모세에게 이르시되 너는 산에 올라 내게로 와서 거기 있으라. 네가 그들을 가르치도록 내가 율법과 계명을 친히 기록한 돌판을 네게 주리라"(출 24:12).

모세가 더 높은 곳에 머물러 있는 동안 하나님은 모세에게 하나님의 언약율법과 계명을 기록한 돌판을 주겠다고 약속하신다. 하나님께서는 언약의 말씀을 들려주시는 것으로 그치지 않고, 하나님이 친히 기록한 돌판을 주겠다고 하신다. 하나님의 생생하고 능력 있는 말씀을 돌판에 이렇게 새겨주신 것은 이스라엘 백성 모두가 그 말씀을 알고, 말씀을 오랫동안 간직할 뿐 아니라 마음판에 새기기를 원하셨기 때문이다. 하나님의 말씀은 모세와 같이 특정한 사람에게만 주신 비밀한 주관적 계시가 아니다. 이스라엘 백성 모두가 보고 읽을 수 있게 기록된 객관적 계시다. 우리는 기록된 객관적 계시를 우리의 마음에 깊이 새겨야 한다.

이것을 강조한 것이 '쉐마' 말씀이다. "이스라엘아 들으라. 우리 하나님 여호와는 오직 유일한 여호와이시니 너는 마음을 다하고 뜻을 다하고 힘을 다하여 네 하나님 여호와를 사랑하라. 오늘 내가 네게 명하는 이 말씀을 너는 마음에 새기고 네 자녀에게 부지런히 가르치며 집에 앉았을 때에든지 길을 갈 때에든지 누워 있을 때에든지 일어날 때에든지 이 말씀을 강론할 것이며 너는 또 그것을 네 손목에 매어 기호를 삼으며 네 미간에 붙여 표로 삼고 또 네 집 문설주와 바깥문에 기록할지니라"(신 6:4-9). '들으라' 는 명령이 히브리어로 '쉐마' 다. 여기에 보면 이 말씀을 마음에 '새기라' 고 말씀하신다. 말씀이 마음에 새겨져 있어야 하나님을 변함없이 사랑할 수 있다. 말씀이 마음에 새겨져 있어야 자녀들을 부지런히 말씀으로 가르칠 수 있고, 더 나아가 자녀들의 가슴에 말씀을 새겨줄 수 있다.

하나님이 우리에게 주신 성경책은 장식품이 아니다. 거실 한구석에 장식용으로 두었다가 주일 아침에 쌓인 먼지를 탁탁 털고 오라고 주신 것이 아니다. 이 성경은 호신용 무기도 아니다. 어떤 성도가 주일 예배를 마치고 돌아가는데 길가에 차 두 대가 서 있고 운전자가 나와서 서로 티격태격하는 모습을 보았다. 그래서 접촉사고가 났나

보다 하고 지나가는데, 갑자기 한 사람이 소리를 막 높이더니 자기 차로 돌아가서 뒷문을 열고 뒷좌석에 있는 성경책을 들고 와서 언쟁하던 다른 운전자의 머리를 책 모서리로 마구 내리 치더란다. 얼마나 충격적인가?

하나님께서는 우리가 하나님의 언약백성으로 살아가면서 하나님의 말씀을 깊이 새겨 그 말씀의 능력을 풍성하게 경험하며 살기를 원하셨다. "너희가 내 안에 거하고 내 말이 너희 안에 거하면 무엇이든지 원하는 대로 구하라. 그리하면 이루리라"(요 15:7). 우리가 주님 안에 거하는 것과 주님의 말씀이 우리 안에 거하는 것이 상호작용해야 한다. 주님의 말씀이 우리 안에 거하려면 그 말씀을 즐거워하며 이를 주야로 묵상해야 한다. 이렇게 되면 우리의 내면에도 정욕을 따르는 소원이 아니라 말씀을 따르는 소원이 생겨나게 된다. 이럴 때 우리의 거룩한 소원이 이루어지는 역사를 경험하게 된다.

하나님께서는 이스라엘 백성의 가슴에 이 말씀이 새겨지기 원하셨다. 그래서 예레미야서에 말씀하신 새 언약의 핵심도 바로 이 말씀이 가슴에 새겨지는 것이었다. "그러나 그날 후에 내가 이스라엘 집과 맺을 언약은 이러하니 곧 내가 나의 법을 그들의 속에 두며 그들의 마음에 기록하여 나는 그들의 하나님이 되고 그들은 내 백성이 될 것이라. 여호와의 말씀이니라"(렘 31:33). 하나님의 법을 그들의 속에 두고 그들의 마음에 기록한다! 말씀을 마음에 새긴 백성이 제대로 된 언약백성인 것이다. 하나님의 말씀을 들고 다니기만 하지 말고 가슴에 새길 수 있는 성도되어야 한다. 말씀이 새겨질 때 우리에게 새로운 차원이 펼쳐진다.

둘째, 말씀이 우리 가슴에 새겨질 때 우리에게는 새로운 신앙의 차원이 펼쳐진다. 그것은 하나님의 영광의 임재 안에 거하는 역사다.

> "모세가 산에 오르매 구름이 산을 가리며 여호와의 영광이 시내산 위에 머무르고 구름이 엿새 동안 산을 가리더니 일곱째 날에 여호와께서 구름 가운데서 모세를 부르시니라"(출 24:15-16).

하나님께서 모세에게 더 높은 산에 오르라고 초대하자 모세는 이 말씀에 순종하여 시내산 더 높은 곳으로 올라갔다. 그러자 영광의 임재를 상징하는 구름이 산을 가리고 하나님의 영광이 엿새 동안 계속 머물렀다. 모세가 경험한 임재는 앞서 이스라엘의 지도자들이 경험했던 청옥 같은 하나님의 임재보다 더 깊은 임재였다.

하나님께서는 모세를 부르시며 언약백성이 경험해야 할 임재는 앞서 만찬 때 경험했던 잠깐의 임재로 그치는 것이 아니라 더 깊고 더 친밀한 임재임을 말씀하신다. 하나님의 백성은 더 깊은 임재 가운데 하나님을 향한 친밀감과 사랑을 키워가야 한다. 사랑이 느껴져야 사랑하는 것이 아니다. 사랑은 나의 감정 이전에 의지다. 만약 사랑이 감정이었다면 고린도전서 13장은 "사랑은 언제나 달콤하고, 사랑은 언제나 황홀하며 사랑은 언제나 나를 짜릿하게 하고 행복하게 한다"고 했을 것이다. 그러나 고린도전서 13장이 말씀하는 사랑은 언제나 오래 참고, 언제나 온유하며, 자기의 유익을 구하지 않는다(고전 13:4-5). 우리에게는 하나님의 임재 안에 더 깊이 머물며 그분을 향한 사랑을 키워야 할 부르심이 있다.

남녀 간의 사랑도 그렇다. 젊을 때는 너무나도 사랑스럽고 너무나도 끌린다. 그러나 시간이 지나면 너무나도 사랑스럽던 모습이 너무나도 꼴 보기 싫은 모습이 되고, 너무나도 끌렸던 모습이 너무나도 싫은 단점으로 비친다. 지금 생각해도 내가 어쩌자고 저런 사람을 사랑했는지 모르겠다고 한다. 그래서 사랑은 은혜다. 내 힘으로 사랑할 수 없었는데 신비한 끌림과 콩깍지가 씌여 사랑을 싹틔울 수 있었다. 그러나 시작된 은혜는 계속해서 지켜가고 키워가야 한다. 하나님을 향한 사랑과 친밀감도 마찬가지다. 하나님의 성령이 우리 마음에 부은 바 되어 한 번 그 사랑과 친밀감을 경험하면 황홀하고 짜릿하다. 그러나 그것이 언제까지나 자동으로 계속되는 것이 아니다. 그다음에는 그 사랑과 친밀감을 키워나가야 한다.

하나님께서는 모세에게 무려 엿새 동안 그분의 임재에 머물도록 하시는 것을 통해 모세가 "하나님은 잠깐 만나고 가는 분이 아니라 이렇게까지 오랫동안 친밀하게 머물 수 있는 소중하고 존귀한 분"임을 새삼 배우고 깨닫게 되기를, 더 깊이 하나님을 체험하고 더 깊은 하나님의 영광을 경험하게 되기를 원하셨다.

셋째는 예배의 차원이다. 하나님은 모세를 엿새 동안 하나님의 임재에 머무르게 하신 후, 일곱째 날에 더 깊은 임재로 부르신다.

> "여호와의 영광이 시내산 위에 머무르고 구름이 엿새 동안 산을 가리더니 일곱째 날에 여호와께서 구름 가운데서 모세를 부르시니라. 산 위의 여호와의 영광이 이스라엘 자손의 눈에 맹렬한 불 같이 보였고 모세는 구름 속으로 들어가서 산 위에 올랐으며 모세가 사십 일 사십 야를 산에 있으니라"(출 24:16-18).

모세는 더욱 강렬한 임재 속으로 들어가 무려 40일을 밤낮으로 하나님의 임재 가운데 머물렀다. 이 기간 동안 모세는 하나님께로부터 장차 하나님의 언약백성이 하나님을 예배할 성막 설계도를 받는다. 이것이 출애굽기 25장에서 31장까지 펼쳐지는 성막에 대한 말씀이다. "그들이 섬기는 것은 하늘에 있는 것의 모형과 그림자라. 모세가 장막을 지으려 할 때에 지시하심을 얻음과 같으니 이르시되 삼가 모든 것을 산에서 네게 보이던 본을 따라 지으라 하셨느니라"(히 8:5).

하나님께서 모세에게 무려 40일간이나 성막에 대해 말씀하신 이유가 무엇일까? 그것은 하나님의 백성이 더 깊은 하나님의 말씀과 풍성한 영광의 임재 안에 머무는데 성막이 핵심적인 기능을 감당하기 때문이다. 성막을 통해 죄 사함이 일어나고 하나님의 이름을 높이는 역사가 일어난다. 하나님의 영광의 임재가 나타나고 하나님의 말씀이 선포된다. 하나님이 성막을 이스라엘 백성에게 주시는 것은 언약백성으로서의 정체성과 능력은 한 번의 언약체결로 끝나는 것이 아니라 성막을 통하여 계속해서 죄 사함을 얻고 말씀과 임재 안에 거하여 건강하게 지켜나갈 수 있기 때문이다.

교회가 때로는 사회의 지탄을 받기도 하지만 그럴수록 우리는 교회다운 교회, 하나님의 영광이 머무는 교회, 천국을 이루어가는 그리스도의 몸 된 교회, 말씀 안에 거하는 교회를 이루어가야 한다. 내 신앙은 주님의 교회를 통하여 더 풍성해지고, 더 나아가 예배를 통하여 더 깊어진다.

하나님께서는 성도들을 부르시고 그의 백성으로 삼아주셨지만 하나님이 원하시는 풍성한 삶의 수준은 우리 생각보다 훨씬 더 깊고 더 높고 더 넓다. "믿음으로 말미암아 그리스도께서 너희 마음에 계시게 하시옵고 너희가 사랑 가운데서 뿌리가 박히고 터가 굳어져서 능히 모든 성도와 함께 지식에 넘치는 그리스도의 사랑을 알고 그 너비와 길이와 높이와 깊이가 어떠함을 깨달아 하나님의 모든 충만하신 것으로 너희에게 충만하게 하시기를 구하노라"(엡 3:17-19). 더 높은 영광을 사모하자. 더 높이, 더 깊이 나아가는 성도로 하나님의 충만한 은혜를 누리며 살자.

[61장 각주]

87) 신현암 외, 「빅 프라핏」(서울: 흐름출판, 2017).
88) 타니타, 지희정 역, 「타니타 직원식당: 세계 1위 체지방계 회사 직원들의 다이어트 레시피」(서울: 어바웃어북, 2012).

[P·A·R·T·10]

성막 설계도

이 땅에 내려온 하늘 성전

언약궤 | 진설병 상 | 성막 | 놋제단, 성막 뜰, 기름

제사장 의복 | 제사장 위임

분향단과 속전 | 물두멍, 관유, 향

성막기구 제작자 | 성막의 존재 목적, 안식일

하늘에서 내려온 하나님의 영광

62 Chapter 62. Exodus 25:1-9

이 땅에 내려온 하늘 성전

여호와께서 모세에게 말씀하여 이르시되 이스라엘 자손에게 명령하여 내게 예물을 가져오라 하고 기쁜 마음으로 내는 자가 내게 바치는 모든 것을 너희는 받을지니라. 너희가 그들에게서 받을 예물은 이러하니 금과 은과 놋과 청색 자색 홍색 실과 가는 베 실과 염소 털과 붉은 물들인 숫양의 가죽과 해달의 가죽과 조각목과 등유와 관유에 드는 향료와 분향할 향을 만들 향품과 호마노며 에봇과 흉패에 물릴 보석이니라. 내가 그들 중에 거할 성소를 그들이 나를 위하여 짓되 무릇 내가 네게 보이는 모양대로 장막을 짓고 기구들도 그 모양을 따라 지을지니라.

사람은 누구나 살아가면서 한 번쯤 절대적인 하나님의 손길을 경험할 때가 있다. 1973년 김대중 전 대통령이 일본 동경으로 가는 배에서 납치되었을 때였다.[89] 정보부원들이 그를 자루로 덮고 밧줄로 꽁꽁 묶고 바닷물에 던지려고 했다. 아무리 힘을 주어 밧줄을 뜯어보려고 했지만 소용없었다. 바닷물에 던져지기 직전, 김 전 대통령은 '아, 이제 죽는구나' 하는 생각이 들었다고 한다.

바로 그때 놀라운 일이 일어났다. 제대로 신앙을 갖지 못했던 그에게 예수님이 갑자기 나타나셔서 그 옆에 서 계신 것이었다. 그래서 꿈인지 생시인지 모르는 바로 그 순간에 예수님의 소매를 붙잡고 "예수님, 저를 살려주십시오. 전 아직도 할 일이 많이 있어요" 하고 간절히 부탁드렸다. 그런데 바로 그 순간 공중에서 "펑!" 소리가 났다. 이 소리와 함께 자신을 묶었던 사람들이 "비행기다!" 하고 소리 지르면서 도망쳤다. 결국 죽음에서 극적인 구출을 경험했다.

대한민국 초대대통령이었던 이승만에게도 이와 유사한 경험이 있었다. 그가 한때 감옥에 갇혀 깊은 절망으로 탄식하고 있을 때, 꿈인지 생시인지 모르는 바로 그때 예수님이 나타나셔서 이승만 대통령의 어깨를 토닥거리며 위로하고 힘을 주셨다. 이 놀라운 초월적인 경험을 기초로 그는 새로운 삶과 정치의 기초를 다지게 되었다.

이처럼 사람은 살아가면서 한 번쯤은 절체절명의 위기를 겪을 때가 있다. '이제 난 끝이다, 더는 가망이 없다'는 생각으로 절망할 바로 그때 생각지도 못한 곳에서 우리를 붙드시는 초자연적인 구원의 손길을 경험한다. 하나님을 모르는 이들이 볼 때는 '정말 신기하다, 정말 특별한 운을 갖고 태어났나 보다'고 생각한다. 그러나 그중에는 부인할 수 없는 하나님의 생생한 손길을 경험하고 하나님의 살아 역사하심을 인정하는 이들이 있다.

이따금 믿음생활을 하지 않는 이들 가운데도 "하나님이 살아계신 것을 알아요. 정말 기적적으로 경험했어요"라고 고백하는 이가 있다. 그러나 이러한 구원을 경험하는 것 못지않게 중요한 게 있다. 그것은 하나님의 손길을 한 번 경험하고 그치는 것이 아니라 그 능력의 손길이 계속해서 나의 삶을 붙들어주어야 한다는 것이다. 그러나 많은 경우 위기 가운데 경험했던 놀랍고도 짜릿한 구원의 손길은 우리를 잠시만 깨어있게 할 뿐 다시 영혼의 깊은 잠 가운데 빠져드는 경우가 많다.

이스라엘 백성을 보라. 출애굽을 통해 홍해가 갈라지고 바로의 군사들이 수장되는 놀라운 하나님의 능력을 체험하고 하나님 앞에 크게 기뻐하고 춤추며 영광 돌렸다. 그런데 이 은혜의 유효기간이 딱 3일이었다. 홍해를 지나 광야로 들어서자, 이들은 3일 만에 목이 마르다며 하나님께 원망과 불평을 쏟아냈다. 이후 이스라엘 백성들은 구원의 은혜를 새까맣게 잊고 불평과 원망을 쉬지 않고 쏟아내며 시내산까지 왔다. 그런데 하나님께서는 이렇게 불평과 원망을 쏟아냈던 이스라엘 백성들에게 이전보다 더욱 강렬한 하나님 체험을 하게 하신다.

하나님이 시내산에 직접적으로 임재하는데 온 하늘이 시커멓고 산 위에 불이 번쩍번쩍하며 우레와 번개가 치고, 산 위에서 천군 천사들의 나팔소리가 크게 메아리쳤다. 연기가 가득하고 불 가운데 하나님이 임재하셨다. 모든 백성은 뼛속까지 벌벌 떨었다. 막연하게 알던 하나님의 임재를 직접 체험했다. 이것은 홍해의 기적과는 또 다른 차원이었다. 백성의 지도자들과 모세와 아론, 그리고 아론의 두 아들 나답과 아비후가 하나님의 임재로 더욱 가까이 나아갔다. 푸르고 푸른 청옥색의 하나님의 발등상 아래까지 나아갔다. 정말 잊을 수 없는 황홀한 하나님 체험이었다. 하나님은 이곳에서 이스라엘 백성과 언약을 체결하시고, 이제 하나님의 언약백성으로 언약백성답게 살 것을 요청하셨다.

이 놀랍고도 황홀한 임재 체험 가운데 이스라엘의 지도자들은 언약을 체결하여 열방 가운데 하나님의 유일한 소유인 그의 친 백성이 되었다. 그런데 문제가 있었다. 이 황홀한 순간의 다짐만으로 이후에 펼쳐질 광야생활을 살아가는 것이 만만치 않기 때문이다. 이들이 시내산에서 내려가 다시 광야로 들어가면 이들은 이전처럼 너무나도 쉽게 언약백성의 정체성을 잊고 방종할 가능성이 높다. 이스라엘에게는 그들이 언약백성의 정체성을 잊지 않고 하나님의 백성답게 살아가도록 붙들어주어야 할 무엇인가가 필요했다.

그래서 하나님이 준비하신 게 성막이다. 성경은 이를 성막, 회막, 또는 증거막 등의 다양한 이름으로 부른다. 이런 다양한 호칭은 성막이 갖는 특성을 강조하기 위한 것이다.

먼저, '성막'(聖幕)은 거룩한 장막, 또는 거룩한 텐트라는 뜻이다. 이것은 하나님의 거룩한 임재를 강조하기 위하여 부르는 호칭이다. 그래서 '성막'이라고 하면 하나님의 거룩한 임재가 있는 곳이라는 의미가 있다. 거룩하신 하나님과 죄 많은 사람은 함께할 수 없다. 그러나 성막에서는 피 흘림의 제사를 통하여 죄 용서를 받을 수 있다. 비록 임시적이지만 양의 피로 말미암아 죄 사함을 받고 하나님께 거룩하게 설 수 있게 된다.

성막은 회막(會幕)이라고 부르기도 하는데, 이것은 모일 '회'(會)

자를 사용하여 모이는 장막, 모이는 텐트라는 뜻이다. 이것은 성막이 하나님과 사람이 만나는 곳, 교제하는 장소라는 의미를 강조하기 위하여 사용되었다.

증거막이라고 하는 이유는 이 텐트 안에 하나님이 증거판을 두었기 때문이다. 증거판은 하나님께서 친히 언약법전의 내용을 기록한 돌판을 말한다. 증거 장막은 이 증거판을 중심으로 언약의 당사자인 하나님과 이스라엘 백성이 언약관계를 이어가기 위해 만나는 특별한 곳임을 강조한다. 이런 성막, 회막, 또는 증거막의 원형은 하늘 성전에 있다.

> "무릇 내가 네게 보이는 모양대로 장막을 짓고 기구들도 그 모양을 따라 지을지니라"(출 25:9).

"그들이 섬기는 것은 하늘에 있는 것의 모형과 그림자라. 모세가 장막을 지으려 할 때에 지시하심을 얻음과 같으니 이르시되 삼가 모든 것을 산에서 네게 보이던 본을 따라 지으라 하셨느니라"(히 8:5). 하나님께서는 모세에게 하늘에 있는 성막의 원형을 보여주시면서 이 보여주는 모양을 따라 지으라고 말씀하셨다. 이렇게 볼 때 성막은 이스라엘 백성들의 삶의 중심에 자리 잡고 하늘과 땅을 이어주는 특별한 장소다. 이스라엘은 항상 성막을 중심으로 살아야 했다. 광야에서 행진할 때는 성막을 가운데 두고 움직이고, 또 일정한 장소에 거주할 때는 성막을 중심으로 동서남북 사방에 둘러 진을 치고 있어야 했다. 더 나아가 성막은 하나님의 창조사역을 반영한다. 성막은 하나님이 갑자기 이스라엘에게 제시하신 것이 아니다. 이것은 하나님께서 창조 때부터 마음에 두셨던 것이다.

"여호와께서 모세에게 말씀하여 이르시되"(출 25:1).

이 말씀이 성막에 관한 말씀으로 7회나 등장한다(출 25:1, 30:11, 17,22,34, 31:1,12). 마지막 일곱 번째 말씀 다음 13절에는 "너희는 나의 안식일을 지키라"고 말씀한다. 성막 건설 이후에 등장하는 안식 명령은 태초의 천지창조를 연상시킨다. 창세기 1장에서 하나님은 6일 동안 천지를 창조하시고 마지막 칠 일째는 쉬셨다. 하나님은 에덴동산을 성전으로 지으셨다. 동산 가운데 생명수가 발원해서 사방으로 흐르고, 금과 호마노와 같은 보석이 나고, 또 동산 중앙에는 하나님의 언약의 상징인 생명나무와 선악과가 있었다. 창세기 2장 15절에 하나님께서 사람을 이끌어 에덴동산에 두어 그것을 경작하며 지키게 하셨다고 하는데, 여기 '두다'(히. 누아흐)는 '안식하다'는 뜻이고, '경작하다'(히. 아바드)는 단어는 '섬기다' '예배한다'는 뜻을 갖는다. 이것을 반영한 에스겔서에서는 하나님의 동산 에덴을 하나님의 성산으로(겔 28:14), 성소(겔 28:18)로 표현하였다. 에덴동산은 하나님이 거하시는 곳, 거니시는 곳이었다(창 3:8).

이렇게 창설되었던 거룩한 성전 에덴동산은 인류의 불순종과 타락으로 인해 죄가 들어와 더 이상 거할 수 없는 곳이 되었다. 하지만 하나님은 한 백성, 이스라엘을 구원하여 그들 가운데 다시 하나님의 성소를 마련하기 원하셨다. 하나님께서는 언약백성을 그냥 언약만 체결하고 내버려두지 않으셨다. 다시 하나님의 성소를 허락하시고 그 안에 함께 거하기를 원하셨던 것이다.

"내가 그들 중에 거할 성소를 그들이 나를 위하여 짓되"(출 25:8).

하나님께서 이스라엘 백성 가운데 거할 성소를 보여주시고, 이 성소를 지으라고 하신다. 하나님이 천지를 창조하시고 에덴동산을 마련해주실 때와는 조금 다르다. 전에는 하나님이 모든 것을 다 마련해두시고 인간을 초대하셨다면, 이제는 그의 백성에게 하나님의 전을 짓는 역사에 참여하라고 초대하신다. 이것은 하나님의 능력이 부족해서가 아니라 우리를 믿고 하나님이 거하실 처소를 짓는 사역에 동참시키기 위한 것이다. 하나님이 하시면 완벽하게 하셨을 것이다. 그럼에도 연약하고 흠 있는 우리를 부르셔서 이 엄청난 일을 할 수 있는 특권을 허락하셨다. 이스라엘의 참된 왕을 모시는 일에 동참시키신 것이다. 예전에 다윗이 압살롬의 반란을 피하여 도주한 후, 다시 돌아올 때 누가 왕을 모셔오느냐로 크게 갈등이 있었다. 이처럼 예전부터 왕을 누가 모셔오느냐는 초미의 관심사였다. 하나님께서는 이스라엘 백성에게 왕이신 하나님을 모시는 일을 맡기신 것이다. 그러면 이 왕을 누가 모시고 올 수 있겠는가?

"이스라엘 자손에게 명령하여 내게 예물을 가져오라 하고 기쁜 마음으로 내는 자가 내게 바치는 모든 것을 너희는 받을지니라"(출 25:2).

하나님은 기쁜 마음으로 하나님께 예물을 바치는 자들을 초대하신다. 여기 예물을 '바친다' (히. 테루마)는 '들어 올린다' '온전히 드린다' 는 뜻이 있다. 이것을 '헌납물' 이라고 한다. 내 삶, 내 소유, 이 모든 것이 하나님의 것임을 인정하는 행위다. 사실 자신과 가족을 위해 쓰기에도 빠듯할 수 있다. 그러나 하나님께서는 이스라엘 백성에게 그들의 참된 주인이 하나님임을 인정하는 고백이 먼저 있기를 원하셨다. 이들이 부름받은 언약백성으로 가장 먼저 해야 할 일은 하나님의 뜻이 이루어지도록 하는 것이고, 하나님을 왕으로 모실 거처를 마련해야 하는 일이다. 아니, 노예상태에서 이제 막 탈출한 지 3개월밖에 되지 않았는데 무슨 드릴 것이 있었을까? 그런데 본문은 노예였던 이들이 하나님께 놀랍고도 귀한 것들을 드렸다고 한다.

> "너희가 그들에게서 받을 예물은 이러하니 금과 은과 놋과 청색 자색 홍색 실과 가는 베 실과 염소 털과 붉은 물들인 숫양의 가죽과 해달의 가죽과 조각목과 등유와 관유에 드는 향료와 분향할 향을 만들 향품과 호마노며 에봇과 흉패에 물릴 보석이니라"(출 25:3-7).

여기 금, 은, 놋은 하나님의 성소와 지성소를 제작하는 데 필요한 것들이다. 이런 것들은 천상의 해, 달, 별을 나타내는 데 사용한다. 또 호마노와 같은 보석이 등장한다. 모두 에덴동산에서 많이 나던 것들이다(창 2:12). 또 값비싼 가죽과 올리브기름, 향품 등이 등장한다. 하나하나 당시에 너무 귀한 것들이다. 이러한 것들을 노예였던 이들이 어떻게 마련했을까? 하나님께서 은혜를 베푸셔서 이들이 출애굽할 때 애굽 사람들에게 선물로 받게 하셨다.

> "이스라엘 자손이 모세의 말대로 하여 애굽 사람에게 은금 패물과

의복을 구하매 여호와께서 애굽 사람들에게 이스라엘 백성에게 은혜를 입히게 하사 그들이 구하는 대로 주게 하시므로 그들이 애굽 사람의 물품을 취하였더라"(출 12:35-36).

하나님께서 은혜로 주셨다. 그런데 이것은 하나님이 미리 마음에 품으셨던 계획의 일부였다.

"여호와께서 모세에게 이르시기를 내가 이제 한 가지 재앙을 바로와 애굽에 내린 후에야 그가 너희를 여기서 내보내리라. 그가 너희를 내보낼 때에는 여기서 반드시 다 쫓아내리니 백성에게 말하여 사람들에게 각기 이웃들에게 은금 패물을 구하게 하라 하시더니 여호와께서 그 백성으로 애굽 사람의 은혜를 받게 하셨고 또 그 사람 모세는 애굽 땅에 있는 바로의 신하와 백성의 눈에 아주 위대하게 보였더라"(출 11:1-3).

알고 보니 애굽인들에게 재물을 얻게 하신 것이 나중에 가나안 땅에 들어가서 살 때를 대비하여 한몫 잡으라는 것이 아니라 하나님의 영광을 위하여 하나님의 성소를 위하여 쓰라는 것이었다. 이스라엘 백성은 아직 제대로 된 자기 집이 없었다. 그러나 하나님께서는 이스라엘 백성에게 가장 먼저 하나님을 모셔오는 데 자신들이 갖고 있는 재물을 사용하게 하셨다. 그것은 하나님이 그들과 함께하는 것이 그 무엇보다 가장 큰 복이었기 때문이다.

하나님께서는 성막을 통하여 이스라엘의 죄를 용서하시고 그들이 계속해서 성결하길 원하셨다. 이로써 이들 가운데 임재하셔서 사랑의 교제를 나누시고, 증거판을 통하여 하나님의 말씀을 끊임없이 깨우쳐 이 말씀을 붙들기 원하셨다. 성막이 없었다면 이스라엘은 시내산에서 감격적인 하나님의 임재를 경험하고도 얼마 지나지 않아 곧바로 부패한 죄성을 따라 급속도로 타락할 수 있었다. 그러나 이들은 끊임없이 성막을 중심으로 살아야 했다. 이스라엘은 국가의 기초가 바로 이 성막이었다. 성막이 세운 나라였던 것이다.

이 놀라운 성전의 역사가 예수 그리스도를 통하여 새롭게 성취되었다. 그것은 하나님께서 우리 가운데 거하시기 위하여 그 아들 예수 그리스도를 보내셨다는 사실이다. "말씀이 육신이 되어 우리 가운데 거하시매 우리가 그의 영광을 보니 아버지의 독생자의 영광이요 은혜와 진리가 충만하더라"(요 1:14). 우리 가운데 '거하셨다' (헬. 스케노오)는 '장막을 쳤다' 는 뜻이다. 예수님이 우리에게 오셔서 성전이 되어 주셨다는 뜻이다. 예수님은 자신을 반대하는 대적자에게 "너희가 이 성전을 헐라. 내가 사흘 동안에 일으키리라"(요 2:19)고 말씀하셨다. 그리고 마침내 십자가에 죽으심으로 새로운 죄 사함의 길이 열리고 성령을 부어주심으로 새로운 교제의 길이 열리면서 이제 우리는 새로운 성전을 경험하게 되었다.

이제는 우리 각 사람이 주님의 성전을 이루는 지체, 곧 건축재료가 되어 함께 지어져가게 되었다. "그의 안에서 건물마다 서로 연결하여 주 안에서 성전이 되어 가고 너희도 성령 안에서 하나님이 거하실 처소가 되기 위하여 그리스도 예수 안에서 함께 지어져 가느니라"(엡 2:21-22).

하나님의 아들이 이 땅에 오신 것은 우리를 이 땅에 고아처럼 버려두지 아니하시고, 구원받은 하나님의 백성으로 계속해서 아름답고 멋지게 거룩한 성전으로 살아가기 위해서다. 이제 우리는 함께 아름다운 성전이 되어가야 한다. 때로 나의 소중한 것들을 기꺼이 내드리며 함께 나누고 사랑으로 이 성전을 지어가야 한다. 이 성전을 중심으로 살아가야 한다. 내 믿음이 식지 않기 위해, 매일매일 주님의 뜻을 분별하고 그 뜻에 따라 살아가기 위해 우리의 삶을 성전 중심으로 재편해야 한다. 아름다운 하늘 성전을 이 땅에 이루어가는 거룩한 성도로 서자.

[62장 각주]

89) 김대중, 「새로운 시작을 위하여」(서울: 김영사, 1993).

63 Chapter 63. Exodus 25:10-22

언약궤
: 사랑하면 잘 설명하라

그들은 조각목으로 궤를 짜되 길이는 두 규빗 반, 너비는 한 규빗 반, 높이는 한 규빗 반이 되게 하고 너는 순금으로 그것을 싸되 그 안팎을 싸고 위쪽 가장자리로 돌아가며 금 테를 두르고 금 고리 넷을 부어 만들어 그 네 발에 달되 이쪽에 두 고리 저쪽에 두 고리를 달며 조각목으로 채를 만들어 금으로 싸고 그 채를 궤 양쪽 고리에 꿰어서 궤를 메게 하며 채를 궤의 고리에 꿴 대로 두고 빼내지 말지며 내가 네게 줄 증거판을 궤 속에 둘지며
순금으로 속죄소를 만들되 길이는 두 규빗 반, 너비는 한 규빗 반이 되게 하고 금으로 그룹 둘을 속죄소 두 끝에 쳐서 만들되 한 그룹은 이 끝에, 또 한 그룹은 저 끝에 곧 속죄소 두 끝에 속죄소와 한 덩이로

연결할지며 그룹들은 그 날개를 높이 펴서 그 날개로 속죄소를 덮으며 그 얼굴을 서로 대하여 속죄소를 향하게 하고 속죄소를 궤 위에 얹고 내가 네게 줄 증거판을 궤 속에 넣으라. 거기서 내가 너와 만나고 속죄소 위 곧 증거궤 위에 있는 두 그룹 사이에서 내가 이스라엘 자손을 위하여 네게 명령할 모든 일을 네게 이르리라.

개봉 16일 만에 천만 관객을 돌파한 영화 〈신과 함께〉는 주인공 김자홍(차태현 분)이 지옥에 가서 일곱 관문을 통과하며 재판을 받고 자신의 죄를 되돌아보는 내용이다. 사람들이 이렇게 열광했던 이유가 무엇인가? 지옥에 대한 관심도 있지만 사실 내세 못지않게 영화에서 묘사하는 현 세상의 지옥 같은 모습에 공감했기 때문이다. 김자홍은 가난하고 힘든 가운데 몸이 으스러져라 최선을 다해 살았지만 정말 억울한 상황을 당하여 울분을 토할 길 없는 인생의 모습을 보여준다. 정말 도망하고 싶은 이 세대의 아픔을 그대로 보여준다. 이것이 한국 사회에 사는 이들의 정서를 제대로 조준했던 것이다.

한 해가 지나며 뒤를 돌아볼 때면 항상 현기증이 날 것 같다. 살아가는 것이 점점 퍽퍽해지고 살벌해져 간다. 이런 생각은 연말연시로 이어지는 시기가 오면 더 심해진다. 이를 가리켜 '홀리데이 블루'(연말연시 우울증)라고 한다.[90)]

질병관리본부가 19세 이상 성인 1만 명을 대상으로 시행했던 한 설문조사에 따르면 성인들 가운데는 무려 500만 명 이상이 우울증 고(高)위험군에 속해 있다.[91)] 최근 2주간의 삶을 돌아볼 때 매사에 흥미나 즐거움이 없고, 우울하고, 희망이 없다고 느끼며, 잠이 잘 들지 않거나 잠을 너무 많이 잔다. 매사에 피곤하고 기운이 없다. 자신을 실패자라고 여기거나 가족을 실망시켰다고 여긴다. 차라리 죽는 게 더 낫겠다고 생각하거나 어떻게든 자해를 하려고 생각한다. 이런 증상은 우울증이 나타나기 쉬운 조짐들이다. 정말이지 이 광야 같은 세상은 우리 주님을 꼭 붙들고 가지 않으면 헤쳐 나가기가 너무나도 힘들다.

하나님께서는 이스라엘 백성과 언약을 체결하고 이들을 언약백성으로 삼으시고는 이제 그들을 광야에 내버려두지 않기로 작정하셨다. 그의 백성과 친히 동행해주시기 위해 성막을 지으라고 말씀하셨다. 그러고는 이 성막이 어떤 모습이 되어야 하는지를 하늘 성소의 모습으로 직접 보여주셨다.

이번 장의 본문은 하나님께서 하늘 성소의 모습을 보여주기만 한 것이 아니라 직접 구체적으로 설명해주시는데, 먼저 증거판을 담는 증거궤에 대해 알려주신다. 증거궤는 '언약궤' 또는 '법궤'라고도 한다. 먼저 법궤를 말씀하는 것은 하나님이 이스라엘 백성과 동행하는 성막을 세우는 데 있어 가장 중요한 것이 법궤이기 때문이다. 성막의 다른 부분을 다 지어도 이 언약궤가 없으면 하나님께서 이곳에 임재하는 성막이 될 수 없다. 그만큼 이 언약궤 또는 증거궤는 하나님 임재의 핵심을 담고 있다.

우리는 보여주시기만 하는 것이 아니라 설명하시는 하나님의 사랑에 주목할 필요가 있다. 본문을 보면 그 설명이 상당히 구체적이어서 직접 눈으로 보지 않아도 대략 어떤 모양인지 그려볼 수 있을 정도다. 하나님은 먼저 법궤의 재료와 규격을 알려준다.

"그들은 조각목으로 궤를 짜되 길이는 두 규빗 반, 너비는 한 규빗 반, 높이는 한 규빗 반이 되게 하고"(출 25:10).

말씀에 따르면 법궤는 조각목으로 짜야한다. 조각목은 중동지역의 건조한 들판에서 자라는 싯딤나무를 말한다. 이를 아카시아나무라고도 부르는데 우리나라에서 자라는 아카시아나무와는 다르다. 이 나무는 단단하고 내구성이 좋은 나무다. 이런 나무로 궤를 짜는데 길이는 두 규빗 반, 너비는 한 규빗 반, 높이는 한 규빗 반이다. 한 규빗은 팔꿈치에서 가운데 손가락까지의 길이로 약 45cm 정도 된다. 그래서 두 규빗 반이면 약 1.2m 정도다. 한 규빗 반은 약 70cm 정도가 된다. 이 정도 크기의 조각목을 짜서 아무것도 섞이지 않은 순금을 안팎으로 싸고 위쪽 가장자리에는 금으로 테두리를 두른다.

이렇게 설명하니 대략 법궤가 어떤 형태로 제작되는지 이해가 되지 않는가? 이해하도록 설명해주는 것, 이것이 사랑이다. 우리가 갖는 가깝고 친밀한 관계들이 종종 어그러지고 망가지는 중요한 이유 중 하나가 설명을 제대로 하지 않아서다. 왜 설명을 하지 않는가? 그럴 필요성을 별로 느끼지 못하기 때문이다. 그동안 오랜 세월 가까이서 보아왔으니 이 정도면 척하면 제대로 알아차려야 한다고 생각한다. 제대로 이해가 가지 않아 도대체 왜 이런 거냐고 물어보면 도대체 내가 몇 번이나 설명해야 하냐고, 사람이 도대체 눈치가 없다고 핀잔을 준다. 그러나 그렇지 않다. 성공적인 관계일수록 많은 설명이 필요하고, 또 많이 설명해주어야 관계가 성공적으로 유지될 수 있다.

언약궤만 하더라도 그렇다. 이 언약궤에 대한 설명은 여기서 나오지만 37장 1~9절에서는 실제적으로 만든 내용을 다시 설명한다.

우리 같으면 '이거 필요 없는 부분인데 왜 넣었나, 그냥 건너뛰지' 라고 생각할지 모르겠다. 그러나 그렇지 않다. 중요한 것일수록 재차 설명할 필요가 있다.

교회에서 광고할 때 여러 차례 반복적으로 하곤 한다. 중요한 것일수록 더욱 그렇다. 한 번 해서 알아들으면 좋겠지만 한 번 광고로 잘 알아듣지 못하는 경우가 많다. 왜? 다 자기가 듣고 싶은 것만 듣기 때문이다. 별로 중요하다고 생각하지 않는 광고는 그냥 듣는 둥 마는 둥 한다. 그런데 표정은 다들 진지하다. 그래서 다 듣는 줄 안다. 그런데 나중에 보면 수없이 광고를 했어도 모르고 있다.

사람은 그 내면에 원죄로 인해 부패한 지성, 감정, 의지를 갖고 있다. 이러한 원죄적 부패가 우리 내면에 초래한 결과가 있는데 그것은 우리의 지, 정, 의가 일치하지 않고 각각 따로 작동하는 것이다. 우리의 지성으로는 이러면 안 된다는 것을 알지만 우리의 감정은 지성과 반대로 하고 싶은 마음으로 가득하다. 이 사이에서 우리의 의지는 갈팡질팡하고 결정을 내리지 못한다. 우리의 부패한 본성은 생각보다 일관성이 없고 생각보다 많은 설명이 필요하다. 게다가 우리는 어릴 때부터 수많은 환경과 경험과 관계를 통해 지금의 나 자신이 되었다. 때로는 일관성이 있다가도 돌발적인 변수가 생기면 갑자기 분노가 폭발할 때가 있다. 쉽게 말하면 변덕이 죽 끓듯 한다. 게다가 나이가 들면 우리의 생리적인 호르몬이 변하면서 마음 상태에 영향을 끼쳐서 기분이 오락가락한다.

우리는 이런 변화를 아무 말 하지 않고 있다가 어느 날 가까운 사람에게 막무가내로 다그친다. "아니, 그렇게 오래 살았으면서 아직까지 몰라?" "척하면 알아야지!" 그러나 그렇지 않다. 여전히 나는 많은 설명이 필요한 존재다. 우리는 겸손하게 내가 부패한 죄성을 갖고 있기 때문에 때로는 상당히 이상할 수 있다는 것을 인정하고, 이것을 주변에 제대로 설명해주어야 한다. 그렇지 않으면 주변 사람이 상당히 충격을 받고 놀랄 수 있다. 가장 가까운 배우자와 자녀도 마찬가지다. 물론 오래 살았다. 그러나 오래 산 것으로 그 사람을 다 아는 것은 아니다. 갈수록 우리는 가까운 사람을 모른다. 이따금 이런 말을 하는 이가 있다. "난 당신을 도대체 이해하지 못하겠어." 10년, 20년이 넘게 살았는데도 도대체 이해할 수 없다면 앞으로도 이해하기 어렵다. 그래서 설명이 필요하다.

우리는 가까운 배우자나 자녀들에게 내가 가진 부패한 본성으로 인해 생기는 특이하고 이상한 점들을 가능한 자세히 설명하려고 계속해서 노력해야 한다. 그래야 아름답고 성공적으로 관계를 지켜낼 수 있다. 서로가 제대로 설명한 상태가 아니면 상대방과 함께 있기만 해도 짜증이 나고 그가 바보 멍청이처럼 보이기가 쉽다. 그리고 쉽게 분노한다. 내가 화가 자주 나는 이유는 너무 서둘러서 그렇다. 무슨 일이 일어나고 있는지, 상대방이 왜 이러는지, 그 의도가 무엇인지, 내 의도를 어떻게 이해했는지 조금 더 충분히 이해한다면 그렇게까지 화를 내고 펄펄 뛰지는 않을 것이다. 우리는 가까운 사람에게 이렇게 고백할 수 있는 용기가 필요하다. "전 이상한 사람입니다. 설명해 드릴게요."

본문은 계속해서 언약궤의 특징을 다음과 같이 설명한다. 금 고리를 네 개 만들어서 언약궤의 네 모서리 부분에 달고(12절), 조각목, 즉 싯딤나무로 채, 즉 긴 바(bar)를 만들어 금으로 싸고(13절), 그 채를 궤 양쪽 고리에 꿰어서 궤를 메고 언약궤를 이동하게 하고(14절),

채를 궤의 고리에 꿴 대로, 빼내지 않은 상태로 둔다(15절).

이렇게 바를 꿰어 둔 것은 크게 두 가지 의미가 있다. 먼저, 언제든지 이동할 수 있도록 하기 위한 것이다. 하나님은 광야에서 그의 백성과 언제든지 함께하실 준비가 되어있다. 둘째, 이동할 때 언약궤에 절대 직접 손을 대지 않기 위한 것이다. 언약궤는 반드시 채를 꿰어 이동해야 한다. 직접 손이 닿으면 하나님의 거룩하심에 인간의 부정함이 직접 접촉하게 되기에 죽게 된다. 이것은 하나님이 우리와 함께하시지만 우리를 초월하는 거룩하신 분임을 보여준다.

언약궤 안에는 증거판, 곧 하나님의 말씀인 언약법전을 두어야 한다(16절). 언약궤의 핵심에는 하나님의 말씀이 있다. 하나님의 백성은 말씀을 중심으로 살아야 하고, 말씀을 중심으로 이동해야 하며, 말씀을 중심으로 하나님의 임재를 경험하며 살아가야 한다. 기적만으로는 안 된다. 그 중심에 반드시 하나님의 말씀이 있어야 한다.

언약궤 위에는 '속죄소'라고 부르는 덮개를 둔다(17절). 이 덮개는 순금을 재료로 가로 두 규빗 반(1.2m), 세로 한 규빗 반(0.7m)으로 만든다. 언약궤의 크기와 동일하다. 덮개 윗부분 양쪽 끝에는 천사들의 얼굴을 서로 마주 보게 만들어서 두 천사가 날개를 높이 펴서 그 날개로 속죄소를 덮도록 제작했다(18-20절). 이는 속죄소가 하나님의 천사가 시종 드는 하나님 임재의 현장임을 상징한다. 특이한 점은 속죄소 위에 두 천사의 형상을 만들지만 정작 하나님 자신의 형상은 없다는 사실이다. 왜 그런가? 하나님은 형상으로 담을 수 없기 때문이다. 게다가 십계명에 말씀하는 것처럼 어떠한 형상으로도 담아서는 안 된다고 금지한다. 하나님은 이 두 천사가 마주 보고 있는 속죄소에 임재하겠다고 말씀하신다.

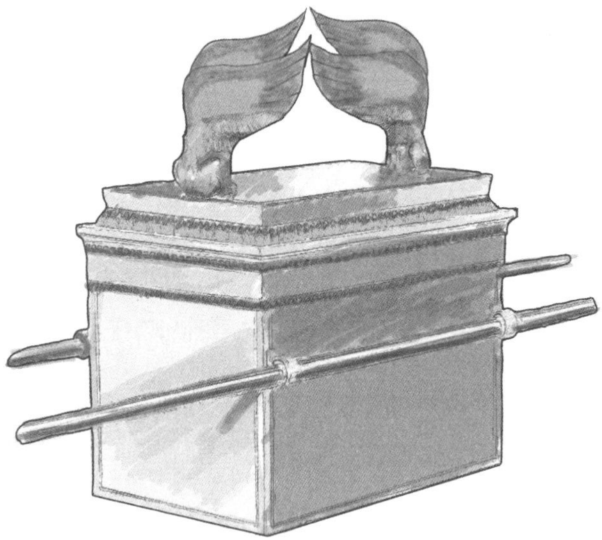

증거판, 곧 하나님의 말씀인 언약법전을 넣어둔 언약궤

하나님께서는 궤 안에 말씀판을 넣고, 이 속죄소를 궤 위에 얹어 언약궤를 완성하면 하나님께서 이곳을 통해 하나님의 백성을 만나주겠다고 약속하신다(21절). 레위기 16장을 보면 대제사장이 일 년에 한 번씩 짐승의 피를 갖고 나아가 속죄소 앞과 위에 피를 뿌려 백성의 죄를 속죄함받았다. 이 언약궤 앞에는 대제사장이 홀로 일 년에 한 번 들어가되 자기와 백성의 허물을 위하여 드리는 피 없이는 안 된다(히 9:7). 그래서 이 속죄소를 '은혜를 베푸시는 보좌'라는 뜻의 시은좌(施恩座, Mercy Seat)라고 한다.

언약궤는 우리가 하나님과의 친밀한 교제와 그분을 향한 예배로 나아가야 하는 곳인 동시에 죄 사함의 은총을 받아야 할 곳이다. 언약궤는 우리가 하나님과 친밀한 교제를 나누는 언약백성인 동시에 용서받아야 할 죄인임을 알려준다. 언약궤로 나아갈 때 우리는 하나님의 말씀을 날마다 붙들고 하나님께 더욱 가까이 가야 하지만 동시에 하나님의 용서를 받아야 할 허물이 많은 사람임을 겸손하게 인정할 수 있어야 한다.

하나님은 우리와 가까이하기를 원하신다. 그러나 우리는 죄 사함 없이는 도무지 하나님 앞에 나올 수 없는 존재이기에 하나님께서는 사죄의 은총을 베풀기 원하신다. 그래서 우리에게는 그의 아들 예수 그리스도가 필요하다. 하나님의 아들 예수 그리스도는 염소와 송아지의 피로 하지 아니하고, 오직 자기의 피로 영원한 속죄를 이루사 단번에 성소에 들어가셨다고 말씀한다(히 9:12).

나를 하나님께 가까이 이끌게 하기 위하여 하나님 편에서는 많은 사랑의 희생과 수고가 있었다. 그만큼 나는 흠이 많은 사람이다. 우리는 이런 흠결 있는 자신을 우리 주변의 가까운 인간관계에도 적용시켜 가야 한다. 친밀해야 할 인간관계가 망가지고 틀어질 때 우리는 내 잘못보다는 상대방이 나를 얼마나 실망시켰고 얼마나 이기적이고 못되게 굴었는가에 집중한다. 그는 무조건 비난받아야 마땅하다. 특히 가까운 인간관계일수록 실망이 크고 분노하기 쉽다. 부부간에, 자녀 간에 크게 화내고 분노하는 이유가 무엇인가? 그 사람이 특별히 나쁘거나 못돼서가 아니다. 다른 사람과는 상당히 잘 지낸다. 그러나 왜 나와는 이렇게 어그러지고 힘들까? 그것은 그만큼 그와의 관계가 가까웠기 때문이다. 우리에게는 가까울수록 역설적으로 함께하기 힘든 관계가 생겨난다. 가까울수록 그 가까운 사람은 나를 그

누구와도 비교할 수 없을 정도로 분노하게 만들 힘을 갖고 있다. 왜? 그에 대한 기대가 크기 때문이다. 기대가 크면 실망도 크고 분노도 그만큼 커진다.

처음 간 생소한 지역에서 예기치 못하게 비가 내렸다고 하자. 당황할 수 있지만 대부분 그 상황을 그냥 받아들인다. 같이 갔던 사람에게도 화내지 않는다. 예기치 못했기 때문이다. 그런데 미리 일기예보를 보고 내일은 꼭 우산을 가져가라고 가족에게 말했다고 하자. 분명히 미리 말했는데 그 이야기를 듣고도 가족들은 깜빡 잊고 우산을 가져오지 않았다. 비는 하염없이 주룩주룩 내린다. 그러면 어떻게 하는가? 분노가 폭발한다. "왜 이렇게 깜빡깜빡 하냐?" "벌써 그 젊은 나이에 치매냐?" "우산 챙기라고 말한 내가 바보지. 아이고, 속 터져. 못살아." 별의별 말이 다 나온다. 나중에는 이런 생각까지 든다. '이런 사람과 도저히 함께하기 힘들어!' 왜 그런가? 기대가 크기 때문이다. 그와 함께 있으면 늘 화가 나고 분노가 이글거린다. 반면에 평범하고 그다지 특별하지 않은 사람들과는 생글거리면서 친절하게 잘 지낸다. 왜? 그들에게는 별로 기대하지 않기 때문이다.

하나님의 언약궤가 우리에게 주는 강렬한 메시지가 무엇인가? 죄로 부패한 우리의 관계에는 항상 은혜가 필요하다는 것이다. 하나님께 나아갈 때 우리가 율법을 100% 다 완벽하게 지키고 흠 없이 살기를 기대하셨다면 우리는 하나님께 감히 나아갈 수 없을 것이다. 도리어 하나님의 실망과 진노가 무서워 슬금슬금 피해 다닐 것이다. 우리가 하나님께 가까이 나아갈 수 있는 이유는 은혜의 속죄소, 즉 시은좌가 있기 때문이다.

우리 삶에도 이런 은혜가 필요하다. 상대방이 완벽할 것이라는 기대, 아니 완벽하지는 않더라도 적어도 어느 정도는 해야 한다는 기대를 잘 생각해보라. 내 기대가 생각보다 높다. 동일한 기준을 나 자신에게 적용한다면 나는 그 기준대로 살 수 있을 것 같은가? 결코 그렇지 않다. 오히려 우리는 상대방의 완벽함에 대한 기대보다는 은혜의 기대 수준을 높여야 한다. '아, 저 사람도 나처럼 정말 은혜가 필요한 사람이구나! 연약하구나!' 이런 은혜가 우리 관계 가운데 흘러들어가야 더 가까워질 수 있다. 율법과 기대만으로는 분노와 갈등과 깨어짐만이 있다.

우리는 늘 오해하기 쉽고, 또 오해받기 쉬운 사람임을 인정해야 한다. 그래야 쉽게 분노하지 않고 정죄하지 않을 수 있다. 사랑과 분노는 정비례한다. 내가 이 사람 때문에 미칠 것 같고 열 받아서 못 견딜 것 같은 만큼 그 사람에 대한 애정이 있고 기대가 있기 때문이다. 이제는 기대의 수준이 아니라 은혜의 수준을 높여야 한다. 내가 정말 많은 은혜를 받아야 하는 사람인 만큼 이 사람도 많은 은혜가 필요한 사람임을 새겨야 한다. 절대 눈치만으로 알 사람이 많지 않다. 힘들더라도 불편하더라도 답답하더라도 반복적으로 끊임없이 설명해주어야 한다.

하나님의 언약궤는 우리가 하나님께 가까이 나아가는 데 정말 필요한 핵심적인 것이지만 가까이하기 어려운 거룩함과 동시에 우리의 허물과 죄를 용서하고 받아주시는 은혜가 공존하는 곳이다. 하나님의 임재 가운데 하나님과 동행하며 살아간다는 것은 바로 이 두 자리 가운데 늘 공존하며 지낸다는 것을 의미한다.

가까운 사람이 있는가? 좀 더 친절하게 잘 설명해주자. 그것이 사랑이다. 완벽한 나의 왕자님, 완벽한 나의 공주님에 대한 기대를 이제는 좀 더 내려놓자. 그도 나도 모두 은혜가 필요한 죄인일 뿐이다. 은혜의 시선으로 서로를 긍휼히 여기는 눈으로 바라보자. 그럴 때 우리의 관계는 더욱 깊어지고 친밀해지고 풍성해질 것이다. 우리는 은혜 없이는 더 가까워지고 친밀해지기 어려운, 상당히 하자가 많은 사람들이다. "너희는 모든 악독과 노함과 분냄과 떠드는 것과 비방하는 것을 모든 악의와 함께 버리고 서로 친절하게 하며 불쌍히 여기며 서로 용서하기를 하나님이 그리스도 안에서 너희를 용서하심과 같이 하라"(엡 4:31-32). 이런 은혜가 우리의 삶을 더욱 풍성하게 할 것이다.

[63장 각주]

90) 권준수, "신나는 연말, 새해 분위기 때문에 더 외롭고 슬프다고요?", 조선일보, 2017. 12. 28.

91) 김성모 외, "성인 535만명 '우울증 고(高)위험군' … 홀로 끙끙 앓다 큰병 키웁니다", 조선일보, 2017. 12. 26.

64 Chapter 64. Exodus 25:23-40

진설병 상
: 스마트한 성도의 존재양식

너는 조각목으로 상을 만들되 길이는 두 규빗, 너비는 한 규빗, 높이는 한 규빗 반이 되게 하고 순금으로 싸고 주위에 금테를 두르고 그 주위에 손바닥 넓이만한 턱을 만들고 그 턱 주위에 금으로 테를 만들고 그것을 위하여 금 고리 넷을 만들어 그 네 발 위 네 모퉁이에 달되 턱 곁에 붙이라. 이는 상을 멜 채를 꿸 곳이며 또 조각목으로 그 채를 만들고 금으로 싸라. 상을 이것으로 멜 것이니라. 너는 대접과 숟가락과 병과 붓는 잔을 만들되 순금으로 만들며 상 위에 진설병을 두어 항상 내 앞에 있게 할지니라.
너는 순금으로 등잔대를 쳐 만들되 그 밑판과 줄기와 잔과 꽃받침과 꽃을 한 덩이로 연결하고 가지 여섯을 등잔대 곁에서 나오게 하되 다

른 세 가지는 이쪽으로 나오고 다른 세 가지는 저쪽으로 나오게 하며 이쪽 가지에 살구꽃 형상의 잔 셋과 꽃받침과 꽃이 있게 하고 저쪽 가지에도 살구꽃 형상의 잔 셋과 꽃받침과 꽃이 있게 하여 등잔대에서 나온 가지 여섯을 같게 할지며
등잔대 줄기에는 살구꽃 형상의 잔 넷과 꽃받침과 꽃이 있게 하고 등잔대에서 나온 가지 여섯을 위하여 꽃받침이 있게 하되 두 가지 아래에 한 꽃받침이 있어 줄기와 연결하며 또 두 가지 아래에 한 꽃받침이 있어 줄기와 연결하며 또 두 가지 아래에 한 꽃받침이 있어 줄기와 연결하게 하고 그 꽃받침과 가지를 줄기와 연결하여 전부를 순금으로 쳐 만들고 등잔 일곱을 만들어 그 위에 두어 앞을 비추게 하며 그 불 집게와 불 똥 그릇도 순금으로 만들지니 등잔대와 이 모든 기구를 순금 한 달란트로 만들되 너는 삼가 이 산에서 네게 보인 양식대로 할지니라.

2018년 1월, 세계적인 IT기업인 구글에서 충격적인 사실을 발표했다. 그동안 대부분의 컴퓨터에 들어가는 중앙연산처리장치(CPU)를 공급하는 인텔사의 칩이 심각한 보안 결함이 있다는 것이다.[92] 인텔은 반도체 CPU분야에서 글로벌 점유율 1위를 수십 년간 지켜왔던 절대 강자였다. 인텔은 자사제품의 결함을 알면서도 쉬쉬한 채로 계속해서 판매해왔다. 이것은 그동안 1등 기업들이 보여왔던 전형적인 태도이다. 이것을 흔히 '승자의 저주' 또는 '1등의 저주'라고 부른다.

스마트폰을 만드는 애플사도 얼마 전 배터리 성능을 떨어뜨리지 않기 위해 스마트폰 성능을 저하시켜 소비자로 하여금 스마트폰을 자주 교체하도록 일부러 유도했다는 사실이 드러났다. 이로 인해 전 세계적인 소비자들의 공분을 샀다. 또 독일의 자동차 메이커인 폭스바겐의 경우도 디젤 배기가스가 혁신적으로 적은 것처럼 엔진을 조작해서 큰 어려움을 겪었다. 삼성도 혁신적인 스마트폰을 빨리 내려고 서두르다가 배터리 발화사건으로 어려움을 겪었다. 이런 사건들의 이면을 보면 하나같이 과도한 이익을 추구하기 위해 새로 발견한 결함을 제대로 처리하지 않고 무리하게 몰아붙이다가 일어난 사건들이다. 왜 덮어두고 가려 했을까? 만약 이것이 드러나면 그동안 정신없이 몰아붙였던 혁신 프로세스보다 훨씬 더 가혹한 혁신으로 내몰려야 하는 두려움이 있었기 때문이다. 이 두려움과 어려움을 피하려고 은폐하고 거짓으로 포장하다가 결국 더 큰 어려움을 당하여 '승자의 저주'에 빠지게 되는 것이다.

우리가 살아가는 시대는 혁신을 칭송하고 혁신을 권하는 사회다. 그러나 혁신이란 것은 생각보다 가혹하다. 우리가 사용하는 스마트폰을 보라. 얼마나 편리하고 좋은가? 사진도 잘 찍히고, 인터넷도 쉽게 연결되고, 은행업무도 어디서든 볼 수 있으며, 성경도 찾고 안 되는 것이 없다. 그런데 이렇게 멋진 핸드폰을 만들기 위해 이 회사의 수백, 수천 명의 직원은 수많은 밤을 지새우고, 새로운 멋진 기능을 구현하기 위해 과로하다가 쓰러지기도 하고, 수많은 미팅과 격렬한 논쟁과 치열한 고민을 쏟아붓기도 하였다. 지인 중에 스마트폰을 만드는 회사에서 일하는 사람이 있는데, 그의 아내에게 물어보았다. "신랑이 집에는 자주 들어오나요?" 그랬더니 하는 말이 "없는 사람으로 생각하고 살아요!" 겉으로 볼 때 이 핸드폰이 얼마나 멋지고 놀라운

가? 그러나 그 안에 이러한 고뇌와 아픔이 녹아들어 있다.

우리가 살아가는 세상은 이런 혁신적인 삶의 양식을 알게 모르게 강요받고 있다. 왜? 우리가 살아가는 세상이 자유롭게 경쟁하는 자본주의 사회이기 때문이다. 자본주의 사회의 핵심이 무엇인가? 더 좋고 더 새로운 제품을 더 낮은 가격에 공급하기 위한 끊임없는 경쟁이다. 그치지 않는 가성비의 싸움이다. 그리고 우리는 이를 '혁신'이라 부르고 혁신적인 제품에 열광한다. 소비자들은 인터넷에서도 가격비교 사이트를 이용해서 할 수 있는 한 가성비가 좋은 제품을 최저가로 구입하려고 한다. 그런데 역설적으로 혁신적인 결과에 헌신하고 몰입할수록 우리의 삶은 초조하고 황폐하게 된다. 왜 그런가? 이 사회에 살아가는 우리는 누구나 일정 부분 혁신적인 제품이나 서비스를 제공하는 공급자가 되는데, 혁신을 공급받는 소비자의 입장에서는 좋지만 공급하는 공급자의 입장에서는 정말이지 너무나도 힘들고 피 말리는 싸움이기 때문이다. 식당이나 카페나 휴양지에 가면 정말 멋진 서비스를 받고 행복한 시간을 보내고 싶지만 서비스를 제공하는 입장에서 일하는 것은 때로 진상고객을 맞이하며 힘든 경우도 있다.

우리가 살아가는 사회는 이처럼 우리를 끊임없는 혁신으로 내몰지만 정작 우리는 혁신으로 점점 지쳐간다. 내 안에 혁신을 이룰 힘과 능력은 턱없이 모자라고, 그래서 사람들은 점점 자신감을 잃어가다 보니 슈퍼히어로에 열광하게 되는 현상이 일어난다. 할리우드에서 제작한 슈퍼히어로 영화의 주인공들을 보라. 아이언맨, 스파이더맨, 엑스맨, 배트맨, 캣우먼, 원더우먼, 캡틴 마블, 캡틴 아메리카, 앤트맨, 아쿠아맨 등 이런저런 맨과 우먼이 많이 등장한다. 사람들이 슈퍼히어로에 열광하는 이유는 혁신을 요구하는 오늘날의 시대적 요청에 부응하려면 슈퍼히어로 정도의 능력과 지식이 있어야 하기 때문이다. 그래서 이들을 동경한다.

이 사회는 점점 "네 안에 잠든 거인을 깨우라"며 자기계발을 강권한다. 그러나 깨우려고 할수록 우리는 지치고 의기소침해지기 쉽다. 작은 목표 하나를 이루는 데도 많은 노력과 애씀이 필요한데, 혁신적인 변화에는 얼마나 많은 역량을 쏟아부어야 하겠는가? 정말 죽기 살기로 매달려 이를 이룰 때도 있다. 그러나 후폭풍이 만만치 않다. 죽기 살기로 달렸으니 좀 쉬어야 하는데 쉴 틈이 별로 없다. 또 주변 사람들의 기대는 더 높아져서 더 큰 혁신을 요구하고 더 큰 성과를 내라고 다그치기 시작한다. 말은 멋지다. 목표는 화려하다. 그러나 또다시 달려가는 것이 너무나도 힘들다. 그래서 우리는 목표와 현실의 괴리에 대해 깊은 고민과 생각이 필요하다. 혁신을 권유받고 혁신으로 떠밀려가는 시대에 성도는 어떻게 존재해야 할까?

이번 장의 본문은 성도가 하나님과 동행하는 데 꼭 필요한 두 요소를 말씀하고 있다. 첫째는 진설병(23-30절)이고, 둘째는 등잔대(31-40절)다. 이 두 기구는 모두 성막 안의 성소에 비치되는 기구이다. 제사장이 성막 안에 비치되는 기구에 가기 전에 거쳐야 하는 게 있다. 성막 입구에 있는 번제단이다. 이곳에서 양의 피로 죄 사함을 받고 정결한 상태로 하나님의 성소로 들어가야 한다. 성소에서 더 안으로 들어가면 지성소가 있고 그곳에는 하나님의 언약궤, 즉 시은좌가 있다. 이 시은좌에서 대제사장이 짐승의 피를 가지고 1년에 한 번 이스라엘 백성 전체의 죄를 용서받는다. 그러나 평상시에는 제사장이 성소에 들어오기 전, 번제단에서 양의 피로 죄 사함을 받고 진설병과 등잔대가 설치된 성소로 들어온다. 이것은 진설병 상과 등잔대 앞에 서기 전에 필수적으로 요구되는 것이 바로 어린 양의 피로 죄 씻음을 받아야 한다는 의미다.

성도는 하나님의 어린 양, 예수 그리스도의 피로 죄 용서함을 받은 사람들이다. 성도는 죄 사함받은 것으로 만족하고 돌아가서는 안 된다. 성도는 왕 같은 제사장으로 부름받은 사람이다. 용서함을 받았으면 이제 성소 안에 들어가 진설병과 등잔대 앞에 서야 한다. 이 안에 감추어진 은혜를 제대로 경험해야 과도한 혁신으로 몰려가는 이 시대에 온전한 성도로 설 수 있다. 그렇다면 진설병 상이 의미하는 것은 무엇인가? 먼저 본문이 설명하는 진설병 상의 모양을 살펴보자.

> "너는 조각목으로 상을 만들되 길이는 두 규빗, 너비는 한 규빗, 높이는 한 규빗 반이 되게 하고"(출 25:23).

단단한 조각목으로 테이블을 만드는데 길이가 두 규빗(90cm), 너비는 한 규빗(45cm), 높이는 한 규빗 반(약 70cm)이 된다.

> "순금으로 싸고 주위에 금테를 두르고 그 주위에 손바닥 넓이만한 턱을 만들고 그 턱 주위에 금으로 테를 만들고"(출 25:24-25).

테이블 주변을 순금으로 싸고, 주변에 손바닥 넓이만한 테두리를 만들어 두른다. 금으로 싼다는 것은 매우 정결하고 고귀하다는 것을 의미한다.

> "그것을 위하여 금 고리 넷을 만들어 그 네 발 위 네 모퉁이에 달

되 턱 곁에 붙이라. 이는 상을 멜 채를 꿸 곳이며"(출 25:26-27).

금 고리 넷을 만들어서 모퉁이에 단다. 28절은 조각목으로 채를 만들고 금을 싸서 준비하라고 말씀한다. 직접 들어서는 안 되고 어깨에 메고 가야 한다. 이것을 직접 들어서는 안 되는 이유는 이 진설병상이 하나님의 언약궤와 더불어 하나님의 임재를 상징하는 매우 거룩한 성물이기 때문이다.

"상 위에 진설병을 두어 항상 내 앞에 있게 할지니라"(출 25:30).

상 위에는 진설병을 항상 하나님 앞에 두라고 말씀한다. 진설병이란 우리말로 하면 '펼쳐놓은 빵'이라는 뜻이다. '진설'(陳設)은 '펼쳐놓다'(display)는 뜻이다. 병(餠)은 '떡 병' 자다. 히브리어로는 '레헴 파님'으로 문자적으로는 '얼굴의 떡'이란 뜻이다. 이것은 '하나님의 얼굴', 곧 '하나님의 가까운 임재 앞에 드리는 빵'이라는 뜻이다. 이것을 어전(御前) 빵이라고도 한다. 임금님 앞에 드리는 빵이라는 뜻이다. 또 빵의 윗부분을 빵의 얼굴로 보고, 빵의 얼굴을 보이게 펼쳐놓는다고 해서 '얼굴의 빵'이라고도 한다. 진설병은 이스라엘 열두 지파를 상징하는 12개의 빵으로 여섯 개씩 두 줄로 쌓아서 올려놓는데, 이것을 일주일간 진설하고 일주일 후에는 새로운 것으로 바꾸어 올리고, 지난 빵은 제사장이 먹었다. 사무엘상 21장을 보면 다윗이 도망가다가 놉에서 이 진설병을 먹은 적이 있다.

이 진설병은 크게 두 가지 의미가 있다.

첫째, 열두 개의 빵은 이스라엘 열두 지파를 상징하며, 이 빵을

이스라엘의 열두 지파를 상징하는 12개의 빵이 항상 놓여 있는 진설병 상

하나님의 임재 앞에 늘 드린다는 의미다. 이는 이스라엘의 존재는 늘 하나님 앞에 서 있어야 함을 뜻한다. 우리 또한 하나님과 늘 가까이 친밀하게 설 수 있는 성도가 되어야 한다.

둘째, 제사장이 이 임재의 빵을 먹는 것처럼 성도는 하나님의 임재를 먹고살아야 한다는 것이다. 그렇다면 어떻게 하나님의 임재를 먹고살 수 있을까? 예수께서는 이것에 대해 놀라운 통찰의 말씀을 하신다. "내가 곧 생명의 떡이니라. 너희 조상들은 광야에서 만나를 먹었어도 죽었거니와 이는 하늘에서 내려오는 떡이니 사람으로 하여금 먹고 죽지 아니하게 하는 것이니라. 나는 하늘에서 내려온 살아 있는 떡이니 사람이 이 떡을 먹으면 영생하리라. 내가 줄 떡은 곧 세상의 생명을 위한 내 살이니라 하시니라"(요 6:48-51).

하나님께서 구약시대에 그림자로 주신 떡이 신약에는 예수님 자신으로 제시되었다. 놀라운 것은 이 생명의 떡을 먹으면 죽지 않고 영생한다는 점이다. 이것은 우리의 영혼만이 아니라 죽을 몸도 포함하는 전인의 구원을 말한다. "보라. 내가 너희에게 비밀을 말하노니 우리가 다 잠 잘 것이 아니요 마지막 나팔에 순식간에 홀연히 다 변화되리니 나팔 소리가 나매 죽은 자들이 썩지 아니할 것으로 다시 살아나고 우리도 변화되리라. 이 썩을 것이 반드시 썩지 아니할 것을 입겠고 이 죽을 것이 죽지 아니함을 입으리로다"(고전 15:51-53).

그렇다면 오늘날 우리가 이 떡을 먹는다는 것은 무엇을 의미하는가? 그것은 예수님을 믿음으로 받아들인다는 뜻이다. 예수께서 내 죄를 위해 죽으시고 다시 부활하신 것을 믿고, 그의 생명을 내 생명으로 받아들일 때 우리는 그 떡을 먹는 것이다. 이것을 더욱 명확하게 설명하는 것이 29절 말씀이다.

> "너는 대접과 숟가락과 병과 붓는 잔을 만들되 순금으로 만들며"(출 25:29).

대접은 진설병을 올려놓는 넓은 접시를 말한다. 또 숟가락은 히브리어 '카프'로, 작은 냄비 혹은 작은 종지 같은 그릇을 말한다. 여기에 순수한 향유를 넣어 두어 진설병과 함께 아름다운 향기가 올라가게 하였다. 그다음에 중요한 것이 병과 붓는 잔이다. 여기서 병은 히브리어 '키소아'로, 이는 포도주를 드리기 위해 준비한 포도주병이다. 그리고 잔은 포도주를 쏟아붓는 전제를 위해 드리는 잔을 의미한다. 핵심은 진설병과 생명의 피를 상징하는 포도주가 함께 있다는 점이다. "예수께서 이르시되 내가 진실로 진실로 너희에게 이르노니 인자의 살을 먹지 아니하고 인자의 피를 마시지 아니하면 너희 속에 생명이 없느니라. 내 살을 먹고 내 피를 마시는 자는 영생을 가졌고 마지막 날에 내가 그를 다시 살리리니 내 살은 참된 양식이요 내 피는 참된 음료로다. 내 살을 먹고 내 피를 마시는 자는 내 안에 거하고 나도 그의 안에 거하나니"(요 6:53-56).

떡과 피는 예수께서 주시는 생명력의 풍성함을 의미한다. 이 생명을 날마다 우리 안에 풍성히 거하게 해야 한다. 이는 예수님의 말씀을 먹음으로써 일어난다. 말씀을 먹는다는 것은 예수님의 말씀을 우리 안에 깊이 거하게 하여 그 말씀을 살아내도록 한다는 것이다. 말씀을 살아낸다는 것은 성경을 우리의 상황에 억지로 끼워 맞추는 것이 아니라 우리를 성경으로 내던진다는 뜻이다. 이럴 때 우리는 내 삶에 도움이 되기 위하여 성경을 읽는 것이 아니라 하나님의 말씀을 전적으로 살아내기 위해 성경을 읽고 묵상하게 된다.

둘째, 진설병 상 맞은편에 놓인 등잔대다. '메노라'라고도 하는데 이 등잔대에 관해서는 출애굽기 25장 31~37절에 구체적인 모양이 묘사되어 있다. 그러나 설명 자체가 어려워서 어떤 모양인지 가늠하기가 좀 어려울 수 있다. 다음 쪽의 그림을 참조하면 조금은 쉽게 이해할 수 있다. 여기 보면 순금으로 등잔대를 쳐서 만드는데 가운데 줄기를 중심으로 좌우에 세 개의 줄기가 나와 있다. 그래서 총 7개의 줄기가 나와 있고 좌우의 등잔대에 각각 세 개의 꽃받침이, 그리고 가운데는 네 개의 꽃받침이 나와 있다. 이 꽃 모양은 아몬드나무 꽃이라고도 하고 살구나무꽃 모양이라고도 한다.

순결한 올리브기름을 넣어 밤새 불이 꺼지지 않도록 했던 성소의 등잔대(메노라)

37절에 보면 이 7개의 등잔대에 순결한 올리브기름을 넣어 밤새도록 불이 꺼지지 않도록 해야 했다. 그렇기 때문에 제사장은 늘 등잔대의 기름이 떨어지지 않도록 기름을 공급하고 점검해야 했다. 이렇게 비추는 성소 등잔대의 빛은 하나님 임재의 빛, 생명의 빛을 상징했다. 등잔대가 7개인데 7은 완전수를 상징한다. 즉 이는 하나님의 완전한 임재, 완전한 생명, 완전한 진리되심을 상징한다. 이것이 스가랴 4장에 보면 새로운 환상으로 보여지는데, 그것은 앞으로 새로운 메시아의 시대가 되면 등잔대 곁의 두 감람나무에서 일곱 등잔대로 관이 연결되어 있어 무한대로 기름을 공급하여 메노라, 즉 일곱 금촛대의 불이 결코 꺼지지 않는 시대가 올 것을 상징한다. 이것이 바로 메시아의 시대에 성취된다. 예수님께서 이 땅에 오셔서 자신을 무엇으로 계시하셨는가? "예수께서 또 말씀하여 이르시되 나는 세상의 빛이니 나를 따르는 자는 어둠에 다니지 아니하고 생명의 빛을 얻으리라"(요 8:12).

놀라운 점은 요한계시록 1장 12절에 보면 사도 요한이 일곱 금촛대 사이로 거니시는 예수님의 모습을 환상 중에 본다는 사실이다. 요한계시록은 1장 20절은 이 일곱 금촛대를 일곱 교회로 말씀한다. 이제 하나님의 임재와 생명과 진리의 빛이 교회를 통해 비추는 시대가 온 것이다. 중요한 것은 이 빛에 기름이 끊이지 않아야 한다는 점이다. 그래서 교회는 이 기름을 끊어지지 않고 충만하게 공급하는 데 최우선순위를 두어야 한다. 왜냐하면 성도의 참된 혁신은 기름 부음으로부터 시작되기 때문이다.

따라서 우리는 혁신을 강요하고 혁신으로 몰아가는 시대에 어떻게 혁신을 이룰까로 고민할 것이 아니라 어떻게 더 큰 은혜로, 더 큰 기름 부으심으로 들어갈 수 있을까를 고민해야 한다. 하나님의 임재의 말씀을 날마다 먹고, 날마다 끊이지 않는 은혜를 공급받는 것, 이것이 이 혁신의 시대에 전혀 새로운 방식의 혁신을 이룰 수 있는 지혜가 된다. "너희는 먼저 그의 나라와 그의 의를 구하라. 그리하면 이 모든 것을 너희에게 더하시리라"(마 6:33).

그래도 좀 여유가 있어야 말씀도 보고 믿음생활도 하지 않겠는가? 아니다. 주님께서는 이것은 우선순위가 거꾸로 된 것이라고 말씀하신다. 우리 사회가 요구하는 혁신은 이에 반한다. "오늘 있다가 내일 아궁이에 던져지는 들풀도 하나님이 이렇게 입히시거든 하물며 너희일까보냐 믿음이 작은 자들아. 그러므로 염려하여 이르기를 무엇을 먹을까 무엇을 마실까 무엇을 입을까 하지 말라. 이는 다 이방인들이 구하는 것이라. 너희 하늘 아버지께서 이 모든 것이 너희에게 있어야 할 줄을 아시느니라"(마 6:30-32).

하나님이 세상 속에 있는 우리의 사정을 아신다. 그리고 하나님이 친히 책임져 주시겠노라 약속하신다. 단, 먼저 그의 나라와 의를 구할 때 온전히 경험할 수 있다. 세상에서 스마트한 것은 더 빠른 정보, 빠른 실행력으로 경쟁에서 앞서 나가는 것이다. 그러나 성도는 먼저 그의 나라와 의로 충만하게 무장하고 무한대로 성령의 기름 부으심을 공급받아 말씀을 살아내야 한다.

본문의 진설병과 등잔대는 한편으로는 광야에서의 삶과 전혀 상관없어 보인다. 광야의 생존을 전혀 보증해주지 않는 것 같다. 그러나 하나님께서는 광야를 지날 때 이 진설병이 끊이지 않도록 하고 메노라의 불빛을 끄지 말도록 당부하신다. 세상보다 더 스마트하고 지혜롭게 살아가려면 바로 이 지점, 즉 내 삶의 성소에서 진설병이 끊어지지 않고 날마다 이 떡을 먹고, 메노라의 기름이 떨어지지 않도록 공급받아야 한다. 이것이 내가 살 길이다. 하나님의 말씀을 꽉 붙들고 나아가자.

[64장 각주]

92) 박건형 외, "인텔도 걸렸다, 도요타. 애플 이어 '1등의 저주'", 조선일보, 2018. 1. 5.

65 Chapter 65. Exodus 26:1-14

성막 (1) : 하나님의 더 깊은 곳으로 나아가라

너는 성막을 만들되 가늘게 꼰 베 실과 청색 자색 홍색 실로 그룹을 정교하게 수놓은 열 폭의 휘장을 만들지니 매 폭의 길이는 스물여덟 규빗, 너비는 네 규빗으로 각 폭의 장단을 같게 하고 그 휘장 다섯 폭을 서로 연결하며 다른 다섯 폭도 서로 연결하고 그 휘장을 이을 끝폭 가에 청색 고를 만들며 이어질 다른 끝폭 가에도 그와 같이 하고 휘장 끝폭 가에 고 쉰 개를 달며 다른 휘장 끝폭 가에도 고 쉰 개를 달고 그 고들을 서로 마주 보게 하고 금 갈고리 쉰 개를 만들고 그 갈고리로 휘장을 연결하게 한 성막을 이룰지며
그 성막을 덮는 막 곧 휘장을 염소털로 만들되 열한 폭을 만들지며 각 폭의 길이는 서른 규빗, 너비는 네 규빗으로 열한 폭의 길이를 같

게 하고 그 휘장 다섯 폭을 서로 연결하며 또 여섯 폭을 서로 연결하고 그 여섯째 폭 절반은 성막 전면에 접어 드리우고 휘장을 이을 끝폭 가에 고 쉰 개를 달며 다른 이을 끝폭 가에도 고 쉰 개를 달고 놋 갈고리 쉰 개를 만들고 그 갈고리로 그 고를 꿰어 연결하여 한 막이 되게 하고 그 막 곧 휘장의 그 나머지 반 폭은 성막 뒤에 늘어뜨리고 막 곧 휘장의 길이의 남은 것은 이쪽에 한 규빗, 저쪽에 한 규빗씩 성막 좌우 양쪽에 덮어 늘어뜨리고 붉은 물들인 숫양의 가죽으로 막의 덮개를 만들고 해달의 가죽으로 그 웃덮개를 만들지니라.

미국의 경제 전문지 〈포천〉(Fortune)지가 2017년 주목할 만한 40세 이하 젊은 경영인(CEO) 중 하나로 카트리나 레이크를 선정했다.[93] 그녀는 2011년 단 두 명의 직원을 데리고 '스티치 픽스'라는 의류업체를 창업했는데, 시작한 지 6년 만에 직원이 5,800명이 넘는 기업으로 성장했고, 2017년 매출이 약 9억 달러, 우리 돈으로 1조원을 넘었다. 시작은 미약하였지만 갈수록 창대하게 되었다. 조그만 의류업체가 이렇게 급성장할 수 있었던 이유가 무엇일까? 어느 나라나 마찬가지겠지만 미국의 경우에도 의류업체는 이미 포화상태였다. '유니클로'나 '갭'과 같은 세계적인 패스트 패션 회사들이 이미 자리를 꽉 잡고 있는데, 이 틈을 비집고 급성장을 이루었다는 것은 놀라운 일이었다.

그녀가 이렇게 할 수 있었던 이유는 기존 업체가 갖고 있었던 소비자에 대한 고정관념에서 벗어나 소비자를 보다 깊이 들여다봤기 때문이다. 보통 옷가게에 가면 소비자들이 옷을 둘러보며 이 옷 저

옷 입어보지 않는가? 기존 업체들은 가능한 다양한 종류, 다양한 패션의 옷을 유행에 맞게 빠르게 출시하는 것을 전략으로 삼았다. 선택할 수 있는 옷이 다양하고 많을수록 선택을 많이 받을 수 있다는 것이다. 이런 방식을 패스트 패션이라고 한다. 하지만 카트리나 레이크는 실제로 고객 속을 들여다보면 "고객은 자기에게 어울리는 청바지 한 벌을 찾고 싶어 하지, 수많은 선택권을 오히려 부담스러워한다"는 것이다. 이것은 직장생활을 하는 여성들도 마찬가지다. 직장 여성 상당수가 쇼핑에 들이는 시간과 노력을 줄이고 싶어 하지만 여전히 멋은 내고 싶어 한다.

카트리나 레이크는 바로 이 지점을 파고들었다. 그래서 회원제로 운영하면서 이 회사 홈페이지에 고객으로 가입하고 회비를 내면 본인의 신체 치수, 선호하는 스타일, 사는 지역, 그리고 그 지역의 기후(추운 지역인지 더운 지역인지, 비가 많이 내리는지 눈이 많이 내리는지 등등), 또 개인적인 취향, 예산 등의 정보를 설문조사로 입력한다. 이 데이터와 고객의 SNS(소셜미디어) 계정을 토대로 스타일리스트가 고객의 취향을 분석해서 고객이 좋아할 만한 옷 다섯 벌을 선별해서 보내준다. 고객은 이 중에서 마음에 드는 옷은 구매하고 원하지 않는 옷은 무료로 반품한다. 그리고 이 중에서 한 벌만 구입해도 가입비를 반환해준다. 옷은 스티치픽스와 제휴를 맺은 600여 브랜드에서 공급받는다.

이런 식으로 구입하는 것이 특별히 속도가 빠른 것도 아니고, 다른 곳에 비해서 특별히 가격이 저렴한 것도 아니다. 그런데 구입하는 고객은 열광했다. 왜? 자신의 취향을 정확히 간파해서 몸에 잘 맞고 맵시 나는 옷을 골라 보내주기 때문이다. 즉 이 회사가 집중한 것은 속도도, 가격도 아니었다. 이 회사가 집중한 것은 정확성이었다. 회원들이 고르고 반품하는 과정을 반복하면서 내린 결정들은 고스란히 이 회사의 빅데이터로 축적이 되기 때문에 시간이 갈수록 고객의 취향을 정확하게 예측할 가능성이 커진다. 특별히 신경 쓰지 않아도 자신의 취향에 맞는, 마음에 드는 다양한 브랜드의 옷을 알아서 골라 보내주니 고객의 재주문율이 85%에 육박한다고 한다.

그래서 〈포천〉지는 이 회사를 의류회사로 보지 않고 패션회사로 위장한 데이터회사로 정의했다. 그도 그럴 것이 이 회사는 창업 초기부터 월마트의 유통전문가와 넷플릭스에서 알고리즘 개발작업에 참여했던 최고 알고리즘 책임자를 영입했고, 데이터 예측의 정확성을 위해 천체 물리학자부터 신경과학자까지 다양한 분야의 전문가를 동원하여 정교한 인공지능 알고리즘을 개발하는 데 집중했다. 이 회사에는 고객의 취향과 행동을 분석하는 데이터 과학자만 80여 명이 있다. 레이크 CEO는 스티치 픽스를 통해서 의류회사의 정의를 새롭게 내리며 업계에 신선한 바람을 일으키고 있다. 이미 익숙하고 잘 안다고 생각했던 것을 더 깊이 바라볼 때 새로운 가치, 새로운 블루오션이 열리는 것이다.

연탄길로 잘 알려진 이철환 작가가 쓴 「못난 만두 이야기」에 나오는 이야기다.[94] 매일 저녁 동네 만두집에 들리는 꾀죄죄한 차림의 아이가 있었다. 주인아저씨는 이 아이를 항상 따뜻하게 맞이하고, 이 아이가 오면 온종일 만두를 빚다가 옆구리가 터지고 실수한 못난이 만두를 모아 맛있게 쪄서 봉지에 담아 아이 손에 들려 집으로 보냈다. 그리고 가는 아이를 늘 격려하며 내일도 꼭 오라고 따뜻하게 인사했다. 그리고 아이의 뒷모습이 보이지 않을 때까지 손을 흔들어주었다. 알고 보니 이 아이는 아빠를 일찍 여의고 병든 엄마와 함께 사는 힘든 아이였다. 어떤 우연한 기회에 아저씨는 이 아이를 알게 되었고, 그래서 남는 못난이 만두를 항상 남겨두어 이 아이 손에 들려 보냈던 것이다. 그런데 알고 보니 이 못난이 만두는 실수로 만든 것이 아니라 잘 만들어진 만두 옆구리를 일부러 터뜨리고 꼬집어서 만든 것이었다. 왜 그랬는가? 아이의 자존심을 상하게 하지 않고 따뜻하게 위로해주고 싶었기 때문이다. 그냥 위로한 것이 아니라 그 아이의 깊은 속까지 보고 위로했던 것이다.

하지만 깊은 속을 본다는 것은 쉽지 않다. 우리는 보이는 것만 보려고 한다. 사실 눈으로 보이는 것만 보아도 자극적이고 재미있는 것이 너무나도 많다. 그러나 정말 소중한 것은 한눈에 겉으로 봐서는 보이지 않는다. 소중한 것은 포기하지 않고 용기를 내 한 걸음 더 깊이 다가가 들여다볼 때 보이기 시작한다.

예수님을 보라. 예수님은 이 땅에 사람이 되어 오실 때, 눈에 확 띄게 오신 분이 아니었다. 오히려 고운 모양도 없고 풍채도 없어서 흠모할 만한 아름다운 데가 없이 오셨다(사 53:2). 그러나 그 안에 생명을 살리는 가장 귀한 보화가 감추어져 있었다.

이것은 성막에 있어서도 마찬가지다. 하나님의 성막은 겉으로 볼 때는 그다지 특별해 보이지 않는다. 왜냐하면 성막의 외관을 덮고 있는 제일 겉부분이 해달 가죽으로 되어 있기 때문이다. 해달 가죽은 갈색에 거무튀튀한 색깔이다. 멀리서 볼 때는 그냥 광야에 있는 한 언덕과 별로 구별이 되지 않는다. 게다가 모래바람이 불면 해달 가죽에 모래와 먼지가 달라붙어 더욱더 광야의 외부 모습과 비슷해진다. 하지만 오늘 본문은 이 성막이 단순히 겉모습만으로 판단할 것이 아님을 말씀한다. 오히려 성막의 더 깊은 곳으로 들어갈수록 그 안에 감춰진 아름답고 신비로운 영광의 광채가 있음을 말씀한다.

본문은 성막의 외관을 덮고 있는 덮개 천에 관한 말씀이다. 이 덮개 천들은 전체로서의 '성막'과는 다른 히브리어 '예리아'를 사용한다. 예리아는 성막을 덮은 첫 번째와 두 번째 덮개 막으로 옛 개역한글 성경은 성막과 구별되는 '앙장'이라고 했다. 성막은 총 네 개의 덮개 막으로 덮는데, 오늘 본문은 이 덮개를 제작하는 과정을 상세하게 설명하고 있다.

먼저, 가장 안쪽 내부에 설치하는 덮개인 앙장이다.

> "너는 성막을 만들되 가늘게 꼰 베 실과 청색 자색 홍색 실로 그룹을 정교하게 수놓은 열 폭의 휘장을 만들지니"(출 26:1).

성막 내부의 천을 만드는 데 가늘게 꼰 베 실, 베 실은 보통 흰색보다는 조금 약한 노란 색깔이 들어 있다. 거기에 청색, 자색, 홍색 실로 휘장을 만든다. 청색은 '힐라존'이라 부르는 바다 소라의 피를 채취해서 만들었다. 염료를 구하기도 힘들거니와 이렇게 만든 청색 실은 매우 값비싸고 귀했다. 또 자색 실이 있다. 자색은 보라색 계열이다. 또 홍색 실이 있다. 이는 진한 빨강색 계열이다.

이런 실들이 함께 섞이면 어떤 색깔을 연출할까? 하늘 너머에 있는 천체와 우주의 색깔이다. 여기에 그룹(체루빔), 곧 천사의 모습이 수놓아져 있다. 그 크기는 성막의 가로 세로를 덮을 수 있도록 되어 있다.

앙장 내부의 천을 만드는 데 사용한 성막실

"매 폭의 길이는 스물여덟 규빗, 너비는 네 규빗으로 각 폭의 장단을 같게 하고"(출 26:2).

매 폭의 길이가 28규빗(12m)이 된다. 성막의 가로가 10규빗 세로가 30규빗이다. 10규빗이면 4.5m가 되니까 이 정도의 폭이면 성막의 위 천정을 감싸고 양쪽을 아래로 내릴 수 있다. 그런데 길이가 짧다. 여기서는 너비라고 했는데 너비가 네 규빗, 곧 1.8m밖에 되지 않는다. 그래서 3절을 보면 이 1.8m짜리 성막 조각 다섯 개를 이어 붙여 연결하는 것을 볼 수 있다.

"그 휘장 다섯 폭을 서로 연결하며 다른 다섯 폭도 서로 연결하고" (출 26:3).

성막 덮개는 두 개의 모듈 세트로 되어 있는 것을 볼 수 있다. 첫째 모듈은 12m에 1.8m짜리 앙장 다섯 개를 연이어 붙여 12m에 9m짜리 긴 덮개를 만들고, 둘째 모듈도 동일한 규격으로 만든다. 요즘에도 자동차 업계들이 생산성과 비용 절감을 위해 모듈화를 많이 연구하지 않는가? 국내의 한 자동차 부품회사는 전에 자율주행차의 핵심 기술로 전자 바퀴를 모듈화해서 주목받은 적이 있다. 이처럼 성막 휘장 덮개도 모듈화했다. 중요한 것은 이 둘을 잇는 기술이다. 어떻게 이었을까?

> "그 휘장을 이을 끝폭 가에 청색 고를 만들며 이어질 다른 끝폭 가에도 그와 같이 하고 휘장 끝폭 가에 고 쉰 개를 달며 다른 휘장 끝폭 가에도 고 쉰 개를 달고 그 고들을 서로 마주 보게 하고"(출 26:4-5).

여기서 '휘장'은 영어성경에 '커튼'으로 되어 있다. 즉 다섯 개의 앙장을 이은 하나의 덩어리를 커튼으로 본 것이다. 이 커튼 양쪽 끝에 청색 실과 같은 색으로 고를 50개 단다. 여기서 고는 '루프', 즉 '동그란 고리'를 말한다. 양쪽에 각각 50개의 고리, 총 100개의 고리를 만들고 갈고리 50개로 각각의 고리들을 연결하여 두 휘장을 하나가 되게 한다.

> "금 갈고리 쉰 개를 만들고 그 갈고리로 휘장을 연결하게 한 성막을 이룰지며"(출 26:6).

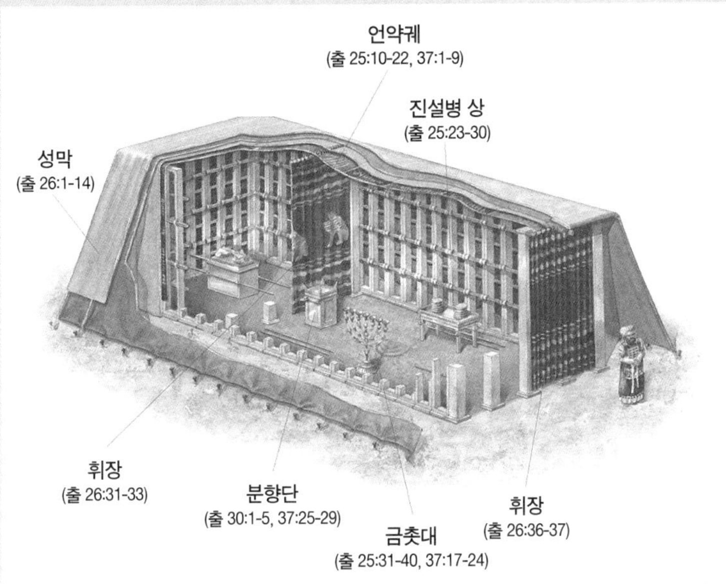

성막 구조의 단면도

갈고리는 모두 금으로 되어 있다. 금 갈고리다. 금 갈고리는 가운데를 가로지르며 모두 50개가 천정에서 번쩍거린다. 위치를 대략 가늠해보면 성막의 중간 부분인데, 성막은 크게 '지성소'가 10규빗으로 성막 전체 길이 30규빗의 3분의 1을 차지하고, '성소'는 그 길이가 20규빗으로 전체의 3분의 2를 차지한다. 그러니까 금고리의 위치는 성막 전체를 덮는 약 15규빗 한가운데 천장에 있다. 이 정도면 대략 금촛대(메노라)와 진설병 상을 지나 금향단 바로 앞의 천장일 가능성이 높다.

자, 생각해보라. 성막 안에 들어가면 성소 안에 제사장이 서 있다. 그 안에는 금촛대가 우주의 발광체와 같이 7개의 등불을 켜고 빛을 비춘다. 그리고 이 빛을 반사하여 하늘에 50개의 금 갈고리들이 반짝반짝 빛나고 있다. 또 천장과 벽을 감싸는 휘장들은 청색, 자색, 홍색 실로 천체와 우주의 깊은 색깔을 표현하고 있다. 어떤 느낌이 드는가? 또 바닥은 어떤가? 바닥은 그냥 흙이다. 성소의 공간 내부는 온 우주와 지구의 축소판을 보여준다.

겉으로 볼 때는 그냥 광야에 우뚝 솟은 언덕 같다. 그런데 그 안을 들어가 보니 어떤가? 광야에 우주가 펼쳐져 있다. 이토록 아름답고 황홀한 성소의 내부는 그 안으로 들어갈 때까지 절대 볼 수 없다. 안과 밖이 전혀 다르다. 하나님이 임재하는 성소의 아름다움을 보려면 반드시 성막 문을 열고 안으로 들어가야 한다. 밖에서 구경만 하고 기웃거려서는 절대 볼 수 없다.

오늘날 예수 그리스도가 세상 끝날까지 임재하시는 교회 안에는 참으로 아름답고 영광스럽고 귀한 신령한 것이 많이 있다. "교회는 그의 몸이니 만물 안에서 만물을 충만하게 하시는 이의 충만함이니라"(엡 1:23). 이런 충만함과 귀한 것을 맛보려면 조건이 있다. 단순히 교회의 구경꾼으로 바깥만 배회해서는 안 된다. 예수님을 믿고 교회 안으로 깊이 들어가야 한다. 그럴 때 교회 안에 예수님이 감추어 두신 신령한 은혜와 아름다움과 영광을 발견할 수 있다. 어떤 이는 "부담스러워요. 그냥 밖에 있을래요"라고 대답한다. 물론 밖에 있는 것도 없는 것보다는 낫다. 그러나 이제는 용기를 내 더 깊이 안으로 들어와야 한다. 그리고 교회 안에서 이 교회가 하늘과 땅의 신령한 복을 주시는 천국의 축소판이라는 것을 발견해야 한다.

어떤 성도는 동네의 한 교회를 찾아 등록하지 않고 예배만 1년 반 정도를 드렸다. 안내위원이 "혹시 처음오셨죠?" 그러면 아니라고 딱

잡아뗀다. 예배드리는 것으로만 만족하고 그 외에 부담스러운 것으로 엮이기 싫어했다. 정말 주변에서 아무 말도 안 하고 편하게 1년 반을 다녔다. 그런데 어느 순간부터 자꾸 등록해야겠다는 부담이 생기기 시작했다. 그러다 결국 하나님이 주시는 감동을 거부하지 못하고 등록하게 되었다. 그렇게 등록하자 목장모임에 연결되어 믿음의 가족들과 연결되었고, 또 교회를 통하여 신령한 은혜와 복을 경험하게 되었다. 그때부터 30년을 한결같이 그 교회를 섬기며 이제는 충성스러운 일꾼이 되었다.

교회를 통한 천상의 아름다움을 경험하려면 용기를 내 나를 무장해제해야 한다. 마음을 열어야 한다. 기꺼이 나를 개방해야 한다. 물론 처음에 밖에서 교회를 볼 때는 보잘것없어 보인다. 거무튀튀하고 우중충해 보인다. 그러나 용기를 내 그 안으로 들어가면 별과 같이 빛나는 많은 믿음의 식구들을 만나게 될 것이고, 수많은 믿음의 보화를 건지게 될 것이다. 더 놀라운 것은 용기를 내 그 안에 오랫동안 거할 때 시간이 지나면 지날수록 그 안에 특별한 은혜가 있다는 사실을 깨닫게 된다.

> "그 성막을 덮는 막 곧 휘장을 염소털로 만들되 열한 폭을 만들지며"(출 26:7).

성막을 덮는 그 위의 두 번째 막은 염소털로 제작한다. 염소털은 상당한 단열효과가 있다. 낮의 열기와 밤의 추위를 잘 막아준다. 단열효과가 있는 염소털로 제일 첫 번째 휘장보다 한 규빗을 더 길게 11폭으로 만든다(이전 것은 3절에 보면 5폭 5폭 해서 도합 열 폭이다). 열 차단효과를 더욱 온전히 발휘하기 위해 그 위에 붉은 물들인 숫양의 가죽으로 막의 덮개를 만든다(14절). 이중의 단열재를 넣는 것이다. 그리고 제일 마지막 겉부분은 해달의 가죽으로 덮는다.

"붉은 물 들인 숫양의 가죽으로 막의 덮개를 만들고 해달의 가죽으로 그 웃덮개를 만들지니라"(출 26:14).

이렇게 해달 가죽으로 덮개를 만들어 가장 바깥쪽을 덮었다. 해달은 물에 사는 동물 아닌가? 해달 가죽은 방수효과가 탁월하다. 이렇게 4중 덮개로 막은 성막 안에 들어가면 밖에서 아무리 비바람이 치고, 뜨거운 해가 내리쬐며, 차가운 밤이슬이 내려도 안전하고 쾌적하다. 성막에 있을수록 더위와 추위에서 안전하고 비바람으로부터 안전함을 깨닫게 된다. 겉으로 볼 때는 볼품없어도 들어와 있으면 나를 안전하고 든든하고 평안하게 지켜준다.

이런 보호는 신약의 성도가 일차적으로 예수 그리스도를 믿고 그분 안에 거할 때 주어지는 복이기도 하다. "나는 포도나무요 너희는 가지라. 그가 내 안에, 내가 그 안에 거하면 사람이 열매를 많이 맺나니 나를 떠나서는 너희가 아무것도 할 수 없음이라"(요 15:5). 예수께서 부활하시고 우리에게 성령을 부어주셔서 그분의 몸인 교회를 이 땅에 세우시면서 이제 우리는 이 성전을 공동체적으로 경험한다. 공동체 안에 믿음으로 들어와 거할수록 우리는 안전하고 평안하며, 성숙하여 열매를 맺게 되고, 서로 사랑하며 함께 교회를 세워가게 된다.

요컨대 가장 가치 있는 것은 겉으로 잘 드러나지 않는다. 깊이 들여다보아야 발견할 수 있다. 혹시 아직까지 겉으로 팔짱만 끼고 있는가? 하나님의 더 깊은 곳으로, 믿음의 더 깊은 곳으로, 교회의 더 깊은 곳으로 용기 내 성막의 휘장을 열고 들어가라. 놀라운 아름다움과 영광의 광휘를 발견할 수 있을 것이다.

[65장 각주]

93) 이재은, "[위클리비즈] 우린 빠르지 않다… 싸지도 않다… 그러나 정확하다", 조선일보, 2018. 1. 13.

94) 이철환 외, 「못난이 만두 이야기: 꿈을 이루어 주는 31가지 특별한 이야기」(서울: 가이드포스트, 2006).

66 Chapter 66. Exodus 26:15-37

성막 (2)
: 든든하게 세워가야 한다

너는 조각목으로 성막을 위하여 널판을 만들어 세우되 각 판의 길이는 열 규빗, 너비는 한 규빗 반으로 하고 각 판에 두 촉씩 내어 서로 연결하게 하되 너는 성막 널판을 다 그와 같이 하라. 너는 성막을 위하여 널판을 만들되 남쪽을 위하여 널판 스무 개를 만들고 스무 널판 아래에 은 받침 마흔 개를 만들지니 이쪽 널판 아래에도 그 두 촉을 위하여 두 받침을 만들고 저쪽 널판 아래에도 그 두 촉을 위하여 두 받침을 만들지며 성막 다른 쪽 곧 그 북쪽을 위하여도 널판 스무 개로 하고 은 받침 마흔 개를 이쪽 널판 아래에도 두 받침, 저쪽 널판 아래에도 두 받침으로 하며 성막 뒤 곧 그 서쪽을 위하여는 널판 여섯 개를 만들고 성막 뒤 두 모퉁이 쪽을 위하여는 널판 두 개를 만들되

아래에서부터 위까지 각기 두 겹 두께로 하여 윗고리에 이르게 하고 두 모퉁이 쪽을 다 그리하며 그 여덟 널판에는 은 받침이 열여섯이니 이쪽 판 아래에도 두 받침이요 저쪽 판 아래에도 두 받침이니라.

너는 조각목으로 띠를 만들지니 성막 이쪽 널판을 위하여 다섯 개요 성막 저쪽 널판을 위하여 다섯 개요 성막 뒤 곧 서쪽 널판을 위하여 다섯 개이며 널판 가운데에 있는 중간 띠는 이 끝에서 저 끝에 미치게 하고 그 널판들을 금으로 싸고 그 널판들의 띠를 꿸 금 고리를 만들고 그 띠를 금으로 싸라. 너는 산에서 보인 양식대로 성막을 세울지니라. 너는 청색 자색 홍색 실과 가늘게 꼰 베 실로 짜서 휘장을 만들고 그 위에 그룹들을 정교하게 수놓아서 금 갈고리를 네 기둥 위에 늘어뜨리되 그 네 기둥을 조각목으로 만들고 금으로 싸서 네 은 받침 위에 둘지며 그 휘장을 갈고리 아래에 늘어뜨린 후에 증거궤를 그 휘장 안에 들여놓으라.

그 휘장이 너희를 위하여 성소와 지성소를 구분하리라. 너는 지성소에 있는 증거궤 위에 속죄소를 두고 그 휘장 바깥 북쪽에 상을 놓고 남쪽에 등잔대를 놓아 상과 마주하게 할지며 청색 자색 홍색 실과 가늘게 꼰 베 실로 수놓아 짜서 성막 문을 위하여 휘장을 만들고 그 휘장 문을 위하여 기둥 다섯을 조각목으로 만들어 금으로 싸고 그 갈고리도 금으로 만들지며 또 그 기둥을 위하여 받침 다섯 개를 놋으로 부어 만들지니라.

우리나라에는 해마다 최고의 보디빌더들이 겨루는 피트니스대회인 WBFF(World Beauty Fitness & Fashion) 코리아 챔피언

십이 열린다. 몇 해 전, 이 대회에서 가장 탄탄한 근육을 자랑하며 디바 피트니스 부문에 출전해 그랑프리를 차지한 한 여자선수가 있다. 근육이 다른 선수에 비해 돋보일 정도로 탄탄하였다. 그런데 이 선수에게는 특이한 점이 하나 있었다. 그것은 오른팔에 긴 흉터가 자리잡고 있었던 것이다. 대회를 앞두고 그만 팔이 부러져 12개의 철심을 박고 출전한 것이었다. 운동하는 선수가 어떻게 하다 팔이 부러지게 되었을까? 알고 보니 운동하며 남자 트레이너와 팔씨름하다가 그만 팔뼈가 부러졌던 것이다.[95]

보통 피트니스대회에 출전하면 두 가지에 집중하게 된다. 첫째는 근육을 키우는 것이고, 둘째는 다이어트를 해서 키운 근육을 돋보이게 하는 것이다. 근육을 열심히 키웠는데 살이 충만하게 내 온몸을 가리면 소용없지 않은가? 배에는 식스팩, 왕 자가 새겨져 있는데, 살이 너무 덮어 잘 보이지 않는다면 억울하지 않겠는가? 그래서 다이어트를 하면서 강도 높은 근육운동을 병행한다. 이렇게 하면 근육의 밀도는 매우 높아지지만 동시에 뼈의 골 밀도가 매우 낮아진다. 이 선수가 팔씨름을 시작하자 강력하게 다져진 근육은 힘을 주어 밀어붙이려고 하는데, 너무 약해진 뼈가 근육의 힘을 감당할 수 없어 그만 근육 안에서 뼈가 으스러지고 만 것이다. 강한 근육에는 그만큼 강한 뼈가 받쳐주어야 한다. 그렇지 않으면 몸의 균형이 무너질 수 있다.

이는 하나님의 성막을 세워가는 데 있어서도 마찬가지다. 하나님의 성막이 어떤 곳인가? 구약시대 하나님을 만날 수 있는 장소로 하나님이 설계하고 이스라엘 백성이 짓도록 허락하신 매우 특별한 장소다. 우리는 이 성막 안에서 온 세상을 만드신 하나님의 창조의 손길, 하늘의 별과 광명체들이 있는 소우주를 경험할 수 있다. 그뿐만 이 아니라 이 성막 안은 쾌적하고 외부의 모래먼지와 비바람으로부터도 안전하도록 설계되었다. 이를 위해 성막을 4중 막으로 설치하도록 했는데, 문제는 이 막의 하중을 다 합치면 꽤 무겁다는 점이다. 먼저 가장 안쪽의 막을 보라. 가늘게 꼰 베 실과 청색 자색 홍색 실로 구성한 것을 다섯 조각씩 합쳐 크게 두 조각으로 만들었는데, 양쪽 끝에 50개씩 모두 100개의 금속 고리가 달려 있었다. 거기에 양쪽 고리 사이를 연결하기 위한 금 갈고리 50개가 달려 있었다. 이 내막이 가로 4.5m, 세로 13.5m면 상당히 큰 폭의 천이다. 그런데 그 위를 염소 털가죽으로 덮고, 다시 그 위를 붉은 물들인 숫양의 가죽으로 덮고, 가장 겉을 수달의 가죽으로 덮는다. 이 모든 4중의 막을 합치면 그 무게가 상당했을 것이다.

그렇다면 중요한 것은 4중 막 못지않게 이 막을 지지할 수 있는 골조다. 뼈대가 튼튼해야 성막이 버텨낼 수 있고, 성막 안에 하나님의 영광을 제대로 구현할 수 있다. 사실 가장 튼튼한 골조는 한 통으로 짜인 것이 제일 좋다. 미국 애플사에서 맥북 에어를 처음 출시했을 때 두께가 얇으면서도 견고하게 잘 만들어졌다는 호평을 받았다. 그렇게 만들 수 있었던 이유가 무엇인가? 바로 노트북의 뼈대를 유니바디 프레임(unibody frame), 즉 한 통으로 깎은 알루미늄 프레임을 사용했기 때문이다. 하지만 유니바디 프레임을 짜는 것은 상당한 절삭 노하우가 필요한 일이어서, 당시 다른 업체가 당장에 따라 하기 힘든 기술이었다. 만약 성막을 이런 유니바디 프레임으로 만들었다면 상당히 견고하게 성막 위를 덮는 덮개를 지지했을 것이다.

그러나 성막은 고정하여 정착하기 위한 것이 아니라 이동을 위한 성전이었다. 하나님의 구름 기둥과 불 기둥이 광야에서 앞서가는 대로 이스라엘은 따라가야 했다. 그러려면 재빨리 분해가 가능하고도 조립이 가능한 프레임으로 디자인해야 했다. 그래서 하나님이 설계하신 성막 프레임이 업라이트 프레임이다. 'upright' 하면 '올곧게 위로 올라갔다' 는 뜻이다.

"너는 조각목으로 성막을 위하여 널판을 만들어 세우되"(출 26:15).

'널판' 이라는 히브리 단어 '케레쉬' 는 영어성경(ESV)에 'upright frame' 이라 번역했다. 위로 곧게 세워진 프레임이다. 그렇다면 어떤 사이즈로 어떻게 구성했을까?

"각 판의 길이는 열 규빗, 너비는 한 규빗 반으로 하고"(출 26:16).

프레임의 길이(높이)는 10규빗(4.5m)으로 올라가고, 벽면을 이루는 폭은 한 규빗 반(70cm)으로 한다. 이렇게 70cm의 프레임이 촘촘하게 연결되어 성막의 벽면 프레임을 구성한다. 18절에 따르면 이것을 한 면에 20개씩 만들어 촘촘히 연결한다.

"각 판에 두 촉씩 내어 서로 연결하게 하되 너는 성막 널판을 다 그와 같이 하라"(출 26:17).

각각의 프레임에 두 촉씩 내려와서 받침에 연결하도록 했다. 각 프레임 아래쪽에는 두 촉을 내라고 했다. 여기서 '촉' 은 히브리어 '야

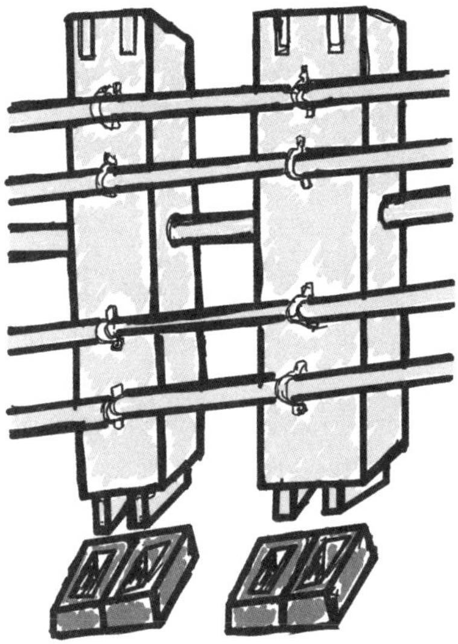

업라이트 프레임 방식으로 제작된 널판

드' 로 직역하면 '손' 이다. 손을 낸다는 것은 아래를 지지할 뾰족하게 나온 것을 말한다. 이것을 영어성경은 '펙' (peg)이라고 한다. 우리가 캠핑 가서 텐트를 고정시키기 위해 펙을 박는 것을 연상하면 된다.

> "스무 널판 아래에 은 받침 마흔 개를 만들지니 이쪽 널판 아래에도 그 두 촉을 위하여 두 받침을 만들고 저쪽 널판 아래에도 그 두 촉을 위하여 두 받침을 만들지며"(출 26:19).

하나님은 널판 20개에 받침을 은으로 40개를 만들라고 명하신다. 은으로 무겁게 금속 받침을 만들어 이 프레임들이 무게중심을 잘 잡고 흔들리지 않도록 하기 위한 것이다. 은 받침 하나가 약 40kg 정도 나간다. 이것을 양쪽 면에 만들어 연결해야 한다.

그렇다면 성막 안쪽 벽, 즉 지성소의 벽면은 어떻게 할까?

> "성막 뒤 곧 그 서쪽을 위하여는 널판 여섯 개를 만들고 성막 뒤 두 모퉁이 쪽을 위하여는 널판 두 개를 만들되 아래에서부터 위까지 각기 두 겹 두께로 하여 윗고리에 이르게 하고 두 모퉁이 쪽을 다 그리하며"(출 26:22-24).

성막 뒤에는 널판 여섯 개를 만들고, 양옆 모퉁이는 강도를 보강하기 위해 널판을 두 겹 두께로 만들어 보강한다. 이렇게 세우면 성막이 잘 설 수 있을까? 그렇지 않다. 각각이 세워져도 그중 하나를 힘주어 툭 건드리면 널판이 개별적으로 쓰러질 수 있다. 널판이 쓰러지지 않도록 견고히 세우려면 널판을 촘촘하게 이어 연결하는 정교한 기술이 요구된다. 그것이 바로 '띠'라고 불리는 일종의 가로 막대, 즉 '바'(bar)를 만들어 각 널판을 잇는 기술이다.

> "너는 조각목으로 띠를 만들지니 성막 이쪽 널판을 위하여 다섯 개요 성막 저쪽 널판을 위하여 다섯 개요 성막 뒤 곧 서쪽 널판을 위하여 다섯 개이며 널판 가운데에 있는 중간 띠는 이 끝에서 저 끝에 미치게 하고 그 널판들을 금으로 싸고 그 널판들의 띠를 꿸 금 고리를 만들고 그 띠를 금으로 싸라"(출 26:26-29).

'띠'는 가로 막대를 말한다. 모두 다섯 개의 가로 막대가 성막 프레임을 가로질러 널판 프레임을 지지한다. 이 프레임을 연결하기 위해 각 프레임, 널판에는 위로 고리 두 개, 아래로 고리가 두 개가 있고, 한가운데를 관통하는 구멍이 있다. 긴 가로 막대가 고리들을 관통해서 널판들을 이어주고, 또 가운데를 관통하여 널판들을 이어준다. 이렇게 고리들을 연결하려면 프레임의 높이가 일정해야 하기 때문에 상당히 정교하게 제작하고 다듬어야 한다.

나무의 재료는 조각목이다. 조각목은 단단한 아카시아나무로 정교하게 다듬기가 어려운 편이다. 그런데 이것들을 정교하게 다듬어 서로가 맞아 들어야 한다. 또 바닥을 지지하는 은 받침대하고도 잘 맞아 들어가도록 정교하게 구멍을 내고 손을 내야 한다. 고리도 정확한 위치에 달아 잘 맞아야 하고, 가운데를 관통하는 바의 구멍도 서로가 균일하도록 맞아야 한다. 다 만들고 바를 넣으려고 했는데 서로 구멍이 맞지 않고 갈고리가 맞지 않으면 제대로 성막을 세울 수 없다. 이 널판 프레임들이 제대로 연결되어 맞아 들어가면 이것처럼 영광스럽고 아름다운 모습이 없다.

생각해보라. 거친 조각목이 잘 다듬어져서 금 코팅을 했다. 이런 실내에 덮개를 덮고 그 안에 메노라, 7개의 등불을 켠다고 생각해보라. 하늘은 온 우주 삼라만상이 펼쳐진 소우주의 모습인데, 그 내부는 금벽이 사방을 두르고 있다. 이것은 이 땅에 임한 하나님의 영광을 상징한다. 얼마나 장엄하고 아름다운 모습이겠는가? 이런 영광스러운 모습을 성막 안에 담기 위해서는 이 성막의 프레임이 공교하게 잘 연결되어야 한다. 금을 입힌 촘촘한 널판 48개와 널판 한 개당 2개씩, 총 96개의 은으로 만든 받침, 그리고 널판에 부착된 총 192개의 고리, 거기에 가운데를 연결하는 5개의 가로 막대가 모두 한 치의 오차도 없이 정교하게 연결되어야 비로소 하나님의 영광을 담는 성막 구조물을 만들 수 있다.

이러한 구조는 신약의 교회를 연상시킨다. 구약의 성막을 이루는 원리가 사실상 신약교회에 고스란히 적용된다. "그에게서 온몸이 각 마디를 통하여 도움을 받음으로 연결되고 결합되어 각 지체의 분량대로 역사하여 그 몸을 자라게 하며 사랑 안에서 스스로 세우느니라"(엡 4:16). 여기 나와 있는 용어가 모두 성전용어다. 각 널판을 통해 도움을 받아 연결되고 결합하여 성막을 세워가는 것처럼 신약의 교회는 예수 그리스도를 믿는 왕 같은 제사장인 성도들이 그리스도를 머리로 하여 서로 지체 간에 연결되고 결합하여 사랑 안에서 그의 몸을 세워간다.

성막과 같이 아름답게 정교하고 긴밀하게 연결되면 교회는 하늘의 영광을 담는 견고한 그릇이 된다. 든든하게 연결되어야 하늘 영광을 풍성하게 담는다. 사람이 많아 보인다고 큰 교회가 아니다. 교회는 성도와 성도를 연결하는 프레임이 든든하게 올곧게 서고, 좌우로 촘촘하고 든든하게 연결되어야 큰 교회가 된다. 왜? 그래야 하나님의 영광을 풍성하게 담을 수 있기 때문이다. 내가 교회다. 우리 각자가 모두 교회의 일부다. 고로 하나님의 영광을 위해 지체로 함께 연결되어야 한다. 중요한 것은 서로 간에 연결되는 원리다. 연결되려면 절대 혼자서는 안 된다. 서로 도움을 받아야 한다. 성막 널판이 서로 연결되려면 서로 간에 깎여서 치수를 맞추어야 한다.

마찬가지로 서로에게 맞추며 부족한 점이 있으면 겸손하게 깎아야 한다. "그런즉 거짓을 버리고 각각 그 이웃과 더불어 참된 것을 말하라. 이는 우리가 서로 지체가 됨이라. 분을 내어도 죄를 짓지 말며 해가 지도록 분을 품지 말고 마귀에게 틈을 주지 말라"(엡 4:25-27). 거짓과 악한 의도를 버리고 이웃과 함께 참된 것을 말해야 한다. 참된 것을 나누고 서로를 개방해야 서로가 연결된다. 마음을 꾹 닫고 절대 자기를 열지 않고 꼭 숨어 있다 보면 참된 교회로 연결되기 어려워진다. 분을 내어도 죄짓지 말고, 해가 지도록 분을 품지 말며, 마귀에게 틈을 주지 말아야 든든하게 잘 연결될 수 있다. 어떤 성도는 충동적으로 분을 내고 숨어버린다. 사소한 것, 서운한 것이 있으면 얼른 풀고 다시 단단하게 연결되어야 한다.

그렇다면 잘 연결되려면 어떤 마음을 가져야 할까? "마음을 같이 하여 같은 사랑을 가지고 뜻을 합하며 한마음을 품어 아무 일에든지 다툼이나 허영으로 하지 말고 오직 겸손한 마음으로 각각 자기보다 남을 낫게 여기고 각각 자기 일을 돌볼뿐더러 또한 각각 다른 사람들의 일을 돌보아 나의 기쁨을 충만하게 하라"(빌 2:2-4). 마음을 같이 하여, 같은 사랑으로, 한마음을 품어야 한다. 또 무슨 일에든지 다툼으로 하면 안 된다. 교회에서 절대 큰소리치지 말아야 한다. 성도의 필수적인 자질은 오직 겸손한 마음, 자기보다 남을 낫게 여기는 마음이다. 그래야 서로가 서로에게 잘 맞출 수 있고 깎일 수 있고 연결될 수 있다. 난 변하지 않을 테니 당신이 변해라! 이런 마음으로는 절대 깎일 수 없다. 우리는 이 마음을 잘 지켜나가야 한다.

처음 신앙생활을 하는 사람은 말하지 않아도 어떻게든 자신을 잘 지키려고 순종하며 섬기고 다른 성도들과 맞추어가려 노력한다. 그러나 신앙생활을 좀 했던 사람들은 온전히 깎이지 못한 자신의 모난 기질로 다른 이들을 아프게 하는 경우가 있다. 거룩한 관계는 서로 간에 깎여나가고 다듬어지는 관계다.

모든 관계가 그렇다. 원만한 관계, 아름다운 관계는 서로를 겸손하게 잘 받아주고 잘 덮어준다. 서로 간에 겸손함을 지키며 연결되려 한다. 하지만 사람은 잘 변하지 않는다. 조각목같이 모나고 단단하다. 그래서 깎여나가고 맞춰나가는 일이 때로 힘들다. 그럼에도 서로가 깎일 수 있는 이유는 공동의 목표가 있기 때문이다. 공동의 목표가 있는 가족, 공동체는 겸손하게 기꺼이 깎여나간다. 그 목표가 무엇인가? 내가, 그리고 우리가 이렇게 아름답고 든든하게 연결되어 하나님의 영광이 거하는 아름다운 천국, 믿음의 공동체를 이곳에 이루어가는 것이다. 교회는 소수의 몇몇 사람만 연결되어서는 안 된다. 모두가 가로 막대로 촘촘하게 연결되고 은받침으로 촘촘히 연결되어 흔들리지 않도록 세워져야 한다. 서로가 이해할 수 있도록 많이 설명해주고, 과도한 기대보다 내가 먼저 깎여나갈 각오로 함께 교회를 든든히 세워가야 한다.

우리가 흔히 문이 삐거덕거리면 뿌리는 WD-40이란 윤활유가 있다. 한 번 뿌리면 녹이 없어지고 기름때를 빼는 데 탁월한 효과를 보인다. 원래는 우주에 발사하는 로켓의 녹을 제거할 목적으로 만든 제품이었다. 40번의 실험 끝에 물 치환(Water Displacement) 화학식을 발견해서 WD-40이라고 불렀다.[96] '물치환' 이란 금속에 있는 물을 기름으로 치환하는 화학식을 말한다. 이 회사의 이름도 WD-40 컴퍼니다. 이것이 스프레이 형태로 1958년에 첫 시판되자 엄청난 히트를 기록했다. 자동차, 항공, 건설, 농업, 스포츠 등 광범위한 영역에서 유용하게 활용되었다. 1993년에 WD-40은 미국 5가구 중 4가구, 전국의 공장, 광산, 건설현장과 같은 사업장에서 81%나 사용되었다.

매주 100만 개씩 판매되었다. 그러나 이 엄청난 성공 이후 회사에는 침체기가 찾아왔다. 단 하나의 제품으로 전국을 석권했지만 지속적인 성장을 할 수 없었다. WD-40 외에는 다른 제품이 없었기 때문이다. 회사가 정체되었다.

이때 부임한 CEO가 바로 게리 리지다. 어떻게 회사의 성장 돌파구를 마련할 수 있을까? 게리는 사고를 유연하게 할 필요가 있었다. 자신들이 파는 제품은 윤활제였는데 이것을 파는 이들의 사고는 이것 외에는 다른 것을 생각할 수 없을 정도로 딱딱하게 굳어 있었다. 제일 먼저 생각한 것은 제품의 확장성을 키우기 위해서 특정집단의 수요에 딱 맞는 맞춤제품이었다.

손 세정제, 카펫 얼룩 제거제, 욕실 청소제, 또 자전거 마니아를 위한 체인 윤활제, 프레임 보호제 등과 같은 제품을 출시했다. 동시에 소비자와의 접촉점을 늘리는 전략을 추구했다. 해외에 공장을 건설하고, 중국과 말레이시아와 같은 다양한 시장을 개척하고, 철물점, 식료품점, 약국 등으로 판매처를 다변화해서 어디서나 WD-40 컴퍼니 제품을 살 수 있도록 했다. 이렇게 회사가 유연해지자 이 회사는 2000년대 이후 매출이 2배로 증가하며 제2의 전성기를 맞았다. 기존에 있던 생각을 내려놓으면서 성장하게 된 것이다. 우리의 관계에서도 이러한 유연성이 있어야 한다.

성도는 오직 그리스도의 영광을 담는 성전을 함께 이루어가기 위해 서로 깎이고 맞춰져야 한다. 얼마나 우리가 잘 맞추어지고 세워졌느냐에 따라 교회의 건강도가 달라진다. 건강한 교회는 널판들이 촘촘하고 든든하게 잘 세워진 교회다. “난 맞지 않아” 하고 튀어져 나간 널판이 많을수록 교회는 모래 위에 세운 집과 같이 약해진다.

이렇게 세운 널판에 해야 할 작업이 있다. 그것은 성소와 지성소를 구분하는 휘장을 쳐 놓아야 한다는 것이다.

> "그 휘장을 갈고리 아래에 늘어뜨린 후에 증거궤를 그 휘장 안에 들여놓으라. 그 휘장이 너희를 위하여 성소와 지성소를 구분하리라"(출 26:33).

휘장은 하나님의 언약궤가 있는 곳과 나머지 공간을 구분해서 함부로 하나님의 거룩한 임재로 들어가지 못하게 만든 가림막이다. 그런데 이 막이 예수께서 십자가를 지고 죽으실 때 찢어졌다. "예수께서 다시 크게 소리 지르시고 영혼이 떠나시니라. 이에 성소 휘장이 위로부터 아래까지 찢어져 둘이 되고 땅이 진동하며 바위가 터지고"(마 27:50-51). 이는 우리가 예수의 피로 거룩함을 얻어 이 피로 말미암아 하나님의 지성소에 나아갈 담대함을 얻게 되었음을 의미한다. "그러므로 형제들아 우리가 예수의 피를 힘입어 성소에 들어갈 담력을 얻었나니 그 길은 우리를 위하여 휘장 가운데로 열어 놓으신 새로운 살 길이요 휘장은 곧 그의 육체니라"(히 10:19-20).

신약의 성도들에게는 휘장이 찢어짐으로 새로운 살길이 열렸다. 그것은 하나님의 영광, 성령의 역사가 성막에 제한되지 않고 주의 이름으로 모인 우리에게 무제한적으로 역사하는 길이다. 그렇다면 우리에게는 서로 연결되어 거룩한 성전을 함께 세워가는 것이 매우 중요한 일이다. 이와 함께 성막의 입구를 잘 막는 것도 중요하다(37절 참조). 성막 입구의 다섯 기둥은 성막 입구를 보다 효과적으로 막기 위한 구조다. 이와 마찬가지로 성도는 오감, 즉 눈(시각), 코(후각),

입(미각), 귀(청각), 손(촉각)을 통해 들어오는 다양한 죄들이 교회 안에 들어오지 않도록 막아야 한다. 예수의 피를 힘입어 함께 든든한 교회를 세워나가는 성도가 되어야 한다.

[66장 각주]

95) 장채린, "팔씨름하다가 부러진 팔… 철심 12개 박고 우승", jobsN, 2018. 1. 12.
96) 이설, "[Global CEO & Issue focus] 게리 리지 가정용 화학용품 제조사 WD-40 컴퍼니 CEO", 한국경제, 2018. 1. 18.

67 Chapter 67. Exodus 27:1-21

놋제단, 성막 뜰, 기름
: 모순된 현실 속에 발견하는 은혜

너는 조각목으로 길이가 다섯 규빗, 너비가 다섯 규빗의 제단을 만들되 네모 반듯하게 하며 높이는 삼 규빗으로 하고 그 네 모퉁이 위에 뿔을 만들되 그 뿔이 그것에 이어지게 하고 그 제단을 놋으로 싸고 재를 담는 통과 부삽과 대야와 고기 갈고리와 불 옮기는 그릇을 만들되 제단의 그릇을 다 놋으로 만들지며 제단을 위하여 놋으로 그물을 만들고 그 위 네 모퉁이에 놋 고리 넷을 만들고 그물은 제단 주위 가장자리 아래 곧 제단 절반에 오르게 할지며 또 그 제단을 위하여 채를 만들되 조각목으로 만들고 놋으로 쌀지며 제단 양쪽 고리에 그 채를 꿰어 제단을 메게 할지며 제단은 널판으로 속이 비게 만들되 산에서 네게 보인 대로 그들이 만들게 하라.

너는 성막의 뜰을 만들지니 남쪽을 향하여 뜰 남쪽에 너비가 백 규빗의 세마포 휘장을 쳐서 그 한쪽을 당하게 할지니 그 기둥이 스물이며 그 받침 스물은 놋으로 하고 그 기둥의 갈고리와 가름대는 은으로 할지며 그 북쪽에도 너비가 백 규빗의 포장을 치되 그 기둥이 스물이며 그 기둥의 받침 스물은 놋으로 하고 그 기둥의 갈고리와 가름대는 은으로 할지며 뜰의 옆 곧 서쪽에 너비 쉰 규빗의 포장을 치되 그 기둥이 열이요 받침이 열이며 동쪽을 향하여 뜰 동쪽의 너비도 쉰 규빗이 될지며
문 이쪽을 위하여 포장이 열다섯 규빗이며 그 기둥이 셋이요 받침이 셋이요 문 저쪽을 위하여도 포장이 열다섯 규빗이며 그 기둥이 셋이요 받침이 셋이며 뜰 문을 위하여는 청색 자색 홍색 실과 가늘게 꼰 베 실로 수놓아 짠 스무 규빗의 휘장이 있게 할지니 그 기둥이 넷이요 받침이 넷이며 뜰 주위 모든 기둥의 가름대와 갈고리는 은이요 그 받침은 놋이며 뜰의 길이는 백 규빗이요 너비는 쉰 규빗이요 세마포 휘장의 높이는 다섯 규빗이요 그 받침은 놋이며 성막에서 쓰는 모든 기구와 그 말뚝과 뜰의 포장 말뚝을 다 놋으로 할지니라. 너는 또 이스라엘 자손에게 명령하여 감람으로 짠 순수한 기름을 등불을 위하여 네게로 가져오게 하고 끊이지 않게 등불을 켜되 아론과 그의 아들들로 회막 안 증거궤 앞 휘장 밖에서 저녁부터 아침까지 항상 여호와 앞에 그 등불을 보살피게 하라. 이는 이스라엘 자손이 대대로 지킬 규례이니라.

해마다 새해가 시작되면 나름대로 이런저런 결심과 목표

들을 적어본다. 그러나 그 목표를 실제로 이루어내고 결심을 지켜내기는 결코 쉽지 않다. 왜 그럴까? 그것은 목표가 그 자체로 모순된 목표일 가능성이 크기 때문이다.

건강하게 다이어트를 결심했다고 하자. 다이어트를 하려면 어떻게 해야 하는가? 적게 먹고 운동을 많이 해야 한다. 그러려면 적지만 건강하고 균형 잡힌 식단을 위해 신경을 써야 하고, 시간을 내 이런 식단을 준비하고 정성을 들여야 한다. 또 운동하려면 어떻게 해야 하는가? 충분한 시간 동안 운동하고 그 효과가 나타나도록 해야 한다. 하루에 한 시간을 운동한다고 하면 준비하고 나가는 데 20분, 또 운동하고 와서 샤워하고 쉬는 시간 30~40분, 그래서 적어도 2시간 정도는 필요하다. 게다가 다이어트 식단을 만들려면 더 많은 시간이 요구된다. 결국 우리는 많은 경우 건강한 다이어트는 무척이나 하고 싶어 하지만 다이어트를 위해 쏟아부어야 할 시간과 노력은 간과하는 모순된 목표를 설정하고 있는 것이다. 따라서 다이어트를 하겠다고 하면 좀 더 구체적으로 매일 건강한 식단을 위해 쇼핑하는 시간과 매일 운동할 수 있는 추가적인 시간을 확보해야 한다. 하지만 이런 목표까지 구체적인 노력과 시간이 필요하다고 제시하면 놀라 멈칫거린다. 자신이 제시하는 목표가 예상했던 것보다 훨씬 더 많은 시간과 노력을 포함하는 것인 줄 미처 생각해보지 못했던 것이다. 그러려면 내가 하던 다른 일과 시간을 포기하고 다이어트를 위해 쏟아야 할 시간을 확보해야 한다.

이처럼 멋진 목표에는 이를 성취하기 위해 소요되는 부수적인 목표와 요구사항들로 인해 내가 포기하고 내려놓아야 할 것들이 포함된다. 그런데 우리는 포기하고 내려놓아야 할 것을 그다지 깊이 고려하지 않는다. 할 수 있으면 목표도 이루면서, 이를 이루기 위해 포기해야 할 것을 내려놓지 않기를 바라기 때문이다. 자기모순적인 생각이다.

결국 우리는 A를 붙들 때 전혀 예상치 못했던 A뒷면에 있는 B를 발견하면서 당황한다. 처음에는 B는 생각해보지도 못했다고 하면서 애써 이를 무시하려 한다. 그러나 B를 무시할수록 A를 붙들기가 쉽지 않다는 점을 깨닫는다. 결국 A만 붙든다는 것은 모순이라는 사실을 깨닫는다. A를 붙들려면 내게 달갑지 않은 B도 함께 붙들어야 한다는 사실을 깨닫는다. 그러니까 우리는 A를 선택한다고 생각하지만 사실은 AB를 선택하는 것이다. AB를 선택해놓고 A만 선택했다고 착각한다. 자신은 B는 선택한 적 없다며 싫다고 거부하려 한다. 스스로의 자기모순에 빠지는 것이다. 그렇게 B를 거부하면 결국 AB를 다 놓치게 된다. 이것은 비단 어떤 일이나 목표만이 아니라 사람일 때도 있다. 내가 이 사람의 이런 좋고 매력적인 점을 좋아하지만 그를 온전히 품기 위해서는 그 뒤에 애써 억누르고 숨기고 있는 부정적인 면을 이해하고 직시하며 품을 수 있는 데까지 나아가야 한다. 그렇지 않으면 처음에는 A면만을 보고 설레며 좋아하다가 B면을 보고 실망하게 된다.

본문에 나오는 번제단이 바로 이런 성격의 것이다. 번제단은 무엇인가? 하나님께 속죄의 제사를 드리기 위해 양과 소를 잡아 불로 태워 드리는 제단이다. 말이 고상하게 제사지, 사실 이곳은 그야말로 피 튀는 참혹한 현장이다. 제사드리는 예배자가 짐승을 가지고 제사장에게 와서 자기 손을 짐승의 머리에 얹고 죄를 전가한다. 제사장은 죄가 전가된 짐승을 칼로 죽여 각을 떠서 피를 따로 담아 제단의 뿔에 바른다. 그러고는 고기를 번제단 위에 올려놓고 태워 하나님께 속죄의 제사를 드린다.

문제는 번제단이 설치된 장소다. 번제단은 성소에 들어가기 전에 위치한다. 성소라면 어디인가? 하나님의 임재를 경험하고 하나님이 창조하신 우주의 축소판을 새겨 넣은 황홀하고 거룩한 곳이다. 그런데 이 성막 바로 앞에 도저히 눈 뜨고 볼 수 없는 도살장과 같은 번제단이 있는 것이다. 가축이 도살당하는 장면을 처음 보면 며칠간 고기를 먹지 못한다고 한다. 거룩하고 아름답고 영광스러운 성막 앞에 설치된 번제단은 오늘날로 하면 일종의 혐오시설이라 할 수 있다. 혐오시설이라면 가능한 보이지 않는 곳에 감추어 두어야 하지 않겠는가? 규모가 작다면 그냥 지나칠 수 있다. 그런데 번제단의 규모가 꽤 커서 감추어둘 수 없다.

> "너는 조각목으로 길이가 다섯 규빗, 너비가 다섯 규빗의 제단을 만들되 네모반듯하게 하며 높이는 삼 규빗으로 하고 그 네 모퉁이 위에 뿔을 만들되 그 뿔이 그것에 이어지게 하고 그 제단을 놋으로 싸고"(출 27:1-2).

번제단의 크기는 길이가 다섯 규빗(2.25m), 너비도 다섯 규빗(2.25m), 그리고 높이는 삼 규빗(1.35m) 정도 된다. 크기가 꽤 크다. 못 본 척 지나갈 수가 없다. 성막으로 들어가기 전에 마당 가운데 우뚝 솟아 있는 모습은 바로 이곳을 주목하라고 말하는 것 같다. 게다가 네 모퉁이 끝에 나무 뿔을 위로 솟아오르게 만들어 전체를 놋으로 씌웠다. 한마디로 눈에 확 띄는 시설이다. 무슨 말인가? 번제단은 혐

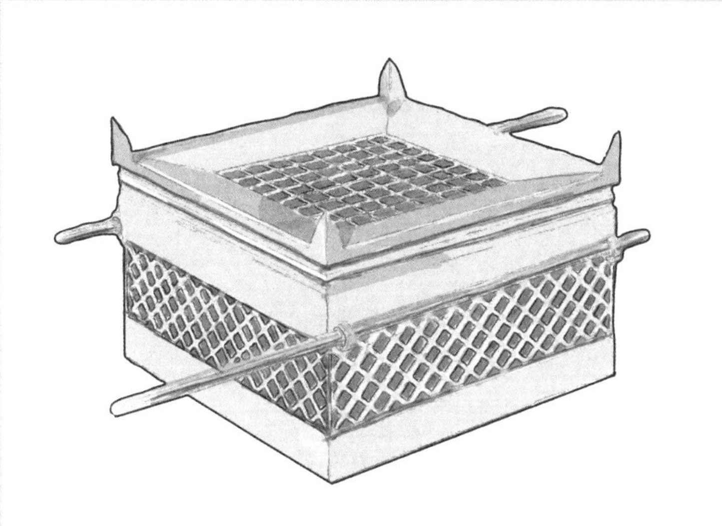

죄 사함을 받고 정결함을 얻는 번제단

오시설 기피시설이 아니라 성막의 핵심시설이라는 것이다. 번제단 가운데는 비어 있고 이 위에 그물, 우리로 말하면 석쇠를 올려놓게 만들었다.

> "제단을 위하여 놋으로 그물을 만들고 그 위 네 모퉁이에 놋 고리 넷을 만들고 그물은 제단 주위 가장자리 아래 곧 제단 절반에 오르게 할지며"(출 27:4-5).

아니, 하나님을 만나러 가는데 그분의 아름답고 영광스러운 임재를 맛보기 전에 왜 이런 끔찍한 장면을 봐야 하는가? 생각해보라. 양과 소가 울고 이 짐승들을 칼로 찌르면 가만히 있겠는가? 허우적대지 않겠는가? 피가 튀고 피비린내가 진동할 것이다. 하지만 우리가 피가 튀는 제단을 통과하는 것과 하나님께 나아가는 것은 서로 다른 별개의 것이 아니라 같은 것의 서로 다른 두 면이라는 것을 기억할 필요가 있다. 어떤 사람은 "아니, 하나님 만나는 것은 좋은데 번제단은 좀 피해가면 안 될까요? 피만 보면 울렁증이 나요"라고 이렇게 말할 수 있다.

그러나 이런 생각은 A와 B가 원래는 AB라는 것을 애써 외면하고 A만을 취하려는 태도와 비슷하다. A를 취하려면 반드시 B가 함께 따라오는 것처럼 하나님의 거룩한 성막으로 나아가려면 반드시 번제단이 따라와야 한다. 왜 그런가? 그것은 하나님이 임재하시는 성막은 거룩한 곳이기에 죄가 함께할 수 없기 때문이다. 만약 죄 있는 상태로 나아가면 우리는 그 자리에서 죽고 만다. 따라서 하나님의 임재로 나아가려면 예배자는 반드시 거룩하고 정결하게 자신을 준비해야 한다. 그러나 우리에게는 우리의 죄와 더러움을 씻을 수 있는 능력이 없다. 그래서 우리 죄를 씻기 위해 무고한 짐승의 피를 대신 흘리게 해서 짐승의 피를 힘입어 나아가는 것이다. 성경에 따르면 피는 곧 생명을 의미한다(레 17:11,14, 신 12:23).

죄가 있으면 그 대가는 하나님 앞에 사망으로 심판받아야 한다. 따라서 죄 있는 상태로 하나님께 나아가기 전에 반드시 죄의 문제를 해결하고 가야 하는데, 그러기 위해 죄의 대가를 누군가에게 지우고 누군가가 대신 생명의 피를 흘려야 한다. "율법을 따라 거의 모든 물건이 피로써 정결하게 되나니 피 흘림이 없은즉 사함이 없느니라"(히 9:22). 그렇다. 피 흘림이 없으면 죄 사함이 없다. 즉 피 흘림이 있어야 죄 사함이 있고 정결함을 얻어 하나님께 담대히 나아갈 수 있다.

따라서 성막으로 들어가려면 그 전에 반드시 죄 사함을 받고 정결함을 얻어야 한다. 이를 위해서 자신의 생명을 대신하는 제물의 피를 흘려야 할 장소가 필요한데, 그것이 바로 번제단이다. 번제단이 성막 앞에 있고 짐승의 각을 떠서 제사를 드릴 때 제사자는 절감할 것이다. '아, 하나님께 나아가는 것이 쉽고 자동으로 되는 것이 절대 아니구나! 엄중한 생명의 대가로 내 죄를 씻지 않고는 결코 나아갈 수 없구나! 죄라는 것이 정말 심각한 것이구나!'

어떤 청년은 어릴 때 하얀 가운을 입은 의사 선생님이 너무나도 멋져 보여서 많은 사람의 병을 고쳐주는 훌륭한 의사가 되는 것이 꿈이었다. 열심히 공부해서 의대에 진학하고 의료현장에서 실습하게 되었다. 그런데 여기서 예상치 못했던 난관에 부딪혔다. 응급실에 들어가니 피가 흥건하고, 사람들은 고통에 고함을 지르고, 사람이 죽어 나가는 살벌한 장면을 날마다 마주해야 했다. 어릴 때부터 피라면 질색을 했는데 이것을 매일 보려니 너무나도 힘들었다. 수술실에 들어가니 피가 가득한 뱃속을 가르고 장부를 만지고 메스를 대는 것이 너무 힘들었다. 하얀 가운을 입은 모습은 너무나도 멋있어 보였는데, 이 가운이 결국은 사람들의 배를 가르고 피를 쏟아가며 생명을 살리는 치열한 삶을 살아가는 사람이 입는 옷이고, 의사란 고상하게 위로하고 진찰만 하는 직업이 아니라 정말 치열하게 사람의 장기를 찢고 꿰매며 피를 다루어야 하는 일이라는 생각을 비로소 하게 되었다.

사실 우리에게 이런 종류의 고민이 있어야 한다. 하나님 앞에 나아가는 것은 그냥 고상하게 나가는 것이 아니라 내 죄의 문제를 치열하게 다루고 잘라내고 수술하고 거룩하고 정결한 마음으로 나아가야 한다. 이를 위해 번제단이 마련된 것이다.

번제단 네 귀퉁이에는 뿔이 달려 있다. 이 뿔에는 제사드릴 짐승의 피를 바르고, 또 제물로 짐승을 드릴 때 짐승을 번제단에 매어두기 위해 사용되었다. 번제를 드릴 때 혹시라도 밖으로 나가지 않도록 짐승을 붙들어 두었다. 아니, 불에 태워 드리는 것도 끔찍한데 움직이지 못하도록 뿔에 묶어두는 것은 너무 잔인하지 않은가? 그러나 하나님께 드려진 제물은 처음부터 끝까지 자기 의지와 생각으로 움직이지 않는다. 전체가 다 하나님께 드려지고 온전히 태워져야 한다. 그렇게 온전한 제사가 드려질 때 이 제단에서 죄 사함의 역사가 일어난다. 또 사방 어디서든지 붙들 수 있는 이 제단 뿔을 잡으면 죽음을 면하고 구원을 받을 수 있었다. 이렇게 제사를 드리고 뿔을 붙든 자들은 더 이상 과거의 죄로 그들을 정죄할 수 없었다. 왜? 이미 하나님 앞에서 죄 사함을 받았기 때문이다. 제사장은 이렇게 제사를 드리고 정결함을 얻어야 하나님의 성소 안으로 들어갈 수 있었다.

그런데 이 번제단이 가진 한계가 있었다. 그것은 뜨거운 제사를 계속해서 드리다 보면 놋이 녹고 그 속에 있는 조각목이 고열로 상하여 못쓰게 될 때가 있는 것이다. 결국 번제단은 한 번 만들면 영구히 쓸 수 있는 것이 아니라 그때마다 새롭게 세워야 할 한시적 소모품이었다. 그뿐만이 아니다. 제사 또한 한시적이다. 과거의 죄를 용서받기는 했지만 성전을 떠나서 다시 세상 속에 살며 짓는 죄가 있으면 또다시 양의 피를 하나님 앞에 갖고 나아와 용서받고 하나님과의 교제를 회복해야 했다.

그래서 히브리서는 다음과 같이 말씀한다. “제사장마다 매일 서서 섬기며 자주 같은 제사를 드리되 이 제사는 언제나 죄를 없게 하지 못하거니와 오직 그리스도는 죄를 위하여 한 영원한 제사를 드리시고 하나님 우편에 앉으사 그 후에 자기 원수들을 자기 발등상이 되게 하실 때까지 기다리시나니 그가 거룩하게 된 자들을 한 번의 제사로 영원히 온전하게 하셨느니라"(히 10:11-14). 예수께서는 모든 사람을 대표하여 인류의 죄를 지고 십자가에서 단번의 제사로 우리를 위하여 피를 흘리셨다. 번제단에 묶인 제물과 같이 그분은 십자가에 못 박히시고 가시 면류관을 쓰셔서 우리의 죄를 속죄하셨다.

번제단이 그림자였다면 예수 그리스도는 실체가 되셨다. "그리스도께서는 참 것의 그림자인 손으로 만든 성소에 들어가지 아니하시고 바로 그 하늘에 들어가사 이제 우리를 위하여 하나님 앞에 나타나시고 대제사장이 해마다 다른 것의 피로써 성소에 들어가는 것같이 자주 자기를 드리려고 아니하실지니 그리하면 그가 세상을 창조한 때부터 자주 고난을 받았어야 할 것이로되 이제 자기를 단번에 제물로 드려 죄를 없이 하시려고 세상 끝에 나타나셨느니라"(히 9:24-26).

주께서는 우리를 위하여 자신을 단번에 드리시고, 온 인류의 모든 죄를 다 지고 하나님 앞에 나아가 자기 육체로 희생제사를 드리셨다. 그래서 이제 우리는 예수의 피로 하나님께 나아갈 수 있다. "그러므로 형제들아 우리가 예수의 피를 힘입어 성소에 들어갈 담력을 얻었나니 그 길은 우리를 위하여 휘장 가운데로 열어 놓으신 새로운 살 길이요 휘장은 곧 그의 육체니라"(히 10:19-20). 이런 놀라운 역사가 일어나는데 이 역사는 밖에서 보면 잘 보이지 않는다.

생각해보라. 이번 장의 본문에도 보면 이런 번제단 주변을 둘러 담을 치는 시설이 나온다. 바로 성막 뜰이다.

"너는 성막의 뜰을 만들지니 남쪽을 향하여 뜰 남쪽에 너비가 백 규빗의 세마포 휘장을 쳐서 그 한쪽을 당하게 할지니"(출 27:9).

성막 뜰은 세마포로 휘장을 가로 100규빗(45m), 넓이는 50규빗(22.5m) 규모로 크게 쳤다. 이곳은 세상과 구별된 곳으로 내가 죄인이고 죄 용서함을 받아야 함을 받아들이는 사람들이 믿음으로 들어가는 곳이다. 그리고 그곳으로 들어가면 바로 내 죄를 대속할 짐승과 번제단을 마주한다.

이제 우리는 내가 하나님께 나아가기 위해 얼마나 크고 고귀한 희생이 치러졌는가를 깨달을 필요가 있다. 하나님께 나아가는 것은 우리의 죄 문제를 안고는 절대 불가능하다. 가까이는 가고 싶고, 죄는 심각하고 이 모순적인 상황 속에서 우리는 무엇을 발견하는가? 바로 하나님의 은혜다. "우리가 아직 죄인 되었을 때에 그리스도께서 우리를 위하여 죽으심으로 하나님께서 우리에 대한 자기의 사랑을 확증하셨느니라. 그러면 이제 우리가 그의 피로 말미암아 의롭다 하심을 받았으니 더욱 그로 말미암아 진노하심에서 구원을 받을 것이니"(롬 5:8-9). 우리가 알지 못했던 때에 그 귀한 희생이 십자가에서 치러졌다. 그리고 수고하고 무거운 짐 진 우리를 다 예수 그리스도께로 초대하신다(마 11:28).

우리는 그리스도의 고귀한 희생을 마음을 열고 믿음으로 받아들이고, 예수의 피를 의지하여 하나님 앞에 담대히 나아가야 한다. 더 나아가 우리는 살아가는 현실 속에 모순을 발견할 때마다 그리스도의 험한 십자가를 의지해야 한다. 나는 A인 줄 알았는데 B가 함께 따라올 때 십자가 위에서 이 심각한 B, 곧 죄의 문제를 해결하신 주님께서 우리로 무거운 짐을 능히 감당하게 하시고, 감당할 수 있는 힘을 주실 것이다. 보이는 것 이면의 짐이 얼마나 힘들고 무거운지 모른다. 일, 목표, 사람, 관계 모든 면에서 따라오는 이면의 무거운 짐들을 십자가에 내려놓고 오직 예수님만 붙들고 나아가야 한다.

68 Chapter 68. Exodus 28:1-14

제사장 의복 (1)

: 무엇이 성도를 아름답게 하는가?

너는 이스라엘 자손 중 네 형 아론과 그의 아들들 곧 아론과 아론의 아들들 나답과 아비후와 엘르아살과 이다말을 그와 함께 네게로 나아오게 하여 나를 섬기는 제사장 직분을 행하게 하되 네 형 아론을 위하여 거룩한 옷을 지어 영화롭고 아름답게 할지니 너는 무릇 마음에 지혜 있는 모든 자 곧 내가 지혜로운 영으로 채운 자들에게 말하여 아론의 옷을 지어 그를 거룩하게 하여 내게 제사장 직분을 행하게 하라.

그들이 지을 옷은 이러하니 곧 흉패와 에봇과 겉옷과 반포 속옷과 관과 띠라 그들이 네 형 아론과 그 아들들을 위하여 거룩한 옷을 지어 아론이 내게 제사장 직분을 행하게 하라. 그들이 쓸 것은 금 실과 청

색 자색 홍색 실과 가늘게 꼰 베 실이니라. 그들이 금 실과 청색 자색 홍색 실과 가늘게 꼰 베 실로 정교하게 짜서 에봇을 짓되 그것에 어깨받이 둘을 달아 그 두 끝을 이어지게 하고 에봇 위에 매는 띠는 에봇 짜는 법으로 금 실과 청색 자색 홍색 실과 가늘게 꼰 베 실로 에봇에 정교하게 붙여 짤지며 호마노 두 개를 가져다가 그 위에 이스라엘 아들들의 이름을 새기되 그들의 나이대로 여섯 이름을 한 보석에, 나머지 여섯 이름은 다른 보석에 새기라.

보석을 새기는 자가 도장에 새김같이 너는 이스라엘 아들들의 이름을 그 두 보석에 새겨 금테에 물리고 그 두 보석을 에봇의 두 어깨받이에 붙여 이스라엘 아들들의 기념 보석을 삼되 아론이 여호와 앞에서 그들의 이름을 그 두 어깨에 메워서 기념이 되게 할지며 너는 금으로 테를 만들고 순금으로 노끈처럼 두 사슬을 땋고 그 땋은 사슬을 그 테에 달지니라.

'아름답다'는 단어는 좋은 말임에도 불구하고 요즘 그다지 많이 사용하지 않는다. '예쁘다'는 말을 훨씬 더 선호한다. '아름답다'와 '예쁘다' 이 둘은 비슷한 것 같지만 조금 더 깊이 생각해보면 적용되는 범위가 다른 단어다. 사전적 정의로 볼 때 '예쁘다'는 '눈으로 보기에 좋고 사랑스럽다'이다. 예쁘다는 것은 겉으로 보이는 모양이 보기에 좋은 것이다. 반면 '아름답다'는 '모든 것이 균형과 조화를 이루어 감탄을 느끼게 하거나 감동을 줄 만큼 훌륭하고 갸륵하다' 또는 '즐거움과 기쁨을 줄 만큼 예쁘고 곱다'는 뜻이다. 언뜻 듣기에 이 두 단어는 비슷한 것 같지만 조금 깊이 생각하면 차이가 난다. '아름답다'는 예쁘다와 달리 눈으로 보이는 모양뿐만 아니라 그 속에 있는 여러 가지 특성이 균형과 조화를 이루어 감동을 준다는 내적 특성까지 포함한다.

한 포털사이트에서 성형으로 망친 할리우드 배우들을 이전과 이후로 대조해서 올려놓은 기사를 소개했다.[97] 자연스럽고 아름답던 외모가 성형 후 시간이 지나면서 급속도로 부자연스러워졌다. 보톡스나 필러를 맞았는데, 이것이 나중에 부풀어 올라 얼굴이 매우 부자연스럽게 되었고, 또 입술에 콜라겐을 너무 많이 투여해서 입술이 메기 입술같이 부어올랐다. 결국 배우로서의 길을 계속 가지 못하는 결과까지 이르렀다. 이런 일을 겪은 한 배우는 "내가 만약 10년 전으로 돌아간다면 오히려 자연스러운 나의 모습에 만족하고 감사했을 것"이라고 고백한다. 사람 속에 있는 내적 아름다움에 집중하지 못하고 온통 보이는 것, 내가 어떻게 보이느냐에 예민하게 신경 쓰다가 결국 이런 안타까운 결과를 초래하고 만 것이다. 이런 배우들의 얼굴을 보면 마치 마네킹과 같은 부자연스러운 느낌을 받는다.

핸슨 로보틱스라는 회사에서 개발한 인공지능 로봇 소피아가 국내의 한 컨퍼런스에 한복을 입고 나타나 소개된 적이 있다.[98] 소피아가 화제가 된 이유는 물론 말을 알아듣고 대화할 수 있는 수준의 인공지능이 탑재된 것도 있지만, 우리가 로봇을 대할 때 느끼는 부자연스러운 두려움의 장벽을 뛰어넘도록 시도된 첫 번째 로봇이기 때문이다. 이런 장벽을 '언캐니 밸리'(uncanny valley)라고 한다. 우리말로 하면 섬뜩한 두려움의 계곡 정도가 되는데, 이것은 인간처럼 보이나 인간이 아닌 로봇이 만들어내는 불안감과 두려움을 말한다. 로봇이 입술을 열어 말을 하는데 무표정하게 계속 말을 한다.

이런 로봇과 대화하면 기분이 어떨까? 말할수록 섬뜩할 것이다. 가끔 마네킹을 보며 섬뜩한 느낌을 받는 것은 얼굴의 표정 변화가 없기 때문이다. 불편한 감정을 극복하기 위한 시도로 소피아는 말을 하면서 다양한 자연스러운 표정을 짓도록 프로그램되었다. 그래서 말할 때 보면 희로애락의 표정을 지으며 감정적인 모습을 표현하는데, 물론 어느 정도 시도되었다고는 하지만 이런 표정을 짓는 것을 보면 더 부자연스럽고 섬뜩하다. 소피아는 여성을 모델로 한 로봇이다. 겉으로 볼 때 예뻐 보일 수 있다. 그러나 상대하다 보면 아름답다는 느낌은 들지 않는다. 오히려 섬뜩한 느낌이 더해질 뿐이다. 아름다움은 내면에서부터 우러나와 얼굴을 통해 자연스럽게 드러나기 때문이다.

예뻐 보이는 것에 너무 목숨을 걸지 말아야 한다. 예뻐 보여도 1분만 이야기하면 그 내면의 추한 모습이 드러나 섬뜩한 느낌을 주는 사람이 있는가 하면, 수수해 보여도 이야기하면 할수록 그 내면의 아름다움에 빠져들어가는 사람이 있다. 내면의 아름다움이 빛날수록 외모와 상관없이 그 외모는 빛난다. 누구든지 조금만 신경을 쓰면 예뻐 보일 수 있다. 그러나 아름다움은 찾기 어려운 경우가 많다. 아름다움에 도달하기도 쉽지 않다. 이 아름다움(beauty)은 신적 영역에 속한 성품이기 때문이다.

교리에서는 하나님이 누구신가를 논하면서 하나님의 성품을 분류한다. 하나님의 성품은 크게 하나님과 사람이 전적으로 다른 '비공유적 속성'이 있고, 하나님과 질적으로 정도의 차이가 있지만 어느 정도 유사하게 갖고 있는 '공유적 속성'이 있다. 이 공유적 속성은 지적 속성, 도덕적 속성, 주권적 속성이 있고, 이 모든 것을 종합한 총체적 속성이 있다. 이 총체적 속성의 첫 번째 특징이 하나님의 아름다우심(beauty)이다.

아름다움은 모든 바랄 만한 것이 균형과 조화를 이루어 우리의 감각에 기쁨과 만족을 주고 우리 마음을 끌어당기는, 모든 바람직한 것의 총체적 속성이다.[99] 우리가 하나님을 알아가고 경험할 때 우리는 하나님의 아름다움을 발견하고 즐거워하며 갈망하게 된다. 더 바랄 것이 없는 참된 만족과 기쁨과 평안이 하나님 안에 있다.

그렇다면 우리는 하나님의 이 아름다움을 어떻게 발견할 수 있을까?[100] 첫째, 피조세계를 통해서다. 하나님이 창조하신 온 땅과 하늘, 그리고 하늘에 펼쳐진 달과 별을 바라보며 그곳에 반영된 하나님의 아름다우심을 발견한다. 둘째, 하나님의 아름다우심은 예배의 자리, 곧 성전에서 발견한다. 예배를 통해 하나님을 만나며 하나님의 아름다우심을 깊이 경험하는 것이다. 셋째, 하나님의 아름다우심은 주님의 몸 된 교회, 즉 공동체를 통해 발견한다. 형제가 연합하여 동거하는 것이 아름답다(시 133:1). 넷째, 더 나아가 하나님의 아름다우심은 죄로 무너진 피조세계가 구원받고 회복될 때 드러난다. 그래서 구원의 소식은 아름다운 소식이고, 복음을 전하는 자들의 발은 아름답고도 아름답다.

이 모든 것이 총체적으로 구현된 것이 바로 성막이다. 성막에는 우주의 아름다움이 청색, 자색, 홍색 실과 함께 그 안에 아름답게 빛나는 우주의 모습으로 구현되어 있다. 또한 하나님의 임재가 성막 가운데 머무르며 그분의 아름다우심을 비춘다. 그리고 이 성막을 중심으로 이스라엘의 열두 지파 공동체가 모여 있어 죄 사함을 받고 회복된다.

그래서 다윗은 이 성막의 아름다움을 발견하고 다음과 같이 고백했다. "내가 여호와께 바라는 한 가지 일 그것을 구하리니 곧 내가 내 평생에 여호와의 집에 살면서 여호와의 아름다움을 바라보며 그의 성전에서 사모하는 그것이라"(시 27:4). 하나님은 자신의 아름다우심을 총체적으로 반영하는 대리자를 세우셨다. 성막을 섬기는 제사장이다. 하나님께서는 제사장을 통해 성막이 하나님의 아름다우심을 구현할 수 있기를 원하셨다.

이번 장의 본문은 바로 이 아름답고 영광스러운 제사장을 세우는 부분을 말씀한다. 하나님께서는 제사장을 통해 하나님의 아름다움을 드러내기 위해 제사장으로 섬길 일꾼을 부르신다.

> "너는 이스라엘 자손 중 네 형 아론과 그의 아들들 곧 아론과 아론의 아들들 나답과 아비후와 엘르아살과 이다말을 그와 함께 네게로 나아오게 하여 나를 섬기는 제사장 직분을 행하게 하되"(출 28:1).

제사장으로 부름받은 이들은 모세를 돕던 아론의 네 아들이다. 하나님께서 이들을 부르신 것은 이들이 특별히 아름다워서가 아니다. 특별히 다른 사람보다 뛰어나서도 아니다. 아론의 자녀들도 죄 많고 허물 많은 죄인이다. 하나님 앞에 여전히 거룩하지 않은 평범한 사람이다. 하나님의 아름다우심을 반영해야 할 제사장은 자신의 인간적인 상태에 따라 그 아름다움이 좌우되지 않는다. 그렇다면 무엇이 제사장을 아름답게 하는가?

첫째, 직분이다. 하나님을 섬기는 제사장 직분 자체가 아름다운 것이다. 이 직분이 어떤 직분인가? 하나님의 영광을 백성에게 나타내고 제사를 통해 짐승의 피를 통해 백성들의 죄를 씻고 거룩함을 지켜가도록 중재한다. 이 직분을 통해 하나님과 아름다운 화해를 이루게 하고 구원의 역사를 성취하고 신적 공의와 사랑이 아름다운 균형을 맞추도록 한다. 이런 아름다운 일을 감당하는 직분 자체가 아름답기에 이 직분을 맡은 제사장도 아름다운 것이다.

둘째, 제사장의 옷이 아름답다.

> "네 형 아론을 위하여 거룩한 옷을 지어 영화롭고 아름답게 할지니"(출 28:2).

제사장의 옷은 세상에서 흔히 입는 옷과는 다르게 구별되어 제작되는데, 이 옷 자체가 움직이는 성전이라고 할 수 있을 정도로 하나님의 아름다우심이 함축적이고 상징적으로 드러나 있다.

> "그들이 지을 옷은 이러하니 곧 흉패와 에봇과 겉옷과 반포 속옷과 관과 띠라. 그들이 네 형 아론과 그 아들들을 위하여 거룩한 옷을 지어 아론이 내게 제사장 직분을 행하게 하라"(출 28:4).

여기에는 제사장 복장을 구성하는 여러 옷이 소개된다. 입는 순서대로 하면 먼저 제일 안쪽에 하얀 천으로 된 반포 속옷이다. 반포라는 말은 체크무늬를 말하는데 격자로 된 흰색 체크무늬 옷이다. 그리고 겉옷이 있다. 겉옷은 청색으로 되어 바깥을 두르는 옷이다. 그리고 외부에 에봇이라 불리는 앞치마와 같은 것을 두른다. 그러고서 가슴에 열두 개의 보석이 박힌 흉패를 착용하고 머리에 관을 쓴다.

제사장 복장

이 옷을 제작하는 재료를 보라.

"그들이 쓸 것은 금 실과 청색 자색 홍색 실과 가늘게 꼰 베 실이니라"(출 28:5).

이런 재료들은 성막의 안쪽 덮개를 만드는 데 사용했던 재료와 같은 실들이다(출 26:1 참조). 성막의 덮개는 온 우주를 창조하신 하나님의 손길을 반영한다. 아름다운 하나님의 손길이 이제 제사장의 복장에 그대로 나타난다. 제사장은 허물 많은 죄인이지만 부르심을 받아 이 아름다운 옷을 입고 하나님의 아름다우신 은혜를 반영하는 사람으로 서게 된다.

6~14절은 에봇의 제작에 대해서 설명하는데 에봇은 앞치마처럼 가장 겉에 두르는 복장이다. 에봇에는 특이한 장식이 있다. 그것은 양쪽 어깨에 에덴동산에서 나던 보석인 호마노(창 2:12)를 붙이는데, 양쪽에는 이스라엘 열두 지파의 이름을 여섯 개씩 새기도록 한다. 순서는 열두 지파 형제의 나이순, 즉 서열순이다.

"호마노 두 개를 가져다가 그 위에 이스라엘 아들들의 이름을 새기되 그들의 나이대로 여섯 이름을 한 보석에, 나머지 여섯 이름은 다른 보석에 새기라"(출 28:9-10).

새긴다는 것은 도장을 파듯 보석에 날카롭고 단단하고 가느다란 도구로 각인하는 것을 말한다. 이렇게 새겨 금테에 이 두 보석을 물린 후 어깨에 단다.

"그 두 보석을 에봇의 두 어깨받이에 붙여 이스라엘 아들들의 기념 보석을 삼되 아론이 여호와 앞에서 그들의 이름을 그 두 어깨에 메워서 기념이 되게 할지며"(출 28:12).

이 두 보석을 '기념의 돌'(stones of remembrance, NRSV)이라고 한다. 이스라엘 열두 지파를 기억하는 돌이라는 뜻이다. 상상해보라. 제사장이 하나님 앞에 나아갈 때 양쪽 어깨에 이스라엘 열두 지파의 이름을 새긴 돌을 매고 나아간다. 이는 하나님께 이들을 기억하여 주기를 기원하는 행위다. 한편 이는 대제사장이 단순히 이스라엘을 중재하는 역할만 하는 것이 아니라 이스라엘을 대표하는 역할을 하고 있음을 의미한다. 대제사장은 이스라엘 열두 지파의 모든 백성이 하나님께 죄 씻음을 받고 거룩해지도록 이들을 어깨에 지고 하나님께 나아가는 것이다. 이러한 모습에 하나님의 아름다우심이 담겨있다.

이런 대제사장의 모습은 세상 죄를 지고 가는 하나님의 어린 양, 예수 그리스도를 떠오르게 한다. 죄인들의 죄를 대신 지고 죄인들을 대표하여 하나님 앞에 서는 모습은 아름다운 모습이다. 찬송가 144장 '예수 나를 위하여'의 4절 가사는 "아름답다 예수여 나의 좋은 친구"로 시작한다. 히브리서 8장 6절은 이렇게 말씀한다. "그러나 이제 그는 더 아름다운 직분을 얻으셨으니 그는 더 좋은 약속으로 세우신 더 좋은 언약의 중보자시라." 놀라운 사실은 하나님은 신약의 성도들을 이런 제사장으로 부르셨다는 점이다. "그러나 너희는 택하신 족속이요 왕 같은 제사장들이요 거룩한 나라요 그의 소유가 된 백성이니 이는 너희를 어두운 데서 불러내어 그의 기이한 빛에 들어가게 하신 이의 아름다운 덕을 선포하게 하려 하심이라"(벧전 2:9).

그렇다면 신약시대의 아름다운 제사장은 어떤 옷을 입을까? "누구든지 그리스도와 합하기 위하여 세례를 받은 자는 그리스도로 옷 입었느니라"(갈 3:27). "오직 주 예수 그리스도로 옷 입고 정욕을 위하여 육신의 일을 도모하지 말라"(롬 13:14). "하나님을 따라 의와 진리의 거룩함으로 지으심을 받은 새 사람을 입으라"(엡 4:24). '옷 입는다' 는 것은 고대에서는 그의 신분과 능력을 보여주는 행위다. 따라서 성도가 '그리스도로 옷 입는다' 는 것은 그리스도께서 가지신 신분의 권세와 능력을 힘입는다는 것을 뜻한다. 그리스도로 옷 입으면 예수 그리스도의 권세와 능력을 힘입어 죄의 유혹을 물리치며 많은 이에게 하나님의 아름다우심을 보여줄 수 있게 된다.

따라서 그리스도를 옷 입은 성도는 세상에서 구별된 거룩한 존재로 날마다 하나님께 나아가 거룩한 산 제사를 드릴 수 있어야 한다. "그러므로 형제들아 내가 하나님의 모든 자비하심으로 너희를 권하노니 너희 몸을 하나님이 기뻐하시는 거룩한 산 제물로 드리라. 이는 너희가 드릴 영적 예배니라"(롬 12:1). '산 제사' 라는 것은 우리의 삶 자체를 하나님이 기쁘게 받으시는 제물로 드린다는 의미다. 제물이 살아 있는가, 죽어 있는가? 죽어 있다. 그러나 산 제물로 드린다. 이는 성도가 그리스도 안에 날마다 자기를 부인하고 죽는 연습을 하며 하나님께 우리를 드려야 함을 뜻한다. 더 나아가 그리스도로 옷 입은 성도는 공동체의 지체를 어깨에 메야 한다.

교회는 그리스도의 몸 된 지체들이 긴밀하게 연결된 관계시스템이다. 어떤 관계인가? 서로의 무거운 짐을 함께 지어줄 수 있는 상호 책임감을 갖는 관계다. "그러므로 그리스도께서 우리를 받아 하나님께 영광을 돌리심과 같이 너희도 서로 받으라"(롬 15:7). "너희가 짐을 서로 지라. 그리하여 그리스도의 법을 성취하라"(갈 6:2). "서로 친절하게 하며 불쌍히 여기며 서로 용서하기를 하나님이 그리스도 안에서 너희를 용서하심과 같이 하라"(엡 4:32). "오직 선을 행함과 서로 나누어주기를 잊지 말라. 하나님은 이같은 제사를 기뻐하시느니라"(히 13:16).

성도라면 눈에 보이는 것을 좇아가는 것이 아니라 거룩한 하나님의 아름다움을 추구하고 세상에서 구현해야 한다. 생각해보라. 하나님 앞에 나와 예배드리고 한 입술로 예수를 주로 고백하며 찬양하는 것이 얼마나 아름다운가? 예쁜 것보다 아름다운 것이 훨씬 귀하다. 보톡스가 아니라 성령 충만한 얼굴을 할 때 우리는 언캐니 밸리, 즉 서로를 향한 어색함과 두려움의 계곡을 지나갈 수 있다. 더 깊은 아름다움을 추구하고 바라볼 수 있다. 이것처럼 행복하고 귀한 것이 없다. 참된 만족은 아름다움을 발견할 때 채워진다. 공동체의 아름다움, 지체의 아름다움, 하나님의 선하시고 아름다우심이 우리 안에 충만할 때 세상과 비교할 수 없는 행복이 우리 안에 가득 채워질 것이다.

[68장 각주]

97) 홍국화, "성형수술 한 뒤 오히려 미모를 잃은 스타들", 보그코리아, 2018. 9. 13.
98) 고현실, "AI로봇 '소피아' 어디까지 진화할까… '상상력 갖게 할 것'", 연합뉴스, 2018. 1. 30.
99) 양형주, 「바이블 백신 1」(서울: 홍성사, 2019), 174쪽.
100) 위의 책, 174-175쪽.

69 Chapter 69. Exodus 28:15-30

제사장 의복 (2) : 제사장의 가슴에 열두 보석을 품어야 한다

너는 판결 흉패를 에봇 짜는 방법으로 금 실과 청색 자색 홍색 실과 가늘게 꼰 베 실로 정교하게 짜서 만들되 길이와 너비가 한 뼘씩 두 겹으로 네모 반듯하게 하고 그것에 네 줄로 보석을 물리되 첫 줄은 홍보석 황옥 녹주옥이요 둘째 줄은 석류석 남보석 홍마노요 셋째 줄은 호박 백마노 자수정이요 넷째 줄은 녹보석 호마노 벽옥으로 다 금 테에 물릴지니 이 보석들은 이스라엘 아들들의 이름대로 열둘이라. 보석마다 열두 지파의 한 이름씩 도장을 새기는 법으로 새기고 순금으로 노끈처럼 땋은 사슬을 흉패 위에 붙이고 또 금 고리 둘을 만들어 흉패 위 곧 흉패 두 끝에 그 두 고리를 달고 땋은 두 금 사슬로 흉패 두 끝 두 고리에 꿰어 매고 두 땋은 사슬의 다른 두 끝을 에봇 앞

두 어깨받이의 금테에 매고 또 금 고리 둘을 만들어 흉패 아래 양쪽 가 안쪽 곧 에봇에 닿은 곳에 달고 또 금 고리 둘을 만들어 에봇 앞 두 어깨받이 아래 매는 자리 가까운 쪽 곧 정교하게 짠 띠 위쪽에 달고 청색 끈으로 흉패 고리와 에봇 고리에 꿰어 흉패로 정교하게 짠 에봇 띠 위에 붙여 떨어지지 않게 하라.
아론이 성소에 들어갈 때에는 이스라엘 아들들의 이름을 기록한 이 판결 흉패를 가슴에 붙여 여호와 앞에 영원한 기념을 삼을 것이니라. 너는 우림과 둠밈을 판결 흉패 안에 넣어 아론이 여호와 앞에 들어갈 때에 그의 가슴에 붙이게 하라. 아론은 여호와 앞에서 이스라엘 자손의 흉패를 항상 그의 가슴에 붙일지니라.

2020년 초에 발병한 코로나19 사태로 인해 우리 사회는 '사회적 거리 두기'가 하나의 문화로 자리 잡게 되었다. 하지만 '사회적 거리 두기' 이전에 우리 사회에서는 내면의 심리적 거리 두기에 대한 관심이 많이 증폭되어 있었다. 최근 몇 년간 베스트셀러에 올랐던 책들의 제목을 보라. 「신경끄기의 기술」「무례한 사람에게 웃으며 대처하는 법: 인생 자체는 긍정적으로 개소리에는 단호하게」「언어의 온도」「말의 품격」「개인주의자 선언」「당신과 나 사이: 너무 멀어서 외롭지 않고 너무 가까워서 상처 입지 않는 거리를 찾는 법」등. 한마디로 관계에 관한 책들이다. 그런데 이 관계가 더 친밀하고 가까운 관계가 아니라 적절하게 거리를 두고 좀 신경을 끄고 살고 싶은 관계에 관한 책들이다. 타인을 가슴에 품기 싫어하는 사람들이 점점 많아진다. 이는 그만큼 관계에 지치고 힘들어하는 이가 많음을 나타낸다.

언제부턴가 우리 사회에서는 '관태기'라는 말을 자주 사용한다. 이는 '관계'와 '권태기'를 합친 신조어로 관계를 맺고 유지하는 것에 싫증이나 피곤함을 느끼는 현상을 가리킨다.[101] 이전에는 이사 가면 주변에 떡을 돌렸다. 아파트도 윗집, 아랫집, 옆집을 오가며 떡을 돌렸다. 그런데 요즘에는 왜 왔냐고 되묻는 사람도 많고, 필요 없다고, 됐다고 떡 받기를 거부하는 사람도 많다. 심지어 초인종을 눌러도 아예 문을 열어주지 않는 이도 있다.

그렇다면 관태기가 일어나는 이유가 무엇일까? 가성비가 좋지 않기 때문이다. 1인 가구가 늘어가는 시대에 가성비는 점점 중요한 가치로 자리 잡는다. 투자 대비 그 이상의 효과가 나타나야 한다. 그런데 이 관계만큼은 내 뜻대로 되지 않는 경우가 많다. 시간과 노력과 물질을 많이 들였음에도 관계가 힘들다. 가성비가 상당히 좋지 않은 편이다. 그렇게 인맥 관리를 한다고 해도 나의 맥박이 뛰지 않는 '티슈 인맥'이 많다.[102] 더 나아가 관계도 투자대비 효용성의 잣대로 바라보기 시작한다.

요즘 일본에서는 청년들이 연애를 회피하고 가상 VR로 연애한다. 또 포옹 카페 같은 것이 생겨서 그곳에 가서 만화영화의 여자 혹은 남자 캐릭터를 고르면 그 캐릭터가 나와 고객을 꼭 안아준다. 이제 관계도 내가 비용을 지불하는 만큼 내가 원하는 대로 서비스해주기를 바라는 가성비의 시대가 서서히 찾아오고 있다. 하지만 돈을 주고 내가 원하는 사람을 품에 안을 수 있을지 몰라도 갈수록 주변의 사람을 내 가슴에 품기가 어려워지는 세상을 살아가고 있다.

이런 면에서 본문에 등장하는 제사장의 복장은 우리에게 시사하는 바가 크다. 본문은 대제사장의 가장 겉에 착용하는 일종의 앞치마와 같은 에봇 앞에 부착하는 판결 흉패에 관한 말씀이다. 흉패라는 것은 대제사장이 가슴에 다는 정사각형의 헝겊 포장을 말한다. 이것이 어떤 모습일지 살펴보자.

"너는 판결 흉패를 에봇 짜는 방법으로 금 실과 청색 자색 홍색 실과 가늘게 꼰 베 실로 정교하게 짜서 만들되"(출 28:15).

흉패는 헝겊으로 만든 포장이기 때문에 실로 짜야한다. 이를 위해 성막의 안쪽 덮개에 쓰인 청색, 자색, 홍색 실과 가는 베 실을 사용한다. 앞서 이런 색들은 천상의 색, 하나님의 임재를 상징하는 색깔임을 살펴본 바 있다. 크기는 16절과 같다.

"길이와 너비가 한 뼘씩 두 겹으로 네모 반듯하게 하고."

길이와 넓이가 각각 한 뼘씩 정사각형으로 두 겹 천으로 만든다. 두 겹으로 만들면 그 안에 주머니가 생기는데, 여기에는 무엇인가를 넣을 수 있는 공간이 생긴다. 흉패의 크기는 성인 남성의 손으로 한 뼘이면 대략 18~20cm 정도 된다. 여기에다가 보석을 물려 고정시키는데 한 줄에 세 개씩, 모두 네 줄로 고정시킨다. 총 12개의 보석이다.

"그것에 네 줄로 보석을 물리되 첫 줄은 홍보석 황옥 녹주옥이요 둘째 줄은 석류석 남보석 홍마노요 셋째 줄은 호박 백마노 자수정이요 넷째 줄은 녹보석 호마노 벽옥으로 다 금테에 물릴지니"(출 28:17-20).

특이한 것은 이 열두 보석에 이스라엘 지파의 이름을 새긴다는 점이다.

"이 보석들은 이스라엘 아들들의 이름대로 열둘이라. 보석마다 열두 지파의 한 이름씩 도장을 새기는 법으로 새기고"(출 28:21).

이해를 돕기 위해 판결 흉패에 달린 보석에 대한 오른쪽의 그림을 참조하라. 보석에 이스라엘 열두 지파의 이름을 새기는 것은 이 보석이 열두 지파를 상징하고 있음을 의미한다. 본문은 이 열두 지파를 상징하는 보석을 아주 단단하게 물려 고정하라고 말씀한다. 흉패를 에봇에 아주 단단하게 고정시켜 떨어지지 않도록 해야 한다. 이렇게 대제사장의 흉패에 열두 보석을 물리는 이유가 무엇일까? 하나님께 나아갈 때 혼자 가는 것이 아니라 이스라엘 열두 지파 모두를 가슴에 단단히 품고 나아가야 하기 때문이다.

"아론이 성소에 들어갈 때에는 이스라엘 아들들의 이름을 기록한 이 판결 흉패를 가슴에 붙여 여호와 앞에 영원한 기념을 삼을 것이니라"(출 28:29).

아론은 대제사장이다. 하나님은 그가 들어갈 때 이스라엘 열두 지파의 이름을 기록한 흉패를 가슴에 붙여 여호와 앞에 영원한 기념

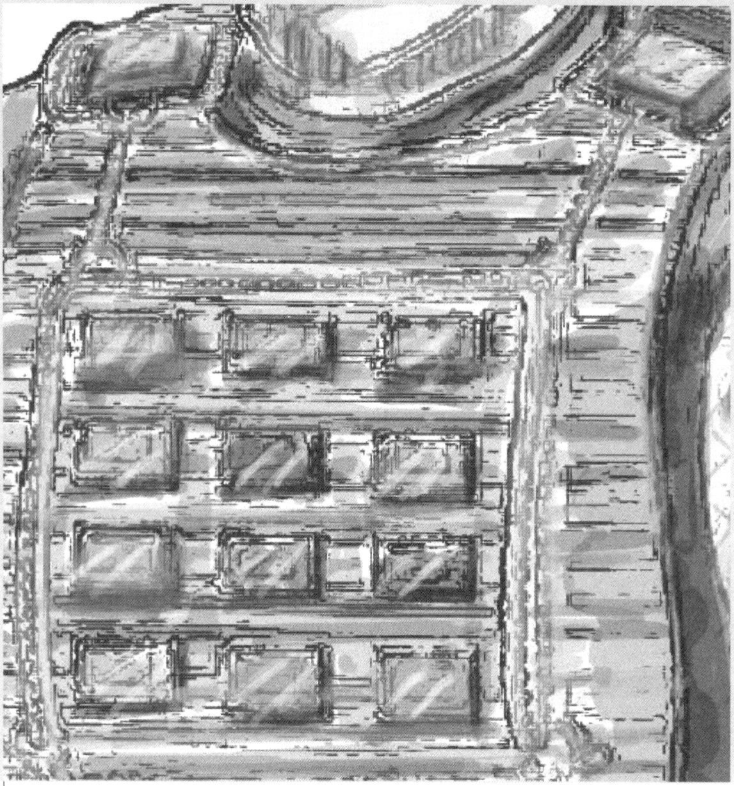

이스라엘 열두 지파의 이름이 새겨진 열두 보석이 달린 제사장 흉패

을 삼으라고 말씀하신다. '영원한 기념'(a continuing memorial, NIV)이란 지속적으로 기억하고, 지속적인 기억으로 남아 있도록 하라는 뜻이다.

열두 보석의 색깔을 보면 저마다 다 다르다. 그러나 여기서 보석의 가치는 무엇을 비교해서 어떤 것이 더 예쁘다 낫다가 아니다. 각각이 갖고 있는 영롱한 빛의 독특한 아름다움이 어우러져 함께 전체로서의 영롱함과 아름다움을 나타내는 것이다. 이것은 하나님의 시선을 반영하는 동시에 제사장이 하나님의 백성을 바라보아야 할 시선을 보여준다.

이스라엘 백성은 하나님의 가슴에 깊고 단단하게 박힌 아름답고 존귀한 보석 같은 존재이다. 하나님은 이스라엘을 자신의 '소유'로 삼으셨다고 말씀한 바 있다(출 19:5). '소유'는 히브리어 '세굴라'로 보석(treasure)을 뜻한다. 하나님이 이스라엘을 존귀한 보석으로 삼으셨기에 제사장은 이런 하나님의 시선을 그대로 반영하여 이 백성을 가슴에 품고 나아가 중보해야 한다. 따라서 제사장의 가슴에 이스라엘은 속 썩이거나 엄청난 스트레스를 주는 제거해야 할 암 덩어리, 또는 골칫덩이가 아니라 아름다운 보석으로 박혀 있어야 한다.

이것은 신약의 시대를 살아가면서 왕 같은 제사장으로 부름받은 성도도 마찬가지다. 베드로전서 2장 9절은 "그러나 너희는 택하신 족속이요 왕 같은 제사장들이요 거룩한 나라요 그의 소유가 된 백성"이라고 말씀한다. 그의 소유가 된 백성은 그분의 보석이 된 백성이라는 뜻이다. 하나님은 그분의 가슴에 신약의 성도들을 제사장 흉패의 보석처럼 그 이름을 새기고 간직하신다. 그리고 우리를 제사장으로 부르셔서 다른 이들을 보석처럼 귀하게 품도록 하셨다. 왕 같은 제사장으로 부르신 중요한 이유가 바로 이것, 다른 이들을 보석처럼 가슴에 품는 부르심이다. 하지만 타인이 영롱하고 존귀한 보석이 아니라 새카맣게 타들어 간 숯덩이나 돌덩어리, 또는 무거운 납덩어리 같은 것이 가슴에 박혀 있는 이들이 있다.

그렇다면 어떻게 하면 주변 사람들을 가슴에 보석처럼 품을 수 있을까? 그 출발점은 부르심을 의무가 아니라 은혜의 관점에서 받아들이는 것이다. 나 같은 사람이 어떻게 하나님의 가슴에 새겨진 보석이 되었을까를 깊이 묵상해야 한다. 이렇게 허물 많고 죄 많고 못된 구석이 많은 나를 위해 하나님의 아들은 왜 대신 죽어주셨는가? 이런 나를 하나님은 왜 존귀하게 여기셨는가? 사랑하기 때문이다.

일평생 인도 캘커타의 빈민들을 사랑하기 위해 애썼던 마더 테레사의 방 한쪽 눈에 잘 띄는 곳에는 켄트 케이스라는 시인이 쓴 〈역설의 진리〉라는 시가 걸려 있었다. 테레사는 이 시를 반복적으로 읽으며 마음에 새기곤 했다.[103)]

> 사람은 논리적이지 않고 이성적이지도 않다.
> 게다가 자기중심적이다.
> 그래도 사람을 사랑하라.
> 착한 일을 하면 사람들이 다른 속셈이 있을 거라고
> 의심할 것이다. 그래도 착한 일을 하라.
> 오늘 착한 일을 해도 내일이면 사람들은 잊어버릴 것이다.
> 그래도 착한 일을 하라.
> 정직하고 솔직하면 공격당하기 쉽다.
> 그래도 정직하고 솔직하게 살아라.
> 사리사욕에 눈먼 소인배들이 큰 뜻을 품은 사람을
> 해칠 수도 있다. 그래도 크게 생각하라.
> 사람들은 약자에게 호의를 베풀지만 결국에는
> 힘 있는 사람 편에 선다. 그래도 약자를 위해 분투하라.
> 몇 년 동안 공들여 쌓은 탑이 하루아침에 무너질 수도 있다.
> 그래도 탑을 쌓아라.

물에 빠진 사람을 구해주면 보따리 내놓으라고
덤빌 수도 있다. 그래도 도움이 필요한 사람을 도우라.
젖 먹던 힘까지 다해 헌신해도 칭찬을 듣기는커녕
욕을 먹을 수도 있다. 그래도 헌신하라.

한마디로 요약하면 최선을 다해 사랑해도 실망과 상처를 입을 수 있지만 그래도 사랑하라는 것이다. 왜? 우리가 그리스도 안에서 그런 사랑을 받은 사람이기 때문이다. 가성비의 논리로 따지면 이것은 전혀 맞지 않는 일이다. 하지만 자꾸 효율성의 논리를 따지고 관계에 시간과 노력을 기울이지 않으면 결국 내 주변에는 아무도 남지 않게 된다.

생텍쥐페리의 소설 「어린 왕자」에서 여우는 어린 왕자에게 이렇게 말한다. "네 장미꽃이 그토록 소중하게 된 것은 네가 네 장미꽃을 위해서 들인 시간 때문이야." 어린 왕자는 오랜 시간 때로는 시간을 낭비하다시피 장미꽃에 시간과 정성을 들였다. 물을 주고 바람막이도 해주며 벌레도 잡아준다. 장미꽃이 투덜댈 때도, 자랑할 때도 그저 묵묵하게 그의 말을 들어준다. 그렇게 오랜 시간 함께하면서 쌓은 추억의 시간이 있었기에 소중한 존재가 된 것이다.[104] 이는 찬송가 442장 '저 장미꽃 위에 이슬' 후렴 가사를 생각나게 한다. "주님 나와 동행을 하면서 나를 친구 삼으셨네. 우리 서로 받은 그 기쁨은 알 사람이 없도다." 사랑은 오래 참으며 내 뜻대로 되지 않아도 끝까지 그를 나의 가슴에 품고 나의 것을 기쁘게 내주는 것이다.

이런 사랑을 우리는 하나님께로부터 받았다. "사랑은 여기 있으니 우리가 하나님을 사랑한 것이 아니요 하나님이 우리를 사랑하사 우리 죄를 속하기 위하여 화목제물로 그 아들을 보내셨음이라. 사랑하는 자들아 하나님이 이같이 우리를 사랑하셨은즉 우리도 서로 사랑하는 것이 마땅하도다"(요일 4:10-11). 이런 사랑을 받은 것이 확실하다면 우리는 사랑과 욕심을 구별할 줄 알아야 한다. 사랑은 상대방이 내 뜻대로 움직여 주는 것을 기뻐하는 것이 아니다. 그것은 욕심이다. 우리는 생각보다 더 자주 내가 사랑해야 할 사람을 휘두르려고 한다. 사랑한다고 하면서 그가 내 뜻대로 움직이지 않으면 화를 내고 내가 싫어하는 것을 하려 하면 못하게 막는다. 그리고 사랑한다는 이름으로 자신의 행동을 정당화한다. 그러나 욕심과 사랑은 분별해야 한다.

그렇다면 사랑은 어떻게 해야 하는가? 내가 원하는 모습으로 만들기 위해 어떤 힘도 행사하지 않고 있는 모습 그대로 따뜻한 눈길로 지켜봐주고 그의 연약한 모습조차도 귀하게 여기고 나의 가슴에 품어주는 것, 아무 조건 없이 누군가를 있는 그대로 받아들이는 것이다.[105] 사실 이것이 쉽지 않다. 왜? 아무리 가까운 상대라 하더라도 나와는 다른 사람이기 때문이다. 그렇기에 우리는 상대를 사랑할수록 힘들어질 수 있다. 내가 사랑하는 사람에게는 내가 완벽하게 이해받기 원하기 때문이다. 다른 사람은 몰라도 그 사람은 나를 이해해주어야 한다. 그런데 그 사람도 때로는 나를 이해하지 못하고 섭섭하게 한다. 그러면 슬퍼진다. '세상에 나를 제대로 이해해 줄 사람이 정말 없구나' 라고 생각하게 된다.

그렇다 정말 없다. 정말 나를 이해하고 있는 모습 그대로 사랑해 주실 분은 주님 한 분뿐이다. 주님의 가슴에는 우리가 있는 모습 그대로 정말 아름답고 영롱한 보석처럼 새겨져 있다. 그리고 그 사랑을 깨닫고 왕 같은 제사장으로 부름받은 성도는 이제부터 다른 이들을 보석처럼 가슴에 품는 연습을 시작해야 한다. 그들을 보석처럼 품을 때 우리에게는 하나님의 뜻에 대한 바른 분별력이 생긴다.

> "너는 우림과 둠밈을 판결 흉패 안에 넣어 아론이 여호와 앞에 들어갈 때에 그의 가슴에 붙이게 하라. 아론은 여호와 앞에서 이스라엘 자손의 흉패를 항상 그의 가슴에 붙일지니라"(출 28:30).

'우림' 이란 히브리어 '우르' 에서 온 단어로 '빛들' 이란 뜻이고, 둠밈이란 '툼밈' 에서 왔는데 '완전함들' 이란 뜻이다. 이 우림과 둠밈이란 것을 열두 보석을 박은 흉패 안쪽 이중 주머니 안에 넣게 되어 있는데, 제사장은 위기 때에 이 우림과 둠밈을 통해 하나님의 뜻을 분별하였다. 건강한 분별력, 지혜로운 판단은 맡겨진 사람들을 보석처럼 품는 사람에게서 나온다. 솔로몬 왕이 하나님께 일천번제를 드리고 지혜를 받은 후에 처음 내린 판결이 무엇인가? 자기 아기를 빼앗긴 여인의 송사다(왕상 3:16-28). 그때 솔로몬의 판결은 이 아기의 생명을 살리기 위해 부모 된 권리를 포기하는 여인이 진짜 어머니라는 것이다. 이 아기를 누가 가슴에 보석처럼 품고 있는가를 분별한 것이다.

그렇다고 해서 보석처럼 가슴에 품는다는 것이 무조건 주변 사람에게 가까이 붙어 있다는 것을 의미하지 않는다. 보석이 영롱한 빛을 발하려면 건강한 거리두기가 있어야 한다. 너무 가까워서 서로 간에 개인의 바운더리(boundary), 즉 경계선을 쉽게 침입하면 어려움이 생긴다. 열두 보석이 어느 정도 간격을 두고 배열되어 있는 것처럼 우리도 지체와 건강한 거리 두기를 해야 아름답게 빛을 발하게 할 수 있고, 그 빛이 서로 어울리고 조화를 이룰 수 있다. 보석 간에 너무 가까우면 비교하게 되고 서로 바꾸려고 한다. 지금 나는 내 가슴에 얼마나 많은 보석을 품고 있는가? 많이 품을수록 그 사람의 가치는 영롱하고 아름답게 빛난다. 혹시 내 안에 품고 있는 것이 욕심 덩어리, 야심 덩어리는 아닌가?

초대교회에 과거 야심과 욕심이 가득하고, 사람에 대한 집착을 품고 있다가 그리스도인으로 개종한 '포티나' 라는 여인이 있었다.[106) 포티나는 세례를 받고 나서 얻은 새로운 이름으로 '깨달은 자' 라는 뜻이다. 포티나는 오순절 성령강림 때 함께 모인 120명의 제자 중 하나였고, 이때 함께 기도하다가 성령을 받고 방언을 하기 시작했다. 그녀의 가슴에는 주님의 사랑이 보석처럼 새겨졌고, 성령께서는 포티나에게 세상 끝까지 복음을 전하라는 사명을 주셨다. 그녀는 세상 끝이라고 생각했던 아프리카에 가서 복음을 전하고 카르타고에서 놀라운 열매를 거두었다. 이때 로마의 황제가 네로였는데, 수많은 기독교인을 잡아들인다는 소식을 접하고 기도하기 시작했다. 포티나는 하나님께 지혜를 구하며 기도했다. 그러자 하나님께서는 로마 황제 네로 앞에 서라고 말씀하셨다. 네로를 피해 도망 다니지 말고 그를 가슴에 품고 나아가라는 것이었다. 주변의 반대를 만류하고 포티나는 배를 타고 로마로 향했다. 그리고 로마에서 힘 있게 복음을 증거했다.

이 소문이 로마에 퍼지자 네로는 이 여인을 잡아오라고 명령했다. 그런데 이 명령이 제대로 하달되기도 전에 포티나는 네로 앞에 담대히 먼저 나아갔다. 네로가 포티나에게 로마에 온 이유를 묻자 그녀는 "황제 폐하께 그리스도를 전하러 왔습니다"라고 대답했다. 네로는 화가 나서 그녀의 손을 쇠막대기로 내리치라는 명령을 내렸다. 군병들은 포티나의 손을 쇠막대기로 무려 한 시간이나 무자비하게 내리쳤다. 그러나 그녀의 손은 전혀 상하지 않았다. 네로는 그녀 일행을 감옥에 가두었다. 그러다가 꾀를 냈다. 무력으로 할 것이 아니라 큰 연회를 베풀고 금은보화를 쌓아놓고 신앙을 포기하도록 회유하려고 한 것이다.

그래서 네로의 딸 돔니나를 첩자로 보냈다. 돔니나가 포티나가 감금되어 있는 방으로 가자 포티나는 놀랍게도 그녀를 꼭 안아주었다. 그러면서 그리스도의 사랑을 전했고, 돔니나는 변화되어 그리스도를 구주로 받아들였다. 그리고 돔니나를 수종하는 여자노예 100명도 함께 영접했다. 이 소식을 들은 네로는 불같이 화를 내며 화형을 명했지만 기적이 일어났다. 아무도 불에 타지 않고 살아난 것이다. 이번에는 사약을 내렸다. 그런데 먹고도 끄떡하지 않았다. 이후 포티나는 3년간 네로의 감옥에 갇혀 수많은 매질과 모진 고문을 당했다. 이런 핍박이 심해질수록 포티나의 명성은 로마 전역에 퍼지게 되었고, 수많은 사람이 그리스도께 돌아왔으며, 감옥의 포티나를 찾아왔다.

이 놀라운 역사를 일으킨 포티나는 누구일까? 바로 요한복음 4장에 나오는 사마리아 여인이다. 수없이 이혼과 재혼을 반복하며 다섯 번째 남자와 살고 있던 사마리아 여인이었다. 그녀는 자신이 쓰레기 같은 존재라고 생각했다. 그러나 자신을 찾아오신 예수님을 만나 보석과 같은 존재로 변화되었고, 그 사랑으로 다른 이들을 보석과 같이 품게 된 것이다. 우리도 이러한 사랑을 주님으로부터 받았다. 우리는 하나님의 가슴에 새겨진 보석이다. 이런 마음으로 내 주변의 사람들을 기쁘게 품고 진실하게 사랑하는 하나님의 사람이 되어야 한다.

[69장 각주]

101) 성유진 외, "당신도 관태기? [관태기 시대] [上] 모임이 사라진다", 조선일보, 2017. 12. 21.

102) 윤영현, "[리포트+] '껍데기 인맥에 지쳤다' … '티슈 친구' 찾는 사람들", SBS 뉴스, 2017. 9. 6.

103) 리사 비비어, 박홍경 역, 「리사 비비어의 자존감」(서울: 터치북스, 2017), 169-170쪽.

104) 김혜남, 「당신과 나 사이: 너무 멀어서 외롭지 않고 너무 가까워서 상처 입지 않는 거리를 찾는 법」(서울: 메이븐, 2018), 233-234쪽.

105) 위의 책, 49쪽.

106) 리사 비비어, 박홍경 역, 「리사 비비어의 자존감」, 203-225쪽.

70 Chapter 70. Exodus 28:31-43

제사장 의복 (3) : 하나님께 나아갈 때 간과하기 쉬운 치명적 위험

너는 에봇 받침 겉옷을 전부 청색으로 하되 두 어깨 사이에 머리 들어갈 구멍을 내고 그 주위에 갑옷 깃같이 깃을 짜서 찢어지지 않게 하고 그 옷 가장자리로 돌아가며 청색 자색 홍색 실로 석류를 수놓고 금 방울을 간격을 두어 달되 그 옷 가장자리로 돌아가며 한 금 방울, 한 석류, 한 금 방울, 한 석류가 있게 하라. 아론이 입고 여호와를 섬기러 성소에 들어갈 때와 성소에서 나올 때에 그 소리가 들릴 것이라. 그리하면 그가 죽지 아니하리라.

너는 또 순금으로 패를 만들어 도장을 새기는 법으로 그 위에 새기되 '여호와께 성결' 이라 하고 그 패를 청색 끈으로 관 위에 매되 곧 관 전면에 있게 하라. 이 패를 아론의 이마에 두어 그가 이스라엘 자손

이 거룩하게 드리는 성물과 관련된 죄책을 담당하게 하라. 그 패가 아론의 이마에 늘 있으므로 그 성물을 여호와께서 받으시게 되리라. 너는 가는 베 실로 반포 속옷을 짜고 가는 베 실로 관을 만들고 띠를 수놓아 만들지니라.
너는 아론의 아들들을 위하여 속옷을 만들며 그들을 위하여 띠를 만들며 그들을 위하여 관을 만들어 영화롭고 아름답게 하되 너는 그것들로 네 형 아론과 그와 함께한 그의 아들들에게 입히고 그들에게 기름을 부어 위임하고 거룩하게 하여 그들이 제사장 직분을 내게 행하게 할지며 또 그들을 위하여 베로 속바지를 만들어 허리에서부터 두 넓적다리까지 이르게 하여 하체를 가리게 하라. 아론과 그의 아들들이 회막에 들어갈 때에나 제단에 가까이 하여 거룩한 곳에서 섬길 때에 그것들을 입어야 죄를 짊어진 채 죽지 아니하리니 그와 그의 후손이 영원히 지킬 규례니라.

2018년 2월 10일, 평창 동계올림픽 여자 쇼트트랙 3,000m 계주 준결승전에서는 모든 국민을 흥분의 도가니로 몰고 갔던 전설적인 경기가 치러졌다. 쇼트트랙은 말 그대로 경기하는 트랙 한 바퀴가 112.12m밖에 되지 않는 매우 짧은 트랙을 질주하는 경기다. 직선거리로는 28.85m밖에 되지 않는다. 이 짧은 트랙을 3,000m나 돌려면 27바퀴를 돌아야 한다. 하지만 트랙이 워낙 짧은 데다 레인 구분이 없고 선수들은 뒤엉켜서 서로 앞서 가려고 질주하다 보니 경기의 변수가 많다. 우리나라 대표팀도 준결승전에서 예상치 못했던 이변을 겪었다.

경기를 시작한 지 얼마 되지 않아 우리나라 선수가 그만 엉덩방아를 찧고 넘어진 것이다. 그때 그 뒤를 잇는 최민정 선수가 곧바로 배턴 터치를 하고 뛰어나갔다. 이미 거리는 반 바퀴 이상 차이가 났다. 경기장에서는 탄식소리가 여기저기서 나왔다. 그런데 우리 선수들이 혼신의 힘을 다해 점차 거리를 좁혀갔다. 최민정 선수가 4위에서 헝가리 선수를 제치고 3위로 앞서갔고, 이어서 넘어졌던 이유빈 선수가 러시아 선수를 제치고 2위로 좁히더니 경기 결승점 7바퀴를 남겨두고 심석희 선수가 캐나다 선수를 제치고 선두로 나서서 올림픽 최고 신기록으로 우승을 차지하였다.

관객들은 열광했다. 하지만 정작 선수들은 의외로 담담한 표정이었다. 알고 보니 선수들은 쇼트트랙에 워낙 이변이 많다 보니 이런 경우까지도 대비해서 어떤 상황에서도 극복할 수 있도록 수없이 훈련을 반복했었다고 한다.[107] 상대가 반칙을 시도할 때, 추월하다 접촉했을 때, 혼자 실수로 넘어졌을 때, 충돌해 넘어졌을 때, 상대 선수가 과도한 액션을 취하려 할 때 등 모든 상황을 대비한 훈련을 했다. 어떤 상황도 가볍게 여기거나 간과하지 않았기 때문에 치명적인 위기에도 당황하지 않고 슬기롭게 극복한 것이다.

하나님 앞에 이스라엘 백성을 대표해서 서는 제사장의 복장은 화려하다. 청색, 자색, 홍색 실과 가늘게 꼰 베 실로 신비로운 천상의 색깔을 한 복장에, 가슴에는 이스라엘 백성의 이름을 새긴 열두 종류의 영롱한 보석이 박힌 흉패를 달았다. 그런데 이런 화려한 복장 속에 자칫 간과하기 쉬운 위험들이 있었다. 이것을 대수롭지 않게 여기고 그냥 지나치다가는 큰일 난다. 어느 정도로 위험한가? 열심히 준비한 제사에서 하나님이 제물을 받지 않으시는 것은 물론이거니와 자칫하면 생명을 잃을 정도로 위험하다.

"그것들을 입어야 죄를 짊어진 채 죽지 아니하리니 그와 그의 후손이 영원히 지킬 규례니라"(출 28:43).

제사장이라 하더라도 제사장 복장에 대한 규례를 제대로 지키지 않으면 자칫 죄를 짊어진 채 죽을 수 있다. 제사장이 혹여라도 복장을 갖추어 입는 것을 소홀히 하여 비극적인 결과를 맞이한다면 그 피해는 대단히 크다. 백성을 대표하는 대제사장이 죽는다면 제사장 가족뿐만 아니라 이스라엘 온 백성에게 얼마나 큰 충격이겠는가? 따라서 제사장은 만약을 대비하여 하나님이 강조하시는 것들을 간과하지 않도록 사전에 예방하고 훈련하는 것이 필요하다. 그렇다면 제사장이 주의해야 할 것들은 무엇인가? 본문은 크게 세 가지로 말씀하고 있다.

첫째, 금방울이 울리게 하는 것이다. 금방울은 제사장의 복장 중 에봇을 입기 전에 입는 청색의 겉옷 자락 끝에 달려 있는 방울이다. 옷자락 끝에는 금방울과 청색, 자색, 홍색 실로 석류 열매 모양을 수놓아 간격을 두고 번갈아 달게 되어 있다.

"그 옷 가장자리로 돌아가며 청색 자색 홍색 실로 석류를 수놓고 금 방울을 간격을 두어 달되 그 옷 가장자리로 돌아가며 한 금 방울, 한 석류, 한 금 방울, 한 석류가 있게 하라"(출 28:33-34).

중요한 것은 이런 금 방울은 제사장이 하나님 앞에 나아갈 때 단순히 장식용으로 보여드리는 게 아니라 소리가 나야 한다는 점이다.

> "아론이 입고 여호와를 섬기러 성소에 들어갈 때와 성소에서 나올 때에 그 소리가 들릴 것이라. 그리하면 그가 죽지 아니하리라"(출 28:35).

소리가 들려야 한다고 말씀하시는 이유가 무엇일까? 본문에는 정확한 이유를 설명하지 않지만 미루어 해석할 수 있는 것이 몇 가지 있다.

첫째, 금방울이 울리는 것은 하나님의 위엄 있는 임재 앞에 두렵고 떨림으로 겸손하게 나아가는 모습을 상징한다. 유대 전승에 따르면 여기에 달리는 금방울은 적게는 36개에서 많게는 그 두 배인 72개까지였다. 금방울이 울리는 소리가 꽤 크게 들렸을 것이다. 대제사장이 하나님께 나아갈 때 나는 이 큰 소리는 성소 안에 꽤 크게 울렸을 것이다. 벽이 널판에 금으로 되었기 때문에 내부에 반향이 있었을 것이다. 대제사장이라도 당당하게 나갈 수 없다. 대제사장은 백성을 대표하여 조심스럽게 "주님, 죄인이지만 나를 위해 흘린 짐승의 피를 의지하여 나가오니 하나님의 의로 덧입히시고 의롭다 여겨주옵소서. 의인 된 죄인이 여기 두렵고 떨림으로 나아갑니다" 하는 마음을 가져야 했다. 교만한 마음은 하나님께 나아가는 데 치명적이다.

둘째, 유대 전승에 따르면 금방울 소리는 백성들을 유혹하여 죄짓게 하고 괴롭히는 사탄의 세력에게 경고하며 이들을 온전히 몰아내는 효과가 있다. 유대인들은 성전 문지방을 드나들 때 죄의 유혹이 엎드려 숨어 있다고 여겼다. 이는 창세기 4장 7절에 근거한다. "네가 선을 행하면 어찌 낯을 들지 못하겠느냐. 선을 행하지 아니하면 죄가 문에 엎드려 있느니라. 죄가 너를 원하나 너는 죄를 다스릴지니라." 가인이 동생을 죽도록 미워할 때 하나님이 경고하신 말씀이다. "죄가 지금 네 문지방에 엎드려 잠복하고 있다. 죄가 너를 원하지만 너는 넘어지지 말고 다스리라!"고 말씀하신다. 대제사장이 하나님의 임재 앞에 금방울 소리를 내며 나아갈 때 우리 안에 있는 유혹의 마음과 죄를 탐닉하게 하는 세력들이 떠나가는 효과가 나타난다.

그런데 이 금방울의 의미를 보다 풍성하게 묵상하려면 금방울 자체만 생각할 것이 아니라 번갈아 가며 달린 석류 열매 모양의 장식과 함께 생각해야 한다. 대제사장이 움직이면서 석류 장식이 흔들리고 또 이와 동시에 금방울을 건드리면서 소리가 난다. 석류는 겉으로 보기에는 투박한 열매 같지만 그 속을 깨 보면 빨간 열매들이 가득 박혀 있다. 석류는 유대인의 전통에 따르면 풍성함, 다산, 그리고 하나님의 율법을 의미했다. 즉 금방울과 석류 열매가 부딪치며 소리를 내는 것은 제사장이 하나님의 말씀을 묵상하고 연구하여 말씀 안에 감추어진 보석같이 귀한 깊은 의미를 파내어 백성들에게 들려주는 것을 의미한다. 금방울 하나에 석류 열매 하나씩 매다는 것은 하나님의 말씀 매 장, 매 구절에 감춰진 귀한 보화를 충분히 캐내어 들리게 하라는 것이다.

이것은 오늘날 하나님의 말씀을 연구하고 선포하는 목회자의 중요한 사명이다. 동시에 왕 같은 제사장으로 부름받은 성도 모두의 중요한 사명이자 의무이기도 하다. 우리는 하나님의 말씀을 주야로 묵상하며 투박한 석류 열매 같은 말씀을 쪼개어 그 안에 감춰진 풍성한 보화를 날마다 누릴 수 있어야 한다. 성경의 매 장, 매 절에 감춰진 깊은 진리의 보화를 캐내어 소유하는 복된 성도가 되어야 한다. 이것 없이 하나님 앞에 나아가는 것은 공허한 메아리다. 하나님께 나아갈 때 우리는 진리를 깨닫고 발견하고 소유해야 한다. 그렇지 않고는 내 영혼이 살아나지 않는다. 금세 병들고 지친다. 우리는 날마다 석류 열매를 흔들어 부딪쳐 솔방울 소리가 나게 해서 우리 영혼이 살아나게 해야 한다.

제사장이 주의해야 할 두 번째 사항은 하나님께 나아갈 때 쓰는 순금 패를 부착한 관이다.

> "너는 또 순금으로 패를 만들어 도장을 새기는 법으로 그 위에 새기되 '여호와께 성결'이라 하고 그 패를 청색 끈으로 관 위에 매되 곧 관 전면에 있게 하라"(출 28:36-37).

'관'(히. 미쯔네페트)은 대부분의 영어성경에 터번(turban)으로 번역되어 있다. 관은 일종의 터번에 청색 끈으로 '여호와께 성결'이라고 새긴 금패를 부착하게 되어있다. '성결'(히. 코데쉬)이란 말은 '거룩하게 구별한다'는 뜻이다. 이것은 대제사장의 사명을 가리키는 표현이기도 하다. 제사장은 하나님께 거룩한 제사를 드려야 할 사람이기에 하나님 앞에 마음과 생각을 성결하게 지키고 있어야 한다. 또한 하나님께 드리는 제사가 거룩한 제사가 되도록 잘 준비해서 드려야 한다. 또 그가 대표하는 이스라엘 백성들도 성결하게 이끌어야 한다. 이를 상기하고 하나님 앞에 거룩하게 선 사람임을 상징적으로 표현하는 것이 바로 이 터번을 쓰는 것이다.

군대에서 군단이면 삼성 장군인 군단장이 있는 곳이다. 작대기

하나 단 이등병이 삼성 장군을 만나 군대 운영에 관한 이야기를 나눈다는 것은 너무나도 어려운 일이다. 군단장과 이야기를 가장 많이 나누는 사람 중 하나가 참모장이다. 참모장 정도는 되어야 그래도 군단장을 자주 만날 수 있다. 참모장 계급이 무엇인가? 별 하나다. 이것을 알게 하는 것이 모자에 달린 계급장이다. 계급장 떼고 가면 안 된다. 큰 결례를 범하는 것이다. 마찬가지로 대제사장이 하나님께 나아갈 때 어떻게 감히 죄인 된 인간이 거룩하신 하나님께 나갈 수 있는가? 그나마 스스로를 성별하여 터번에 '여호와께 성결' 이라는 순금으로 만든 패를 달고 가야 하나님께서 이 사람을 거룩한 직무를 맡은 사람으로 받아주신다. 이런 대제사장이 거룩한 직무를 감당할 때 그가 하나님께 드리는 속죄의 제사도 거룩한 성물이 된다.

> "이 패를 아론의 이마에 두어 그가 이스라엘 자손이 거룩하게 드리는 성물과 관련된 죄책을 담당하게 하라. 그 패가 아론의 이마에 늘 있으므로 그 성물을 여호와께서 받으시게 되리라"(출 28:38).

제사장이 하나님 앞에 제물을 드릴 때 이 제물은 모든 백성의 죄를 전가하여 짊어진 제물이다. 이 성물을 하나님께 드릴 때 제사장은 '여호와께 성결' 이란 패를 붙이고 거룩한 사람으로 준비되어 드려야 한다. 그럴 때 하나님께서 성물을 받으신다. 따라서 제사장은 이 관을 쓰면서 자신의 마음과 생각을 거룩하게 잘 지켜야 할 사명이 있다.

왕 같은 제사장인 성도는 대제사장과 같이 마음과 생각을 잘 지켜야 한다. 지키는 것이 중요하다. 창업도 중요하지만 수성은 그에 못지않게 더 중요하다. 멋지게 시작하는 것도 중요하지만 시작한 그

일을 계속해서 잘 지키고 유지하는 것은 더더욱 중요하다. 우리는 새롭게 무엇인가를 시도하는 것에는 설레지만 지키는 것은 지루해하고 그렇게 중요하게 생각하지 않는다. 그러나 잘 지켜야 든든하게 설 수 있다.

유럽에는 이런 말이 있다. 이탈리아 사람이 창의적인 아이디어를 내면 프랑스에서 잘 살피고 다루어서 제도화시키고, 결국에는 독일인이 이것을 오래도록 철저히 지킨다.[108] 여하튼 독일인은 잘 지키는 데 선수들이다. 축구만 하더라도 그렇다. 독일 축구의 특징이 무엇인가? 자기 포지션을 굳세게 지키는 축구다. 절대 상대 공격수가 내 영역을 뚫고 지나갈 수 없다. 절대 자기 영역을 넘어 오버페이스 하지 않는다. 그러니 체력을 절약하고 자기 페이스를 철저히 유지하고 실점하지 않는다. 그래서 전에 영국 축구에 전설처럼 여겨지는 한 선수가 이렇게 토로한 적이 있다. "축구란 22명의 남자가 한참을 공만 쫓아다니다가 결국 독일이 이기는 게임!" 이런 독일은 도심의 문화재를 지키느라 주변에 더 높은 건물은 못 짓게 한다.

이렇게 잘 지키면 잘 기억하고 기리게 된다. 독일을 보면 이전에 제2차 세계대전 때 유대인을 향해 저질렀던 만행들을 계속해서 참회하고 기억하려 한다. 독일 의사당은 매해 나치 생존자의 증언을 듣는다. 잘 지켜야 잘 기억하고 기릴 수 있다. 제사장도 마찬가지다. 마음과 생각을 거룩하게 잘 지켜야 거룩한 제사를 드릴 수 있고, 그렇게 해야 거룩하신 하나님을 계속해서 기억할 수 있으며, 계속해서 기리고 높일 수 있다.

셋째, 제사장이 간과하지 말아야 할 것은 하체를 철저히 가리는 것이다.

“또 그들을 위하여 베로 속바지를 만들어 허리에서부터 두 넓적다리까지 이르게 하여 하체를 가리게 하라. 아론과 그의 아들들이 회막에 들어갈 때에나 제단에 가까이 하여 거룩한 곳에서 섬길 때에 그것들을 입어야 죄를 짊어진 채 죽지 아니하리니 그와 그의 후손이 영원히 지킬 규례니라”(출 28:42-43).

여기서 ‘그들’은 제사장과 대제사장 모두를 포함한다. 즉 이 규정은 제사장이라면 하나님의 성막에 들어갈 때 공통으로 주의해야 할 사항이다. 그것은 하체를 잘 가리도록 하라는 것이다. 제사장의 복장은 겉에서 볼 땐 화려하고 멋지지만 제사를 드리러 번제단으로 가기 위한 흙 둔덕을 올라갈 때, 혹여나 바람이 불거나 걸음이 커지면 자칫 하체가 드러날 가능성이 있었다. 이것은 하나님 앞에 거룩하지 못하고 죄를 짓는 것이다. 치마만 두르고 하체를 가리지 않는 것은 가나안 제의 복장의 특징이기도 했다. 바알과 아세라 신의 결합으로 비가 온다고 믿었던 가나안 사람들은 제의 중간에 음란한 성적 행위들을 시도하였다. 그래서 하체를 가리지 않는 복장은 자칫 음란한 가나안 제의를 연상시킬 수 있는 여지가 있었다. 그래서 제사장은 하체의 부끄러운 부분을 가려서 어떤 일이 있어도 이 부분이 드러나지 않도록 해야 했다.

이것은 하나님이 나를 보고 계시지 않는다고 생각할 때 가장 쉽게 노출되고 공격받을 수 있는 죄의 유혹 중 하나가 성적 충동임을 나타낸다. 제사장은 하나님 앞에서 그리고 동료 제사장 앞에서 항상 속바지를 입고 서로를 위하여 자신의 속을 잘 가려야 한다. 사무엘 때에도 엘리 제사장의 아들들이 하나님을 마음에 두지 않자 회막 문에서 수종드는 여인들과 성적으로 타락했다(삼상 2:22). 노아를 보라. 홍수 이후 이 땅에 사람이 거의 살고 있지 않을 때 혼자 포도주를 먹고 취해서 하체를 드러내고 누웠다가 가정에 비극이 일어나지 않았던가?(창 9:21-27).

우리는 하나님 앞에서 좀 불편해도 우리의 치부를 잘 가릴 수 있어야 한다. 부끄러운 부분을 자꾸 드러내서 자극하는 것을 조심해야 한다. 겨울에는 우리의 속살을 드러낼 곳이 별로 없다. 그런데 여름이 되면 조심스럽다. 여성들이 가슴이 너무 패인 복장을 하거나 치마가 너무 짧으면 남성들은 눈을 어디로 두어야 할지를 모른다. 또 남성 중에 이따금 반바지를 입고 오는 사람들이 있다. 털이 복슬복슬 아주 야성적이다. 여성들이 눈을 어디에 두어야 할지 모른다. 이런 것들은 내가 의도하지는 않았으나 나도 모르게 상대방을 자극하는 것이 된다. 비단 외적인 복장만이 아니다. 나의 말, 표정, 행동으로 주변의 지체에게 엉뚱한 자극이나 충동을 주지 않아야 한다. 자신에게 속바지를 입혀 서로를 죄의 유혹으로 자극하거나 충동하지 않고 거룩하게 서도록 격려해야 한다.

우리는 '아니, 내가 무슨 잘못이 있다고 그래? 나를 이상하게 보는 그 사람이 문제지' 라고 생각할지 모른다. 하지만 그렇지 않다. 나의 부주의함이 상대를 충동할 수 있음을 겸손하게 자각하고 조심해야 한다. 우리에게는 비현실적 낙관성이 꽤 크다. 나에게도 이런 죄를 유발할 수 있음을 인정해야 하는데, '난 괜찮고, 괜찮을 것' 이라는 비현실적 낙관성이 깊이 뿌리내려 있다. 한 연구에 따르면 우리나라 사람들의 비현실적 낙관성이 10점 만점에 8.61이다. 반면 중국은 5.61, 일본은 0.13이다.[109] 이 정도면 '나도 당신과 마찬가지로 실수하고 하자가 많은 사람' 임을 인정하고 주의해야 함에도 '설마 나와는 상관없다' 는 생각이 강하게 자리 잡고 있을 가능성이 높다. 내로남불인 것이다.

죄는 관계를 통해 전파된다. 인류 최초의 죄는 하와가 뱀과 맺은 잘못된 관계로 비롯되었다. 하와는 뱀의 유혹으로 딴 선악과를 다시 아담에게 주었고, 이후 죄는 본격적으로 인류에 퍼지게 되었다. 나도 얼마든지 관계를 타고 죄로 넘어질 수 있고 또 죄로 넘어지게 할 수 있음을 기억해야 한다. 우리는 속바지를 입고 주의하며 하나님과 사람 앞에 거룩하게 설 수 있도록 해야 한다.

요컨대 제사장은 하나님 앞에 나아갈 때 금방울 소리를 내는 것, '여호와께 성결' 이라고 쓴 패를 착용하는 것, 그리고 속바지를 입는 것을 절대 가볍게 생각하지 말고 하나님 앞에 두려움과 떨림으로 나아가야 한다. 그런데 이런 두려움과 준비는 한 번만이 아니다. 매번 있어야 하고 우리에게 익숙할 때까지 몸에 밸 때까지 계속되어야 한다. 그래서 하나님께서는 제사장의 복장에 특별한 보강물을 대도록 하셨다.

> "두 어깨 사이에 머리 들어갈 구멍을 내고 그 주위에 갑옷 깃같이 깃을 짜서 찢어지지 않게 하고"(출 28:32).

에봇을 받치는 청색 겉옷을 만들 때 머리가 들어가는 구멍을 내는데, 주변에 갑옷과 같은 튼튼한 깃을 만들어서 찢어지지 않도록 하라고 하신다. 청색 겉옷에 받치는 에봇이 보석과 금줄로 연결되어 있기에 자주 입다 보면 목 부분이 헤어져 찢어질 수 있으니 깃을 튼튼하게 보강하라는 것이다. 제사장은 지속적으로 자신을 돌아보며 늘 하나님 앞에 겸손하게 두렵고 떨리는 마음으로 나아가야 한다. 늘 두렵고 떨림으로, 내 힘이 아닌 오직 주의 보혈을 의지하여 나아가는 그런 성도가 되어야 한다.

[70장 각주]

107) 민학수, "[만물상] '최악에 대비' 한 한국 대표팀", 조선일보, 2018. 2. 12.
108) 강성곤, "[일사일언] 지키고 아끼는 독일", 조선일보, 2018. 2. 15.
109) 장경영, "[장경영의 재무설계 가이드] 원금 잃지 않는 게 최우선… 합리적 위험 수준 감수하며 투자해야, 〈50〉 비현실적 낙관성", 한국경제, 2018. 2. 13.

71 Chapter 71. Exodus 29:1-28

제사장 위임 (1)

: 왕 같은 제사장으로 살라

네가 그들에게 나를 섬길 제사장 직분을 위임하여 그들을 거룩하게 할 일은 이러하니 곧 어린 수소 하나와 흠 없는 숫양 둘을 택하고 무교병과 기름 섞인 무교 과자와 기름 바른 무교 전병을 모두 고운 밀가루로 만들고 그것들을 한 광주리에 담고 그것을 광주리에 담은 채 그 송아지와 두 양과 함께 가져오라. 너는 아론과 그의 아들들을 회막 문으로 데려다가 물로 씻기고 의복을 가져다가 아론에게 속옷과 에봇 받침 겉옷과 에봇을 입히고 흉패를 달고 에봇에 정교하게 짠 띠를 띠게 하고 그의 머리에 관을 씌우고 그 위에 거룩한 패를 더하고 관유를 가져다가 그의 머리에 부어 바르고 그의 아들들을 데려다가 그들에게 속옷을 입히고 아론과 그의 아들들에게 띠를 띠우며 관을

씌워 그들에게 제사장의 직분을 맡겨 영원한 규례가 되게 하라. 너는 이같이 아론과 그의 아들들에게 위임하여 거룩하게 할지니라.

너는 수송아지를 회막 앞으로 끌어오고 아론과 그의 아들들은 그 송아지 머리에 안수할지며 너는 회막 문 여호와 앞에서 그 송아지를 잡고 그 피를 네 손가락으로 제단 뿔들에 바르고 그 피 전부를 제단 밑에 쏟을지며 내장에 덮인 모든 기름과 간 위에 있는 꺼풀과 두 콩팥과 그 위의 기름을 가져다가 제단 위에 불사르고 그 수소의 고기와 가죽과 똥을 진 밖에서 불사르라. 이는 속죄제니라. 너는 또 숫양 한 마리를 끌어오고 아론과 그의 아들들은 그 숫양의 머리 위에 안수할지며 너는 그 숫양을 잡고 그 피를 가져다가 제단 위의 주위에 뿌리고 그 숫양의 각을 뜨고 그 장부와 다리는 씻어 각을 뜬 고기와 그 머리와 함께 두고 그 숫양 전부를 제단 위에 불사르라. 이는 여호와께 드리는 번제요 이는 향기로운 냄새니 여호와께 드리는 화제니라.

너는 다른 숫양을 택하고 아론과 그 아들들은 그 숫양의 머리 위에 안수할지며 너는 그 숫양을 잡고 그것의 피를 가져다가 아론의 오른쪽 귓부리와 그의 아들들의 오른쪽 귓부리에 바르고 그 오른손 엄지와 오른발 엄지에 바르고 그 피를 제단 주위에 뿌리고 제단 위의 피와 관유를 가져다가 아론과 그의 옷과 그의 아들들과 그의 아들들의 옷에 뿌리라 그와 그의 옷과 그의 아들들과 그의 아들들의 옷이 거룩하리라. 또 너는 그 숫양의 기름과 기름진 꼬리와 그것의 내장에 덮인 기름과 간 위의 꺼풀과 두 콩팥과 그것들 위의 기름과 오른쪽 넓적다리를 가지라. 이는 위임식의 숫양이라.

또 여호와 앞에 있는 무교병 광주리에서 떡 한 개와 기름 바른 과자 한 개와 전병 한 개를 가져다가 그 전부를 아론의 손과 그의 아들들

의 손에 주고 그것을 흔들어 여호와 앞에 요제를 삼을지며 너는 그것을 그들의 손에서 가져다가 제단 위에서 번제물을 더하여 불사르라. 이는 여호와 앞에 향기로운 냄새니 곧 여호와께 드리는 화제니라. 너는 아론의 위임식 숫양의 가슴을 가져다가 여호와 앞에 흔들어 요제를 삼으라. 이것이 네 분깃이니라. 너는 그 흔든 요제물 곧 아론과 그의 아들들의 위임식 숫양의 가슴과 넓적다리를 거룩하게 하라. 이는 이스라엘 자손이 아론과 그의 자손에게 돌릴 영원한 분깃이요 거제물이니 곧 이스라엘 자손이 화목제의 제물 중에서 취한 거제물로서 여호와께 드리는 거제물이니라.

편지를 직접 손으로 써서 우편으로 보내는 경우가 갈수록 적어지고 있다. 대부분의 사람들이 이메일이나 휴대폰 메신저를 사용하기 때문이다. 우리가 생각할 때 이메일은 발송이 무료이기 때문에 비용이 전혀 들지 않는다고 생각한다. 그런데 최근에 「불행 피하기 기술」이란 책을 쓴 롤프 도벨리는 그의 책에서 이 메일을 읽기 위해 집안에 들여놓은 컴퓨터나 스마트폰의 가격을 계산해보면 한 통당 대략 천 원 정도의 비용이 발생한다고 주장한다.[110)]

보통 우편물은 무게에 따라 약간 차이가 있지만 한 통을 부치는데 300원에서 350원 사이를 한다. 이메일이 우편물에 비해 훨씬 비싸다. 게다가 이메일은 내가 요구하지도 않은 온갖 광고성 스팸메일이 함께 배달된다. 이런저런 메일을 보다 흥미를 느껴 클릭을 한 번 하게 되면 그다음부터 끝없는 인터넷 서핑의 바다에서 헤엄치게 된다. 우리의 시간과 주의력을 빼앗아 이런 것들을 읽다 보면 1~2시간이 후딱 지나가 버린다. 이렇게 볼 때 이메일은 생각보다 비싸고 우리의 관심을 많이 빼앗는 도구가 된다. 편리하고 시간도 절약해 준다고 생각했던 이메일을 사용하는데 생각보다 비생산적 요소들이 꽤나 많이 잠복해 있다. 이런 효과를 역생산성이라고 한다.

태블릿 PC를 사용하는 사람들은 종이문서 대신 전자문서를 사용해서 태블릿으로 간편하게 본다고 한다. 그런데 고가의 태블릿 비용을 뽑아내려면 A4 문서 10만 매에서 15만 매를 봐야 효용성이 있게 된다. 역생산성의 함정인 것이다. 이처럼 우리는 종종 생산성을 위해 투자된 비용을 과소평가하는 경우가 있다.

본문에 나오는 대제사장이 바로 그런 경우다. 제사장은 그냥 하나님이 부르셔서 제사장을 하라고 명하셔서 곧바로 된 것이 아니다. 이 사명이 중요하기 때문에 이 중요한 사명을 위해 준비시키시고, 커다란 매몰비용을 지불하도록 하셨다. 그 비용이 얼마나 되는지를 우리는 알아야 한다. 그래야만 제사장이 얼마나 가치 있는 직분인지를 알 수 있고, 더 나아가 그 이상의 가치를 하기 위해서는 어떻게 해야 하는가를 고민할 수 있다.

제사장의 복장을 설명했던 28장에 이어 본문은 제사장 직분을 위임하기 위해 하나님께서 어떤 비용을 치르시는지를 상세하게 설명한다. 본문의 내용을 요약하면 다음과 같다. 하나님은 제사장 위임을 위해 먼저 제사장으로 부른 이들을 물로 씻기시고, 기름을 부으시고, 제사장 옷을 입히신다. 그러고는 수송아지 한 마리, 숫양 두 마리로 위임 제사를 드리도록 하신다. 이러한 과정은 제사장이 어떤 존재여야 하고 어떤 가치를 하는지를 구체적으로 보여준다.

제사장 위임을 위한 준비과정을 좀 더 구체적으로 살펴보도록 하자. 먼저, 제사장은 물로 정결하게 씻어야 한다.

"너는 아론과 그의 아들들을 회막 문으로 데려다가 물로 씻기고" (출 29:4).

여기서 '물로 씻긴다'는 것은 하나님의 제사장으로 서기 위해 그 몸을 온갖 부정한 오염으로부터 깨끗하게 한다는 뜻이다. 이것은 제사장이 마땅히 갖추어야 할 거룩을 회복한다는 의미가 있다.

둘째, 제사장은 그 머리에 기름을 부어야 한다.

"관유를 가져다가 그의 머리에 부어 바르고"(출 29:7).

관유란 성막과 제사장 위임식에 사용하는 특별히 제작한 거룩한 기름으로 출애굽기 30장 23~25절에 그 제조법이 상세히 나와 있다. 이에 따르면 몰약, 육계, 창포, 계피와 올리브기름을 섞어 만든다. 육계는 영어로 시나몬, 즉 계피의 일종인데 뒤에 나오는 일반 계피와 달리 매운맛이 없는 것으로 알려진 계피와 유사한 식물이다.

'기름을 머리에 붓는다'는 것은 여호와의 영이 함께한다는 상징이다. 그래서 레위기 10장 7절을 보면 여호와의 관유가 제사장에게 있기 때문에 회막 문에 나가지 말라고 말씀한다. 관유가 머물러 있는 동안은 하나님의 성전에서 사명을 감당해야 한다는 뜻이다. 여기 기름을 부어 바른다는 표현을 히브리어로 '마샤흐'라고 한다. 여기서 '메시아'가 파생되었는데 이는 기름 부음받은 자를 의미한다. 기름 부음을 받았다는 것은 하나님의 영이 함께하여 하나님이 위탁하신 특별한 사명을 감당하도록 부름받았다는 뜻이다.

구약성경에 기름 부음받은 사람은 크게 세 부류다. 첫째, 제사장,

둘째, 왕, 셋째는 예언자다. 그리고 종말에 이 세 가지 기능을 한 번에 감당하는 하나님이 보내시는 구원자가 '메시아'다. 제사장이 마샤흐, 즉 기름 부음을 받았다는 것은 메시아가 감당해야 할 중요한 사명 중 일부를 감당하는 것을 의미한다. 제사장의 사명은 무엇일까? 바로 백성들이 진 죄의 문제를 제사를 통하여 해결하는 것이다.

셋째, 제사장은 거룩한 의복을 입어야 한다. 이 의복은 하늘과 땅을 연결해주는 중보자의 복장이다. 대제사장은 이스라엘 백성을 대표하여 이들 지파의 이름을 새긴 보석을 가슴에 품고 나아간다.

신약의 성도들은 왕 같은 제사장으로 부름받았다(벧전 2:9). 성도에게는 메시아 예수께서 하셨던 사역을 계승하는 측면이 있다. 이 사명을 위해서 우리에게 필요한 세 가지가 있다. 첫째, 그리스도의 피로 죄 사함을 받고 분명한 구원의 확신을 가져야 한다. 둘째, 성령의 기름 부음을 받아야 한다. 내 힘과 능력이 아니라 주님이 주시는 힘으로 살아가야 한다. 셋째, 우리는 하나님의 백성을 가슴에 품고 그리스도로 옷 입어야 한다. 그리스도로 옷 입는다는 것은 우리의 행동과 생각 전체가 그리스도를 닮고 그리스도께 순종해야 한다는 뜻이다.

이렇게 정결하게 씻고, 기름 부음을 받고, 의복을 입으면 본격적으로 제사장직을 위임하기 위한 제사를 드려야 한다. 제사장으로 위임받기 위해서 크게 세 가지 단계로 제사를 드린다.

먼저, 하나님은 제사장 직분을 위임하여 그들을 거룩하게 하기 위해 어린 수소 한 마리와 흠 없는 숫양 둘을 택하여 제사를 드리라고 말씀한다. 이 제물들을 갖고 제일 처음 제사장과 제단을 정결하게 하고 거룩하게 속죄하는 제사를 드린다. 이러한 제사 규정은 레위기 8장에서 규정하는 제사장 위임식 규정과 같다. 레위기의 제사규정에 따르면 수소는 하나님 앞에 이스라엘을 중보하는 제사장의 속죄나 이스라엘 온 회중의 속죄를 위해 드려졌다. 수소는 이스라엘 온 회중이나 제사장을 대표하는 속죄물이다. 수소와 함께 드려지는 숫양들은 제사장 위임을 위한 제물이다. 레위기 4장의 제사 규정을 보면 양은 평민이 개인적으로 죄를 범했을 때 하나님께 제물로 드렸는데, 이때는 흠 없는 암컷 어린 양으로 드리도록 규정했다(레 4:32). 본문의 숫양은 제사장 위임식을 위한 제물로 암양과 구별된다.

제사장 위임을 위한 제사의 특징은 다음과 같다.

> "너는 수송아지를 회막 앞으로 끌어오고 아론과 그의 아들들은 그 송아지 머리에 안수할지며"(출 29:10).

보통 하나님께 드리는 제사 중 첫 번째는 수송아지를 회막 문 앞 번제단이 있는 곳으로 끌고 와서 그 머리에 하는 것이다. 안수한다는 것은 이 제물과 자신을 동일시하는 행위다. 제물과 자신을 동일시해서 자신의 죄를 전가한다. "하나님, 민족을 대표하여 하나님께 제사드릴 이 제사장이 이렇게 허물 많고 연약합니다. 이런 저의 죄와 허물을 이 수송아지와 동일시하여 그에게 전가합니다." 이렇게 하고 수송아지를 잡아 그 피를 네 손가락에 묻혀 사방 귀퉁이에 솟아 있는 제단의 네 뿔들에 바르고, 나머지를 제단 밑에 쏟는다.

> "그 피를 네 손가락으로 제단 뿔들에 바르고 그 피 전부를 제단 밑에 쏟을지며"(출 29:12).

이렇게 피를 제단 뿔에 바르는 것은 혹 제단에 있을 수 있는 부정함과 오염을 씻기 위함이다. 재단 아래 피를 쏟은 것은 제단 전체를 거룩하게 하기 위함이다. 본문의 속죄제는 레위기의 그것과 중요한 차이가 난다. 레위기의 제사장 속죄제는 속죄 제물의 피를 회막 안으로 가지고 들어가서 행해야 하는(레 4:5-7) 반면, 본문의 제사장 위임식에서는 회막에 들어가지 않고 다른 일반 백성들과 같이 번제단에 피를 바르는 것까지만 했다. 이는 제사장이 아직 위임받아 제사장이 되지 않았기 때문이다. 백성을 대표하는 제사장이었지만 아직은 온전한 제사장이 아니기에 제사장과 평민이 드리는 제사의 중간적인 성격을 띤다.[111)]

이렇게 볼 때 수송아지를 제물로 드리는 것은 제사장 자신의 죄만이 아니라 백성을 위한 제사 전체를 거룩하게 하기 위한 이스라엘 백성 전체의 죄와 허물을 씻고 준비하는 성격의 제사임을 알 수 있다. 그래서 출애굽기 29장 14절은 이렇게 말씀한다.

> "그 수소의 고기와 가죽과 똥을 진 밖에서 불사르라. 이는 속죄제니라."

속죄를 위한 제사는 영어로 'sin offering'이 된다. 하나님은 우리를 거룩한 왕 같은 제사장으로 세우기 위해 하나님의 아들 예수 그리스도에게 온 세상 사람들의 모든 죄를 다 전가하고 지게 하셨다. 구약에서는 온 민족을 대표하여 소 한 마리를 제사로 드렸다면, 신약에서는 온 세상을 대표하여 세상 죄를 지고 하나님의 아들 예수 그리스도를 제물로 드리셨다. 큰 희생을 통해 제사장으로 세움받은 우리는 죄에 대해 민감해야 한다.

2018년 2월 22일, 20세기 최고의 복음전도자로 칭송받는 빌리 그레이엄 목사가 99세를 일기로 별세했다. 빌리 그레이엄 목사는 전 세계 185개국에 있는 2억 명의 사람들에게 직접적으로 복음을 전했고, TV와 라디오를 포함하면 22억 명이 넘는 사람들에게 복음을 전했다. 빌리 그레이엄 목사가 이렇게 전 세계에 힘 있게 복음을 전할 수 있었던 이유 중 하나는 전 세계의 죄에 대해 민감했기 때문이다. 실제로 그레이엄 목사는 전 세계의 어느 도시를 가든 설교하기 전에 그 도시의 죄악을 면밀하게 조사하고 분석했다고 한다.[112] 그 지역의 죄는 어떤 양상을 띠고 그 지역 사람들을 위기에 몰아넣는지, 그 위기의 근저에 있는 죄를 우리가 어떻게 그리스도 예수의 보혈 안에서 해결받을 수 있는지를 설교했던 것이다. 제사장으로 부름받은 우리 또한 우리의 삶과 사회를 위협하는 죄를 직시하고, 큰 희생을 치르신 이 그리스도의 피를 알려야 할 의무가 있다.

둘째, 제사는 숫양 한 마리를 드리는 제사다.

> "너는 또 숫양 한 마리를 끌어오고 아론과 그의 아들들은 그 숫양의 머리 위에 안수할지며 너는 그 숫양을 잡고 그 피를 가져다가 제단 위의 주위에 뿌리고"(출 29:15-16).

여기서 숫양을 드리는 제사는 언뜻 보면 수송아지를 드렸던 속죄제와 유사한 것 같다. 안수하고 피를 뿌리는 것도 유사하다. 그렇다면 둘째 제사는 어떤 특징이 있을까?

"그 숫양 전부를 제단 위에 불사르라. 이는 여호와께 드리는 번제요 이는 향기로운 냄새니 여호와께 드리는 화제니라"(출 29:18).

이 제사는 여호와께 드리는 번제이자 향기로운 냄새다. 번제는 태워드리는 제사를 뜻하고, 화제는 불로 드리는 제사인데, 결국 둘 다 같은 말이다. 중요한 것은 이 번제가 여호와께 향기로운 냄새(pleasing aroma, NIV)가 된다는 것이다. 이것은 하나님께 자신을 전부 불살라 드리는 제사장 사명을 위한 개인적 헌신을 상징하는 제사다. "이 한 몸 하나님의 나라를 위하여 불사르겠습니다"라고 숫양에게 안수하며, 양과 자신을 동일시하여 하나님께 온전히 드리는 제사인 것이다. 하나님은 이런 제사장의 헌신과 다짐을 기쁘게 받으신다.

이런 면에서 로마서 12장 1절의 말씀은 의미심장하다. "그러므로 형제들아 내가 하나님의 모든 자비하심으로 너희를 권하노니 너희 몸을 하나님이 기뻐하시는 거룩한 산 제물로 드리라. 이는 너희가 드릴 영적 예배니라." '그러므로'는 '너희들이 그리스도 예수의 피로 죄 사함을 받고 구원함을 얻었으니'라는 뜻이다. 이것을 제사장 위임식으로 하면 수송아지로 죄 사함을 받은 단계를 말한다.

그러나 여기서 그치면 안 된다. 사명을 감당해야 한다. 주께서 성도를 구원하신 구원의 목적이 죄에서 자유롭게 되어 결국 하나님의 영광을 위하여 살도록 하기 위한 것이다. 만약 죄에서 구원함은 받았지만 구원하신 의도와 목적대로 살기를 싫어하고 거부하면 이는 구원의 목적을 온전히 성취하지 못하는 것이다.

구원받은 성도는 반드시 그다음 제사로 나아가야 한다. 그것은 우리의 전부를 하나님께 불꽃같이 태워드리는 것이다. 우리 몸, 우리 삶 전체를 하나님께 거룩한 산 제사로 드려야 한다. 이는 내가 날마다 죽고 나로 인해 예수 그리스도가 사는 삶으로 드리는 제사를 말한다. 주님을 내 삶의 주인으로 모시고, 자기를 부인하고, 주님이 지신 십자가를 나도 지고, 나도 그 길을 가겠다는 결단으로 날마다 주님께 순종하며 살아가야 한다.

셋째, 제사는 또 다른 양을 가져와 그 머리에 안수하고 제사드리는 것인데 특이한 점은 먼저, 양의 피를 제사장의 오른쪽 귓불과 오른손 엄지와 오른발 엄지에 바르고, 제단에 드리는 양의 피와 관유를 제사장의 옷에 뿌린다는 것이다. 또 이 제사는 제물을 모두 태워드리지 않고 일부를 제사장이 먹도록 했다. 단 고기를 먹기 전 이 고기는 하나님의 것이니 하나님께 드린다는 상징적 행동으로 제물을 들었다가 내려놓는데 이것을 흔들어 드리는 제사, 곧 '요제'(搖祭)라고 한다.

> "너는 아론의 위임식 숫양의 가슴을 가져다가 여호와 앞에 흔들어 요제를 삼으라. 이것이 네 분깃이니라"(출 29:26).

요제로 드리고 제사장의 분깃이 허용되는 제사가 화목제사다. 화목제사는 하나님과의 죄 문제로 인한 긴장이 해결되고 하나님을 향한 본격적인 사역을 할 준비가 되었음을 확인받는 제사다. 특히 제사장의 오른쪽 귓부리, 오른손 엄지, 오른발 엄지에 피를 바른 것은 그의 전 존재가 오직 어린 양의 피의 공로로만 거룩한 사명을 감당할 수 있음을 상징한다. 다른 한편 이 부분은 제사장의 사명을 감당하는데 너무나도 중요한 부분이다. 우리는 하나님의 말씀을 잘 듣기 위해 귀에 어린 양의 피를 발라야 한다. 잘 듣지 못하면 시험에 들고 우리의 영혼이 죽는다. 또한 제사장은 손이 거룩해야 한다. 제사를 드리는 데 중요한 것은 입이 아니라 손이다. 손을 거룩하게 해야 한다. 끝으로 오른쪽 발가락에 피를 바르는 것은 하나님 앞에 바른길을 걷는 제사장이 되어야 함을 상징한다. 우리의 걸음걸음이 하나님 앞에 온전한 걸음, 거룩한 걸음이 되어야 한다는 뜻이다. 성도는 수많은 정보가 쏟아져 나오는 세상 가운데 우리가 듣는 것을 분별하고, 우리가 선택하는 것을 분별하고 지혜롭게 행해야 한다.

혹시 '스터전의 법칙' 이라는 것을 들어보았는가? 시어도어 스터전은 1950~60년대를 풍미했던 미국의 SF소설 작가다. 그가 작품을 끊임없이 쏟아내자 이를 시기한 문학평론가들은 SF소설의 90%는 쓰레기라고 하면서 혹평을 쏟아냈다. 이런 평가에 대해 스터전이 말했다. "네, 맞습니다. 제가 발표하는 작품의 90%는 쓰레기입니다. 하지만 저뿐만 아니라 장르를 막론하고 발표되는 모든 것의 90%가 다 쓰레기지요." 스터전의 이 말은 유명해졌고, 이후로 스터전의 법칙이라고 불리게 되었다. 이후 미국의 철학자 다니엘 데닛은 "물리학이건, 화학이건, 사회학이건, 음악이건, 록음악이건, 컨트리 음악이건 모든 것의 90%는 쓰레기다"라고 말했다.

이것보다 좀 더 긍정적으로 말한 것이 유명한 80/20법칙이다. 100이면 20 정도만 제대로 된 것이고 나머지 80은 쓰레기다. 정보의 과잉시대에 이런 쓰레기들은 갈수록 넘치고 있다. 너무나도 선택할 것이 많아 선택 과잉에 받는 스트레스가 꽤 크다. 무엇을 하나 사려고 해도 가격을 검색하고, 상품평을 보고, 여기저기 둘러보는 것이 꼭 대학에서 한 학기 수업받는 것 같다.

이런 시대에 지혜롭게 살아가려면 거룩한 귀를 갖고 쓸데없는 소음을 걸러버려야 한다. 세상이 보여주는 화려함에 마음이 끌린다고 무조건 마음 가는 대로 따라가선 안 된다. 마음에 끌려도 80~90%의 쓰레기를 걸러야 한다. 당장에 집에 가서 냉장고, 특히 냉동고를 열어보라. 80~90%는 쓰레기다. 왜 못 버리는가? 집착 때문에, 아직은 언젠가 먹을 수 있다는 희망 때문이다.

따라서 우리는 예수의 보혈로 우리의 귀를 바르고, 예수의 보혈로 우리의 손을 바르고, 우리의 발을 적셔서 이 어그러지는 세상 풍조 가운데 주님의 거룩하고 선하신 뜻을 분별해야 한다. 하나님이 기뻐하시는 뜻이 무엇인가를 분별해야 한다. 주께서 어마어마한 대가를 지불하셔서 우리를 구원하셨고 왕 같은 제사장으로 세우셨다. 이제 우리는 이 사랑에 응답하는 제사장으로 서야 한다. 일어나라! 그리고 거룩한 산 제사를 드리는 제사장으로 우뚝 서라!

[71장 각주]

110) 롤프 도벨리, 유영미 역「불행 피하기 기술: 영리하게 인생을 움직이는 52가지 비밀」(서울: 인플루엔셜, 2018).

111) 박철현,「레위기: 위험한 거룩성과의 동행」(서울: 솔로몬, 2018), 279쪽.

112) 백상현, "'세계 2억명에 복음 전하고…' 빌리 그레이엄의 위대한 99년 생애", 국민일보, 2018. 2. 22.

72 Chapter 72. Exodus 29:29-46

제사장 위임 (2)과 상번제

: 은혜에 늘 젖어 있도록 하라

아론의 성의는 후에 아론의 아들들에게 돌릴지니 그들이 그것을 입고 기름 부음으로 위임을 받을 것이며 그를 이어 제사장이 되는 아들이 회막에 들어가서 성소에서 섬길 때에는 이레 동안 그것을 입을지니라. 너는 위임식 숫양을 가져다가 거룩한 곳에서 그 고기를 삶고 아론과 그의 아들들은 회막 문에서 그 숫양의 고기와 광주리에 있는 떡을 먹을지라. 그들은 속죄물 곧 그들을 위임하며 그들을 거룩하게 하는 데 쓰는 것을 먹되 타인은 먹지 못할지니 그것이 거룩하기 때문이라.

위임식 고기나 떡이 아침까지 남아 있으면 그것을 불에 사를지니 이는 거룩한즉 먹지 못할지니라. 너는 내가 네게 한 모든 명령대로 아

론과 그의 아들들에게 그같이 하여 이레 동안 위임식을 행하되 매일 수송아지 하나로 속죄하기 위하여 속죄제를 드리며 또 제단을 위하여 속죄하여 깨끗하게 하고 그것에 기름을 부어 거룩하게 하라. 너는 이레 동안 제단을 위하여 속죄하여 거룩하게 하라. 그리하면 지극히 거룩한 제단이 되리니 제단에 접촉하는 모든 것이 거룩하리라.

네가 제단 위에 드릴 것은 이러하니라. 매일 일 년 된 어린 양 두 마리니 한 어린 양은 아침에 드리고 한 어린 양은 저녁 때에 드릴지며 한 어린 양에 고운 밀가루 십분의 일 에바와 찧은 기름 사분의 일 힌을 더하고 또 전제로 포도주 사분의 일 힌을 더할지며 한 어린 양은 저녁 때에 드리되 아침에 한 것처럼 소제와 전제를 그것과 함께 드려 향기로운 냄새가 되게 하여 여호와께 화제로 삼을지니 이는 너희가 대대로 여호와 앞 회막 문에서 늘 드릴 번제라.

내가 거기서 너희와 만나고 네게 말하리라. 내가 거기서 이스라엘 자손을 만나리니 내 영광으로 말미암아 회막이 거룩하게 될지라. 내가 그 회막과 제단을 거룩하게 하며 아론과 그의 아들들도 거룩하게 하여 내게 제사장 직분을 행하게 하며 내가 이스라엘 자손 중에 거하여 그들의 하나님이 되리니 그들은 내가 그들의 하나님 여호와로서 그들 중에 거하려고 그들을 애굽 땅에서 인도하여 낸 줄을 알리라. 나는 그들의 하나님 여호와니라.

제조업의 대표적 상징으로 여겼던 제너럴 일렉트릭(GE)이 급격하게 추락하고 있다.[113] GE는 2001년도 미국 기업 시총 1위를 달렸던 전설적인 기업이다. 이 기업의 시작은 1892년, 발명왕 에디슨

이 설립한 '에디슨 램프' 사로부터였다. 에디슨은 여러 발명품을 개발했지만 무엇보다 세상에 빛을 가져다준 전구를 개발한 것으로 유명하다. 여기서부터 출발한 GE는 20세기 경영의 전설로 여겨지는 잭 웰치 같은 걸출한 CEO를 배출하기도 했다. 잭 웰치가 있을 때 만들어진 유명한 품질관리 프로그램이었던 '식스 시그마'는 한때 전 세계 회사가 너도나도 앞다투어 도입하며 품질관리의 표준이자 교과서로 여겼다. 미국 뉴욕 주 크로톤빌에 있는 GE 리더십개발센터는 전 세계 경영자들이라면 반드시 한 번쯤은 거쳐야 하는 곳으로 알려졌다.

이랬던 GE가 후임경영자 제프리 이멜트와 존 플래너리를 거치면서 세계 시장과 경영환경의 급속한 변화를 따라가지 못해 점점 주저앉더니 최근 들어 주가는 전성기의 3분의 1로 하락했다. 급기야는 GE의 모태인 전구사업부까지 정리하기에 이르렀다. 더는 그룹이 버티지 못하고 그룹을 해체해야 할 지경에까지 이른 것이다. 도대체 무엇 때문에 이런 사태가 벌어졌을까?

무엇보다 잘못된 성공신화에 젖어 있었기 때문이다. GE가 손대면 무엇이든지 성공할 수 있다는 무모할 정도의 낙관적인 자신감으로 손대는 것마다 실패했고, 나쁜 뉴스 및 직시해야 할 현실에 관한 보고를 회피하였다. 이런 GE의 기업문화를 'Success Theater'(성공 극장)라고 부를 정도였다. 최근의 냉정한 분석에 따르면 GE의 성공의 주요원인으로 일컬어졌던 식스 시그마 프로그램은 알고 보니 기업의 성공에 그렇게 큰 기여를 하지 못한 것으로 드러났다. 오히려 그 기간에 식스 시그마와 전혀 상관없이 벌였던 금융사업이 더 큰 수익을 올렸다. 눈 가린 비현실적인 낙관론에 젖어 있다 보니 배 전체가 가라앉는 것을 몰랐던 것이다.

사람은 무엇에 젖어 사느냐가 중요하다. 내가 젖어 있는 것이 결국에는 내 생각, 내 감정, 내 의지와 걸음의 방향을 이끌어가기 때문이다. 우리는 지도자를 세우기 전, 먼저 그가 무엇에 젖어 있는가를 살피는 일이 중요하다.

본문은 제사장이 무엇에 젖어 있어야 하는가를 보여주는 아주 중요한 말씀이다. 제사장은 하늘과 땅을 잇는 이스라엘과 온 열방을 위한 영적 지도자다. 제사장이 엉뚱한 것에 젖어 그 사명을 제대로 감당하지 못하면 이 세상은 죄로 인한 하나님의 엄중한 심판 아래 놓이게 된다. 본문은 앞서 살펴본 29장 1~28절에 이어 제사장을 세우기 위한 위임지침이다. 이런 지침의 특징을 한마디로 말한다면 "제사장이 되기 위해서는 하나님의 은혜에 젖어 살아야 한다"는 것이다. 제사장 임명은 일회적 이벤트가 아니라 지속적인 존재 방식이 되어야 한다.

> "아론의 성의는 후에 아론의 아들들에게 돌릴지니 그들이 그것을 입고 기름 부음으로 위임을 받을 것이며 그를 이어 제사장이 되는 아들이 회막에 들어가서 성소에서 섬길 때에는 이레 동안 그것을 입을지니라"(출 29:29-30).

아론의 성의를 아론의 아들들에게 돌린다는 것은 대제사장의 직위를 그 아들들이 이어가야 함을 의미한다. 대제사장의 직분을 잇도록 할 때 기억해야 할 중요한 두 가지가 있다.

첫째, 기름 부음으로 위임해야 한다. "위임을 받을 것이며"라는 표현은 히브리어로 '말레 에트 야담'으로 '말레'는 '채우다', '야담'은 '야드', 곧 '손'을 뜻한다. 이를 직역하면 기름 부음으로 손을 채운다는 뜻이다. 보통 임명할 때 기름은 머리에 붓는다. 그런데 기름 부음이 손에도 가득하다. 이는 제사장이 행하는 손이 성령의 기름 부음에 젖어 하나님이 하고자 하시는 거룩한 일에 도구로 내드리는 사명 감당의 손이 되어야 함을 뜻한다. 이 정도의 손이 되려면 제사장의 손은 기름 부음으로 젖을 뿐 아니라 충만해서 뚝뚝 흘러내려야 한다.

둘째, 새롭게 섬길 대제사장의 복장을 하루만 입어보고 벗는 것이 아니라 이것을 입고 무려 칠일 동안 지내야 한다는 것이다. 칠일간 제사장 복장을 하고 지낸다는 것은 거룩한 생각, 거룩한 삶의 방식에 익숙하게 젖어 있어야 한다는 의미다. 그저 입고 있는 것이 다가 아니다. 대제사장으로서 머물러 있어야 할 은혜에 젖어 있어야 함을 뜻한다. 만약 대제사장 복장을 잠깐 입고 벗는 것이라면 일시적인 이벤트에 그치고 만다. 그러면 대제사장은 성막에서 제사 지낼 때만 잠깐 대제사장 복장을 멋지게 입고 나타나서 잠시 거룩한 척하고 감당할 수 있다. 그러나 여기서 하나님이 요구하시는 것은 아론의 아들들이 대제사장적 존재로 은혜에 젖어 존재하는 것이다. 제사장적 삶의 방식을 살아내는 거룩한 존재로 머무는 것이다.

하나님은 이들에게 이 기간에 먹어야 할 음식 규정을 말씀하신다. 여기 보면 위임식 숫양을 가져다 거룩한 곳에서 고기를 삶고, 거룩한 음식을 먹게 되는데 33절은 고기를 다음과 같이 진술한다.

"그들은 속죄물 곧 그들을 위임하며 그들을 거룩하게 하는 데 쓰는 것을 먹되 타인은 먹지 못할지니 그것이 거룩하기 때문이라"
(출 29:33).

이 거룩한 고기를 여기서는 '속죄물' 이라고 한다. 속죄물이란 무엇인가? '죄를 사해주는 제물' 이다. 여기서 제사장이 먹는 속죄물은 백성들의 죄를 위해 드린 속죄물이 아니다. 아직 위임식이 끝나고 정식으로 활동을 하지 않았기 때문이다. 그렇다면 이 속죄물은 누구를 위한 속죄물인가? 바로 제사장을 위한 속죄물이다. 그래서 이 속죄물은 제사장외에 누구도 먹지 못하도록 한다.

"위임식 고기나 떡이 아침까지 남아 있으면 그것을 불에 사를지니
이는 거룩한즉 먹지 못할지니라"(출 29:34).

제사장은 위임식을 진행하면서 계속해서 자신의 죄를 속하고 속죄물을 먹으며 하나님 앞에 머물러 있어야 했다. 잠깐 옷 한 번 입고 마는 것이 아니라 여러 날 동안 계속해서 제사장 복장을 하고 제사장으로 살며 속죄 가운데 거룩하게 존재해야 했던 것이다. 이렇게 거룩하게 머물러 있을 때 특별한 분별력이 주어진다. 거룩하지 못한 것에 대한 예리한 양심의 분별력이 살아나는 것이다.

세계적인 젊은 저술가로 촉망받고 있는 브라이언 크리스천이 쓴 책「알고리즘, 인생을 계산하다」에 보면 '37%의 법칙' 이라는 재미있는 이론이 나온다.[114] 예를 들어, 집을 구하려고 스무 군데를 알아보러 다닌다면 그중의 37%, 즉 일고여덟 군데 정도, 그러니까 열 군데면 서너 군데를 돌아다니다가 그 이후부터는 이전에 보았던 집보다

더 좋은 집이 눈에 띄면 즉시 구매하라는 것이다. 이것은 직원을 면접할 때도 그렇다. 1명의 직원을 뽑는데 지원자가 100명이다. 그러면 37명은 무작정 보라는 것이다. 그러다 그다음부터 이전에 보았던 후보보다 더 좋은 사람이 나타나면 즉시 결정해도 크게 오류가 나지 않는다는 것이다. 경쟁률이 50대 1이면 절반인 18명 정도는 일단 죽 보고 그다음부터 결정하면 된다. 이것은 수학적 알고리즘으로 입증된 것으로 '최적 멈춤'(optimal stopping)이라는 원리에서 나온다. 수학적으로 계산하면 37은 100을 상수 e(2.718)로 나누었을 때의 값이라고 한다.[115] 37개 정도를 지나면서 평균적인 확률의 표본적인 분포가 나오는 것이다.

이를 분별력의 관점에서 본다면 우리가 어느 정도는 그 안에 젖어 있어야 그 이후에 제대로 된 분별력을 발휘할 수 있다는 명제를 세울 수 있다. 거룩에 머물다 보면 제사장은 주님이 기뻐하시는 존재방식을 분별할 수 있다. 내 입술에서 상대방을 향한 원망과 비방을 멈추게 되고, 눈으로 보는 것과 귀로 듣는 것을 분별하며, 내가 손대는 것을 분별하고, 내가 걷는 걸음을 분별할 수 있게 된다. 제사장을 위임할 때 대제사장은 오른쪽 귓부리와 오른손 엄지와 오른발 엄지에 피를 발라야 했는데(출 29:20), 이것이 지속적인 거룩의 능력과 분별력을 발휘하려면 거룩함 안에 계속해서 머물러야 한다. 특히 오늘날은 성도가 보고 손대고 말하는 것을 특히 주의해야 한다. 자칫 거룩함을 상실하고 내 욕망 가는 대로 했다가는 큰 어려움을 겪게 된다.

우리 사회에서 한때 불길같이 번졌던 '미투 운동'이 있다. 우리말로 하면 '나도 당했다'는 뜻이다. 여기저기서 터져 나오는 저명인사들의 부당한 성적 희롱과 추행에 우리 사회는 큰 충격을 받았다. 단둘이 있을 때 "내 어깨를 주물러라. 너의 몸속을 좀 보여달라. 내 애인이 되어 달라"는 등의 파렴치한 요구를 한다. 문제는 이런 일을 저지른 사람들을 보면 나름대로 자기 분야에서 일가를 이룬 존경받는 사람이었다는 점이다. 이렇게 폭로되면 이들이 전면에 나서서 사과하는데 대부분 제대로 된 사과를 보기가 어렵다. 왜 그런가? 여러 이유가 있겠지만 무엇보다 이것이 얼마나 끔찍하고 충격적인 일인지를 본인이 제대로 인식하지 못하고 있기 때문이다. 이런 생각, 이런 방식에 오랫동안 젖어 있어 제대로 된 분별력이 없기 때문이다.

아일랜드의 인지신경과학자인 이안 로버트슨은 그의 책 「승자의 뇌」에서 권력과 성이 밀접한 상관관계가 있음을 주장했다.[116] 두 영역 모두 왕성한 남성 호르몬인 테스토스테론의 분출에 많은 영향을 받고, 신경전달물질인 도파민의 분비를 촉진해서 뇌가 작동하는 양상에도 영향을 미친다고 한다. 하지만 이것은 일종의 가설이고 정확하게 입증되지는 않았다. 실제로 우리나라에서 실시된 한 실험에 따르면 성범죄자들의 혈액과 일반인의 혈액에서 각각 남성호르몬인 테스토스테론을 검출했는데 별 차이가 없는 것으로 나타났다. 보통 아동이나 여성은 혈액 1ml에서 0.5ng 정도가 나오고, 23세 이상의 남성은 4~9ng, 사춘기에는 15~20ng까지도 올라간다고 한다. 그런데 범죄자와 일반인 사이에서의 혈액 내의 테스토스테론 검출량이 차이가 없다는 것이다.

그렇다면 우리는 이것을 영적 문제로 볼 필요가 있다. 아담이 하나님을 떠나면서 가장 먼저 시도했던 것이 자신의 힘으로 삶의 안정적인 통제 기반을 마련하는 것이었다. 선악과를 먹고 자신의 힘으로 하나님처럼 되어 자기 인생을 통제하고 싶어 했다. 그래서 사람은 할 수 있는 한 통제권력을 갖기 원하고, 권력이 강해질수록 교만해지며, 타인의 고통이나 아픔에 점점 공감하지 못하고, 자기 즐거움과 쾌락을 따라 행동하기를 원하는 경향이 있다. 나의 통제감과 즐거움을 위해 사람을 대상화하고, 이것이 권력의 갑질로, 성적 추행과 폭력으로 나타난다. 통제감을 원하는 사람일수록 이런 종류의 성적 쾌락과 음란물에 젖어 있는 경우가 많다.

이런 인간의 본성을 간파했던 링컨 대통령은 이런 말을 했었다. "모든 사람이 역경을 견뎌낼 수 있지만 당신이 누군가의 인격을 시험해보고 싶다면 그에게 권력을 줘 보라!" 그러면 곧바로 주변의 약한 사람에게 그동안 그 속에 있던 괴물 같은 속사람이 드러난다는 것이다. 이것은 꼭 거창한 높은자리에 있을 때만 일어나는 일이 아니다. 우리 일상에서 작은 권력이 주어질 때 우리가 하나님의 은혜 안에 젖어 있지 않으면 우리는 너무 쉽게 권력과 성의 유혹 앞에 무릎 꿇을 수 있다. 한 번 이런 문제 앞에 넘어지면 점점 다시 일어서기가 어려운 시대가 되어가고 있다. 또 우리도 하나님 앞에 깨어 있지 않으면 언제나 이런 유혹 앞에 무너질 수 있는 연약한 존재임을 인정해야 한다.

초등학교에서 10년 이상 봉직했던 한 교사가 「왜 학교에는 이상한 선생이 많은가」라는 책을 냈다.[117] 이 책에서 저자는 교사가 된 뒤에 교사가 가진 영향력이 막강해서 자신도 모르게 권력에 도취되어 뜻하지 않은 실수를 저질렀노라 고백했다. 이렇게 용기 있게 고백을 한 이도 있지만 많은 경우 우리가 일상생활에서 휘두를 수 있는 권력의 맛을 보고 이것으로 다른 이들을 힘들게 하고 쉬쉬하는 일이 여기저기 많이 있을 것이다. 우리 안에 자리 잡은 사악한 죄성은 우리가 마치 하나님의 자리에 앉은 것처럼 통제권이 있다고 느낄 때 우리에게 욕망에 충실한 괴물이 되라고 부추긴다. 따라서 우리는 점점 통제권이 주어질 때 '난 어떤 사람이 되어가는가'를 하나님 앞에 깊이 성찰해야 한다. 우리가 흔히 하는 말이 있다. "어? 저 사람 전에는 안 그랬는데, 이제는 많이 달라졌어!" 우리는 누구나 이렇게 달라지기 쉽다는 사실을 겸허하게 인정하고, 어떻게든 은혜 안에 머무르려고 몸부림쳐야 한다.

제사장이 거룩하게 머물러 있지 않으면 제사장이라고 멋진 옷만 입고 있어도 얼마든지 사악하게 돌변할 수 있다. 엘리 제사장의 두 아들을 보라. 하나님의 성막에 머물러 제사장의 역할을 하고 있었지만 거룩에 머물지 않으니 회막 문에서 수종드는 여인을 끌어들여 부정한 관계를 맺고 말았다(삼상 2:22). 충격 그 차체였다.

그래서 제사장은 날마다 본인이 하나님 앞에 일대일로 거룩한 속죄물을 먹으며 그분의 은혜 안에 젖어들어야 한다. 그뿐만이 아니다. 날마다 하나님 은혜의 보좌로 어린 양의 피를 갖고 나아가야 한다.

> "네가 제단 위에 드릴 것은 이러하니라. 매일 일 년 된 어린 양 두 마리니 한 어린 양은 아침에 드리고 한 어린 양은 저녁 때에 드릴지며"(출 29:38-39).

제사장은 아침저녁으로 매일 일 년 된 어린 양을 한 마리씩 드려야 한다. 날마다 제사를 드리며 어린 양의 피의 공로가 아니면 도저히 하나님의 은혜의 보좌 앞으로 나아갈 수 없는 존재임을 고백해야 한다. 이렇게 나아갈 때 중요한 것이 있다.

> "내가 거기서 이스라엘 자손을 만나리니 내 영광으로 말미암아 회막이 거룩하게 될지라"(출 29:43).

하나님 앞에 겸손하게 나아갈 때 하나님이 우리를 만나주신다. 그러면 하나님의 영광으로 회막이 거룩하게 된다. 이렇게 볼 때 최종적인 거룩의 능력은 우리에게 있는 것이 아니라 하나님의 주권적인 영광에 있다. 내가 양의 피를 흘려 제사드리면 자동으로 거룩하게 되는 것이 아니다. 하나님께서 우리가 날마다 드리는 제사를 거룩하게 받으시고, 그의 영광을 우리에게 나타내시며 우리를 만나주실 때 우리가 거룩하게 되는 것이다. 이것은 거룩의 능력이 우리에게는 전적으로 없다는 사실을 분명히 보여준다. 거룩의 능력은 오직 주님께로부터 온다. 이것은 사역으로 부름받은 목회자만이 아니라 왕 같은 제사장으로 부름받은 성도라면 누구나 기억해야 할 부분이다.

이제 우리는 주일만 겨우 잠깐 예배드리고 오는 성도가 아니라 일주일 내내 주님의 은혜 안에 젖어 살아가는 성도가 되어야 한다. 거룩 안에 머무르는 것이 우리의 존재 양식이 되어야 한다. 이럴 때 우리는 하나님과 동행하고, 늘 하나님의 음성을 들으며, 그분의 인도하심 가운데 나아갈 수 있다. 나는 지금 주님의 은혜에 얼마나 젖어 살고 있는가? 예수 그리스도의 피로 말미암는 구속의 은혜에 늘 잠겨 있어야 한다. 거룩한 존재 양식으로 살아가야 한다. 그럴 때 하늘이 열리고, 우리의 귀가 열리며, 영적 분별력이 생겨난다.

[72장 각주]

113) 허란, "'근시안 경영' 10년… 126년 GE 제국의 몰락", 한국경제, 2018. 3. 2.

114) 브라이언 크리스천 외, 이한음 역, 「알고리즘, 인생을 계산하다」(서울: 청림출판, 2018).

115) 롤프 도벨리, 「불행 피하기 기술」, 192쪽.

116) 이안 로버트슨, 이경식 역, 「승자의 뇌: 뇌는 승리의 쾌감을 기억한다」(서울: 알에이치코리아, 2013).

117) 김현희, 「왜 학교에는 이상한 선생이 많은가?: 10년차 교사가 푸는 교육계 미스터리」(서울: 생각비행, 2017).

73 Chapter 73. Exodus 30:1-16

분향단과 속전 : 성도의 자존감

너는 분향할 제단을 만들지니 곧 조각목으로 만들되 길이가 한 규빗, 너비가 한 규빗으로 네모가 반듯하게 하고 높이는 두 규빗으로 하며 그 뿔을 그것과 이어지게 하고 제단 상면과 전후좌우 면과 뿔을 순금으로 싸고 주위에 금테를 두를지며 금 테 아래 양쪽에 금 고리 둘을 만들되 곧 그 양쪽에 만들지니 이는 제단을 메는 채를 꿸 곳이며 그 채를 조각목으로 만들고 금으로 싸고 그 제단을 증거궤 위 속죄소 맞은편 곧 증거궤 앞에 있는 휘장 밖에 두라.

그 속죄소는 내가 너와 만날 곳이며 아론이 아침마다 그 위에 향기로운 향을 사르되 등불을 손질할 때에 사를지며 또 저녁 때 등불을 켤 때에 사를지니 이 향은 너희가 대대로 여호와 앞에 끊지 못할지며 너

희는 그 위에 다른 향을 사르지 말며 번제나 소제를 드리지 말며 전제의 술을 붓지 말며 아론이 일 년에 한 번씩 이 향단 뿔을 위하여 속죄하되 속죄제의 피로 일 년에 한 번씩 대대로 속죄할지니라. 이 제단은 여호와께 지극히 거룩하니라.
여호와께서 모세에게 말씀하여 이르시되 네가 이스라엘 자손의 수효를 조사할 때에 조사받은 각 사람은 그들을 계수할 때에 자기의 생명의 속전을 여호와께 드릴지니 이는 그것을 계수할 때에 그들 중에 질병이 없게 하려 함이라. 무릇 계수 중에 드는 자마다 성소의 세겔로 반 세겔을 낼지니 한 세겔은 이십 게라라. 그 반 세겔을 여호와께 드릴지며 계수 중에 드는 모든 자 곧 스무 살 이상 된 자가 여호와께 드리되 너희의 생명을 대속하기 위하여 여호와께 드릴 때에 부자라고 반 세겔에서 더 내지 말고 가난한 자라고 덜 내지 말지며 너는 이스라엘 자손에게서 속전을 취하여 회막 봉사에 쓰라. 이것이 여호와 앞에서 이스라엘 자손의 기념이 되어서 너희의 생명을 대속하리라.

자존감이란 말에 익숙한가? 사실 우리는 자존감보다 자존심이란 말이 더 친숙하다. 자존감은 일상에서 흔히 사용하는 용어가 아니다. 자존감 있는 사람이라는 말보다는 자존심 있는 사람이라는 말을 자주 하고 또 자주 듣는다. 그렇다면 자존감과 자존심은 어떤 차이가 있을까?

자존감은 풀어쓰면 자아존중감이다. 자아존중감은 자기 고유의 가치에 대한 인식을 말한다. 자신을 소중한 사람으로 인식하고, 자신을 어떤 일을 이룰 만한 유능한 사람으로 받아들이며, 또 목표했던 성과를 이루어내지 못한다 하더라도 자기 자신을 있는 그대로 마음에 들어 한다. 열심히 노력한 자신만으로도 충분히 마음에 들어 한다. 자기의 있는 모습 그대로를 소중하게 인정하고 감사하며 사랑할 줄 안다.

반면 자존심은 자존감과 달리 무엇인가 항상 비교할 대상이 있어야 한다. 더 많이 가진 사람, 더 많이 성취한 사람, 더 예쁜 사람, 더 키가 큰 사람, 더 똑똑한 사람 등 항상 이런 사람들과 비교하며 자신을 받아들이려 한다. 남들과 비교하면 세 종류의 마음이 찾아온다.

먼저 우월감이다. 그래도 남들보다는 좀 낫다 하는 마음이다.

둘째, 열등감이다. 남들 볼 때 부끄럽고 쪽팔린다. 그러면 나오기가 어렵고 얼굴 내밀기가 부끄러우며 어울리기가 부담스럽다.

셋째, 남부끄럽지 않은 마음이다. 남들과 비교해서 무엇이 더 확 나은 것도 아니고 그렇다고 확 떨어지는 것도 아니다. 그래도 부끄럽지 않을 정도는 된다.

우리나라 사회를 '분노공화국' 이라고 한다. 툭하면 "욱!"하며 분노하는 사람들이 있다. 욱하는 이유는 열등감을 자극받았기 때문이다. 이런 이들은 분노하며 "아니, 당신이 뭐라고? 당신이 잘났으면 얼마나 잘났는데?"라고 말한다. 이 표현을 가만 보면 결국 그 중심에 비교의식이 들어 있다. 당신이 나랑 비교해서 잘났으면 얼마나 잘났느냐는 것이다.

자존심이 센 사람의 특징 중 하나가 다른 사람의 충고나 피드백을 잘 받아들이지 않는다는 점이다. 부정적인 피드백이나 충고를 하면 욱하고 아예 말도 하지 않는다. 이런 것을 곧 자신에 대한 공격으로 받아들이기 때문이다. 상대방이 무릎 꿇고 싹싹 빌 정도로 굴복해야 마음이 풀린다. 그렇기에 분노공화국에서 살아갈 때 조심해야 할 것이 있다. 그 사람의 자존심을 건드리지 않는 것이다. 건드렸다가는 불같이 화내며 덤벼들기 때문에 조심해야 한다.

여기서 우리는 자존심과 자존감의 상관관계를 알 수 있다. 자존심이 센 사람일수록 자존감은 내려간다. 반면 자존감이 건강할수록 우리는 자존심에 그렇게 매달리지 않게 된다. 자존감이 높으면 이상한 사람들과 섞여 있을 때도 큰 변화가 없다. 실패할 때도 툭툭 털고 어려움을 잘 이겨내고 일어난다. 성공할 때도 그렇게 교만하지 않는다. 성공과 실패에 위기와 평안 사이에 편차가 적다.

그렇다면 우리에게는 자존심이 중요할까, 자존감이 중요할까? 자존감이 중요하다. 자존감이 건강해야 교회생활도 행복하다. 자존심만 있으면 교회 안으로 들어오는 데 멈칫멈칫하기 쉽다. 주변 눈치를 꼭 보고, 여기는 어떤 곳이야, 내가 어울리기에 부담스러운 곳이야, 부끄러운 곳이야, 아니면 만만한 곳이야 하면서 이분법적 사고로 판단한다. 자존심이 강하고 자존감이 낮으면 이런 사고방식에 자신도 모르게 젖어 있다. 이것이 건강하게 회복되어야 잘 어울릴 수 있다. 그래서 성도에게는 자존감이 중요하다. 자존감은 자신이 누구인지, 즉 정체성에 대한 인식에서 온다.

성도는 누구인가? 그리스도 안에서 새로운 아이덴티티, 곧 정체성을 선물받은 사람이다. “그런즉 누구든지 그리스도 안에 있으면 새로운 피조물이라. 이전 것은 지나갔으니 보라. 새 것이 되었도다”(고후 5:17). 성도는 그리스도 안에서 새로운 피조물이다. 이전과는 다르다. 전에는 자존감의 근간을 이루는 가치감, 곧 “난 소중한 사람이야. 꽤 괜찮은 사람이야!”라는 확신을 주변 사람과의 끊임없는 비교를 통해서 확인했다면, 이제는 그리스도 안에서, 즉 주님께서 나를 얼마나 가치 있게 생각하시는지를 통해 새롭게 정의한다. 하나님께서 자신을 위해 그의 아들을 내주실 정도로 나는 가치 있는 사람인 것이다. 하나님께서 아들의 생명을 선물로 줄 정도면 나의 가치는 비교 불가하다. 세상 그 어떤 것도 하나님의 이런 놀라운 사랑과 비교할 수 없다. 이것이 바로 복음이다. 복음을 믿는 나는 하늘의 사랑을 받는 자가 된다.

우리가 복음을 제대로 받아들이고 이 복음을 누리고 살면 세상에서는 맛볼 수 없는 기쁨과 행복을 경험한다. 이는 세상에서 추구하는 비교와 경쟁과 소유와 자존심을 통해 얻는 것과는 질적으로 다르다. 이번 장의 본문은 이것이 구약 성도들에게 어떻게 작동하는가를 보여준다. 본문은 크게 두 부분으로 나뉘는데, 먼저는 분향단(1-10절)에 관한 말씀이고, 둘째는 회막 봉사에 쓰이는 속전(11-16절)에 관한 말씀이다.

우선 회막 봉사에 쓰이는 속전에 대해 살펴보자.

> "여호와께서 모세에게 말씀하여 이르시되 네가 이스라엘 자손의 수효를 조사할 때에 조사받은 각 사람은 그들을 계수할 때에 자기의 생명의 속전을 여호와께 드릴지니 이는 그것을 계수할 때에 그들 중에 질병이 없게 하려 함이라"(출 30:11-12).

하나님은 광야에서 이스라엘 백성의 인구조사를 명령하시며 모든 백성이 각각 자기 생명의 속전을 여호와께 드리라고 하셨다. 생명의 '속전'은 히브리어 '코페르'로, '덮개'라는 의미다. 덮어주는 것이 속전이다. 이는 언약궤의 덮개, 즉 시은좌를 가리키는 표현이기도 하다. 대제사장이 시은좌에 짐승의 피를 뿌리면 하나님께서 구약 백성들의 죄를 덮고 용서해주신다. 덮개란 말은 생명에 해당하는 값으로 대신 드리는 생명의 대가(price of life)를 말한다. 사전적인 정의로는 '죄를 면하려고 바치는 돈' 이다. 이를 '대속물'(ransom)이라고도 한다. 대속물은 '몸값' 이다. 하나님께서 이스라엘 백성들의 몸값을 요구하게 된 것은 출애굽의 역사에서 출발한다.

> "나귀의 첫 새끼는 다 어린 양으로 대속할 것이요 그렇게 하지 아니하려면 그 목을 꺾을 것이며 네 아들 중 처음 난 모든 자는 대속할지니라"(출 13:13).
>
> "그때에 바로가 완악하여 우리를 보내지 아니하매 여호와께서 애굽 나라 가운데 처음 난 모든 것은 사람의 장자로부터 가축의 처음 난 것까지 다 죽이셨으므로 태에서 처음 난 모든 수컷들은 내가 여호와께 제사를 드려서 내 아들 중에 모든 처음 난 자를 다 대속하리니"(출 13:15).

하나님께서 애굽의 장자를 다 치실 때 이스라엘의 장자를 살리셨다. 또 이스라엘 백성 모두가 홍해에 빠져 죽을 뻔했는데 하나님께서 이들의 생명을 살리셨다. 이들의 생명은 거저 얻은 인생이 아니라 하나님께서 값비싼 희생을 치르시고 놀라운 능력으로 이들에게 주신 생명이다. 그러니 이 인생의 값이 소중한 것임을 기억하고 대속물을 내라는 것이다. 대속의 속전은 가난한 자나 부자나 모두 동일하게 내야 한다.

> "너희의 생명을 대속하기 위하여 여호와께 드릴 때에 부자라고 반 세겔에서 더 내지 말고 가난한 자라고 덜 내지 말지며"(출 30:15).

모두가 동일한 속전을 내라는 것은 모두가 하나님 앞에 은혜가 필요한 동일한 죄인이란 뜻이다. 모두가 하나님 앞에 속죄의 은혜가 필요하다. 주목할 점은 신약의 성도에게는 예수님이 바로 이 생명의 속전이 되어 주셨다는 것이다. "인자가 온 것은 섬김을 받으려 함이 아니라 도리어 섬기려 하고 자기 목숨을 많은 사람의 대속물(ransom)로 주려 함이니라"(막 10:45). 우리는 정말 귀한 가치가 있는 존재다. 그렇기에 주님이 포기하지 않고 끝까지 붙잡아 이 땅에서 하나님 나라를 맛볼 뿐만 아니라 장차 영원한 본향으로 우리를 데려가겠다고 약속하셨다. 우리의 소중한 가치는 우리 자신에게서 오는 것이 아니다. 우리가 그리스도 안에 있을 때 발견하게 되는 가치다.

둘째는 향단(1-10절)이다. 향단은 조각목으로 제작했다(1절). 단단하지만 때로는 결이 뒤틀려 있는 아카시아나무를 잘 다듬어서 순금으로 쌌다(3절). 길이가 한 규빗(45cm), 너비가 한 규빗, 높이는 두 규빗(90cm)으로 만든다(2절).

중요한 것은 성막 내에서 향단의 위치다.

> "그 제단을 증거궤 위 속죄소 맞은편 곧 증거궤 앞에 있는 휘장 밖에 두라. 그 속죄소는 내가 너와 만날 곳이며"(출 30:6).

이곳은 지성소를 가로막고 있는 휘장 바로 앞, 성소의 가장 깊숙한 곳이다. 지성소는 하나님이 임재하는 곳이다. 이곳에서 향을 피운

하나님이 임재하는 그곳에 아름다운 향기가 나도록 향을 피우는 분향단

다는 것은 하나님이 임재하는 그곳에 아름다운 향기가 진동하도록 함을 의미한다. 이 향단은 번제단과 다르다. 번제단이 성소 밖에서 죄 사함을 위해 드리는 제사를 위한 것이라면 향단은 죄 사함을 받은 백성이 하나님께 더욱 깊이 나아가 아름다운 인격적인 만남을 하기 위해 필요한 것이다.

"아론이 아침마다 그 위에 향기로운 향을 사르되 등불을 손질할 때에 사르지며 또 저녁 때 등불을 켤 때에 사를지니 이 향은 너희가 대대로 여호와 앞에 끊지 못할지며"(출 30:7-8).

아침저녁으로 늘 주님 앞에 상번제를 드릴 때마다 향을 피워야 한다. 하나님은 냄새를 기억하시는 분이다. 그리고 좋은 냄새를 기뻐하시는 분이다. 하나님은 우리를 만나러 오실 때 우리가 드리는 좋은 냄새를 맡으시고 우리와 좋은 만남을 이어가기 원하신다. 우리도 사람들을 만나러 갈 때 좋은 향수를 뿌린다. 왜? 좋은 인상을 주어 좋은 만남을 이어가기 위해서다. 냄새는 시각 이상으로 그 사람에 대해 상당히 오래가는 기억이다.

신약성경은 이 아름다운 냄새가 바로 성도라고 말씀한다. "우리는 구원받는 자들에게나 망하는 자들에게나 하나님 앞에서 그리스도의 향기니 이 사람에게는 사망으로부터 사망에 이르는 냄새요 저 사람에게는 생명으로부터 생명에 이르는 냄새라. 누가 이 일을 감당하리요"(고후 2:15-16). 구속받은 성도가 하나님 앞에 향기다. 구속받은 우리의 삶, 걸음, 전 존재가 향기다. 하나님과의 좋은 관계를 위하여 성도의 삶에 그리스도의 향기가 진동해야 한다. 대속함을 받은 우리의 삶이 하나님 앞에 좋은 향기가 되려면 향기 나는 존재로 서야 한다. 이것은 우리가 그리스도 안에 새로운 피조물로서의 정체성을 가질 때 가능해진다.

그런데 생각해보라. 이것은 매 순간 그리스도 안에 머무르며 매 순간 주님을 의지하지 않고서는 어려운 일이다. 돈 많은 사람을 동경하고, 스펙이 더 많은 사람을 높이며, 많이 쌓아둔 것을 갖고 삶의 안정과 사람 됨을 평가하는 시대에 나는 주님 한 분만으로 만족하고 행복할 수 있는가? 조금이라도 손해보면 큰일 나는 것처럼 난리치며 불안해하는 시대에, 또 자기를 보호하려고 끔찍이도 예민한 시대에 나는 정말 세상의 큰 풍파로 무서울 때라도 평안할 수 있는가?

주님은 그리스도 안에서 새로운 피조물로 살아가는 이 길이 모든 사람이 갈 수 있는 넓은 길이 아니라 소수의 용기 있는 사람이 선택하여 갈 수 있는 길이라고 말씀한다. "좁은 문으로 들어가라. 멸망으로 인도하는 문은 크고 그 길이 넓어 그리로 들어가는 자가 많고 생명으로 인도하는 문은 좁고 길이 협착하여 찾는 자가 적음이라"(마 7:13-14). 왜 이 길이 좁은 문이고 좁은 길일까? 세상 사람이 추구하는 행복과 다른 행복을 추구하기 때문이다. 이 행복은 나를 향기롭게 태우는 데서 발견하는 행복이다! 향기가 되려면 내가 향 재료가 되어 타야 한다! 한 번만 타서는 안 된다. 아침저녁으로 날마다 나를 향기로 태워야 한다.

성도의 기쁨은 나를 향하는 내부지향성에서 오지 않는다. 이는 전형적인 자기중심적 행복이다. 성도의 기쁨은 세상을 향하는 외부지향성에서 온다. 세상을 향해 나를 내주는 기쁨이다. "주께서 생명의 길을 내게 보이시리니 주의 앞에는 충만한 기쁨이 있고 주의 오른쪽에는 영원한 즐거움이 있나이다"(시 16:11). 예수님의 기쁨은 어떤 기쁨이었을까? 십자가에 달리는 끔찍한 고통 가운데서도 우리를 위해 자신을 내주시며 우리의 생명이 살아나는 것을 보는 기쁨, 자기를 내주는 가운데서도 하나님의 영광이 드러나는 것을 보는 기쁨이다. 우리의 꿈이 산산조각 나고, 관계에서 실망하고 상처를 깊이 받아도, 아무리 어둡고 절망스러워도 끝까지 포기하지 않고 하나님께 의탁하며 자신을 내주는 사랑의 방식, 여기서 예수님은 세상이 알 수 없는 기쁨을 맛보셨다.

이런 사랑을 받은 성도는 이제 이런 사랑으로 우리 자신을 내주도록 부름받았다. "너희가 서로 사랑하면 이로써 모든 사람이 너희가 내 제자인 줄 알리라"(요 13:35). "어느 때나 하나님을 본 사람이 없으되 만일 우리가 서로 사랑하면 하나님이 우리 안에 거하시고 그의 사랑이 우리 안에 온전히 이루어지느니라"(요일 4:12). 그러므로 우리는 예수 그리스도 안에서 아름다운 향기를 발하며 우리 자신을 기쁘게 내주는 자리로 나아가야 한다.

74 Chapter 74. Exodus 30:17-38

물두멍, 관유, 향 : 날마다 씻고 기름을 바르라

여호와께서 모세에게 말씀하여 이르시되 너는 물두멍을 놋으로 만들고 그 받침도 놋으로 만들어 씻게 하되 그것을 회막과 제단 사이에 두고 그 속에 물을 담으라. 아론과 그의 아들들이 그 두멍에서 수족을 씻되 그들이 회막에 들어갈 때에 물로 씻어 죽기를 면할 것이요 제단에 가까이 가서 그 직분을 행하여 여호와 앞에 화제를 사를 때에도 그리 할지니라. 이와 같이 그들이 그 수족을 씻어 죽기를 면할지니 이는 그와 그의 자손이 대대로 영원히 지킬 규례니라.

여호와께서 모세에게 또 말씀하여 이르시되 너는 상등 향품을 가지되 액체 몰약 오백 세겔과 그 반수의 향기로운 육계 이백오십 세겔과 향기로운 창포 이백오십 세겔과 계피 오백 세겔을 성소의 세겔로 하

고 감람기름 한 힌을 가지고 그것으로 거룩한 관유를 만들되 향을 제조하는 법대로 향기름을 만들지니 그것이 거룩한 관유가 될지라. 너는 그것을 회막과 증거궤에 바르고 상과 그 모든 기구이며 등잔대와 그 기구이며 분향단과 및 번제단과 그 모든 기구와 물두멍과 그 받침에 발라 그것들을 지극히 거룩한 것으로 구별하라. 이것에 접촉하는 것은 모두 거룩하리라.

너는 아론과 그의 아들들에게 기름을 발라 그들을 거룩하게 하고 그들이 내게 제사장 직분을 행하게 하고 이스라엘 자손에게 말하여 이르기를 이것은 너희 대대로 내게 거룩한 관유니 사람의 몸에 붓지 말며 이 방법대로 이와 같은 것을 만들지 말라. 이는 거룩하니 너희는 거룩히 여기라. 이와 같은 것을 만드는 모든 자와 이것을 타인에게 붓는 모든 자는 그 백성 중에서 끊어지리라 하라.

여호와께서 모세에게 이르시되 너는 소합향과 나감향과 풍자향의 향품을 가져다가 그 향품을 유향에 섞되 각기 같은 분량으로 하고 그것으로 향을 만들되 향 만드는 법대로 만들고 그것에 소금을 쳐서 성결하게 하고 그 향 얼마를 곱게 찧어 내가 너와 만날 회막 안 증거궤 앞에 두라. 이 향은 너희에게 지극히 거룩하니라. 네가 여호와를 위하여 만들 향은 거룩한 것이니 너희를 위하여는 그 방법대로 만들지 말라. 냄새를 맡으려고 이같은 것을 만드는 모든 자는 그 백성 중에서 끊어지리라.

우리가 흔히 듣는 유행가, 또는 대중가요의 노랫말을 보면 그 시대를 살아가는 사람들의 삶과 고민을 알 수 있다. 노랫말은 노래로 부르기 위해 다듬은 말이다. 이 다듬는 과정을 통해 노랫말을 짓는 사람은 노래를 듣는 사람의 내면에 깊은 반향을 일으킬 수 있도록 그들의 정서와 삶을 담아내기 위해 몸부림친다. 그렇다면 이 노랫말에 담겨 있는 중심축은 무엇일까? 이것을 알아보려면 노랫말에 어떤 단어가 가장 많이 사용되었는가를 살펴보아야 한다. 국어학자 한성우 인하대 교수는 일제강점기부터 최근까지 100년간 우리나라에서 불린 노래를 무려 2만 6,250곡을 추려서 노랫말을 분석해 「노래의 언어」라는 제목의 책을 냈다.[118]

그렇다면 가장 많이 사용된 단어가 무엇일까? 아마도 대부분 사랑이라 생각할 것이다. 물론 노래 제목에는 사랑이 압도적으로 많았다. 하지만 가사에서는 사랑보다 더 많이 나오는 말이 있는데, 그것은 바로 '나'와 '너'라는 대명사다. 이런 측면에서 노래란 나와 너 사이의 관계를 재설정하고 재정의하는 작업이다. 사랑, 이별, 슬픔 등과 같은 주제로 나와 너 사이의 관계를 재설정하는 것이다. 노래는 우리가 인생의 희로애락을 거쳐 갈 때 단계마다 나와 너 사이의 관계를 재설정하고 받아들이는 데 도움을 준다.

신앙생활이란 무엇인가? 나와 하나님 사이의 관계를 설정하는 것이다. 우리가 하나님을 알기 전 우리는 죄 가운데 있었다. 그러나 인생의 희로애락을 거치며 특별한 계기를 통해 하나님을 알게 되고, 나의 죄를 위해 십자가에서 대신 죽으신 하나님의 아들 예수 그리스도를 나의 구주로 영접한다. 그리고 과거 하나님을 떠난 죄 된 삶과 죄 된 습관에서 하나님께로 향하는 삶으로 돌이킨다. 이때 하나님과 우리의 관계는 거룩한 관계로 새롭게 설정된다.

하지만 우리가 살아가면서 우리 안에 있는 원죄적 본성이 회개

이후에도 우리 삶을 종종 오염시킬 때가 있다. 하나님의 법을 즐거워하지만 속에서 스멀스멀 또 다른 악이 기어오르면서 내 속사람이 원하지 않는 죄를 저지른다(롬 7:19). 회개하고 죄를 용서받았음에도 불구하고 우리가 다시 반복적으로 죄를 저지르는 이유는 무엇일까? 이것은 우리의 구원 이해에 매우 중요하다. "이 예수를 하나님이 그의 피로써 믿음으로 말미암는 화목제물로 세우셨으니 이는 하나님께서 길이 참으시는 중에 전에 지은 죄를 간과하심으로 자기의 의로우심을 나타내려 하심이니"(롬 3:25).

예수께서 우리 죄를 대신해 그의 피로 자신을 대속물로 내주셨다. 우리에게 내릴 죄의 형벌을 하나님이 예수께 내리고, 예수를 믿는 우리를 간과해주셨다. 여기 '간과했다'는 표현이 중요하다. '간과하다'는 영어성경에 따르면 'passed over'(NIV)가 된다. 'Passover'는 유월절을 가리키는 말이다. 죽음의 사자가 장자를 치러 갈 때 이스라엘 집의 문설주에 양의 피를 바르면 생명의 값이 치러진 것으로 여기고 건너뛴 것이다. 마찬가지로 하나님께서 우리의 죄를 간과해주셨다는 것은 우리의 죄에 대해 하나님이 예수의 피를 보시고 심판을 건너뛰셨다는 것이다. 간과해주셨으니 용서함을 받았지만 우리의 원죄적 본성, 죄로 오염된 우리의 연약한 자아는 여전히 남아 있다. 그래서 우리가 예수를 믿고 구원받을 때 '칭의', 곧 의롭다 칭함을 받는다고 한다. 여기서 '칭함을 받는다'는 것은 우리 속까지 거룩하게 되었다는 것이 아니다. 우리가 예수님의 피로 구원받았지만 여전히 우리는 죄의 유혹에 약하고 죄에 넘어질 수 있다는 것이다.

이럴 때 우리는 하나님과의 관계를 어떻게 재설정해야 할까? 구원 이후 범죄하고 죄로 더러워지는 우리 자신을 어떻게 해야 할까?

이 주제가 중요한 이유가 있다. 그것은 이단의 교묘한 교리 중 "우리가 한 번, 단번에 회심하면 더 이상의 정죄함이 없고 회개가 필요하지 않다"는 주장이 있기 때문이다. 그 근거는 다음과 같다. "그러므로 이제 그리스도 예수 안에 있는 자에게는 결코 정죄함이 없나니 이는 그리스도 예수 안에 있는 생명의 성령의 법이 죄와 사망의 법에서 너를 해방하였음이라"(롬 8:1-2). 이 말씀을 보면 이제 예수님 믿으면 정죄함이 없고, 믿기만 하면 율법에서 자유롭게 되며, 더 이상 정죄함 없이 살 수 있다는 생각이 든다.

이런 구원에 대한 헷갈리는 생각들을 어떻게 정리해야 할까? 이번 장의 본문은 그 해결의 실마리를 제공한다. 본문은 신약 안에 본격적으로 펼쳐질 하나님의 구원사역에 대한 일종의 그림자 역할을 한다. 본문은 회막을 세우는 데 필요한 세 가지 요소인 물두멍(17-21절), 거룩한 관유(22-33절), 그리고 분향단에 사용할 향 제작(34-38절)에 관한 말씀이다. 향 제작은 앞서 살핀 분향단과 연관되어 있기에, 여기서는 물두멍과 거룩한 관유에 대해 살펴보도록 하자.

먼저 물두멍이다. 두멍이라고 하면 물을 길어 담아 놓고 쓰는 큰 가마나 독을 의미한다. 쉽게 말하면 물을 가득 담아놓은 커다란 대야다(18절). 영어성경은 이것을 'bronze basin'이라고 번역했다. 놋으로 만든 대야라는 뜻이다.

그러면 이 놋대야는 무엇에 쓰는가?

> "아론과 그의 아들들이 그 두멍에서 수족을 씻되 그들이 회막에 들어갈 때에 물로 씻어 죽기를 면할 것이요 제단에 가까이 가서 그 직분을 행하여 여호와 앞에 화제를 사를 때에도 그리 할지니

라"(출 30:19-20).

물두멍은 제사장이 성막에 들어갈 때 손과 발을 씻기 위한 것이다. 제대로 씻지 않고 부정함과 죄가 있는 채로 들어가면 자칫하면 죽기 때문이다. 또 성막 앞에 있는 번제단에서 하나님께 제사드리기 위해서도 씻어야 한다. 거룩한 손과 발로 제사를 드려야지 더러운 채로 들어가면 안 된다.

"이와 같이 그들이 그 수족을 씻어 죽기를 면할지니 이는 그와 그의 자손이 대대로 영원히 지킬 규례니라"(출 30:21).

제사장은 하나님 앞에 나아갈 때, 그리고 제사를 드릴 때 반드시 물두멍에서 수족을 씻고 자신을 정결하게 하여 하나님께 나아가야 한다. 제사장은 처음 위임받을 때도 온몸을 물로 씻는다.

"너는 아론과 그의 아들들을 회막 문으로 데려다가 물로 씻기고"(출 29:4).

이미 한 번 씻었다. 그러나 하나님은 이것으로 만족하면 안 되고, 하나님께 계속 가까이 나아가 제사드리기 위해서는 지속적인 씻음이 있어야 할 것을 요구하신다. 씻는 것으로만 그쳐선 안 된다. 거룩한 향기 나는 기름을 만들어서 이것을 성전 기구에 바르고 제사장에게 부으라고 말씀한다. 그렇다면 향기름은 어떻게 제작할까?

이 사진은 팀나 국립공원 내에 설치된 성막모형을 찍은 사진이다. 사진 내의 좌측사진은 제사장이 물두멍에서 손을 씻는 상상도이고, 우측은 물두멍을 확대한 사진이다. 출처 : 구글이미지

"너는 상등 향품을 가지되 액체 몰약 오백 세겔과 그 반수의 향기로운 육계 이백오십 세겔과 향기로운 창포 이백오십 세겔과 계피 오백 세겔을 성소의 세겔로 하고 감람기름 한 힌을 가지고 그것으로 거룩한 관유를 만들되 향을 제조하는 법대로 향기름을 만들지니 그것이 거룩한 관유가 될지라"(출 30:23-25).

한 세겔은 단위가 약 11.5g이다. 그래서 액체 몰약 500세겔하면 약 6kg, 육계는 250세겔이니 육계 3kg, 또 계피 6kg, 여기에 감람기름 1힌, 즉 3.6ℓ 를 섞어서 관유를 제조한다. 거룩한 관유란 영어성경에 'holy anointing oil' 이라고 되어 있다. 즉 거룩하게 기름 부음

을 위해 사용하는 기름이다. 이렇게 거룩한 기름을 제작해서 모든 성전 기구에 바른다.

"너는 그것을 회막과 증거궤에 바르고 상과 그 모든 기구이며 등잔대와 그 기구이며 분향단과 및 번제단과 그 모든 기구와 물두멍과 그 받침에 발라 그것들을 지극히 거룩한 것으로 구별하라. 이것에 접촉하는 것은 모두 거룩하리라"(출 30:26-29).

이뿐만이 아니다. 이렇게 바른 후 제사장의 머리 위에도 발라야 한다.

"너는 아론과 그의 아들들에게 기름을 발라 그들을 거룩하게 하고 그들이 내게 제사장 직분을 행하게 하고"(출 30:30).

기름 부음은 물로 씻는 것과 마찬가지로 처음 위임식을 할 때 하게 되어 있다. 출애굽기 29장 29절을 보라. "아론의 성의는 후에 아론의 아들들에게 돌릴지니 그들이 그것을 입고 기름 부음으로 위임을 받을 것이며." 여기 중요한 사실을 알 수 있다. 기름 부음도 물로 씻는 것과 마찬가지로 한 번만 하고 마는 것이 아니라 반복적으로 지속해야 한다는 것이다. 그래야 제사장으로서의 거룩함을 유지하여 거룩한 직분을 감당할 수 있다.

이렇게 볼 때 제사장으로서 거룩한 사명을 감당하기 위해서는 물로 씻음과 기름 부음이 있어야 하는데, 제사장 임명을 위해서는 단회적 씻음과 단회적 기름 부음이 있어야 하고, 위임식 이후에도 지속적인 제사장의 사명을 감당하기 위해서는 반복적 씻음과 반복적 기름 바름이 있어야 한다는 것이다. 이것은 하나님과 우리 사이의 거룩함을 위한 관계 설정에 있어 중요한 점을 시사한다.

하나님의 자녀로, 왕 같은 제사장으로 부름받을 때 우리는 회개하고 하나님께 돌아간다. 우리의 죄를 고백하고 예수 그리스도의 십자가의 공로를 믿음으로 말미암아 의롭다 칭함받고 죄를 용서받는다. 예수 그리스도를 내 인생의 주님으로 인정하고 고백할 때 성령께서 우리에게 오셔서 거하신다. 하지만 우리 안에 원죄적 본성이 그대로 남아 있어 다시 반복적으로 우리는 죄의 유혹에 빠진다. 이럴 때 우리는 어떻게 해야 하는가? 반복적으로 우리 죄를 회개하고 성령의 충만함을 구하며 나아가야 한다.

따라서 회개에는 단회적 회개와 반복적 회개가 있다. 단회적 회개는 우리가 하나님을 떠나 있다가 하나님께로 돌아가는 원죄에 대한 회개다. 이를 '회심' 이라고도 한다.[119] 우리 삶의 목적과 동기를 주님을 향하여 돌이키는 것이고 내 인생의 주인을 바꾸는 것이다. 이를 "생명 얻는 회개"(행 11:18)라고도 한다. 생명 얻는 회개로 주께 돌아선 이후 왕 같은 제사장의 사명을 감당하기 위해서 우리는 지속적으로 우리의 손과 발로 짓는 죄악을 씻어야 한다. 이것이 '반복적 회개' 다. 반복적 회개는 우리가 스스로 지은 죄에 대한 회개다.

그런데 일부 이단들은 예수 안에 있으면 정죄함이 없기 때문에 더 이상 죄가 없다고 한다. 단회적 회개(회심) 외에 더 이상의 반복적 회개는 필요 없다고 한다. 예수님이 십자가에서 모든 죄를 다 씻어주셨기 때문에 더 이상 죄가 성립되지 않는다고 한다. 죄가 성립되지 않는 이유가 무엇인가? 십자가에서 율법이 폐하여졌기 때문이라는 것이다. 율법은 구약시대, 예수님이 오기 전까지 우리를 붙들고 있었던 것이지, 예수님께서 이 모든 율법의 정죄를 십자가에서 대신 받으셨기에 이제 성도는 율법과 무관한 사람이 되고 정죄함이 없다는 것이다. 따라서 율법처럼 지키는 주일성수를 할 필요가 없고, 십일조도 할 필요 없으며, 새벽기도도 할 필요가 없다고 한다. 왜? 이런 것이 다 율법적 신앙생활이기 때문이라는 것이다. 이런 주장을 '율법 폐기론' 이라고 한다.

하지만 예수께서는 율법이 폐기되었다고 하지 않으셨다. "내가 율법이나 선지자를 폐하러 온 줄로 생각하지 말라. 폐하러 온 것이 아니요 완전하게 하려 함이라. 진실로 너희에게 이르노니 천지가 없어지기 전에는 율법의 일점일획도 결코 없어지지 아니하고 다 이루리라"(마 5:17-18). 예수님은 율법을 폐하러 온 것이 아니라 도리어 율법을 완전하게 하기 위해 오셨다. 그렇다면 우리는 율법을 어떻게 이해해야 할까?

먼저, 율법의 큰 뜻은 여전히 유효하다. 율법의 핵심이 무엇인가? 하나님을 사랑하는 것이고(신 6:5), 네 이웃을 네 몸과 같이 사랑하는 것이다(레 19:18). 이를 위해 예수께서는 율법을 더욱 급진적으로 완성할 것을 제안하셨다. 십계명에 간음하지 말라, 살인하지 말라는 계명을 더욱 급진적으로 제안하여 음욕을 품고 여자를 보는 자마다 이미 간음한 것이고, 마음에 미워하면 이미 살인이라고 하셨다(마 5:21-28).

그래서 요한일서는 다음과 같이 말씀한다. "사랑하는 자들아 내가 새 계명을 너희에게 쓰는 것이 아니라 너희가 처음부터 가진 옛 계명이니 이 옛 계명은 너희가 들은 바 말씀이거니와"(요일 2:7). '처음부터 가진 옛 계명'은 구약 율법을 가리킨다. 구약 율법에 담긴 사랑과 거룩의 근본정신이 신약에도 그대로 이어진다. 하지만 신약시대에는 율법의 근본정신을 구현하기 위한 임시방편인 제사제도가 예수 그리스도의 십자가로 폐지되었다. 왜? 짐승의 피로 임시제사를 드렸던 것을 예수께서 완전한 대속물로 자신을 내주셨기 때문이다(히 9:12). 또 이스라엘 백성의 언약 정체성에 관한 율법도 폐기되었다. 대표적인 것이 할례다. 성령으로 마음에 할례받는 시대가 왔기 때문이다. 절기에 관한 것도 폐기되었다. 유월절, 칠칠절, 초막절, 그리고 안식일과 월삭 등은 구약의 불완전한 구원을 위한 절기이기 때문에 더 이상 유효하지 않다(골 2:14).

이단 단체는 만약 율법이 폐기되었다면 우리는 반복적으로 회개할 필요가 없다고 주장한다. 율법이 폐기되었으니 죄의 기준도 사라졌기 때문이라는 것이다. 그러니 더 이상 정죄함이 있을 수 없다고 한다. 그러나 성경은 구원받은 성도, 회개한 성도라 하더라도 반복적인 회개의 필요성을 말씀한다. "만일 우리가 우리 죄를 자백하면 그는 미쁘시고 의로우사 우리 죄를 사하시며 우리를 모든 불의에서 깨끗하게 하실 것이요 만일 우리가 범죄하지 아니하였다 하면 하나님을 거짓말하는 이로 만드는 것이니 또한 그의 말씀이 우리 속에 있지 아니하니라"(요일 1:9-10).

우리 죄를 자백, 즉 고백하라고 한다. 여기서 죄는 성도의 죄다. 성도가 죄를 고백하는 것, 이것을 참회 또는 회개라고 한다. 우리가 죄를 고백하며 다시 예수의 피를 의지하면 우리를 깨끗하게 하실 것이다. 만약 이단들이 주장하는 것처럼 우리는 죄가 없다, 정죄함이 없다고 하면 하나님을 거짓말하는 이로 만드는 것이다. 따라서 우리는 구원받고 난 이후에도 마땅히 반복적 회개를 해야 한다. 그렇다면 회개하지 않으면 어떻게 되는가? 하나님과의 관계가 멀어지고 구원의 감격을 잃어버린다. 기도 응답이 사라지고 하나님으로부터 징계를 받게 된다.

따라서 우리는 회개해야 한다. 회개하려면 기준이 있어야 한다. 그 기준이 무엇인가? 바로 성경이 말하는 율법이다. 이런 면에서 율법은 우리로 죄를 깨닫게 하고, 더 나아가 성화의 기준을 제시한다(롬 7:7-11, 갈 3:19, 히 10:1-2). 성화를 이루기 위해서 우리에게 필요한 것이 바로 성령의 기름 부으심이다. 성령을 의지할 때 날마다 더욱 주님의 뜻을 힘써 지키도록 기쁨과 힘과 능력을 주신다. 또 성령을 통하여 그리스도께 더욱 가까이 연합할 수 있도록 하신다. 그리스도와 연합하여 함께 있는 삶, 이것이 '그리스도 안에'(in Christ) 있는 삶이다. 그래서 우리에게는 죄 씻음과 함께 성령의 기름 부으심으로 인한 그리스도와의 연합이 함께 가야 한다.

요컨대 회개는 단순히 죄로부터 돌이키는 것만을 의미하지 않는다. 죄로부터 돌이키고 궁극적인 푯대인 그리스도에게로 나아가야 한다. 이런 면에서 우리는 회개의 의미를 입체적으로 생각할 필요가 있다. 회개는 단순히 지옥에 가지 않기 위해서 하는 것이 아니다. 회개는 그리스도께 더욱 가까이 나아가고 그리스도를 닮아가기 위해서 필요한 것이다. 회개를 통하여 하나님과 나 사이의 관계 설정을 다시 하고 거룩하게 서야 하는 것이다.

그러므로 우리는 서두에서 살펴본 로마서 8장 1~2절 말씀을 다시 이해할 필요가 있다. '그리스도 예수 안에 있는 자'는 단순히 회개하고 죄 씻음을 받은 사람이 아니라 기름 부음을 받고 그와 함께 연합하여 동행하는 성도를 말한다. 동행하려면 늘 회개와 기름 부음으로 가까이 가야 한다. 그런 이에게는 결코 정죄함이 없다. 왜? 늘 예수의 보혈을 의지하기 때문이다. "예수 안에 있는 생명의 성령의 법"이라는 표현에 주목하라. 여기 '법'은 율법이다. '~의'는 소유를 의미한다.

따라서 이것은 '성령에 의해 소유된 율법' '성령에 의해 붙들린 율법', 이를 지킴으로 더욱 거룩하게 하고 생명을 주는 율법을 말한다.[120] 이것이 죄와 사망의 정죄하는 율법에서 우리를 해방하였다는 것이다. 이것은 율법을 통해 하나님의 기준을 깨닫고 더욱 주님을 의지하여 거룩하게 나아간다는 뜻이다. 날마다 씻자. 기름 부음을 받자. 성령으로 충만해지자. 그리하여 하나님의 거룩하심을 온전히 이루어가며 예수 그리스도께 더욱 가까이 가는 하나님의 사람이 되자.

[74장 각주]

118) 한성우, 「노래의 언어: 유행가에서 길어올린 우리말의 인문학」(서울: 어크로스, 2018).
119) 양형주, 「바이블 백신 2」(서울: 홍성사, 2019), 128쪽.
120) 양형주, 「평신도를 위한 쉬운 로마서」(개정증보판)(서울: 브니엘, 2019), 197쪽.

75 Chapter 75. Exodus 31:1-11

성막기구 제작자 : 삶의 현장을 하나님 나라로 연결시키라

여호와께서 모세에게 말씀하여 이르시되 내가 유다 지파 훌의 손자요 우리의 아들인 브살렐을 지명하여 부르고 하나님의 영을 그에게 충만하게 하여 지혜와 총명과 지식과 여러 가지 재주로 정교한 일을 연구하여 금과 은과 놋으로 만들게 하며 보석을 깎아 물리며 여러 가지 기술로 나무를 새겨 만들게 하리라.

내가 또 단 지파 아히사막의 아들 오홀리압을 세워 그와 함께하게 하며 지혜로운 마음이 있는 모든 자에게 내가 지혜를 주어 그들이 내가 네게 명령한 것을 다 만들게 할지니 곧 회막과 증거궤와 그 위의 속죄소와 회막의 모든 기구와 상과 그 기구와 순금 등잔대와 그 모든 기구와 분향단과 번제단과 그 모든 기구와 물두멍과 그 받침과 제사

직을 행할 때에 입는 정교하게 짠 의복 곧 제사장 아론의 성의와 그의 아들들의 옷과 관유와 성소의 향기로운 향이라. 무릇 내가 네게 명령한 대로 그들이 만들지니라.

그간 묵상했던 출애굽기의 내용을 잠시 되짚어보자. 이스라엘 백성은 하나님의 놀라운 능력으로 애굽에서 탈출하여 마침내 시내산 앞까지 도달했다(1-19장). 하나님께서는 이스라엘 백성을 언약백성으로 삼으시려고 모세에게 십계명과 구체적인 계명들을 주셨다(20-24장). 그리고 하나님의 언약백성으로 마땅히 하나님께 예배드리고 하나님을 만나는 구체적인 장소, 즉 성막을 세우는 것에 관한 일종의 설계도면을 말씀하셨다(25-30장). 이것을 히브리서 8장 5절은 "하늘에 있는 것의 모형과 그림자"라고 한다. 하늘에 있는 설계도를 모세에게 보여주신 것이다. 하나님께서 친히 사람에게 하늘 성막을 이 땅에 어떻게 세워야 하는지를 구체적으로 말씀해주신 것은 참으로 감격스러운 일이다.

그러나 이에 못지않게 중요한 것이 있다. 그 설계도를 이 땅에서 구체적으로 하나님이 의도하신 대로 구현해 내는 일이다. 설계도면 그대로 만들어내야 한다. 그렇다면 이 거룩한 성막은 누가 만들어내야 할까? 이것은 제사장이 할 수 있는 것도 아니고 레위인도 아니며 서기관도 아니다. 이 성막을 구현하는 것은 실질적으로 나무와 금속과 보석을 가공할 수 있는 전문가, 곧 장인이다.

"정교한 일을 연구하여 금과 은과 놋으로 만들게 하며 보석을 깎아 물리며 여러 가지 기술로 나무를 새겨 만들게 하리라"(출 31:4-5).

하나님이 주신 성막 설계도를 실질적으로 구현하려면 보석을 정교하게 깎아서 세공하고, 거기에 이스라엘 열두 지파의 이름을 하나하나 새길 수 있는 실력 있는 전문가가 필요했다. 또 나무를 능수능란하게 조각하고 다룰 수 있는 전문가도 필요했다. 나무를 새겨 만드는데도 여러 가지 기술이 필요했다. 한 가지 기술을 익히는 데만 해도 많은 시간이 걸린다. 그런데 성막을 짓는 데는 여러 가지 기술이 필요하고, 이런 기술에 매우 능숙한 장인들이 필요하다. 이런 장인이 되려면 적어도 십 년 이상에서부터 수십 년을 같은 분야에 종사했던 사람, 오늘날로 하면 한 분야에서 깊은 우물을 판 사람이어야 한다.

성막을 세우는 데 필요한 기술은 이것만이 아니다. 여기에는 제사장이 입는 정교하게 짠 의복을 만드는 기술이 필요하고(10절), 관유와 향품을 만들어낼 기술이 필요하다(11절). 이스라엘이 당대에 보유하고 있던 최고의 첨단기술을 총동원해야 가능했던 것이다.

이것은 하나님의 나라, 하나님의 영광이 제사장이나 레위인을 통해서만이 아니라 자기 삶에 전문적인 영역을 확보한 여러 성도의 손길을 통하여 드러남을 보여준다. 이것이 중요하다. 하나님의 영광은 삶의 현장에서 오랫동안 그 분야의 전문적인 기술을 갈고닦은 성도들의 손을 통하여 드러난다.

여기서 약속의 땅 가나안이 '젖과 꿀이 흐르는 땅'이란 말의 의미를 좀 더 깊이 헤아려 볼 필요가 있다. 젖과 꿀은 저절로 흐르지 않는다. 젖과 꿀이 흘러나오는 땅이 되려면 축산업에 종사하는 전문적인 성도의 손길을 통해 젖이 풍성하게 나오도록 해야 하고, 전문적인 양

성막에서의 제사 상상 모형. 출처 : 구글이미지

봉기술자의 손을 통해 꿀이 가득 나오도록 해야 한다. 그냥 젖 얻으러 갔다가는 놀란 소의 뒷발에 차이고, 흥분한 벌에게 심하게 쏘이기 쉽다. 하나님은 젖과 꿀이 흐르는 약속의 땅을 허락하셨지만 이 땅에 정말 젖과 꿀이 흐르려면 자기 삶의 영역에서 전문적인 기술을 개발해야 한다. 젖과 꿀은 각자의 삶의 현장에서 최선을 다하는 성도의 손길을 통해서 흐르는 것이다. 고생스럽지만 맡겨진 분야에 사명감을 갖고 열심히 노하우를 익혀서 감당하는 사람이 필요하다. 이스라엘 백성들은 이 일을 감당할 사람으로 브살렐과 오홀리압을 세운다.

> "내가 유다 지파 훌의 손자요 우리의 아들인 브살렐을 지명하여 부르고… 내가 또 단 지파 아히사막의 아들 오홀리압을 세워 그와 함께하게 하며"(출 31:2,6).

이들은 나름대로 금은보석과 목재를 자유자재로 다룰 수 있는 전문적인 사람들이었다. 하지만 전문적인 기술과 지식이 있어도 하나님의 일을 감당하려면 특별한 은혜가 필요하다.

> "하나님의 영을 그에게 충만하게 하여 지혜와 총명과 지식과 여러 가지 재주로 정교한 일을 연구하여"(출 31:3-4).

아무리 전문적인 지식과 경험이 있다 하더라도 하나님의 성령이 충만하여야 하나님의 마음을 이해하고, 그분의 의도를 살려 하나님이 기뻐하는 대로 자신의 지혜와 총명과 재주를 최대한 발휘할 수 있다. 자신의 전문적인 지식과 분야가 하나님께 쓰임받을 수 있도록 우리는 기도해야 한다.

우리는 전문적인 분야에서 일할 때 이것은 신앙과 별로 상관없다고 생각할 때가 있다. 하지만 본문은 삶의 현장에서 감당하는 각자의 일이 하나님의 영광을 드러내는 유용한 도구가 될 수 있음을 말씀한다. 사역자만 하나님의 영광을 드러내는 것이 아니다. 모든 성도가 자신이 있는 삶의 현장에서 하나님의 영광을 드러내야 한다. 모든 성도는 각자가 있는 삶의 현장에서 제사장이 되어야 한다. 하나님은 하나님의 일과 세상일을 따로 분리하지 않으신다. 하나님이 처음에 온 세상을 창조하시며 세상을 향하여 일하셨던 분이기 때문이다.

성경을 가만히 살펴보면 하나님은 태초부터 일하셨다. 혼돈과 공허의 세상에서 이 세상을 아름답고 질서정연하고 의미 있게 만들어 가셨다. 그 절정에 에덴동산이 있었다. "여호와 하나님이 동방의 에덴에 동산을 창설하시고"(창 2:8). 여기 '창설하시고'를 새번역은 "일구시고"라고 했다. 하나님이 에덴동산을 일구셨다. 하나님이 일하셨던 것이다. 이렇게 동산을 일구셨던 하나님이 육신이 되어 이 땅에 직접 내려오신다면 어떤 직업을 가지셨을까? 정원사 아니면 목수다. 그래서 하나님의 아들이 이 땅에 오셨을 때 목수로 오셨다.

그런데 목수로 오셨던 예수님이 부활하자 무덤까지 따라갔던 마리아가 이 예수님을 보고 순간 착각했다. 누구로 착각했을까? "예수께서 이르시되 여자여 어찌하여 울며 누구를 찾느냐 하시니 마리아는 그가 동산지기인 줄 알고 이르되 주여 당신이 옮겼거든 어디 두었는지 내게 이르소서. 그리하면 내가 가져가리이다"(요 20:15). 마리아가 부활하신 예수님을 보고 '동산지기'인 줄 착각했다. 의미심장한 표현이다. 동산지기는 영어로 'gardener', 즉 정원사다.

이렇게 일하셨던 하나님은 아담과 하와를 지으시고, 이들을 동산에 살게 하면서 의미 있는 일로 부르셨다. 에덴동산에서 자유인으로 실컷 놀고먹게 하지 않으셨다. 우리 중에 보면 이따금 얼른 경제적 자유를 얻고 실컷 놀고먹는 것을 인생의 궁극적인 목표로 삼는 이가 있다. 성경적으로는 건강한 태도가 아니다. 왜냐하면 하나님은 에덴동산의 자유로운 삶에서조차도 일을 중요한 요소로 넣으셨기 때문이다. 일이 낙원의 일부가 되었다.[121)]

에덴동산에서 사람은 열심히 일하고 또 일주일에 하루를 쉬며 하나님의 영광을 드러내도록 부름받았다. 하나님이 먼저 창조의 일을 하시고 쉬면서 자신의 영광을 드러내셨기 때문이다. 이처럼 일한다는 것은 하기 싫은 것을 어쩔 수 없이 마지못해 하는 것이 아니라 우리 삶의 현장에서 하나님의 형상을 반영하는 행위다. 우리에게는 간혹 마지못해 일하는, 그래서 일을 마치 하나의 필요악처럼 여기는 마음이 있다. 할 수만 있으면 일하지 않고 자유롭게 놀고 싶어 한다. 이것은 고대 그리스시대의 이상이었다. 고대 그리스인은 신들이 인간을 만든 것은 자신들이 일하지 않고 인간을 일시키기 위해서라고 믿었다. 그래서 일하는 것을 인간에게 운명 지어진 저주로 여겼다. 이런 전통에 따르면 사람은 가능한 일하지 않고 자유롭게 놀며 사는 것을 궁극의 이상으로 삼아야 한다.

하지만 사람은 '의미 있는' '일을 하며' 사는 존재다. 하나님께서 사람을 지으시고 이들에게 일을 맡기시면서 이들이 하는 일을 축복하셨던 것을 주목하라. "하나님이 그들에게 복을 주시며 하나님이 그들에게 이르시되 생육하고 번성하여 땅에 충만하라. 땅을 정복하라. 바다의 물고기와 하늘의 새와 땅에 움직이는 모든 생물을 다스리라 하시니라"(창 1:28). 하나님이 인류에게 복을 주시며, 생육하고 번성하고 땅을 정복하고, 모든 생물을 다스리라고 하셨다. 하나님은 아담과 하와가 타락하기 이전부터 일을 주셨고, 이것이 복되다고 하셨다. 이 일을 통하여 생육하고 번성하며 하나님이 주신 땅을 정복하고, 하나님의 영광이 드러나는 통치가 일어나는 것을 기뻐하셨다. 그래서 일은 저주가 아니라 축복이다.

여기서 주목할 것은 아담과 하와가 하는 일이 하나님의 사명과 영광을 드러내는 의미 있는 일이라는 점이다. 하지만 이 의미 있는 일을 구체적인 현실로 옮길 때 이것은 다소 매력이 떨어지는 것처럼 보인다. 하나님이 아담과 하와에게 주신 복된 사명을 성경은 두 단어로 압축한다. "여호와 하나님이 그 사람을 이끌어 에덴동산에 두어 그것을 경작하며 지키게 하시고"(창 2:15). 그것은 '경작하는 것' 과 '지키는 것' 이다. 이 표현들은 그다지 멋지게 느껴지지 않는다. 하지만 하나님은 최초의 인류에게 에덴동산을 관리하고 지키는 일을 하나님의 통치를 온 세상에 알리는 복된 일로 선언하셨다.

충남 태안 천리포에 가면 수목원이 있다. 이 수목원을 시작한 분은 '칼 페리스 밀러', 우리말 이름으로 '민병갈' 선생이다. 미국 펜실베이니아에서 출생한 사람이 사재를 털어 1962년에 태안 천리포 부근의 야산 부지를 매입하고는 1970년부터 이곳을 아름다운 정원으로 가꾸기 시작했다. 사람들이 처음에는 도대체 저기서 무엇 하나 싶었다. 그다지 의미 있는 일 같지도 않았다. 그는 결혼도 하지 않고 오직 40년을 한결 같은 마음으로 수목원을 가꾸었다. 그러다가 2002년에 소천하였다. 그가 40년간 한결같이 한 일이 무엇이냐, 바로 수목원을 경작하며 지킨 것이다. 얼마나 많은 땀과 노력이 들어갔겠는가? 아니, 40년간 나무만 심었다고? 그게 인생에 무슨 의미가 있을까? 너무 지루하고 당장에 열매도 보이지 않고 효율성의 측면에서는 쓸데없어 보이기까지 한다. 그러나 이제 50여 년이 지난 지금, 뒤를 돌아볼 때 이 수목원을 가꾼 일은 쉽지 않았지만 정말 가치 있고 보람 있는 일이었다. 전국에서만이 아니라 전 세계에서 사람들이 이 수목원에 와서 자연의 아름다움을 보고 감동하고 쉼을 얻고 돌아간다. 수많은 사람이 수목원을 통해 창조주의 아름다운 손길을 경험한다.

이런 정원사의 일을 아담이 했다. 그는 에덴동산을 경작하고 지켰다. 다른 점이라고 한다면 에덴동산에는 천리포 수목원보다 훨씬 동식물이 많았을 것이라는 점이다. 수목원도 힘든데 수목원에 동물원까지 있다고 생각해보라. 경작하고 지키기가 결코 만만치 않았을 것이다. 놀라운 점은 하나님께서 이 세상에 만드신 생물들 중에 유일하게 인간에게만 이 일을 맡기셨다는 사실이다. 힘든 일같이 보이지만 우리가 이 일을 제대로 감당하면 하나님의 영광이 드러나고 의미 있는 인생이 될 수 있다.

의미 있는 인생이 되려면 반드시 의미 있는 일이 따라야 한다. 일은 귀한 것이고 신성한 것이다. 단, 죄성으로 인하여 왜곡되는 것은 분별력을 갖고 주의해야 한다. 우리는 탐욕에 눈이 멀어 생산성의 극대화를 꾀하며 쉼 없이 일하는 것을 경계해야 한다. 또한 의미 없는 일, 자기만을 위한 일에 몰두하다 보면 자칫 의미를 상실하고 곤고한 인생이 되기 쉽다. 또한 세상 풍조와 문화가 우리의 일을 힘들고 버겁게 누르고, 때로는 급여의 차등에 따라 소중한 일도 아무것도 아닌 하찮은 일로 만들어가고 의미 없는 일을 마치 대단한 것처럼 만들어가려는 것을 경계해야 한다.

힘든 육체노동을 하든지, 아니면 사무실에서 앉아 업무를 보든지, 아파트의 구석구석을 깨끗하게 청소하든지, 컴퓨터 보안으로 해커의 침입을 방어하며 잘못된 정크 파일을 깨끗하게 청소하든지, 가사를 돌보며 자녀를 양육하든지, 치열한 직장생활을 하든지 간에 이 모든 것에 하나님의 거룩한 부르심이 있다. 우리가 부르심에 최선을 다하면 하나님이 창조하신 이 세상을 아름답게 가꾸고 지키는 일에 기여한다. 일종의 가드닝, 정원사의 일을 감당하는 것이다. 이를 통해 우리는 삶의 현장에서 하나님의 손길이 나타나도록 하여 그분의 영광을 드러낼 수 있다. 하나님도 정원사, 아담도 정원사, 예수님은 목수이자 정원사, 우리도 우리 삶의 에덴동산에서 정원사로 부름받았다.

따라서 우리는 우리에게 주어진 일을 할 수 없이 해야 하는 일로 여기지 말고, 이것이 어떻게 하나님의 영광과 연결될 것인가를 깊이 고민하고 기도해야 한다. 하나님의 영광이 드러나려면 나의 경험과 지식도 물론 중요하지만 브살렐과 오홀리압처럼 하나님의 영으로 충만해야 한다. 그럴 때 내게 주신 일을 통해 하나님의 영광과 하나님이 부여하신 피조물의 가능성이 최대한 드러날 수 있다. 우리는 이를 위해, 삶의 현장을 위해 기도해야 한다.

프레이저 도허티는 영국의 최연소 사업가다.[122] 그가 14세 때 할머니 냄비에서 보글보글 끓는 잼을 뚫어져라 쳐다보고 있었다. 그 잼에는 할머니 고유의 특별한 레시피가 들어 있었다. 이렇게 맛있는 과일 향취를 그대로 전달하는 잼을 사람들과 나눌 수 없을까? 그래서 이 소년은 잼을 만들어서 자기 주변 이웃에게 팔기 시작했다. 처음에 12병을 팔던 것이 30병이 되었고, 40병이 되었다. 아버지는 아들의 취지를 이해하고 새벽 5시에 과일시장에 가서 재료를 구해 와 좁은 부엌에서 잼을 끓이면, 동생과 어머니는 쪼그리고 앉아서 포장을 했다.

사람들은 이 잼을 먹어보고 정말 할머니가 만들어준 맛이라며 좋아했고, 이것이 소문나서 이 프레이저 도허티는 고등학교를 중퇴하고 잼 사업에 전념해 마침내 16세에 영국의 초대형 유통업체인 웨이트로즈에 잼을 납품하기 시작했다. 이 잼의 이름이 '슈퍼잼'이다. 이 슈퍼잼은 지금 우리나라를 비롯한 전 세계 2천여 개 매장에서 연간 100만 병씩 팔리는 글로벌 상품이 되었다. 그랬던 그가 이제 30대가 되었다. 어떻게 보면 그저 잼 하나 만들어 판 것일 수 있지만 하나님이 인류에게 주신 과일 안에 들어 있는 고유의 향과 맛을 최대한 살린 슈퍼잼을 모든 사람에게 합리적인 가격에 공급하겠다는 열망이 결국 그를 멋진 사업가로 변화시킨 것이다. 잼만 잘 팔아도 놀라운 일이 일어난다.

그뿐만이 아니다. 곤충만 잘 관찰해도 놀라운 일이 일어난다. 톡토기라는 곤충이 있다. 흙 속에 사는 정말 작은 1~2mm 정도 하는 하얀 색깔의 벌레인데, 꼬리로 스프링처럼 톡톡 치고 튀어 올라 '톡토기'라는 이름을 붙였다. 영어로는 'spring tail'이다. 스프링처럼 튀어 오르는 꼬리를 갖고 있다는 것이다. 톡토기는 흙을 먹고살면서 흙을 정화하는데 독개구리로 알려진 '다트프록'의 먹이이기도 하다. 그런데 과학자들이 이 톡토기의 피부를 열심히 관찰하고는 이것을 본 따 물과 기름에 젖지 않는 표면을 개발했다.[123] 또 얼마 전에는 톡토기의 피부에 난 돌기를 모방해서 반도체 칩의 열을 효과적으로 식힐 수 있는 냉각 구조물을 개발했다.[124] 요즘은 반도체를 수십 층으로 쌓아 올리는 3D 반도체가 대세다. 하지만 이런 반도체는 열이 잘 방출되지 않아 어려움이 많았었는데 그 획기적인 돌파구가 바로 아무것도 아닌 것 같은 톡토기에게서 나온 것이다.

우리가 생각할 때 잼이나 톡토기나 별거 아니라고 생각할지 모르겠다. 분명한 것은 이것들이 갖고 있는 본연의 맛을 최대한 살리고, 본연의 모습을 최대한 찾아서 구현하기 위해 각자의 전문적인 분야에서 몸부림칠 때 엄청난 기회가 열리더라는 것이다. 우리가 하나님이 창조하신 피조세계의 정원사로 부름받았다면 삶의 현장에서 정원사로서 하나님이 만드신 피조물을 하나라도 제대로 깊이 파고들 수 있는 영감을 구해야 한다. 이럴 때 우리에게는 엄청난 가능성과 기회가 열릴 것이다.

문화라는 영어 단어 'culture'는 '경작하다'는 뜻의 동사 'cultivate'에서 왔다. 깊이 경작하다 보면 문화가 생겨난다. 아담이 에덴동산을 경작하고 지키는 일에 몰두할 때 문화가 생겨난다. 마찬가지로 우리가 우리에게 주신 일에 깊이 몰두할 때 우리 삶의 현장에 문화가 생겨난다. 우리는 오직 주께서 각 사람에게 나눠주신 대로 하나님이 각 사람을 부르신 대로 최선을 다해 사명을 감당해야 한다(고전 7:17).

내가 있는 그곳이 에덴동산이다. 비록 오늘날 죄성으로 인하여 타락하고 일의 의미가 왜곡되었지만 그곳에서 거룩한 성도로서 기도하며 하나님의 영으로 충만하여 하나님의 은혜를 구할 때, 정원이 다시 살아나고 삶의 현장이 살아날 것이다. 그리고 살아난 삶의 현장을 통해 하나님의 영광이 나타나고, 더 나아가 이웃을 사랑하는 새로운 길이 열릴 것이다. 내가 하는 일을 사랑하자. 더 깊이 파고들자. 그리고 이를 하나님 나라와 영광으로 연결시키자.

[75장 각주]

121) 팀 켈러, 최종훈 역, 「팀 켈러의 일과 영성」(서울: 두란노, 2012), 44쪽.
122) 프레이저 도허티, 박홍경 역, 「나는 돈이 없어도 사업을 한다」(서울: 비즈니스북스, 2017); 김지수, "[김지수의 인터스텔라] '잼' 팔아 스무살에 백만방자, 돈 필요없다, 할머니 지혜가 밑천", 조선일보, 2017. 12. 2.
123) 박주영, "물. 기름에 젖지 않은 표면 개발… 원시곤충 '톡토기' 닮아", 연합뉴스, 2017. 9. 6.
124) 이영완, "곤충 돌기서 영감 얻은 반도체칩 냉각장치", 조선일보, 2018. 4. 26.

76 Chapter 76. Exodus 31:12-18

성막의 존재 목적, 안식일

여호와께서 모세에게 말씀하여 이르시되 너는 이스라엘 자손에게 말하여 이르기를 너희는 나의 안식일을 지키라. 이는 나와 너희 사이에 너희 대대의 표징이니 나는 너희를 거룩하게 하는 여호와인 줄 너희가 알게 함이라. 너희는 안식일을 지킬지니 이는 너희에게 거룩한 날이 됨이니라. 그날을 더럽히는 자는 모두 죽일지며 그날에 일하는 자는 모두 그 백성 중에서 그 생명이 끊어지리라. 엿새 동안은 일할 것이나 일곱째 날은 큰 안식일이니 여호와께 거룩한 것이라. 안식일에 일하는 자는 누구든지 반드시 죽일지니라.

이같이 이스라엘 자손이 안식일을 지켜서 그것으로 대대로 영원한 언약을 삼을 것이니 이는 나와 이스라엘 자손 사이에 영원한 표징이

며 나 여호와가 엿새 동안에 천지를 창조하고 일곱째 날에 일을 마치고 쉬었음이니라 하라. 여호와께서 시내산 위에서 모세에게 이르시기를 마치신 때에 증거판 둘을 모세에게 주시니 이는 돌판이요 하나님이 친히 쓰신 것이더라.

이번 장의 본문은 출애굽기 25~31장까지 계속해서 전개되었던 성막 말씀의 결론 부분이다. 그런데 결론이 다소 어색하게 느껴진다. 안식일을 잘 지키라는 말씀으로 끝나기 때문이다.

> "여호와께서 모세에게 말씀하여 이르시되 너는 이스라엘 자손에게 말하여 이르기를 너희는 나의 안식일을 지키라. 이는 나와 너희 사이에 너희 대대의 표징이니 나는 너희를 거룩하게 하는 여호와인 줄 너희가 알게 함이라"(출 31:12-13).

일반적으로 생각할 때는 성막에 대해 그동안 잘 설명해주었으니 이제는 성막을 잘 만들라는 식의 격려 말씀이 더 잘 어울리지 않을까 하는 생각이 든다. 그러나 본문은 우리에게 보다 깊은 의미를 전달한다. 성막은 많은 노력과 물질이 들어가는 일종의 물리적, 공간적 장치지만 그 장치를 통해 시간을 특별하게 만들어가라는 말씀이기 때문이다. 성막이라는 특별한 공간을 통하여 안식일이 특별한 시간으로 마련된다.

우리나라 평창에서 2018년 2월 9일에서 25일까지 열렸던 동계 올림픽에는 총 92개국 2,925명의 선수들이 출전했다.[125] 올림픽은

단 17일간 열렸지만 이 17일의 경기를 위해 우리나라는 2003년 체코 프라하에서의 첫 유치전부터 시작해 총 6,558일에 걸친 대장정의 노고를 쏟아부었다. 경기장을 건설하고 기반시설을 짓는 데 무려 13조 5천억 원이라는 어마어마한 재정이 투입되었다. 이렇게 많은 돈과 노력을 단 17일간의 경기를 위해 쏟아부은 것이다. 개회식과 폐회식만으로 668억 원의 예산이 소요되었다. 평창에서의 17일간을 특별한 경험의 시간으로 만들기 위해 어마어마한 재정과 시간을 투입해 평창의 공간을 새롭게 재구성하고 건설한 것이다.

현대에는 갈수록 '체험'이 삶의 중요한 가치로 부상되고 있다. 아무리 돈이 많아도 쌓아놓는 것으로는 의미가 없다. 체험을 위해 투자하는 시대가 되었다. 미국의 대표적인 우주여행사인 버진 갤럭틱이 우주여행 상품을 출시한 적이 있다. 우주 비행선을 타고 100km 상공까지 올라가서 약 6분간 무중력 상태를 경험하며 지구를 보고 내려오는 여행인데, 비용은 미화로 25만 달러, 우리 돈으로 약 3억 원정도 한다. 웬만한 광역시의 중소형 아파트 한 채 값이다. 그런데 일반인이 단 6분간이라도 우주여행이 가능하다는 말에 이미 700명이나 예약하고 대기하고 있다. 이는 이 시대가 점점 소유의 시대에서 체험의 시대로 넘어감을 단적으로 보여주는 예다. 돈을 주고 소유하는 것보다 돈을 주고 체험하는 것을 더 가치 있게 여긴다. 그래서 소유보다 렌탈이 대세인 시대다.

유럽에서는 샤토포름이라는 새로운 형태의 숙박회사가 뜨고 있다.[126] 샤토하면 중세시대의 성채를 가리킨다. 포름이란 교육, 훈련이란 뜻이다. '샤토포름'은 성에서 개최하는 교육훈련이란 뜻이다. 샤토포름은 유럽 6개국에 산재해 있는 성 또는 중세시대의 수도원을 개조하여 기업들의 세미나와 교육포럼을 진행하는 회사다. 샤토포름은 조용하고 한적한 중세의 시골 마을 분위기에서 참가자들이 휴식하며 창의적인 아이디어를 생산적으로 내놓을 수 있도록 한다. 내가 시공간이 정지한 것 같은 중세의 아름다운 성에 있다고 생각해보라. 이전에 익숙했던 사고와 틀에서 벗어날 수 있지 않겠는가? 샤토포름이 착안한 것이 바로 이점이다. 평범한 일상의 시공간 구조를 벗어나서 평화롭고 아름다운 특별한 공간에서 특별한 사람들과 만나게 하며 이전에는 쥐어짜도 나오지 않던 생각이 샘솟듯 흘러나오는 것이다. 이전에 몰랐던 전문성과 잠재력을 시공간의 재조정을 통해 새롭게 나오도록 하는 것이다. 샤토포름은 특별한 시공간에 있으면 사람이 달라진다는 것을 일찍이 눈치챘다.

하나님께서 이스라엘 백성에게 성막을 주신 이유가 무엇인가? 그들로 매일매일 살아가던 일상에서 벗어나 하나님이 하늘의 모형으로 주신 성막에 나아와 일주일 중의 하루를 구별하여 하나님을 특별히 체험하며 살아가도록 하기 위한 것이다. 정기적인 이런 체험이 이스라엘을 세상 풍조에 휩쓸리지 않게 하고 이들의 생각과 마음을 새롭게 변화시킨다.

이번 장의 본문 13절은 성막을 통해 경험해야 할 안식일의 시간을 "나의 안식일"이라고 말씀한다. 이는 안식일이 사람에게 속한 시간이 아니라 하나님께 속한 시간임을 의미한다. 하나님은 우리에게 주신 일주일의 시간 가운데 하루를 특별한 시공간에서 하나님을 만나고 경험하는 시간으로 구별할 것을 원하셨다. 우리에게 있는 인생의 시간은 하나님으로부터 선물로 받은 것이다. 원래 우리에게 주어진 시간은 하나님의 것인데 일주일에 하루를 주님 앞에 나아와 예배드림으로 내 인생의 시간이 다 내 것이 아니라 하나님의 것임을 인정하도록 하신 것이다. 하나님의 백성들은 안식일을 구별함으로 시간을 새롭게 살아가도록 부름받은 사람들이다.

화살같이 빠르게 지나가는 시간을 나만을 위해서 사용하는 것이 아니라 하나님의 영광을 위해 사용하도록 부름받은 사람임을 우리는 매주 확인해야 한다. 그렇지 않으면 우리는 '자신이 어떤 존재인지, 무엇을 위해 살아가야 하는지' 곧바로 잊어버린다. 우리가 처한 상황의 공간과 시간 구조 속에 들어가면 정신없이 질주만 하지, 그 방향을 점검할 틈이 없다. 그래서 우리는 일주일에 한 번씩 정신없이 몰아가는 우리 삶의 구조로부터 빠져나와 하나님 앞에 예배드림으로 내가 어떤 존재인지, 무엇을 향해 가야 할 존재인지를 확인하며 살아가야 한다.

13절은 "이는 나와 너희 사이에 너희 대대의 표징"이라고 말씀한다. '나와 너희 사이'란 하나님과 이스라엘 사이의 특별한 언약관계를 나타낸다.

이스라엘이 하나님의 언약백성이라는 뚜렷한 표징이 바로 안식일이다. 하나님의 백성이면 안식일을 기억하고 지킴으로 그 백성 됨을 드러내야 한다. 그것이 세상 사람과 다른 점이다. 우리는 내가 잘 모르는 다른 사람의 생일을 굳이 기억하고 기념하지 않는다. 그러나 가족이라면 마땅히 기억하여 지키고 축하해준다. 왜? 가족이라는 특별한 관계 때문이다. 마찬가지로 하나님의 언약백성이라면 반드시 하나님의 시간을 기억하고 일주일에 한 번은 자기 삶의 시공간을 새롭게 해야 한다.

스마트폰도 오랫동안 전원을 끄지 않고 계속 사용하다 보면 버그가 일어난다. 그러면 어떻게 하는가? 전원을 껐다가 다시 켜야 한다. 사람도 마찬가지다. 세상 속에서 정신없이 살아가다 보면 죄와 세상 풍조로 인해 버그가 일어난다. 그러면 다시 주님의 전에 나아와 우리 존재를 리셋해야 한다. 정기적으로 리셋할 때 우리는 하나님 백성으로서의 자기 정체성을 확고히 붙들고 살아갈 수 있다. 이것이 얼마나 중요한지 하나님께서는 이것을 모두가 반드시 지켜야 할 것으로 선포하신다.

> "너희는 안식일을 지킬지니 이는 너희에게 거룩한 날이 됨이니라. 그날을 더럽히는 자는 모두 죽일지며 그날에 일하는 자는 모두 그 백성 중에서 그 생명이 끊어지리라"(출 31:14).

모든 백성에게 거의 강제적으로 엄격하게 선언하신 이유가 무엇일까? 이 제도를 이스라엘 전체에 빠른 시일 내에 정착시키기 위해서다. 하나님은 안식일을 모두가 함께 지키도록 말씀하시며, 생명을 맞바꿀 만큼 중요한 것이 바로 하나님 앞에 안식일을 지키는 것임을 말씀한다. 더 나아가 이 안식일을 자손 대대로 지켜야 할 것으로 선언하신다.

> "이같이 이스라엘 자손이 안식일을 지켜서 그것으로 대대로 영원한 언약을 삼을 것이니"(출 31:16).

자녀들에게 안식일을 제대로 심어 주려면 집안의 제도로 정착시켜야 한다. 만약 자녀들에게 "이번 주는 날씨가 좋으니 놀러 가고, 다음 주는 비가 오니까 교회에 가자"고 한다면 자녀들은 좋은 날은 내 시간, 나쁜 날은 하나님 시간이라는 이상한 개념을 배우게 된다. 어떤 일이 있더라도 변함없이 하나님 앞에 나아와 예배드려야 한다는 것을 각인시켜주어야 한다. 이는 삶으로 보여주어야 한다. 삶으로 보여주는 것이 다음세대에 각인되고 오랫동안 남는다. 우리가 대대로 안식일을 통해 시공간을 구별하지 못하면 우리뿐만 아니라 다음세대는 급격히 하나님을 잃어버리는 세대가 된다.

사사기에는 그렇게 '여호와를 알지 못하는 다른 세대'가 일어남을 진술한다. "그 세대의 사람도 다 그 조상들에게로 돌아갔고 그 후에 일어난 다른 세대는 여호와를 알지 못하며 여호와께서 이스라엘을 위하여 행하신 일도 알지 못하였더라"(삿 2:10). '그 세대의 사람'은 광야생활을 끝내고 여호수아와 함께 가나안 땅에 들어가 정복전쟁을 수행한 출애굽 2세대를 가리킨다. 이들이 늙고 죽자 그다음에 일어난 3세대를 사사기는 '다른 세대' 라고 한다. 왜 다른 세대인가? 여호와를 알지 못하기 때문이다. 이런 현상이 나타난 것은 사사기 2장 1절 이하가 말씀하는 것처럼 이스라엘이 우상 숭배를 하며 시공간 구조를 하나님이 아닌 우상을 위해 구별하기 시작하면서부터다.

오늘날을 '가벼움의 시대' 라고 한다. 프랑스 사회학자 질 리포베츠키가 쓴 「가벼움의 시대」에 보면 우리는 가벼움을 제도적으로 합법화하고 사회적으로 일반화하는 시대를 살아가고 있다.[127] 주변에서 슬림, 심플, 큐트, 초소형, 초경량, 초간편 같은 표현을 사용하는 것을 본다. 가벼움을 높이고 찬양한다. 우리 몸도 가벼움을 추구하는 시대다. 다이어트, 스트레칭을 비롯한 다양한 운동 등은 가벼움을 향한 신체 관리기술이다. 그런데 요즘에는 이것이 인간관계까지 확대되고 있다. 가구 형태 중에 1인 가구가 점차로 증가한다. 1인 가구가 540만 가구로 전체 가구의 27.4%나 된다. 경제도 1인 경제가 뜬다. 그런데 모든 인간관계에서 벗어난 1인일수록 마음의 안식을 잃은 채로 고독 가운데 안식을 찾아 헤맬 가능성이 높다.

이런 가벼움의 시대에 우리가 잃어가는 기술이 있다. 바로 '소통'의 기술이다. 누구와도 소통하지 않고 혼자 닫아버린다. 그뿐만이 아니다. 혼자 가벼워지면 세대와 세대 간의 소통마저 단절되기 쉽다. 이런 면에서 예배는 소중하다. 가벼움의 시대에 우리가 시간을 따로 구별하여 하나님을 예배한다는 것은 무엇을 의미하는가? 아무리 가볍게 홀로 떨어져 살고 싶어도 우리는 하나님께 속한 존재이고, 우리의 시간이 하나님의 것임을 인정하는 것이다.

더 나아가 우리는 대대로 하나님 앞에 안식하며 안식을 지켜야 하는 존재로 부름받았음을 자자손손 전수해주어야 한다. '대대로' 는 자손 대대로 소통해야 함을 의미한다. 할아버지 또는 부모의 권위로 무조건 지키라고 강요할 것이 아니라 왜 지켜야 하는지, 왜 우리가 안식해야 할 존재인지를 차분하게 설명해주고, 기쁘게 안식일을 지키는 모습을 보여주어야 한다. 날씨 좋다고 안 가고, 미세먼지 많으면 안 가고, 엄마와 아빠가 서로 싸우면 안 가고, 그렇게 하지 말고 일단 가야 한다. 그래야 은혜받고 서로가 다시 존귀하게 보이기 시작한다.

여기서 우리가 주의해야 할 것이 한 가지 있다. 그것은 일부 이단이 이 말씀을 인용하여 우리는 구약의 안식일을 신약시대에도 '대대로' '영원히' 지켜야 한다고 주장하는 것이다. 이들은 구약성경에서 안식일을 지키지 않으면 반드시 죽이라고 했으니(15절), 안식일을 지키지 못하면 구원받지 못한다고 주장한다. 문제는 안식일을 제대로 지키려면 '토요일'로 지켜야 한다는 것이다. 이것이 '표징'이기 때문에 안식일을 토요일로 제대로 지키지 못하면 하나님의 인을 받지 못한다고까지 주장한다.

우리는 본문에 나오는 '영원히'라는 표현을 잘 이해해야 한다. 영원을 의미하는 히브리어 '올람'이란 단어는 한도 끝도 없는 영원을 의미하는 것이 아니라 한 시대, 인간의 한 생애 전체를 의미하는 단어다. 예를 들어 유월절을 지키라고 하신 말씀을 살펴보자.

> "너희는 이날을 기념하여 여호와의 절기를 삼아 영원한 규례로 대대로 지킬지니라"(출 12:14).

여기서 '영원히'는 '예로부터 지금까지 영원히'가 아니다. 여기서 '영원히'는 구약시대를 말한다. 히브리서 9장 24절에 보면 유월절은 십자가와 함께 끝났다. 또 아론의 자손에게도 출애굽기 40장 15절에서 영영히 제사장이 되리라고 말씀하셨는데 이것 역시 구약시대로 끝났다. 십자가에서 끝이 났다. "그 아버지에게 기름을 부음같이 그들에게도 부어서 그들이 내게 제사장의 직분을 행하게 하라. 그들이 기름 부음을 받았은즉 대대로 영영히 제사장이 되리라 하시매." 그래서 골로새서 2장 16절을 보면 이미 이러한 구약의 제도가 끝났음을 선언하고 있다. "그러므로 먹고 마시는 것과 절기나 초하루나 안식일을 이유로 누구든지 너희를 비판하지 못하게 하라."

여기 먹고 마시는 것은 정결 규례다. 절기는 유월절과 칠칠절, 장막절과 같은 이스라엘의 절기다. 초하루는 매달 초하루에 드리는 월삭 예배다. 그리고 안식일이 있다. 골로새교회는 이런 절기들을 지키지 않고, 오직 토요일 다음 날 주님이 부활하신 일요일을 주님의 날(Lord's Day)로 기억하여 주일로 지켰다. 그런데 유대 율법주의 그리스도인들이 골로새교회에 와서 이런 절기와 안식일을 안 지킨다고 비난하는 것이다. 이에 대해 골로새서 2장 16절 말씀은 이런 것으로 이들이 비판하지 못하게 하라고 말씀한다. 왜? 이제 성도들은 주일을 안식일로 예배하는 자들이기 때문이다.

신약시대의 안식일은 무엇인가? 하나님의 자녀가 부활하신 주님을 주로 인정하며 드리는 주일이다. 이제 우리는 주님의 자녀로 예수 그리스도의 구속사역을 통해 구원받고 성삼위일체 하나님을 찬양한다. 우리의 생은 하나님의 선물이다. 우리의 시간도 마찬가지다. 주일에 드리는 이 예배의 시간도 귀한 선물로 여기라. 이를 통해 우리가 장차 경험할 하늘나라를 미리 맛보아야 한다. 이런 거룩함을 이루어가는 성도로 서자.

[76장 각주]

125) 위키백과, '2018년 동계올림픽'

126) 황성혜, "[Weekly Biz] 이곳서 회의하니… 쥐어짜도 안 나오던 말랑말랑한 아이디어가 샘솟듯", 조선일보, 2018. 5. 5.

127) 질 리포베츠키, 이재형 역, 「가벼움의 시대: 우리 시대를 지배하는 가벼운 것의 문명」(서울: 문예출판사, 2017), 8쪽.

[P·A·R·T·11]

이스라엘의 타락과 회복

끝까지 신실할 수 있는가

충성스러운 반대자가 되라

그날, 모세는 횡단하였다

진노 중에 시작된 회복시스템

모세는 왜 그렇게 집요하였나

더 깊은 헌신 가운데 맛보는 주의 영광

은혜에 사로잡혀야 흔들리지 않는다

77 Chapter 77. Exodus 32:1-6

끝까지 신실할 수 있는가

백성이 모세가 산에서 내려옴이 더딤을 보고 모여 백성이 아론에게 이르러 말하되 일어나라. 우리를 위하여 우리를 인도할 신을 만들라. 이 모세 곧 우리를 애굽 땅에서 인도하여 낸 사람은 어찌 되었는지 알지 못함이니라. 아론이 그들에게 이르되 너희의 아내와 자녀의 귀에서 금 고리를 빼어 내게로 가져오라.
모든 백성이 그 귀에서 금 고리를 빼어 아론에게로 가져가매 아론이 그들의 손에서 금 고리를 받아 부어서 조각칼로 새겨 송아지 형상을 만드니 그들이 말하되 이스라엘아 이는 너희를 애굽 땅에서 인도하여 낸 너희의 신이로다 하는지라. 아론이 보고 그 앞에 제단을 쌓고 이에 아론이 공포하여 이르되 내일은 여호와의 절일이니라 하니 이

튿날에 그들이 일찍이 일어나 번제를 드리며 화목제를 드리고 백성이 앉아서 먹고 마시며 일어나서 뛰놀더라.

세계적인 혁신기업으로 손꼽히는 다국적 회사 중 하나인 3M은 116년간 끊임없는 혁신으로 정평이 나 있다. 처음에는 광산업체로 시작했다가 생활, 의료용품 업체로, 최근에는 첨단산업소재 업체로의 변신에 성공하였다. 이런 끊임없는 혁신의 DNA를 보여주는 것이 이 회사가 지금까지 낸 10만 개의 특허다. 한 회사가 10만 개의 특허를 보유했다는 것이 어마어마하다. 재미있는 것은 이 회사가 특허를 내며 혁신을 이루는 것이 문어발식으로 아무것이나 낸 것이 아니라는 점이다. 3M의 특허는 대부분 이 회사가 가진 46개의 원천기술을 기반으로 하고 있다.[128)]

예를 들어 3M이 갖고 있는 접착제 제조기술이 있다. 이 기술은 원천기술에 속한다. 그런데 이 기술을 기반으로 특허낸 기술은 항공기 부품을 제조하는 데 필요한 접착제로 생산되고, 자동차 제조에도 사용되며, 건축 분야에도 사용될 뿐만 아니라 강도를 조절해서 수술과 같은 의료부분에도 사용된다. 우리가 흔히 사용하고 있는 포스트잇과 같은 문구용품에까지 확대된다. 원천기술 하나로 다양한 분야의 제품에 특허를 내고 독점적인 지위를 누리며 회사를 끊임없이 혁신하고 있는 것이다. 이런 것을 보면 핵심을 제대로 이해하고 붙드는 것이 얼마나 중요한지 모른다.

몇 해 전, 세계 4위의 통신장비업체인 중국의 ZTE가 도산 위기에 빠졌다.[129)] 당시 ZTE는 스마트폰 세계 9위, 한 해 매출 18조 3,600억

원을 올린 대기업이었다. 이 기업이 갑자기 도산하게 된 이유가 무엇일까? 그것은 ZTE가 북한과 이란을 제제하는 UN의 국제제제협의를 위반하자, 미국 상무부에서 향후 7년간 미국 기업과의 거래를 금지하는 제재를 가했기 때문이다. 스마트폰과 통신장비의 핵심부품이 바로 미국 제품이다. 스마트폰에 들어가는 핵심 칩이 미국 반도체 기업에서 공급하는 칩세트다. 통신모뎀의 핵심부품도 마찬가지다. 게다가 스마트폰을 구동하는 소프트웨어도 구글의 안드로이드다. 결국 그토록 기세가 등등했던 ZTE도 미국 회사에서 핵심부품 몇 가지의 공급을 중단하니 회사가 완전히 마비되고 말았다. 회사로서는 사형선고를 받는 것과 마찬가지였다.

이스라엘 백성은 당대 최고의 강대국이었던 애굽의 노예로 있다가 하나님의 능력으로 자유를 얻게 되었다. 이들이 자유를 얻은 것은 사람의 능력으로는 도저히 불가능하고 전능하신 하나님의 은혜가 있었기 때문에 가능했다. 하나님은 이스라엘 백성들에게 그들을 인도하신 하나님의 위엄과 임재가 어떠한지를 보여주시려고 이들을 시내산으로 부르시고 친히 시내산에 영광 중에 임하셨다. 그리고 하나님의 위엄 있는 음성을 들려주셨다. 이때 이스라엘 백성들은 하나님의 음성을 듣는 것만으로도 얼마나 무섭고 두려운지 모세에게 이렇게 부탁한다.

> "모세에게 이르되 당신이 우리에게 말씀하소서. 우리가 들으리이다. 하나님이 우리에게 말씀하시지 말게 하소서. 우리가 죽을까 하나이다"(출 20:19).

이 음성을 실제로 두 귀로 듣고 나서야 이들은 하나님의 말씀이 얼마나 크고 두려운 것인지 비로소 절감했다. 그러자 모세가 말한다.

"모세가 백성에게 이르되 두려워하지 말라. 하나님이 임하심은 너희를 시험하고 너희로 경외하여 범죄하지 않게 하려 하심이니라. 백성은 멀리 서 있고 모세는 하나님이 계신 흑암으로 가까이 가니라"(출 20:20-21)

모세는 이스라엘 백성들에게 두려워하지 말라고 격려하며 하나님이 이렇게 친히 음성을 들려주신 것은 이들로 하나님을 경외하고 죄를 짓지 않게 하려 함이라고 말한다. 이제 이스라엘은 오직 여호와 하나님만이 유일한 분임을 깨닫고 그분만을 섬기는 것이 이스라엘 생존과 번영의 핵심임을 알아야 한다. 모세는 백성들의 요청대로 하나님이 계신 흑암의 구름 속으로 들어가 이스라엘 백성을 대신하여 하나님의 말씀을 받는다. 이때 하나님이 모세를 통해 이스라엘 백성들에게 하셨던 중요한 말씀이 있다.

"너희는 나를 비겨서 은으로나 금으로나 너희를 위하여 신상을 만들지 말고"(출 20:23).

하나님의 두려운 음성을 들었기에 이를 대체할 어떤 신상, 형상을 만들지 말라고 하신 것이다. 이스라엘 백성이 하나님이 어떤 분이신지 제대로 처음 경험했을 때 하나님이 가장 먼저 경고하신 말씀이 다른 형상을 만들지 말라는 것이다. 그러고는 모세를 통하여 하나님 백성이 살아가야 할 길을 말씀하시고, 이들과 언약을 체결하여 자기 백성으로 삼으셨다.

> "언약서를 가져다가 백성에게 낭독하여 듣게 하니 그들이 이르되 여호와의 모든 말씀을 우리가 준행하리이다. 모세가 그 피를 가지고 백성에게 뿌리며 이르되 이는 여호와께서 이 모든 말씀에 대하여 너희와 세우신 언약의 피니라"(출 24:7-8).

피로서 언약을 체결하고 하나님의 소중한 언약백성이 되었다. 이렇게 언약을 체결하고 나서 이스라엘 자손들의 대표는 하나님의 임재로 나아가 그분 앞에 먹고 마시며 축제를 벌였다(출 24:11). 이스라엘 백성과 언약을 체결하고 난 후 하나님은 모세를 그분의 임재 속으로 다시 불러 이제부터 언약백성이 하나님을 어떻게 예배하며 살 것인가를 말씀하신다.

> "산 위의 여호와의 영광이 이스라엘 자손의 눈에 맹렬한 불같이 보였고 모세는 구름 속으로 들어가서 산 위에 올랐으며 모세가 사십 일 사십 야를 산에 있으니라"(출 24:17-18).

모세는 이렇게 하나님의 임재 속에 들어가 25~31장까지 성막의 설계도를 받는다. 그런데 본문에는 하나님과 언약을 체결한 지 얼마 지나지도 않아 이스라엘 백성 내부에 커다란 위기가 일어나고 있음을 말씀하고 있다.

> "백성이 모세가 산에서 내려옴이 더딤을 보고 모여 백성이 아론에게 이르러 말하되 일어나라. 우리를 위하여 우리를 인도할 신을 만들라. 이 모세 곧 우리를 애굽 땅에서 인도하여 낸 사람은 어찌 되었는지 알지 못함이니라"(출 32:1).

모세가 성막 설계도를 받으러 시내산 꼭대기로 올라갔는데 예상보다 상당히 오래 머물렀다. 이때 이스라엘 백성이 하는 말이 무엇인가? "우리를 위하여 우리를 인도할 신을 만들라!" 지금까지 이스라엘 백성들을 인도하신 분은 하나님이었다. 그런데 갑자기 이런 황당한 요구를 하는 이유가 무엇인가? 이어지는 이들의 말에 이를 짐작할 수 있는 실마리가 담겨 있다. "이 모세 곧 우리를 애굽 땅에서 인도하여 낸 사람은 어찌 되었는지 알지 못함이니라."

지금 이스라엘 백성들은 자신을 인도하여 낸 이가 하나님이 아니라 모세였다고 말하고 있다. 그런데 그 표현이 "이 모세 곧 우리를 인도하여 낸 사람"이다. 원문으로 하면 '이 사람 모세'다. 이 표현은 경멸적인 표현이다. 하나님 임재의 두려움 앞에서는 모세에게 혼자 들어가서 하나님의 음성을 듣고 오라고 간절히 부탁하고 긴장했던 이스라엘 백성들이, 이제 모세가 보이지 않으니까 그에게 경멸적인 표현을 사용하며 함부로 말하고 있다. 이들이 이렇게 모세를 향하여 경멸적인 표현을 사용한 것은 모세가 하나님의 맹렬한 불이 있는 구름 속으로 들어간 이후 아직 나오지 않았기 때문이다.

들어간 지 얼추 40일이 다 되었다. 여전히 시내산에서는 구름 속에 화염이 번쩍번쩍 하는데, 이스라엘 백성은 모세가 나오지 않는 것이 답답하고 불안했던 것이다. 그런데 이들이 아론에게 요청하는 표현이 듣기에 불편하다. 표현이 온통 자신에게 집중되어 있기 때문이다. "우리를 위하여 우리를 인도할 신을 만들라." 모세를 향해서도 "'우리를' 인도하여 낸 사람"이라고 한다. 지금 이스라엘의 시선은 온통 자신의 안위에 집중되어 있다. 시내산에 불과 구름이 있어도 그것이 지금 당장 자신의 유익과 상관없으면 필요 없다. 지금 이들이 필요한 것은 확실한 누군가가 자신들을 안정되게 이끌어주는 것이다.

이스라엘 백성들은 기다리고 인내하는 일에 약했다. 이들의 조급함은 출애굽기 15장에 홍해가 갈라지는 기적을 맛본 후 광야에서 딱 3일 후 나타났다. 광야에서 물을 얻지 못하니 하나님을 향하여 불평불만을 쏟아냈던 것이다. 그렇게 놀랍고 큰 홍해의 기적을 경험했으면 하나님을 신뢰하며 모세에게 중보기도를 요청하면 될 것을 일단 불평불만부터 내뱉았다. 고약한 습관이다. 이것은 우리도 크게 다르지 않다. 불편하고 힘든 것이 내 눈에 띄면 말하지 않고는 견디지 못한다. 일단 찾아가서 말해주고, 따끔하게 일침을 놓고, 불평을 쏟아내고, 험담을 해야 속이 좀 시원한 것 같다. 그러나 성도라면 그 이전에 이 모든 상황을 주관하시는 하나님을 기억하고 그분 앞에 무릎 꿇고 기도해야 한다. 이것이 성숙한 성도다.

이런 면에서 이스라엘은 아직 어린아이 같은 신앙이었다. 이전에 애굽에서 노예로 살던 악한 습관들을 아직 버리지 못했다. 이것을 보여주는 대표적인 표현이 바로 우리를 인도할 '신'을 만들라는 것이다. 여기서 '신'은 복수형 'gods'로 사용되었다. 지금까지 이스라엘을 인도한 분은 유일하신 하나님이지만, 이들은 이제 우리를 인도할 신들을 만들라고 한다. 왜 복수형일까? 이것은 이들이 애굽에서 노예로 살아갈 때 경험했던 다신교의 여러 신을 염두에 두고 있음을 의미한다.

애굽에는 태양신 라를 비롯해 개구리 신 헤케트, 나일강의 신 오시리스, 하피 등 수많은 신이 있었다. 이제 모세가 보이지 않으니 자신들을 이끌 아무 신이나 좀 데려오라는 것이다. 지금 저 멀리 눈앞에는 시내산 위에 하나님의 영광의 구름이 번쩍거리고 있어도, 지금 자신들 앞에는 아무것도 손에 잡히는 것이 없으니 뭐라도 가져오라고 요청한다. 이스라엘 백성들은 신들을 요구하면서 동시에 자신을 인도하던 모세가 나타나지 않으니 어찌 되었는지 알지 못한다고 한다. 이런 표현은 이들이 모세를 은연중 신과 같이 여기거나 하나님과 이스라엘 사이를 중보하는 천사나 사자와 같은 특별한 중재자로 여겼음을 짐작하게 한다. 그런데 그랬던 모세가 갑자기 사라지니 하나님이 더는 자신들과 함께하지 않는 것 같고 두려움이 앞섰던 것이다.

어린 자녀와 놀이공원을 갔는데, 아이에게 "얘야, 아빠가 화장실에 다녀올 테니까 여기 움직이지 말고 가만히 있어"라고 했다. 그런데 5분, 10분이 지나도 아빠가 나타나지 않으면 어떻게 하는가? 아이는 두렵고 무서워 울면서 여기저기 "아빠, 아빠" 하면서 헤매고 다닐 것이다. 이스라엘이 그런 형국이었다. 하나님이 보이지 않고 모세도 보이지 않는다. 그러니 아무나 와서 자신을 이끌어주면 좋겠다고 하는 것이다.

우리도 그런 유혹이 찾아올 때가 있다. 늘 하나님의 임재를 경험하고 느끼다가 어느 순간부터 상당 기간 하나님의 임재가 더는 느껴지지 않는 힘든 시기가 찾아올 때가 있다. 이것을 신앙의 선배들은 '영혼의 어두운 밤'이라고 부르곤 했다. 더는 이전처럼 하나님과 친밀감이 느껴지지 않고 멀리 계신 것 같을 때 하나님과 누렸던 친밀감과 비슷한 유사 친밀감을 추구하다가 신앙을 떠나고 죄를 지었던 것이다.

이스라엘이 지금 이런 위기에 처해 있었다. 온통 자신의 안위에만 관심이 있고 하나님의 부재에 당황하고 있다. 이럴 때 아론은 어떻게 해야 하는가? 이스라엘을 달래며 "모세가 사라진 것이 아니요 바로 저 시내산 위에서 하나님을 만나고 있으니 더 기다려보자" 하면서 격려해야 하지 않겠는가? 그런데 수많은 사람이 몰려가서 아론에게 비난과 불평을 쏟아내고 모세를 함부로 이야기하며 압력을 가하자 당황했던 모양이다. 아론은 꼼짝 못하고 이들의 요구대로 다른 신을 만들기로 작정한다.

> "아론이 그들에게 이르되 너희의 아내와 자녀의 귀에서 금 고리를 빼어 내게로 가져오라"(출 32:2).

아론이 이들에게 요구한 금귀고리는 하나님이 은혜를 베푸셔서 이스라엘이 출애굽할 때 애굽 백성으로부터 얻었던 것들이다.

> "이스라엘 자손이 모세의 말대로 하여 애굽 사람에게 은금 패물과 의복을 구하매 여호와께서 애굽 사람들에게 이스라엘 백성에게 은혜를 입히게 하사 그들이 구하는 대로 주게 하시므로 그들이 애굽 사람의 물품을 취하였더라"(출 12:35-36).

금 고리는 하나님의 은혜와 출애굽 역사를 떠올리게 하는 것이었다. 그런데 백성들은 이 은혜의 선물을 우상을 만들기 위해 내놓는다. 하나님이 물질을 주셨는데 자기를 잘되게 하기 위한 엉뚱한 우상들에게 갖다 바친 것이다. 아론은 이것들을 받아 어떻게 하는가?

> "아론이 그들의 손에서 금 고리를 받아 부어서 조각칼로 새겨 송아지 형상을 만드니 그들이 말하되 이스라엘아 이는 너희를 애굽 땅에서 인도하여 낸 너희의 신이로다 하는지라"(출 32:4).

금송아지 신상을 만들고 이것이 이들을 인도하여 낸 신이라고 공포한다. 여기 보면 신상을 만드는 과정이 두 단계로 나와 있다. 먼저는 부어서 만들었고, 둘째는 조각칼로 새겨서 만들었다. 금송아지 신상은 먼저 나무로 송아지 형상을 잘 새겨서 금을 덧입힌 것이다. 아니, 어떻게 금송아지가 이스라엘을 인도하여 낸 신이라고 할 수 있는가? 아론의 수준이 이것밖에 되지 않는가?

게다가 본문을 자세히 관찰해보면 4절 말씀 중 "이는 너희의 신이로다"라는 표현이 복수로 되어 있다는 사실을 알 수 있다. 즉 "이것들이 너희를 애굽에서 인도하여 낸 너희의 신들이다"(These are your gods)는 것이다. 이는 금송아지가 한 마리가 아니라 복수의 여러 마리일 가능성을 시사한다. 둘 혹은 셋 이상의 금송아지 형상을 만들고 이것이 너희의 신들이라고 공포한 것이다.

이런 우상 숭배의 경향은 애굽에서 오랜 세월 노예생활을 하면서 이스라엘 민족의 DNA로 새겨진 것 같다. 후에 솔로몬 이후 유다에서 갈라진 여로보암 왕도 갑작스럽게 이런 길을 따른다. "이에 계획하고 두 금송아지를 만들고 무리에게 말하기를 너희가 다시는 예루살렘에 올라갈 것이 없도다. 이스라엘아 이는 너희를 애굽 땅에서 인도하여 올린 너희의 신들이라 하고 하나는 벧엘에 두고 하나는 단에 둔지라"(왕상 12:28-29). 이때에도 금송아지를 하나 만든 것이 아니라 둘을 만들었다. 우상을 따르기 시작하면 하나만으로는 부족하다. 나를 유익하게만 한다면 이것도 좋고, 저것도 좋고, 하나만이 아니라 둘셋, 내게 금은 물질이 있는 한 많이 만들수록 좋다고 믿게 하는 유혹이 있다.

이렇게 금송아지를 만들더니 아론은 한 걸음 더 나아간다.

> "아론이 보고 그 앞에 제단을 쌓고 이에 아론이 공포하여 이르되 내일은 여호와의 절일이니라 하니 이튿날에 그들이 일찍이 일어나 번제를 드리며 화목제를 드리고 백성이 앉아서 먹고 마시며 일어나서 뛰놀더라"(출 32:5-6).

아론은 이전에 모세가 있을 때 시내산 앞에서 하나님과 언약을 체결했을 때 먹고 마시며 축제를 벌였던 장면(출 24:11)을 흉내 내어 금송아지 앞에 먹고 마시며 축제를 벌인다. 이스라엘은 이 금송아지를 모세의 부재를 대체할 신적 존재로 여기고 금송아지를 통해 다시 여호와께 가까이 나아갈 수 있게 된 것을 축하했던 것이다. 이러한 생각은 애굽의 다신교 체계가 어느 정도 반영되었다. 애굽에서는 태양신 라가 최고 강력한 신이고 나머지 강의 신, 개구리 신 등은 이 태양신 아래에 있는 신들이다. 금송아지는 여호와 아래 있는 하위 신이었던 것이다. 이스라엘 백성들은 금송아지를 통해 여호와께 나아갈 수 있다고 생각했던 모양이다.

고대 근동에서 금송아지는 절대적인 힘을 가진 신이라기보다 신의 발등상에 있는 중보적인 역할을 감당하는 신으로 흔히 여겨왔다. 금송아지를 통해 크고 두려운 여호와께 나아가려고 한 것이다. 하지만 잘못된 중보자를 통해서는 하나님께 나아갈 수 없다.

성도는 예수 그리스도의 이름으로 기도한다. 그것은 예수 그리스도가 하나님께 나아가는 유일한 중보자임을 의미한다. 그런데 이 이름을 알라의 이름으로, 관우 장군의 이름으로, 지리산 산신령의 이름으로, 석가모니의 이름으로 등등 다른 이름으로 대체하면 이것은 하나님 앞에 가증한 죄가 된다.

이스라엘은 십계명 제1계명에 경고하셨던 "자신을 위한 신상을 만들었다." 언약백성으로 지켜야 할 신실함을 지키지 못했다. 이들이 신실함을 지키지 못한 것은 모세의 부재를 믿음으로 견뎌내지 못했기 때문이다. 인내하지 못하자 두려움이 앞서고, 두려움이 앞서자 그 자리를 대체할 것은 무엇이든지 찾아 헤맸다. 목마르니 아무거나 마실 것을 찾다가 짜디짠 바닷물을 마시거나, 먹어서는 안 될 오물을 먹는 것과 마찬가지다.

그렇다면 이스라엘은 어떻게 해야 하는가? 하나님은 훗날 이 시간을 반추하며 신명기에서 광야 2세대의 이스라엘 백성들에게 어떻게 해야 할 것인가를 말씀하신다. "그들을 두려워하지 말고 네 하나님 여호와께서 바로와 온 애굽에 행하신 것을 잘 기억하되 네 하나님 여호와께서 너를 인도하여 내실 때에 네가 본 큰 시험과 이적과 기사와 강한 손과 편 팔을 기억하라. 네 하나님 여호와께서 네가 두려워하는 모든 민족에게 그와 같이 행하실 것이요"(신 7:18-19).

두려움이 찾아올 때, 두려워서 기다리기가 너무 힘들고 도저히 기다릴 수 없을 때 이스라엘은 기억의 사역으로 부름받는다. 이스라엘은 반드시 기억해야 한다. 하나님이 바로와 애굽에 행하신 기적들과 출애굽의 기적을 기억하고, 광야에서 보여주신 놀라운 능력들, 구름 기둥과 불 기둥, 만나와 메추라기, 광야에 샘물을 내신 역사들을 기억해야 한다.

하지만 우리는 과거를 잘 기억하려 하지 않는다. 닥친 일도 처리하느라 정신없는데 언제 지난 과거를 돌아보겠는가? 그러나 지난 과거에 하나님이 행하신 일을 기억하고 그분의 손길을 떠올리며 다시 하나님을 신뢰하는 것이 우리 믿음을 지키고 두려움을 이겨내는 데 있어 매우 중요하다.

지난 시간을 돌아볼 때 정말 하나님의 은혜로 여기까지 왔노라 고백하는 사람이 많다. 지금까지 이런 놀라운 능력으로 우리를 인도하셨다면 지금 우리 앞에 태산같이 높이 쌓인 장벽과 두려움도 능히 이겨나가지 않겠는가? 그렇다면 지난 하나님의 역사를 기억하고, 이전에 우리에게 주셨던 약속의 말씀을 기억하며, 하나님을 가까이하는 것이 성도의 힘이요 능력이 된다. 우리가 하나님의 은혜를 기억할 때 입술로 드러내는 표시가 있다. 그것이 바로 감사다. 지난 시간까지 함께하신 것이 하나님의 은혜다. 얼마나 감사한가? 그 하나님이 지금도 함께하심을 믿음으로 고백하며 인정한다. 그리고 미래에도 인도하실 것을 확신한다. 얼마나 감사한가? 그래서 기억과 감사는 함께 연결된다. 그래서 감사(thank)는 '기억하는 행위'(think)와 긴밀하게 연결된다. 깊이 생각하고 기억할 때 감사할 수 있다.

기억과 감사를 잃어버릴 때 우리는 급속도로 우상 숭배의 유혹에 빠진다. 기억과 감사의 끈을 놓지 않도록 하는 것이 바로 예배의 자리다. 예배를 통해 우리는 하나님의 은혜를 돌아보고 감사를 고백해야 한다. 두려움이 커질수록 예배의 자리로 가까이 나올 수 있어야 한다. 이것저것 복잡하게 우리를 헷갈리게 할 만한 그럴듯한 유혹이 난무하는 시대다. 그러나 핵심을 잘 붙들어야 흔들리지 않는다. 정말 중요하고 결정적인 예수님을 잘 붙들고 흔들리지 말아야 한다. 하나님 앞에 처음부터 끝까지 신실하게 설 수 있는 믿음의 백성이 되어야 한다.

[77장 각주]

128) 전설리, "변신의 고수 3M '10만개 특허는 46개 원천기술서 나와'", 한국경제, 2018. 5. 10.

129) 박건형, "美 무역보복 칼 뽑자, 中 대표 IT업체 '망하기 직전'", 조선일보. 2018. 5. 11.

78 Chapter 78. Exodus 32:7-29

충성스러운 반대자가 되라

여호와께서 모세에게 이르시되 너는 내려가라. 네가 애굽 땅에서 인도하여 낸 네 백성이 부패하였도다. 그들이 내가 그들에게 명령한 길을 속히 떠나 자기를 위하여 송아지를 부어 만들고 그것을 예배하며 그것에게 제물을 드리며 말하기를 이스라엘아 이는 너희를 애굽 땅에서 인도하여 낸 너희 신이라 하였도다. 여호와께서 또 모세에게 이르시되 내가 이 백성을 보니 목이 뻣뻣한 백성이로다. 그런즉 내가 하는 대로 두라. 내가 그들에게 진노하여 그들을 진멸하고 너를 큰 나라가 되게 하리라.

모세가 그의 하나님 여호와께 구하여 이르되 여호와여 어찌하여 그 큰 권능과 강한 손으로 애굽 땅에서 인도하여 내신 주의 백성에게 진

노하시나이까. 어찌하여 애굽 사람들이 이르기를 여호와가 자기의 백성을 산에서 죽이고 지면에서 진멸하려는 악한 의도로 인도해 내었다고 말하게 하시려 하나이까. 주의 맹렬한 노를 그치시고 뜻을 돌이키사 주의 백성에게 이 화를 내리지 마옵소서. 주의 종 아브라함과 이삭과 이스라엘을 기억하소서. 주께서 그들을 위하여 주를 가리켜 맹세하여 이르시기를 내가 너희의 자손을 하늘의 별처럼 많게 하고 내가 허락한 이 온 땅을 너희의 자손에게 주어 영원한 기업이 되게 하리라 하셨나이다. 여호와께서 뜻을 돌이키사 말씀하신 화를 그 백성에게 내리지 아니하시니라.

모세가 돌이켜 산에서 내려오는데 두 증거판이 그의 손에 있고 그 판의 양면 이쪽저쪽에 글자가 있으니 그 판은 하나님이 만드신 것이요 글자는 하나님이 쓰셔서 판에 새기신 것이더라. 여호수아가 백성들의 요란한 소리를 듣고 모세에게 말하되 진중에서 싸우는 소리가 나나이다. 모세가 이르되 이는 승전가도 아니요 패하여 부르짖는 소리도 아니라. 내가 듣기에는 노래하는 소리로다 하고 진에 가까이 이르러 그 송아지와 그 춤 추는 것들을 보고 크게 노하여 손에서 그 판들을 산 아래로 던져 깨뜨리니라. 모세가 그들이 만든 송아지를 가져다가 불살라 부수어 가루를 만들어 물에 뿌려 이스라엘 자손에게 마시게 하니라.

모세가 아론에게 이르되 이 백성이 당신에게 어떻게 하였기에 당신이 그들을 큰 죄에 빠지게 하였느냐. 아론이 이르되 내 주여 노하지 마소서 이 백성의 악함을 당신이 아나이다. 그들이 내게 말하기를 우리를 위하여 우리를 인도할 신을 만들라. 이 모세 곧 우리를 애굽 땅에서 인도하여 낸 사람은 어찌 되었는지 알 수 없노라 하기에 내가

그들에게 이르기를 금이 있는 자는 빼내라 한즉 그들이 그것을 내게로 가져왔기로 내가 불에 던졌더니 이 송아지가 나왔나이다. 모세가 본즉 백성이 방자하니 이는 아론이 그들을 방자하게 하여 원수에게 조롱거리가 되게 하였음이라.
이에 모세가 진 문에 서서 이르되 누구든지 여호와의 편에 있는 자는 내게로 나아오라 하매 레위 자손이 다 모여 그에게로 가는지라. 모세가 그들에게 이르되 이스라엘의 하나님 여호와께서 이렇게 말씀하시기를 너희는 각각 허리에 칼을 차고 진 이 문에서 저 문까지 왕래하며 각 사람이 그 형제를, 각 사람이 자기의 친구를, 각 사람이 자기의 이웃을 죽이라 하셨느니라. 레위 자손이 모세의 말대로 행하매 이날에 백성 중에 삼천 명 가량이 죽임을 당하니라. 모세가 이르되 각 사람이 자기의 아들과 자기의 형제를 쳤으니 오늘 여호와께 헌신하게 되었느니라. 그가 오늘 너희에게 복을 내리시리라.

2018년 4월 30일, 이스라엘 네타냐후 총리가 텔레비전에 깜짝 등장했다.[130] 그의 뒤에는 각종 서류철과 관련 CD자료 183건이 전시되어 있었다. 아니, 이것이 무엇일까? 알고 보니 이스라엘의 비밀첩보단체인 모사드가 이라크 테헤란에 있는 핵시설 창고를 급습해서 핵개발 관련자료들을 빼내 온 것을 공개한 것이다. 아니, 적국 수도에 침입해서 500kg이나 되는 자료를 어떻게 빼냈을까? 알고 보니 이스라엘은 2년 전부터 이 장소의 존재를 알아내고 집중 감시해 왔었다. 사람들이 눈치채기도 전에 미리부터 예의 주시하고 준비하고 있다가 작전을 수행하여 완벽하게 마무리했다. 이처럼 이 세상에는 우리가 알기도 전에 미리 준비하고 진행된 일이 많다. 그러나 이것은 이 세상만이 아니다. 요한계시록을 보면 우리가 알지 못했던 사이에 하늘에 크고 비밀스러운 전쟁이 있었음을 보여준다.

요한계시록 12장 7절 이하에 보면 하늘에 전쟁이 일어났는데, 하늘의 천사장인 미가엘과 천사들, 그리고 사탄과 그의 수하들이 큰 전쟁을 치른다. 그러나 사탄은 미가엘에게 패하여 이 땅으로 내쫓기게 된다. 우리가 미처 알지 못했던 때에 하늘에서 커다란 영적 전쟁이 있었던 것이다. 이런 하늘 전쟁이 이 땅에서 우리가 살아가는 경제, 정치, 종교, 문화에 영향을 끼친다.

이런 전쟁은 다니엘 10장에도 등장한다. 다니엘이 기도 제목을 갖고 간절히 기도하는데 21일 만에 하늘의 천사가 응답을 갖고 다니엘에게 온다. 그러면서 하는 말이 원래는 응답이 곧바로 왔어야 했는데, 응답이 지체되어 21일 만에 전달되었다는 것이다. 알고 보니 응답을 갖고 하늘에서 내려오는데 바사국을 장악한 영적 세력이 이 천사를 가로막고 방해하여 싸우는데, 더 이상 나갈 수 없게 되자 하늘의 천사장 미가엘이 와서 도와주어 내려오게 되었다는 것이다(단 10:12-13). 우리가 알지도 못했던 때에 하늘에서 성도들을 위하여 치열한 싸움이 있었던 것이다.

이런 일이 이스라엘 백성에게도 있었다. 이스라엘 백성이 금송아지를 만들어 경배하자 하나님은 진노하시며 모세에게 이 백성들을 쓸어버리겠으니 말리지 말라고 말씀하신다. 그러나 모세는 이런 하나님의 진노를 온몸으로 막아내며 하나님께 멈추어 달라고 치열하게 씨름을 벌인다. 하지만 백성들은 이런 일이 벌어지고 있는 줄도 모르고 우상을 숭배하며 방탕하게 행한다.

“여호와께서 또 모세에게 이르시되 내가 이 백성을 보니 목이 뻣뻣한 백성이로다. 그런즉 내가 하는 대로 두라. 내가 그들에게 진노하여 그들을 진멸하고 너를 큰 나라가 되게 하리라”(출 32:9-10).

‘목이 뻣뻣하다’는 것은 하나님의 권위 앞에 머리 숙여 경배하지 않는 백성이라는 뜻이다. 생각해보라. 목이 뻣뻣한 경우 디스크가 있거나 목이 아프면 아래로 숙이지 못한다. 목을 하늘로만 쳐들고 있어 경배할 수 없다. 그동안 하나님이 이토록 놀라운 기적으로 이스라엘 백성을 인도하셨는데 이스라엘은 하나님께 경배하지 않고, 하나님이 십계명을 돌에 친히 새겨주시는 사이에 돌변하여 계약을 깨고 금송아지를 섬긴 것이다.

그러자 하나님이 모세에게 “내가 하는 대로 두라”고 말씀하신다. 이 말은 내가 원하는 대로 할 테니 날 좀 내버려 두라. 말리지 말라는 뜻이다. 지금 하나님이 단단히 화가 나셨다. 거룩하신 하나님이 죄로 심하게 오염되고 부패한 이스라엘의 모습을 보고 분노하시며 역겨워하셨다. 그러면서 충격적인 말씀을 하신다.

“내가 진노하여 그들을 진멸하고.” 아니, 지금 하나님이 무슨 말씀을 하시는가? 그동안 하나님께서 이스라엘을 불러내어 애굽에서 구원하시고 여기까지 인도하셨는데, 이들을 진멸하겠다는 것이다. 시내산에서 이들과 체결했던 언약을 다 없었던 것으로 취소하겠다는 것이다. 이것은 하나님께서 창세기 11장에 바벨탑에서 하나님을 대적하는 온 인류를 흩어버리신 후 한 사람 아브라함을 통하여 모든 민족이 복을 얻게 하시려는 계획을 전면 백지화하겠다는 뜻이다. 아브라함에게 하셨던 언약을 다 무효로 하고 창세기 12장부터 출애굽기

32장까지의 역사를 통째로 다 날려버리겠다는 선언이다.

그러고는 하나님은 "너를 큰 나라가 되게 하리라"고 하신다. 이스라엘 백성과의 언약을 철회하고 모세를 통하여 새로운 한 민족을 세우겠다고 하신다. 흔히 '정나미가 떨어졌다' 고 하지 않는가? 하나님은 이스라엘 백성에게 정나미가 떨어졌다. 그렇게 많은 사랑과 은혜로 이들을 붙들고 인도하셨는데, 끊임없이 불평하고 원망만 하더니 그만 하나님을 저버리고 금송아지를 하나님으로 삼아 섬긴다. 마치 아내가 다른 남자를 만나 바람을 피운 것과 같다.

하나님이 말씀하신다. "너는 내려가라. 네가 애굽 땅에서 인도하여 낸 네 백성이 부패하였도다"(출 32:7). '네 백성'이라는 말은 이스라엘 백성이 더 이상 하나님의 백성이 아니라는 뜻이다. 어떻게 이런 말씀을 하실 수 있을까? 그것은 이스라엘 백성이 아론에게 한 말을 그대로 패러디하신 것이다. "우리를 위하여, 우리를 인도할 신을 만들라"(출 32:1). 하나님의 말씀에는 이스라엘은 '내가 인도한 내 백성' 이 아니라는 의미가 포함되어 있다. 부모를 화나게 하는 자녀에게 부모가 "넌 더 이상 내 자식 아니다"라고 하면 정말로 내 자식이 아니란 말일까? 아니면 그 정도로 화가 났다는 뜻일까?

만약 이때 모세가 "주여 주의 말씀대로 내게 이루어지길 원하나이다!"라고 말했다면, 어쩌면 이스라엘의 운명은 광야에서 금송아지와 함께 끝났을지도 모른다. 이스라엘 백성은 알지도 못했을 때에 어마어마한 위기가 시내산 꼭대기에서 일어난 것이다.

모세는 하나님의 이 말씀에 아멘하지 않았다. 모세는 하나님께서 "이스라엘을 진멸하고 모세를 큰 나라가 되게 하겠다"라고 말씀하셨을 때 하나님의 깊은 마음을 헤아렸다. 우리가 화가 나서 "야, 나 말리지 마! 저것을 그냥 확!" 하며 덤빌 때 이 말이 정말로 나를 말려달라는 것인가? 아니면 말리지 말라는 것인가? 말려달라는 뜻이다. 모세는 하나님의 이 격한 말씀 가운데 파고들어 갈 여지를 발견했다. 그래서 하나님의 말씀에 무조건 "아멘" 하지 않고, 도리어 하나님의 마음을 헤아리며 하나님 말씀에 반박하기 시작한다.

> "모세가 그의 하나님 여호와께 구하여 이르되 여호와여 어찌하여 그 큰 권능과 강한 손으로 애굽 땅에서 인도하여 내신 주의 백성에게 진노하시나이까"(출 32:11).

모세는 하나님께서 '너의 백성' 이라고 말씀하신 이스라엘은 하나님이 부인하신다 해도 그동안 큰 권능과 강한 손으로 인도하여 낸 '주의 백성', 즉 '하나님의 백성' 이라고 말씀드린다. 하나님이 행하신 일들을 돌아보며 이런 은혜를 베푸신 것을 보면 이들은 분명 주님의 백성이라고 호소한다. 그러면서 하나님의 명예에 호소한다.

> "어찌하여 애굽 사람들이 이르기를 여호와가 자기의 백성을 산에서 죽이고 지면에서 진멸하려는 악한 의도로 인도해 내었다고 말하게 하시려 하나이까. 주의 맹렬한 노를 그치시고 뜻을 돌이키사 주의 백성에게 이 화를 내리지 마옵소서"(출 32:12).

하나님이 구원하여 지금까지 인도하신 백성을 멸하신다면 결국 하나님이 온 열방 중에 욕을 먹게 된다는 것이다. 하나님이 애굽 사람을 어떻게 하셨는가? 열 가지 재앙으로 이스라엘 백성을 내놓을 때까지 치셨다. 이리치고 저리 매치고, 30층 빌딩에서 떨어뜨린 메주같이 치셨다. 만약 하나님이 이스라엘을 치셨다는 소식을 애굽이 들으면 뭐라고 하겠는가? "아니, 우리를 그렇게 괴롭히고 메주를 만들더니 히브리 노예들을 데려가서 광야에서 메주를 만들어버렸네. 이러려고 이들을 데려갔어?" 이렇게 말할 수 있다는 것이다. 그러니 '주의 이름을 위하여' 하나님의 명예와 영광을 위해 거두어 달라고 호소한다. 더 나아가 모세를 통하여 큰 나라가 되게 하겠다는 말씀을 아브라함에게 하셨던 약속의 말씀에 근거하여 반박한다.

> "주의 종 아브라함과 이삭과 이스라엘을 기억하소서. 주께서 그들을 위하여 주를 가리켜 맹세하여 이르시기를 내가 너희의 자손을 하늘의 별처럼 많게 하고 내가 허락한 이 온 땅을 너희의 자손에게 주어 영원한 기업이 되게 하리라 하셨나이다"(출 32:13).

"하나님, 전에 아브라함과 이삭과 야곱에게 약속하셨던 그 약속이 있는데 왜 그 말씀을 바꾸려고 하십니까?" 이렇게 말하는 것이다. 야곱의 이름을 모세가 '이스라엘' 이라고 바꾸어 말하는 것에 주목할 필요가 있다. 이것은 이스라엘을 야곱 개인의 이름으로만 사용하는 것이 아니라 이스라엘의 열두 자손을 통해 한 나라를 이루신 하나님의 약속과 역사를 떠올리게 하는 것이다. "'큰 나라' 의 약속을 이렇게 이루셨는데, 이것은 하나님 자신의 약속으로 이루어진 것이 아닙니까?" 하는 것이다.

지금 모세는 하나님의 진노 중에, 하나님의 말씀 속에 나타난 은혜의 통로를 발견하여 그것을 집요하게 파고들어 하나님의 은혜를 극대화하여 부각하고 있다. 모세는 하나님의 말씀에 무조건 "아멘" 하지 않았다. 하나님의 약속이 취소될 것 같은 그때는 하나님의 약속에 근거하여 하나님께 반대하는 것이 하나님께 충성하는 것임을 알았다. 이런 모습을 '충성된 반대자'(a loyal oppositionist)라고 할 수 있을 것이다.

하나님이 이스라엘 백성을 진멸하겠다는 충격적인 표현을 하신 것처럼 모세도 하나님의 마음을 돌리기 위해 충격적인 표현을 사용한다. '악한 의도'(12절)라는 표현이다. 물론 직접적으로 말하지 않고 이방 애굽 사람들의 입을 빌려 말했지만 이 표현은 상당히 충격적이다. 모세는 "하나님이 '악한 의도'로 인도해냈다고 하지 않겠습니까?"라고 말한 것이다. 모세도 생명을 걸고 하나님 앞에 말씀드린 것이다. 그리고 12절 끝에 '이 화를' 내리지 말아달라고 간청한다.

'악한 의도' '화'란 단어를 직접적으로 하나님께 아뢰는 것은 모세가 하나님의 마음을 딱 집어서 이름 붙인 것이다. 우리도 떠오르는 잡념들을 딱 집어서 이름 붙일 때가 있다. "아, 이건 악한 생각이야. 이건 욕심이야. 음란한 생각이야." 사실 이렇게 객관화하여 이름을 붙일 때 우리에게 이런 것들을 직면하고 다룰 수 있는 능력이 생긴다.

하나님이 모세의 이 이야기를 들으시자, 마침내 그 화를 누그러뜨리신다.

> "여호와께서 뜻을 돌이키사 말씀하신 화를 그 백성에게 내리지 아니하시니라"(출 32:14).

얼마나 큰 은혜인가? 이스라엘이 멸절당할 뻔했지만 모세가 하나님의 화를 누그러뜨리고 이스라엘 백성에게 내려왔다. 그의 두 손에는 하나님이 친히 새겨주신 십계명 돌판이 있었다. 모세가 시내산 위에서 하나님이 하신 말씀만 듣다가 내려와서 금송아지를 경배하는 현장을 직접 보니 모세도 눈이 뒤집혔다. 하나님의 진노가 자신에게도 끓어오르는 것을 느꼈다. 하나님이 충분히 그러실 만하다는 생각이 들었다. 그래서 모세가 어떻게 하는가?

> "진에 가까이 이르러 그 송아지와 그 춤 추는 것들을 보고 크게 노하여 손에서 그 판들을 산 아래로 던져 깨뜨리니라"(출 32:19).

모세는 크게 노하여 손에서 십계명 판들을 던져 깨뜨려버렸다. 한편으로 이것은 이스라엘 백성과 하나님 사이의 언약관계가 산산조각 났음을 선언하는 행위이기도 했다. 그러고는 20절에 보면 금송아지를 완전히 박살내 불살라 버리고 가루를 만들어 물에 타 이스라엘 자손들에게 다 마시게 한다. 이런 행위는 고대 근동에서 신들의 전쟁에서 패한 상대편 신을 완전히 멸절시키는 상징적인 행동이다. 이렇게 해서 이스라엘 백성의 마음에 금송아지를 완전히 제거시키려 한 것이다.

모세가 이렇게 한 것은 위에서 이미 어떤 일이 벌어졌는지를 모르는 이스라엘 백성에게 하나님의 진노를 알게 하고 회개하게 하여 하나님께 돌이키도록 하기 위한 것이다. 하나님께 반대했던 모세가, 이제는 백성들의 우상 숭배에 격렬하게 반대한 것이다.

모세는 이렇게 한 후, 자신의 부재를 대신하기 위해 세웠던 임시 중보자였던 아론에게 묻는다. “이 백성이 당신에게 어떻게 하였기에 당신이 그들을 큰 죄에 빠지게 하였느냐”(출 32:21). 그러자 아론이 당황하면서 허둥지둥 말한다.

> “아론이 이르되 내 주여 노하지 마소서. 이 백성의 악함을 당신이 아나이다”(출 32:22).

아론의 입장에서는 그동안 이스라엘이 하나님 앞에 불평하고 원망했던 지난 일들을 떠올리며 이야기한 것이었을 것이다. 그러나 여기에는 중보자로서 이스라엘 백성의 요구에 반대했어야 할 자기 책임이 쏙 빠져 있다. 이스라엘 백성에게만 책임전가를 한 것이다. 아론이 그다음에 한 말은 더욱 가관이다.

> “내가 그들에게 이르기를 금이 있는 자는 빼내라 한즉 그들이 그것을 내게로 가져왔기로 내가 불에 던졌더니 이 송아지가 나왔나이다”(출 32:24).

아니, “불에 던졌더니 송아지가 나왔어요.” 이것은 완전히 충청도 화법이다. “넣었더니 기냥 나와버렸슈~.” “탁 치니 억했슈~.” 심지어 불 핑계를 댄다. 하지만 고기 구울 때는 불 핑계를 댈 수 있을지 모르지만 금송아지는 그렇게 할 수 없다. 어쩌다 불 때문에 금송아지가 나온 것이 아니다. 금송아지는 조각칼로 새기고, 금송아지 형상을 주조해서 정교하게 고민하여 만들었다(출 32:4). 결국 아론은 이 변명을 통하여 나는 아무 책임이 없고, 이 모든 일은 이스라엘의 악함과 저놈의 불 때문에 그렇다고 둘러대고 있다. 사실 아론은 모세의 책망 앞에 철저히 회개했어야 한다. 그러나 그는 자기 핑계와 변명으로 일관했다. 아론은 백성의 요구에 "예스"라 했고, 우상 숭배에도 "예스"라고 답했다. 반대하는 자가 아니었다.

아론의 이런 말도 안 되는 변명에 모세가 이스라엘 백성을 보니 방자했다고 한다. 제멋대로 자기 하고 싶은 대로 하고 있더라는 것이다. 이스라엘 백성들은 죄가 꽉 차 있었다. 중보자의 사명은 이런 죄를 제거하는 것이었다. 그래서 레위인을 동원하여 금송아지 숭배에 적극적으로 나섰던 백성 3천 명을 처단한다.

하나님은 이스라엘을 멸절시키지 않기로 하셨지만 이것이 이스라엘을 약속의 땅으로 인도하신다는 것을 의미하지는 않는다. 이스라엘은 속히 자기 죄를 자복하여 용서를 받고 죄의 흔적을 제거하여 거룩한 백성으로 서야 할 필요가 있었다. 모세는 내 탓이 아니라고 핑계하며 회피하는 아론과 달리 방자한 이스라엘 백성의 죄를 제거하고 속히 이들이 거룩하게 하나님 앞으로 돌아오게 하는 자리에 섰다. 이렇게 할 수 있었던 것은 모세가 시내산에서 진노하신 하나님을 만나 목숨을 걸고 중보했던 깊은 만남이 있었기 때문이다.

이런 역사가 신약성경에서도 일어났었다. "우리가 아직 죄인 되었을 때에 그리스도께서 우리를 위하여 죽으심으로 하나님께서 우리에 대한 자기의 사랑을 확증하셨느니라"(롬 5:8). 우리가 죄인 되었을 때에 방자하게 제멋대로 살아가며 하나님 아닌 다른 우상들, 즉 돈, 명예, 권력, 쾌락과 같은 다른 금송아지들을 좋다고 쫓아다니며 섬기는 모습을 하나님이 보시고 진노하셨다. 하나님을 부인하고 자기 멋대로 살아가는 이들을 향하여 하나님은 진노하셨다. 그때 모세와 같은 충성스러운 반대자가 나왔다. "하나님, 안 됩니다. 모든 민족과 열방을 주께 돌아오게 하고 하나님의 나라로 삼으시겠다는 약속은 어떻게 된 것입니까?" 이 반대자는 모세보다 한 걸음 더 나가셨다. "하나님, 그 진노를 저들에게 쏟지 마시고, 차라리 저에게 쏟으십시오. 제가 저들의 죄를 지고 대신 금송아지를 섬겼던 벌을 받겠습니다." 그러고는 온 인류의 죄를 자신의 어깨에 지시고 십자가에 달리셨다. 십자가에서 그 충성스러운 반대자는 마지막으로 하나님께 기도했다. "아버지, 저들을 사하여주옵소서. 자기들이 하는 것을 알지 못함이니이다." 이분이 바로 예수 그리스도시다(히 3:5-6 참조).

성경은 우리가 아직 죄인 되었을 때에 그리스도께서 우리를 위하여 죽으셨다고 말씀하신다. 우리의 죄를 다 지신 그리스도께서 죄와 사망의 권세를 이기시고 부활하셨다. 이는 그분의 죽음이 의로운 죽음이었음을 하나님이 인정하신 공의의 사건이다. 이제 성경은 그 충성스러운 중보자의 공로에 힘입어 하나님께 나아오라고 우리를 초대하고 있다. "그러므로 자기를 힘입어 하나님께 나아가는 자들을 온전히 구원하실 수 있으니 이는 그가 항상 살아 계셔서 그들을 위하여 간구하심이라"(히 7:25).

우리는 부름받은 삶의 현장에서 이런 예수님을 닮아가야 한다. 이 예수님께서는 영원한 제사장, 곧 영원한 우리의 중보자가 되신다(히 7:24). 그렇기에 우리는 하나님의 마음을 헤아리며 그분의 뜻이 이루어지지 않은 현실에서 하나님의 뜻이 이곳에 이루어지게 해달라고, 나를 보내신 그 삶의 현장에 하나님의 놀라운 역사와 섭리가 일어나게 해달라고, 이곳을 포기하지 말아달라고 몸부림치며 기도하는 거룩한 반대자가 되어야 한다.

"하나님, 내 가정을 포기할 수 없습니다. 하나님, 내 직장의 이 사람들을 아직 포기할 수 없습니다. 내 주변의 친구들 또한 아직 포기할 수 없습니다. 이 가운데 주님의 뜻이 이루어지게 해주십시오!"

또한 우리는 이와 함께 내 주변의 우상을 제거해달라고 기도해야 한다. 그럴듯한 핑계로 우상을 허용했던 나 자신에게 먼저 단호하고, 지체들을 격려하여 하나님께 더욱 가까이 나아가도록 해야 한다. 있는 그곳에서 하나님의 뜻을 이루어가는 거룩하고 충성스러운 반대자로 서야 한다.

[78장 각주]

130) 안용현, "[만물상] 혀를 내두르게 하는 모사드", 조선일보, 2018. 5. 3.

79 Chapter 79. Exodus 32:30-35

그날, 모세는 황당하였다

이튿날 모세가 백성에게 이르되 너희가 큰 죄를 범하였도다. 내가 이제 여호와께로 올라가노니 혹 너희를 위하여 속죄가 될까 하노라 하고 모세가 여호와께로 다시 나아가 여짜오되 슬프도소이다. 이 백성이 자기들을 위하여 금 신을 만들었사오니 큰 죄를 범하였나이다. 그러나 이제 그들의 죄를 사하시옵소서. 그렇지 아니하시오면 원하건대 주께서 기록하신 책에서 내 이름을 지워버려주옵소서.

여호와께서 모세에게 이르시되 누구든지 내게 범죄하면 내가 내 책에서 그를 지워 버리리라. 이제 가서 내가 네게 말한 곳으로 백성을 인도하라 내 사자가 네 앞서 가리라. 그러나 내가 보응할 날에는 그들의 죄를 보응하리라. 여호와께서 백성을 치시니 이는 그들이 아론

이 만든 바 그 송아지를 만들었음이더라.

낙관적인 기대가 한순간에 뒤집혔던 경험이 있는가? 99.9% 확신했지만 예기치 못한 순간 그 기대가 뒤집힐 때가 있다. 출애굽기 32장에 등장하는 모세가 그런 상황이었다. 모세는 하나님과 사람 사이를 중재하는 중보자의 사명을 감당하는 중이었다. 하나님은 모세를 하나님이 임재하신 시내산 꼭대기로 부르셔서 언약을 맺은 이스라엘 백성에게 이제 이 언약을 따라 어떻게 살아야 할 것인지 성막을 포함한 구체적인 설계도를 보여주시며, 친히 십계명을 돌판에 새겨주고 계셨다. 그런데 이 와중에 하나님은 돌연 모세에게 갑자기 언약 취소라는 충격적인 선언을 하신다. 이런 상황에서 하나님은 모세에게 하나님이 진노하여 이스라엘 백성을 진멸하여 쓸어버리고 모세와 다시 새롭게 시작하겠다고 하신다.

황당하고 다급한 마음으로 모세는 하나님께 말씀을 받다가 그만 중도하차하여 산에서 내려왔다. 내려와서 직접 두 눈으로 보니 그야말로 눈이 뒤집히고 속도 뒤집혔다. "너희는 더 이상 여호와 하나님의 언약백성이 아니다. 이제 언약은 이것으로 깨어졌다." 그러고는 하나님이 주신 십계명 돌판을 던져 깨버렸다. 금송아지 우상도 깨부수고, 그것을 가루로 만들어 백성들에게 물에 타서 주었다. "너희들이 나를 이렇게 물 먹이고, 이젠 너희도 한번 우상을 갈아서 물먹어볼래?" 아마도 이런 마음이었을 것이다. 그러고는 주동자 3천 명을 처단하였다. 이렇게 하고서야 모세는 조금 안심되었던 것 같다.

모세는 이스라엘 백성에게 말한다. "오늘 여러분이 하나님 앞에 이렇게 결단하고 여러분의 지체를 하나님께 드렸으니 하나님이 복을 주실 겁니다"(29절). 이 말은 하나님의 응답이 아니었다. 모세의 기대였고 바람이었다.

이번 장의 본문은 그다음 날부터 시작한다. '이튿날'(30절), 모세가 일어나 어제 일을 곰곰이 생각해봤을 것이다. 하루가 지나 다시 생각해보니 금송아지를 만들고, 이 송아지가 하나님이라고 절하고 날뛰며 춤추었던 것은 하나님 앞에 너무나도 큰 죄였다. 말도 안 되는 황당한 죄악이었다. 전날, "하나님께서 너희에게 복을 내리시리라"고 한 말은 자신이 책임질 수 있는 말이 아니었다. '아, 하나님이 나의 충성스러운 반대로 이스라엘을 진멸하지 않으셨지만 하나님 앞에 범죄한 것을 온전히 용서받기는 쉽지 않겠구나!' 현실의 엄중함을 깨달은 모세는 이스라엘 백성에게 말한다.

> "이튿날 모세가 백성에게 이르되 너희가 큰 죄를 범하였도다. 내가 이제 여호와께로 올라가노니 혹 너희를 위하여 속죄가 될까 하노라 하고"(출 32:30).

여기서 모세는 이스라엘이 '큰 죄'(a great sin)를 범하였다고 한다. 큰 죄란 너무나도 어마어마해서 돌이키기가 거의 불가능한 죄를 말한다. 어떻게든 이 죄 문제를 용서받고 처리해야겠는데, 영 자신이 없다. 그래서 말한다. "내가 이제 여호와께로 올라가노니 혹 너희를 위하여 속죄가 될까 하노라." '혹!' 혹시라도 하나님이 용서해주실지 어떨지 확신이 없다. 돌이키기 어려운, 용서받을 수 없는 그런 죄를 범한 사람이 있으면 우리는 어떻게 하는가? 그 사람은 죄인, 천하에 아주 몹쓸 나쁜 사람이라는 낙인을 찍는다. 그러고는 벌떼같이 달려들어 밤낮 비난하며 괴롭힌다. 이 사회가 이렇게 된 것은 바로 당신 때문이라고, 당신 같은 사람들이 없어져야 한다고 온갖 폭언을 일삼으며 이 사회의 온갖 원망을 그에게 뒤집어씌운다. 그것도 안 되면 민원을 넣고 고소 고발을 일삼는다.

매주 우리는 뉴스에서 이렇게 낙인찍힌 사람들을 본다. 고개를 푹 숙이고 모자를 쓰고 나와서 말도 잘 못하고 죄송하다는 말을 겨우 하고 사라지는 사람들을 자주 본다. 이미 이들은 얼굴뿐만 아니라 사생활, 주변 관계 등 모든 것이 다 온라인에 까발려지고 원색적인 비난에 만신창이가 된다. 이렇게 되면 이런 사람들은 이 땅에 두 발을 디디고 살기가 어려워진다. 대인기피증으로 마음고생이 심하다. 우리는 안 그래도 좁은 이 땅에서 조금만 잘못하거나 원망 들을 일만 있으면 탓 돌리기를 하고 서슴없이 비난을 일삼는다. 그러나 누구도 잘못한 사태에 대해 책임지려 하지 않는다. 왜? 자신이 책임진다고 하면 자칫하면 사회적으로 매장당할 수 있기 때문이다. 이러한 풍조가 일상생활에서 우리도 모르게 부정적인 태도로 스며들었다.

모세는 이스라엘의 큰 죄의 현실 앞에, 아무리 생각해도 정말 돌이키기 힘든 이스라엘의 큰 죄의 현실 앞에 그들의 잘못을 비난거리로 삼지 않았다. 사실 모세가 할 수 있는 쉽고 편한 처신이라면 이스라엘 백성을 맹비난하는 것이다. "이 못된 이스라엘 저주받을 자들아, 하나님이 다 쓸어버리신다고 했다! 하나님이 너희를 쓸어버리겠다고 하실 정도면 난 어떻겠냐? 나도 더는 너희와 함께 못하겠다. 정말 너희를 믿고 시내산에 올라갔는데 어떻게 내가 안 보인다고 하나님을 배반하느냐? 인간적인 신뢰도 깨지고 실망감도 말할 수 없고,

그냥 난 여기서 모든 것을 다 내려놓으련다!" 그리고 하나님께 가서 "하나님 아무리 생각해도 어제 하신 하나님 말씀이 맞습니다. 그냥 쓸어버리십시오. 그리고 저를 더 멋진 나라와 민족으로 세워주세요!" 충분히 이럴 수도 있다.

그러나 모세는 이런 상황에서 이스라엘의 'great sin', 즉 감당할 수 없는 어마어마한 죄와 이들에 대한 거친 비판 욕구를 기도 제목으로 바꾸었다! 하나님께 나아가 비난받아야 마땅할 어마어마한 죄를 자신의 두 어깨에 홀로 지고 기도 제목으로 올려드린다. 우리는 비판을 잘한다. 약점도 잘 집는다. 가까운 사이끼리도 아픈 곳을 콕콕 잘 찌른다. 따라다니면서 비난한다. 하지만 하나님의 백성이라면 이런 비난거리가 있을 때 잠시 비판을 멈추고 기도해야 한다. 상대방을 향한 거의 본능적인 원망과 짜증이 나올 때 이것을 입술로 발설하지 말고 기도 노트에 적어서, 아니면 스마트폰에 입력해서 기도 제목으로 바꾸어야 한다. 기도 제목으로 바꾸는 사람은 겸손한 사람이다. 왜? 이 사람은 적어도 내 비판이 이 사람을, 이 조직과 사회를 변화시키지 못한다는 것을 알고 있기 때문이다. 비판은 사람을 변화시키지 못하지만 기도는 변화를 일으킨다. 더 나아가 기도하는 사람까지도 변화시킨다.

본문에 모세가 말한 부분에서 아주 놀랍고도 충격적인 표현이 있다. "너희를 위하여 속죄가 될까 하노라"(출 32:30)는 표현이다. '속죄'라는 것은 죄를 위해 바치는 제물로 드리는 '속죄 제사'(sin offering), 또는 '죄에 해당하는 값을 치르고 되찾아 오는 제사'(atonement for your sin)를 말한다. 이것은 하나님께 나아가서 단순히 "하나님, 죄송합니다. 용서해주세요" 하고 싹싹 비는 것이 아니라 하나님 앞에 속죄 제물을 드려 하나님의 진노를 누그러뜨리고, 이스라엘의 죄의 대가, 또는 비용을 그 제물에게 다 씌워 담당시키는 것까지를 포함한다. '속죄'(히. 아카페라)는 '덮어준다'는 의미의 히브리어 '카파르'에서 왔다. '카파르'는 죄를 짐승과 같은 대속 제물의 피로 덮어주는 제사라는 뜻이다.

모세는 자신을 하나님 앞에 속죄 제물로 드리겠다고 말하고 있다. 왜 그랬을까? 이스라엘 백성들은 모두 죄인이라서 이스라엘 백성 중에는 백성의 죄를 대신 책임을 지고 나설 죄 없는 사람이 없기 때문이다. 만약 이스라엘 백성의 죄를 대신할 이가 있다면 이는 백성들과 함께 우상 숭배에 빠져들지 않았던 모세가 유일하다. 그러나 여기서 모세조차도 하나님의 용서를 확신하지 못하는 이유가 무엇인가? 그것은 모세도 하나님 앞에 연약한 죄인이라는 사실을 알고 있기 때문이다. 그러나 그는 최선을 다하려 한다.

> "모세가 여호와께로 다시 나아가 여짜오되 슬프도소이다. 이 백성이 자기들을 위하여 금 신을 만들었사오니 큰 죄를 범하였나이다"(출 32:31).

하나님 앞에 백성의 죄를 고백한다. '금 신'이란 "너희는 나를 비겨서 은으로나 금으로나 너희를 위하여 신상을 만들지 말고"(출 20:23)라는 말씀을 반영한다. 이는 십계명 제2계명, "너를 위하여 새긴 우상을 만들지 말고 또 위로 하늘에 있는 것이나 아래로 땅에 있는 것이나 땅 아래 물속에 있는 것의 어떤 형상도 만들지 말며"(출 20:4)를 풀어 강조한 말씀이다. 모세는 이스라엘의 범죄가 하나님이 거듭 강조하고 적시한 십계명 제2계명을 어긴 것임을 정직하게 인정하고 하나님 앞에 슬퍼하며 나아간다. 모세는 지금 백성의 죄를 자기의 죄로 동일시하며 나아가고 있는 것이다.

백성의 죄와 비난거리를 속죄의 기도 제목으로 바꾸어 하나님께 나아간다는 것은 모세가 하나님 앞에 제사장의 역할을 하고 있음을 의미한다. 제사장은 하나님 앞에 백성의 죄를 대신하여 흠 없는 제물, 즉 양이나 소를 가져와 백성의 죄를 짐승의 머리에 안수하여 전가하고 대신 죗값을 치르게 하여 하나님과의 관계를 회복시키는 역할을 한다. 문제는 지금 모세가 하나님 앞에 올라가는데 하나님께 드려야 할 마땅한 제물이 없다는 것이다. 보통 이스라엘 민족 전체의 죄에 대해서는 소를 잡아 제물로 드렸다. 그러나 소는 이미 신상으로 만들어져 숭배의 대상이 되었기에 마땅하지 않다. 그렇다면 무엇으로 하나님께 속죄 제물을 드릴 것인가?

여기서 모세는 충격적이고도 파격적인 결단을 내린다. 그것은 바로 자신을 제사장이자 동시에 속죄의 제물이자 화목제물로 하나님께 드리기로 한 것이다.

> "그러나 이제 그들의 죄를 사하시옵소서. 그렇지 아니하시오면 원하건대 주께서 기록하신 책에서 내 이름을 지워 버려주옵소서" (출 32:32).

모세는 하나님께 용서를 구하면서 만약 용서가 어렵다면 차라리 자신의 생명을 속죄 제물로 가져가라고 요청하는 것이다. 비록 죄 많고 연약한 인간이지만, 그래도 하나님 앞에 우상 숭배하지 않은 유일한 이스라엘의 대표자가 있으니 자신의 생명을 속죄 제물로 받으시고 이스라엘 백성의 죄를 용서해달라는 것이다. 이를 두고 모세는 "주께서 기록하신 책에서 내 이름을 지워버려주옵소서"라고 기도한다. '주께서 기록하신 책'은 '생명책'을 말한다(시 69:28, 계 20:12 참조). 모세는 하나님께 생명책에서 자기 이름을 지워달라고 기도하고 있다. 그러자 하나님이 무엇이라고 대답하시는가?

> "여호와께서 모세에게 이르시되 누구든지 내게 범죄하면 내가 내 책에서 그를 지워 버리리라"(출 32:33).

이 말씀은 '그 사람만' 지워버리겠다는 뜻이다. 그래서 새번역 성경은 "누구든지 나에게 죄를 지으면 나는 오직 그 사람만을 나의 책에서 지운다"고 말씀한다. 이는 자신이 백성의 제사장이자 동시에 제물이 되겠다는 모세의 간구를 거절하신 것이다. 왜 거절하신 것일까? 모세도 하나님 앞에 백성의 모든 죄를 대속할 만큼 흠 없는 의로운 제물이 아니기 때문이다. 그래서 성경은 "의인은 없나니 하나도 없다"(롬 3:10)고 말씀한다. 모세도 흠 없는 대속죄물이 되기에는 하자가 있었다. 흠 있는 제물은 하나님께 드려지지 못한다(신 15:21 참조).

> "이제 가서 내가 네게 말한 곳으로 백성을 인도하라. 내 사자가 네 앞서 가리라. 그러나 내가 보응할 날에는 그들의 죄를 보응하리라"(출 32:34).

이제 내가 나의 사자, 천사를 보내 네 앞서갈 테니 너는 백성을 인도하여라. 그러나 내가 그들의 죄를 철저하게 그대로 보응할 날이 올 텐데 그때 그들의 죄를 보응하리라고 말씀하신다. 미래시제다. 이것은 일종의 예언말씀이다. 만약 죄 그대로의 보응이면 이스라엘의 전멸을 의미한다. 생각해보라. 지금 전멸하나, 고생 고생해서 가나안 땅에 들어가서 전멸하나, 차라리 지금 전멸하는 것이 낫지 않을까?

하나님께서 이스라엘에게 당장의 보응이 아니라 이렇게 언젠가 다가올 보응의 날이라고 미래시제로 말씀하시는 것은 이들을 진멸할 계획 대신 더 좋은 대안이 올 때까지 기다리실 것이기 때문이다. 더 좋은 대안이란 모세가 제시한 제사장이자 자신을 제물로 하나님께 바치는 방식과 관련 있다. 이스라엘 중에는 모세를 포함해서 누구도 지금 당장 이스라엘의 죄를 담당할 제물이 없다. 그러나 하나님은 이 부분을 준비하실 것이다. 이에 대하여 신명기는 매우 의미심장한 말씀을 한다. "네 하나님 여호와께서 너희 가운데 네 형제 중에서 너를 위하여 나와 같은 선지자 하나를 일으키시리니 너희는 그의 말을 들을지니라"(신 18:15). 나와 같은 선지자 하나, 모세와 같이 백성의 제사장인 동시에 자신을 기꺼이 흠 없는 제물로 하나님께 드릴 수 있는 종 하나를 일으킨다는 말씀이다.

이것은 결국 하나님께서 가장 흠 없는 하나님이자 사람이신 하나님의 아들 예수 그리스도를 우리에게 제사장이자 대속 제물로 보내실 계획을 갖고 있음을 암시한다. "예수는 영원히 계시므로 그 제사장 직분도 갈리지 아니하느니라. 그러므로 자기를 힘입어 하나님께 나아가는 자들을 온전히 구원하실 수 있으니 이는 그가 항상 살아 계셔서 그들을 위하여 간구하심이라. 이러한 대제사장은 우리에게 합당하니 거룩하고 악이 없고 더러움이 없고 죄인에게서 떠나 계시고 하늘보다 높이 되신 이라. 그는 저 대제사장들이 먼저 자기 죄를 위하고 다음에 백성의 죄를 위하여 날마다 제사드리는 것과 같이 할 필요가 없으니 이는 그가 단번에 자기를 드려 이루셨음이라"(히 7:24-27).

예수 그리스도는 영원한 우리의 제사장이 되시는데 흠 없고 의로운 제사장이자 동시에 온전한 흠 없는 대속 제물로 '단번에' 자기를 드려서 이 백성의 죄에 대한 속죄의 역사를 이루셨다(요 1:29). 제사장이자 제물로 자신을 온전히 드릴 수 있는 분은 예수 그리스도밖에 없다. 그렇기에 하나님께서는 온전한 제사장이자 제물되신 하나님의 아들이 이 땅에 오기까지 모세의 간절한 요청을 거절하신 것이다. 그가 오실 때까지 진노 중에 참으며 이스라엘을 인도하겠다는 것이다.

이 어마어마한 은혜의 역사가 바로 우리 앞에 있다. 예수 그리스도께서 온 인류의 죄를 위하여 자신의 생명을 단번에 하나님께 드려 속죄의 역사를 이루고 우리를 초대하고 계신다. 그리고 부활하여 지금도 항상 살아계셔서 우리를 위하여 하늘 보좌에서 기도하고 계신다(롬 8:34). 이 예수를 우리의 구주로 믿는다면 우리에게 일어나야 할 변화가 있다.

첫째, 이제는 그 아들을 믿는 믿음 안에서 비방과 비판을 멈추어야 한다. 그리고 이것을 주님의 보좌 앞으로 가져가 간절한 기도 제목으로 바꾸어야 한다. 모세는 백성을 향한 원망과 비판을 하늘 보좌로 가지고 나아가 기도했지만 온전한 응답을 받지 못했다. 온전한 응답은 예수 그리스도를 통해서만 우리에게 올 수 있다. 그렇기에 우리는 바로 이 하나님의 아들에게 때를 따라 돕는 은혜를 구하며 나아가야 한다(히 4:16).

둘째, 우리 자신이 예수 그리스도를 믿는다면 그분을 닮아가야 한다. 이것은 그분이 우리를 위하여 제사장되심과 동시에 제물되심을 닮아가는 것을 포함한다. 그래서 사도 바울은 "너희 몸을 하나님이 기뻐하시는 거룩한 산 제물로 드리라"(롬 12:1)고 말씀한다. 살아있는데 제물이 되는 것은 날마다 내가 죽어야 하는 쉽지 않은 일이다. 그럼에도 우리는 비난과 비판과 원망의 욕구와 자극이 가득한 세상에서 주님을 바라보며 제물이 되어 드려져야 한다.

이제는 사람을 비난하고 원망하는 일에 에너지를 그만 소모하자. 이런 것들은 이제부터 나의 기도 제목이다. 원망하고 싶고, 비판하고 싶고, 탓을 돌리고 싶을 때마다 하나님의 보좌 앞으로 가지고 나와 예수님의 이름으로 아뢰며 기도하라.

80 Chapter 80. Exodus 33:1-11

진노 중에 시작된 회복시스템

여호와께서 모세에게 이르시되 너는 네가 애굽 땅에서 인도하여 낸 백성과 함께 여기를 떠나서 내가 아브라함과 이삭과 야곱에게 맹세하여 네 자손에게 주기로 한 그 땅으로 올라가라. 내가 사자를 너보다 앞서 보내어 가나안 사람과 아모리 사람과 헷 사람과 브리스 사람과 히위 사람과 여부스 사람을 쫓아내고 너희를 젖과 꿀이 흐르는 땅에 이르게 하려니와 나는 너희와 함께 올라가지 아니하리니 너희는 목이 곧은 백성인즉 내가 길에서 너희를 진멸할까 염려함이니라 하시니 백성이 이 준엄한 말씀을 듣고 슬퍼하여 한 사람도 자기의 몸을 단장하지 아니하니 여호와께서 모세에게 이르시기를 이스라엘 자손에게 이르라. 너희는 목이 곧은 백성인즉 내가 한 순간이라도 너희

가운데에 이르면 너희를 진멸하리니 너희는 장신구를 떼어 내라. 그리하면 내가 너희에게 어떻게 할 것인지 정하겠노라 하셨음이라. 이스라엘 자손이 호렙산에서부터 그들의 장신구를 떼어 내니라. 모세가 항상 장막을 취하여 진 밖에 쳐서 진과 멀리 떠나게 하고 회막이라 이름하니 여호와를 앙모하는 자는 다 진 바깥 회막으로 나아가며 모세가 회막으로 나아갈 때에는 백성이 다 일어나 자기 장막 문에 서서 모세가 회막에 들어가기까지 바라보며 모세가 회막에 들어갈 때에 구름 기둥이 내려 회막 문에 서며 여호와께서 모세와 말씀하시니 모든 백성이 회막 문에 구름 기둥이 서 있는 것을 보고 다 일어나 각기 장막 문에 서서 예배하며 사람이 자기의 친구와 이야기함같이 여호와께서는 모세와 대면하여 말씀하시며 모세는 진으로 돌아오나 눈의 아들 젊은 수종자 여호수아는 회막을 떠나지 아니하니라.

방탄소년단(BTS)이 2014년 5월 18일 발매한 앨범 '러브 유어셀프 전 티어'(LOVE YOURSELF 轉 'TEAR')는 빌보드 음반 차트인 '빌보드 200'에서 우리나라 가수로는 최초로 1위를 차지하는 기염을 토했다. 싸이도 빌보드에 잠시 오른 적이 있었지만 방탄소년단의 기세는 좀처럼 수그러들지 않았다. 미국 팬들이 한국말로 된 이 노래 가사를 줄줄 외우고 떼창을 부르며 열광할 정도였다. 전문가들은 음반시장에서 창출하는 경제가치가 무려 1조 원에 이른다고 분석하기도 했다. 이들이 이렇게 승승장구하는 이유가 무엇일까? 여러 가지가 있겠지만 우리는 이들이 미국 빌보드 뮤직 어워즈에서 한국 가수로 2년 연속 '톱(Top) 소셜 아티스트상'을 받은 것에 주목할 필요가 있다.

소셜 아티스트 상은 'SNS상에서 가장 영향력 있는 아티스트에게 수여하는 상'이다. 방탄소년단은 SNS를 통하여 적극적으로 팬들과 소통하며 상당한 팬덤을 형성한 것으로 알려져 있다. 이들이 SNS에서 열심히 활동하며 영향력을 유지하고 확장한 것을 인정해주는 것이 바로 '톱 소셜 아티스트 상'이다. 방탄소년단은 노래만이 아니라 팬들의 마음을 적극적으로 파고들고 소통하기 위해 치열하게 노력했다. 이렇게 SNS로 팬들과 소통하며 열성 팬들을 형성했기에, 한글로 된 '페이크 러브'(Fake Love)란 노래도 나오자마자 미국의 열성 팬들이 한국어로 줄줄 따라 부르며 공연장에 나온 것이다.

세계적인 경영 멘토로 알려진 팀 페리스가 쓴 「타이탄의 도구들」에는 탁월한 성과를 거두었던 거장들(타이탄들)이 갖고 있는 특별한 방법을 소개한다.[131] 여기서 페리스는 "1,000명의 팬을 확보하라"고 주장한다. 한 사람의 성공은 혼자만의 성공이 아니라 적어도 한 사람을 무조건적으로 지지하는 1천 명의 팬이 있을 때 무섭게, 그리고 든든하게 성공할 수 있는 지지기반이 된다는 것이다. 이런 열광적인 팬들의 지지층을 가리켜 팬덤(fandom)이라고 한다. 왕국(kingdom)이 아니라 팬국이다. 두 단어에 공통으로 들어 있는 'dom'이란 어근은 '다스림, 통치, 영향력'이라는 뜻이다.

세계적인 가수 레이디 가가가 성공했던 방식이 바로 이런 식이었다. 유명해지기 전 그녀는 소규모 공연장에서 라이브 퍼포먼스를 하면서 강력한 팬 커뮤니티를 형성하고, 여기서 열정적으로 친밀하게 인간적 교류를 나누며 팬덤을 확보했다. 이들이 나중에 레이디 가가가 승승장구하는 데 큰 밑바탕이 되었던 것이다.

이제는 혼자 성공하는 시대는 지나가고 있다. 강력한 팬덤과 함께 성공하는 시대가 왔다. 그러려면 혼자만 열심히 해서는 안 된다. 주변에 자신을 믿고 지지하는 이들과 끊임없이 소통하고 신뢰 가운데 함께해야 한다. 그리고 그들을 자극하여 바이럴 마케터가 되게 해야 한다. 이것은 오늘날 욜로(YOLO) 시대를 살아가는 우리에게 새로운 소통의 도전과 공감의 고민을 던져준다. 욜로란 무엇인가? "인생은 한 번뿐이니 소중한 네 인생 열심히 즐기라"(You Only Live Once)는 뜻이다. 문제는 혼자 논다는 것이다. 개인주의 시대에 우리는 혼자 즐기는 삶, 혼자 성공하는 삶을 꿈꾼다. 나 혼자, 내가 원하는 것만 얻는 것이 성공이라 생각한다. 이러한 사고방식은 이스라엘 백성들에게도 있었다.

이스라엘 백성들은 자신들의 소중한 인생에 비록 모세와 여호와 하나님은 어디 계신지 모르겠지만 어쨌거나 그들을 인도할 신만 있으면 된다고 생각했다. 그 신이 모세가 아니어도 여호와가 아니어도 상관없었다. 인도하기만 하면 되었다. 그래서 이들은 금송아지를 만들고 엉뚱한 것에 절하고 경배했다. 결과가 어떠했는가? 하나님의 큰 진노를 얻었다. 이스라엘은 그들의 하나님이 기뻐하시고 그들의 하나님과 동행하는 성공을 꿈꾸어야 했다. 하지만 이스라엘은 하나님의 뜻을 저버리고 하나님의 신뢰와 사랑을 잃었다.

본문에서 하나님은 이스라엘에게 진노하셨다. 그러나 약속하신 땅 가나안을 취소하지 않으신다. 하지만 무엇인가 찜찜하다.

> "여호와께서 모세에게 이르시되 너는 네가 애굽 땅에서 인도하여 낸 백성과 함께 여기를 떠나서 내가 아브라함과 이삭과 야곱에게

맹세하여 네 자손에게 주기로 한 그 땅으로 올라가라"(출 33:1).

하나님께서는 모세에게 이제 이곳 시내산을 떠나 하나님께서 약속하신 땅으로 가라고 말씀하신다. 하나님께서는 아브라함과 그의 후손들에게 하셨던 약속을 끝끝내 지키려고 하시는 것이다. 그러나 이스라엘을 지칭하는 표현이 찜찜하다. "네가 애굽 땅에서 인도하여 낸 백성"이라고 하신다. 하나님은 지금까지 이스라엘을 '나의 백성, 나의 소유'라고 말씀하셨는데, 이제는 그 표현이 바뀌었다. 그럼에도 하나님은 이스라엘에게 하신 약속을 변함없이 이루려 하신다.

"내가 사자를 너보다 앞서 보내어 가나안 사람과 아모리 사람과 헷 사람과 브리스 사람과 히위 사람과 여부스 사람을 쫓아내고 너희를 젖과 꿀이 흐르는 땅에 이르게 하려니와"(출 33:2-3).

하나님은 천사를 앞서 약속의 땅에 보내어 그 땅에 있는 가나안 족속을 모두 쫓아내 '반드시' 젖과 꿀이 흐르는 땅에 이르게 하실 것이다. 그런데 이어지는 다음 말씀을 보면 하나님께서 앞서 이스라엘을 "네(모세)가 애굽 땅에서 인도하여 낸 백성"이라고 말씀하신 이유가 드러난다.

"나는 너희와 함께 올라가지 아니하리니 너희는 목이 곧은 백성인즉 내가 길에서 너희를 진멸할까 염려함이니라 하시니"(출 33:3).

하나님이 이스라엘 백성을 '네가 인도하여 낸 백성'이라고 말씀하신 것은 앞으로는 이들을 더 이상 친히 인도하지 않겠다는 의미였던 것이다. 아니, 이왕 약속을 지키실 것이면 친히 인도하시지, 왜 천사에게 맡긴다고 하셨을까? 이스라엘 백성의 완악함과 패역함 때문이다. 이들은 하나님을 향하여 여전히 '목이 곧은 백성' 이었다. 이스라엘은 여전히 그 마음이 강퍅하고, 하나님을 향하여 겸손하지 않고, 순종할 준비가 되어 있지 않았던 것이다. 이런 상태에서 하나님이 이들과 친히 동행하시다가 이들의 패역함을 다시 목도하면 진노 중에 이들을 지체 없이 순식간에 진멸하실 수도 있었다. 이렇게 볼 때 하나님께서 이스라엘 백성과 동행하지 않겠다고 하신 것은 도리어 이스라엘을 위한 것일 수도 있다.

> "여호와께서 모세에게 이르시기를 이스라엘 자손에게 이르라. 너희는 목이 곧은 백성인즉 내가 한 순간이라도 너희 가운데에 이르면 너희를 진멸하리니 너희는 장신구를 떼어 내라. 그리하면 내가 너희에게 어떻게 할 것인지 정하겠노라 하셨음이라"(출 33:5).

이스라엘은 하나님 앞에 금송아지 우상을 부서뜨리고, 주동자 3천 명을 처단하고 회개하였지만 하나님은 여전히 이스라엘의 완악함에 거리를 두고 계셨다(출 32:28,30). 이스라엘의 완악함을 보여주는 것 중 하나가 이들의 장신구였다. 장신구란 몸에 착용하는 금귀고리, 은목걸이, 팔찌와 같은 것들이다. 이것은 금송아지를 만들 때 사용했던 것들로, 이들의 장신구 자체가 자칫 우상 숭배를 연상시키는 효과를 일으킬 수 있었다. 이스라엘 백성이 가졌던 장신구는 이스라엘 백성이 만든 것이 아니라 애굽 사람들이 준 것이었다. 장신구는 그냥 금덩어리, 은덩어리가 아니다. 여기에는 특별한 문양과 기호가 새겨져 있게 마련이다. 송아지, 개구리, 뱀, 메뚜기 같은 애굽 우상의 형상이 새겨져 있는 것이 꽤 많았을 것이다. 금송아지로 거의 진멸될 뻔하다가 살아났건만 이들은 여전히 몸에 금은 장신구로 치장하며 하나님을 불편하게 하고 있었던 것이다. 그래서 하나님께서는 이들에게 일체의 장신구를 떼어버릴 것을 요구하신다.

> "이스라엘 자손이 호렙 산에서부터 그들의 장신구를 떼어 내니라" (출 33:6).

하나님의 마음이 이렇게 불편한 상황에서 이스라엘은 어떻게 해야 할까? 어떤 이들은 '뭐 어떻게 되던 간에 젖과 꿀이 흐르는 땅에 들어가면 그것으로 되는 것 아니야?' 라고 생각할 수 있다. 그러나 만약 하나님의 사자가 이스라엘을 약속의 땅으로 인도하고 나면 천사는 그 땅을 떠나 하나님께로 돌아갈 것이고, 그 이후로 하나님은 더 이상 이스라엘과 함께하지 않을 가능성이 높다. 본문 4절은 '하나님이 함께하지 않겠다는 말' 을 '준엄한 말씀' 이라고 한다. 이 말은 직역하면 '악한 말씀', 또는 '재앙의 말씀' 이란 뜻이다. 이스라엘에게는 하나님이 함께하지 않는 것이 재앙인 것이다.

사실 젖과 꿀이 흐르는 땅은 부산물에 불과하다. 하나님의 언약백성이 되었기에 하나님이 주시는 선물인 것이다. 그런데 지금 하나님은 부산물인 땅만 허락하시고, 이보다 훨씬 더 근원적이고 중요한 언약백성과의 관계는 끊겠다고 하신다. 이것은 마치 결혼을 앞둔 남녀가 함께 살 집을 구하려는데, 한쪽 배우자가 자꾸 다른 이성에게 눈길을 주고 썸타는 것을 보고 다른 쪽 배우자가 분노하여 "너 차라리 그 집에 가서 혼자 살아"라고 하는 것과 같다. 부부가 집을 구하는 것은 함께 아름다운 가정을 이루며 살려는 것 아닌가? 그런데 더는 상대방을 신뢰하지 못하겠다고 혼자 가서 살라고 한다. 그것은 앞으로 그 집에서 이룰 행복을 다 포기하겠다는 말과 마찬가지다.

만약 여기서 이스라엘이 "하나님, 뭐 땅에만 들어가면 상관없어요"라는 식으로 나오면 큰일 난다. 하나님으로부터 내가 원하는 것을 얻기만 하면 그만이라는 식의 태도는 하나님을 마치 장식품이나 액세서리로 대하는 태도다. 이 모든 것을 가능하게 한 것이 하나님의 은혜이고, 그래서 하나님을 꼭 붙들어야 끝까지 잘 갈 수 있는데, 그만 이 복의 근원이 되시는 하나님을 저버리는 것은 황금알을 낳는 거위의 배를 가르는 것과 같다.

그렇다면 이스라엘은 어떻게 해야 하는가? 어떻게든 이스라엘을 떠나려는 하나님의 임재를 다시 붙들어야 한다. 주목할 것은 이때부터 모세는 하나님의 마음을 움직일 일종의 회복시스템을 마련해두었다는 점이다. 시스템이란 '늘 고정된 일종의 제도와 체계'를 말한다. 변함없이 비가 오나 눈이 오나 신뢰할 수 있는 체계다. 항상 일관되게 시스템이 작동되어야 모든 사람이 안정적으로 참여할 수 있는 체계가 잡힌다.

> "모세가 항상 장막을 취하여 진 밖에 쳐서 진과 멀리 떠나게 하고 회막이라 이름하니 여호와를 앙모하는 자는 다 진 바깥 회막으로 나아가며"(출 33:7).

여기에 '항상' 이라는 표현이 등장한다. '항상' 이란 늘 변함없이 동일하게 반복되는 행동이다. 모세가 이런 위기의 때에 행한 것은 항상 변함없이 진 밖 먼 곳에 하나님과 만나기 위한 '만남의 텐트', 곧 회막을 치기 시작했다는 것이다. 시내산에서 하나님을 만난 강렬한 임재의 체험 이후, 모세는 계속해서 하나님의 임재를 자신이 두 발을 디디며 사는 이스라엘 진영으로 초대했다. 하지만 이스라엘 백성은 죄를 지어 하나님께 징계받을 수 있었다. 그래서 가능한 백성의 완악함과 거리를 둔 먼 곳에 회막을 쳤다.

새번역성경은 "이스라엘 백성이 진을 칠 때마다, 모세는 장막을 거두어 가지고 진 바깥으로 나가, 진에서 멀리 떨어진 곳에 그것을 치곤 하였다"고 번역한다. 백성은 완악했어도 모세는 계속해서 하나님과 일대일로 만나 친밀한 교제를 이어갔다. 이스라엘이 어디로 가든지 이들의 장막이 이동할 때마다 모세는 그곳에서 하나님을 만날 회막을 별도로 치고 곧바로 하나님의 임재로 나아갔다.

이렇게 되자 어떤 일이 일어났는가? 이스라엘 가운데 정말 부드러운 심령으로 하나님을 사모하고 앙모하는 사람들이 이곳으로 모여들기 시작했다. '앙모하는 자' (히. 메바케쉬)란 말은 여호와를 '찾는 자' '구하는 자' '묻는 자' 라는 뜻이다. 금송아지가 아니라 살아계신 하나님께 묻기를 열망하는 자들이 이곳에 모이기 시작한 것이다.

"여호와를 앙모하는 자는 다 진 바깥 회막으로 나아가며"(출 33:7).

모세 한 사람이 하나님 앞에 일관되고 신실하게 나아가자. 나머지 이스라엘 백성 중에 하나님을 사모하는 사람들이 모여 새로운 무리를 형성하기 시작했다. 광야에서 하나님 나라의 팬덤이 생기기 시작한 것이다. 이런 이들이 천 명만 생겨도 이스라엘은 소수의 강퍅하고 목소리 큰 사람들에게 휘둘리지 않고 영적 중심을 잡을 수 있다. 팬덤이 움직이자 이스라엘은 서서히 긍정적인 방향의 영적 분위기를 잡기 시작한다.

> "모세가 회막으로 나아갈 때에는 백성이 다 일어나 자기 장막 문에 서서 모세가 회막에 들어가기까지 바라보며"(출 33:8).

이제는 백성이 모두 일어나 자기 장막 문 앞에 서서 모세가 회막에 들어갈 때 바라보고 있다. 더욱 놀라운 것은 모든 백성이 모세가 회막에 들어갈 때 회막 문에 구름 기둥이 서 있는 것을 본다는 사실이다.

> "모세가 회막에 들어갈 때에 구름 기둥이 내려 회막 문에 서며 여호와께서 모세와 말씀하시니"(출 33:9).

한동안 떠난 줄 알았던 하나님의 임재가 다시 모세의 회막을 통해 시작되는 것이다. 하나님의 임재는 시내산에 있었는데 이제는 모세가 있는 회막으로 내려왔다. 아직 정식 성막은 아니었지만 이곳을 찾아온 하나님의 임재는 분명 깊은 친밀감이 있는 교제였다. 이런 하나님의 가시적 임재를 보자 이스라엘 안에 형성된 팬덤과 주변 사람들이 변화되기 시작했다.

"모든 백성이 회막 문에 구름 기둥이 서 있는 것을 보고 다 일어나 각기 장막 문에 서서 예배하며"(출 33:10).

금송아지를 예배하던 것에서 하나님을 예배하는 것으로 바뀌기 시작한다.

"사람이 자기의 친구와 이야기함같이 여호와께서는 모세와 대면하여 말씀하시며 모세는 진으로 돌아오나 눈의 아들 젊은 수종자 여호수아는 회막을 떠나지 아니하니라"(출 33:11).

여기 '대면하여' 라는 말(히. 파님 엘 파님, face to face)은 친밀하고 가까운 교제를 의미한다. 하나님께서 모세와 마치 친구와 이야기 하는 것처럼 깊은 교제를 나누신다. "이렇게 해, 저렇게 해!" 하는 식으로 명령을 내리는 것이 아니다. 친구처럼 이야기한다. 이렇게 친밀감 있는 교제를 통해 여호와를 앙모하는 이들이 모이고, 이들의 영향으로 이스라엘 전체가 다시 하나님의 임재에 눈 뜨고 하나님을 두려워하는 마음을 갖게 되었다. 여기서부터 이제 새로운 이스라엘의 변화 가능성이 움트기 시작한다.

무너졌던 이스라엘의 기초는 이로써 다시 회복되기 시작한다. 먼저는 한 개인의 탁월한 회복시스템이 동력이 된다. 거룩한 성도는 자신의 삶을 하나님께 집중시키기 위한 시스템을 만들어야 한다. 우리 주변에도 건강한 사람들을 보면 건강을 지키는 규칙이 체계화된 일종의 시스템이 있다. 일어나자마자 물을 마신다, 일주일에 몇 번은 산에 다녀온다, 음식은 몸에 좋은 이런저런 음식을 선별하여 먹는다,

저녁에는 커피를 마시지 않는다 등등. 이제는 우리 영혼의 건강을 위해서도 신경을 써야 한다. 내가 하나님의 은혜 아래 친밀하게 붙어 있기 위해 필요한 것이 무엇인지를 고민해야 한다. 탁월한 열매는 탁월한 과정이 뒷받침되어야 가능하다. 이 탁월한 과정이 제도화된 것이 한 개인의 영적 시스템이다.

둘째는 이런 영적 탁월함에 매료되어 함께할 수 있는 사람을 찾아야 한다. 함께 말씀을 사모하는 이들이 있는가? 새벽기도회로 초대하라. 수요기도회에 초대하라. 목장으로 초대하라. 이들이 이곳에 임하는 하나님의 임재를 경험하고 주님께 더욱 가까이 나아가도록 해야 한다. 그리고 우리가 하나님의 임재와 은혜에 열광하는 사람이 되어 하나님 나라의 팬덤을 이루어야 한다. 이럴 때 우리 주변이 하나님의 크신 은혜로 놀랍게 변화될 것이다.

[80장 각주]

131) 팀 페리스, 박선령 외 역, 「타이탄의 도구들」(서울: 토네이도, 2017).

81 Chapter 81. Exodus 33:12-23

모세는 왜 그렇게 집요하였나

모세가 여호와께 아뢰되 보시옵소서. 주께서 내게 이 백성을 인도하여 올라가라 하시면서 나와 함께 보낼 자를 내게 지시하지 아니하시나이다. 주께서 전에 말씀하시기를 나는 이름으로도 너를 알고 너도 내 앞에 은총을 입었다 하셨사온즉 내가 참으로 주의 목전에 은총을 입었사오면 원하건대 주의 길을 내게 보이사 내게 주를 알리시고 나로 주의 목전에 은총을 입게 하시며 이 족속을 주의 백성으로 여기소서. 여호와께서 이르시되 내가 친히 가리라. 내가 너를 쉬게 하리라. 모세가 여호와께 아뢰되 주께서 친히 가지 아니하시려거든 우리를 이곳에서 올려 보내지 마옵소서. 나와 주의 백성이 주의 목전에 은총 입은 줄을 무엇으로 알리이까. 주께서 우리와 함께 행하심으로 나와

주의 백성을 천하 만민 중에 구별하심이 아니니이까. 여호와께서 모세에게 이르시되 네가 말하는 이 일도 내가 하리니 너는 내 목전에 은총을 입었고 내가 이름으로도 너를 앎이니라. 모세가 이르되 원하건대 주의 영광을 내게 보이소서. 여호와께서 이르시되 내가 내 모든 선한 것을 네 앞으로 지나가게 하고 여호와의 이름을 네 앞에 선포하리라. 나는 은혜 베풀 자에게 은혜를 베풀고 긍휼히 여길 자에게 긍휼을 베푸느니라.
또 이르시되 네가 내 얼굴을 보지 못하리니 나를 보고 살 자가 없음이니라. 여호와께서 또 이르시기를 보라 내 곁에 한 장소가 있으니 너는 그 반석 위에 서라. 내 영광이 지나갈 때에 내가 너를 반석 틈에 두고 내가 지나도록 내 손으로 너를 덮었다가 손을 거두리니 네가 내 등을 볼 것이요 얼굴은 보지 못하리라.

'집요하다' 는 말의 사전적인 뜻은 '매우 고집스럽고 끈질기다' 는 뜻이다. 조금 고집스러우면 "뭐 그럴 수도 있지" 그럴 텐데, '매우' 고집스럽고 '굉장히' 끈질기면 우리는 흔히 그 사람에게 '질려버린다' 는 말을 한다. 사람이 질리도록 고집스럽고 끈질기면 상당히 피곤한 사람이 된다. '아니, 그냥 넘어가도 될 것을 왜 저렇게 고집스럽게 붙들고 놓지 않는가?' 그런 생각이 들기 때문이다. 특히 고집스럽게 붙들고 있는 것이 그다지 중요해 보이지도 않고 사소해 보일 때 우리는 이런 고집스러운 사람을 가능한 회피하고 싶어 한다. 우리는 '집요하다' 고 하면 그렇게 좋은 인상을 받지 못할 때가 많다.

하지만 집요함은 종종 창의적인 혁신의 원동력이 된다. 우리는 혁신하면 엄청나게 큰 것으로 생각하지만 많은 경우 혁신은 종종 다른 사람이 별것 아닌 것으로 치부하는 사소한 것을 집요하게 물고 늘어질 때 일어난다. 많은 사람이 즐기는 일본 음식 '낫또'가 있다. 낫또 포장을 열면 그 안에 두 개의 작은 비닐 포장이 나온다. 하나는 간장 소스, 다른 하나는 겨자 소스다. 낫또 포장을 열고 먹으려면 먼저 낫또 위에 덮인 비닐을 열고, 두 소스 비닐 포장 끝부분을 각각 잘라 낫또에 넣어 비벼 먹는다. 늘 먹다 보면 '낫또 포장은 원래 그런 모양이다'라고 생각할 수 있다.

그런데 일본 미즈칸이라는 신생 낫또회사가 이 점을 집요하게 파고들었다.[132] 왜 낫또는 불편하게 두 개의 포장을 따로따로 뜯어서 섞어 먹어야 하나? 그래서 2년 동안 이것을 연구해서 젤리 모양의 소스를 개발했다. 낫또 포장을 열면 젤리 소스가 들어 있고, 그것을 넣어 곧바로 비비면 낫또를 먹을 수 있게 한 것이다. 얼마나 편리한가? 일본 낫또시장은 레드오션으로 알려져 있다. 수십, 수백 년 동안 만들던 전통 낫또회사가 많다. 그런데 이 편리한 젤리 낫또가 '아랏벤리 포장낫또'란 이름으로 나오자 폭발적인 반응이 일어났다. 출시 6개월 만에 일본 전 인구가 한 사람당 1.5개씩 먹었을 정도로 단숨에 시장점유율 1등에 등극했다. 다들 불편함을 당연하게 여겼지만 정말 사소한 그 하나, 포장 소스를 젤리 소스로 바꾼 것 때문에 순식간에 점유율 1위에 오른 것이다. 젤리 소스를 만들기 위해 2년 동안 연구개발한다고 하면, '차라리 그냥 있던 대로 비벼먹지, 웬 생고생이야. 별 차이도 없는데'라고 생각할 수 있다. 그러나 이 미즈칸이란 회사는 이 별것 아닌 차이를 상당히 심각한 차이로 보고 집요하게 파고든 것이다.

우리나라에도 이런 기업이 있다. 명함관리를 하는 스마트폰 앱, '리멤버'를 만든 드라마앤컴퍼니다. 리멤버는 직장인이라면 반드시 깔아야 할 필수 앱으로 알려져 있다. 우리나라에 명함관리 앱이 여러 개 나와 있지만 명함앱은 리멤버 이전과 이후로 나뉜다고 할 정도로 직장인 10명 중 1명 이상이 사용하는 부동의 1위 명함관리 앱이다. 보통 명함관리 앱은 스마트폰으로 사진을 찍으면 글자를 카메라가 광학문자판독 방식으로 처리해 자동으로 입력해준다. 이 과정에 글자를 잘못 판독해서 입력하는 경우가 많다 보니 일일이 손으로 다 고쳐서 다시 입력할 때가 많다. 그런데 리멤버는 인식률이 100%에 이른다. 아니, 어떻게 그럴 수 있는가? 명함을 찍어서 회사의 클라우드에 올리면 900명의 전담 타이피스트가 있어서 명함을 일일이 컴퓨터로 타이핑해서 정확하게 입력해주기 때문이다.[133)]

심지어 명함에 수기로 메모한 것까지 다 타이핑해서 올려줄 정도다. 무식하게 직접 다 입력해서 인식률을 100%에 가깝게 끌어올린 것이다. 정말 무식하지 않은가? 그런데 이런 무식이 쌓이다 보니 동일한 회사명함은 다시 타이핑하지 않아도 데이터베이스가 쌓여 거의 즉각적으로 정확하게 입력하게 된다. 무식하지만 정확도가 쌓이니 절대적인 신뢰를 받게 된 것이다. 우리가 생각할 때, '고객이 찍은 명함을 사람을 고용해 일일이 타이핑해? 차라리 사업을 접는 것이 낫겠다'고 생각할 수 있다. 그런데 이런 말도 안 되는 일에 집요함을 보이자, 결국 이런 디테일에 고객들이 열광하게 되었다.

햄버거 좋아하는가? 가장 맛있는 햄버거가 되려면 햄버거 패티의 지방 양이 19% 이하인 소고기로 무게는 1.6온스, 지름은 3.875인치, 양파는 0.25온스가 들어가야 이상적인 맛을 낸다. 이것이 맥도날드

햄버거의 표준 레시피다.[134)]

이처럼 집요함은 언뜻 볼 때 쓸모없어 보이고 무모한 고집 같아 보이지만 사실 큰 차이를 가르는 정말 중요한 변화와 혁신의 원동력이 된다.

이번 장의 본문을 살펴보면 모세는 하나님께서 그의 간청에 알겠다고 하시는데도 자꾸만 집요하게 묻고 늘어지는 모습을 볼 수 있다. 자꾸 이러다 보면 조금 전 우상 숭배로 인해 겨우 분노를 누그러뜨리신 하나님이 다시 폭발하시지 않을까 하는 생각이 들 정도다. 우리도 알겠다고 하는데 자꾸 와서 집요하게 한 얘기 또 하고 자꾸 얘기하면 다시 분노가 폭발하지 않는가?

> "모세가 여호와께 아뢰되 보시옵소서. 주께서 내게 이 백성을 인도하여 올라가라 하시면서 나와 함께 보낼 자를 내게 지시하지 아니하시나이다. 주께서 전에 말씀하시기를 나는 이름으로도 너를 알고 너도 내 앞에 은총을 입었다 하셨사온즉"(출 33:12).

모세가 하나님께 요구한다. "하나님, 저보고 백성을 인도하여 가라고 하시면서 함께 보낼 자를 지시하지 않으셨습니다." 언뜻 보면 모세가 하나님이 이미 이스라엘과 함께하시겠다고 하신 약속을 재차 물고 늘어지는 느낌이다. 하나님은 이미 모세와 함께 갈 천사를 보내겠다고 거듭 약속하셨다.

> "이제 가서 내가 네게 말한 곳으로 백성을 인도하라. 내 사자가 네 앞서 가리라"(출 32:34).

“내가 사자를 너보다 앞서 보내어”(출 33:2).

하나님이 직접 가시면 이스라엘의 패역함을 다시 볼 경우 진노하셔서 이들을 진멸하실 수 있기에 천사를 보내 그와 동행하여 가도록 하겠다고 약속하셨다. 그런데 모세는 이 약속을 알고 있음에도 불구하고 함께 보낼 자를 지시해 달라고 하나님께 집요하게 요구하고 있다. 하나님이 하신 약속을 못 믿는 것인가? 천사를 보내겠다고 하셨는데, 왜 또다시 보낼 자를 자신에게 지시해서 알려달라고 요구하는 것일까?

이것은 모세의 예민한 영적 감각이 하나님이 말씀하신 단어의 미묘한 차이를 발견했기 때문이다. 하나님은 그 천사를 보낼 때 무엇이라고 하셨는가? ‘네 앞서’ 보내겠다고 하셨다. 그런데 모세는 지금 무엇을 요구하는가? ‘함께’ 할 자를 요구한다. 언뜻 볼 때 앞서가는 것이나 함께하는 것이나 별 차이 없는 것 같다. 그러나 모세는 이 두 단어의 의미가 얼마나 큰 차이가 나는지 알고 있었다. 하나님의 영광 속으로 직접 들어가 하나님의 임재 안에 함께 걷는 것과 하나님과 거리를 두고 떨어져 가는 것은 하늘과 땅 차이라는 사실을 잘 알고 있었다. 강의를 듣더라도 일반강사의 강의와 저자의 직강은 큰 차이가 있지 않은가?

모세는 천사가 앞서가는 것과 하나님이 친히 함께하시는 것의 차이가 얼마나 큰지 알고 있었다. 그래서 하나님의 말씀 속에 있는 이 디테일한 차이를 잡아내고 겸손하고 지혜롭게, 그리고 집요하게 나아간다. 모세는 집요했지만 그럼에도 겸손하고 지혜롭게 나아갈 수 있었던 것은 그가 하나님의 은혜를 알고 인정했기 때문이다.

그는 하나님께 "주께서 전에 말씀하시기를 나는 이름으로도 너를 알고 너도 내 앞에서 은총을 입었다"고 하지 않았냐고 문제를 제기한다. 이름으로도 안다는 것은 하나님께서 모세를 불타는 떨기나무에서 부르셨을 때를 떠올린다(출 3:4).

하나님이 모세를 부르신다.

"모세야, 모세야!"

그러자 모세가 "내가 여기 있나이다"라고 대답한다.

그러자 하나님이 무엇이라 하시는가?

"이스라엘의 부르짖음을 내가 들었으니 이제 내가 너를 보내어 그들을 구원하여 젖과 꿀이 흐르는 아름다운 약속의 땅으로 인도할 테니 가라"고 하셨다. 그러면서 "내가 반드시 너와 함께 있으리라!"(출 3:12)고 약속하셨다.

지금 모세가 천사로 앞서가게 하지 말고 하나님이 친히 함께 가 달라고 부탁한 것은 하나님이 모세를 이름으로 알고 부르셨을 때 주셨던 약속의 일부였던 것이다. 이때만이 아니었다. 하나님은 출애굽기 4장 12절과 15절에서도 "내가 네 입과 함께하리라"고 약속하셨다. 따라서 하나님이 "내가 너와 '함께' 하겠다"는 것은 하나님이 모세를 보내면서 계속하셨던 약속이다.

이를 배경으로 본문을 다시 보면 지금 모세가 하나님께 기도하는 것은 그 내면에 하나님께 이런 호소를 하고 있는 것과 같다.

"하나님, 제가 은혜 입은 자 맞지요? 하나님이 제 이름을 아시고 저를 은혜 중에 부르셨을 때, 저보고 가라고 하면서 '내가 너와 함께 하리라' 라고 하셨잖아요? 그렇게 말씀하시고 그냥 앞서만 가시면 안 되죠. 함께 가셔야죠! 제 이름을 아시고 부르신 분이 먼저 함께하겠다고 약속하셨잖아요?"

이렇게 하나님의 은혜를 강조하면서 모세는 여기에 슬그머니 이스라엘 백성을 끼워 넣는다.

> "내가 참으로 주의 목전에 은총을 입었사오면 원하건대 주의 길을 내게 보이사 내게 주를 알리시고 나로 주의 목전에 은총을 입게 하시며 이 족속을 주의 백성으로 여기소서"(출 33:13).

모세는 자신이 하나님께 은혜를 입은 자라면 이제 은혜를 베푸시고 더불어 이 족속도 주의 백성으로 여겨달라고 이스라엘 백성을 슬쩍 끼워 넣는다. 하나님이 모세와 함께할 뿐 아니라 백성들과도 함께해 달라는 것이다. 그러자 이런 모세의 사소해 보이는, 그러나 중요한 디테일에 대한 집요함에 하나님이 다음과 같이 반응하신다.

> "여호와께서 이르시되 내가 친히 가리라. 내가 너를 쉬게 하리라"(출 33:14).

마침내 하나님께서는 앞서가지 않고 친히 함께 가겠다고 약속하신다. "친히 가리라"는 표현은 직역하면 "내 얼굴이 간다"가 된다. 얼굴이 간다는 것은 하나님이 친히 함께하며 목도하시는 직접적인 임재를 의미한다. 그러면서 말씀하신다. "내가 너를 쉬게 하리라." 하나님께서는 함께하겠다는 약속과 함께 모세에게 안식을 약속하신다. 하나님은 중보자인 모세가 하나님과 이스라엘 백성 사이에서 얼마나 무거운 짐을 담당하고 있는지 아셨다.

하나님은 조금 전까지만 해도 모세에게 "내가 하는 대로 두라! 날 말리지 말라. 내가 저들을 진멸하겠다. 싹 쓸어버리겠다"라고 말씀하셨다(출 32:10). 모세가 얼마나 큰 충격을 받았겠는가? 그런 와중에 백성은 철없이 이방신의 형상이 새겨진 장신구를 그대로 달고 찰랑거리면서 다닌다. 그러니 이 둘 사이를 중재하는 모세의 짐이 얼마나 무거웠는지 하나님은 아셨다. 그래서 위로의 말씀을 주신다. "내가 너를 쉬게 하리라!" 다른 말로 하면 "네 요청대로 함께할 테니 넌 이제 그만 근심하고 평안하라"는 뜻이다. 그러면 모세는 하나님께 감사하다고 해야 하지 않을까? 그런데 모세가 하는 말이 무엇인가?

> "모세가 여호와께 아뢰되 주께서 친히 가지 아니하시려거든 우리를 이곳에서 올려 보내지 마옵소서"(출 33:15).

아니, 조금 전에 "내가 친히 가리라"고 말씀하지 않았는가? 그런데 모세는 이 말씀을 못 믿었는지 자꾸만 친히 가달라고 집요하게 요구한다. 왜 그랬을까? 모세는 하나님의 대답을 아직 100% 이스라엘과 함께하겠다는 대답으로 받아들이지 못했던 것 같다. 그는 "친히 가지 아니하시려거든 우리를 이곳에서 올려보내지 마옵소서"라고 말한다. 이 말은 모세가 자신과 이스라엘을 함께 묶어 '우리'라는 표현을 사용하면서 모세와 이스라엘이 가는 길에 함께해 달라고 재차 요구하는 것이다.

하나님은 이미 가겠다고 대답하셨다. 그러나 앞의 14절 대답을 자세히 보면 하나님이 친히 가겠다고 말씀하시긴 했지만 하나님이 '친히' 모세와 그의 백성 이스라엘과 함께 가겠다고 하신 것은 아니다. 모세는 이 부분이 걸렸던 것이다. 그래서 다시 하나님께 재차 집요하게 이 부분을 파고 들어간다. 그러면서 모세가 언급한 '우리' 가 구체적으로 누구를 의미하는지 하나님의 은혜에 호소해서 다시 집요하게 간구한다.

> "나와 주의 백성이 주의 목전에 은총 입은 줄을 무엇으로 알리이까. 주께서 우리와 함께 행하심으로 나와 주의 백성을 천하 만민 중에 구별하심이 아니니이까"(출 33:16).

모세는 자신이 주님의 은총을 입었다면 이 족속을 주의 백성으로 여겨달라고 기도하고(13절), 우리를 올려보내지 말아달라고 하더니(15절), 마침내 16절에 이 '우리' 를 다시 '나와 주의 백성' 이라고 진술한다. 모세는 지금 자신에게 베푸신 은혜를 확신하고, 이 은혜로 자신과 이스라엘 백성을 연대하여 묶고 있다.

모세는 방금 전까지 하나님께서 진노하셔서 이스라엘을 쓸어버리고 모세와 새로 시작하겠다고 하신 충격적인 말씀을 기억하고 있다. 그랬기에 하나님이 친히 가겠다고 말씀하셔도 안심할 수 없었다. 친히 가는 것이 모세와만 함께 가는 것인지, 이스라엘과 함께 가는 것인지 몰랐다. 그래서 모세는 재차 자신이 하나님의 은혜받은 자라면 이 백성을 주님의 백성으로 여겨달라고 하고, 이제 다시 자신만이 아니라 이 백성도 주님의 은혜를 입은 자로 함께하시고 그 증거를 보여달라고 집요하게 요구하고 있는 것이다.

이런 집요한 모세의 요구에 하나님은 어떻게 반응하시는가? "모세야, 너무 집요하구나. 그냥 내가 친히 간다면 가는 줄 알지 뭐 이렇게 집요하게 그러니. 그냥 대충 하자꾸나!" 이렇게 대답하지 않으셨다. 하나님은 모세가 집요하게 요구하는 것이 구체적으로 무엇인지 알고 계셨다. 그래서 마침내 다음과 같이 대답하신다.

"여호와께서 모세에게 이르시되 네가 말하는 이 일도 내가 하리니 너는 내 목전에 은총을 입었고 내가 이름으로도 너를 앎이니라" (출 33:17).

하나님은 모세에게 "네가 말하는 이 일도 내가 하겠다"고 하신다. 모세만이 아니라 이스라엘 백성에게도 다시 은혜를 베풀어 친히 함께하겠다고 약속하신 것이다. 이것은 조금 전까지 쓸어버리겠다고 하신 하나님의 마음을 집요하게 요구하여 돌이키게 한 놀라운 변화다. 그런데 모세는 여기서 그치지 않는다. 한 발 더 나아가 하나님께 더욱 집요하게 요구한다.

"모세가 이르되 원하건대 주의 영광을 내게 보이소서"(출 33:18).

아니, 하나님께서 함께 행한다고 말씀하시면 됐지, 또 무슨 영광을 보여달라고 집요하게 요구하는가? 하나님을 너무 집요하게 물고 늘어지는 것 아닌가? 모세가 요구한 하나님의 영광은 무엇일까? 출애굽기에 하나님의 영광은 딱 두 곳에 등장한다.

먼저는 모세가 시내산에 올라가 하나님께 돌판을 받으러 갈 때 하나님의 임재가 시내산에 임했을 때다(출 24:15-18). 이 임재는 장차 이스라엘이 성막을 지으면 임할 영광의 임재였다. 두 번째는 성막이 완성될 때 성막 가운데 임하는 하나님의 영광이다(출 40:34-35).

이렇게 볼 때 모세가 하나님께 요구하는 영광은 하나님이 이스라엘과 함께하시려 했던 영광의 임재이자, 장차 이스라엘이 성막을 완성할 때 임할 영광(쉐키나)의 임재였다. 모세가 시내산에서 성막의 설계도를 하나님께 받기는 했지만 이스라엘의 우상 숭배로 현재 성막 건설이 중단된 상태다. 따라서 하나님의 영광을 보여달라는 요구는 지금뿐만 아니라 장차 이스라엘이 지어야 할 성막에도 함께하셔서 좌정하여 달라는 간구다. 결국 지금만이 아니라 장차 성막에도 함께하셔서 이들이 광야에서 걷는 걸음걸음마다 영원히 함께해 달라는 간구인 것이다. 그러자 자비로우신 하나님께서는 이런 모세의 집요한 요구에 또다시 응답하신다.

> "여호와께서 이르시되 내가 내 모든 선한 것을 네 앞으로 지나가게 하고 여호와의 이름을 네 앞에 선포하리라. 나는 은혜 베풀 자에게 은혜를 베풀고 긍휼히 여길 자에게 긍휼을 베푸느니라"(출 33:19).

하나님은 당신의 모든 선한 것을 모세에게 보여주고 은혜를 베풀 것이라 약속하신다. 단 하나님의 영광이 임할 때 모세라 할지라도 연약한 죄인이기에 하나님의 영광을 온전히 다 견뎌낼 수 없기에, 모세를 반석 틈에 두고 하나님의 손으로 덮고 지나가실 것이고, 모세는 단지 뒤에서 하나님의 영광을 희미하게 볼 것이라고 말씀하신다. 하나님이 영광의 임재를 승낙하시는 것은 모세뿐만 아니라 모세와 연대한 이스라엘 백성들과 영원히 함께하시겠다는 약속이자 확증을 보여주시는 것이다.

이런 모세의 집요함은 어떻게 발휘될 수 있었는가? 그만큼 모세가 하나님을 깊이 알았기 때문이다. 만약 모세가 하나님을 잘 몰랐다면 이런 하나님을 향한 집요함은 결코 나오지 못했을 것이다. 하나님을 향하여 집요하게 나아가라. 그럴수록 하나님의 자비와 긍휼을 더욱 풍성하게 경험할 수 있을 것이다.

더 나아가 우리는 여기서 예수 그리스도께서 우리를 죄와 사망에서 구속하실 수 있었던 이유를 발견하게 된다. 예수님은 하나님을 가장 잘 아는 분이었다. 하나님의 크신 은혜와 사랑과 공의의 마음을 아시는 분이었고, 가장 깊고 큰 하나님의 영광을 나누셨던 하나님의 아들이었다. 그랬기에 하나님께서 그 아들에게 주신 사랑과 자비를 죄인인 우리와 연대하여 우리를 묶어 하나님 앞에 대신 죽으심으로 죄 사함과 구원의 은혜를 주실 수 있었다. 이런 예수님의 집요함이 바로 십자가에서 나타났고, 십자가상에서 하나님을 향한 그의 기도에 나타났다. "나의 하나님, 나의 하나님 어찌하여 나를 버리셨나이까! 저는 완전히 버림받았습니다. 그러니 아버지 저들의 죄를 사하여 주옵소서. 저들은 자기들이 하는 일을 알지 못하나이다."

우리가 이 은혜를 안다면 이 은혜로 내 주변의 사람들을 묶을 수 있어야 한다. 함께 연대하여 그들을 중보기도로 올려 드려야 한다. 더 나아가 하나님을 아는 지식이 깊어질수록 하나님을 향한 디테일이 더욱 예민해져야 한다. 하나님을 향한 예배, 하나님을 향한 기도, 하나님을 향한 우리의 헌신과 사랑의 표현이 시간이 갈수록 더욱 깊어지고 세밀해져야 한다. 근대건축의 거장 루트비히 미스 반 데어 로에는 "하나님은 디테일에 계시다"는 유명한 말을 남겼다. 하나님을 더욱 깊이 알아가며 집요하게 나아가자. 그래서 하나님의 긍휼과 자비를 더욱 풍성하게 경험하자.

[81장 각주]

132) 임정배, "[한경에세이] 작지만 강한, 디테일의 힘", 한국경제, 2017. 6. 2.
133) 안중현, "억대 연봉 뒤로하고 '국민 명함앱' 리멤버 만든 30대, 과연 돈 벌 수 있을까", 조선일보, 2017. 4. 3.
134) 이혜숙, "기업 성패는 '한 끗 차이'… '디테일 경영'이 답이다", 한국경제, 2017. 5. 25.

82 Chapter 82. Exodus 34:1-9

더 깊은 헌신 가운데 맛보는 주의 영광

여호와께서 모세에게 이르시되 너는 돌판 둘을 처음 것과 같이 다듬어 만들라. 네가 깨뜨린 처음 판에 있던 말을 내가 그 판에 쓰리니 아침까지 준비하고 아침에 시내산에 올라와 산 꼭대기에서 내게 보이되 아무도 너와 함께 오르지 말며 온 산에 아무도 나타나지 못하게 하고 양과 소도 산 앞에서 먹지 못하게 하라. 모세가 돌판 둘을 처음 것과 같이 깎아 만들고 아침에 일찍이 일어나 그 두 돌판을 손에 들고 여호와의 명령대로 시내산에 올라가니 여호와께서 구름 가운데에 강림하사 그와 함께 거기 서서 여호와의 이름을 선포하실새

여호와께서 그의 앞으로 지나시며 선포하시되 여호와라. 여호와라. 자비롭고 은혜롭고 노하기를 더디하고 인자와 진실이 많은 하나님이

라. 인자를 천대까지 베풀며 악과 과실과 죄를 용서하리라. 그러나 벌을 면제하지는 아니하고 아버지의 악행을 자손 삼사 대까지 보응하리라. 모세가 급히 땅에 엎드려 경배하며 이르되 주여 내가 주께 은총을 입었거든 원하건대 주는 우리와 동행하옵소서. 이는 목이 뻣뻣한 백성이니이다. 우리의 악과 죄를 사하시고 우리를 주의 기업으로 삼으소서.

주변에 보면 이따금 마라톤을 즐기는 마라톤 마니아들이 있다. 마라톤 하면 42.195km를 뛰는 오래 달리기 아닌가? 이 엄청난 거리를 달리는 것이 여간 힘든 일이 아니다. 마라톤을 하다 보면 데드 포인트, 즉 죽음의 지점이라는 현상이 온다. 평균적으로 약 35km 정도를 달렸을 때 찾아오는데, 육체적으로 에너지가 거의 다 소진되고 심장이 파열될 것 같은 강렬한 고통과 숨이 막혀 더는 달릴 수 없을 것 같은 극심한 위기감이 엄습해 온다. 이런 힘든 과정을 지나야 비로소 42.195km를 완주할 수 있게 된다.

이처럼 고문에 가까운 운동을 사람들이 즐기는 이유가 무엇일까? 바로 '러너스 하이'(runner's high)라고 불리는 쾌감 때문이다. 달리기가 고통스럽기 시작할 때 뇌에서 아편의 주성분인 모르핀보다 100배 이상 강력한 엔도르핀, 도파민, 세로토닌 등이 복합적으로 나와 강렬한 쾌감을 일으키는 현상이다. 미국 국립과학원에서는 이것이 대마초 성분과 분자구조가 유사한 내인성 칸나비노이드가 우리 몸에서 만들어지기 때문이라고 발표했다.[135] 이렇게 되면 우리 안에 마약 성분과 같은 것이 생성되어서 고통이 줄어들고 행복감이 늘어난다.

이런 현상은 우리 인생에도 일어난다. 다른 사람들은 힘들고 어렵다고, 또 사람들의 시선과 비웃음이 두려워서 회피하는 일을 묵묵히 감당하다 보면 우리는 평소 같으면 결코 발견할 수 없을 것 같은 예기치 못했던 놀라운 기쁨과 행복을 발견할 때가 있다.

모세가 하나님의 명령을 받아 이스라엘 백성을 이끌고 나올 때 많은 어려움과 고난이 있었다. 도저히 상대되지 않는 애굽 바로의 군대와 대결하기도 하고, 또 생존의 조건이 결여된 광야를 헤쳐갈 때도 있었다. 그럼에도 모세가 줄기차게 이스라엘을 인도하고 올 수 있었던 것은 그 가운데 하나님의 놀라운 역사를 맛보았기 때문이다. 하나님의 역사하심과 그분의 영광이 주는 황홀함이 모세가 겪는 고난을 능히 이길 힘을 주었던 것이다. 하나님이 주시는 영광의 클라이맥스는 시내산에서 맛본 하나님의 영광이었다. 시내산에서 모세는 "이대로 죽어도 좋다"고 할 정도로 놀라운 체험을 하였다.

그런데 은혜의 최고 절정에서 문제가 발생했다. 이스라엘 백성이 하나님을 버리고 금송아지를 섬겨 경배한 것이다. 이 충격적인 배교 사건의 중심에 모세의 친형 아론이 있었다. 모세는 다른 사람은 몰라도 아론만큼은 믿었다. 아론은 모세가 바로 앞에 처음 설 때부터 그와 함께했던 동역자였다. 그런데 모세가 하나님을 만나러 갔을 때 철석같이 믿었던 그의 형 아론은 온 이스라엘을 이끌고 금송아지를 만들어 배교의 길로 인도한 것이다.

여러 어려움 속에서도 모세는 하나님의 은혜로 잘 이겨왔고, 또 시내산에서 하나님의 깊은 임재를 경험했다. 그런데 가장 가까운 사람으로 인해 무너지려 하고 있다. 하지만 모세는 시내산에서 내려와 아론에게 "이 백성이 당신에게 어떻게 하였기에 당신이 그들을 큰 죄에 빠지게 하였느냐"고 책망한 것 외에는 일절 아론에 대해 언급하지 않는다. 대신 모든 사람을 대신하여 자신의 생명을 걸고 하나님께 중보한다. 할 수 있는 한 하나님의 마음을 돌이키기 위해 집요하게 하나님께 은혜를 간구한다. 하나님께서 앞서 보낼 사자를 보내겠다고 하자, 모세는 함께 보낼 자를 보내달라고 한다. 하나님께서 내가 친히 가리라고 하자, 모세 자신과만 친히 가지 마시고 우리를 함께 올려 보내달라고 구한다. 이런 집요한 기도를 들으시고 하나님은 모세에게 말씀하신다.

> "여호와께서 모세에게 이르시되 너는 돌판 둘을 처음 것과 같이 다듬어 만들라. 네가 깨뜨린 처음 판에 있던 말을 내가 그 판에 쓰리니"(출 34:1).

하나님은 모세에게 돌판을 준비하라고 하신다. 그 위에 '처음 판에 있던 말', 즉 십계명 말씀을 다시 새겨주겠다고 하신다. 이는 하나님께서 이스라엘 백성과 다시 언약관계를 이어가겠다는 말씀이다. 얼마나 감사한 일인가? 하지만 이 놀라운 일을 이루기 위해 모세는 이전보다 더 깊은 헌신으로 들어가야 했다.

일단 돌판을 준비하는 것이 보통 일이 아니다. 돌을 깎아서 양면을 아주 평평하게 다듬는 것이 만만한 일이 아니다. 하나도 아니고 두 개를 준비해야 했다. 게다가 하나님께서 요구하시는 시간이 촉박하다.

> "아침까지 준비하고 아침에 시내산에 올라와 산 꼭대기에서 내게 보이되"(출 34:2).

돌판을 준비하는데 내일 아침까지 준비해야 한다. 그러려면 오늘 밤을 꼬박 새워야 한다. 그것만이 아니다. 아침에 시내산 꼭대기까지 돌판을 갖고 올라가야 한다. 등산하다 보면 이따금 등에 지게를 지고 엄청나게 많은 생수병을 지고 올라가는 분들이 있다. 이것을 이고 산 꼭대기 산장까지 배달을 가는 것이다. 이런 사람들을 보면 대부분 젊은 분들이다. 80세가 넘은 모세는 엄청난 무게의 돌판 두 개를 지고 시내산 꼭대기까지 올라가야 했다.

성지순례 때 흔히 가는 애굽의 시내산은 해발 2,285m다. 또 최근에 새로운 시내산으로 주장되는 사우디아라비아에 있는 라오즈산도 높이가 2,400m다. 여기를 80세 할아버지가 돌판을 이고 올라간다고 생각해보라. 그것도 전날 돌판을 만드느라 밤을 꼬박 새우고 올라간다. 보통 건강, 보통 체력이 아니면 안 되는 일이다. 게다가 모세는 얼마 전까지 시내산에서 하나님의 계명을 받으며 40일간 금식하다 내려왔다. 그런데 하나님이 이런 상태에 있는 모세에게 다시 돌판을 메고 아침에 올라오라고 하신다. 게다가 하나님의 거룩한 임재에 죄를 지은 이스라엘 백성이 타격을 입지 않도록 모세를 제외하고 누구도 올라올 것을 허락하지 않으신다. 결국 이 무거운 짐을 모세 혼자 지고 다시 올라가야 한다. 안 그래도 힘든데, 육체적으로 한계에 부딪히는 요구를 하면 우리는 그만 주저앉기 쉽다.

사명을 감당하려면 감당할 수 있을 정도로 넉넉한 건강을 잘 지켜야 한다. 몸 만드는 것, 운동하는 것을 가볍게 여겨서는 안 된다. 헌신하려면 체력이 있어야 한다. 아마 요즘 모세의 신체 연령을 측정하면 27세 정도로 나오지 않을까 싶다.

「마녀 체력」이라는 재미있는 제목의 책이 있다.[136] 이 책을 쓴 이

영미 작가는 유전적으로 30대 중반부터 고혈압 약을 달고 살며 스스로 '저질 체력'을 타고났다고 믿었다. 50대에 이르기까지 출판일을 하고 있던 그녀는 "정신노동자가 머리를 써야지 어디 몸을 쓰냐"며 운동을 기피하고 스스로를 합리화했다. 그러나 시간이 갈수록 몸은 힘들어지고, 그러니 삶에 재미와 기쁨도 시들어갔다. 너무 힘드니 일을 그만두어야 하느냐는 고민까지 했다. 그랬던 그녀가 특별한 계기로 운동에 집중하기 시작해서 그동안 트라이애슬론 경기 15회, 마라톤 풀코스 10회를 뛰고, 미시령을 자전거로 오르내리며 체력을 다졌다. 체력이 다져지고 몸이 건강해지자 자신감이 생기기 시작했다. 이 책의 부제가 재미있다. '마흔, 여자가 체력을 키워야 할 때'다. 갈수록 지쳐가지 않는가? 강철 체력을 키울 수 있기를 바란다.

다른 한편, 하나님의 이런 요구는 우리가 헌신할 때 겪는 어려움을 고스란히 반영한다. 그래도 힘들고 어려운 가운데서 하나님이 주신 은혜로 여기까지 사명을 감당하느라 정말 열심히 달려왔는데, 정말 가까이서 신뢰했고 또 신뢰해야 할 사람이 나를 배신했다. 그뿐만이 아니라 이로 인해 공동체 전체가 커다란 어려움에 처했다. 비난을 겨우 절제하고 하나님 앞에 나아가 생명을 걸고 기도했더니, 하나님이 밤을 꼬박 새우더라도 열심히 잘 준비해서 다음 날 그 무거운 돌판짐을 지고 하나님께 올라오라고 한다. 그것도 2,000m가 넘는 산을 말이다. 보통 사람 같으면 투덜투덜하지 않겠는가? "하나님 내가 지금 40일을 굶었다고요. 내가 잘못한 것도 아닌데, 왜 이렇게 저를 힘들게 심하게 몰아붙이시나요. 저를 좀 쉬게 해주세요. 내가 너를 쉬게 하리라고 하셨잖아요!" 이럴 때 우리는 어떻게 해야 할까?

"모세가 돌판 둘을 처음 것과 같이 깎아 만들고 아침에 일찍이 일어나 그 두 돌판을 손에 들고 여호와의 명령대로 시내산에 올라가니"(출 34:4).

모세는 하나님이 요구하시는 다소 심하다 싶은 헌신의 과부하에 대하여 불평하지 않았다. 핑계 대지 않았다. 오히려 묵묵히 밤을 새워 돌판을 만들고, 아침 일찍 일어나 두 돌판을 손에 들고 말씀하신 대로 시내산에 올랐다. 모세는 아무 말이 없다. 불평, 원망, 자기변명, 자기 정당화, 분노 등 아무것도 없었다. 모세는 하나님과 이스라엘의 관계가 다시 시작된다면 더 깊은 헌신을 기꺼이 감당할 준비가 되어 있었다. 그렇게 묵묵히 더 깊은 헌신에 순종하자 모세는 놀라운 경험을 한다.

"여호와께서 구름 가운데에 강림하사 그와 함께 거기 서서 여호와의 이름을 선포하실새"(출 34:5).

하나님의 영광이 모세에게 임한다. 그리고 그곳에서 그동안 감추었던 하나님의 성품이 놀랍게 계시된다.

"여호와께서 그의 앞으로 지나시며 선포하시되 여호와라. 여호와라. 자비롭고 은혜롭고 노하기를 더디하고 인자와 진실이 많은 하나님이라. 인자를 천 대까지 베풀며 악과 과실과 죄를 용서하리라. 그러나 벌을 면제하지는 아니하고 아버지의 악행을 자손 삼사 대까지 보응하리라"(출 34:6-7).

하나님께서는 그분의 이름을 강조하신다. "여호와라. 여호와라." 이 이름은 전에도 계셨고 지금도 계시며 장차 계실 동일하고 신실하고 영원하신 하나님의 이름을 강조한다(출 3:14). 이 하나님은 여러 가지 특징을 갖고 있다.

첫째, 자비로우신 하나님, 즉 긍휼이 풍성하신 하나님이다. 긍휼이란 히브리어 '라훔'은 자궁을 의미하는 '라함'에서 왔다. 하나님의 자비는 태아를 품는 어머니의 깊은 품과도 같다는 뜻이다. 이스라엘의 히나님이 그의 백성을 그렇게 품고 계셨다. 이스라엘에 대한 하나님의 마음은 호세아서에서 다음과 같이 말씀한다. "에브라임이여 내가 어찌 너를 놓겠느냐. 이스라엘이여 내가 어찌 너를 버리겠느냐. 내가 어찌 너를 아드마같이 놓겠느냐. 어찌 너를 스보임같이 두겠느냐. 내 마음이 내 속에서 돌이키어 나의 긍휼이 온전히 불붙듯 하도다"(호 11:8). 하나님은 이스라엘을 향해 불붙는 듯한 긍휼의 마음을 품고 계셨다.

둘째, 은혜로우신 하나님이다. 은혜가 무엇인가? 자격 없는 자에게 거저 베푸시는 하나님의 선물이다. 그동안 이스라엘이 이렇게 온 것은 하나님이 자격 없는 이스라엘에게 베푸신 은혜의 선물 덕분이었다.

셋째, 노하기를 더디 하시는 하나님이다. 원문으로 직역하면 하나님은 긴 코를 가지셨다. 고대 근동에서는 코에서 분노의 콧김이 나오고, 코가 길면 분노의 콧김이 나오다가 식는다고 생각했다. 하나님은 이들의 사고방식에 맞게 긴 코를 가진 분이라고 설명하신다.

넷째, 인자가 많으신 하나님이다. 인자는 히브리어로 '헷세드'다. 이는 그냥 순수한 사랑이 아니라 '충성스러운 사랑'(loyal love)이다.

끝까지 변함없이 사랑하는 것으로, 언약을 지킬 때 이 단어를 많이 사용한다. 이는 끝까지 언약에 충실한 사랑을 의미한다. 그래서 다음 7절에 하나님은 그분의 인자를 천 대까지 베푸신다고 말씀한다.

다섯째, 진리가 많으신 하나님이다. 하나님이 말씀하신 것은 올바르고, 그렇기에 전적으로 신뢰하고 의지하기에 충분하다.

여섯째, 용서의 하나님이다. 인자를 천 대까지 베풀 뿐 아니라 죄를 용서하신다.

일곱째, 그렇다고 벌을 면제하지는 않으신다. 이는 하나님이 그의 백성을 용서하시지만 죄로 인하여 초래된 결과까지 면제되는 것은 아니라는 말씀이다. 그래서 아버지의 악행을 자손 삼사 대까지 보응한다고 말씀한다. 이 말은 하나님이 벌을 계속해서 내리신다는 뜻이 아니라 죄의 지속적인 결과가 가족과 공동체에 부정적인 결과로 남아 있게 됨을 말씀하는 것이다. 고대 근동에서 한가족이 삼사 대 함께 모여 살았음을 고려할 때 죄의 결과가 대대로 계속 이어지는 것이 아니라 함께 모여 산 당대에게만 미친다는 것을 의미한다. 하나님의 백성은 죄 사함을 받지만 죄의 결과는 감당해야 한다. 이것을 관계적으로 말하면 내가 다른 이에게 잘못했으면 그 결과는 피할 수 없다. 따라서 우리는 그가 내 죄의 행각으로 인해 피해를 보지 않도록 사과하고 그 피해를 보상할 수 있어야 한다.

이런 하나님의 장엄한 계시가 나타나자 모세는 깜짝 놀란다. 이전에 보지 못했던 하나님의 깊은 성품과 영광을 목도했기 때문이다. 그래서 모세는 예기치 못했던 하나님의 영광에 황급히 엎드려 경배한다. 그리고 황홀한 하나님의 영광을 맛본다. 더 깊은 영광 속에 들어가니 더 큰 힘이 생긴다. '러너스 하이' 와 같이 더 깊은 하나님의 영광 속에 더 깊은 헌신을 기꺼이 감당하려는 용기와 힘이 생긴다. 이어지는 모세의 기도를 보라. 이렇게 힘들고 지친 가운데서도 백성을 위한 중보를 잊지 않는다.

> "이르되 주여 내가 주께 은총을 입었거든 원하건대 주는 우리와 동행하옵소서. 이는 목이 뻣뻣한 백성이니이다. 우리의 악과 죄를 사하시고 우리를 주의 기업으로 삼으소서"(출 34:9).

하나님께서 용서해주신다면 백성의 완악함을 긍휼히 여겨 용서하시고 자기들을 주님의 기업으로 삼아달라고 간구하는 것이다. 이런 것을 보면 모세는 참 헌신하고 수고를 많이 하는 종이다. 그런데 이런 깊은 헌신과 수고 속에 그가 경험하는 하나님의 영광을 맛보는 기쁨은 말할 수 없이 컸다.

이스라엘 백성이 먼발치에서 시내산을 바라보는 것과 이스라엘의 지도자가 시내산 가까이에서 하나님의 영광을 목도하는 것과 모세가 직접 하나님께 나아가 놀라운 하나님의 임재와 선한 성품을 맛보는 것은 그 정도가 다르다.

이것이 중요한 이유가 있다. 하나님이 인간을 창조하신 이유가 무엇인가? 그것은 영원토록 하나님을 즐거워하며 그분의 영광을 위하여 살기 위함이다. 우리는 하나님의 영광을 위해 창조되었다. 죄 많은 이 땅에서 그 영광을 위해 살아가다 보면 때로 힘들고 정말 어려운 일이 많다. 그럼에도 불구하고 주님을 위하여 헌신해야 할 때가 있다. 때론 가장 가까운 사람이 배신하고 나를 찌르고 아프게 한다. 그럼에도 용기를 잃지 않고 더 깊이 들어가야 한다. 이때 더 깊은 헌신으로 들어가며 맛보는 영광의 정도가 다르다.

더 깊은 영광 아래 살아갈 수 있기를 도전한다. 단순히 예배드리는 것과 깊이 섬기는 것은 경험하는 영광의 정도가 다르다. 더 깊은 주님의 영광 안으로 들어가라. 그리고 기쁘게 십자가를 지라.

[82장 각주]

135) 강석기, "'러너스하이' 비밀 풀렸다", 사이언스타임즈, 2015. 10. 23.
136) 이영미, 「마녀체력: 마흔, 여자가 체력을 키워야 할 때」(서울: 남해의봄날, 2018).

83 Chapter 83. Exodus 34:10-28

은혜에 사로잡혀야 흔들리지 않는다

여호와께서 이르시되 보라. 내가 언약을 세우나니 곧 내가 아직 온 땅 아무 국민에게도 행하지 아니한 이적을 너희 전체 백성 앞에 행할 것이라. 네가 머무는 나라 백성이 다 여호와의 행하심을 보리니 내가 너를 위하여 행할 일이 두려운 것임이니라. 너는 내가 오늘 네게 명령하는 것을 삼가 지키라. 보라. 내가 네 앞에서 아모리 사람과 가나안 사람과 헷 사람과 브리스 사람과 히위 사람과 여부스 사람을 쫓아내리니 너는 스스로 삼가 네가 들어가는 땅의 주민과 언약을 세우지 말라. 그것이 너희에게 올무가 될까 하노라. 너희는 도리어 그들의 제단들을 헐고 그들의 주상을 깨뜨리고 그들의 아세라 상을 찍을지어다.
너는 다른 신에게 절하지 말라. 여호와는 질투라 이름하는 질투의 하

나님임이니라. 너는 삼가 그 땅의 주민과 언약을 세우지 말지니 이는 그들이 모든 신을 음란하게 섬기며 그들의 신들에게 제물을 드리고 너를 청하면 네가 그 제물을 먹을까 함이며 또 네가 그들의 딸들을 네 아들들의 아내로 삼음으로 그들의 딸들이 그들의 신들을 음란하게 섬기며 네 아들에게 그들의 신들을 음란하게 섬기게 할까 함이니라. 너는 신상들을 부어 만들지 말지니라.

너는 무교절을 지키되 내가 네게 명령한 대로 아빕월 그 절기에 이레 동안 무교병을 먹으라. 이는 네가 아빕월에 애굽에서 나왔음이니라. 모든 첫 태생은 다 내 것이며 네 가축의 모든 처음 난 수컷인 소와 양도 다 그러하며 나귀의 첫 새끼는 어린 양으로 대속할 것이요 그렇게 하지 아니하려면 그 목을 꺾을 것이며 네 아들 중 장자는 다 대속할지며 빈손으로 내 얼굴을 보지 말지니라. 너는 엿새 동안 일하고 일곱째 날에는 쉴지니 밭 갈 때에나 거둘 때에도 쉴지며 칠칠절 곧 맥추의 초실절을 지키고 세말에는 수장절을 지키라. 너희의 모든 남자는 매년 세 번씩 주 여호와 이스라엘의 하나님 앞에 보일지라. 내가 이방 나라들을 네 앞에서 쫓아내고 네 지경을 넓히리니 네가 매년 세 번씩 여호와 네 하나님을 뵈려고 올 때에 아무도 네 땅을 탐내지 못하리라.

너는 내 제물의 피를 유교병과 함께 드리지 말며 유월절 제물을 아침까지 두지 말지며 네 토지 소산의 처음 익은 것을 가져다가 네 하나님 여호와의 전에 드릴지며 너는 염소 새끼를 그 어미의 젖으로 삶지 말지니라. 여호와께서 모세에게 이르시되 너는 이 말들을 기록하라. 내가 이 말들의 뜻대로 너와 이스라엘과 언약을 세웠음이니라 하시니라. 모세가 여호와와 함께 사십 일 사십 야를 거기 있으면서 떡도

먹지 아니하였고 물도 마시지 아니하였으며 여호와께서는 언약의 말씀 곧 십계명을 그 판들에 기록하셨더라.

일본 선교는 웃고 들어갔다 울고 나온다. 그만큼 일본 선교가 힘들다는 말이다. 일본 전역에 교회가 약 8천여 개 정도가 있다고 한다. 평균적으로는 교인이 10~20명 정도 모이는 경우가 대부분이다. 건물을 자체적으로 보유하여 자유롭게 예배하는 교회도 많지 않다. 그래서 일본에 가면 한국처럼 교회 건물을 찾기가 쉽지 않다. 100명만 모여도 대형교회고 200명이 모이면 초대형교회다.

일본 선교가 어려운 이유가 몇 가지 있다. 이들은 경제대국이라는 자부심이 있는데다가 도덕적으로도 워낙 착하고 다른 사람에게 피해를 주지 않으며 또 친절하기에 윤리적인 선함으로 영향을 받지도 않는다고 한다. 복음을 전한다고 곧바로 받아들이는 것이 아니라 그 사람이 어떻게 사는가를 한참 동안 예의 주시하고서야 마음을 연다. 안타까운 것은 일본 교회가 약하다 보니 다음세대를 이끌어갈 목회자가 상당히 부족하다는 점이다. 일본 목회자의 평균 연령이 60대인데 교회학교가 없는 곳이 대부분이고 신앙이 다음세대로 잘 전수되지 않는 상황이다. 그래서 부모세대는 열심히 신앙생활을 해도 자녀는 신앙생활을 하지 않는 경우가 상당히 많다.

이런 암울한 환경 가운데서도 복음이 뜨겁게 살아나는 일본 현지 교회들이 있다. 그중에 어떤 교회는 일본에서 급성장하면서 적극적으로 복음을 전하고 교회를 개척해 일본 전역에 약 50여 개를 개척하는 역사를 이루었다. 또 어떤 교회는 일본 교회로는 드물게 수요

예배를 드리는데, 온라인으로 전 세계에 인터넷 생중계를 한다. 이곳에 동시 접속해 예배를 드리는 성도들이 약 1만 명이나 된다.

이처럼 하나님은 암담한 미래 속에서도 새로운 희망을 여시는 분이다. 이스라엘을 진멸시킬 생각까지 하셨던 하나님은 모세의 중보기도 이후 암울한 상황 속에서 새로운 희망을 말씀하신다.

> "여호와께서 이르시되 보라. 내가 언약을 세우나니 곧 내가 아직 온 땅 아무 국민에게도 행하지 아니한 이적을 너희 전체 백성 앞에 행할 것이라. 네가 머무는 나라 백성이 다 여호와의 행하심을 보리니 내가 너를 위하여 행할 일이 두려운 것임이니라"(출 34:10).

여기 보면 하나님의 행하심이 반복적으로 등장한다. 하나님이 새로운 일을 행하시는데, 그것은 깨졌던 언약을 다시 세우는 것이다. 언약을 세우는 것만이 다가 아니다. 이에 따르는 하나님의 새로운 희망의 역사가 예고된다. 하나님의 말씀에는 "하나님이 행하신다"는 표현이 4번이나 반복해서 강조되고 있다. "아무 국민에게도 행하지 아니한 이적을… 행할 것이라. 다 여호와의 행하심을 보리니 내가… 행할 일이 두려운 것임이니라."

이스라엘이 품고 있는 희망은 이스라엘에게서 난 것이 아니다. 이는 하나님의 주권적인 행하심을 통해 드러난 희망이다. 본문은 하나님의 행하심을 반복적으로 강조한다. 하나님이 이전에 없던 일을 행하실 것이라 선언하신다. 이는 장차 하나님이 이스라엘을 약속의 땅 가나안으로 인도하면서 그 땅에 살던 강력한 가나안 족속을 놀라운 방법으로 몰아내실 것을 예고한다. 이런 역사는 이전에 없던 새로운 일이다. 어둠 가운데 새 희망을 보는 이스라엘 백성은 얼마나 감사하고 좋겠는가? 그러나 이런 역사를 경험하기 전에 이스라엘 백성이 각오를 새롭게 하고 준비해야 할 것이 있었다. 하나님의 명령을 삼가 지키는 것이었다. 하나님의 명령은 크게 두 가지다.

첫째, 땅의 주민과 언약을 세우지 않는 것이다(12절). 이것이 자칫하면 이스라엘에게 올무가 될 수 있다. 따라서 이스라엘은 가나안 백성과 언약을 세우면 안 된다. 이스라엘은 이미 여호와 하나님과 언약을 다시 새롭게 세운 백성이다. 가나안 백성과 언약을 세우면 하나님과의 언약을 저버리는 것이다.

둘째, 다른 신에게 절하지 않는 것이다(14절). 여호와는 질투하시는 하나님이다. 다른 신을 섬기고 절하면 안 된다. 특히 신상을 부어 만드는 것을 경계해야 한다(17절). 신상을 부으면 눈에 보이기에 미혹되기 더 쉽다. 하나님은 질투하는 하나님이기에 다른 이방 신에게 절하는 것을 가만두지 않으신다.

'질투' 하면 유치한 감정이라고 생각할지 모르겠다. 그러나 성경이 말하는 하나님의 질투는 히브리어 '카나' 로 하나님의 열심을 의미한다. 이런 질투는 목적이 있다. 파괴를 위한 것이 아니라 하나님께 속한 것을 지속적으로 지키고 보호하려는 열정이다.

하나님이 본문에서 주시는 말씀은 출애굽기 20~23장에서 받았던 십계명과 언약계명들과 동일한 내용이다. 새로운 조건이 아니라 동일한 조건이다. 우리 같으면 똑같은 소리 두세 번 들으면 진부하다고 생각하기 쉽다. 하지만 출애굽의 구원역사를 온전히 경험하기 위해 우리에게 필요한 것은 새로운 내용이 아니라 이미 주셨던 말씀을 가슴으로 새기며 준행하는 것이다. 이스라엘은 이 내용을 머리로는 알았다. 그러나 가슴으로 알지는 못했고 행동으로 실행하지 못했다. 결국 행동으로 드러나지 않으면 진짜 아는 것이 아니다. 그 사람이 머리로 아는가, 가슴으로 아는가를 분별하는 방법이 있다. 그것은 동일한 내용이 반복될 때 지루해하지 않고, 반복할수록 새롭게 여기고 행동으로 드러내는가 하는 것이다.

예전에 일본에 단기 선교를 갔을 때 새삼 지속적으로 배우며 가슴에 새겼던 것이 있다. 줄서기다. 커피숍에 가서 커피를 주문한다. 그리고 기다리는데 잠시 후 종업원이 말한다. “쓰미마셍, 옆으로 다른 사람이 지나가는데 방해되지 않게 줄을 서주세요.” 기차를 타려고 플랫폼에서 기다린다. 그러면 역무원이 플랫폼에 나와 “쓰미마셍! 기차가 오니 지정된 선 안으로 들어오지 말고 잘 서서 기다리라”고 한다. 그래서 뒤로 물러서서 기다리면 조금 있다가 또다시 “쓰미마셍!” 하면서 이번에는 플랫폼이 좁으니 뒤로 넘어가지 말라고 한다. 초등학교 졸업 이후 이렇게 열심히 줄서기는 처음이다. 일본 사람들을 보면 어디에 가나 질서정연하게 줄을 잘 선다. 음식점에서도 줄서고 전철역에서도 줄서며 버스에서도 줄을 선다. 이것을 보며 가슴으로 깨닫고 실천하게 되었다. ‘아, 줄서기가 정말 인생에서 중요한 것이구나!’ 일본 사회에서 줄서기는 배려였다. 이를 통해 다른 이의 피해를 최소화하려는 것이었다.

전철역에 갔다가 신기한 홍보 포스터를 보았다. 그것은 전철에 탈 때 배낭을 앞으로 메라는 것이다. 뒤로 메면 자기도 모르게 자꾸 사람들을 툭툭 치게 되니까, 가능한 피해를 주지 말고 배려하라는 것이다. 주위를 살펴보니 한국 선교팀을 제외하고 전철 안에 있는 일본 사람들은 다 배낭을 앞으로 메고 있었다. 우리 선교팀은 주변을 전혀 배려하지도 못하고 주변의 일본 사람들을 툭툭 치며 이야기에 몰두하고 있었다. 또 소리는 왜 이렇게 큰가! 껄껄거리며 웃고, 주변 일본 사람들은 인상을 찡그리며 우리 선교팀을 바라보고 있었다. 이런 이들에게 "예수 믿으세요" 하면 도망간다. 심지어 목욕탕에 가도 이런 배려가 나타난다. 샤워하는데 샤워기를 다 자기 앞에 대고 샤워하지, 등을 닦으려고 샤워기를 뒤로 대는 사람이 없다. 우리 선교팀만 샤워기를 뒤로 대고 주변에 물을 튀기고 있었다.

일본은 우리가 당연하게 여기며 전혀 인식하지 못했던 사소한 것을 소중한 가치로 여기고 지속적으로 실천하도록 끊임없이 아주 집요하게 계도하고 있었다. 이런 집요함의 배후에는 이런 사소한 행동이 사실은 매우 중요하다는 확신이 자리 잡고 있었다.

하나님이 이스라엘 백성에게 새로운 일을 행하실 것을 약속하면서 반복하여 주신 계명이 있다. 십계명 1~2계명이다. 하나님 외에는 다른 신을 두지 말고, 자신을 위해 다른 우상을 만들지 말며, 절하거나 섬기지 말라는 것이다.

이스라엘 백성이 처음 시내산 아래서 이 말씀을 들었을 때 이들은 자신만만하게 이 계명을 준행하겠다고 서약했다. 그러나 모세의 부재가 40일간 계속되자 여지없이 무너졌다. 이스라엘 백성은 머리로 아는 것과 가슴으로 확신하는 것이 얼마나 다른가를 보여주었다. 머리로만 아는 사람은 반복을 지루해한다. 쓸데없이 반복한다고 생각한다. 그리고 조금 해보다가 안 되면 그냥 포기하고 뒤로 나자빠진다. 반면 가슴으로 확신하는 사람의 특징이 있다. 반복을 지루해하지 않고 행동으로 뿌리내릴 때까지 반복하는 집요함이 있다.

얼마 전 미국의 온라인 전자상거래 기업인 아마존에서 택배 물건을 고객의 자동차 트렁크에 배송해주는 '아마존 키' 서비스를 시작한다고 발표했다.[137] 자동차에 소프트웨어를 내장해서 배달직원이 고객의 차임을 확인하면 트렁크가 자동으로 열리고 그 안에 택배 물건을 넣어두는 것이다. 한마디로 집요함이 낳은 서비스다. 어떻게 이렇게 집요하게 서비스할 수 있는가? 그것은 고객을 향한 끊임없는 열정 때문이다. 이런 열정이 있는 한 아마존은 계속 승승장구할 가능성이 높다.

생크림 초코파이를 아는가? 말 그대로 마시멜로 대신 생크림을 넣은 것이다. 이게 나온 지 두 달 만에 1,000만 개나 팔렸다.[138] 우리는 그냥 나왔나 보다 할지 모르지만 알고 보니 집요함의 산물이었다. 방부제를 넣지 않은 생크림을 대량생산하는 과자에 넣는다는 것은 만만한 일이 아니었다. 부드러운 생크림을 넣으면 과자가 뭉개지기 쉽기 때문이었다. 맛과 과자의 안정성, 이 둘을 모두 충족시키기 위해 초코파이를 매일 30개씩 먹으며, 무려 11년 동안이나 연구했다고 한다. 우리 같으면 6개월만 지나도 포기하지 않겠는가?

하나님을 섬기고 그분의 말씀을 지키는 것에 대한 열정이 이와 같을 수 있기를 바란다. 우리는 좀 더 집요해야 한다. 하나님께서 이스라엘로 하여금 하나님을 향한 집요함을 포기하지 않도록 요구하는 구체적인 계명이 있다. 바로 절기와 안식일 준수에 대한 말씀이다.

> "너는 무교절을 지키되 내가 네게 명령한 대로 아빕월 그 절기에 이레 동안 무교병을 먹으라. 이는 네가 아빕월에 애굽에서 나왔음이니라"(출 34:18)

이스라엘이 하나님을 기억하며 지켜야 할 절기 중 첫 번째가 유월절과 무교절이다. 유월절은 이스라엘 백성이 출애굽하기 전, 하나님이 마지막 열 번째 재앙을 보내면서 애굽의 장자를 치고 문설주에 양의 피를 바른 이스라엘 백성의 장자들을 살리신 구원사건에서 시작되었다. 이날을 유월절로 지키고 이후 7일간 애굽을 탈출하는 기간 동안 급하게 구워 먹었던 누룩 없는 빵, 즉 무교병을 먹는 절기를 지켜야 한다.

하나님은 이 절기를 '아빕월'에 지키라고 말씀하신다. '아빕'이란 뜻은 '보리'라는 뜻이다. 보리는 가나안 땅에서 처음으로 맺히는 곡식이다. 즉 아빕월은 '새로운 알곡의 날'이란 의미로 하나님이 주신 첫 수확을 보고 가나안의 우상들에게 제사할 것이 아니라 하나님의 은혜임을 인정하고 감사예배를 드리라고 말씀하시는 것이다. 하나님은 이 말씀을 통해 이스라엘이 가나안 땅에 들어가서도 우상에 미혹되지 말고 하나님만 바라보며 지킬 것을 요구하신다.

무교절을 시작으로 이스라엘은 매주 하나님 앞에 나아와 안식하며 지속적으로 집요하게 하나님을 예배해야 했다.

> "너는 엿새 동안 일하고 일곱째 날에는 쉴지니 밭 갈 때에나 거둘 때에도 쉴지며"(출 34:21).

주일을 지키는 것은 하나님을 향한 집요함과 그분을 향한 나의 열정이 아직 살아 있다는 증거다. 우리는 예배를 드림으로 이 열정을 지키고 은혜에 사로잡히게 된다.

“칠칠절 곧 맥추의 초실절을 지키고 세말에는 수장절을 지키라” (출 34:22).

칠칠절은 무교절 이후 7주, 49일이 지나고 50일째 지키는 절기인데 이 절기를 ‘맥추의 초실절’이라고 한다. 맥추는 히브리어로 ‘히팀’인데, 이는 밀을 의미하는 소맥을 말한다. 지금 하나님은 밀의 초실절을 지키라고 하시는 것이다.

팔레스타인에서는 보리 추수 이후 약 50일이 지나면 밀 추수가 시작되는데, 밀은 보리와 함께 이스라엘의 주식이다. 양식을 허락하시는 하나님을 기억하고 그 절기를 지키라는 뜻이다. 또 “세말(연말)에는 수장절을 지키라”고 말씀한다. ‘수장’은 영어로 ‘ingathering’, 문자적으로 ‘수집하여 저장하는’ 절기다. 이때는 올리브 열매, 무화과 열매, 포도 열매 등을 수확하여 저장하는 절기로 일종의 추수감사절과 같다. 한해의 수확을 감사하며 하나님을 기억하는 절기인 것이다. 하나님은 이 절기들을 지키는 것에 중요한 우선순위를 두라고 말씀하신다.

“너희의 모든 남자는 매년 세 번씩 주 여호와 이스라엘의 하나님 앞에 보일지라”(출 34:23).

세 번씩 보이라는 것은 하나님의 성막이 있는 곳에 함께 모여 예배드리라는 뜻이다. 생업을 잠시 두고, 심지어 국방 경비도 잠시 멈추고 오라는 것이다. 이스라엘의 국방과 경제에 타격이 있지 않겠는가? 그런데 하나님은 다음과 같이 말씀하신다.

"내가 이방 나라들을 네 앞에서 쫓아내고 네 지경을 넓히리니 네가 매년 세 번씩 여호와 네 하나님을 뵈려고 올 때에 아무도 네 땅을 탐내지 못하리라"(출 34:24).

하나님이 그 기간을 지켜주신다는 것이다. 이런 믿음으로 하나님께 내 삶의 불안한 부분을 내맡기고 나가라는 것이다. 이런 결단은 우리 안에 하나님을 향한 집요함, 그분을 향한 열정이 살아 있을 때 가능하다. 잘 섬겨야겠다고 머리로는 동의할지 모른다. 그러나 그 지식이 가슴 깊은 곳에 새겨지고 내 삶에서 행동으로 드러나려면 보다 큰 결단과 헌신이 요구된다. 하나님은 새 일을 행하겠다고 약속하셨다(사 42:9, 43:19). 이를 맛보려면 보다 집요하게 하나님을 붙들어야 한다. 이것은 내가 하나님의 은혜에 온전히 사로잡혀 있을 때 가능하다. 그래야 열정이 식지 않는다. 확신이 사그라지지 않는다. 흔들리지 않는다. 하나님이 우리에게 요구하시는 것은 새로운 지식이 아니다. 마음을 다한 순종, 하나님을 집요하게 사랑하며 순종하는 것이다. 하나님을 향하여 집요하게 나아가라.

[83장 각주]

137) 강동철, "고객님, 주문하신 물건 車트렁크에 넣어뒀어요", 조선일보, 2018. 4. 26.
138) 안효주, "강수철 오리온硏 팀장 "대박난 생크림파이 2030 추억의 맛 살렸죠", 한국경제, 2018. 6. 28.

[P·A·R·T·12]

성막을 가득 채운 하나님의 영광

영광의 빛이 있어야 한다

충만한 영광 가운데 살라

84 Chapter 84. Exodus 34:29-35

영광의 빛이 있어야 한다

모세가 그 증거의 두 판을 모세의 손에 들고 시내산에서 내려오니 그 산에서 내려올 때에 모세는 자기가 여호와와 말하였음으로 말미암아 얼굴 피부에 광채가 나나 깨닫지 못하였더라. 아론과 온 이스라엘 자손이 모세를 볼 때에 모세의 얼굴 피부에 광채가 남을 보고 그에게 가까이 하기를 두려워하더니 모세가 그들을 부르매 아론과 회중의 모든 어른이 모세에게로 오고 모세가 그들과 말하니 그 후에야 온 이스라엘 자손이 가까이 오는지라.

모세가 여호와께서 시내산에서 자기에게 이르신 말씀을 다 그들에게 명령하고 모세가 그들에게 말하기를 마치고 수건으로 자기 얼굴을 가렸더라. 그러나 모세가 여호와 앞에 들어가서 함께 말할 때에는 나

오기까지 수건을 벗고 있다가 나와서는 그 명령하신 일을 이스라엘 자손에게 전하며 이스라엘 자손이 모세의 얼굴의 광채를 보므로 모세가 여호와께 말하러 들어가기까지 다시 수건으로 자기 얼굴을 가렸더라.

비행기를 타고 먼 거리를 여행하다 보면 목적지로 날아가는 시간과 돌아오는 시간이 차이가 나곤 한다. 예를 들어 우리나라에서 하와이까지 날아갈 때는 약 8시간 정도의 시간이 걸린다. 그런데 돌아올 때는 이것보다 비행시간이 2시간이 더 늘어나 총 10시간 정도가 걸린다. 왜 이런 차이가 날까? 바람 때문이다. 갈 때는 편서풍을 타고 날아가서 빠르게 가지만 올 때는 오히려 편서풍을 거슬러 헤치고 오기에 갈 때보다 속도가 느리다. 우리는 비행기 안에 있어서 인식하지 못하지만 비행기는 온몸으로 바람을 맞으며 그만큼 연료를 더 많이 소모하며 날아간다.

승객의 입장에서 비행기를 타고 목적지로 갈 때는 그냥 가나 보다 생각한다. 여행에 대한 설렘과 함께 비행속도가 시속 1,000km 이상으로 안내모니터에 나오면 그냥 빠르다고만 생각한다. 사실 편서풍을 타고 그 덕에 빠르게 날아가는 것인데, 미처 그런 생각까지 하지 못한다. 편서풍의 존재는 돌아올 때 인식한다. 갈 때는 8시간이었는데 돌아오는 시간이 갑자기 2시간이 더 늘어나면 깜짝 놀란다. 여행의 피로가 쌓여 있는 데다 2시간을 더 날아간다고 하니 짜증이 난다. 그제야 우리는 비로소 비행기가 바람을 거슬러 오기에 돌아오는 시간이 더 오래 걸린다는 사실을 알게 되고 편서풍의 존재를 인식하게 된다.

성도의 삶에서도 마찬가지다. 우리가 예수 그리스도를 믿는 순간 우리는 그리스도 안에 새로운 피조물로 거듭난다. 우리는 그리스도 안에 거하며 그리스도와 함께 살아가기 시작한다. 이때부터 우리의 삶을 하나님의 은혜가 덮는다. 하나님이 보내주시는 은혜의 순풍을 타고 인생의 비행을 시작한다. 순탄할 때는 모든 것이 당연한 줄 알았고 내가 잘해서 그렇게 되는 줄 알았다. 그러다 어느 순간 우리는 은혜를 벗어나 내 힘과 지혜로 은혜의 순풍을 거슬러 가려다 어려움에 부딪힌다. 이때야 비로소 우리는 인생이 생각보다 힘들고 내 뜻대로 잘 안 된다는 사실을 깨닫기 시작한다. 내가 건강한 것은 당연하다고 생각했다. 그러나 몸이 여기저기 고장 나기 시작하면 '아, 그동안 이렇게 아무 탈 없이 건강하게 지낼 수 있었던 것이 은혜였구나' 깨닫게 된다. 그리고 이 은혜를 저버리고 내 힘으로 삶의 역풍을 거슬러 갈 것이 아니라 이전처럼 다시 은혜의 바람을 타는 것이 중요하다는 사실을 깨닫게 된다.

하나님께서 이스라엘 백성들에게 원하셨던 것이 바로 이 부분이었다. 하나님은 이스라엘이 하나님께 영광을 돌리며 살기를 원하셨다. 그런 삶을 살아가기 위해서는 은혜가 필요했다. 늘 하나님의 영광의 빛을 목도하며 살아가는 풍성한 은혜의 순풍을 타야 했다. 그래서 하나님께서는 이스라엘이 홍해를 건너자마자 광야에서 함께하시며 낮에는 구름 기둥으로 밤에는 불 기둥으로 하나님의 임재의 영광을 보여주시며 이스라엘과 동행하셨다. 그러나 이스라엘은 그동안 지내왔던 것이 은혜임을 제대로 깨닫지 못했다. 이들은 진영에 임한 하나님의 구름 기둥과 불 기둥을 뻔히 보고도 하나님을 등지고 금송아지를 만들어 숭배하여 하나님의 큰 진노를 샀다. 하나님은 이스라엘에게 허락하셨던 은혜를 거두시려고 했다. 그러나 모세의 목숨 건 중보기도로 진노를 누그러뜨리시고 이들과 함께하겠다고 약속하셨다.

그러나 이스라엘은 조금 전까지 하나님을 배반했고 거룩하신 하나님은 이들과 친히 함께하실 수 없었다. 이들의 죄를 사하고 이들과 함께할 수 있는 방법은 하나님이 시내산에서 모세에게 설계해주신 성막을 통해서였다. 그러나 성막은 아직 완성되지 않은 상태였다. 시내산에 임한 영광(출 24:15-18)이 성막에 임재(출 40:34-36)할 때까지 자칫 하나님의 영광의 임재가 끊어질 수 있었다. 하나님께서는 어떻게든 이 중간기간에 하나님 영광의 빛을 이스라엘에 비추기 원하셨는데, 그것이 바로 모세에게 하나님의 영광의 빛을 비추어주는 것이었다. 시내산과 성막 사이에 하나님의 영광을 매개할 역할을 모세가 감당한 것이다.

> "모세가 그 증거의 두 판을 모세의 손에 들고 시내산에서 내려오니 그 산에서 내려올 때에 모세는 자기가 여호와와 말하였음으로 말미암아 얼굴 피부에 광채가 나나 깨닫지 못하였더라"(출 34:29).

모세가 시내산에서 하나님과 40일간 함께하자 그 얼굴 피부에 광채가 났다. 이 영광의 광채는 모세만을 위한 것이 아니었다. 만약 그랬다면 모세가 처음 시내산에 올라갔다가 내려왔을 때도 이런 광채가 나야 정상이었을 것이다. 그러나 그때는 그런 광채가 없었다. 그렇다면 지금은 왜 이런 광채가 날까? 그것은 하나님께서 특별한 은혜로 모세에게 하나님의 영광의 광채를 나누어주셨기 때문이다. 이 광채는 은혜 없이 살아가는 이스라엘 백성에게 하나님을 향한 경외감을 갖고, 이들의 삶에 금송아지가 아니라 하나님이 중심이 되어야 함을 각인시키는 효과가 있다.

> "아론과 온 이스라엘 자손이 모세를 볼 때에 모세의 얼굴 피부에 광채가 남을 보고 그에게 가까이 하기를 두려워하더니"(출 34:30).

백성들이 광채를 보고 모세에게 가까이하기를 두려워했다. 하지만 이스라엘 백성은 이 광채를 보고 하나님의 영광 안에, 그분의 은혜 안에 살아가야 참된 행복을 누릴 수 있다. 그리고 지금과 같은 영적 위기의 때에 이스라엘 백성이 하나님의 영광을 보지 않으면 인생이 비틀어지고 인생의 가설도 왜곡되어 죄가 흘러들어온다.

모세가 십계명을 받으러 시내산에 올라갔을 때 이스라엘 백성이 가졌던 전제가 있었다. "어? 모세가 계속 안 보이네? 모세가 없으면 우리를 인도할 다른 신이라도 있어야겠네. 금송아지라도 있어야 해." 이런 가정을 품게 되었고, 이런 전제 위에 결국 금송아지를 만들어 숭배하게 되었다.

인간은 가설의 동물이다. 다 저마다의 가정을 품고 그에 따라 살아간다. 과학이란 무엇인가? 가설을 세우고 이 가설을 입증하는 과정이다. 가설을 잘못 세우면 자칫 실험이 난항을 겪고 실패할 수 있다. 그래서 처음 가설을 잘 세워야 한다. 하지만 우리는 인생의 가정(假定)을 잘 세우는 일의 중요성을 그다지 깨닫지 못한다. 우리 사회 안에 보수와 진보의 가정이 다르다. 남자와 여자의 가정이 다르다.

많은 경우 우리 삶에 문제와 갈등이 일어나는 이유는 이 가정을 서로가 다르게 해석하고 받아들이기 때문이다.

어떤 남자는 여자의 'No'를 'Yes'라고 받아들이다가 3차 대전을 일으킨다. 어떤 이들은 기부가 선한 일이라고 가정하지만 또 어떤 이들은 기부를 절세의 수단이라고 가정한다. 요즘 우리 사회에 많이 회자되는 '내로남불', 즉 '내가 하면 로맨스, 남이 하면 불륜' 역시 가정이 다르기에 일어나는 갈등과 문제이다. 내가 늦으면 차가 밀렸기 때문이지만 다른 사람이 늦으면 성실하지 않기 때문이다. 내가 말하면 나름대로 많은 고민과 생각 끝에 내린 건강한 제언이지만 다른 사람이 말하면 그것은 나의 생각과 처지를 전혀 고려하지 않은 말도 안 되고 기분 나쁜, 내 자존심을 상하게 하는 건방지고 교만한 발언이다. 내가 마음이 상하면 어떻게든 위로받고 또 내 억울함을 풀어야 하지만 그렇게 함부로 내지른 말로 그 사람이 상처받고 힘들어하면 그 사람은 그렇게 좀 자중해야 한다고 가정한다.

한 사람의 인격은 그가 가진 가설의 결이 어떠한가로 판가름 난다. 가정이 객관적이고 품격 있어야 한다. 인격이 훌륭한 사람은 자신이 가진 가정을 검토하고 나쁜 가정을 좋은 가정으로 바꾸어 나간다. 또 근거가 없는 가정을 근거에 기반한 정확한 가정으로 끊임없이 바꾸어 나간다. 자신도 틀릴 수 있음을 겸손하게 인정하고 다른 사람을 배려하며 그의 사정을 헤아린다. 이런 사람이 품격 있는 가정의 사람이다. 그리고 이런 품격 있는 가정에는 독설이 차지할 영역이 없다.

이스라엘 백성은 이런 가정의 결이 심하게 뒤틀려 있었다. 하나님을 무심한 하나님으로, 모세를 아예 우리에게 관심도 없는 인정머리 없는 리더로 가정했다. 우리는 우리 안에 있는 원죄적 오염으로 가정의 결이 거칠고 부정적일 때가 많다. 그래서 우리에게 필요한 것이 바로 하나님의 영광을 바라보는 것이다. 그분의 해같이 밝게 빛나는 영광을 보지 않고는 우리는 은혜의 가정, 하나님이 역사하실 것이라는 믿음과 소망과 사랑의 가정을 제대로 할 수 없다. 성도가 하나님의 영광 속에 구별되어 거룩하게 사는 것은 매우 중요하다. 이 영광의 빛 속에 있을 때 우리는 제대로 된 거룩한 영향력을 발휘할 수 있다. 만약 우리가 영광을 보지 못하고 서로 간에 잘못된 가정으로 갈등하고 부딪치면 내 뜻대로 상대방에게 영향을 끼치려고 해도 전혀 먹혀들지 않는다.

> "모세가 그들을 부르매 아론과 회중의 모든 어른이 모세에게로 오고 모세가 그들과 말하니 그 후에야 온 이스라엘 자손이 가까이 오는지라. 모세가 여호와께서 시내산에서 자기에게 이르신 말씀을 다 그들에게 명령하고"(출 34:31-32).

모세는 하나님과 친밀한 교제를 나누며 자신도 모르게 얻었던 영광의 빛 가운데 아론을 부르고 이스라엘 지도자를 부른다. 그리고 온 이스라엘 백성을 부른다. 이들에게 하나님의 말씀을 전한다. 만약 모세가 하나님의 영광의 빛 없이 이들을 정죄하기만 한다면 이스라엘은 아마 모세를 버리고 도망갔든지, 아니면 힘을 합쳐 모세를 몰아냈을지 모른다. 하나님의 영광의 빛을 지니고 그 빛을 밝게 비추었기에, 이스라엘 백성이 그동안 가졌던 불신앙과 거친 가정들이 무너지고 이들은 다시 하나님의 음성에 귀 기울이기 시작한 것이다. 모세가 비추었던 하나님의 영광의 빛이 갖는 특징이 있다. 그것은 육체를 통해 발산되는 빛이라는 것이다.

> "모세는 자기가 여호와와 말하였음으로 말미암아 얼굴 피부에 광채가 나나"(출 34:29).

피부에 광채가 난다. 모세의 육체가 영광스러운 육체의 모습을 잠시 갖게 된 것이다. 이것은 예수께서 변화산에서 변화되신 모습과 비슷하다. "엿새 후에 예수께서 베드로와 야고보와 그 형제 요한을 데리시고 따로 높은 산에 올라가셨더니 그들 앞에서 변형되사 그 얼굴이 해같이 빛나며 옷이 빛과 같이 희어졌더라"(마 17:1-2). 이런 모습은 예수께서 하나님 영광의 광채를 지니신 분이었음을 보여주는 동시에 장차 그가 취하실 영광스러운 부활의 몸의 모습을 보여준다.

성경은 예수님께서 부활의 첫 열매가 되실 뿐 아니라 그를 믿는 우리의 죽을 몸도 장차 이런 영광의 부활의 몸으로 변화시키실 것이라고 약속한다. "예수를 죽은 자 가운데서 살리신 이의 영이 너희 안에 거하시면 그리스도 예수를 죽은 자 가운데서 살리신 이가 너희 안에 거하시는 그의 영으로 말미암아 너희 죽을 몸도 살리시리라"(롬 8:11). "보라. 내가 너희에게 비밀을 말하노니 우리가 다 잠 잘 것이 아니요 마지막 나팔에 순식간에 홀연히 다 변화되리니"(고전 15:51).

우리가 예수 그리스도를 믿고 그 안에 거하기 시작하면서 이전 것은 지나가고 새로운 존재로 뒤바뀌는 역사가 일어난다. 이것을 교리적으로 '즉각적 성화'라고 한다. 성화는 보통 거룩하게 되어가는 과정이라고 생각하는데, 한편으로 우리가 예수를 믿으면서 우리의 존재 양식이 즉각적으로 바뀌는 변화 또한 성화의 일부다. 우리는 또한 주님의 영광을 보며 그 빛으로 말미암아 영광스럽게 변화되어야 한다.

이 영광의 빛은 시간이 갈수록 강렬해져야 한다. "주는 영이시니 주의 영이 계신 곳에는 자유가 있느니라. 우리가 다 수건을 벗은 얼굴로 거울을 보는 것같이 주의 영광을 보매 그와 같은 형상으로 변화하여 영광에서 영광에 이르니 곧 주의 영으로 말미암음이니라"(고후 3:17-18). "어두운 데에 빛이 비치라 말씀하셨던 그 하나님께서 예수 그리스도의 얼굴에 있는 하나님의 영광을 아는 빛을 우리 마음에 비추셨느니라"(고후 4:6).

성도가 그리스도의 영광의 빛을 보며 그 빛을 발할 때 성도의 참된 행복을 맛보게 된다. 최인철 교수의 「굿 라이프」에는 사람이 행복을 느끼는 긍정적인 정서 목록들을 소개한다. 그중에 경외감과 감사가 있다.[139] 경외는 나를 뛰어넘는 초월적인 존재에 대한 두려움과 존경의 감정이다. 감사는 내가 내 힘으로 된 존재가 아니라 나와 연결된 다른 이들의 도움과 선, 즉 은혜로 된 존재임을 고백하고 표현하는 것이다. 자, 이런 행복의 감정들을 하나하나 보면 이것은 우리가 우리를 초월하는 하나님 영광의 빛을 제대로 바라볼 때 경험할 수 있는 것임을 알 수 있다.

그래서 '행복'이란 사실 내 통제를 벗어난 초월적인 차원에서 오는 것이다. 행복을 의미하는 영어 단어 'Happiness'의 어근은 'Hap'인데, 이는 우연히 일어난다는 뜻이다. 여기서 의도하지 않은 우연히 일어난 일을 뜻하는 해프닝(happening)이 왔다. 인생의 행복은 우리가 의도하지 않은 초월적인 하나님 영광의 빛을 볼 때 온전히 경험할 수 있다. 하나님의 영광을 바라보며 우리 인생에 갖고 있는 가정(假定)의 결이 품격 있기를 바란다. 주님의 영광의 빛을 주변에 아름답게 비출 수 있기를 소망한다.

[84장 각주]

139) 최인철, 「굿 라이프: 내 삶을 바꾸는 심리학의 지혜」(서울: 21세기북스, 2018), 36쪽, 42-43쪽.

85 Chapter 85. Exodus 40:17-38

충만한 영광 가운데 살라

둘째 해 첫째 달 곧 그 달 초하루에 성막을 세우니라. 모세가 성막을 세우되 그 받침들을 놓고 그 널판들을 세우고 그 띠를 띠우고 그 기둥들을 세우고 또 성막 위에 막을 펴고 그 위에 덮개를 덮으니 여호와께서 모세에게 명령하신 대로 되니라. 그는 또 증거판을 궤 속에 넣고 채를 궤에 꿰고 속죄소를 궤 위에 두고 또 그 궤를 성막에 들여 놓고 가리개 휘장을 늘어뜨려 그 증거궤를 가리니 여호와께서 모세에게 명령하신 대로 되니라. 그는 또 회막 안 곧 성막 북쪽으로 휘장 밖에 상을 놓고 또 여호와 앞 그 상 위에 떡을 진설하니 여호와께서 모세에게 명령하신 대로 되니라.

그는 또 회막 안 곧 성막 남쪽에 등잔대를 놓아 상과 마주하게 하고

또 여호와 앞에 등잔대에 불을 켜니 여호와께서 모세에게 명령하신 대로 되니라. 그가 또 금 향단을 회막 안 휘장 앞에 두고 그 위에 향기로운 향을 사르니 여호와께서 모세에게 명령하신 대로 되니라. 그는 또 성막 문에 휘장을 달고 또 회막의 성막 문 앞에 번제단을 두고 번제와 소제를 그 위에 드리니 여호와께서 모세에게 명령하신 대로 되니라. 그는 또 물두멍을 회막과 제단 사이에 두고 거기 씻을 물을 담으니라. 모세와 아론과 그 아들들이 거기서 수족을 씻되 그들이 회막에 들어갈 때와 제단에 가까이 갈 때에 씻었으니 여호와께서 모세에게 명령하신 대로 되니라.

그는 또 성막과 제단 주위 뜰에 포장을 치고 뜰 문에 휘장을 다니라. 모세가 이같이 역사를 마치니 구름이 회막에 덮이고 여호와의 영광이 성막에 충만하매 모세가 회막에 들어갈 수 없었으니 이는 구름이 회막 위에 덮이고 여호와의 영광이 성막에 충만함이었으며 구름이 성막 위에서 떠오를 때에는 이스라엘 자손이 그 모든 행진하는 길에 앞으로 나아갔고 구름이 떠오르지 않을 때에는 떠오르는 날까지 나아가지 아니하였으며 낮에는 여호와의 구름이 성막 위에 있고 밤에는 불이 그 구름 가운데에 있음을 이스라엘의 온 족속이 그 모든 행진하는 길에서 그들의 눈으로 보았더라.

2004년 7월 9일, 미국 캘리포니아 실리콘 밸리를 관통하는 101번 도로에 흥미로운 광고판이 하나 세워졌다. 이 광고판에는 홍보하는 제품의 이미지나 이름이 없었다. 또 광고를 낸 회사 이름도 없었다. 이 광고판에는 이해할 수 없는 문장이 큼직하게 쓰여 있었다.[140)]

여기서 끝에 필기체로 e라고 되어 있는 것은 수학에서 오일러라

구글 광고판

는 수학자가 발견한 수를 뜻한다. 중학교 때 파이하면 3.14를 기억하지 않는가? 파이는 3.1415192… 이런 식으로 진행된다. 이처럼 오일러수는 2.718281828459… 하는 식으로 진행된다. 이 영문을 해석하면 이렇게 된다. e오일러 수의 첫 10자리 소수(prime number)에 닷컴(.com)을 붙이라는 것이다. 이것은 얼핏 보기에 수학 같지만 뒤에 닷컴이 붙으면 인터넷 홈페이지 주소다.

지나가다 이 광고를 본 사람들은 어떤 반응들이었을까? "저게 뭐야?" 하고 그냥 지나친 사람도 있었겠고, 또 그 와중에 수학을 조금 아는 사람들은 출근해서 직장에 가거나 돌아올 때 집에 와서 인터넷에서 이 답을 검색해보지 않았겠는가? 그런데 인터넷에서는 이 값이 나와 있지 않다. 결국은 C++같은 컴퓨터 프로그램 언어로 간단한 프로그램을 짜야 한다. 오일러수를 발생시켜서 10자리씩 읽어 들인 후에 인수분해를 해서 소수인지 아닌지를 판별하는 루틴을 돌려야 한다. 웬만한 사람 같으면 감히 손도 대지 못할 것이다.

그런데 이렇게 해서 계산을 얻은 사람이 있다. 프로그램을 돌리면 7427466391이라는 답을 얻는다. 그래서 인터넷 브라우저에 이 숫자를 적고 닷컴을 넣어 엔터를 치면 한 사이트로 연결이 되고 거기에는 "Congratulations!"(축하합니다)라는 메시지와 함께 두 번째 문제가 나온다.

문제는 "www.Linux.org 사이트로 가셔서 'Bobsyouruncle'이라는 이름으로 로그인하세요. 단, 패스워드는 다음 문제의 정답입니다"라는 문장과 함께 문제가 나온다.

f(1)=7182818284

f(2)=8182845904

f(3)=8747135266

f(4)=7427466391

f(5)=

이게 도대체 무슨 말일까? 쉽게 말하면 위의 네 줄은 오일러수 패턴 안에서 합이 49가 되는 10자리 수열인데, 이와 같은 패턴의 다섯 번째 수열을 찾으라는 말이다. 여기까지 오면 "어? 이게 뭐야. 황당하네!" 하고 그만두는 사람도 있을 것이고, 또 이 와중에 더 호기심을 갖고 덤벼드는 사람도 있을 것이다. "도대체 누가 저 어마어마한 비용이 드는 광고판에 이런 장난스러운 문제를 낸 거야? 저 정도면 보통 사람은 아닐 거고… 한번 도전해보자." 이렇게 계속 도전하는 사람도 있을 것이다.

이렇게 해서 찾은 답은 5966290435이다. 그래서 '밥스유어엉클'을 아이디로 넣고 이 숫자를 넣어 로그인을 하면 다시 한 번 "Congratulations!"이라는 축하 메시지가 뜨고, 이어 다른 사이트로 연결되는데, 그 사이트는 바로 세계적인 IT기업 구글의 채용사이트다. 이 단계까지 통과한 사람을 위한 특별한 사이트고, 여기까지 이른 사람은 간단한 이력서만 제출하면 가벼운 인터뷰만으로 구글에 취직이 된다. 희한하고 난해한 문제의 통로를 거쳐 끝까지 이르렀더니 결국 이런 창의적이고 집요한 인재를 찾는 세계적인 IT기업 구글이 기다리고 있었던 것이다.

이번 장의 본문은 이제 출애굽기의 마지막 부분이다. 출애굽기의 마지막 클라이맥스는 하나님의 영광이 이스라엘 백성에게 임하는 장면으로 마무리되고 있다. 그런데 백성에게 직접 임하는 것이 아니라 하나님이 지으라고 명령하셨던 성막 위에 충만하게 임하셨다. 하나님은 그의 백성이 자신의 영광의 임재에 거하기를 원하셨다. 그러나 누구도 직접적으로 그 임재 앞에 나아갈 수 없었다. 그래서 마련하신 것이 성막이다. 이 성막을 통하여 하나님은 그의 백성이 그에게 나아오고 또한 하나님도 그의 백성에게 충만하게 임재하기 원하셨다. 그렇다면 이 성막에 무엇이 있기에 이런 성막을 통하도록 하셨을까? 본문 17~33절은 1~16절까지 명령하신 성막 건설을 실질적으로 실행한 내용을 차분하게 기록하고 있다. 성막이 건설되는 과정을 보면 우리는 하나님이 성막을 통해 임재하시는 이유를 알 수 있게 된다.

먼저 이스라엘 백성은 성막의 널판들과 기둥들을 세우고 그 위에 덮개와 막을 씌운다(18-19절). 그러고 나서 성막의 가장 핵심적인 부분을 마련한다.

> "그는 또 증거판을 궤 속에 넣고 채를 궤에 꿰고 속죄소를 궤 위에 두고 또 그 궤를 성막에 들여놓고 가리개 휘장을 늘어뜨려 그 증거궤를 가리니 여호와께서 모세에게 명령하신 대로 되니라" (출 40:20-21).

증거판은 모세가 다시 받은 십계명을 가리킨다. 이것을 성막의 언약궤 속에 넣고 그 위에 궤의 덮개를 올려놓는다. 이 덮개는 단순한 덮개가 아니다. 스랍, 곧 천사가 두 날개를 서로 마주 보고 있는 모습을 형상화하고 여기에 금을 입힌 속죄소, 즉 시은좌다. 천사가 서로 마주 본다는 것은 그 사이에 하나님이 임재하심을 상징한다. 즉 이 덮개는 하나님의 임재, 곧 그분의 발등상을 상징하는 덮개다. 이렇게 지성소를 마련하고 그 앞에 휘장을 늘어뜨려 가린다.

그리고 지성소 바깥쪽 성소에는 하나님의 임재를 상징하는 진설병을 북쪽에 배치하고(23절), 반대쪽 남쪽에는 7개의 금촛대가 있는 등잔대를 놓아 안을 밝힌다. 지성소로 들어가는 휘장 바로 앞에는 금향단을 놓아 향기로운 냄새가 성막 안에 가득하도록 한다. 이렇게 성막 내부를 구성하고, 그 밖으로 나오면 29절에 하나님 앞에 속죄의 제사를 드리는 번제단을 설치하고, 그 앞에는 제사를 드리기 전에 자신을 정결하게 씻는 물두멍을 마련한다(30절). 그리고 성막과 제단 주위 뜰에 포장, 즉 막을 달아서 울타리를 친다(33절). 울타리 안이 성막 뜰이 된다.

우리는 이 구조를 잘 이해해야 한다. 이단적 가르침과 혼동하면 안 된다. 히브리서 9장은 성막의 구조를 다음과 같이 진술한다. "예비한 첫 장막이 있고 그 안에 등잔대와 상과 진설병이 있으니 이는

[성막의 구조]

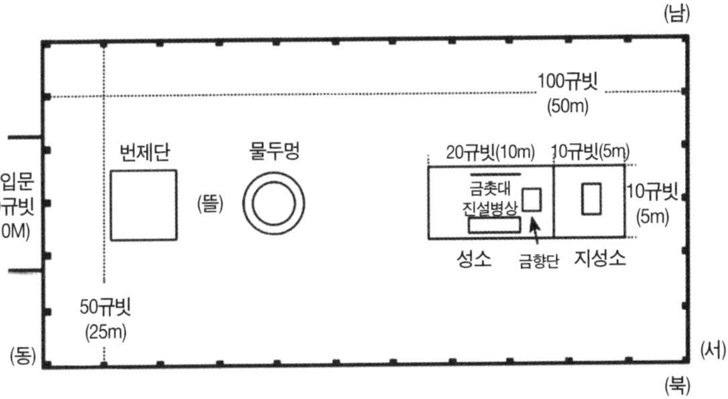

원본 출처 : 양형주, 「신천지 백신 1」(서울: 두란노, 2020), 317쪽.

성소라 일컫고 또 둘째 휘장 뒤에 있는 장막을 지성소라 일컫나니"(히 9:2-3). 성소를 첫 장막, 지성소를 둘째 장막이라고 한다.

이 둘째 장막에 관해서는 다음과 같이 진술한다. "오직 둘째 장막은 대제사장이 홀로 일 년에 한 번 들어가되 자기와 백성의 허물을 위하여 드리는 피 없이는 아니하나니"(히 9:7). 둘째 장막에는 대제사장이 일 년에 한 번 이스라엘의 대속죄일에 이스라엘의 모든 죄를 사하기 위하여 짐승의 피를 갖고 들어가 속죄소에 뿌린다.

이단들은 이 성막의 구조에 대해 정확한 지식이 없다. 성경은 원래 첫 장막과 둘째 장막을 동일한 장소, 동일한 시간대에 공존하던 성막의 공간적인 구분을 위해 명명했다. 하지만 이단들은 첫 장막과 둘째 장막을 시대적으로 분리해서 첫 장막이 배도자가 세운 첫 장막,

둘째 장막이 자기네 단체가 세운 장막이라고 주장한다.[141] 사실 이런 구분은 성막의 구조를 잘 모르고 임의로 만든 잘못된 구분이다. 또 여기에는 성막 울타리 안의 뜰이 있는데 이단은 이 마당을 안마당과 바깥마당으로 나눈다. 이들은 안마당은 성소 안을 의미하고 바깥마당은 성막 바깥뜰을 지칭한다고 하는데 이것 또한 잘못된 성경 지식에 근거한 것이다.[142]

우리가 성막의 구조를 정확하게 이해해야 하는 또 다른 이유는, 성막의 구조를 통해 우리는 보다 적극적으로 하나님의 영광의 임재 안으로 들어갈 수 있기 때문이다. 이 구조는 한마디로 '죄 사함을 얻고 거룩함을 얻는 구조'라고 할 수 있다. 하나님은 거룩하신 하나님이다. 그의 백성과 함께하고 싶으셔도 이스라엘 백성들에게 죄가 있으면 함께하실 수 없다. 그래서 이 성막을 주시고 성막을 통해 죄 사함과 정결함을 얻게 하셨다. 그리고 마침내 이 정결함을 통해 하나님이 충만하게 임재하신 것이다. 성막을 회막이라고도 부른다(출 40:2). 회막(會幕)은 '만남의 장막'(the tent of meeting)이란 뜻이다. 출애굽기 33장 7절을 보면 이스라엘이 금송아지를 섬겨 타락하고, 성막은 아직 다 완공되지 않았을 때 모세가 별도로 하나님을 만나기 위해 이스라엘의 진영 밖에 임시로 쳤던 장막을 '회막'이라고 불렀다. 그런데 이제 여기서부터는 성막을 회막으로 부른다. 이제는 이 성막을 통하여 하나님을 만날 수 있게 되었기 때문이다.

그렇다면 하나님의 영광은 어떻게 성막에 임하시는가?

> "구름이 회막에 덮이고 여호와의 영광이 성막에 충만하매"(출 40:34).

하나님의 영광은 구름으로 임한다. 이 구름은 이스라엘이 애굽의 바로를 벗어나면서부터 함께했었다(출 13:21). 또 이 구름은 바로가 이스라엘을 추격하여 올 때 바로의 군대와 싸웠었다(출 14:19-20). 영광의 구름은 시내산까지 이스라엘을 인도하고 그 위에 머물렀다. 영광의 구름은 이스라엘과 항상 함께했지만 늘 어느 정도 거리를 두었다. 그러나 이제 영광의 구름은 하나님의 백성과 거리를 두지 않고 그들 한가운데로 임재하여 그들과 함께 거하였다. 멀리 있던 시내산의 영광이 이스라엘 가운데로 임하게 된 것이다.

이러한 사건은 하나님께서 에덴동산에서 아담과 함께 친밀하게 거하신 이후로 두 번째로 가까이하신 사건이었다. 에덴동산이 성전의 원형적인 모습을 갖고 있다면, 이제 성막은 비록 늘 이동해야 하는 임시적인 장막이었지만 하나님께서 이스라엘 가운데 친밀하게 거하시는 새로운 거처가 되었다.[143] 하나님이 이렇게 친밀하게 함께하시는 것을 호세아서는 "내가 네게 장가 들어 영원히 살되"(호 2:19)라고 표현한다. 이제 본격적으로 하나님의 영광이 사람들과 함께 있는 역사가 일어난 것이다.

하나님의 영광이 성막에 충만하게 임하자 어떤 일이 일어나는가?

> "모세가 회막에 들어갈 수 없었으니 이는 구름이 회막 위에 덮이고 여호와의 영광이 성막에 충만함이었으며"(출 40:35).

하나님의 임재 가까이 머물던 모세조차도 회막에 충만한 하나님의 영광이 임하자 들어갈 수 없었다. 이제 이 성막의 주인은 하나님이고, 하나님의 허락 없이는 누구도 그 안으로 올 수 없다. 모세는 이 성막을 지었던 사람이다. 그렇다고 해서 모세가 집을 마음대로 드나들 수 있는 것은 아니다. 마치 집을 지은 건설업자가 집을 지었다고 주인처럼 행세할 수 없는 것과 마찬가지다. 건설업자가 집주인에게 집을 완공해서 열쇠와 함께 넘겨주었으면 이제는 그 집에 함부로 들어갈 수 없다. 마찬가지로 모세는 하나님의 지시대로 성막을 건설한 건설업자에 불과했다. 하나님의 영광의 임재가 성막에 충만하게 임하자, 누구도 그 임재 안으로 들어갈 수 없었고 누구도 하나님의 영광의 임재를 나누어 가질 수 없었다.

하나님은 홀로 유일하신 영광의 하나님이었다. 하나님의 영광이 성막에 충만했지만 사실 하나님은 온 우주에 그 영광이 충만하신 분이다. 이것을 하나님의 초월성이라 한다. "여호와의 말씀이니라. 사람이 내게 보이지 아니하려고 누가 자신을 은밀한 곳에 숨길 수 있겠느냐. 여호와가 말하노라. 나는 천지에 충만하지 아니하냐"(렘 23:24).

하나님은 천지에 충만하신 하나님이다. 결코 성막 안에 갇혀 계신 분이 아니다. 이것을 하나님의 편재성이라고 한다.[144] 하나님이 온 세상에 못 미치는 곳 없이 편만하게 임재하신다는 것이다. 그런데 본문에는 그 하나님께서 자신이 지정하신 이 특별한 성막이라는 장소에 충만하게 임재하셨다. 하나님은 이제부터 이 성막을 통하여 이스라엘과 함께하시며 이 광야 같은 세상에서 그들의 눈물을 닦아주시고 세상 끝날까지 동행하며 인도해주시기를 원하셨다.

그렇다면 이 성막에 임한 하나님의 영광과 동행하려면 어떻게 해야 할까?

"구름이 성막 위에서 떠오를 때에는 이스라엘 자손이 그 모든 행진하는 길에 앞으로 나아갔고 구름이 떠오르지 않을 때에는 떠오르는 날까지 나아가지 아니하였으며"(출 40:36-37).

하나님과 동행하는 방법은 단순하다. 하나님이 인도하시면 나아가고, 멈추시면 멈추는 것이다. 그러려면 이스라엘은 하나님의 인도하심에 예민하게 깨어 순종할 준비가 되어 있어야 한다. 그러려면 성막을 통해 거룩함을 유지해야 한다. 또 성막을 어떻게 사용해야 할지를 잘 알아야 한다. 하나님은 이 성막을 통해 이스라엘이 본격적으로 어떻게 거룩함을 유지할지 알려주셨는데, 그 자세한 성막 사용설명서가 바로 레위기다.

그래서 레위기 1장 1절을 보면 하나님이 회막에서 모세를 불러 성막을 어떻게 사용해야 할지를 자세한 제사 규례와 함께 약 한 달에 걸쳐 알려주신다. 그러고 나서 민수기 1장 1절에 가면 둘째 해 둘째 달, 즉 2월 1일부터 이스라엘 백성들의 수를 계수한 후에 11장 11절에 보면 2월 20일에 마침내 하나님의 성막과 함께 약속의 땅을 향한 행진을 다시 시작한다. 이러한 하나님의 임재는 말씀이 육신이 되어 이 땅에 오신 예수 그리스도를 통해 우리에게 이어진다. 성부 하나님은 모든 충만으로 성자 예수님 안에 거하신다.

"말씀이 육신이 되어 우리 가운데 거하시매 우리가 그의 영광을 보니 아버지의 독생자의 영광이요 은혜와 진리가 충만하더라"(요 1:14).

하나님의 영광의 충만함이 예수님 안에 거하고, 그 충만함은 그의 몸 된 성전인 교회를 통해 충만하게 머물게 되었다.

"교회는 그의 몸이니 만물 안에서 만물을 충만하게 하시는 이의 충만함이니라"(엡 1:23).

우리는 이 땅을 살아가는 동안 교회를 통하여 하나님 영광의 충만함을 경험하고 그 안에 머물 수 있다. 그리고 장차 주님이 다시 오실 때 하나님의 영광의 장막이 친히 우리에게 오셔서 우리의 모든 눈물을 닦아주시고 우리와 함께하실 것이다.

"보라. 하나님의 장막이 사람들과 함께 있으매 하나님이 그들과 함께 계시리니 그들은 하나님의 백성이 되고 하나님은 친히 그들과 함께 계셔서 모든 눈물을 그 눈에서 닦아주시니 다시는 사망이 없고 애통하는 것이나 곡하는 것이나 아픈 것이 다시 있지 아니하리니 처음 것들이 다 지나갔음이러라"(계 21:3-4).

이 영광의 첫걸음을 출애굽 백성들이 떼게 되었다. 한때 타락하고 배역했던 그들이 다시 하나님의 영광 깊은 곳으로 들어갈 수 있었던 것은 바로 성전을 통해서다. 그리고 이 성전은 신약시대에 그리스도의 몸 된 교회로 성도에게 주어졌다. 그렇기에 우리는 교회를 귀하게 여길 수 있어야 한다. 하나님이 그리스도의 몸 된 교회로 우리를 이끄신 것은 그냥 믿음을 위해 다니는 정도가 아니라 충만한 영광 가운데 살도록 부르신 것이다. 함께 이곳에서 하나님의 영광을 경험하라! 함께 머물며 이곳에 천국을 이루어가자!

[85장 각주]

140) 정재승, 「열두 발자국」(서울: 어크로스, 2018), 4-7쪽.
141) 양형주, 「신천지 백신 1」(서울: 두란노, 2020), 316-318쪽.
142) 양형주, 「평신도를 위한 쉬운 요한계시록 1」(서울: 브니엘, 2020), 359쪽.
143) 양형주, 「평신도를 위한 쉬운 창세기 1」(서울: 브니엘, 2018), 80-81쪽, 87-89쪽 참고.
144) 양형주, 「바이블 백신 1」(서울: 홍성사, 2019), 156-158쪽.

| 주요 참고문헌 |

▶ 성경

- 개역개정판 한글성경
- 새번역 한글성경
- 공동번역 한글성경
- 메시지
- BHS. Biblia Hebraica Stuttgartensia
- ESV. English Standard Version
- NA^{27}. Nestle & Aland. Novum Testamentum Graece. 27th ed.
- NIV. New International Version
- NRSV. Ner Revised Standard Version.

▶ 주석류

- 민영진, 「출애굽기」(대한기독교서회 창립 100주년 기념 성서 주석 2), 서울: 대한기독교서회, 2014.
- 목회와신학 편집부, 「출애굽기: 어떻게 설교할 것인가」, 서울: 두란노아카데미, 2012.
- 빅터 P. 해밀턴, 박영호 역, 「출애굽기」, 서울: 솔로몬, 2017.
- 송병헌, 「엑스포지멘터리 출애굽기」, 서울: 국제제자훈련원, 2011.
- 제임스 브루크너, 김귀탁 역, 「출애굽기 UBC」, 서울: 성서유니온선교회, 2015.
- 존 더햄, 손석태 외 역, 「출애굽기」(WBC 성경주석 3), 서울: 솔로몬, 2000.
- 테렌스 E. 프레다임, 강성열 역, 「출애굽기」(현대성서주석), 서울: 한국장로교출판사, 2000.
- Enns, Peter, *Exodus NIV Application Commentary*, Zondervan, 2014.
- Kaiser Jr, Walter C. *Exodus. Expositor's Bible Commentary*. Zondervan, 1990.

- Sarna, Nahum M. *The JPS Torah Commentary: Exodus* The Jewish Publication Society, 2003.
- Studart, Douglas K. *Exodus: An Exegetical and Theological Exposition of Holy Scripture.* NAC, Holman Reference, 2006.
- Wells, Bruce. *Exodus: Zondervan Illusstrated Bible Backgrounds Commentary Vol.1.* Zondeervan, 2009.

▶ 단행본

- 강영안, 「강영안 교수의 십계명 강의」, 서울: IVP, 2009.
- 김지찬, 「데칼로그: 십계명, 어떻게 이해할 것인가」, 서울: 생명의말씀사, 2016.
- 박철현, 「출애굽기 산책」, 서울: 솔로몬, 2014.
- 양형주, 「평신도를 위한 쉬운 창세기 1」, 서울: 브니엘, 2018.
- ______, 「평신도를 위한 쉬운 로마서」(개정증보판), 서울: 브니엘, 2019.
- ______, 「바이블 백신 1」, 서울: 홍성사, 2019.
- ______, 「바이블 백신 2」, 서울: 홍성사, 2019.
- ______, 「평신도를 위한 쉬운 요한계시록 1」, 서울: 브니엘, 2020.
- ______, 「신천지 백신 1」, 서울: 두란노, 2020.
- 이윤호, 「가계에 흐르는 저주를 이렇게 끊어라」, 서울: 베다니출판사, 1999.
- 진용식, 「안식교의 오류」, 서울: 도서출판 성산, 1998.
- 나훔 엠 사르나, 박영호 역, 「출애굽기 탐구: 이스라엘의 기원」, 서울: 솔로몬, 2004.
- 니콜라스 월터스토프, 홍종락 역, 「사랑과 정의」, 서울: IVP, 2017.

- 로버트 뉴즈, 성찬성 역, 「너희는 도둑질하지 못한다: 성서 전승에 나타난 공동체와 재산」, 서울: 가톨릭출판사, 1985.
- 메레디스 G. 클라인, 김의원 역, 「성경의 권위의 구조」, 서울: 크리스천다이제스트, 1994.
- 메릴린 히키, 최기운 역, 「가계에 흐르는 저주를 끊어야 산다」, 서울: 베다니출판사, 1997.
- 미로슬라브 볼프, 김명윤 역, 「광장에 선 기독교」, 서울: IVP, 2014.
- 아브라함 헤셸, 김순현 역, 「안식」, 서울: 복있는 사람, 2007.
- 월터 부르그만, 김기철 역, 「예언자적 상상력」, 서울: 복있는사람, 2009.
- 존 H. 세일해머, 김윤희 역, 「모세오경신학」, 서울: 새물결플러스, 2013.
- 존 칼빈, 김광남 역, 「칼빈의 십계명 강해: 십계명 강해로 알아보는 율법의 의미」, 서울: 비전북, 2011.
- 팀 켈러, 최종훈 역, 「팀 켈러의 일과 영성」, 서울: 두란노, 2012.
- ______, 최종훈 역, 「팀 켈러. 결혼을 말하다」, 서울: 두란노, 2014.
- ______, 윤종석 역, 「팀 켈러의 내가 만든 신」, 서울: 두란노, 2017.
- 폴 R. 하우스, 장세훈 역, 「구약신학」, 서울: CLC, 2001.
- 필립 그레이엄 라이큰, 안영미 역, 「돌판에 새긴 말씀」, 서울: 개혁주의신학사, 2015.

▶논문

- 김정우, "언약의 저주에서 본 소위 '가계에 흐르는 저주 신학'의 문제점", 「헤르메니아 투데이」 29, 2005. 1. 82쪽.
- 문형강준, "우상의 황혼: 한국 사회에서 아이돌은 어떻게 소비되는가?", 「시민과 세계」 17, 2010. 6. 282쪽.
- 양정승, "지난 10년간 4년제 대졸자 노동시장의 변화", KRIVET Issue Brief 126호, 2017. 6. 30쪽.
- 이규호, "절도죄별 구성요건" 「사법행정」 58, 2017. 5.
- 진계호, "절도죄의 구성요건" 「고시계」 29, 1984. 11.
- 정성국 외, "한국의 존속살해와 자식살해 분석", Korean Journal of Legal Medicine, Vol. 38, 2014, 66-72쪽.
- 정지영, "'팔려간 딸'에 대한 불편한 기억: 1920-1990년 교과서에 실린 '심청이야기'의 분석을 중심으로", 「한국여성학」 27권 1호(2011), 155-187쪽.

▶ 설교집 및 잡지

- 김서택, 「위대한 구원: 다시 쓴 출애굽기 강해 1」, 서울: 기독교문사, 2005.
- ______, 「위대한 언약: 다시 쓴 출애굽기 강해 2」, 서울: 기독교문사, 2005.
- ______, 「위대한 신앙: 다시 쓴 출애굽기 강해 3」, 서울: 기독교문사, 2005.
- 강소라 외, 「묵상과 설교. 출애굽기」, 2015. 1-2. 7-8월, 서울: 성서유니온선교회, 2015.
- 양형주, 「큐티진. 출애굽기 1-3」, 2016. 4-5. 10월, 의왕: 도서출판 Young2080, 2016.

▶ 일반 참고서적

- 강수진, 「나는 내일을 기다리지 않는다: 잠자는 열정을 깨우는 강수진의 인생수업」, 서울: 인플루엔셜, 2013.
- 강준만 외, 「개천에서 용나면 안된다: 갑질공화국의 비밀」, 서울: 인물과사상사, 2015.
- 김대중, 「새로운 시작을 위하여」, 서울: 김영사, 1993.
- 김진배, 「김진배의 살맛 나는 유머」, 서울: 나무생각, 2013.
- 김현희, 「왜 학교에는 이상한 선생이 많은가?: 10년차 교사가 푸는 교육계 미스터리」, 서울: 생각비행, 2017.
- 김혜남, 「당신과 나 사이: 너무 멀어서 외롭지 않고 너무 가까워서 상처 입지 않는 거리를 찾는 법」, 서울: 메이븐, 2018.
- 박영근, 「말 통하는 세상에 살고 싶다 1」, 서울: 씨앗을뿌리는사람, 2002.
- 신현암 외, 「빅 프라핏」, 서울: 흐름출판, 2017.
- 윤선현, 「부자가 되는 정리의 힘」, 서울: 위즈덤하우스, 2015.
- 이관직, 「관계의 걸림돌 극복하기」, 서울: 두란노, 2017.
- 이무석, 「누구의 인정도 아닌: 타인의 인정으로부터 자유로워지는 연습」, 서울: 위즈덤하우스, 2017.
- 이영미, 「마녀체력: 마흔. 여자가 체력을 키워야 할 때」, 서울: 남해의봄날, 2018.
- 이철환 외, 「못난이 만두 이야기: 꿈을 이루어 주는 31가지 특별한 이야기」, 서울: 가이드포스트, 2006.
- 정재승, 「열두 발자국」, 서울: 어크로스, 2018.
- 조서환, 「모티베이터」, 서울: 위즈덤하우스, 2011.
- 최인철, 「굿 라이프: 내 삶을 바꾸는 심리학의 지혜」, 서울: 21세기북스, 2018.

- 한성우, 「노래의 언어: 유행가에서 길어올린 우리말의 인문학」, 서울: 어크로스, 2018.
- 가네코 유키코, 김정명 역, 「수납 다이어트: 깔끔하고 심플하게 사는 비법」, 서울: 소울, 2012.
- 간바 와타루, 김현영 역, 「사람은 8분마다 거짓말을 한다」, 서울: 예솜미디어, 2005.
- 기시미 이치로 외, 전경아 역, 「미움받을 용기」, 서울: 인플루엔셜, 2014.
- 달라이 라마 외, 이민영 외 역, 「JOY 기쁨의 발견: 달라이 라마와 투투 대주교의 마지막 깨달음」, 서울: 예담, 2017.
- 데이브 그로스먼, 이동훈 역, 「살인의 심리학」, 서울: 플래닛, 2011.
- 도널드 트럼프, 김태훈 역, 「불구가 된 미국」, 서울: 이레미디어, 2016.
- ____________, 이재호 역, 「거래의 기술: 트럼프는 어떻게 원하는 것을 얻는가」, 서울: 살림출판사, 2016.
- 라비 재커라이어스, 권기대 역, 「무신론의 진짜 얼굴」, 서울: 에센티아, 2016.
- 리처드 존스, 소슬기 역, 「버려진 것들은 어디로 가는가: 모두가 쉬쉬하던 똥 이야기」, 서울: 엠아이디, 2017.
- 롤프 도벨리, 유영미 역, 「불행 피하기 기술: 영리하게 인생을 움직이는 52가지 비밀」, 서울: 인플루엔셜, 2018.
- 르네 데카르트, 이현복 역, 「방법서설: 정신지도규칙」, 서울: 문예출판사, 2019.
- 리사 비비어, 박홍경 역, 「리사 비비어의 자존감」, 서울: 터치북스, 2017.
- 마틴 피스토리우스, 이유진 역, 「엄마는 내가 죽었으면 좋겠다고 말했다」, 서울: 푸른숲, 2017.
- 막스 베버, 박성환 역, 「경제와 사회 1」, 서울: 문학과 지성사, 1997.
- __________, 박문재 역, 「프로테스탄트 윤리와 자본주의 정신」, 서울: 현대지성, 2018.
- 무라히 가즈히코 외, 송현아 역, 「도둑의 문화사」, 서울: 이마고, 2003.
- 베른하르트 슐링크, 김재혁 역, 「책 읽어주는 남자」, 서울: 시공사, 2013.
- 브라이언 크리스천 외, 이한음 역, 「알고리즘, 인생을 계산하다」, 서울: 청림출판, 2018.
- 새뮤얼 스마일즈, 공병호 역, 「새뮤얼 스마일즈의 자조론」, 서울: 비즈니스북스, 2005.
- 수잔 포워드, 김형섭 외 역, 「독이 되는 부모: 독이 되는 부모의 대물림을 끊고 진정한 부모 역할 찾아가기」, 서울: 푸른육아, 2008.
- 스기야마 유미코, 장은주 역, 「졸혼시대」, 서울: 더퀘스트, 2017.
- 스티븐 존슨, 강주헌 역, 「우리는 어떻게 여기까지 왔을까: 오늘날의 세상을 만든 6가지 혁신」, 서울: 프런티어, 2015.
- 스티븐 풀, 김태훈 역, 「리씽크(Rethink), 오래된 생각의 귀환」, 서울: 쌤앤파커스, 2017.

- 엘리자베스 퀴블러 로스, 류시화 역, 「인생수업」, 서울: 이레, 2006.
- 이안 로봇슨, 이경식 역, 「승자의 뇌: 뇌는 승리의 쾌감을 기억한다」, 서울: 알에이치코리아, 2013.
- 제이미 홈스, 구계원 역, 「난센스: 불확실한 미래를 통제하는 법」, 서울: 문학동네, 2017.
- 질 리포베츠키, 이재형 역, 「가벼움의 시대: 우리 시대를 지배하는 가벼운 것의 문명」, 서울: 문예출판사, 2017.
- 타니타, 지희정 역, 「타니타 직원식당: 세계 1위 체지방계 회사 직원들이 다이어트 레시피」, 서울: 아바웃어북, 2012.
- 팀 페리스, 박선령 외 역, 「타이탄의 도구들」, 서울: 토네이도, 2017.
- 프레이저 도허티, 박홍경 역, 「나는 돈이 없어도 사업을 한다」, 서울: 비즈니스북스, 2017.
- 프리드리히 니체, 권영숙 역, 「즐거운 지식」, 서울: 청하출판사, 1998.
- ______________, 장희창 역, 「차라투스트라는 이렇게 말했다」, 서울: 민음사, 2004.
- ______________, 박찬국 역, 「아침놀」, 서울: 책세상, 2004.
- 한나 아렌트, 김선욱 역, 「예루살렘의 아이히만: 악의 평범성에 대한 보고서」, 서울: 한길사, 2006.
- 해리 덴트, 안종희 역, 「2019 부의 대절벽: 피할 수 없는 거대한 붕괴가 시작된다」, 서울: 청림출판, 2017.
- 헨리 나우웬, 윤종석 역, 「영적 발돋움」, 서울: 두란노, 1998.
- 후지타 나오야, 선정우 역, 「좀비 사회학: 현대인은 왜 좀비가 되었는가?」, 서울: 요다, 2018.
- Aristotle. trans by. Terence Irwin and Gail Fine, *Selections*, Indianapolis: Hackett Publishing Company, 1995.